Thomas Huonker

**Revolution, Moral & Kunst
Eduard Fuchs: Leben und Werk**

Thomas Huonker

**Revolution, Moral & Kunst
Eduard Fuchs: Leben und Werk**

Reihe W
Limmat Verlag Genossenschaft
Zürich

Umschlaggestaltung von Franz Heiniger unter Verwendung einer
Karikatur von Max Engert

© 1985 by Limmat Verlag Genossenschaft, Zürich
ISBN 3 85791 088 7

Inhaltsverzeichnis

Vorwort 1
1. Das Leben von Eduard Fuchs 6
1.1. Göppingen und Stuttgart (1870-1890) 6
1.1.1. Jähes Ende der Kindheit 6
1.1.2. Im Stuttgarter Untergrund 9
1.1.3. Autor anarchistischer Flugblätter 12
1.1.4. Gerichtliche Folgen und Gefängnis 18
1.1.5. Vom Anarchismus zur Sozialdemokratie 21
1.2. München (1890-1901) 27
1.2.1. "Der süddeutsche Postillon" 28
1.2.2. Vom Buchhalter zum Redaktor 32
1.2.3. Auf der Walz 33
1.2.4. Heirat 34
1.2.5. Politisch-organisatorischer Rahmen und Spielraum 35
1.2.6. Auftritt am Parteitag 37
1.2.7. Linksbürgerliche Konkurrenz auf dem Platz München 40
1.2.8. Fuchs und die Schwabinger Bohème 42
1.2.9. Wieder im Gefängnis 48
1.2.10. Der Abgang aus München 51
1.3. Berlin (1901-1914) 57
1.3.1. Fuchs als freier Schriftsteller im Kampf mit der Justiz (1901-1914) 57
1.3.2. Der Erfolg von Fuchs' Büchern 71
1.3.3. Fuchs' Entfremdung von der Sozialdemokratie 73
1.3.3.1. Die Parteitagssatiren von Fuchs 82
1.3.3.2. Das Ende der Freundschaft mit Kautsky 96
1.3.4. Fuchs in der bürgerlichen Kunstszene (1901-1914) 100
1.3.4.1. Die Sammlung Fuchs vor dem 1.Weltkrieg 103

1.3.4.2. Die Freundschaft mit Max Slevogt	109
1.3.4.2.1. Die Reise nach Aegypten	111
1.3.4.2.2. Der Bruch mit Slevogt	118
1.4. Berlin (1914-1933)	121
1.4.1. Der erste Weltkrieg	122
1.4.2. November 1918	133
1.4.3. Dezember 1918	140
1.4.4. Januar 1919	140
1.4.5. Fuchs als kommunistischer Intellektueller	153
1.4.6. Fuchs' Bücher nach dem 1.Weltkrieg	161
1.4.7. Fuchs als Sammler und Kunstmäzen in der Weimarer Republik	179
1.4.8. Von der KPD zur KPD-Opposition	191
1.4.9. Die Freundschaft mit Fritz Brupbacher	201
1.4.10. Die Vertreibung ins Exil	208
1.5. Paris (1933-1940)	212
1.5.1. Fortgang und Ende des Briefwechsels mit Brupbacher	201
1.5.2. Fuchs als Objekt des Instituts für Sozialforschung	218
1.5.3. Das Ende von Fuchs	225
Unpaginierter Bildteil	
2. Das Werk von Eduard Fuchs	228
2.1. Die journalistischen Arbeiten von Fuchs	229
2.1.1. Beim *"Süddeutschen Postillon"* (1892-1901)	229
2.1.1.1. Fuchs und die Grafik des *"Postillon"*	230
2.1.1.2. Die Signaturen von Fuchs	232
2.1.1.3. Fingierte und echte Anzeigen im *"Süddeutschen Postillon"*	234
2.1.1.4. Fuchs als Rezensent	238
2.1.1.5. Der Briefkastenonkel Fuchs	242
2.1.1.6. Ausländische Quellen	243
2.1.1.7. Rosa Luxemburg in der Karikatur	246

2.1.1.8. "*Der süddeutsche Postillon*"
    auf der Anklagebank   253
2.1.1.9. Längere Artikel von Fuchs im
    "*Süddeutschen Postillon*"   264
2.2. Fuchs als Poet   268
2.2.1. Prosa   268
2.2.2. Gedichte   271
2.2.3. Aphorismen   288
2.3. Fuchs als Verleger   294
2.3.1. Die "*Sammlung gesellschaftswissenschaftlicher
    Aufsätze*"   294
2.3.2. Das "*Volksfeuilleton*"   305
2.3.3. Die Herausgabe der Werke Mehrings   306
2.4. Fuchs und die Karikatur   316
2.4.1. Darf über Kunst gelacht werden?   321
2.4.2. Die Karikatur im Buch   330
2.4.2.1. Revolutionskarikaturen als Ausgangspunkt   335
2.4.2.2. Geschichte der Karikatur nach Fuchs   340
2.4.2.3. Monografien zu Gavarni und Daumier   344
2.5. Die Kunsttheorien von Fuchs   356
2.5.1. Fuchs und die Volkskunst   358
2.5.2. Polemik gegen die konservativen
    Kunsthistoriker   366
2.5.3. Naturgeschichte der Kunst: Determinismus
    als Entschleierung und Simplifizierung   372
2.5.4. Sexualität und Sinnlichkeit in der Kunst,
    bei Fuchs und in der Aesthetik   393
2.5.5. Die Entwicklung der Kunsttheorie von Fuchs
    nach dem 1.Weltkrieg und ihr Verhältnis
    zur Psychoanalyse   408
2.6. Fuchs als Kulturhistoriker   447
2.6.1. Das Verhältnis der Illustrationen zum Text
    im Werk von Fuchs   447

2.6.2. Zur Thematik der kulturhistorischen
Arbeiten von Fuchs 453
2.6.3. Wege der Kulturgeschichte 464
2.6.4. Kulturhistoriker der Revolution 472
2.6.5. Gegen den Krieg 478
2.6.6. Gegen den Judenhass 491
2.6.7. Stationen der Sittengeschichtsschreibung
von der Antike bis zur Aufklärung 497
2.6.8. Die Sittengeschichte in der wilhelminischen Epoche 504
2.6.9. Die Sittengeschichte von Eduard Fuchs 509
2.6.10. Das Ende einer historischen Disziplin:
Sittengeschichte nach Fuchs 520
2.7. Fuchs und die Frauenfrage 529
2.7.1. Fuchs in der sozialistischen Tradition 531
2.7.2. Der Beitrag von Fuchs zur Geschichte
der Frauen 535
2.7.3. Die Karikatur und die Frauen 544
2.7.4. Fuchs' Theorie von der weiblichen Eigenart 548
Schlusswort 557
Anhang 565
A. Bibliografie des Werks von Eduard Fuchs 565
a) Beiträge in Zeitschriften und Sammelwerken 565
b) Selbständige Publikationen 566
α) Fuchs als alleiniger Verfasser 566
β) In Zusammenarbeit mit anderen 569
γ) Von Fuchs herausgegebene Werke anderer 569
δ) Anonym Publiziertes 571
ε) Nachdrucke 572
B. Quellen 572
a) Unveröffentlichte Korrespondenzen 572
α) Briefe von Fuchs 572

β) Briefe an Fuchs 573
γ) Briefe über Fuchs 573
b) Polizei- und Justizakten 574
c) Uebrige Quellen 574
C. Alphabetisches Verzeichnis der angeführten
   Literatur 574

VORWORT

Ein kurzer Ueberblick über den Stand der Forschung zu
Eduard Fuchs ist schnell gegeben. Lange blieb der gewichtige Aufsatz von Walter Benjamin über den Sammler
und Historiker Eduard Fuchs [1] die einzige Würdigung
des permanenten Kulturrevolutionärs, enthusiastischen
Kunstfreunds und unkonventionellen Forschers. Erst um
1970, rund 30 Jahre nach dem Tod von Fuchs, der am 31.
Januar 1870 in Göppingen geboren wurde und am 26.Januar
1940 in Paris starb, kam eine Neubesinnung auf sein
Werk langsam in Gang. 1969 erschienen in der DDR und in
der BRD zwei Arbeiten, die das Werk von Fuchs zwar nicht
ausdrücklich ins Zentrum stellten, es aber doch auf relativ breitem Raum behandelten. Es sollte für die Aufnahme
der Gestalt und des Werks von Fuchs im gespaltenen Deutschland charakteristisch bleiben, dass sich die in der DDR
verfasste literarhistorische Dissertation von Klaus Völkerling zum Umkreis von Fuchs auf dessen poetisches Frühwerk
konzentrierte, während der Fuchs in der BRD neu aufnehmende
Kunsthistoriker Peter Gorsen nur dessen kunst- und kulturhistorisches schriftstellerisches Spätwerk in Betracht zog. [2]

---

1) Walter Benjamin: Eduard Fuchs, der Sammler und der Historiker.
Erstmals erschienen in der *"Zeitschrift für Sozialforschung"*,
New York, No.2/1937.

2) Es handelt sich dabei einerseits um die ungedruckte Dissertation
Klaus Völkerlings: Die politisch-satirischen Zeitschriften *"Süddeutscher Postillon"* (München) und *"Der wahre Jacob"* (Stuttgart),
Ihr Beitrag zur Herausbildung der frühen sozialistischen Literatur
in Deutschland und zur marxistischen Literaturtheorie, phil.Diss.
Potsdam 1969 und andererseits um die essayistische Arbeit von
Peter Gorsen: Das Prinzip Obszön, Kunst, Pornographie und Gesellschaft, Reinbek 1969. Eine erweiterte Reformulierung dieses Buches
von Gorsen ist dessen nächstes Werk, das Fuchs ebenfalls häufig erwähnt: ders.: Sexualästhetik, Zur bürgerlichen Rezeption von Obszönität und Pornografie, Reinbek 1972.

Diese Spaltung der Fuchs-Rezeption setzte sich bei
den ersten Nachdrucken aus dem Werk von Fuchs fort.[1]
Der Aufsatz von Benjamin hatte zwar auch biografische
Angaben zu Fuchs überliefert, aber mehr am Rand einer
Werkanalyse, und die erwähnten zwei Arbeiten, mit denen
die Besinnung auf Fuchs nach dem zweiten Weltkrieg einsetzte,[2] beschränken sich ganz auf Aspekte seines Werks.
Erst der abgerundete Artikel von Luciana Zingarelli,[3]
der zusammen mit einer polemischen Wiedererwägung des
Werks von Fuchs durch Peter Gorsen und eine Mitautorin
erschien,[4] thematisierte den Lebenslauf von Fuchs ausführlicher, zu dem sonst nur Nachrufe und Lexikon-Arti-
kel existierten. Luciana Zingarelli erstellte auch die
erste annähernd vollständige Bibliografie des weitläufi-
gen literarischen Schaffens von Fuchs.[5]

---

1) Im Westen erschien 1973 in Frankfurt der Nachdruck des Werks *"Die Frau in der Karikatur"* von Fuchs unter dem geänderten Titel *"Sozialgeschichte der Frau"* , und 1977 kamen in Berlin die drei Bände der *"Geschichte der erotischen Kunst"* von Fuchs neu heraus. Im Osten erschien 1978 in Berlin ein von Klaus Völkerling herausgegebener Nachdruck der Gedichtsammlung *"Aus dem Klassenkampf"*, die auch Beiträge von Fuchs enthält. Erst der 1979 in Bonn erschienene Faksimile-Querschnitt durch die Jahrgänge des *"Süddeutschen Postillons"*, den Udo Achten herausgab, brachte einige Publikationen aus der Frühzeit von Fuchs auch in der BRD heraus.

2) Die allererste Berücksichtigung von Fuchs nach dem zweiten Weltkrieg findet sich allerdings in der Arbeit von Delio Cantimori über *"Interpretazioni tedesche di Marx nel periodo 1929-1945"* (in: Studii di Storia, ed.Giulio Einaudi, Torino 1959, pp.140-327). Cantimori erwähnt Fuchs hauptsächlich als Herausgeber der Werke Franz Mehrings.

3) Luciana Zingarelli: Eduard Fuchs, vom militanten Journalismus zur Kulturgeschichte, in: Aesthetik und Kommunikation, Jahrgang 7, Heft No.25, September 1976, pp.32-53

4) Silvia Bovenschen und Peter Gorsen: Aufklärung als Geschlechtskunde. Biologismus und Antifeminismus bei Eduard Fuchs, in: Aesthetik und Kommunikation, Jahrgang 7, Heft No.25, September 1976, pp.10-30

5) Luciana Zingarelli: Eduard Fuchs - Entwurf eines Oeuvre-Kataloges, in: Aesthetik und Kommunikation, Jahrgang 7, Heft No.25, September 1976, pp.54-56

Seit 1978, als ich mit meiner Forschungsarbeit über Eduard Fuchs begann, wurde sein Werk ferner von Knut Hickethier im Zusammenhang mit der Kulturgeschichte der deutschen Arbeiterbewegung aufgegriffen,[1] und Ulrich Weitz, der in Stuttgart wenig später ebenfalls an einer Dissertation über Fuchs zu arbeiten begann, wies in einem biografischen Artikel über seinen engeren Landsmann auf bisher unbearbeitete Quellen zu dessen Jugend in der württembergischen Metropole hin.[2]

All diese Arbeiten sind vom Umfang her in einem relativ beschränkten Rahmen gehalten. So ist denn meine nun vorliegende Dissertation die erste grössere Abhandlung, die das Leben und das Werk von Eduard Fuchs zum alleinigen Thema hat.

Mein Text kann nicht alle Aspekte des vielseitigen Mannes und seines unermüdlichen Wirkens darstellen. Er ist nur ein Beitrag zu der seit rund einem Dutzend Jahren langsam in Gang gekommenen Wiederentdeckung dieser lange wenig bekannten, aber farbigen und integren Gestalt der deutschen Arbeiterbewegung und der linken Kulturszene vor Hitlers Machtantritt. Die Wiederentdeckung von Fuchs war aus zwei Gründen fällig: Einerseits ist er mit seinem kulturhistorischen und kunsthistorischen Werk gerade als in vieler Hinsicht exzeptionelle Randfigur für das Verständnis seiner bewegten Zeit bedeutsam. Andererseits stand er als wichtiges Mitglied des Spartakusbundes, als Mittelsmann zwischen Rosa Luxemburg und Lenin zur Zeit des ersten Weltkriegs und der Novemberrevolution auch im Zentrum des Weltgeschehens.

---

1) Knut Hickethier: Karikatur, Allegorie und Bilderfolge. Zur Bildpublizistik im Dienste der Arbeiterbewegung. In: Beiträge zur Kulturgeschichte der deutschen Arbeiterbewegung 1848-1918, hg.v.Peter von Rüden u.a., Frankfurt/M. 1979, pp.79-165

2) Ulrich Weitz: Eduard Fuchs, Ein Beitrag zu einer proletarischen Kulturtheorie. In: Tendenzen, 20.Jahrgang, No.128, Nov./Dez.1979, pp.28-34

Lücken dürfte meine Arbeit hauptsächlich insofern aufweisen, als ohne Zweifel noch mehr direktes Quellenmaterial - etwa Korrespondenz - zum Leben des fleissigen Briefschreibers Fuchs die unruhige Zeit von 1933 bis zur doppelten Neuinstallierung archivalischer Institutionen im geteilten Deutschland der Nachkriegszeit überstanden hat, als mir zu Gesicht gekommen ist.[1]

Ich komme nun zur Abtragung der Dankesschuld gegenüber all jenen, die mir bei dieser Arbeit halfen. Zunächst habe ich meinem verständnisvollen und toleranten Doktorvater, Herrn Professor Dr. Rudolf von Albertini von der Universität Zürich, zu danken für seine wertvollen Hinweise und für seine Bereitschaft, Eduard Fuchs als Thema meiner historischen Dissertation zu akzeptieren.
Danken möchte ich auch Theo Pinkus und Dr. Mario Erdheim in Zürich, die nicht nur mein zunächst rein bibliophiles Interesse am Werk von Fuchs weckten, sondern mich auch in meinem Entschluss bestärkten, über ihn zu arbeiten. Abgesehen davon, dass sie mir die in ihrem Besitz befindlichen Bücher von Fuchs und seinem Umfeld zur Benützung überliessen, hat mir jedes Gespräch mit ihnen wieder ein Stück weitergeholfen und neue Informationen geliefert.
Das gilt auch von den Gesprächen mit Ulrich Weitz, der mir die Quellen der württembergischen Archive zu Fuchs erschloss und mit dem ich in Stuttgart und München fröhliche Tage der Fuchs-Forschung verlebte.
Den unmittelbarsten Zugang zur Person von Eduard Fuchs verschafften mir natürlich Clément Moreau in Zürich sowie Babette Gross und Peter Maslowski, die ihn alle noch persönlich kannten. Für ihre Auskünfte danke ich ihnen ganz speziell.

---

[1] Zu den benutzten Quellen vergleiche das Quellenverzeichnis im bibliografischen Anhang dieser Arbeit.

Zu Dank verpflichtet bin auch Professor Dr.Kurt Koszyk, München, für seine Gastfreundschaft und für seine Hinweise. Dr.Götz Langkau vom Internationalen Institut für Sozialgeschichte in Amsterdam danke ich für den Hinweis auf die dort befindlichen Korrespondenzen von Fuchs mit Kautsky, Schlüter, Fischer und Vollmar, Dr.Karl Lang vom Sozialarchiv in Zürich verdanke ich den Hinweis auf die Korrespondenz von Fuchs mit Brupbacher.
Auch allen anderen Mitarbeiter(inne)n des Sozialarchivs, der Studienbibliothek für die Geschichte der Arbeiterbewegung und der Zentralbibliothek in Zürich, der Kantonsbibliothek Vadiana in St.Gallen, der Staatsbibliothek in München, der Deutschen Bibliothek und der Stadt- und Universitätsbibliothek in Frankfurt, des Stadtarchivs von Göppingen und noch einiger weiterer Bibliotheken und Archive danke ich für ihre Hilfe ebenso wie allen anderen Personen und Institutionen, die ich mit der Bitte um Auskünfte über Eduard Fuchs anging.

Zum Schluss komme ich zum Dank an die Familie. Meinen Eltern verdanke ich mein Studium als Abschluss meiner Erziehung, meinem Vater wohl auch dessen schliessliche Ausrichtung auf ein Thema im Umkreis der Weimarer Republik. Auch seiner Bibliothek, seinem Wissen und seiner oft und gern in Anspruch genommenen Hilfe verdankt diese Arbeit viel. Meinen Kindern Vera, Lukas und Laura, denen diese Arbeit gewiss seltsam vorkommen wird, falls sie sie einmal lesen, verdanke ich die nötige Auflockerung, aber auch den seelischen Rückhalt zur Bewältigung einer so langwierigen Arbeit ohne direkten Nutzen. Mehr als alle anderen hat aber meine geliebte Frau Renata dazu beigetragen, dass ich diese Dissertation in der ländlichen Idylle des hiesigen Pfarrhauses überhaupt schreiben konnte. Ihr sei sie deshalb gewidmet.

Krinau, den 20.Mai 1982　　　　　　　　　Thomas Huonker

1. DAS LEBEN VON EDUARD FUCHS

1.1. GÖPPINGEN UND STUTTGART (1870 - 1890)

Eduard Fuchs wurde am 31.Januar 1870 noch in Göppingen geboren, wo sein Vater, der Kaufmann Ferdinand August Fuchs (*31.8.1838) aus Reutlingen, die Tochter des Göppinger Konditors Gottlieb Mayer, Mathilde Christina, am 27.6.1865 geheiratet hatte, und wo schon die Schwester von Eduard Fuchs, Rosa Christina, am 17.9.1868 zur Welt gekommen war. Aber bereits der Bruder von Eduard Fuchs, Ferdinand Albert (*4.6.1872), erblickte das Licht der Welt in der württembergischen Metropole Stuttgart, wohin die Familie im Kriegsjahr 1871 übersiedelt war. Dort verbrachte Fuchs seine Kindheit und Jugend bis zum 20. Lebensjahr.[1]

1.1.1. Jähes Ende der Kindheit

Ueber die ersten drei Viertel dieser zwanzig Jahre, über die eigentliche Kindheit von Fuchs, weiss man wenig; nicht einmal über die Berufstätigkeit seines Vaters ist allzu Genaues auszumachen. Dass er Kaufmann war, darüber herrscht in den genaueren der diesbezüglichen Angaben Uebereinstimmung,[2] doch ist die Stellung, die er in diesem Beruf einnahm, nicht unumstritten.
Wo überhaupt präzisere Angaben gemacht werden, heisst

---

1) Vgl. die vom Stadtarchiv Göppingen freundlicherweise zusammengestellte *"Ahnenreihe der Familie Fuchs"*.
2) In der *"Ahnenreihe ..."*, op.cit., figuriert der Vater Ferdinand August Fuchs als Kaufmann, wie übrigens bereits dessen Vater Daniel. Denselben Beruf für Fuchs' Vater nennt auch das Reichshandbuch der deutschen Gesellschaft, Bd.1, Berlin 1930, p.503, Sp.2 in dem Fuchs gewidmeten Abschnitt.

es, er sei als Maschinenfabrikant tätig gewesen.[1] Der Stuttgarter Fuchs-Forscher Ulrich Weitz ergänzt dazu, es habe sich um einen *"begüterten Maschinenfabrikanten"* [2] gehandelt, gibt jedoch keine weiteren Auskünfte über Art und Grösse der Maschinenfabrik von Fuchs senior.

Von Bedeutung für den weiteren Lebensweg von Fuchs war aber ohnehin nicht die unternehmerische Tätigkeit seines Vaters, sondern dessen früher Tod am 22. März 1886.[3] Er hinterliess kein Vermögen oder höchstens ein solches, das gerade den Unterhalt der vaterlosen Familie für die nächste Zeit sicherte; [4] sein Tod nötigte vermutlich den damaligen Gymnasiasten Eduard

---

1) In der von Konrad Beisswanger herausgegebenen Gedichtanthologie *"Stimmen der Freiheit"* (Berlin 1914, 4.Aufl.), welche auch einige Gedichte von Fuchs enthält, heisst es in der diese Texte begleitenden biografischen Notiz: *"Eduard Fuchs wurde (...) als Sohn eines Maschinenfabrikanten geboren"*. (p.98)
Das *"Lexikon sozialistischer deutscher Literatur"*, herausgegeben von B.Kaiser u.a., Leipzig 1964, übernimmt in seinem Artikel über Fuchs (p.181 f.) diese Formulierung.

2) Ulrich Weitz: Eduard Fuchs, Ein Beitrag zu einer proletarischen Kulturtheorie, a.a.O., p.29, Sp.1

3) *"Ahnenreihe der Familie Fuchs"*, op.cit.

4) Im später zu behandelnden Münchner Majestätsbeleidigungsprozess (vgl. S. 48 ff.dieser Arbeit) wurde dem Angeklagten Fuchs mit Datum vom 20.1.1898 ein Vermögens-Zeugnis ausgestellt, in dem unter der Rubrik *"Eltern"* folgender Vermerk steht: *"Ferdinand und Mathilde Fuchs, geb. Meier (sic!), Kaufmannseheleute, beide gestorben, haben kein Vermögen hinterlassen."*
Dieses von der Königlichen Polizei-Direktion München ausgestellte Dokument befindet sich bei den Akten des Kgl. Landgerichtes München, Aktenzeichen 48/94 III, im Staatsarchiv München unter der Signatur St.Anw. 7195.

Fuchs, auf eine weitere höhere Bildung im offiziellen
Rahmen zu verzichten, um als der älteste Sohn der Familie
möglichst bald die Ernährerrolle zu übernehmen. Er trat
als kaufmännischer Lehrling ins Kontor einer Stuttgarter
Druckerei ein. Dort nahm sein Leben jene Wendung, die es
bis an sein Ende bestimmen sollte. Dem jungen Fuchs, der
in der Folge des familiären Schicksalsschlags die edlen
Ziele eines Gymnasiasten mit dem Dienst am *"hündischen
Kommerz"* [1] vertauschen musste, gab die Begegnung mit dort
arbeitenden revolutionär gesinnten Schriftsetzern die Möglichkeit, seine auf schulischer Ebene verunmöglichten höheren Bestrebungen in den Kampf für ein politisches Ideal
umzusetzen.[2]

---

1) Der Ausdruck stammt von einem anderen Kaufmann mit höheren politischen Zielen, nämlich von Friedrich Engels (Brief vom 27.4.1867 an Marx, zitiert nach Gustav Mayer: Friedrich Engels, Frankfurt/Main 1975, Bd.II, p.156).

2) Meine Hypothese eines Zusammenhangs zwischen dem Tod des Vaters und dem schulischen und beruflichen Werdegang von Fuchs ist eine eigenständige Kombination und stützt sich vor allem auf die zeitliche Koinzidenz von Todesdatum und Schulabgang. Auch wenn zu letzterem schlechte schulische Leistungen von Fuchs beigetragen haben sollten, so können auch diese auf den Trauerfall zurückgeführt werden.
Die Quellen sind in dieser Frage einmal mehr widersprüchlich und ungenau. Bei Beisswanger (op.cit., p.98) heisst es: Fuchs besuchte *"Realschule und Gymnasium (...), um sich dann dem kaufmännischen Berufe zu widmen."* Das *"Reichshandbuch der deutschen Gesellschaft (Handbuch der Persönlichkeiten in Wort und Bild)"*, Berlin 1930, Bd.1, S. 503 überliefert:*"F. besuchte die Realschule und bildete sich darauf selbständig weiter."* Aehnlich schreibt auch Benjamin: *"Er war von Hause aus nicht zum Gelehrten bestimmt worden. (...) Mitte der achtziger Jahre ist Fuchs ins Erwerbsleben eingetreten. (...) Die Lehrstelle führte Fuchs mit politisch interessierten Proletariern zusammen."* (Walter Benjamin: Eduard Fuchs..., in: Gesammelte Schriften, a.a.O.).
Erst in diesem letzten Punkt herrscht wieder Einigkeit: Alle biografischen Notizen zu Fuchs ausser dem Reichshandbuch erwähnen die Verbindung von Fuchs mit revolutionären Arbeitern seit seinem 16. Lebensjahr.
Als dichterische Veranschaulichung zur Kluft zwischen den Absolventen eines höheren Bildungsganges und der Lehrlingsjugend in Kontor und Werkstatt im Württemberg des ausgehenden 19.Jahrhunderts wie überhaupt zur sonst so mangelhaft dokumentierten Kindheit von Fuchs kann Hermann Hesses erstmals 1904 in der *"Neuen Zürcher Zeitung"* publizierter Roman *"Unterm Rad"* (greifbar in der Ausgabe Frankfurt/Main 1982) gelten.

1.1.2. Im Stuttgarter Untergrund

"Mit sechzehn Jahren schloss er sich der Arbeiterbewegung an", so wird das erste politische Engagement von Fuchs im *"Lexikon sozialistischer deutscher Literatur"* [1] formuliert. Was verbirgt sich hinter dieser Floskel, die ähnlich bereits in der biografischen Notiz Beisswangers [2] figuriert?

Um den genauen politischen Standort jener Stuttgarter Illegalen anzugeben, bei denen der Lehrling Fuchs seit 1886 Anschluss gefunden hatte, lasse ich ein längeres Zitat aus einem polizeilichen Spitzelbericht über die vom Sozialistengesetz in die Illegalität gedrängte Sozialdemokratie Stuttgarts und deren Verästelungen nach links folgen. Dieser Bericht wurde von der Stadtdirektion Stuttgart dem Königlichen Ministerium des Innern von Württemberg am 14.12.1888 zugesandt und lautet:

"Unter den Stuttgarter Sozialdemokraten entstand in den letzten Jahren eine tiefgehende Spaltung. Sie wurde hauptsächlich hervorgerufen durch den aus Leipzig ausgewiesenen Schriftsetzer Franz Wiesinger von Dillingen. Demselben war das Vorgehen der hiesigen Führer bei Versammlungen, Resolutionen, Petitionen viel zu gemässigt. Er war ein Mann der Propaganda der Tat. Er wünschte zur Beschleunigung des sozialen Umsturzes, welcher noch dem 19.Jahrhundert beschieden sei, ein scharfes Auftreten der Behörden und eine entsprechend schroffe Opposition (...) aus den Arbeiterkreisen. (...)

---

1) op.cit., p.181

2) Vgl. op.cit., p.98

Ein gewandter Redner, ausgerüstet mit einem derben Witz und einer starken Dosis Frechheit, gewann er in Arbeiterkreisen, namentlich bei jugendlichen Personen, Einfluss und bildete sich einen Kreis von ca. 40 Anhängern, die er mehr und mehr in ein anarchistisches Fahrwasser hineinleitete.
Die gemässigten Führer hier suchten ihn niederzuhalten. Ohne Zweifel hegten sie - abgesehen von dem Mangel an persönlicher Sympathie für Wiesinger - die Befürchtung, er könnte durch scharfes Auftreten polizeiliche Massregeln provozieren und damit der ganzen sozialdemokratischen Bewegung in Stuttgart das Spiel verderben. Ausserdem nahm er die sozialdemokratischen Parteimittel stark in Anspruch, da er wenig arbeitete und wenig verdiente.
Es kam schliesslich in der Presse und in Versammlungen zum offenen Kampf. Eine jener Versammlungen musste zur Vermeidung ernster Tätlichkeiten von dem überwachenden Polizeibeamten aufgelöst werden.
Die Stellung Wiesingers wurde durch diese Vorgänge stark erschüttert. Er suchte nun seinen Einfluss durch Gründung eines eigenen Presseorgans, der Stuttgarter Gerichts-Zeitung, zu heben. Diese erwies sich aber nicht als lebenskräftig und ging nach dem Erscheinen der 7. Nummer wieder ein.
Wiesinger selbst geriet inzwischen auch finanziell in ganz zerrüttete Verhältnisse und gab bald nach dem Aufhören der Gerichtszeitung den Wohnsitz in Stuttgart im März d.J. auf.
Als Erbe hinterliess er eine Gruppe Genossen mit anarchistischer Richtung zurück. Diese traten im April d.J. an die Oeffentlichkeit durch Verbreitung einer anarchistischen Flugschrift." [1]

---

1) Original im Hauptstaatsarchiv Stuttgart, Signatur E 150 Bü 2044

Dieser von Franz Wiesinger hinterlassenen Gruppe junger Anarchisten hatte sich Fuchs angeschlossen. Der Stuttgarter Amtsschimmel, der mit Hilfe eines ausgeklügelten Ueberwachungs- und Spitzelapparats so detailliert Bescheid wusste über seine Staatsfeinde, irrte sich allerdings bei der Datierung des Flugblatts, mit dem die jungen Leute an die Oeffentlichkeit gelangen wollten.

Ein anderer Bericht der Stuttgarter Stadtdirektion benachrichtigte das Innenministerium nämlich schon am 11.Januar 1888 über das Auftauchen dieser Flugblätter:

"In der Nacht vom 4.auf den 5. d.Mts. wurde eine Anzahl von Exemplaren der angeschlossenen zwei mit dem Cyklostile[1] gefertigten Flugblätter anarchistischen Inhalts teils an einer Reihe von Häusern und Plakatsäulen in hiesiger Stadt angeschlagen, teils durch die Privatpost verschickt.

Die Flugblätter - im ganzen circa 30 Stück - wurden durch Beschluss der Stadtdirektion vom 5. d. Mts. auf Grund des § 15 des Gesetzes gegen die gemeingefährlichen Bestrebungen der Sozialdemokratie vom 21.Oktober 1878 vorläufig beschlagnahmt und durch Verfügung der k.Regierung des Neckarkreises vom 7. d. Mts. auf Grund der §§ 11 und 12 jenes Gesetzes verboten.

Verfertiger und Verbreiter der Flugblätter sowie der Ort der Anfertigung konnten bisher nicht ermittelt werden." [2]

Wie man dem nächsten Bericht der Stadtdirektion vom 21.3.1888 [3] entnehmen kann, waren die Schuldigen auch dann noch nicht eruiert. Dabei haben die Stuttgarter Behörden bei ihren Ermittlungen gegen die *"Verfertiger und Verbreiter"* dieser Pamphlete vermutlich keine Mühen gescheut, handelte es sich doch um sehr radikale Texte.

---

1) Schreibinstrument zur Durchschrift handschriftlicher Texte

2) Original im Hauptstaatsarchiv Stuttgart, Signatur E 150 Bü 2044

3) "   "   "   "   "   " " " "

1.1.3. Autor anarchistischer Flugblätter

Schliesslich fanden die Stuttgarter Behörden doch noch heraus, dass der Verfasser der inkriminierten Flugblätter kein anderer als Eduard Fuchs war.[1]

Der längere der beiden aufschlussreichen Texte ist mit dem fingierten Erscheinungsort Zürich versehen und wurde von Fuchs auf den 12.November 1887 vordatiert, weil er die Hinrichtung der eines Bombenattentats auf dem Chicagoer Haymarket bezichtigten Anarchisten Parsons, Engel, Fischer und Spies am 11.11.1887 zum Thema hat. Er sei hier zuerst wiedergegeben:

"Zürich, 12.November 1887
Auf zur Rache!
Parsons, Engel, Fischer und Spies hat das Gesetz gemordet. Sie sind tot, aus dem Wege geschafft, die Verbindung, durch welche das Blut aus ihren lebenskräftigen Rümpfen nach ihrem für Wahrheit, Freiheit und Recht begeisterten Hirn trieb, wurde durch einen ihnen gesetzlich um den Hals gelegten Strick unterbrochen. Sie wurden 'von Gesetzes wegen am Halse aufgehängt, bis sie tot waren'.
Das Vaterland, die Republik ist wieder einmal gerettet - sie sind tot - tot - erwürgt! - ermordet!
Die herrschende Bande hat gestern Freudenfeste gefeiert, dies- und jenseits des Ozeans schwelgte sie in Champagner und Freude über den Mord unserer Brüder. Die Repräsentanten der 'Canaille', des ehrlichen zielbewussten Arbeiterstandes waren erdrosselt - ermordet - im Namen des Gesetzes.
Ein vierfacher Justizmord war begangen, das Recht der freien Versammlung, das Recht der freien Rede, der freien Presse, Ehrlichkeit, Wahrheitsliebe, Männerkraft,

---

[1] Vgl. den Bericht der Stuttgarter Stadtdirektion an das K.Ministerium des Innern vom 6.8.1888. (Original im Hauptstaatsarchiv Stuttgart, Signatur E 150 Bü 2044)

*Nächstenliebe, sie lagen da, mit tiefen, ekelhaften
Strickwunden gekennzeichnet, gestern Abend in ihren
Särgen.*

*Die Augen, welche so mutig dem Feinde ins Antlitz
geschaut, sie waren weit herausgedrängt aus ihren
Höhlen, die Zungen, welche von den Rechten der freien
Rede so oft Gebrauch gemacht, waren von der Gerechtigkeit aus dem Schlunde getrieben. Die edlen Häupter
zur Seite, die zuckenden Glieder in einen Sack ge-
näht, so zappelten sie, Volk - deine Vertreter, die
Arbeiter - deine Vorkämpfer, so hängen sie - Menschheit - deine Apostel, so hingen sie am Galgen, für
Menschen, Bürgertum, Arbeiter! Für das Volk - am
Galgen, weil, ja weil sie die Autorität, die Herrschaft der regierenden Klasse, weil sie die Tyrannei
des Geldsacks bekämpft hatten. Und als ihren zuckenden Gliedern das Leben entflohen, da jauchzten die
Verschwörer, welche das Volk täuschten, auf und sagten:"Siehst du, Canaille, wir haben ein Exempel statuiert, wage es jemand uns entgegen zu treten, so werden wir ihn erwürgen im Namen des Gesetzes, wir haben
die Macht, wir haben das Geld, wir können Richter,
Gerichte p.Zentner kaufen, wir bezahlen Miliz und
Polizei, die wir das Fleisch von den Knochen der
Arbeiter reissen und Geld daraus machen, wir lassen
hinrichten, was uns anstössig erscheint - die heutige
Gerechtigkeit der bestehenden Systeme. Wehe dem, der
an die Rechte unserer Regierung glaubt und darnach
handelt! Da, legt eure Finger in die Einschnitte der
Stricke, dass ihr euch überzeugen könnt, dass wir die
Macht haben, euch das Genick zu brechen, wenn ihr uns
opponiert!*

*Parsons, Engel, Fischer und Spies sind nicht mehr,
ihre Leichen liegen in den Wohnungen ihrer Familien,
deren Schmerz grenzenlos ist über die gesetzliche
Ermordung und Abschlachtung ihrer Ernährer.*

Linggs [1] Leiche liegt friedlich neben der seines treuen
Freundes und Genossen Engel. Das Herz des Mädchens, welches ihm in Treue ergeben war, wollte schier brechen,
als sie die verblassten Züge dessen sah, dessen Manneskraft, Edelmut und Stolz sie bewundert hatte.

Doch es gibt eine Gerechtigkeit in der Weltgeschichte!
Sagte Staatsanwalt Grinnell doch selbst zu den Geschworenen: "Ihr (der Verurteilten) Blut komme über uns und
unsere Kinder!" Hoffentlich geschieht es! Mr. Grinnell
war in dem Anarchistenprozess der Knecht der Kapitalisten, Monopolisten, kurzum der Knecht aller reaktionären Elemente der menschlichen Gesellschaft.

Indessen vergesst nicht der Gemordeten und der im
Gefängnis sich befindlichen, sie haben euch mit Verlust ihres Lebens den Weg zur goldenen Freiheit gebahnt.
"Dies ist der schönste Augenblick meines Lebens" waren
die Abschiedsworte Fischers, als er den Sprung ins Nichts
tat und durch Beispiel zeigen durfte, dass ihre Sache
ihnen den Mut gab, für Ueberzeugung zu sterben, ohne mit
der Wimper zu zucken. Die vier Verurteilten zitterten
nicht, als man ihnen den Strick um den Hals legte, wohl
aber die Richter, als sie das Urteil verlasen!

Mord! Mord! schrie Frau Parsons, als sie sich gestern
morgen vergebens bemühte, den Kindern den Vater noch
einmal zu zeigen und die rohen Wächter sie mit vorgestreckten Bajonetten zurückwiesen. "Sagt! habt ihr
meinen Gatten schon ermordet", fragte sie in ihrem namenlosen Schmerze. Als Antwort schleppte man sie mit
ihren Kindern auf die Station und verhaftete sie wegen
Ruhestörung.

Mord! Mord! schallt es tausendfach durch das Land.
Millionen von Menschen sind entsetzt über die furchtbare Tat, welche gestern morgen innerhalb der Mauern
Chicagos unter dem Deckmantel des Gesetzes verübt wurde.

---

[1] L. Lingg war der fünfte der Angeklagten und hatte während der Untersuchungshaft Selbstmord begangen.

Mord! Mord! wird es einst in den Ohren Grinnells, Garys und Bonfields [1] *gellen, wenn die Stunde der Vergeltung schlägt!*

Mord! Mord! wird das Fürstengesindel, die Kapitalisten usw. schreien und heulen, wenn das Volk sich erhebt und seine Sklavenketten von sich wirft.

Bourgeoisie zittere vor der Canaille, wenn sie entfesselt ist, denn schon Schiller sagt in einem Gedicht "Denn der schrecklichste der Schrecken
das ist der Mensch in seinem Wahn!"

Deshalb, Arbeiter aller Länder, ermannt euch, bewaffnet euch so gut wie möglich mit Revolver, Dolch und Gift, sucht euch Dynamit zu verschaffen, welches euch die Stelle von Kanonen vertreten wird, damit wenn die soziale Revolution losbricht, ihr nicht machtlos euren Unterdrückern gegenüber steht!

Nieder mit der Tyrannei!
Hoch die soziale Revolution!" [2]

Was zuerst auffällt, ist der expressive Stil des auch etwas zu lang geratenen Flugblatts. Hier wie auch in allen folgenden Zitaten von Fuchs' Texten habe ich zwar Rechtschreibung und Satzzeichen den heute geltenden Normen angepasst[3], zum Teil wegen der orthografischen Reformen um die Jahrhundertwende, die dem heutigen Leser alle frühen Texte von und über Fuchs unnötig antiquiert erscheinen lassen, zum Teil aber auch wegen der bis an Fuchs' Lebensende nie ganz korrekten Rechtschreibung, Grammatik und Interpunktion, die deutlich auf seine vorzeitig abgebrochene Schulbildung hinweist.

---

1) Grinnell fungierte im Chicagoer Anarchistenprozess als Staatsanwalt, Gary und Bonfield waren Richter.

2) Original im Hauptstaatsarchiv Stuttgart, Signatur E 150 Bü 2044

3) Dasselbe tat ich aus Gründen der leichteren Lesbarkeit mit allen übrigen zitierten Texten aus der Zeit vor der Rechtschreibungsreform.

Aber die mit Gedankenstrichen oft nur mühselig in
Satzform gebrachte Expressivität des Textes bleibt
dadurch ungebrochen. Sie wie auch die detaillierte
Schilderung des grausigen Hinrichtungsgeschehens
wirken zwar abstossend unreif, zeugen aber doch auch
von tief gefühlter solidarischer Anteilnahme des
jungen Fuchs am Schicksal seiner amerikanischen
Genossen. Der wiederholte Hinweis auf die *"Männerkraft"* der Hingerichteten wirkt pubertär. Ueberhaupt
könnte der ganze Text durchaus ein Schulaufsatz
eines eifrigen, verstiegen-idealischen Gymnasiasten
zum Thema Justizmord sein, wenn nur das abgehandel-
te Beispiel ein anderes wäre, z.B. die Septembermorde
oder Robespierres Blutjustiz, denn Fuchs lässt es an
Anrufungen der bürgerlichen Ideale und Tugenden nicht
fehlen und schliesst seine Arbeit bildungsbeflissen
mit dem obligaten Schillerzitat, das allerdings nicht
überaus geschickt gewählt ist.

Bei allem Widerwillen, den der pathetisch-blutrünstige
Ton des Flugblatts erzeugt, und bei aller Distanz zum
abschliessenden Aufruf zur Blutrache mit Hilfe eines
individuellen Waffenarsenals vom modischen Revolver über
den klassischen Dolch und das modernere Dynamit bis hin
zum sonst eher in familiären Angelegenheiten verwendeten
Gift [1] - ein Aufruf, den Fuchs zu seinem eigenen Glück
auf dem Papier stehen liess - in der Sache selbst sollte
Fuchs recht behalten. 1892 wurden die zu Unrecht verdäch-
tigten und hingerichteten Chicagoer Anarchisten von Gou-
verneur Altgeld nach einer Neuaufrollung des Prozesses
offiziell für unschuldig erklärt und posthum rehabilitiert.[2]

---

1) Dieses Arsenal stimmt ziemlich genau überein mit dem vom ehemaligen Reichstagsabgeordneten und nachmaligen deutschen Anarchisten-
schreck vom Dienst, Johann Most, verfassten *"Handbüchlein zur Anleitung betreffend Gebrauches und Herstellung von Nitro-Glyzerin,
Dynamit, Schiessbaumwolle, Knallquecksilber, Bomben, Brandsätzen,
Giften usw."*, das 1885 in New York deutsch erschienen war.
2) vgl. Henry David, The History of the Haymarket Affair, New York 1936

Das zweite, kürzere Flugblatt ist nicht einem speziellen Ereignis gewidmet, wenn es auch wiederum auf den Chicagoer Justizmord und vor allem auch auf die Unterdrückung der 1848er-Revolution in Deutschland hinweist, sondern präsentiert eine generelle Abrechnung, mit der Fuchs
 - sich immer hinter dem geduldigen Papier versteckend - die Arbeiter in wenigen Sätzen zum blutigen Endkampf um die Befreiung motivieren will. Ich zitiere wieder den ganzen Text:
"*Arbeiter aller Länder vereinigt euch!*

Arbeiter bereitet euch vor zum Kampfe der Befreiung. Denket an alle Ungerechtigkeiten der Vergangenheit und Gegenwart. Denket daran, wie anno 1848 der preussische Strassenmörder Lehmann (deutsch. Kaiser) die edlen Seelen, welche für Recht und Freiheit gekämpft haben, niedermetzeln liess. Denket an die Verurteilungen und Ausweisungen unserer Genossen. Denket an die Hinrichtungen unserer Brüder Reinsdorf,[1] *Zieske und der Chicagoer Anarchisten und überhaupt an alle Genossen, die im Zuchthaus für die darbende Menschheit schmachten. Denket an eure Lage, wie ihr das ganze Jahr arbeitet, eure Gesundheit einbüsst und kaum euch recht satt essen könnt.*

Denket, dass ca. 1/2 Million mit hungrigem Magen auf der Landstrasse umherirren.

Betrachtet auf der anderen Seite, wie euere Ausbeuter, die nicht arbeiten, in Saus und Braus leben und das verschwelgen, was euch gehört hätte. Habt ihr noch Menschengefühl, so tretet ein in den Befreiungskampf, der euch den Weg zu einem menschenwürdigen Dasein bahnen wird.

---

1) August Reinsdorf wurde 1885 wegen seines missglückten Dynamitattentats auf den deutschen Kaiser im Jahr 1884 in Halle geköpft.

> *Bewaffnet euch und rächet euch! Vernichtet eure*
> *Unterdrücker und fürchtet weder Henker noch Schaffott,*
> *dann seid ihr Arbeitsmänner und euer Andenken wird*
> *nicht untergehen.*
>
> *Hoch die Anarchie!*
> *Hoch die soziale Revolution!*
>
> *Zürich, aus dem Verlag für Freiheit, Gleichheit*
> *und Brüderlichkeit."* [1]

Dieser Verlag ist natürlich ebenso fingiert wie
die Ortsangabe.

Es ist anzunehmen, dass Fuchs und seine Helfer diesen
kürzeren und prägnanteren Text, der auf einer Seite
Platz fand, für ihre Klebeaktion benützten und den
längeren, im Original drei Seiten umfassenden Text,
den ich zuerst zitierte, per Post verschickten.

1.1.4. Gerichtliche Folgen und Gefängnis

Insgesamt muss es den Fuchs'schen Flugschriften ähnlich
ergangen sein wie Büchners *"Hessischem Landboten"* [2]:
Der Adressat, das Volk von Stuttgart, reagierte verwirrt
bis erschreckt und meldete die Sache der Polizei.
Anders wäre ja das Auffliegen des subversiven Flugblatt-
versands kaum denkbar.

---

[1] Original im Hauptstaatsarchiv Stuttgart, Signatur E 150 Bü 2044

[2] Gewiss ist dieser Vergleich mit jenem grossartigen Pamphlet,
mit welchem Georg Büchner 1834 die hessische Bevölkerung gegen
das Fürstenregime in Aufruhr bringen wollte, vom formalen und
inhaltlichen Ungleichgewicht der beiden Texte her gesehen bei
weitem zu hoch gegriffen; vergleichbar ist wirklich nur die
Reaktion der deutschen Untertanen auf solche Ansinnen. Es mag
aber immerhin sein, dass Fuchs schon damals Büchners Text kannte
und ihn sich vielleicht gar zum Vorbild nahm; jedenfalls gab
er später den zweiten vollständigen Nachdruck der lange unter
Verschluss gehaltenen Büchnerschen Flugschrift heraus (vgl. S.299
dieser Arbeit).

Die einzigen Arbeiter, die Fuchs mit seinen Pamphleten zum revolutionären Kampf ermuntert hatte, waren die Mitverbreiter seiner Flugblätter. Soweit die Polizei ihrer habhaft werden konnte, wurden sie mit Fuchs der Justiz zugeführt.

Die Stadtdirektion Stuttgart gibt in ihrem Bericht ans Innenministerium vom 6.8.1888 Auskunft über diesen Personenkreis. Fuchs war offenbar der Wortführer einer Gruppe zorniger junger Schreiner geworden.[1)]

Der Bericht teilt mit, *"dass am 5.April d.J. sechs hier wohnende, der Anfertigung beziehungsweise Verbreitung der Flugblätter 'Auf zur Rache' und 'Arbeiter aller Länder vereinigt euch' festgenommen worden sind."* [2)]

Ein Teil der Verhafteten war offensichtlich zu Unrecht verdächtigt worden; der Bericht fährt fort: *"Das k. Schwurgericht Stuttgart hat sodann am 22.Juni d.J. drei jener Verdächtigen verurteilt, nämlich den 18 Jahre alten Kaufmann Eduard Fuchs von Göppingen wegen Majestätsbeleidigung zu der Gefängnisstrafe von 5 Monaten, wegen Beihilfe zu einem Vergehen der Aufforderung zu einer strafbaren Handlung den 23 Jahre alten ledigen Schreiner Christian Rühle (...) zu der Gefängnisstrafe von 2 Monaten und den 23 Jahre alten ledigen Schreiner Friedrich Püschel (...) zu der Gefängnisstrafe von 2 Monaten 15 Tagen."* [2)]

Auf einer Liste von *"Persönlichkeiten, welche als anar-*

---

1) Neben den verschiedenen gewerkschaftlichen Vereinigungen des grafischen Gewerbes war in der Stuttgarter Arbeiterbewegung seit dem grossen Tischlerstreik von 1883 der *"Allg.(Tischler)Schreiner - Verein"* die wichtigste Gewerkschaft, bis in den 90er Jahren dann die Metallarbeiter an Einfluss gewannen. Vgl.hiezu das informative Begleitheft zur Ausstellung des Württembergischen Landesmuseums vom 29.4.-14.6.1981 im DGB-Haus von T.Brune, S.Göttsch, J.Haspel und U. Weitz: Arbeiterbewegung-Arbeiterkultur Stuttgart 1890-1933, Stuttgart 1981.

2) Original im Hauptstaatsarchiv Stuttgart, Signatur E 150 Bü 2044

chistischer Gesinnung verdächtig bezeichnet sind",[1] der wir auch eine sehr genaue Beschreibung von Eduard Fuchs im Jünglingsalter verdanken,[2] figuriert als *"Nr. 86a"* noch ein bisher unerwähnter Mitstreiter von Fuchs namens Kempf. Im Bericht vom 7.11.1888 ans Innenministerium überlieferte die Stadtdirektion folgendes über diesen Mittäter:

"Kempf, Christian, Schreiner, ledig, geboren am 17.Dezember 1861" – er war also, wie alle der jungen Schreiner, die Fuchs zur Verbreitung seiner Ergüsse eingespannt hatte, erheblich älter als dieser – *"(...) war bis April 1888 mehrere Jahre in Stuttgart bei Möbelfabriken beschäftigt. (...) Er war in den Prozess wegen Verbreitung der anarchistischen Flugblätter (...) verwickelt und hat sich der Verhaftung durch die Flucht in die Schweiz entzogen."* [3]

Fuchs hat in einem seiner späteren Gedichte beschwingt beschrieben, wie er zur Flucht seines Freundes beitragen konnte: *"Auf Vorposten*

> *Wollt' einst die heil'ge Hermandad*
> *Kühn gegen uns stratgen.*
> *Vor allererst dem Freunde mein*
> *Wollt' sie das Handwerk legen.*
>
> *Da roch ich es mit Fuchsesnas',*
> *Bestieg mein Rad geschwinde.*
> *Ich bracht' die Kund im Renntempo,*
> *Es pfiffen scharf die Winde.*

---

1) Ein Exemplar dieser gedruckten schwarzen Liste befindet sich im Staatsarchiv Ludwigsburg unter der Signatur N 1888.

2) *"No.52. F u c h s Eduard, Kaufmann, geb.31.Januar 1870 in Göppingen, 1,78 m gross, schlank, blonde Haare, braune Augen, hohe schmale Stirne, Nase vornen (sic!) etwas breit, etwas aufgeworfene Lippen, gute aber unregelmässig stehende Zähne, ovales, halbvolles, blasses, unreines Gesicht, sehr lange Arme, ist in Stuttgart wohnhaft."*

3) Original im Hauptstaatsarchiv Stuttgart, Signatur E 150 Bü 2044

> *Die Fahndung kam, das Nest war leer,*
> *Der Vogel ausgeflogen.*
> *Mein Freund war noch in selb'ger Nacht*
> *In's Schweizerland gezogen."* 1)

Weniger gut meinte es das Schicksal mit Püschel, einem andern, bereits erwähnten Helfer von Fuchs, über den dieselbe Akte 2) berichtet:

"Püschel, Friedrich (...), evangelisch, war früher in Stuttgart beschäftigt, gehörte damals gleichfalls zu jener Anarchistengruppe und wurde (...) zu 2 1/2 Monaten Gefängnis verurteilt. Nach Verbüssung dieser Strafe war er eine Zeitlang als geisteskrank in der Irrenanstalt Pfullingen untergebracht."

Fuchs seinerseits hatte seine 5 Monate im Heilbronner Zellengefängnis abgesessen. 3)

Während der Haftzeit ihres Sohnes starb zwei Jahre nach dem Vater, am 2. August 1888, auch die Mutter von Fuchs.

1.1.4. Vom Anarchismus zur Sozialdemokratie

Die fünfmonatige Gefängnisstrafe hinderte den nun vollends verwaisten Fuchs nicht an weiterer politischer Tätigkeit in der nach wie vor illegalen Arbeiterbewegung. Allerdings wandelte er sich vom den Giftmord propagierenden Anarchisten zum Sozialdemokraten.

Eine solche Wandlung wurde vom Klima in der Stuttgarter Sozialdemokratie auch nach dem Abgang Franz Wiesingers

---

1) Erstmals erschienen in der No.8/1892 des *"Süddeutschen Postillon"*
   Vgl. auch S. 286 dieser Arbeit.
2) Bericht der Stadtdirektion ans Innenministerium vom 7.11.1888, a.a.O.
3) Vgl. Walter Benjamin, Gesammelte Schriften, op.cit., Bd.II/3, p.1358

eher begünstigt als andernorts oder zu anderen Zeiten.

In der No.36 des wegen des Sozialistengesetzes in Zürich erscheinenden Zentralorgans der deutschen Sozialdemokratie, im *"Sozialdemokrat"* vom 7.9.1889, veröffentlichte die Redaktion, eher widerstrebend und abgesichert mit einem Gegenkommentar, unter dem Titel *"Anarchisten - Bundesgenossen?"* eine Zuschrift *"von einer Anzahl Stuttgarter Genossen"*, welche zeigt, wie freundlich zumindest Teile der Stuttgarter Sozialdemokratie den Anarchisten gesinnt waren. Es heisst in dieser Zuschrift u.a.:

"Durch die deutschen sozialdemokratischen Arbeiterblätter macht gegenwärtig ein der 'Fränkischen Tagespost' in Nürnberg entnommener Artikel: 'Anarchisten - Gauner?' die Runde. Es soll darin nachgewiesen werden, dass der Begriff 'Anarchist' gleichbedeutend mit 'Gauner' sei und dadurch den Polizeibehörden und Spiessbürgern, die seit jeher immer Sozialdemokraten und Anarchisten als gleich gefährlich betrachteten, der Glaube beigebracht werden, dass zwischen diesen beiden Parteirichtungen ein himmelweiter Unterschied, wie etwa zwischen Ehrenmännern und Gaunern, sei. Ein Unterschied ist allerdings zwischen beiden Richtungen, aber nur inbezug auf die T a k t i k , jedoch das Ziel haben beide gemeinsam vor Augen. Welche Taktik nun zuerst zum Ziele führt, das bleibt wohl, bis Beweis tatsächlich erbracht ist, eine Frage. Es sollte deshalb auch jedermanns Denkvermögen und Energie überlassen bleiben, sich der ihm sympathischen Richtung anzuschliessen, ohne deshalb von Angehörigen der anderen Partei verleumdet und beschimpft zu werden."

Auch den von Fuchs - wie gesagt nicht zu Unrecht - so vehement verteidigten Chicagoer Anarchisten wird in dieser Zuschrift aus Stuttgart Lob gezollt:

"Dass aber nicht alle Anarchisten Gauner sind, sondern dass sich unter denselben, und in nicht geringer Zahl, auch Menschen vorfinden, die für ihre Idee bis zum letzten Augenblicke mutig eingetreten sind, das haben zuletzt die fünf Chicagoer Anarchisten bewiesen."

Auch dieser Artikel entging der Aufmerksamkeit der Stuttgarter Behörden nicht. Die Stadtdirektion berichtete am 17./10.1889 dem Innenministerium:

"Den Verfasser des Artikels 'Anarchisten - Bundesgenossen' (...) vermutet man in dem 46 Jahre alten, früheren Rabbiner, jetzt Schriftsteller, Jakob Stern hier, einem ausgesprochenen Sozialisten radikaler Richtung und Verfasser verschiedener sozialistischer Broschüren, welcher mit den Stuttgarter Anarchisten in Berührung steht." [1]

Zweifellos spielte Jakob Stern eine wichtige Rolle bei der Integration von Fuchs in die Stuttgarter Sozialdemokratie. Fuchs erwähnt Stern, der ihm offenbar noch mehr als vorher Wiesinger zu einer Art Vaterersatz geworden war, noch in einem über 30 Jahre später verfassten Text als den *"Mentor meiner Jünglingsjahre"*. Dieser Text gibt im übrigen ein so anschauliches Bild von Jakob Stern, dass ich ihn hier wiedergebe:

"Als (...) der geistige Mentor meiner Jünglingsjahre, der frühere Rabbiner und hervorragende Spinozaforscher Jakob Stern seinen völligen Bruch mit dem offiziellen Judentum unwiderlegbar an die Oeffentlichkeit bringen wollte, setzte er sich an einem Samstag, also am jüdischen Sabbath, in Stuttgart mitten auf den Marktplatz an eine Stelle, wo zahlreiche aus der Synagoge heimkehrende Juden vorübergehen mussten, und ass ostentativ eine Anzahl Schinkenbrötchen." [2]

---

1) Original im Hauptstaatsarchiv Stuttgart, Signatur E 150 Bü 2044
2) Eduard Fuchs, Die Juden in der Karikatur, München 1921, p.120

Faksvad ↑

Es ist aber nicht ganz sicher, ob die anonym veröffentlichte, behördlicherseits Stern zugeschriebene Zuschrift an die Redaktion des *"Sozialdemokrat"* als Anzeichen des Werbens der Stuttgarter Sozialdemokraten um Fuchs und seinen Anarcho-Zirkel [1] oder bereits als Indiz für das Wirken dieser Gruppe innerhalb der sozialdemokratischen Partei zu werten ist.

Fest steht jedenfalls, dass Fuchs bereits kurz vor der Veröffentlichung der Zuschrift, am 19.7.1889, zum zweitenmal zu einer Gefängnisstrafe von 5 Monaten verurteilt worden war, und zwar dieses Mal wegen der "Verbreitung sozialistischer Druckschriften".[2] Diese zweite Strafe sass Fuchs im Landesgefängnis Rothenburg ab.[3]

Auch dieser zweiten gerichtsnotorischen Episode seiner politischen Anfänge hat Fuchs einige Verse gewidmet. Er besingt die illegale Kolportage des verbotenen sozialdemokratischen Zentralorgans wie folgt:

> *"Morgenritt*
>
> *Im Sattel rasch mit kühnem Satz,*
> *Pedale flink getreten:*
> *Ein Holdrio, ein Juchheschrei,*
> *Das ist mein Morgenbeten.*

---

[1] Im bereits zitierten Bericht der Stadtdirektion vom 17.10.1889 wird der Kreis um Fuchs wie folgt beschrieben:*"Es gibt in Stuttgart eine Anzahl junger Leute (etwa 20) im Alter von 18-24 Jahren, welche dem Kaufmanns- und Arbeiterstand angehören und der Polizei als mutmassliche Anarchisten schon seit längerem bekannt sind. Einen besonderen Verein bilden dieselben nicht, auch halten sie sich ziemlich entfernt von der sozialdemokratischen Partei. Als Führer ist der (...) Kaufmann Eduard Fuchs zu betrachten." (a.a.O.)*

[2] ebda., a.a.O.

[3] W.Benjamin, op.cit., Bd.II/3, p.1358

> *Wohl trug ein Rad nie bess're Last*
> *Als meines hat getragen.*
> *Die 'Staatsanzeiger' wohl verpackt*
> *Vorn auf der Lenkstange lagen.*
>
> *Der Satteltasche Handwerkszeug,*
> *Es klappert auf den Steinen –*
> *Der Schutzmann blickt, die Helmspitz nickt*
> *Im Morgensonnenscheinen."* [1]

Fuchs übertreibt natürlich die Einzigartigkeit seiner Veloabenteuer stark. Schliesslich funktionierte die illegale Verteilung des *"Staatsanzeigers"*, wie der sinnige interne Spitzname des *"Sozialdemokrat"* lautete, unter dem Sozialistengesetz im ganzen Deutschen Reich mit Hilfe zahlloser Tricks reibungslos. [2]

Und Fuchs war ja, anders als der hochgemute Tenor der *"Radlerlieder"* vermuten lässt, einer der Pechvögel, welche diese illegale Zeitungskolportage im Gefängnis abbüssen mussten.

Er war das Opfer eines Spitzels geworden. Eine kurze Meldung im *"Sozialdemokrat"* vom 27.7.1889 berichtet dazu folgendes:

"Enric Streitmann aus Piatra (Rumänien), Studierender der Chemie(...), hat sich als feiger und total charakterloser Mensch entpuppt. Um sich selbst vor einer etwaigen Ausweisung zu retten, hat er einen Genossen der Verbreitung verbotener sozialistischer Schriften be-

---

[1] Erstmals erschienen in der No.8/1892 des *"Süddeutschen Postillon"*. Vgl. im übrigen S. 286 dieser Arbeit.

[2] Der Organisator dieses illegalen Verteilnetzes war Julius Motteler. Vgl.dazu: Friedrich Pospiech: Julius Motteler, der *"rote Feldpostmeister"*, Esslingen a.Neckar 1977

zichtigt und so dessen Verurteilung herbeigeführt."

Im Zusammenhang mit der zweiten Verhaftung und Verurteilung von Fuchs zerschlug die Stuttgarter Polizei mit Hilfe massiver Einschüchterung durch breitgestreute Hausdurchsuchungen den Kreis junger Leute, den Fuchs um sich gesammelt und - soweit es Kollegen aus dem Kaufmannsstand waren - in die organisatorische Form eines *"Vereins für Handlungsgehilfen"* [1] gebracht hatte.

Mit Datum vom 11.8.1890 weiss die Stadtdirektion hiezu triumphierend zu berichten:

"Anlässlich des Einschreitens gegen den bekannten soziald. Agitator, Kaufmann Eduard Fuchs hier, wegen Verbreitung verbotener anarchistischer Schriften wurden am 20.Mai v.J. auch bei verschiedenen anderen Mitgliedern dieses Vereins Haussuchungen vorgenommen. Nach diesem Vorgehen hat sich die Mehrzahl der Mitglieder vom Verein ferngehalten und hat dieser sich wegen mangelnder Mitglieder alsdann stillschweigend aufgelöst." [2]

Kein Wunder, dass Eduard Fuchs sich einen neuen Wirkungskreis suchte und den Boden seiner schwäbischen Heimat, unter dem nun seine beiden Eltern ruhten, hinter sich zurückliess.

Für den 18.8.1890 vermerkt der auf Eduard Fuchs lautende Meldebogen der Münchner Behörden dessen Ankunft in der bayerischen Hauptstadt. [3]

---

1) Bericht der Stadtdirektion ans Innenministerium vom 11.8.1890; Original im Hauptstaatsarchiv Stuttgart, Signatur E 150 Bü 2044
2) a.a.O.
3) Das Original des am 24.10.1890 angelegten Meldebogens befindet sich im Stadtarchiv München.

1.2. MÜNCHEN (1890 - 1901)

Im August 1890 kam also der zwanzigjährige kaufmännische
Angestellte Fuchs nach München. Er ging als Buchhalter
zum Organ der Münchner Sozialdemokratie, der *"Münchner
Post"*, wie diese Zeitung, die vorher unter dem Namen
"Süddeutsche Post" erschienen war, seit 1887 hiess.[1)]
Wie gesagt, liess Fuchs das Stuttgarter Pflaster, wo er
seine ersten Erfahrungen mit der Justiz gemacht hatte,
nicht allzu ungern hinter sich zurück. Im Vergleich zu
München war Stuttgart Provinz. Und das Jahrzehnt, das
Fuchs in der bayerischen Metropole verbringen sollte,
war die Blütezeit des *"klassischen Schwabing"*, wie Gerdi
Huber jene intellektuelle Subkultur im Münchner Universi-
täts- und Künstlerviertel nennt,[2)] die im damaligen
Deutschland, Preussens Hauptstadt eingeschlossen, nicht
ihresgleichen hatte.

Fuchs, dessen wechselnde Münchner Adressen [3)] fast
ausnahmslos in Schwabing selbst oder in nächster
Nähe davon lagen, fand in der dort ansässigen

---

1) Vgl. Walter Benjamin: Eduard Fuchs..., op.cit., p.470

2) Gerdi Huber: Das klassische Schwabing. München als Zentrum der intellektuellen Zeit- und Gesellschaftskritik an der Wende des 19. zum 20. Jahrhundert. Phil.Diss. München 1973.

3) Zuerst Augustenstr.6, in den Jahren 1894/95 Herzog-Heinrich-Strasse 34, 1895-99 Schwindstr.26, 1899-1901 Römerstrasse 20. (Vgl. Meldebogen ..., a.a.O.). Die in Gerdi Huber, Das klassische ..., op.cit., p.225 für Eduard Fuchs angegebenen Adressen sind falsch und beziehen sich wahrscheinlich auf Georg Fuchs, den man nicht nur wegen seines Verkehrs in denselben Schwabinger Bohème-Zirkeln mit seinem Namensvetter Eduard verwechseln könnte, sondern auch aus dem Grund, dass von ihm ein - ebenfalls bei Langen im München, dem Hauptverlag von Eduard Fuchs - erschienenes Buch mit dem Titel *"Wir Zuchthäusler"* (München 1931) vorliegt. (G.Fuchs war wegen angeblich hochverräterischen Beziehungen zu Poincaré 1923 zu 12 Jahren verurteilt worden.) Noch grösser ist allerdings die Verwechslungsgefahr mit jenem anderen Eduard Fuchs, dessen Arbeit *"Thomas Murners Belesenheit, Bildungsgang und Wissen"* von der Universität Breslau 1924 als Dissertation angenommen worden war. Dieser Eduard Fuchs gab dann später die Schriften des von unserem Eduard Fuchs in seinen späteren Werken ebenfalls gelegentlich zitierten antireformatorischen Theologen und Satirikers heraus.

kritischen Intelligenzschicht jenen bereits in seiner
Stuttgarter Anarchistenzeit voll ausgelebten zivilisations-
kritischen Oppositionsgeist wieder, der stets zu seinem
Lebensgefühl gehörte und dem seine Wendung zur Sozialdemokratie nur insofern entsprochen hatte, als diese
ja immer noch eine illegale Organisation mit einem
revolutionären Programm war.

Bevor ich zum Umgang von Fuchs in den Schwabinger Litera-
ten-und Künstlerkreisen komme, behandle ich seinen Aufstieg in der sozialdemokratischen Münchner Presse vom
kaufmännischen Angestellten zum Chefredaktor. Es kamen
hier dem jungen Buchhalter unverhofft einige Umstände
so weit entgegen, wie er sich das in Stuttgart wohl
nicht hätte erträumen dürfen.

Obwohl der Redaktorentätigkeit von Fuchs an der satirischen Parteizeitschrift *"Der süddeutsche Postillon"* in
dieser Arbeit ein eigener Abschnitt gewidmet ist,[1]
muss ich sie wegen ihrer Wichtigkeit für den weiteren
Lebensweg von Fuchs schon in diesem biografischen Teil
ausführlich würdigen. Auch ein kurzer historischer
Ueberblick über die Entstehungsgeschichte dieser Zeitschrift ist hier am Platze.

1.2.1. *"Der süddeutsche Postillon"*

Der *"Süddeutsche Postillon"* war von Louis Viereck im
Verein mit Max Kegel gegründet worden. Louis Viereck
(1851-1922) hatte 1881/82 mit dem Ankauf des Verlags
der *"Süddeutschen Post"* samt Druckerei an der Senefel-
derstr.4 die propagandistische Infrastruktur der Münch-

---

1) Vgl. S. 229 ff. dieser Arbeit.

ner Sozialdemokratie überhaupt erst auf die Beine gestellt.
Der seiner sozialistischen Gesinnung wegen unter dem Sozialistengesetz aus Berlin ausgewiesene Referendar und angebliche illegitime Nachkomme Kaiser Wilhelms I.[1] war als
Jünger Eugen Dührings ein Vertreter der rechten Richtung
in der Partei und strebte die Zusammenarbeit mit fortschrittlichen bürgerlichen Kräften an. So wollte er die
in seinen Besitz übergegangene *"Süddeutsche Post"* zuerst
zusammen mit den Münchner Demokraten, einer kleinbürgerlichen Partei, betreiben. Deshalb und weil er mit Hilfe seines beträchtlichen Vermögens und viel rühriger Initiative
eine führende Rolle in der Sozialdemokratie anstrebte,
machte er sich bei den leitenden orthodoxen Kräften der
Partei unbeliebt.

---

1) Zu Louis Viereck vgl. Ulrich Hess: Louis Viereck und seine Münchner Blätter für Arbeiter 1882-1889, Dortmund 1961 (Dortmunder Beiträge zur Zeitungsforschung, Bd.6). Zu Vierecks väterlicher Abstammung heisst es dort, p.43 f.: *"Die väterliche Abstammung Louis Vierecks hat sich nicht eindeutig ermitteln lassen. Als Taufpaten werden im Geburtseintrag St.Johannis in Berlin-Moabit 1851 S.126 Nr.1084 (56) angegeben: Seine kgl.Hoheit Prinz Georg von Preussen, Seine Excellenz der kk.General der Kavallerie Graf Franz von Schlick, der preuss. Leutnant Louis von Prillwitz, Frau Caroline Viereck und Fräulein Ida Hartmann. (...) Prinz Georg von Preussen (...) war ein (...) Urenkel König Friedrich Wilhelms II. (...)* (Vierecks Mutter) *Edwine Viereck ist 1846 von Wien an das Kgl. Schauspielhaus Berlin gekommen. (...) Die 'Neue Rheinische Zeitung' Nr.269 vom 11.April 1849 nennt Vierecks Mutter 'die erste theatralische Ladestockberühmtheit des kreuzritterlichen Berlins, die erzherzoglich-empfohlene standrechtsgewandte Penelope des heimgekehrten preussischen Odysseus und Nationaleigentümers' sowie 'prinzlich begnadete Maitresse' und berichtet von ihrem deshalb erfolgten Auspfiff bei einem Auftreten als 'Jungfrau von Orléans' in Breslau. (...) Führende Parteikreise der Sozialdemokratie nahmen die Vaterschaft Kaiser Wilhelms als eine feststehende Tatsache an. (...) Marx und Engels waren von dieser Abstammung ebenfalls fest überzeugt."* So wahrscheinlich eine illegitime Abstammung aus dem Hause Hohenzollern im Fall von Viereck auch ist, so ist doch die Bereitschaft der Zeitgenossen, noch in den entschlossensten Oppositionsführern obrigkeitliche Rasse zu verehren, auch eins der zahlreichen Indizien für die ungeheure Autoritätsgläubigkeit der Epoche, denn Viereck ist kein Einzelfall: Auch um Ret Marut, den Verfasser des pazifistischen Oppositionsblattes *"Der Ziegelbrenner"* während des 1.Weltkriegs, der später als B.Traven weltberühmt wurde, rankte sich die Legende, er sei ein Sohn Kaiser Wilhelms, diesmal allerdings des Zweiten. Vgl. dazu Rolf Recknagel: Beiträge zur Biografie des B.Traven, Nachdruck Berlin 1977, p. 47.

Bedrohlich erschien den Parteioberen insbesondere das Vorhaben Viereck, den wichtigsten Parteiverlag - Dietz in Stuttgart - aufzukaufen. Die in weiten Parteikreisen verbreitete Missstimmung gegenüber Viereck legte sich auch nicht, als dieser von der Expansion nach Stuttgart absah und sich mit der Eröffnung eines weitern innerparteilichen Verlags in München begnügte. Dabei agierte Viereck, um die Genossen zu besänftigen, als Besitzer und Verlagsleiter nur hinter den Kulissen und delegierte die Verantwortlichkeit nach aussen an Max Kegel, später an Bruno Schoenlank und andere. An Max Kegel ging denn auch die Leitung der Viereckschen Gründung des Witzblattes *"Der Süddeutsche Postillon"*. Max Kegel (1850-1902) war ein alter Eisenacher und gewesener Redaktor bei Parteiblättern in Dresden und Chemnitz, z. B. beim *"Nussknacker"*, dem ersten sozialistischen Witzblatt Deutschlands. Später hatte er die satirische Zeitschrift *"Hiddigeigei"* gegründet, die dann 1881 der Zensur zum Opfer fiel. So war er der geeignete Mann zur Leitung eines neuen *"humoristisch-satirischen Arbeiterblattes"*, wie der Untertitel des *"Süddeutschen Postillon"* lautete.

Die erste Nummer des *"Süddeutschen Postillon"* kam am 30. Januar 1882 als Beilage zum Feuilleton der *"Süddeutschen Post"* heraus, und seit Januar 1883 erschien er als vierseitiges Wochenblatt und Beilage nicht nur zur Münchner Stammzeitung, sondern auch zu anderen, vorwiegend sächsischen und thüringischen Blättern des Viereckschen Presseimperiums. Weil die meisten dieser Mantelblätter bald wieder unterdrückt wurden, erschien der *"Süddeutsche Postillon"* seit dem 15.Oktober 1884 als selbständiges achtseitiges Monatsblatt.[1]

War Bruno Schoenlank schon 1885 nach Nürnberg und später nach Berlin gegangen, so verliess Max Kegel den Münchner Verlag Vierecks 1888 und ging zur Konkurrenz als Redaktor

---

1) Zur Geschichte des *"Süddeutschen Postillon"* vgl. die bereits zitierte Arbeit Klaus Völkerlings: Die politisch-satirischen Zeitschriften ..., passim.

des bei Dietz erscheinenden *"Wahren Jacob"*, des anderen unter dem Sozialistengesetz überlebenden Witzblattes der deutschen Sozialdemokratie, das den grösseren kommerziellen Erfolg hatte als der *"Süddeutsche Postillon"* und organisatorisch enger an die Partei angeschlossen war als das Produkt aus dem Hause Vierecks. [1]

Auch sein 1884 errungenes Reichstagsmandat hatte Louis Viereck keineswegs die allseitige Anerkennung in der Partei eingebracht. Vierecks Lage in der Partei wurde bald schon noch prekärer: Nach dem Verlust seines Reichstagsmandats in den für die Sozialdemokraten schlecht verlaufenen Wahlen von 1887 wurde er im selben Jahr auch noch vom Parteikongress in St.Gallen, den er boykottierte, schwer gerügt. Dermassen in seinem Wirkungskreis eingeschränkt, redigierte Viereck von 1888 bis 1890 den *"Süddeutschen Postillon"* selbst. Schliesslich kehrte Viereck, der ursprünglich Medizin studiert hatte, der Politik den Rücken und wandte sich der Naturheilkunde zu; später ging er nach Amerika.

Am 3.Dezember 1889 verkaufte Viereck alle seine politischen Zeitungen samt Verlag seinem langjährigen Drucker Maximin Ernst, der dann im Januar 1890 interimistisch selbst die Redaktion des *"Süddeutschen Postillon"* übernahm.

Man kann sich leicht vorstellen, dass der vielbeschäftigte Drucker, der nach der Aera Viereck zum roten Pressezar Münchens avanciert war, gelegentlich an den Grenzen seiner Arbeitskraft anlangte. Obwohl er bei der Redaktion des

---

1) Vgl.S. 36 dieser Arbeit.

"*Süddeutschen Postillon*" auf bewährte Mitarbeiter zurückgreifen konnte, hielt er bald Ausschau nach neuen Kräften. Das war die Stunde des jungen Buchhalters Fuchs.

1.2.2. Vom Buchhalter zum Redaktor

Fuchs wurde bald zum gelegentlichen Mitarbeiter am "*Süddeutschen Postillon*", plazierte ab und zu eigene kleine Beiträge [1] und half Ernst bei der Redaktionsarbeit aus. So übernahm er einmal aushilfsweise den Umbruch einer Nummer. [2]

Den Durchbruch für die Zusammenarbeit zwischen Ernst und Fuchs brachte die Maifestnummer 1892. Ernst konzentrierte sich dabei ganz auf die damals noch keineswegs gängige Technik des Vierfarbendrucks, mit der er schon vorher gelegentlich experimentiert hatte und dank der es der "*Süddeutsche Postillon*" recht schnell zu einer beachtlichen Farbenpracht bei präzisen Konturen - in der Frühzeit dieser Technik ein wesentlicher Punkt - bringen sollte. [3]

---

1) Vgl. S.232 dieser Arbeit.

2) Walter Benjamin: Eduard Fuchs..., op.cit., p.470
   Aus einer etwas verschwommenen Erinnerung heraus sind diese Vorgänge leicht abweichend auch beschrieben in den "*Erinnerungen an Eduard Fuchs*" im Zürcher "*Volksrecht*", die vermutlich von Fritz Brupbacher stammen (Sonntagsbeilage, 22.6.1940).

3) Maximin Ernst war trotz seiner anderen Begabungen - Gedichte und Prosa zu schreiben fiel ihm leicht - Drucker mit Leib und Seele. Es ist kein Zufall, dass später der Druck der "*Iskra*", des berühmten Bolschewistenblattes, von Lenin in seine Hände gelegt wurde, musste diese doch zu Schmuggelzwecken in einem technisch nicht anspruchslosen Verfahren in kleinem Format mit kleinsten Typen auf dünnstes Zigarettenpapier gedruckt werden. Dass Fuchs wohl mehr an der Seite seines Münchner Prinzipals Ernst als während seiner Lehrzeit in einer Stuttgarter Druckerei sich jenes Fachwissen holte, das die drucktechnische Perfektion seiner späteren kulturgeschichtlichen Werke erklärt, steht zu vermuten.

Eduard Fuchs hatte dafür freie Hand bei der redaktionellen
Gestaltung dieser Festnummer. Sie wurde sein journalistisches Meisterstück. *"Sechzigtausend Exemplare wurden verkauft gegen zweieinhalbtausend im Jahresdurchschnitt."* [1]

Bald darauf erscheint dann Eduard Fuchs offiziell als
verantwortlicher Redaktor neben dem Herausgeber Ernst
im Impressum.

1.2.3. Auf der Walz

Der schnelle Aufstieg von Fuchs hat bei allem Tempo auch
etwas durchaus Traditionelles an sich. Der anarchistische
Stuttgarter Lehrling wurde zum schon etwas gesetzteren
Genossen der Münchner Buchhalterjahre, die man gewissermassen als seine Gesellenzeit in der sozialdemokratischen
Presse bezeichnen könnte. In dieser Zeit, bevor er zum
Herrn und Meister in der Redaktionsstube bestallt wurde,
ging er sogar nach gutem altem Brauch auf die Walz.

1891 unternahm Fuchs eine Wanderung durch die Schweiz
nach Italien. Benjamin hat in Stichworten festgehalten,
was ihm Fuchs über vierzig Jahre später davon erzählte:
*"1891 Italienwanderung in Fussmärschen bis zu 71 km im
Tag. Fuchs kam bis Pästum. Ohne Baedeker. Er hielt sich
an das Augenfällige, zumal Bauten. Er lernte die Not des
italienischen Volkes kennen. 1 Lira für Nachtquartier
war eine grosse Ausgabe. Kleines Bekenntnis:*
> *Bezüglich der Kunst, gesteh ich euch ein,*
> *Bin ich ein grosser Simpel.*
> *Wo andere begeistert schrei'n*
> *nenn ich es ein altes Gerümpel."* [2]

---

1) Walter Benjamin: Eduard Fuchs ... , op.cit., p.470

2) Walter Benjamin: Gesammelte Schriften, Anmerkungsband II/3, op.cit.,
   p.1358

Aehnliche Reisen machte Fuchs auch in seiner späteren Redaktionszeit noch, so z.B. unternahm er 1895, ein knappes Jahr vor seiner Hochzeit, als Ebenbild einer ständigen Kolumnenfigur im *"Süddeutschen Postillon"*, nämlich des Tippelbruders Straubinger, eine letzte Fussreise in junggesellenhafter Freiheit durch den Balkan bis in die Türkei.[1]

1.2.4. Heirat

Die steile Karriere des Linksradikalen Fuchs im sozialdemokratischen Pressewesen Münchens ging übrigens unter dem wohlwollenden Auge des unbestrittenen Oberhaupts der bayrischen Sozialdemokratie, des langjährigen Reichstagsabgeordneten Georg von Vollmar vor sich, wie aus ihrer Korrespondenz ersichtlich ist.

Nachdem Fuchs Vollmar bereits die Anzeige seiner Verlobung mit der Stuttgarterin Frida Schön geschickt hatte, schrieb er auf dessen Antwort folgende Zeilen, die von einem ausgesprochen herzlichen Verhältnis der beiden zeugen:
"Werter Genosse Vollmar!
Ich danke Ihnen sowie Ihrer Frau Gemahlin bestens für Ihre liebenswürdigen Glückwünsche. Die Hochzeit ist für Ostern geplant.(...)Die Fortschritte in Ihrer Kur freuen mich ausserordentlich, ich habe schon

---

[1] Mit Datum vom 17.7.1895 vermerkt der bereits erwähnte Münchner Meldebogen, a.a.O.: *"bis 1.X.95 Oesterreich, Rumänien, Serbien, Bulgarien, Türkei"*.

zu Grillo (d.i. Karl Grillenberger, 1848-1897, ein anderer bayrischer Reichstagsabgeordneter) *und Ernst gesagt, dass wir an dem Tage, da Sie wieder völlig gesund sind, eine Hochgebirgstour machen auf eine hohe Spitze und dort wird dann eine rote Flagge gehisst - und wenns mitten im Winter ist."* [1)]

Es ist nicht bekannt, ob es zu diesem Personenkult im Hochgebirge dann wirklich gekommen ist. Sicher ist nur, dass Fuchs und seine spätere Frau Frida tatsächlich begeisterte Berggänger waren, existiert doch eine Zeichnung von Max Slevogt, welche zeigt, wie Fuchs *"mit seiner Füchsin Bergtouren"* macht.[2)]

Zur Heirat zwischen Fuchs und Füchsin sei hier noch nachgetragen, dass sie wohl nur in Form einer Ziviltrauung stattfand, hat doch Eduard Fuchs 1893 seinen Austritt aus der evangelischen Landeskirche vollzogen.[3)]

1.2.5. Politisch-organisatorischer Rahmen und Spielraum

Dass für Fuchs das mit solchen Schmeicheleien gepflegte gute Verhältnis zu Vollmar von grossem Vorteil war, ist klar. Umgekehrt kam es auch dem seinerseits innerhalb der Partei keineswegs links stehenden Vollmar gelegen, mit der Hilfe des radikalen Aktivisten aus Stuttgart den *"Süddeutschen Postillon"* vom Ruch seiner rechtslastigen Vergangenheit unter Viereck zu befreien.

---

1) Das Original dieses Briefs vom 30.9.1895 befindet sich zusammen mit einigen andern Briefen und Karten von Fuchs an Vollmar im Nachlass Vollmars am Internationalen Institut für Sozialgeschichte, Amsterdam, Signatur V 664.

2) Johannes Guthmann: Scherz und Laune, Max Slevogt und seine Gelegenheitsarbeiten, Berlin 1920, p.112

3) Vgl. die biografische Notiz zu Fuchs bei Beisswanger, op.cit., p.98

Fuchs hatte in dieser Konstellation den nötigen Freiraum, um den *"Süddeutschen Postillon"* zum innerhalb des Parteispektrums links von der Mitte angesiedelten *"schneidigsten, schärfsten Arbeiter-Witzblatt"* [1] zu machen.

Diese kecke Selbstbeurteilung, die für die Aera Fuchs des *"Süddeutschen Postillon"* durchaus zutrifft, hat natürlich auch eine deutliche Spitze gegen das andere deutsche Arbeiter-Witzblatt der Zeit, gegen den *"Wahren Jakob"*, der tatsächlich oft rechtsstehende, revisionistische Tendenzen in der Partei zum Ausdruck brachte und entsprechend weniger angriffig-satirischen Schwung hatte. [2]

Aber auch abgesehen von diesen politischen Differenzen muss es den Stuttgarter und Wahlmünchner Fuchs immer ein bisschen geärgert haben, dass die Konkurrenz aus dem Hause Dietz im heimatlichen Stuttgart nicht nur ökonomisch erfolgreicher war, sondern auch den Segen der Parteileitung eher hatte als der *"Postillon"* - was allerdings mit ersterem zusammenhing, war doch der *"Wahre Jakob"* stets eine ergiebige Finanzquelle der Partei. [3]

Fuchs bemühte sich deshalb immer, den parteioffiziellen Charakter sowie die nunmehr - nach dem Abgang Vierecks - korrekte Linie des *"Süddeutschen Postillon"* zu betonen.

---

1) Selbstanzeige in der Beilage zur Nr.25/1898, p.213
2) Vgl.Völkerling, Die politisch-satirischen ..., op.cit., p.50 u.passim
3) Der langjährige Redaktor des *"Wahren Jakob"*, Friedrich Wendel, schrieb in der Festschrift *"50 Jahre Wahrer Jakob"*, Berlin 1929, p.2, dass das Blatt unter dem Sozialistengesetz *"erkleckliche Ueberschüsse brachte, die den grossartigen Ausbau des Buch-Verlages zum Teil überhaupt erst ermöglichten"*. Auch in späteren Jahren machte der *"Wahre Jakob"* grosse Gewinne, die z.T. der Partei direkt zuflossen, vgl. Völkerling, Die politisch-satirischen..., op.cit. p.28 f.

1.2.6. Auftritt am Parteitag

Diese Thematik dominiert auch die Replik von Fuchs auf die Kritik, welche die Genossen vom *"Hamburger Echo"* der Maifestnummer 1894 des *"Süddeutschen Postillon"* hatten widerfahren lassen.

Diese Kritik aus Hamburg hat eine Vorgeschichte, die in der Polemik selbst mit keiner Zeile erwähnt wird. Fuchs hatte es nicht nur in der sozialdemokratischen Presse, sondern auch in der sozialdemokratischen Parteiorganisation Münchens rasch weit gebracht. Im *"Protokoll über die Verhandlungen des Parteitages der S.P.D. zu Köln a.Rh. vom 22.-28.Okt.1893"*, das noch im selben Jahr in Berlin erschien, wird *"Fuchs, Ed."* als Vertreter des Münchner Wahlkreises Rosenheim und auch gleich als Redner erwähnt.

Diese erste und letzte Aeusserung des dreiundzwanzigjährigen Neulings in dieser illustren Runde ist es wert - und sei es nur wegen ihrer selbstbewussten Unverschämtheit - ungekürzt wiedergegeben zu werden:
"Fuchs-München geht zunächst auf die 'Neue Welt' ein, in deren Leitung und Haltung er jeden Fortschritt vermisst. Namentlich seien die Illustrationen nichts wert und für ein Arbeiterblatt nicht geeignet. Es fehle nicht an Kräften für eine wirklich tüchtige Redaktion; da seien doch Leute vorhanden, wie Karl Henckell und Leopold Jacoby, warum wende man sich nicht an die? Ein Blatt von einer Auflage von 200 000 müsste Besseres leisten, unzweifelhaft leiste der Münchner 'Postillon' mit seinen 40 000 Abonnenten mehr. (Zurufe). Für das in Aussicht genommene Wochenblatt sei eine sehr tüchtige Kraft Dr.Lux-Magdeburg, ferner seien als Mitarbeiter vorzüg-

lich geeignet Schippel für Statistik, Schönlank für Theoretisches, ausserdem Wurm, Legien, Stern und Closs in Stuttgart; von Auswärtigen würden sich Henkell, Leo Frankl, Wassilieff und Steck-Bern, Lang-Zürich, Aveling und Bernstein-London, Löwenfeld-München gern zur Mitarbeit bereit finden lassen." [1)]

Wie aus dieser Mitschrift der Fuchsschen Parteitagsrede zu Köln ersichtlich ist, prahlte er dort nicht nur mit dem von ihm redigierten Blatt, sondern renommierte auch mit allen ihm noch so oberflächlich Bekannten mit klingendem Namen: Mit den Dichtern Henkell und Jacoby, mit den Reichstagsabgeordneten Schippel, Schönlank und Wurm, mit seinem Stuttgarter Mentor Stern - immerhin ein Verfasser zahlreicher Parteibroschüren [2)] - , mit dem Stuttgarter Gewerkschaftsführer Kloss und mit dem späteren ersten Vorsitzenden des Allgemeinen Deutschen Gewerkschaftsbundes Legien, mit dem internationalistischen Pariser Kommunarden Frankel, mit dem damals noch in allen Kreisen der Partei viel geltenden Bernstein, mit den führenden Schweizer Genossen Steck und Lang, mit dem später von ihm selbst juristisch in Anspruch genommenen Münchner Rechtsanwalt Löwenfeld und auch mit dem damals noch hoch im Kurs stehenden Edward Aveling, der später Marx' Tochter Eleanor in den Selbstmord trieb.

Wie verfehlt diese grosssprecherische Aufzählung war, geht allein daraus schon hervor, dass von den genannten Parteigrössen nur gerade Jacoby, Lux und Stern zur Zusammenarbeit

---

1) Protokoll über die Verhandlungen des Parteitages der S.P.D. zu Köln (...) 1893, Berlin 1893, p.112 f.

2) Stern hatte bis zu diesem Zeitpunkt im Dietz-Verlag Stuttgart folgende Schriften veröffentlicht:*"Die Religion der Zukunft"* (1883), *"Der Einfluss der sozialen Zustände auf alle Zweige des Kulturlebens"* und *"Halbes oder ganzes Freidenkertum"* (beide 1888), *"Thesen über den Sozialismus"* (1889), sein Hauptwerk *"Die Philosophie Spinozas"* (1890) und ein Lustspiel des Titels *"Die Bismarckspende"* (1891).

mit Fuchs bereit waren.[1]

Schon auf dem Parteitag war Fuchs aus Hamburg, dem Erscheinungsort des von ihm kritisierten *"Neue-Welt-Kalenders"*, harsch entgegnet worden.[2]

Die eigentliche Retourkutsche war aber erst die Kritik der Hamburger Genossen an der Maifestnummer 1894 des *"Süddeutschen Postillon"*, der wir uns nun mit genauerem Verständnis ihres Hintergrundes zuwenden können.

Ich zitiere zunächst aus der Rekapitulation, die Fuchs im *"Postillon"* von der Kritik der Hamburger gibt. Die Hamburger, so beklagt er sich, lobten *"in überschwenglicher Weise den 'Wahren Jacob', um gleich nach dieser etwas aufdringlichen Lobhudelei den 'Süddeutschen Postillon' um so grausamer abfallen zu lassen"*. Sie tadelten ferner, so fährt Fuchs fort, *"die höchst unkünstlerische Verschwendung greller Farben"*, und überdies solle die in den Illustrationen des von Fuchs redigierten Blatts zum Ausdruck kommende Auffassung der sozialen und politischen Fragen *"noch sehr der Läuterung bedürfen"*.[3]

Gegen diesen Angriff, der natürlich auch den Drucker und Herausgeber Ernst schwer treffen musste, verteidigt sich *"die Redaktion des Südd.Postillons"*, also Eduard Fuchs, etwas kleinlaut:

"Wir wissen es wohl, dass in verschiedenen Kreisen der Partei eine gewisse Voreingenommenheit gegen uns besteht, die noch aus früheren Jahren datiert, als andere Leute an der Spitze des Blattes standen. Diese Abneigung mag damals vielleicht berechtigt gewesen sein, sie darf aber doch keinen Grund bilden, über das Blatt nun ein für allemal den Stab zu brechen. Seit zwei Jahren

---

1) Vgl. S.264, 296 dieser Arbeit.
2) Vgl. *"Protokoll ..."* des Kölner Parteitags der SPD, op.cit., p.122f.
3) No.15/1894 des *"Süddeutschen Postillon"*.

*macht der 'Postillon' die grössten Anstrengungen, sich
nach jeder Richtung hin zu vervollkommnen, und er hat
zweifellos in dieser Zeit vieles erreicht, aber noch
immer halten es gewisse Parteiphilister für angebracht,
das Blatt geringschätzig zur Seite zu legen (...). Da
wird uns immer der 'Jacob' als Muster vorgehalten. Ja,
ein Blatt mit 200 000 Abonnenten kann natürlich technisch grössere Aufwendungen machen als ein Blatt mit
40 000, aber ist das ein Grund, das letztere zu verur-
teilen?"* [1]

Diese mit einigem z.T. selbstverschuldetem Hick-Hack
verbundene innerparteiliche Konkurrenz war aber nicht
die einzige, die dem *"Postillon"* und dessen Redaktor
schwer zu schaffen machte.

1.2.7. Linksbürgerliche Konkurrenz auf dem Platz München

Die wenig später entstehende liberale Konkurrenz
auf dem Sektor der illustrierten satirischen Blätter
erwies sich bald als noch gefährlicher. Es handelte
sich dabei um den vom Verleger Albert Langen 1896
gegründeten legendären *"Simplicissimus"*, der praktisch vom Start weg zum deutschen Witzblatt par excellence wurde, sowie das ebenfalls in der Mitte der
neunziger Jahre von Georg Hirth gegründete Blatt
"Die Jugend", dessen Illustrationen von hohem künstlerischen Rang den Anlass zur Bildung des Begriffs
"Jugendstil" boten.

---

[1] ebda. No.15/1894

Der rasante Start und der schnelle Aufstieg des "*Simplicissimus*" [1] ermöglichten es diesem Blatt, mit der grösseren Kelle anzurichten. Etliche Zeichner, die Fuchs für den "*Süddeutschen Postillon*" entdeckt hatte, wanderten recht bald zur bürgerlichen, besser zahlenden Konkurrenz ab. [2]

Hinzu kam, dass Fuchs diese Konkurrenz keineswegs einfach als ein Sprachrohr der herrschenden Klasse abtun konnte. Genauso wie beim "*Süddeutschen Postillon*" wurden auch Herausgeber und Redakteure des "*Simplicissimus*" sehr häufig als Opfer der Zensur vor die Justiz gezogen. [3] Und genauso wie der "*Süddeutsche Postillon*" prangerte auch der "*Simplicissimus*" den preussischen Militarismus und die übrigen reaktionären Elemente des Kaiserreichs scharf an. Oft taten dies die Zeichner und Texter des "*Simplicissimus*" - man denke nur etwa an den brillanten Th.Th.Heine - sogar schärfer und pointier-

---

1) Aus der von Jahr zu Jahr getreulich nachgeführten "*Statistik der politischen Presse*" der k.bayr.Polizeidirektion (Original im Staatsarchiv München, Sign. Polizeidirektion 1046) geht hervor, dass der "*Simplicissimus*" im zweiten Jahr seiner Existenz eine über 300%ige Auflagensteigerung (1897: 18000; 1898: 60000) erlebte, während für den "*Süddeutschen Postillon*" das Gründungsjahr des "*Simplicissimus*" einen empfindlichen Rückschlag brachte (1896: 43000; 1897: 40000).

2) So z.B. J.B.Engl und der bekanntere Bruno Paul. Gewissen Lesern des "*Simplicissimus*" waren sie dementsprechend nicht fein genug; Georg Hermann bemerkt in seiner Schrift:"*Der Simplicissimus und seine Zeichner*", Berlin o.J.(1900), p.31 zu Engl: "*Beim Publikum mag er sich grosser Beliebtheit erfreuen, dem Simplicissimus als einem moderneren Organ gereicht er nicht zur Ehre; denn es fehlt ihm jede Vornehmheit.*"

3) Vgl. hiezu die angeführte "*Statistik der politischen Presse*", a.a.O., die alle derartigen Vorkommnisse akribisch auflistet.

ter als die Gestalter des *"Süddeutschen Postillon"*.
Es kam hinzu, dass der *"Simplicissimus"* kein Parteiorgan war und demzufolge nicht nur in der Kritik frei und nicht an ein Programm gebunden war, sondern auch keine propagandistischen Aufgaben hatte. Die Kritik des *"Simplicissimus"* konnte treffender und vernichtender sein, weil sie nicht gleichzeitig auch aufbauend sein musste.

Fuchs selbst sah das sehr genau und schrieb später in seiner *"Karikatur der europäischen Völker"* folgendes:
"So verhältnismässig gross (...) die Pflege der politischen Karikatur innerhalb der deutschen sozialdemokratischen Partei ist (...), so darf man doch nicht verschweigen, dass (...) noch nicht entfernt alle ihre Mittel und Wirkungsmöglichkeiten ausgenützt" werden.
"Das liegt natürlich vor allem im Charakter der ganzen Bewegung begründet, die immer noch derselbe Grundzug durchzieht, der ihren utopistischen Anfängen zu eigen war. Aus diesem Grunde spielt z.B. die pathetische Allegorie eine überwiegend grosse Rolle in der Karikatur, im Vergleich zur scharf satirischen Wirklichkeitssatire." [1)]

1.2.8. Fuchs und die Schwabinger Bohème

Der Erfolg dieser linksbürgerlichen Konkurrenzblätter muss Fuchs nicht nur deshalb geärgert haben, weil er ein Mitgrund zum Krebsgang der Auflagenziffer des *"Süddeutschen Postillon"* war, sondern auch deshalb, weil er

---

1) Eduard Fuchs: Die Karikatur der europäischen Völker, Bd.II, Berlin o.J.(1903), p.482 f. Ausgehend von diesen Worten von Fuchs gibt Knut Hickethier in seinem Artikel *"Karikatur, Allegorie und Bilderfolge"*, der ziemlich ausführlich auf den *"Süddeutschen Postillon"* eingeht und Fuchs oft zitiert, eine ausführlichere Analyse der sozialdemokratischen Allegorien (a.a.O., p.128 ff.).

selbst der Schwabinger Intelligenz, die das Stammpublikum der "Jugend" und des "Simplicissimus" bildete, fast näher stand als dem proletarischen Zielpublikum des "Süddeutschen Postillon". Auch das hat Fuchs im Rückblick selber gesehen, er schrieb an derselben Stelle weiter,

"dass der Arbeiter wenig Sinn für Humor hat. Dieser fehlt ihm deshalb, weil der Kampf, den er zu führen hat, ungemein schwer ist, sein Leben verläuft in der Mehrzahl der Fälle ernst, man kann sogar sagen, tragisch. Das ist nicht die Stimmung, die besonders förderlich auf die Entwicklung der Karikatur einwirkt." [1]

Es ist mir nicht gelungen, irgendein Zeugnis einer praktischen politischen Betätigung von Fuchs in Münchner Partei- und Gewerkschaftskreisen zu finden, die über seinen Redaktorposten hinausging - mit Ausnahme seines unrühmlichen Auftritts am Parteitag und eines nicht viel rühmlicheren, dafür um so handfesteren praktisch-politischen Streithandels.[2] Vielmehr verbrachte

---

1) op.cit., p.483
2) In der No.26/1898 des"Süddeutschen Postillon" findet sich eine Art Comic in der Form eines illustrierten Gedichts, das kundtut, dass Fuchs mit dem Schankwirt Gilch, der eben ein Plakat für den als Reichstagsabgeordneten für München I kandidierenden Birk abreissen wollte, eine Schlägerei anfing, und das unmittelbar vor dem Augustinerbräu, offenbar der Stammkneipe Fuchsens.
"Am Münchner Augustinerbräu
Geschah die Schandtat ohne Scheu,
Da hat der Fuchs den Gilch gehau'n.
Es war erschrecklich anzuschau'n."
Fuchs wurde zu 30 M.Busse bzw.6 Tagen Haft verurteilt.
"Dem Fuchs zwar ist dies ganz egal,
Denn brummt z e h n M o n d e er einmal,
Brummt er auch die sechs Tage noch -
Der Gilch hat seine Watschen doch!"

Fuchs seine Freizeit in den Kreisen der Schwabinger Bohème. Nicht nur datiert seine Freundschaft mit Max Slevogt aus der Münchner Zeit;[1] auch Dichter wie Oskar Panizza und Christian Morgenstern sowie andere Literaten gehörten zu seinem Bekanntenkreis. Auf seine Freundschaft mit Slevogt werde ich im Abschnitt Berlin näher eingehen.[2] Den genialen Nonsens-Dichter Morgenstern hier vorzustellen wäre verfehlt. Ein kleiner Exkurs über den weniger bekannt gewordenen Panizza ist aber auch deshalb angebracht, weil Fuchs Texte von ihm im *"Süddeutschen Postillon"* und später auch in seinen Büchern veröffentlichte.[3]

Panizza gehörte zu jenen Schwabinger Figuren, die - in der *"Gesellschaft für modernes Leben"* rund um diverse Salons locker organisiert - in Literatur und Praxis für eine freiere Einstellung gegenüber der Sexualität eintraten, als dies die zeitgenössische herrschende Moral empfahl. Neben Panizza wäre da etwa auf die Gräfin von Reventlow und natürlich auf Frank Wedekind hinzuweisen. Von diesen Menschen empfing Fuchs ohne Zweifel einen Teil der moralkritischen Impulse, die in seine späteren sittengeschichtlichen und kunsttheoretischen Werke einflossen.[4]
Panizza war eine Art tragikomischer Held dieser Kreise. Der 1853 Geborene hatte, nachdem er zuerst Sänger werden wollte, in Medizin doktoriert und arbeitete auch kurze

---

1) Sie kannten sich seit 1893. Vgl. Katalog der Staatsgalerie Stuttgart, Neue Meister, Stuttgart 1968, p.174

2) Vgl. S. 109 ff. dieser Arbeit.

3) Vgl. S. 45 dieser Arbeit. Ebensogut könnte hier aber auch ein Exkurs über das Treiben und Schreiben *" meines frühverstorbenen Freundes, des Münchner Dichters Julius Brand"* (Eduard Fuchs: Geschichte der erotischen Kunst, Bd.II, München 1923, p.387) stehen.

4) Ein zeitgenössischer Beleg dafür ist wohl auch das in den 90er-Jahren bei M.Ernst in München herausgekommene Bändchen *"Gegen Prüderie und Lüge"* mit Beiträgen von Panizza, Otto Julius Bierbaum u.a., bei dem vermutlich Fuchs den Mittelsmann zwischen Autoren und Verleger spielte.

Zeit als Assistenzarzt in psychiatrischen Kliniken.
Wegen Differenzen mit Vorgesetzten gab er aber diesen
Beruf auf, um fortan von einer Jahresrente von 6000 RM,
die seine vermögliche Mutter ihm ausgesetzt hatte, als
Dichter zu leben.

Er verfasste überwiegend satirische Prosa, am liebsten
in Dialogform, wo ganz in der Art von Holz und Schlaf,
den Begründern des Naturalismus, die Satzfetzen nur so
fliegen, durchsetzt mit unzähligen Gedankenstrichen
und andeutungsvollen Pünktchen. Sein Werk richtet sich
hauptsächlich gegen die katholische Kirche sowie gegen
die bürgerliche Moral und deren Hüterin, die Justiz.

Panizzas Hauptwerk *"Das Liebeskonzil"* [1], das die
von Fuchs in seinem späteren Werk ebenfalls behandelten
Themen der lasterhaften Renaissancepäpste und der Verbreitung der Syphilis in dramatischer Form behandelt,
brachte ihm trotz der Sympathieerklärungen namhafter
Schriftsteller wie z.B. Theodor Fontane ein Jahr Gefängnis ein. Nach seiner Entlassung im Jahr 1896 hielt es
ihn nicht mehr lange in München.

In Zürich und Paris gab er seine *"Züricher Diskussionen"*
wiederum hauptsächlich moralkritischen Inhalts heraus,
fühlte sich aber zusehends verfolgt. In der Tat verwiesen ihn die Zürcher Behörden wegen seiner Liaison mit
einer minderjährigen Prostituierten [2] des Landes.
Zurück in München, verstärkten sich die Symptome seines
Verfolgungswahns, sodass er um Aufnahme - diesmal als
Patient - im Irrenhaus nachsuchte. Diesem Begehren wur-

---

1) In seiner *"Geschichte der erotischen Kunst"*, Bd.III, Berlin o.J.
(1926), p.316 ff., gibt Fuchs einen Auszug aus diesem Opus wieder
Seit kurzem ist das lange vergessene Werk als Taschenbuch greifbar.

2) *"Ein Liebesdialog im Geiste aller Zeiten zwischen Ella und Louis"*
aus *"Zwölf Dialoge im Geiste Huttens"* des nach Zürich Exilierten
ist das Echo dieser Verbindung im Werk Panizzas. Fuchs gab einen
Auszug daraus im *"Süddeutschen Postillon"* wieder und druckte den
ganzen Dialog im Ergänzungsband zum Band III der *"Illustrierten
Sittengeschichte"*, Berlin o.J. (1912), p.151 ff. ab.

de jedoch erst stattgegeben, als Panizza sich von der
Sanitätspolizei aufgreifen liess, nachdem er sich zu
diesem Zwecke, nur mit dem Hemd bekleidet, auf die
belebte Münchner Leopoldstrasse begeben hatte.
Bis zu seinem Tod, von 1905 bis 1921, lebte er in der
psychiatrischen Anstalt Herzogshöhe bei Bayreuth.
Männer wie Tucholsky und Benjamin hielten sein Andenken
hoch.[1] Auch Fuchs gedenkt des vergessenen und gescheiterten Freundes noch nach dessen Tod.[2]
George Grosz malte 1921 ein monumentales Gemälde mit
dem Titel *"Das Begräbnis des Dichters Oskar Panizza"*[3]
als würdigen Beschluss dieses bewegten Lebens. [4]

---

1) Tucholsky nennt Panizza in seiner Besprechung der Nr.5 der
   "Züricher Diskussionen" (*"Christus in psycho-patologischer
   Beleuchtung"*) einen *"Mann, weit stärker als Wedekind"*.
   (Die Rezension trägt den Titel *"Sprechstunde am Kreuz"*, entstand 1928 und ist greifbar in: Kurt Tucholsky, Gesammelte
   Werke, Bd.6, Reinbek b.Hamburg, 1975, p.336-341. Das Zitat
   findet sich auf p.341 a.a.O.)
   Ebenfalls in der Absicht der Rehabilitation dieses vergessenen
   Autors, dessen Werke von seinen Angehörigen unter Verschluss
   gehalten wurden, gestaltete Walter Benjamin 1930 für den Frankfurter
   Rundfunk einen Vergleich zwischen E.T.A.Hoffmann und Panizza.
   Er schrieb im Manuskript zu dieser Sendung:*"Zur Zeit befindet
   sich Panizzas Name und Werk in ebendem Zustand, der für Hoffmann
   mit der Mitte des vorigen Jahrhunderts begann und bis an die
   Jahrhundertwende dauerte. Er ist ebenso unbekannt wie verrufen.
   (...) Es gibt zwar seit dem vorigen Jahre eine Panizza-Gesellschaft, aber Mittel und Wege, die wichtigsten Schriften neu zu
   drucken, hat sie bisher noch nicht gefunden. Und das aus vielen
   Gründen, von denen vielleicht der wichtigste der ist, dass eine
   dieser Schriften heute genausogut wie vor 35 Jahren dem Staatsanwalt verfallen würde."*(Walter Benjamin, Gesammelte Schriften,
   op.cit., Bd.II/2, p.644 f.)

2) Fuchs schreibt im dritten Band seiner *"Geschichte der erotischen
   Kunst"* (op.cit., p.316) über ihn:*"Eine ungleich imponierendere
   Begabung"* als Sacher-Masoch *"repräsentiert der wenig bekannte,
   vor einigen Jahren im Irrenhaus verstorbene Oskar Panizza."*

3) Original in der Staatsgalerie Stuttgart

4) Vgl. zum Leben Panizzas den im *"Tages-Anzeiger"*, Zürich, vom
   26.4.1980 erschienen Artikel von Klaus Völker: *"Der Wahnsinn,
   wenn er epidemisch wird, heisst Vernunft", Ein heute wieder
   aktueller Oskar Panizza."*

Einen Monat nach der Verurteilung Panizzas wegen seines
"*Liebeskonzils*" organisierte der Kreis seiner Kumpane,
der schon vorher private Liebhaberaufführungen von in den
grossen Häusern nicht gegebenen Theaterstücken bewerk-
stelligt hatten, eine Vorstellung der damals noch nahezu
unbekannten Komödie "*Leonce und Lena*" von Georg Büchner.
Eduard Fuchs, der ungefähr gleichzeitig (ebenfalls 1896)
den "*Hessischen Landboten*" Büchners herausgab, spielte
dabei mit.[1]

War Oskar Panizza während seines Prozesses und seiner ein-
jährigen Haftzeit der tragische Held dieser Kreise, der
eingekerkerte Kämpfer für die Freiheit der Feder, so übernahm zwei Jahre später Fuchs diese Rolle. Ein Echo der
Gloriole im Schwabinger Kreis, die Fuchs seinen dritten
längeren Gefängnisaufenthalt versüsste, ertönt im Brief
Christian Morgensterns an Panizza vom 14.Juni 1899. Morgenstern schreibt am Ende des Briefes:

"*Der lange Eduard Fuchs, der 10 Monate wegen Majestätsbeleidigung im Nürnberger Zellengefängnis gehockt hat,
ist am 10.Juni wieder in die deutsche 'Freiheit' zurückgekehrt. Er soll es gut überstanden haben.*" [2]

---

1) Vgl. zu dieser Herausgebertätigkeit S. 299   dieser Arbeit.
Nähere Angaben zu den unzensierten Liebhaberaufführungen dieses
Kreises um Ernst von Wolzogen und Max Halbe (1865-1944), dem Haupt
des Münchner Naturalismus, in Gerdi Huber: Das klassische Schwabing,
op.cit., p.121 f.   In den offiziellen Theatern wurde "*Leonce und
Lena*" erst nach 1912 aufgeführt.

2) Original in der Handschriften-Abteilung der Stadtbibliothek München.

1.2.9. Wieder im Gefängnis

Ich werde später auf den Artikel eingehen, der Fuchs diese neue Gefängnisstrafe - wieder einmal wegen Majestätsbeleidigung - einbrachte.[1]

Hier greife ich nur einige biografisch bedeutsame Einzelheiten aus den Gerichtsakten zu diesem Prozess heraus. In dem bereits einmal erwähnten *"Vermögens-Zeugnis"* [2] heisst es: *"Der Angeklagte besitzt kein Vermögen und hat in Zukunft kein solches zu erwarten. Jährlicher Verdienst als Redakteur 2000 M."* [3] Was die Vermögensprognose angeht, so haben sich die Untersuchungsbeamten gründlich geirrt - Fuchs wurde in seiner Berliner Zeit zu einem reichen Mann - doch bezogen sie sich natürlich auf ein allfällig zu erwartendes Erbe. Immerhin gibt die Verdienstangabe den Rahmen für Fuchs' Lebenshaltung an.

Im selben Aktenstück ist ferner vermerkt, dass Fuchs militärfrei war. Zum Zivilstand steht zu lesen: *"verheiratet; hat ein Kind im Alter von 8 Monaten"*.[4] Es handelt sich dabei um die am 15.5.1897 geborene Gertraud, sein einziges Kind. Die Trennung von Frau und Kind, welche diese neuerliche Gefängnisstrafe mit sich brachte, fiel Fuchs sicherlich nicht leicht. Dass aber diese Haftzeit seine moralkritischen Gedanken so direkt auf seine doch erst mehr als 10 Jahre später verfasste *"Sittengeschichte"* hin zugespitzt hätte, wie es Fritz Brupbacher, der mutmassliche Verfasser der *"Erinnerungen an Eduard Fuchs"* (1940 im Zürcher *"Volksrecht"* erschienen)[5] behauptete, scheint mir eher unwahrscheinlich. Es heisst

---

1) Vgl. S. 260f. dieser Arbeit
2) A.a.O.   3) A. a. O.   4) A. a. O.
5) op.cit. Zur Person Brupbachers und dessen Freundschaft mit Fuchs vgl. S. 2o1ff.dieser Arbeit.

dort:

"*Als linksgerichteter Publizist hat Fuchs früh Bekanntschaft mit dem Gefängnis gemacht und einmal sogar wegen tätlicher Beleidigung eines Polizisten während einer Demonstration eine längere Freiheitsstrafe absitzen müssen. Diese Zeit war entscheidend für sein ganzes Leben. Jung verheiratet, von Frau* (sic) *mit einem eben geborenen Kinde getrennt, hat der freiheitsdurstige Mensch auch die sexuelle Not des Sträflings kennengelernt und es war ihm genügend Zeit gegeben, über die Verlogenheit der menschlichen Gesellschaft in bezug auf die sexuelle Frage nachzudenken. So kam er zur Idee einer Sittengeschichte.*" [1]

In diesen "Erinnerungen an Eduard Fuchs" wird der Majestätsbeleidigungsprozess von 1898 nicht nur mit Fuchs' Streithandel mit dem Schankwirt Gilch vor dem Augustinerbräu verwechselt,[2] sondern, wie aus der Fortsetzung hervorgeht, auch noch in die Stuttgarter Zeit verlegt.[3]

So falsch es also ist, diesen längsten und letzten Gefängnisaufenthalt von Fuchs zu dem für sein späteres Werk konstituierenden Ereignis machen zu wollen, ebenso falsch wäre es auch, den leichtfertigen Ton ganz für bare Münze zu nehmen, in dem der *"Süddeutsche Postillon"* die Entlassung seines Redakteurs feierte: Ueber zwei volle Seiten hinweg bildete er Fuchs ab, wie er auf dem Signet der Zeitschrift, einem geflügelten Bierhumpen, im Triumph über die Gefängnismauern hinweg heimzu fliegt. Dabei wird Fuchs - frei nach Goethe - als dringendster erster Wunsch der Stossseufzer in den Mund gelegt: "*Gebt mir eine Mass Löwenbräu! Himmlische Luft! Freiheit! Freiheit!*" [4]

---

1) a.a.O.   2) vgl. S. 43   dieser Arbeit.

3) Es heisst unmittelbar anschliessend:"*Wieder in Freiheit, zog er nach München*".(ebda.)

4) No.12/1899. Vgl. die letzten Worte des Götz von Berlichingen im Drama Goethes: "*Gebt mir einen Trunk Wasser! Himmlische Luft! Freiheit! Freiheit!*"

Die Sorge um Frau und Kind musste Fuchs in seiner Gefängniszeit nicht allzusehr drücken, stand doch sein Arbeitgeber Ernst fest hinter ihm. Und im vorübergehend männerlosen Fuchsschen Haushalt sorgte seine Schwester Rosa, die als das andere schwarze Schaf der Familie mit ihrem bereits am 26.2.1891 geborenen unehelichen Sohn Theodor in Wohngemeinschaft mit der Familie ihres Bruders lebte, dafür, dass Frida Fuchs Gesellschaft und Hilfe bei der Kinderpflege hatte. Die Sippe Fuchs konnte sich sogar eine Haushalthilfe leisten, die Magd Crescenz Mack. [1]

Aber Fuchs, nunmehr bereits ein alter Hase im Strafvollzug, ging dennoch nicht in heldischer Pose als Märtyrer für die Pressefreiheit geradewegs ins Zellengefängnis Nürnberg. Nur schon die Tatsache, dass er gerade dort landete und nicht im Zuchthaus, ist eine Folge seiner wohlüberlegten Vorbereitungen zum Strafantritt.

Unter dem Vorwand einer Neurasthenie (Nervenschwäche) liess sich Fuchs vom Nervenarzt Dr.Franz C.Müller Arztzeugnisse schreiben, aufgrund deren er - zum Zwecke einer *"Kaltwasserkur"* in Thalkirchen unmittelbar bei München *"mit anschliessendem Gebirgsaufenthalt"* [2] - nicht nur den Strafantritt auf den 10.August 1898 [3]

---

[1] Die Wohngemeinschaft mit Rosa Fuchs sowie der Name der Magd gehen aus Post-Zustellungsurkunden hervor, auf denen der Name der im gleichen Haushalt lebenden Personen, die in Fuchs' Abwesenheit Gerichtsakten in Empfang nahmen, vermerkt ist. Originale im Staatsarchiv München, Signatur St.Anw.7195
[2] Arztzeugnis von Dr.Müller vom 5.4.1898, Original im Staatsarchiv München, Signatur St.Anw.7195
[3] Und zwar am *"Nachmittag, 5^{25}"* Uhr, wie das Eintrittsformular No.10446 der Königl.Verwaltung des Zellengefängnisses Nürnberg mit Akribie vermerkt. Original im Staatsarchiv München, Signatur St.Anw.7195

hinausschieben konnte, sondern die ihm auch zum Vollzug in Einzelhaft verhalf - *"bei mässiger geistiger Beschäftigung"*,[1] wie der Nervenarzt der Vollzugsbehörde geraten hatte.

So brachte Fuchs diese zehn Monate mit Uebersetzungen aus dem Französischen[2], der Abfassung seines Vorworts zum von ihm neu herausgegebenen *"Sonnenstaat"* des Tommaso Campanella [3] sowie mit Vorarbeiten zu seinen ersten kulturhistorischen Arbeiten [4] zu.

Die letzte Zeit beim *"Süddeutschen Postillon"* von der Entlassung aus dem Gefängnis bis zur Entlassung als Chefredaktor - von welch letzterer gleich die Rede sein wird - brachte Fuchs dann noch einmal eine Gerichtsaffäre [5], die aber günstig ausging und mit einem Freispruch endete.

1.2.10. Der Abgang aus München

In den letzten Jahren beim *"Süddeutschen Postillon"* zeigt sich eine gewisse Verschiebung des Schwerpunkts von Fuchs' Arbeit: Weg von der Aktualität, weg vom redaktionellen Kleinkram, weg von den ständigen humoristischen Rubriken hin zur Plazierung von immer längeren Artikeln zu hauptsächlich kunsthistorischen, aber auch anderen Themen, die man in einem Witzblatt eigentlich nicht erwarten würde.[6]

---

1) Arztzeugnis vom 12.7.1898, Original a.a.O.
2) Vgl.S.245 dieser Arbeit
3) Vgl. S.304 dieser Arbeit
4) Vgl. S.266 dieser Arbeit
5) Vgl. S.262f.dieser Arbeit
6) Vgl. S.266f.dieser Arbeit

In der Zeit seiner zehnmonatigen Einzelhaft hatte er
offenbar den Geschmack an der längeren und seriösen
Darstellung ihn interessierender Themen gefunden.
Ebenfalls in der zweiten Hälfte seiner Münchner Zeit,
offenbar kurz nach seiner Heirat, hatte Fuchs ja auch
in bescheidenem Umfang mit dem Sammeln von Kunstobjekten, anfänglich hauptsächlich Grafik, begonnen.
In seinen *"Erinnerungen an Eduard Fuchs"* überliefert
uns Fritz Brupbacher folgenden Ausspruch von Fuchs:
*"Das erste Blatt, das ich kaufte, kostete eine Mark,
und dafür wurde ich von meiner Frau ausgeschimpft,
weil es nun nicht mehr fürs Abendbrot reichte."* [1]

Wahrscheinlich liegt in dieser Interessenverlagerung
- weg von der Tagespolitik hin zur eingehenderen
Kunstbetrachtung - ein tieferer Grund seines schliesslichen Weggangs aus München. Andere, handfestere
Gründe spielten aber auch ihre Rolle.

Leider sind die Quellen zu dieser Zäsur in Fuchs'
Leben ziemlich spärlich. Der Leser des *"Süddeutschen
Postillon"* jedenfalls wurde über das, was hinter den
Kulissen vor sich ging und zur schliesslichen Entlassung
von Fuchs durch Ernst führte, völlig im Unklaren gelassen;
er hatte einzig zur Kenntnis zu nehmen, dass von der Nummer 1 des Jahrgangs 1901 an wieder Maximin Ernst, wie schon
nach Vierecks Abgang, als Herausgeber und Redakteur
firmierte, während der Name von Fuchs aus dem Impressum
verschwunden war.

Wir wissen um weniges mehr dazu aus einem Briefwechsel
zwischen Fuchs und Richard Fischer, dem Geschäftsführer
der Buchhandlung *"Vorwärts"* in Berlin, der auch ein

---

1) op.cit.

Verlag angegliedert war. Es geht daraus einerseits
hervor, dass Fuchs nach offenbar schon länger dauernden Streitigkeiten mit Ernst von diesem kurzerhand
und ohne jegliches gegenseitiges Einvernehmen entlassen
wurde. Andererseits ist darin die Rede von Plänen
Fuchs', zur Konkurrenz, nämlich zu dem bei Dietz in
Stuttgart erscheinenden *"Wahren Jakob"*, zu gehen.
Fischer seinerseits wollte diese Affäre dazu benützen,
ein eng mit der Parteizentrale verbundenes publizi-
stisches Grossunternehmen auf dem Platz Berlin aufzu-
ziehen.

Die Münchner Zeit von Fuchs endete also mit einem Miss-
ton, den ich im folgenden soweit als möglich dokumentiere.

Der Briefwechsel Fuchs/Fischer besteht nur aus zwei
Briefen[1], sei es, dass die übrigen verloren gingen,
sei es, dass die weiteren Verhandlungen, auf die in
den Briefen Bezug genommen wird, mündlich geführt
wurden.

Der Brief von Fuchs an Fischer vom 17.10.1900 liesse
zunächst nicht vermuten, dass es sich um etwas Ernstes
handelt. In rund zwei Dritteln des Textes plaudert
Fuchs von dem Münchner Zeichner Damberger und schlägt
Fischer, der für einen Roman einen Illustrator suchte,
Hermann Panigel, einen andern ihm bekannten Zeichner, vor.
Zu dieser Romanillustration macht er dann noch einige
Spässe und gelangt anschliessend mit der Anfrage an
Fischer, ob er Interesse an der Photokopie eines *"amü-
santen Erotica"* habe.

---

1) Originale in Amsterdam, Institut f. Sozialgeschichte, Signatur
Kl.Korr.

Zum Schluss schreibt er, er sei soweit wohl, *"nur etwas überarbeitet, stecke zu tief in den Arbeiten für mein Buch, wird aber auch famos werden"*. Damit sind die Vorarbeiten für sein Werk über *"Die Karikatur der europäischen Völker"* [1] gemeint.

Auch der Passus, der sich auf die oben erwähnten Verhandlungen bezieht, gibt sich betont harmlos. Immerhin hat ihn Fuchs gleich an den Beginn des Briefes gesetzt:

"Lieber Freund!

Sie lassen ja gar nichts mehr von sich hören. Sind die Koryphäen jetzt in Berlin? Halten Sie es für angepasst, wenn ich ungefähr Ende nächster Woche nach Berlin komme, oder würden Sie einen noch etwas späteren Zeitpunkt für geeigneter halten?"

Erst aus der Antwort Fischers vom 20.10.1900 geht dann hervor, worum es bei dem Besuch von Fuchs in Berlin gehen soll. Fuchs wollte offenbar mit dem obersten Chef, August Bebel, persönlich sprechen, doch Fischer schrieb ihm: *"Ihr Hierherkommen nächste Woche hat keinen Sinn. August ist immer noch krank."* Bebel litt an einer langwierigen Bindehautentzündung.

Auch J.H.W.Dietz, schrieb Fischer weiter, sei erst später, wenn der Reichstag wieder tage, in Berlin zu treffen. Er habe zwar mit Dietz bereits im Sommer gesprochen: *"aber"*, so fuhr er fort, *"Johanns Auffassungen über die Umgestaltung des J.(d.h. des "Wahren Jacob") u. meine differieren fundamental; er will ein illustriertes Partei-Wochenblatt mit humoristisch-satirischem Beigeschmack daraus machen. (...) Ich hatte einen anderen*

---

1) Vgl. S. 58 dieser Arbeit

*Plan: 1) Uebersiedlung nach Berlin 2) Wöchentliches
Erscheinen 3) Herstellung mit Neue Welt und Vorwärts
etc. in einer eigenen Parteidruckerei unter Leitung
von JHW Dietz."*

Dietz habe aber für dieses Projekt keine Gegenliebe
gezeigt, so dass alles beim alten blieb und damit,
wie man wohl zwischen den Zeilen lesen muss, auch für
Fuchs keine Anstellungsmöglichkeit in diesem von Fischer geplanten Berliner Zentrum der Parteipresse bestehe.

Wohl um Fuchs bei einer allfälligen späteren Verwirklichung dieser Pläne weiterhin bei der Hand zu haben,
riet er ihm ferner ab, beim gegenwärtigen unveränderten Stand der Dinge zu Dietz in die alte Heimat Stuttgart zurückzukehren:*"Jetzt zum J. zu gehen unter der
jetzigen Erscheinungsweise, dem jetzigen Inhalt etc.
wird für Ihre Individualität nichts besonders verlockendes haben, zumal, wie ich D. kenne, dessen
Auffassung in allem so ziemlich der Ihren widerspricht,
er aber doch die Hand am Knopfe hat."*

Nachdem Fischer so die Hoffnungen von Fuchs auf Bebel
und Dietz zerstört hatte, erzählte er ihm weiter, dass
er sich bei einem andern grand old man der deutschen
Sozialdemokratie, nämlich bei Paul Singer, für ihn eingesetzt
habe, und riet ihm ferner, eine genaue Aufstellung über
Einkünfte und Ausgaben des *"Süddeutschen Postillon"* zu
machen, um abzuklären, ob Ernst diesen aus Rentabilitätsgründen überhaupt eingehen lassen wolle, was er, Fischer,
aber nicht glaube.

Im wahrscheinlicheren gegenteiligen Fall, schrieb Fischer
weiter, müsse gegen Ernsts *"Bourgeoisstandpunkt von der*

einfachen Entlassung" geltend gemacht werden,*"dass auch moralische Empfehlungen etc. existieren u. respektiert werden müssen".* Bei einer Entlassung müssten zumindest *"Gründe vorliegen, die muss er (*Ernst*) angeben, andernfalls muss er die Kündigung zurücknehmen und Sie haben freie Hand, zu suchen und zu warten."* Fischer schloss mit dem Hinweis, er sei nun dabei, Singer dazu zu bringen, mit ihm nach München zu fahren und dort Ernst ins Gewissen zu reden, um anschliessend mit Fuchs zum Treffen mit Dietz und Bebel nach Berlin zurückzufahren. Ganz zum Schluss meldete er noch sein Interesse für die angebotene Kopie des *"Erotica"* an.

Die hochfliegenden Pläne Fischers haben sich nicht verwirklicht; [1] es ist auch nicht anzunehmen, dass Ernst die Kündigung zurücknahm oder auch nur hinausschob, firmierte er doch wie gesagt schon zwei Monate später wieder selbst als Redakteur des *"Postillon"*.

Fuchs verbrachte seine letzen Monate nicht untätig in München, sondern widmete sich offenbar ganz - wie er es auch schon in dem Brief an Fischer geschrieben hatte - seinem Werk über die Geschichte der Karikatur.

In dieser Zeit und in dieser Lage dürfte Fuchs den Entschluss gefasst haben, sich als freier Schriftsteller durch sein weiteres Leben zu bringen, wie er es dann in seiner Berliner Zeit mit grossem Erfolg getan hat.

---

1) Immerhin hatte es aber die Buchhandlung Vorwärts in dieser Zeit zu einer eigenen Druckerei gebracht. Vgl. dazu die Ausführungen über den *"Verlag 'Buchhandlung Vorwärts' (Berlin) 1890-1922"* in: Brigitte Emig, Max Schwarz, Rüdiger Zimmermann: Literatur für eine neue Wirklichkeit, Bonn 1981, p.262 ff., die aber p.269 auch nur verlauten lassen: *"Ueber die genauen Modalitäten der Gründung der 'Vorwärts'-Druckerei konnte nichts Näheres in Erfahrung gebracht werden."*

1.3. BERLIN (1901 - 1914)

Fuchs verliess laut Meldebogen [1] München am 30. September 1901. Und prompt war er damit ab 1.Oktober in den Zuständigkeitsbereich der Berliner Polizei gefallen, die seit seiner Ankunft in der Reichshauptstadt ein wachsames Auge auf den neu zugezogenen Umstürzler hatte. Einem Schreiben aus dem Berliner Polizeipräsidium an die Kg. bayerische Polizeidirektion in München ist zu entnehmen, *"dass der (...) Schriftsteller Eduard Fuchs am 1.Oktober fremd hier aus München in Zehlendorf bei Berlin zugezogen ist und zur Zeit dort Karlstrasse No.14 als Mieter wohnt. Als bekannt darf ich voraussetzen, dass der Genannte mit dem ehemaligen Redakteur des 'Süddeutschen Postillons' gleichen Namens identisch und überzeugter Sozialdemokrat ist. Mit dem 24.Oktober 1901 gehört Fuchs dem sozialdemokratischen Wahlverein für Zehlendorf an. Er betätigt sich hauptsächlich schriftstellerisch, und zwar verfasst er in sich abgeschlossene Werke, auch liefert er Beiträge für sozialdemokratische Zeitschriften".* [2]

1.3.1. Fuchs als freier Schriftsteller im Kampf mit der Justiz (1901-1914)

Im folgenden gebe ich einen Ueberblick über die schriftstellerische Produktivität von Fuchs im Vorkriegs-Berlin, und zwar im Zusammenhang mit den juristischen Strafanträgen, Gerichtsverfahren und anderen Behelligungen, denen die schriftliche Produktion von Fuchs nach

---

1) a.a.O.
2) Brief vom 31.3.1906. Original im Staatsarchiv München, Signatur Polizeidirektion 7141

wie vor in einem Mass ausgesetzt blieb, dass er von
Glück sagen konnte, tatsächlich ein freier Schriftsteller zu bleiben und für seine Publikationen nicht wieder
eingesperrt zu werden.

Es geht mir hier weder um die Vollständigkeit der Reihe
seiner Publikationen noch um deren Würdigung - erstere
ist der Bibliografie am Schluss dieser Arbeit vorbehalten, letztere dem zweiten Teil - sondern einzig darum, sie zur weiteren Dokumentation von Fuchs' Lebenslauf, der sich jetzt grösstenteils um die Herausgabe
seiner Werke drehte, kurz in ihrer Reihenfolge und
Bedeutung für Fuchs' Biographie vorzustellen.

Eigentlich müsste man den ersten Band seines seit langem
in Arbeit genommenen Werkes über die Geschichte der
Karikatur noch der Münchner Zeit zurechnen. Nicht nur
die immensen Vorarbeiten, auch die eigentliche Niederschrift des ersten Bandes dieses Werks hatte er noch
in München beendet. Nur das Vorwort, das er auf den 12.
November 1901 datiert, ist bereits in Berlin, d.h. im
damals noch selbständigen Zehlendorf, wo Fuchs während
all seiner Berliner Jahre wohnte, niedergeschrieben
worden. Er schreibt darin, nicht weniger als 5 Jahre
an dem Buch gearbeitet zu haben:

*"Die Vorarbeiten umfassen den Zeitraum von 5 Jahren,
die Zahl der in dieser Zeit für dieses Werk durchgesehenen Karikaturen beträgt (...) ca. 68000 Stück."* [1]

Der erste Band erschien Ende 1901 bei Hofmann in Berlin
unter dem Titel: *"Die Karikatur der europäischen Völker.
Vom Altertum bis zur Neuzeit."*

---

1) Eduard Fuchs, Die Karikatur der europäischen Völker, Bd.1,
   Berlin o.J.(1901), p. VIII

Schon vorher war Fuchs für eine gute Presse besorgt. Ueber seinen Freund Emil Faktor, Redaktor der in Prag erscheinenden Zeitschrift "Bohemia", veranlasste er dort eine Vorausbesprechung und bat ferner im Brief vom 28. 5. 1901 Faktor um den späteren Abdruck von Waschzetteln im weiteren Verlauf des Erscheinens seines Buchs. Er unterstrich diese Bitte mit der Feststellung: *"Vom materiellen Erfolg hängt sehr viel für mich ab."* [1)]

Eine für Fuchs zweifellos recht ärgerliche Komplikation verzögerte den Erscheinungstermin. In einer gewissen Phase seiner Vorarbeiten war Fuchs mit Hans Kraemer, dem Verfasser kulturgeschichtlicher Prunkwälzer wie z.B. *"Das 19.Jahrhundert in Wort u. Bild"* [2)], übereingekommen, das Karikaturenwerk gemeinschaftlich zu verfassen. Obwohl es schliesslich nur teilweise zu dieser Zusammenarbeit kam, sind auf der Erstausgabe des ersten Bandes beide Namen aufgedruckt. Fuchs sagt dazu im Vorwort:

"Ueber die Urheberschaft des Werkes sei hier mitgeteilt, dass das Buch ursprünglich von Eduard Fuchs und Hans Kraemer gemeinschaftlich verfasst werden sollte, dass aber infolge einer plötzlichen nervösen Erkrankung, welche eintrat, als das Buch bereits bis Bogen 21 im Satz vollendet war, Herr Kraemer auf seine Mitarbeit im verabredeten Umfange verzichten musste. Seine Tätigkeit beschränkte sich auf Ueberlassung einer kleinen Anzahl von Bildern aus seinem Besitz. Das Buch hat somit den Unterzeichneten zum alleinigen Urheber und Verfasser." [3)]

---

1) Die Originale der Briefe an Emil Faktor befinden sich in der Handschriften - und Inkunabelabteilung der Staatsbibliothek München, Signatur Ana 339 I, Fuchs Eduard.
2) Berlin o.J.
3) Eduard Fuchs: Karikatur ... Bd.I, op. cit, p.VIII

Dieser erste Band des ersten grossen Werks von Fuchs
gab einen Ueberblick über die Entwicklung der Karikatur von den alten Aegyptern bis zum Jahr 1847. Noch
bevor er den zweiten Band über den in dessen Untertitel
angegebenen Zeitraum *"Von 1848 bis zur Gegenwart"* herausbrachte, der 1903 im selben Verlag erschien, publizierte Fuchs unter dem leicht humorigen Titel *"Die ollen Griechen"* das erste seiner vielen Werke über den
grossen französischen Zeichner und Maler Honoré Daumier.[1]

Es handelte sich dabei um die Wiedergabe von dessen gegen
den Klassizismus der David-Epigonen gerichteten Zeichnungs-
Serien *Histoire ancienne, Physionomies tragico-classiques,
Physionomies tragiques* und *La tragédie*, also um einen relativ abseitigen Teil von Daumiers Gesamtwerk, der von Wilhelm Polstrorff zudem mit etwas angestrengt lustig wirkenden Versen versehen worden war. Dennoch bleibt das zwanzig-
seitige Vorwort von Fuchs zu dieser Ausgabe, das einen biografischen Abriss des Lebens von Daumier gibt, die erste
Würdigung von Gewicht des in Deutschland bis dahin nahezu
unbekannten Franzosen.

1904 folgte ein dritter Band des Werks über die Karikatur
mit dem Titel: *"Das erotische Element in der Karikatur"*, der
wieder bei Hofmann in Berlin erschien. Mit diesem Band sowie mit einer im gleichen Jahr in Buchform bei einem anderen
Berliner Verleger, Ernst Frehnsdorff, erschienenen erweiterten Fassung des in der *"Zeitschrift für Bücherfreunde"* bereits 1898 publizierten Artikels *"Lola Montez in der Karikatur"* [2] mit ebenfalls teilweise erotischen Beilagen, begab

---

1) Honoré Daumier: Die ollen Griechen, Bilder zur Sage und Geschichte der Alten. Mit Versen von Wilhelm Polstrorff, nebst einer Einleitung von Eduard Fuchs, Berlin o.J. (1902)

2) Vgl. Heft 3 vom Juni 1898 der genannten Zeitschrift. Das Buch erschien dann unter dem Titel *"Ein vormärzliches Tanzidyll"*, Berlin 1904. Auf die Aufforderung von Maximilian Harden hin machte Fuchs in dessen be- rühmter Zeitschrift *"Zukunft"* eine Selbstanzeige dieses Werkleins.(Vgl. Benjamin:Eduard Fuchs ..., op.cit., p.471)

sich der in seinen ersten Berliner Jahren von der Justiz ungeschoren gebliebene Fuchs aufs neue in einen Bereich, der ihm gerichtliche Verfolgungen einbrachte.

"Ein vormärzliches Tanz-Idyll", wie Fuchs sein Buch über die zahlreichen Karikaturen auf die Konkubine Ludwigs II. von Bayern, Lola Montez, betitelt hatte, stiess auf das erboste Interesse der Münchner Zensoren [1], die aber nichts dagegen ausrichten konnten.

Einen Grund zum Einschreiten sah jedoch die Berliner Behörde im Inhalt des Buchs mit dem Titel *"Das erotische Element in der Karikatur"*. Fuchs, der Schwierigkeiten vorausgesehen hatte, war mit dem Verlag übereingekommen, wie er auf dem Vorsatzblatt vermerken liess, *"dieses Werk (...) als Privatdruck des Verlages in einer einmaligen Auflage in der Höhe der Zahl der Subskribenten"* herzustellen und vom allgemeinen Verkauf auszuschliessen. Der Schlusssatz dieses Vermerks: *"Ein Nachdruck wird niemals veranstaltet werden"* sollte dieser Abgrenzung von aus Gewinnsucht herausgegebenen pornografischen Schriften besonderen Nachdruck verleihen.

Diese Erklärung hinderte indessen die Behörde nicht an ihrer Absicht, die Auslieferung des Buchs durch Beschlagnahme zu verunmöglichen. Es blieb jedoch bei der Absicht.

---

1) Im Spezialakt *"Eduard Fuchs"* der Kg.Polizeidirektion München findet sich ein *"Bericht an das Kgl.Staatsministerium des Innern"* von Bayern vom 27.Juli 1904 über diese Schrift des als *"zweimal vorbestraft"* vermerkten Fuchs. Der Zensor muss aber wegen dem Erscheinungsort Berlin resigniert bemerken: *"Eine Beanstandung wird kaum in Frage kommen."* Original im Staatsarchiv München, Signatur Polizeidirektion 7141

Triumphierend schrieb Fuchs an seinen Freund Faktor, dass es ihm, aus dem vollen Schatz seiner einschlägigen Münchner Erfahrungen schöpfend, gelang, auch der Berliner Polizei ein Schnippchen zu schlagen:

"Die Polizei hatte das eifrigste Bestreben, meinen dritten Band zu konfiszieren (...). Erfreulicherweise musste sich die Polizei mit dem guten Willen begnügen (...) - es war alles expediert als sie anrückte. So vermochte sie nichts anderes als uns eine Menge Schereeien zu bereiten. Aber wann u. wo hat nicht der Staat das ernste Tun und Wollen schikaniert? Das ist historische Notwendigkeit, darüber verblüfft zu sein, wäre nur komisch. Freilich, es wäre eine Blamage für unseren Intellekt gewesen, wenn die Polizei etwas in die Klauen bekommen hätte." [1)]

In einem längeren Artikel unter dem Titel *"Lex Heinze auf der Anklagebank"* informierte der *"Vorwärts"* [2)] über den Ausgang des gerichtlichen Nachspiels zu dieser missglückten Beschlagnahmung. Besonderen Wert legte der *"Vorwärts"* auf den Umstand, dass der Justiz erst aufgrund der Subskription eines preussischen Prinzen der Verdacht auf eine unsittliche Veröffentlichung im renommierten Verlag Hofmanns gekommen war, und mit grosser Genugtuung berichtete er von dem nicht zuletzt dank der positiven Gutachten zahlreicher Kunstsachverständiger, von denen später noch die Rede sein wird, schliesslich am 3.April 1906 erfolgten Freispruch für Autor und Verleger.

---

1) Brief vom 11. Januar 1905. Original a.a.O.
2) No.79/4.April 1906

Hatten 1904 die Münchner Zensoren ihre Berliner Kollegen auf das in Berlin erscheinende verdächtige Druckwerk über Lola Montez aufmerksam gemacht, so konnte das Berliner Polizeipräsidium am 2.November 1905 den Ball zurückspielen. Unter diesem Datum berichtete es der bayerischen Polizeidirektion vom neuesten Werk des Eduard Fuchs, das bei Albert Langen in München bereits 1905 in Vorabdrucken und 1906 als Buch herauskam unter dem Titel *"Die Frau in der Karikatur"*.

Ein mit unleserlicher Unterschrift signierender Beamter der VII. Abteilung des Berliner Polizeipräsidiums schrieb in dieser Angelegenheit:
"Wenn auch gegen das erste Heft (des Vorabdrucks) *Einwände meines Dafürhaltens kaum zu erheben sind, so ist es doch nicht ausgeschlossen, dass in den weiteren Heften Verstösse gegen den § 184 Straf-Gesetz-Buch's enthalten sein werden."* [1]

Diesem Verdacht hochnotpeinlich nachzugehen musste er jedoch zu seinem Bedauern den Münchnern überlassen. Er schliesst seinen Brief:
"Neuerdings scheint dem Verfasser (...) der hiesige Boden zu heiss geworden zu sein, so dass er sich entschlossen hat, seine Arbeiten künftig ausserhalb Berlins erscheinen zu lassen. Indem ich die Königliche Polizei-Direktion hiervon in Kenntnis setze, ersuche ich ergebenst, sobald dortseits gegen eines der Hefte des vorliegenden Werkes eingeschritten werden sollte, mich gefälligst schleunigst hiervon benachrichtigen zu wollen." [1]

---

1) Original im Staatsarchiv München, Signatur Pol.Dir. 7141

Aber auch die Münchner Zensoren wollten diesem neuen grösseren Werk von Eduard Fuchs über die Geschichte der Frau im Spiegel der Karikatur keine unlauteren Absichten unterstellen; das am 26.Dezember 1906 angestrengte Verfahren wurde schliesslich vom 1.Staatsanwalt des kgl.bayerischen Landgerichts eingestellt.[1]

Vermutlich hatte sich Fuchs bei der Materialzusammenstellung zu diesem Werk besonders bemüht, der Justiz keine Zielscheibe zu bieten, weil ja der Prozess gegen *"Das erotische Element in der Karikatur"* immer noch anhängig war. Ob der Wechsel zum Münchner Verleger des *"Simplicissimus"*, Albert Langen, bei dem das neue Werk erschien, rein aus taktischen Gründen erfolgte, wie die Berliner Polizei mutmasste, ist nicht sicher, aber durchaus möglich.

Seine Zusammenarbeit mit dem Münchner Verleger, die sich später über Jahrzehnte erstrecken sollte, wurde fürs erste wieder unterbrochen. Nach seinem Freispruch versuchte er es für sein nächstes Werk, betitelt *"Richard Wagner in der Karikatur"*, das er zusammen mit Ernst Kreowski, Freund und Mitarbeiter schon aus der Münchner Zeit, im Jahr 1907 herausgab, wieder mit einem Berliner Verleger, nämlich mit B.Behr.

Das musikhistorische Werk, das übrigens einen Vorläufer in Fuchs' Aufsatz in der *"Zeitschrift für Bücherfreunde"* zum Thema *"Musikerkarikaturen"* [2] hat, gab keinerlei Anlass, polizeiliches Einschreiten zu befürchten. Dieses Werk ist übrigens das erste, aber keineswegs das einzige, zu dem Fuchs nur das Bildmaterial lieferte und den Text von einem Mitautor schreiben liess.

---

1) Das diesbezügliche Schreiben des 1.Staatsanwalts vom 26.September 1908 befindet sich im Spezialakt *"Eduard Fuchs"*, Staatsarchiv München, Signatur Polizeidirektion 7141.
2) Jahrgang 1901/02, Heft 12, p. 449-464

Gegen die polizeiliche These des taktischen Ausweichens nach München spricht allerdings die Tatsache, dass Fuchs schon 1908 den ersten Band seines kunsthistorischen Hauptwerks, dessen Abschluss allerdings erst nach jahrzehntelanger Verzögerung durch andere Arbeiten erfolgte, wieder in Berlin erscheinen liess.

Nicht nur aufgrund des Titels - er lautete *"Geschichte der erotischen Kunst"* - sondern vor allem auch, weil dieser erste Band nichts anderes als eine umgearbeitete Neufassung des Buchs *"Das erotische Element in der Karikatur"* war, welches seinerzeit hätte beschlagnahmt werden sollen, war ein neuerliches Einschreiten der Behörde wahrscheinlich. Dass es sich um eine umgearbeitete Neuauflage des genannten Werks handelte, erklärt auch, weshalb es wieder bei Hofmann herauskam, der ja die Rechte auf die erste Fassung besass.[1]

Es war allerdings - wie seinerzeit versprochen - nicht einfach ein bloss oberflächlich veränderter Nachdruck des *"Erotischen Elements in der Karikatur"*, sondern eine in Bildern und Text ziemlich abweichende Fassung.

Wohl nicht zuletzt weil im Vorwort des Verlegers all die Gutachten aus renommierten akademischen Kreisen, die schon zum Freispruch im Jahr 1906 beigetragen hatten, breit zitiert waren, verzichtete der Staatsanwalt auf eine neue Anklage. Er scheute offenbar eine neuerliche Abfuhr vor Gericht.

---

1) Bei einer in Wien herausgekommenen französischen Fassung des Buchs: *Eduard Fuchs, L'élement érotique dans la caricature. Un document à l'histoire des moeurs, Vienne 1906* handelte es sich um einen unautorisierten Raubdruck, dessen Zustandekommen aber allein schon zeigte, dass ein weit über die ursprünglichen *"Subskribenten"* hinausgehender Leserkreis Interesse an diesem Buch zeigte.

Das berühmteste und erfolgreichste Werk von Fuchs, die
"Illustrierte Sittengeschichte", deren erste Lieferungen [1] ebenfalls schon Ende 1908 auf den Markt kamen,
deren letzter sechster Band aber erst im Herbst 1912 vorlag, hatte nun wieder den Erscheinungsort München. Denn
nun erschienen - mit einer Ausnahme [2] - für über 20
Jahre alle Werke von Fuchs bei Langen in München.
Also war hier wieder die bayerische Justiz zuständig.

Fuchs hatte wieder, wie beim Werk über die Geschichte
der Karikatur, die allgemein verkäuflichen Hauptbände
frei von als obszön geltenden Illustrationen und Textdokumenten gehalten und diese dafür in den drei Ergänzungsbänden zu den drei Hauptbänden *"Renaissance"*, *"Die galante Zeit"* und *"Das bürgerliche Zeitalter"* untergebracht, die den Vermerk *"Privatdruck"* trugen. [3]

Die Kg. bayrische Polizeidirektion überstellte bereits
Ende 1908 dem 1. Staatsanwalt des Landgerichts, Ziegler,
beschlagnahmte Exemplare der ersten zwei Lieferungen

---

1) Fuchs legte Zeit seines Lebens Wert darauf, seine Bücher, die stets von höchster Druck- und Papierqualität und nie billig waren, auch weniger vermögenden Leserschichten zugänglich zu machen. Deshalb liess er die meisten seiner Werke zuerst in fortlaufende *"Hefte"* oder *"Lieferungen"* unterteilt erscheinen, die eine Art Ratenzahlung ermöglichten und ferner, da sie nicht gebunden waren, auch etwas billiger zu stehen kamen. Bereits in der Werbung für sein erstes Werk *"1848 in der Karikatur"* in der Beilage zur No.25/1898 des *"Süddeutschen Postillon"* heisst es in diesem Sinne: *"Um die Anschaffung zu erleichtern, erscheint das Werk gleichzeitig in 6 Lieferungen à 45 Pfg."* Zum Preis der *"Sittengeschichte"* vgl. S.72 dieser Arbeit.

2) Diese Ausnahme war das 1910 anonym im Verlag J.Singers in Berlin publizierte Buch *"Kulturleben der Strasse"*, zu dem Fuchs die Bilder beisteuerte, während Ernst Kreowski den Text verfasste.

3) Zusätzlich hiess es auf dem Vorsatzblatt: *"Dieser Band darf nur an Gelehrte, Sammler und Bibliotheken abgegeben werden."*

des ersten Bandes. Aber der Staatsanwalt sah keine
Chance vor Gericht. Er schrieb an die Polizeidirektion am 26.September 1908:
"Die beigegebenen Abbildungen gehen mindestens in dem gegebenen Zusammenhang mit dem Ganzen über das Mass des Erlaubten nicht hinaus." [1]

Die Polizeidirektion liess aber nicht locker und schickte dem Staatsanwalt ein Jahr darauf den nun vollständig vorliegenden ersten Band über die Zeit der Renaissance zu. Um die eifrigen Polizisten zu beruhigen, liess der Staatsanwalt vom Professor für Kunstgeschichte an der Universität München, Dr. Berthold Riehl, ein Gutachten anfertigen. Riehl kam zum Schluss: *"Die (...) wissenschaftliche Darstellung rechtfertigt auch die mitgeteilten Abbildungen, Erzählungen, Gedichte x. x. Sie bilden die tatsächlichen Belege, das urkundliche Material. (...) Der Unterzeichnete bedauert das Erscheinen eines so einseitigen, geschmacklosen Werkes, aber trotzdem kann er als Kunsthistoriker ein Vergehen gegen § 184 des St.G.B. in demselben nicht finden."* [2]

Der Staatsanwalt schloss sich dieser Argumentation an und stellte das Verfahren ein. [3]

Ging schon in München die Initiative gegen Fuchs' Schriften von untergeordneten Polizeistellen aus, so trifft das auch auf die anderen Orte zu, wo dieses berüchtigtste

---

[1] Das Original des Briefs befindet sich im *"Spezialakt Fuchs"*, Staatsarchiv München, Signatur Polizeidirektion 7141

[2] Das Original des Gutachtens befindet sich im *"Spezialakt Fuchs"*, a.a.O.

[3] Brief vom 13.Dezember 1909, Original im Staatsarchiv München, Spezialakte *"Eduard Fuchs"*, a.a.O.

aller Fuchsschen Werke das Missfallen von Polizisten und Zollbeamten erregte. Die oberen Instanzen nahmen es ruhiger.

Das Landgericht Breslau hatte z.B. einen Buchhändler, der die *"Sittengeschichte"* in einem Prospekt angepriesen hatte, zu einer Busse von 150 M. verurteilt; aber das Reichsgericht, an welches das Verfahren weitergezogen wurde, hob das Urteil auf und erkannte auf Freispruch. [1]

Dennoch fanden sich weiterhin Uebereifrige, die in der *"Sittengeschichte"* ihr Weltbild gefährdet sahen. Fast gleichlautende Meldungen liefen gleichentags, den 28.Januar 1913, aus Paris und aus Landshut ein. In Landshut war ein Ergänzungsband zur *"Sittengeschichte"* am Zoll beschlagnahmt worden.

In Paris hatte der *Service de sûreté* *"einer Notiz in der 'Frankfurter Zeitung' zufolge"*, wie es im Briefentwurf der Münchner an die Pariser Kollegen hiess, eine *"Sittengeschichte"* beschlagnahmt. Trotz eingestelltem Verfahren gegen Fuchs meldete die Kgl. Polizeidirektion den Flics ihr lebhaftestes Interesse an - und zwar, mangels Französischkenntnissen, in Latein. [2]

Wenn sogar die als nicht allzu sittenstreng bekannten Pariser dermassen rigoros gegen die Bücher von Fuchs durchgriffen, so musste natürlich auch die einschlägige Münchner Praxis verschärft werden. So mögen einige

---

1) Akt 80519 VI im Spezialakt *"Eduard Fuchs"*, a.a.O. Vgl. auch No.288 vom 10.12.1912 des *"Vorwärts"*.
2) Akt 10840 VI im Spezialakt *"Eduard Fuchs"*, a.a.O.

Münchner Behördenmitglieder gedacht haben, als sie 1914, nachdem auch aus Bayreuth ein Fuchs-Fang gemeldet worden war,[1] die lasche Praxis von Staatsanwalt Ziegler verschärfen wollten.

Am 17.Juli 1914, wenige Tage vor dem Ausbruch des ersten Weltkriegs, war wieder einmal ein Memorandum der Kgl. Bayerischen Polizeidirektion über die unzüchtigen Werke des Fuchs Eduard an die Staatsanwaltschaft gelangt. Drei neue Gutachter: Prof.Stadler, Dr.Schnorr von Carolsfeld und Joseph Ruederer, der Fuchs aus jüngeren Tagen als Laienschauspieler kannte,[2] wurden beauftragt, die *"Sittengeschichte"* auf ihre Sittlichkeit hin zu prüfen.

Nur der von Carolsfeld war für ein scharfes Durchgreifen, denn, so schrieb er:

"Der sittliche Schaden, den solche Bücher verursachen, ist meines Erachtens ungeheuer." [3]

Aber dessenungeachtet konnten die bei diesem Versuch zur Verschärfung der geltenden Praxis federführenden Herren Federschmid und Sturm nicht durchdringen. Am 30.Dezember 1914 mussten die genannten Herren das Akt IV 219/14 unterschreiben, das die neuerliche Einstellung des Verfahrens festhält:

"Das Verfahren wird eingestellt. Nach dem nicht weiter anfechtbaren Entschlusse der Strafkammer kann weder mit einer Verurteilung des Verfassers oder Verlegers, noch mit einer Einziehung des Werkes im objektiven Verfahren gerechnet werden." [4]

---

1) Akt vom 1.April 1914 im *"Spezialakt Eduard Fuchs"*, a.a.O.
2) Gerdi Huber, Das klassische Schwabing, op.cit., p.120
3) Original im *"Spezialakt Eduard Fuchs"*, a.a.O.
4)   "   "   "   "   "   " " "

Ebenfalls bei Langen in München erschien das letzte Vorkriegswerk von Fuchs, betitelt *"Die Weiberherrschaft"*, zu deren beiden Bänden Fuchs die Illustrationen und der Mediziner Kind den Text lieferte. Diese ersten beiden Bände kamen 1913 heraus; es gibt noch eine spätere vierbändige Ausgabe, deren erste 3 Bände mit den 2 ursprünglichen Bänden identisch sind, während der vierte Band als Fortsetzung von Johannes R. Birlinger aus dem Nachlass Kinds herausgegeben wurde.[1]

Es war dies wieder eine ähnliche Affäre wie der unautorisierte französische Nachdruck des *"Erotischen Elements in der Karikatur"*. Noch schlimmer aber sollte es der Sittengeschichte ergehen. Unter Verwendung des ungeschützten Stichworts Sittengeschichte, das Fuchs ja auch beileibe nicht erfunden hat [2], kamen in der äusserlichen Machart dem Fuchsschen Werk ähnelnde, jedoch in der Qualität der Illustrationen, des Textes und des Druckes nicht vergleichbare Machwerke auf den Markt, die - ähnlich wie die Hongkonger Imitationen von Uhren der Schweizer Prestigemarken - im Sog der Fuchsschen Erfolgswelle auf dem Buchmarkt mitschwammen.

---

1) Diese erweiterte Auflage erschien 1930/31 im Verlag für Kulturforschung, Wien und Leipzig.

2) Vgl. dazu S. 497 ff. dieser Arbeit.

1.3.2. Der Erfolg von Fuchs' Büchern

Im vorigen Abschnitt habe ich mich ausführlich mit der Rezeption der Fuchsschen Werke durch den deutschen Justizapparat beschäftigt. Hier soll es nun um die Reaktion des literarischen und sonstigen Publikums auf Fuchs' Veröffentlichungen gehen.

Zur Aufnahme, welche die Schriften von Fuchs auf dem Büchermarkt, beim breiten Publikum fanden, liegen nur wenige Informationen vor. Sie weisen aber alle in dieselbe Richtung: Der buchhändlerische Erfolg von Fuchs' illustrierten Prachtbänden muss ein durchschlagender gewesen sein. Seine Hauptwerke der ersten Zeit: *"Die Karikatur der europäischen Völker"* und natürlich vor allem der Band *"Das erotische Element in der Karikatur"*, der ja sogar unautorisiert nachgedruckt wurde, wie auch *"Die Frau in der Karikatur"* und die *"Illustrierte Sittengeschichte"*, erwiesen sich als Renner, die alle mehrere Neuauflagen erlebten.

Am durchschlagendsten muss der Erfolg der *"Sittengeschichte"* gewesen sein. Langen hatte bereits seit 1906 für das Opus geworben,[1] und es war keine Fehlinvestition, wenn er dazu *"grosse farbige Prospekte für das Publikum"*[2] gratis verteilte. In der Biografie des Verlegers von Ernestine Koch heisst es zu diesem Punkt: *"Die immer noch wechselnd schwach bestückte Verlagskasse stärkt Eduard Fuchs mit seiner berühmten 'Illustrierten Sittengeschichte vom Mittelalter bis zur Gegenwart'. Die drei Bände verkaufen sich trotz oder wegen des hohen Prei-*

---

1) Im Prospekt *"Künftig erscheinende Bücher"*, No.168/22.Juli 1906 des Albert Langen Verlags, München.

2) ebda.

ses glänzend." [1)]

Diese äusserst positive Erfolgsbilanz war nicht nur auf die *"Sittengeschichte"* beschränkt; auch seine übrigen Werke verkauften sich in den letzten Jahren sicherer Kaufkraft breiter Schichten vor dem ersten Weltkrieg ausgezeichnet. Einige der Bücher von Fuchs, etwa seine erste Arbeit über Daumier, vielleicht auch das Bändchen über *"Das Kulturleben der Strasse"*, waren sicher keine grossen Kassenschlager, aber offensichtlich auch keine ruinösen Fehlinvestitionen.

So gut also das buchhändlerische Geschäft lief - um die Rezeption der Bücher von Fuchs in der höheren literarischen Welt, in der öffentlichen Kritik, stand es weniger gut. Die ersten Publikationen von Fuchs, vor allem *"Die Karikatur der europäischen Völker"*, wurden ziemlich weitherum rezensiert. Luciana Zingarelli hat den *"verhaltenen Kampf"*, [2)] den die Rezensenten bürgerlicher Blätter und die der sozialdemokratischen Parteipresse - unter letzteren kein Geringerer als Franz Mehring [3)] - um das Werk führten, eingehend dokumentiert. Auch über die Rezensionen der späteren Werke von Fuchs gibt ihr Artikel einen guten Ueberblick. Luciana Zingarelli konstatiert auch das auffällige allmähliche Verstummen sowohl der bürgerlichen wie der sozialdemokratischen Presse gegenüber dem Phänomen Fuchs, mit der Ausnahme der *"Zeitschrift für Bücherfreunde"*, in der Fuchs seine allerersten Arbeiten zur Geschichte der

---

1) Ernestine Koch: Albert Langen - Ein Verleger in München, München 1969. Ernestine Koch spricht hier von drei Bänden der *"Sittengeschichte"*, weil die Ergänzungsbände gemäss den Usanzen des *"Privatdrucks"* (vgl. dazu S. 61 dieser Arbeit) in den von ihr konsultierten Werbeprospekten des Verlags nicht erwähnt werden durften. Der Preis der *"Sittengeschichte"* betrug 1908 pro Lieferung 1 Mark; der erste Band umfasste 20 Lieferungen. 1919 betrug der Preis pro Band (in Normalausstattung) 75 Mark.

2) Luciana Zingarelli: Eduard Fuchs..., a.a.O., p.41

3) Vgl. Franz Mehring: Eduard Fuchs, Die Karikatur der europäischen Völker, in: Neue Zeit, No.23, Jg. 1904/05, Bd.1, p.290f.

Karikatur veröffentlicht hatte und deren Herausgeber
Fedor von Zobeltitz Fuchs ein treuer Freund war, der
ihm auch vor Gericht mit Gutachten beistand. Diese
Zeitschrift rezensierte bis zuletzt sämtliche Arbeiten
von Fuchs.

Genauer will ich an dieser Stelle auf die Rezensionen
zu Fuchs' Arbeiten nicht eingehen, zum einen, weil
dies in der Arbeit von Zingarelli schon geschah, zum
andern, weil ich die darin auftauchenden Argumente im
zweiten Teil, bei der Würdigung von Fuchs' Werken, wieder aufgreifen werde. Für diesen biografischen Teil der
Arbeit interessant sind jedoch die Art, die Plazierung
und das allmähliche Verstummen des Echos auf die Bücher
von Fuchs in der sozialdemokratischen Presse, worauf
ich im folgenden Abschnitt zurückkomme.

1.3.3. Fuchs' Entfremdung von der Sozialdemokratie

Fuchs kam von weit links zur Sozialdemokratie, und er
verliess sie, wie noch zu zeigen sein wird, im Verlauf
des ersten Weltkriegs, um wieder einen politischen Standort weit links von ihr einzunehmen. Es ist insofern nur
natürlich, dass die Zeit von 1901 bis 1914, als sich die
Partei langsam, aber unverkennbar revisionistischem Gedankengut und Praxisverständnis öffnete, nicht die hohe
Zeit von Fuchs' Parteimitgliedschaft gewesen sein kann.
Es ist also durchaus nicht nur die persönliche Entwicklung
von Fuchs, welche im Hintergrund seiner Ablösung von der
Sozialdemokratie steht. Aber seine persönliche Entwicklung
zum freien, parteiungebundenen Schriftsteller, zum gut
verdienenden Autor von in bürgerlichen Verlagen erscheinen-

den Büchern weitab der sozialdemokratischen Wohlanständigkeit - die sich von der bürgerlichen Wohlanständigkeit übrigens nicht allzu sehr unterschied - beschleunigte diesen Prozess gewiss.

Dabei waren die Verbindungen von Fuchs zu führenden Genossen der Partei nach wie vor intakt. Waren auch die Pläne, in Berlin die journalistische Parteikarriere fortzuführen, die Fuchs mit Richard Fischer, dem Geschäftsleiter der Vorwärts-Buchhandlung, geschmiedet hatte, in ihrer ursprünglichen Form nicht Wirklichkeit geworden, so kam es dennoch zu einer Zusammenarbeit.

Fuchs wurde von Fischer mit der Redaktion der illustrierten Festnummern betraut, welche die Partei in grosser Auflage [1] jeweils anlässlich des 1.Mai und des 18.März herausgab. Weil diese Festnummern kein Impressum tragen und auch nicht alle Autoren mit vollem Namen signierten, ist es nicht ganz einfach, den Anteil von Fuchs an diesen Blättern zu eruieren.

Die Tatsache, dass Fuchs diesen Posten übernommen hatte, geht aber eindeutig aus einem Brief an den Lyriker Richard Dehmel vom 29.Januar 1903 hervor, in dem er schreibt:

"Wie Ihnen wohl bekannt sein dürfte, veranstaltet die soz. dem. Partei alljährlich verschiedene illustrierte Festnummern (zur Erinnerung an den 18.März, zur Maifeier etc.), die diesjährige Märznummer soll anlässlich der 20ten Wiederkehr von K.Marx' Todestag diesem gewidmet sein. Da ich mit der Redaktion betraut bin, so möchte ich mich an Sie mit der Bitte um einen poetischen Beitrag für diese Nummer wenden.

Es wäre ganz Ihnen überlassen, was Sie beisteuern

---

[1] Im statistischen Anhang der Parteitagsprotokolle der SPD, die nach den jährlichen Kongressen jeweils in Berlin erschienen, ist für 1892 ein Auflage von 300 000, für 1902 eine solche von 277 000 angegeben.

*wollen, denn nichts liegt mir ferner als einen 'Marx-
Hymnus' zu bestellen, was in den Rahmen passt wissen
Sie selbst, es wird genügen, wenn ich betone, dass
diese Nummer (...) der Verherrlichung der Revolution
dienen soll."* [1]

Aus der angestrebten Zusammenarbeit zwischen Fuchs und
Richard Dehmel wurde jedoch nichts. Dehmel bot Fuchs
in seinem Antwortbrief vom 1.2.1903 [2] zwar bereitwillig
ein Gedicht an, das allerdings schon in der Weihnachtsnummer der Wiener Zeitschrift *"Zeit"* abgedruckt worden
war. Es lautet folgendermassen:

> *"Dichters Arbeitslied*
>
> *Geh hin, mein Blick, über die grünen Bäume!*
> *Da huscht ein Vogel, der nimmt dich mit,*
> *Märchenvogel Edelschwarz.*
>
> *Bleib nicht zu lange im Reich der blauen Träume!*
> *Hier rasten Menschen am Strassenrand,*
> *ihre Hände sind vom Alltag schwarz.*
>
> *Bring ihnen her den Abglanz der freien Räume!*
> *Sie möchten alle gerne in ein Märchenland,*
> *ihr Sonntagskleid ist edelschwarz."* [3]

Aber Fuchs refüsierte dieses Angebot mit folgender Be-

---

1) Original im Dehmel-Archiv der Staats- und Universitätsbibliothek Hamburg.
2) ebda.
3) Dehmel nahm dieses Gedicht in die 2.Ausgabe der *"Ausgewählten Gedichte"* (Berlin 1905) auf.

gründung:

"So sehr gerne ich unseren Lesern auch etwas von Ihnen präsentiert hätte, so musste ich doch auf den Abdruck von 'Dichters Arbeitslied' verzichten. Der Grund ist: Das Gedicht wäre absolut nicht verstanden worden. Der Ausdruck 'edelschwarz' wäre von der überwiegenden Mehrheit nicht begriffen worden." [1]

Wenn also auch keine Zusammenarbeit zwischen Dehmel und Fuchs aus diesem Briefwechsel resultierte, so geht aus ihm doch hervor, wie Fuchs seine redaktionelle Tätigkeit für diese Festblätter auffasste. Er wollte damit eben *"der Verherrlichung der Revolution"* dienen.

Dieses Bestreben macht es denn auch möglich, aus den verschiedenen Jahrgängen dieser Maifestzeitungen diejenigen herauszufinden, welche von Fuchs redigiert wurden; eine Aufgabe, welcher sich die Edition von Faksimiles aus diesen Blättern durch Udo Achten [2] gar nicht stellt, sind doch diese Reproduktionen wie schon diejenigen aus dem *"Süddeutschen Postillon"* praktisch kommentarlos wiedergegeben.

Natürlich führen auch einige andere Indizien auf die Spur von Eduard Fuchs, so etwa die von Max Slevogt gezeichnete Allegorie in der Maifestzeitung von 1903, von der auch in anderem Zusammenhang überliefert ist, dass sie einer Anregung von Fuchs entsprang. [3]

Ein anderes Anzeichen für das Wirken von Fuchs ist das Auftauchen von ausländischen Karikaturen in den Maifestnummern von 1901, 1902 und 1904 - eine Spezialität von Fuchs, die er schon beim *"Süddeutschen Postillon"* gerne eingesetzt hatte und für die er seit 1897 eine eigene

---

[1] Antwortbrief von Fuchs an Dehmel vom 26.2.1903, a.a.O.

[2] Udo Achten, Hrsg: Zum Lichte empor, Maifestzeitungen der Sozialdemokratie 1891-1914, Bonn 1980.

[3] Vgl. S. 108 dieser Arbeit.

Rubrik in der *"Leipziger Volkszeitung"* hatte.[1]

Neu seit 1901 und typisch für Fuchs ist auch die Extra-Kolumne zu den jeweiligen Illustrationen der Festblätter. Einmal – und natürlich nicht zufällig gerade 1903, als es ihm gelungen war, Max Slevogt zum Mitarbeiter zu machen – signiert er diese Rubrik sogar mit *"f.s."*.[2]

Vom Jahrgang 1901 an wird auch der Satz sukzessive neu gestaltet. Vom früher vorherrschenden dreispaltigen, eng gedruckten Textgedränge versucht Fuchs mit einer ansprechenderen zweispaltigen Gestaltung wegzukommen. 1906 schliesslich verwendet er einen lockeren, aber wiederum dreispaltigen Satz.

Auch die häufigere Verwendung von Aphorismen – meist aus fremder Feder, aber im Jahr 1906 mit an Sicherheit grenzender Wahrscheinlichkeit aus Fuchs' eigener Küche [3] – deutet auf Traditionen, die Fuchs schon am *"Postillon"* pflegte.

Doch wichtiger als diese Indizien zur Zuschreibung zumindest der Jahrgänge 1901 bis 1906 dieser Festzeitungen auf das Konto von Fuchs [4] ist deren zunehmend revolutionäre Linie. Die Jahrgänge 1902 und 1903 halten sich zwar noch weitgehend an den eher gemässigten früheren Rahmen. Aber schon 1903 taucht eine recht scharfe Glosse des

---

1) Vgl. S.244 dieser Arbeit

2) Mai-Festzeitung 1903, p.7, unten

3) Einer dieser Aphorismen geht wie schon frühere Aphorismen von Fuchs (vgl.S.292 dieser Arbeit) in die Richtung der Propagierung der Diktatur des Proletariats:*"Die Abneigung gegen das allgemeine, gleiche Wahlrecht ist nicht ganz unbegründet; warum sollen unwissende, vornehme Tagediebe in den öffentlichen Angelegenheiten ebensoviel mitreden dürfen wie politisch kundige fleissige Arbeiter?"* (Mai-Festzeitung 1906, p.3 unten)

4) Vielleicht hatte Fuchs schon vorher einen gewissen Einfluss auf die Illustration der Festzeitungen. Jedenfalls erscheint unter den Illustratoren schon 1899 der in seinen Anfängen von Fuchs geförderte E.M.Lilien (vgl.S.335 dieser Arbeit).

Titels *"Nobel-Mai"* auf, in der vorgeschlagen wurde, dass für die nächsten 200 Jahre *"jede regierende und unternehmende Tätigkeit vollständig zu ruhen"* hätte.

Seit 1904 zeichnen die Mitarbeiter mit vollem Namen. 1904 sind darunter Kurt Eisner und Clara Zetkin, 1905 Georg Ledebour, Clara Zetkin und Karl Kautsky, 1906 gar Anton Pannekoek und Henriette Roland-Holst sowie der alte Stuttgarter Freund Jakob Stern. Die Beiträge dieser Linken gaben zusammen mit den scharfen, mutmasslich von Fuchs selber stammenden Aphorismen und garniert mit einer ebenfalls gepfefferten Karikatur gegen *"Die eine reaktionäre Masse"* [1] auf den rechten Bänken des Reichstags dieser Nummer zum 1.Mai 1906 ein Gepräge, das dem weiteren Verbleib von Fuchs auf diesem Posten nicht förderlich sein sollte.

Denn vom Jahrgang 1907 an zeigt die Maifestnummer wieder das besinnliche und beschauliche Bild früherer Jahre, und die genannten Mitarbeiternamen vom linken Flügel der damaligen deutschen und internationalen Sozialdemokratie tauchen nicht mehr auf.

Es geht aus den Parteitagsprotokollen nicht hervor, welche parteiinternen Vorgänge diesen Wechsel mit sich brachten. Aber angefeindet wurde Fuchs' Gestaltung der Maifestzeitung am Parteitag schon früher, und zwar zuerst wieder aus Hamburg, wo die alten Widersacher im Titelbild des Jahrgangs 1902, einem über Hyänengezänk überlegen ruhenden Löwen, einen Vorwand zur Rache für die nun bald zehn Jahre zurückliegenden Aeusserungen des jungen Fuchs über die grafische Gestaltung von Hamburger Druckerzeugnissen am Parteitag zu Köln gefunden zu haben glaubten.

---

1) Diese Formulierung, die den Lassalleanern zuliebe ins Gothaer Einigungsprogramm der Sozialdemokratie aufgenommen wurde, erregte den Zorn von Marx (Vgl. die unter dem Titel *"Kritik des Gothaer Programms"* bekanntgewordenen *"Randglossen zum Programm der deutschen Arbeiterpartei"* von Marx in: Marx/Engels:Werke, Berlin 1961 ff.,Bd. 19, p.22f.) und blieb ein geflügeltes Wort.

Der Genosse Kimmel aus Hamburg sagte auf dem Parteitag in München folgendes zu diesem Thema:
"*Die künstlerische Ausstattung der diesjährigen Maifestnummer hat wohl allgemein enttäuscht. Gerade bei der Mai-Zeitung, die doch in die Massen dringen soll, müssen wir auf die künstlerische Ausstattung den höchsten Wert legen. In Hamburg hat man in diesem Jahr darüber Witze gerissen. Man glaubte, der Löwe habe den Schnupfen bekommen infolge der schlechten Witterung.*" [1)]

Wohl in der Ahnung, dass das nicht die letzte Kritik dieser Art sein werde, liess sich Fuchs 2 Jahre später, 1904, als Vertreter für den Wahlkreis Friedeberg - Arnswalde an den Parteitag delegieren, äusserte dort aber im Plenum nichts. [2)]

Dringender nötig wäre seine Anwesenheit am nächsten Parteitag gewesen, wo gleich zwei Anträge gegen die schlechte künstlerische Ausstattung der Maifestzeitung angenommen wurden, sowie am Parteitag von 1906 in Mannheim, wo wiederum zwei ähnlich lautende Anträge angenommen wurden. [3)]

Sicher hat diese an den Parteitagen vorgetragene Kritik zu Fuchs' erneuter Entfernung aus einem parteigebundenen Redaktorensessel beigetragen, und ebenso sicher hat diese neue Wendung der Dinge sein Verhältnis zur Partei nicht verbessert.

Es kann allerdings auch sein, dass Fuchs selbst den Hut nahm. Denn in den Maifestzeitungen manifestierte sich der Konflikt zwischen dem verbreiteten Wunsch nach "*pathe-

---

1) Protokoll über die Verhandlungen des Parteitages der SPD, abgehalten zu München, 14.-20.September 1902, Berlin 1902, p.269
2) Protokoll .... zu Bremen, 18.-24.Sept.1904, Berlin 1904, Teilnehmerliste resp. Rednerliste.
3) Protokoll ... zu Jena, 17.-23. Sept.1905, Berlin 1905, und
    "   " Mannheim, 23.-29.Sept.1906, Berlin 1906, p.113,130

tischen Allegorien" und dem künstlerischen Geschmack
sowie dem politischen Temperament von Fuchs noch viel
schärfer als schon beim *"Süddeutschen Postillon"*.[1]

Mit dem Wechsel bei der Herausgabe der Maifestzeitungen
war allerdings die Zusammenarbeit zwischen Fuchs und
Fischer nicht abgeschlossen.

Im Verlag der Buchhandlung Vorwärts erschienen
verschiedene Bände einer Reihe illustrierter kulturhistorischer Bücher unter dem Obertitel *"Kulturbilder"*.[2]
Es springt nun jedem Kenner oder auch nur oberflächlichen
Betrachter der illustrierten Werke von Fuchs in die Augen,
dass die Illustrationen zu diesen Bänden aus derselben
Quelle stammen müssen; auch sind die Bildlegenden in bezug darauf, was sie zu den einzelnen Bildern anführen und
was sie weglassen, genau gleich abgefasst wie in den übrigen von Fuchs illustrierten Werken. Allerdings fehlt in
diesen Bänden jeder Hinweis auf eine solche Mitarbeit
von Fuchs als Illustrator, obwohl erst die reiche Bebilderung der Reihe deren Obertitel rechtfertigt. Es scheint
im übrigen, dass auch diese Tätigkeit von Fuchs im Hintergrund des Vorwärts-Verlags auf Kritik gestossen ist.[3]

---

1) Vgl. S. 42 dieser Arbeit.

2) Zuerst (1904/1905) erschienen die zwei Bände über Reformation und Gegenreformation unter dem Titel *"Wider die Pfaffenherrschaft"*, deren erster Emil Rosenow verfasste, während Heinrich Ströbel den zweiten Band schrieb. Ebenfalls 1905 erschien bereits der nächste Titel der Reihe, der erste Band von *"Die Hohenzollern-Legende"* von Max Maurenbrecher, deren zweiter Band 1906 erschien. 1907 folgten die zwei Bände von Hugo Schulz über den Krieg unter dem Titel *"Blut und Eisen"*. Die letzten beiden Bände der Reihe wurden von Alexander Conrady verfasst und behandeln *"Die Geschichte der Revolutionen vom niederländischen Aufstand bis zum Vorabend der französischen Revolution"*. Sie erschienen 1911.

3) *"Die zunächst in Lieferungen und dann auch in 'wertvoller Geschenkausgabe' (...) erschienen Werke dieser Reihe (...) stiessen trotz weiter Verbreitung nicht auf ungeteilten Beifall. Inhalt und besonders die Illustrationen entsprachen nicht immer der sozialdemokratischen Weltanschauung, sondern orientierten sich eher an 'bürgerlichen' Vorbildern"*, heisst es ohne nähere Angaben in der bereits zitierten Bibliografie *"Für eine neue Wirklichkeit"* (p.353).

Dass Fuchs allmählich zu einem *enfant terrible* der Vorkriegssozialdemokratie wurde und nur noch bei linken, vorurteilsfreien Genossen als salonfähig galt, zeigte sich auch am abnehmenden, schliesslich negativen und zuletzt gar nicht mehr stattfindenden Echo, welches das schriftstellerische Werk von Fuchs in der Parteipresse fand.

Hatten sich neben Mehring noch Stampfer und Steiger in der *"Neuen Zeit"* für das von der bürgerlichen Kritik scharf aufs Korn genommene Werk *"Die Karikatur der europäischen Völker"* eingesetzt,[2] so herrschte nach dem Erscheinen von dessen skandalumwitterter Fortsetzung *"Das erotische Element in der Karikatur"* im sozialdemokratischen Blätterwald peinliches Schweigen, bis dann ein Verriss der *"Illustrierten Sittengeschichte"* aus der Feder Paul Kampffmeyers in den *"Sozialistischen Monatsheften"*[2] die Bücher von Fuchs quasi auf den Index des guten Sozialdemokraten setzte. Kampffmeyer kritisierte die *"Sittengeschichte"* naserümpfend als *"zu eng begrenzt (...). Sie ist im wesentlichen nur die Geschichte einer Seite des sittlichen Lebens: der sexuellen Sittlichkeit."* [3]

Dieser Verriss blieb die letzte Rezension eines Werkes von Fuchs in der zeitgenössischen sozialdemokratischen Presse.

---

1) F.Stampfer: Im Zeughaus der Revolution, in: Neue Zeit, No.19/1901, p.282 ff. E. Steiger: E.Fuchs, Karikatur europäischer Völker, in: Neue Zeit, No.21/1903, p.158

2) Paul Kampffmeyer: Sittengeschichte, in: Sozialistische Monatshefte, 1.Band 1909, p.95 f.

3) ebda., p.95

1.3.3.1. Die Parteitagssatiren von Fuchs

Seit dem misslungenen Auftritt des jungen Fuchs am
Parteitag der SPD von 1893, wo er den in Hamburg erscheinenden SP-Kalender *"Neue Welt"* kritisiert hatte,
meldete er sich an diesen Höhepunkten des Parteilebens
nie mehr offiziell zu Wort, obwohl seine Maifestzeitungen an späteren Parteitagen direkt angegriffen wurden.
Fuchs schuf sich vielmehr ein eigenes Instrument, um
diese Angriffe zu parieren und um seine allmähliche
Abdrängung aus der Parteipresse zu kompensieren. Anlässlich einiger Parteitage gab er anonyme Privatpublikatio-
nen heraus, die sich in schriftlicher und bildlicher Satire mit der aktuellen Parteipolitik befassten.

Zumindest im Westen ist seit 1968 die Selbstironisierung
linker Politik ein vertrautes, fast allzu weit verbreite-
tes Phänomen. In der Vorkriegssozialdemokratie war die
Inanspruchnahme des *"Rechts auf Satire in den eigenen Reihen"*, durch welche Fuchs bereits als Redaktor des *"Süddeutschen Postillon"* in schwere Auseinandersetzungen geraten war,[1] jedoch noch eine echte Pioniertat. Nicht
nur deshalb werden die Parteitagssatiren von Fuchs hier
recht eingehend vorgestellt; eine relativ breite Darstellung dieser Privatdrucke ist auch deshalb berechtigt,
weil sie streckenweise in überraschend weitsichtiger,
treffender und brillanter Art wesentliche Probleme der
Vorkriegssozialdemokratie aufs Korn nehmen. Vor dem inhaltlichen Referat dieser Publikationen muss ich auch noch
auf den bibliografischen Aspekt ihrer Urheberschaft näher
eingehen.

---

1) Vgl. S. 250 ff. dieser Arbeit

Ernst Drahn hat als erster Eduard Fuchs als Autor einer dieser Parteitagssatiren genannt,[1] die unter dem Titel *"Der auch-sozialistische Monatscircus"* 1909 zum Leipziger Parteitag im *"Verlag des sozialistischen Monatscircus"*, Berlin, erschien. Fuchs hatte sich als Autor und Herausgeber geschickt hinter den mehr oder weniger abgewandelten Namen jener Parteigenossen versteckt, die er sich als Opfer ausgesucht hatte. In erster Linie richtete sich der *"Monatscircus"* gegen Joseph Bloch und dessen *"Sozialistische Monatshefte"*, wo Kampffmeyers Veriss der *"Sittengeschichte"* im selben Jahr erschien. Joseph Bloch erscheint unter der Variante *"Dr.J.Blech"* als fiktiver Herausgeber der Parteitagsposse von Fuchs.

Es entzog sich offenbar der Kenntnis von Drahn, dass bereits zum Dresdener Parteitag von 1903 eine ähnliche Persiflage der *"Sozialistischen Monatshefte"* vorlag, u.a. wiederum mit dem fiktiven Herausgeber *"J.Blech"* versehen, und zwar unter dem Titel *"Das grosse Missverständnis. Zentralisierte neuzeitliche Tag-, Wochen- und Monatshefte für echten, revidierten und gemischten Sozialismus"*. Als Druckort war Dresden angegeben, als Jahr *"63 p.A.B.n"*, d.h. 63 Jahre nach August Bebels Geburt. Dieser Vorläufer des *"Monatscircus"* ist in der Bibliografie von Kurt Koszyk und Gerhard Eisfeld aufgeführt,[2] wird dort jedoch - im Gegensatz zum ebenfalls Fuchs zugeschriebenen *"Monatscircus"* [3] - nicht auf das Konto des Autors Fuchs gebucht. Ich gehe im folgenden von der Urheberschaft Fuchs' an diesen beiden Parteitagssatiren aus, ohne dazu schlüssige Beweise wie diesbezügliche Korrespondenzen oder Originalmanuskripte vorlegen zu können.

---

1) Ernst Drahn: Sozialistische Witzblätter in Deutschland, in: Zeitungswissenschaft, 6.Jahrgang, No.5, September 1931, pp.271-280, p.275 f.
2) Kurt Koszyk/Gerhard Eisfeld: Die Presse der deutschen Sozialdemokratie, Bonn 1980, p.220, No.97
3) ebda, p.230, No.232

Denn die allgemeine Stossrichtung, der avisierte Personenkreis und natürlich auch die humoristische Routine dieser illustrierten Parteitagssatiren verweisen in beiden Fällen ganz klar auf Fuchs als geistigen Urheber; zumindest für die Karikaturen musste er jedoch noch auf andere Helfer zurückgreifen.[1]

Fuchs kann mit seiner Persiflage auf den *"echten, revidierten Sozialismus"* der *"Sozialistischen Monatshefte"* in die antirevisionistische Rhetorik einstimmen, die August Bebel auf dem Dresdner Parteitag inszenierte. Dem Parteivorsitzenden waren diese *"Monatshefte"* als Sprachrohr und geistiges Zentrum der Revisionisten um Bernstein schon lange ein Dorn im Auge. Ein Jahr zuvor hatte er in einem Brief auch die Mitarbeit von Fuchs an dieser Publikation übel vermerkt.[2]

Obwohl also Fuchs im Jahr 1903 mit einer scharf antirevisionistischen Satire richtig im Wind gelegen wäre, begnügte er sich in dieser ersten Parteitagssatire mit relativ harmlosen Scherzen. Wenn er etwa einen dreispaltig parallel geführten Kurzroman *"Klassenliebe und Klassenhass"* [3]

---

1) Zum zeichnerischen Unvermögen von Fuchs vgl. S.316f. dieser Arbeit.

2) Fuchs hatte im 6.Jahrgang, Bd.2 der Sammelbände der *"Sozialistischen Monatshefte"* den Artikel *"Die französische Karikatur im Jahre 1870/71"* publiziert. Empört schrieb August Bebel daraufhin an Karl Kautsky:*"Fuchs hat sich, wie er mir gestand, auch einfangen lassen und für die Monatshefte einen Artikel geschrieben. Er habe mindestens zwei Dutzend in der Form überhöfliche Aufforderungen erhalten (...). Man verlange mehr, auch eine Broschüre, was er abgeschlagen habe. Die Edelmänner bieten alles auf, um alles an sich zu fesseln, und da die Schriftsteller immer Geldbedürfnis haben und Entgegenkommen finden, beissen sie an.* (August Bebel an Karl Kautsky, 14.4.1902. Zitiert nach: August Bebels Briefwechsel mit Karl Kautsky, hg. v. K.Kautsky jun., Nachdruck Assen 1971)

3) *"Das grosse Missverständnis"*, op.cit., p.2 ff.

gleichzeitig in den Tonlagen *"Reiner Marxismus"*, *"Revidierter Marxismus"* und *"Gemischter Marxismus"* vorträgt, so werden dabei alle diese Tendenzen innerhalb der SPD ziemlich gleichmässig durch den Kakao gezogen. Diese Ausgewogenheit beginnt schon bei den fiktiven Herausgebern. Neben *"J.Blech"* (für Joseph Bloch) figuriert hier auch ein *"Karl Kaumarx"* (für Karl Kautsky). Diese Klassifikation des damals noch am linken Parteiflügel angesiedelten Siegelbewahrers des reinen Marxismus unter die Wiederkäuer dürfte vor allem auf dem rechten Parteiflügel Beifall gefunden haben. Aber immerhin haben mit *"Bruder Heinrich"* (für Heinrich Braun) und *"Prof. Talmud'Ede"* [1] (für Eduard Bernstein) unter den als Herausgeber Veräppelten doch die Revisionisten ein eindeutiges Uebergewicht. Und was den rhetorischen Schlagabtausch zwischen dem Linken Kautsky und dem Rechten Bernstein angeht, so kommt in der satirischen Froschperspektive von Fuchs der Antirevisionist doch etwas besser weg.[2]

Aus der politischen Grundhaltung der anonymen Publikation heraus lässt sich also die Urheberschaft von Fuchs nicht so eindeutig ausmachen wie bei den Maifestzeitungen. Umso präziser verweist jedoch ein kleines fiktives Inserat gegen die Hamburger Intimfeinde von Fuchs auf dessen Urheberschaft dieses *"Missverständnisses"*.[3]

---

1) Wenig angenehm ist der antisemitische Beigeschmack solcher Witzchen, der auch am Eintrag über Richard Fischer alias *"Fischel"* (*"Missverständnis"*, op.cit., p.12) negativ auffällt. Vgl. dazu auch S.491 f. dieser Arbeit.

2) *"Die beiden Kleinen, Karl und Ede, spielen auf dem Hofe Fussball. Beim ersten Wurfe trifft Karl den Ede so heftig an die Nase, dass sie blutet. Sofort setzt sich Ede auf den Boden und untersucht den Inhalt des Balles so gründlich, dass er bereits nach einer Stunde in ihm triumphierend geronnenes Blut entdeckt."* (*"Missverständnis"*, op.cit., p.8)

3) Ein fiktives Inserat auf p.12 des *"Missverständnisses"* verhöhnt die konservativen Illustrationen des *"Neue-Welt-Kalenders"* wie folgt:*"Kunstmaler, die Bäuerinnen im Abendrot und Schafe bei Kirchglockgeläute herstellen, finden stets lohnende Beschäftigung in dem Verlag der Aeltesten Welt."*

Auch eine kurze Notiz über die alte Konkurrenz beim "*Wahren Jacob*" stammt ganz unverkennbar aus der Küche von Fuchs.[1]

Von einiger Bösartigkeit sind ferner höchstens noch einige der zahlreichen weiteren Seitenhiebe gegen Eduard Bernstein.[2] Sonst sind die Witze artig, die Satire gerät öfters fast zur Schmeichelei, vor allem dort, wo Fuchs mit seiner genauen Kenntnis von Interna der bekanntesten SP-Führer und -Führerinnen renommiert.

Das ist schon bei den "*Bildern aus der Hausgenossenschaft 'Lilyput'*" der Fall, wo u.a. Paul Singer, Clara Zetkin, Rosa Luxemburg, Georg von Vollmar, der Reichstagsabgeordnete Wurm und nicht zuletzt August Bebel selbst berücksichtigt werden.[3]

Typisch für diesen sanften parteiinternen Humor sind die Analysen des fiktiven "*Graphologischen Briefkastens*",[4] besonders beim Bescheid über "*A.B.*" alias August Bebel.[5]

---

1) Ein fiktives Inserat, "*Missverständnis*", p.13, wirft dem Herausgeber (J.W.H.Dietz) und dem Redaktor (B.Heymann) völlige Humorlosigkeit vor: "*Zugelaufen ein Witz im Wahren Jakob. Kann gegen Erstattung der Futterkosten abgeholt werden bei Heymann Dietz.*"

2) "*Nur Bernstein-Karbol desinfiziert den Sozialismus so gründlich, dass keine Ansteckungsgefahr mehr vorhanden.*" "*Missverständnis*", op.cit.p.12

3) "*Missverständnis*", op.cit., p.8-9

4)   "   " , p.12

5) ebda.:"*A.B., Küsnacht. Zurückhaltende Natur, stets besonnen und überlegt. Sie haben eine gewisse Neigung zum Grübeln, die Sie verhindert, zu irgendwelchen bestimmten und energischen Erklärungen zu kommen. Dabei sind Sie so gutmütig, dass Sie niemals Nein sagen können. Sie sind geduldig, leidenschaftslos und ein abgesagter Feind aller heftigen Worte. Sie besuchen gern Ballokale und Variététheater, dagegen sind Sie ohne alles Rednertalent.*" Was sich neckt, liebt sich - das könnte auch das Motto des graphologischen Urteils von Fuchs über Rosa Luxemburg sein:"*Röschen auf polnischer Haide: Nein, nein, kleiner Schelm. Sie wollen uns durch Ihr schlau gewähltes Pseydonym nur irreführen. Sie sollten auch Dornen haben...?!??!!! Unmöglich!!!!!!!!*" (ebda.) Manchmal vergriff sich Fuchs allerdings in der Tonlage seiner Witze über Rosa Luxemburg (vgl. S.246 ff. dieser Arbeit), was ihrer engen Freundschaft jedoch keinen Abbruch tat.

Bei der Behandlung von Schrift und Charakter des F.M. alias Franz Mehring wagt Fuchs allerdings den Abschuss einiger schärferer Pfeile.[1]

Soviel zum *"Grossen Missverständnis"*. Von anderem Kaliber ist die umfangreichste Parteitagssatire, der 40 Seiten umfassende *"Auch-sozialistische Monatscircus"*, den Fuchs 1909 zum Leipziger Parteitag folgen liess. [2] Hier dominiert die wirkliche, scharfe Satire. Schon die im Titel wiederum persiflierten *"Sozialistischen Monatshefte"* werden hier ungleich schärfer angepackt.

Fuchs, der Autodidakt, nimmt zunächst den gespreizten Akademismus dieses revisionistischen Organs ins Visier. Die fingierten Autoren und Mitarbeiter des *"Monatscircus"* werden durchs Band weg als *doctores* tituliert, und Fuchs lässt das Blatt deshalb in einem fingierten Stelleninserat einen weiteren Mitarbeiter suchen, *"der keinen Doktortitel besitzt und sich verpflichtet, auch in Zukunft keinen zu erwerben. Bewerbungen sind unter der Chiffre 'Mann aus dem Volke' an den Sozialistischen Monatscircus zu richten."* [3]

Der andere Kritikpunkt an den *"Sozialistischen Monatsheften"* war der Umstand, dass deren Herausgeber Gelder von bürgerlicher Seite angenommen hatten und dies mit der Begründung rechtfertigen wollten, an der politischen Linie des Blattes

---

1) *"F.M. Steglitz-Friedenau-Leipzig. Ihre hervorstechendste Eigenschaft ist Beständigkeit in der Freundschaft. Sie sind ein Freund heiterer Geselligkeit, immer leicht zu Scherzen geneigt, offen und vertrauensvoll gegen jedermann. Sie lieben den Humor und vertragen es gern, wenn Sie zur Zielscheibe harmloser Scherze gemacht werden. Sie sind nicht nachtragend, sondern vielmehr aller Welt freundlich gesinnt, gleichgültig gegen Lob und Tadel, und bleiben höflich, auch wo Sie glauben, widersprechen zu müssen. Nichts auf der Welt ist Ihnen so verhasst als sturer Fanatismus und öde Rechthaberei. Ihr liebstes Getränk ist die Limonade."* (ebda.) Mehring vertrat seine Standpunkte, die u.a. in Bezug auf die Sozialdemokratie stark variierten, jeweils leidenschaftlich und aufbrausend.

2) op. cit.   3) *"Monatscircus"*, op.cit., p.1

werde deswegen nichts geändert. Fuchs ironisierte diese Transaktion in einer für den teilweise recht derben Ton des "Monatscircus" typischen Art. Er verglich sie mit der Kapitalaufstockung einer Kunstdüngerfabrik, von der er folgende fingierte Dokumente vorlegte:

"Sehr geehrter Herr Hefte!
Will Ihnen die fünf Mille gern einschiessen. Mache aber zur Bedingung, dass Sie ihren Mist nur um des Mistes willen produzieren."

Darauf diktierte Fuchs den kapitalsuchenden Unternehmern folgende Antwort in die Feder:

"Sehr geehrter Herr Selbstgeber!
Selbstverständlich produzieren wir nur um des reinen Mistes willen. Wir können Ihnen aus vollster Ueberzeugung versichern, dass uns die Förderung irgendwelcher Interessen vollkommen fernliegt, und dass niemandem, keiner dritten Person und keiner Sache, aus unserem Unternehmen auch nur der geringste Vorteil erwächst. Bemerkt sei noch, dass wir über zahlreiche Anerkennungen hoher und höchster Herrschaften verfügen." [1]

---

1) *"Monatscircus"*, op.cit., p.22. Auf der folgenden Seite wird diese Haltung satirisch mit der an den staatlich finanzierten Universitäten gelehrten Wissenschaft verglichen:

"Wir nahmen Gelder für die Monatshefte
Von einem Bürger? Nun, was ist dabei?
Wir blieben bei dem ganzen Geldgeschäfte
Von jedem Einfluss selbstverständlich frei.
Wir sind doch da, die Wissenschaft zu pflegen,
Sie ist neutral und keinem untertan.
(...)
Wir aber sind und nennen uns Genossen,
So gut wie sich ein preussischer Dozent
Der reinen Wissenschaft Verkünder nennt!"

(*"Monatscircus"*, op.cit., p.23)

Neben dieser Kritik an den "Monatsheften" nahm der "Monatscircus" wie gesagt auch andere Exponenten des rechten Flügels der Partei aufs Korn.

Unbarmherzig wurde z.B. mit den sogenannten "Hofgängern" abgerechnet, jenen Genossen, die diversen Einladungen zu verschiedenen Festlichkeiten an deutschen Fürstenhöfen gefolgt waren; am ausführlichsten wurden jene württembergischen Abgeordneten gewürdigt, die einer Einladung des Königs von Württemberg zu einem Gabelfrühstück Folge geleistet hatten. Auszüge aus einem fingierten Verteidigungsartikel dieser Genossen im "Monatscircus" stellen deren hochedle Motive bei diesem Gelage ins rechte Licht:
"Wie kamen wir zu dem Entschluss, uns (...) an dem Gabelfrühstück Wilhelm II. zu beteiligen? Jeder wird schon bei der Lektüre von Beschreibungen höfischen (...) Wohllebens ein dumpfes Grollen in seinen edleren Teilen verspürt haben. Die Schilderung der Leckerbissen und Prunkgegenstände ist (...) dazu angetan, jene Stimmung zu erwecken, die einer revolutionären, einer grundsätzlich oppositionellen Partei so nötig ist (...). Wie, sagten wir uns nun, wenn schon die Schilderung, die Lektüre so auf das revolutionäre Herz wirkt, muss dann nicht die lebendige Anschauung noch viel stärkeren Eindruck erzielen?"
Der Artikel enthüllt weiter, dass es diesen Genossen nicht bloss um Stimmungen ging. Sie gingen zu Taten über:
"Wir sprachen (...) so tapfer zu, dass wir bald den Vorsprung einholten, den unsere bürgerlichen Kollegen vor uns hatten, (...) wir fuhren auch noch, lange nachdem diese die Waffen hatten strecken müssen, unentwegt fort, die königlichen Lebensmittel voll revolutionären Feuereifers zu vertilgen. Und siehe, die erhoffte Wirkung blieb nicht aus: Wir trafen uns dort, wo wir uns treffen mussten, und

nach einer kurzen, vertraulichen Fraktionsbesprechung begannen wir, die so oft einmütig votiert hatten, nicht minder einmütig zu vomieren. (...) mit übersprudelndem Eifer, hochrot im Gesicht, krampfhaft bebend, wie kaum je bei der hitzigsten Debatte, so stiessen wir voll Abscheu die verhassten Königsgaben wieder zurück. (...). Wir haben gebrochen, dürfen wir wohl sagen, mit der traditionellen Lauheit und Halbheit. Unsere Losung ist: Kühn dem Feind entgegentreten, Aug' in Auge mit ihm tapfer dreinschlagen, nichts unversucht gelassen, und ihm zum Schluss den ganzen Bettel verdientermassen wieder vor die Füsse geschmissen." [1]

Diese Satire auf das Verhalten sozialdemokratischer Politiker auf Oppositionsbänken und Staatsbanketten ist von zeitloser Aktualität und nimmt in ihrer Schärfe Tucholsky vorweg.

Nicht nur einzelne Genossen, sondern auch die Partei als ganzes unterzieht Fuchs im *"Monatscircus"* einer scharfen Kritik von links, die den einstigen Anarchisten nicht verleugnet und die den Bruch von Fuchs mit dem rechten Flügel der Sozialdemokratie im Weltkrieg vorwegnimmt. Unter der Maske des Reichstagsabgeordneten Wilhelm Pfannkuch - auch er zum *"Dr.Wilh.Pfannkuch"* avanciert - liest Fuchs der konterrevolutionären Kleinbürgerlichkeit der Partei die Leviten, welche die Organisation über die Revolution stellt:

"Ein grosser Zug ist in der deutschen Sozialdemokratie lebendig (...) - der Instanzenzug! (...) Disziplinlose

---

[1] *"Monatscircus."*, op.cit., p.10 f.

Geister, die, ohne sich durch ernstes Studium mit den verschiedenen Instanzen und Kompetenzen vertraut gemacht zu haben, an irgend einer beliebigen Stelle glauben zupacken zu dürfen, müssen sich bei solchem (...) Frevel natürlich bös die Finger quetschen. So wird der ungezügelten Initiative der Einzelnen und der Massen ein heilsamer Hemmschuh angelegt. (...) Kurz, die vollendete Organisation der deutschen Sozialdemokratie ist ein starkes Bollwerk gegen alle (...) umstürzlerischen (...) Tendenzen in der Partei, eine Rhinozeroshaut (...), an der alle unbotmässige Kritik (...), an der die (...) Ratschläge (...) und lächerlichen Warnungen (...) inkompetenter Zeitungs- und Broschürenschreiber wirkungslos abprallen wie Leberknödel an einer Kruppschen Panzerplatte. Im Schutze dieser Rhinozeroshaut dürfen die Konsuln der Partei ruhig schlafen und darauf vertrauen, (...) dass die herrliche Zeit nicht mehr fern sein kann, wo jedem reichsdeutschen Sozialdemokraten in Fleisch und Blut übergegangen sein wird der erhabene Grundsatz, dass Ruhe die erste Genossenpflicht ist bis zu dem Moment, wo die berufene kompetente Stelle (...) Begeisterung und Kampfesmut oder was immer sonst befiehlt. (...) Vor kurzem ist eine (...) Kommission (...) eingesetzt worden, die mit der Ausarbeitung eines (...) Kompetenzenführers (...) betraut wurde, (...) zirka 20 Bände Lexikonformat. (...) So wird die deutsche Sozialdemokratie auch der (...) Gefahr entgehen, an der der deutsche Liberalismus (...) nur um Haaresbreite vorbeigeschlüpft ist. Beinah' hätten nämlich seinerzeit, wie Ludwig Börne erzählt, die auf dem Hambacher Fest versammelten deutschen Liberalen dort die deutsche Revolution beschlossen. (...) Schliesslich haben freilich noch in letzter Stunde die energischen Hinweise besonnener Männer auf die Inkompetenz der Versammlung das Schlimmste verhütet. Aber beinah' wäre die deutsche Revo-

lution kompromittiert worden durch den Umstand, dass sie von einer inkompetenten Stelle, die nicht einmal eine Instanz war, inszeniert wurde. Vor solchem schweren Missgriff ist die deutsche Sozialdemokratie gefeit. Sie braucht die deutsche Revolution nur bis zum Erscheinen des letzten Bandes des Kompetenzenführers - das (...) noch im 20. Jahrhundert zu erwarten ist - zu vertagen. Dann wird sie zweifelsfrei feststellen können, welche Instanz die deutsche Revolution zu proklamieren die Kompetenz hat. Dann kann die deutsche Revolution kompetenzgerecht gemacht werden, denn dann wird Zug in der Sache sein - Instanzenzug!" [1)]

Fuchs konnte 1909 gar nicht ahnen, wie recht er mit dieser Prognose für die deutsche Revolution von 1918 bekommen sollte.[2)]

---

1) *"Monatscircus"*, op.cit., p.6 ff.
2) Es waren die Matrosen in Kiel, die in ungezügelter, spontaner Masseninitiative am 3.und 4.November 1918 die Revolution proklamierten. Darauf folgte ebenso spontan die Machtübernahme der Arbeiter- und Soldatenräte in Hamburg, Hannover, Köln, München, Stuttgart, Frankfurt, Leipzig und in vielen andern Städten in der Zeit vom 6.-8.November. Die SPD-Führung gab in dieser Lage die Parole aus, nicht auf die Strasse zu gehen und *"ruhig Blut und Disziplin zu wahren"*. (*"Vorwärts"* No.304 vom 4.11.1918). Trotz dem Drängen der Spartakusleute um Karl Liebknecht folgten die Berliner Arbeiter bis am 9.November der Ruhe-und-Ordnungs-Parole der SPD. Erst dann traten sie in den Generalstreik und drängten in Massen auf die Strassen. Zu diesem Zeitpunkt waren die Verhandlungen zwischen Reichskanzler Prinz Max von Baden, General Groener und der SPD-Führung so weit gediehen, dass Friedrich Ebert das Reichskanzleramt mit der Versicherung übernehmen konnte, er hasse die Revolution wie die Sünde. Diese neue höchste Instanz, Reichskanzler und Parteichef der SPD in einer Person, wollte nun nicht einmal die eigenmächtige, aber taktisch geschickte Proklamation der Republik durch seinen Staatssekretär Scheidemann am Nachmittag des 9.November billigen, der damit der gleichzeitigen Proklamation der Revolution durch Liebknecht entgegentrat. Denn der mit dem Militär gegen die Revolution regierende deutsche Sozialdemokrat Ebert hielt, mangels eines Kompetenzenführers, immer noch den Thron des nach Holland abreisenden Kaisers Wilhelm II. für die allerhöchste Instanz...
Vgl. zu dieser gerafften Darstellung der wichtigsten Tage der blamabelsten und traurigsten aller deutschen "Revolutionen": Die deutsche Revolution 1918-1919, hg.v.G.A.Ritter und S.Miller, Hamburg 1968, sowie: Illustrierte Geschichte der deutschen Revolution, hg.v.Becker u.a., Hamburg 1929. Vgl. auch S. 133 ff. dieser Arbeit.

Der "*Monatscircus*" hielt jedoch weder die hochstehende Qualität noch die eindeutig linke Tendenz dieser Textproben über alle 40 Seiten hinweg durch. Manchmal sinkt er auf das Niveau einer Kneipzeitung ab, so etwa in den Betrachtungen über den parteitagsgebundenen Alkoholkonsum.[1] Andere Texte aus dem "*Monatscircus*" stehen in einem gewissen Widerspruch zu den zitierten Stellen, was ihre politische Tendenz angeht. Zwar verfolgt Fuchs im "*Monatscircus*" nie eine revisionistische Richtung, doch kritisiert er nicht nur den rechten Flügel, sondern auch den von Bebel meisterhaft geübten Zentrismus,[2] den orthodoxen Marxismus [3] sowie einzelne herausragende Vertreter des linken Flügels.

Allerdings ist z.B. der Artikel "*Die enthüllte Korruption. Schreckenerregender Sumpf im Parteikörper. Parteischule, eine Anstalt zur Verblödung. Marx-Fanatismus, Sauherdenton und Laster*" [4] nicht einfach eine Kritik von rechts an dieser von der Linken dominierten parteiinternen Bildungsstätte; vielmehr parodiert hier Fuchs solche Kritiker. Was aber die Kritik am wörtlichen Nachbeten von unverstandenen Marxzitaten betrifft, so meinte es Fuchs sicher ernst.[5]

---

1) vgl. "*Monatscircus*" op.cit., p.1, p.29

2) ebda., p.2 : "*Ein Ausgleich der divergierenden Meinungen innerhalb der Partei (ist) nur noch auf der mittleren Linie der Inkonsequenz möglich. Dieses 'einerseits und anderseits Prinzip' ist das ganze Programm unserer neuen Zeitschrift.*"

3) Der "*Nachtrag zum Kapital*" ("*Monatscircus*", p.14 ff.) ist ein verunglückter Versuch einer Parodie auf das von Fuchs nie gelesene Hauptwerk von Marx. Vgl. zum Stand der marxistischen Theorie von Fuchs S.383 ff. dieser Arbeit.

4) "*Monatscircus*", op.cit., pp.11-15

5) ebda., p.12, berichtet Fuchs von folgender Erziehungsmassnahmen an den Absolventen der Parteischule:
"*Auch lässt man sie die dunkelsten und schwierigsten Sätze des 'Kapital' vorwärts und rückwärts auswendiglernen, sodass die Bedauernswerten schliesslich total verblöden und auf jede Frage mit einem Marxzitat antworten.*"

Aber sowenig wie die neuerlichen Anzüglichkeiten auf Mehring [1] sind auch die im *"Monatscircus"* wiederum nicht fehlenden Witze über Rosa Luxemburg bösartig gemeint. Doch ganz abgesehen davon, dass diese Witze schon damals nicht überaus geistreich waren, wirkt es im Nachhinein natürlich völlig verfehlt, wenn Fuchs hier das makabre Epitaph von der *"blutigen Rosa"* anwendet, welche mit ihren Augen *"Dolchstösse"* versetze. Denn diese Wendungen wurden bekanntlich 10 Jahre später während der mörderischen Hetzkampagne wieder gebraucht, der Rosa Luxemburg schliesslich zum Opfer fiel. [2]

Ein Grund für diese neuerliche Entgleisung von Fuchs gegenüber Rosa Luxemburg liegt vielleicht darin, dass er so auf ihre ebenfalls verfehlte Polemik gegen die parteiinternen Anhänger der modernen Malerei reagieren wollte, die sehr wohl direkt gegen ihn persönlich gerichtet gewesen sein könnte. [3]

---

1) *"Die Geschichtsvorträge des Genossen Mehring unterschlagen systematisch alles, was für die grosse Zukunft der liberal-sozialdemokratischen Koalition spricht."* (*"Monatscircus"*, op.cit., p.12)

2) Die sich auf Rosa Luxemburg beziehende Stelle hat folgenden Wortlaut: *"Wer sich aber gegen die scheussliche Misshandlung seiner unsterblichen Seele zur Wehr setzt, dem sind grässliche, raffiniert ausgeklügelte Martern vorbehalten, in deren Erfindung besonders die blutige Rosa excelliert. So erzählte der Bräutigam der Tochter des vertrauenswürdigen Portiers von Dolchstössen und Giftpfeilen, die sie ihren Opfern beibringe.(Hinterher fügte er allerdings hinzu, dass sie das alles bloss mit den Augen mache)."* (ebda.)

3) Rosa Luxemburg schrieb in dem Artikel *"Tolstoi als sozialer Denker"*, der am 9.9.1908 in der Leipziger Volkszeitung erschien, folgende Sätze, die auch in ihre *"Schriften über Kunst und Literatur"*, Dresden 1972 (dort p.38) aufgenommen wurden:
"'Für den denkenden und aufrichtigen Menschen ist es eine unbestreitbare Tatsache, dass die Kunst der höheren Klassen nie die Kunst der ganzen Nation werden kann.' Der das schrieb (gemeint ist Tolstoi), *ist in jedem Zoll mehr Sozialist als jene Parteigenossen, die in der neuerdings aufkommenden Kunstfexerei machend, mit gedankenloser Geschäftigkeit die sozialdemokratische Arbeiterschaft zum Verständnis für die dekadente Kleckserei eines Slevogt oder eines Hodler 'erziehen' wollen."*

Alles in allem ist *"Der auch-sozialistische Monatscircus"* trotz zahlreicher Schwachstellen ohne Zweifel ein frühes Dokument der Revisionismuskritik, das wichtige Argumente der Parteispaltung während und nach dem Weltkrieg in teilweise prophetischer Weise vorwegnimmt.

Die Parteitagssatiren von Fuchs sind insgesamt rare Vertreter eines selbstkritischen Humors, die in der bierernsten politischen Landschaft der Vorkriegssozialdemokratie wie erratische Blöcke wirken.

1.3.3.2. Das Ende der Freundschaft mit Kautsky

Es ist nicht anzunehmen, dass Fuchs mit diesen Parteitagssatiren, vor allem mit dem schärfer angerichteten *"Monatscircus"*, neuen Rückhalt oder gar neue Freunde innerhalb der SPD gefunden hat.

Eher hat er sich damit innerhalb seiner Partei noch unbeliebter gemacht. Ein Beispiel dafür ist das anfangs herzliche, allgemach kühlere und nach einem Seitenhieb gegen Kautsky im *"Monatscircus"* gänzlich abgestorbene Verhältnis zwischen Eduard Fuchs und Karl Kautsky.

Zum Verständnis dieses satirischen Schlages von Fuchs gegen Kautsky muss ich das Wirken dieses wichtigen Theoretikers der ersten Marxistengeneration kurz darstellen.

Kautsky hatte einmal geschrieben, dass *"ein Ministerium (...) mit einem Schlage (...) von kapitalistischem zu sozialistischem Funktionieren gebracht"* [1] werden könne. Seine Wirksamkeit als Unterstaatssekretär unter Ebert bestätigte dann aber das Gegenteil dieser Behauptung. Damals war er allerdings schon längst zum von Lenin abgekanzelten *"Renegaten Kautsky"*[2] geworden. Aber der rechte Standpunkt, den er im Alter vertrat, sollte nicht den Blick dafür trüben, dass seine Vorkriegswerke eine gründliche Systematisierung und oft auch eine angemessene Aktualisierung der Gedanken von Marx und Engels sind. Auch seine historischen Werke sind als seriöse Gegenposition zum Historismus sehr wertvoll. Doch es muss auch festgehalten werden, dass Kautskys professoral-betulicher Stil seinen revolutionären Standpunkt schon damals etwas zweifelhaft machte. Solchen Zweifeln gibt Fuchs, der sich auch damit als sehr hellsichtig erweist, in

---

1) Karl Kautsky: Die Soziale Revolution, Bd.I: Sozialreform und soziale Revolution, zitiert nach der 3.Aufl., Berlin 1911, p.14.
2) Vgl. W.I.Lenin: Die proletarische Revolution und der Renegat Kautsky, in: Lenin, Werke, Bd.28, Berlin 1975, pp.225-320.

seiner Präsentation einer fiktiven Fortsetzung der Reihe
von Broschüren, die Kautsky vor 1909 Fragen der Revolution
gewidmet hatte,[1] folgendermassen Ausdruck:
"In Bälde erscheint aus der Feder unseres grossen Theoretikers K.Kautsky eine umfangreiche Untersuchung über die Rolle der Ethik im Klassenkampfe und die Grenzen ihrer Berechtigung auf besagtem Gebiete. (...) Von den einzelnen Kapiteln können wir heute schon nennen: (...)
Heiligt der Zweck das Mittel oder das Mittel den Zweck?
Ist in der sozialen Revolution die Gewalt erlaubt?
Ist es der Sozialdemokratie erlaubt, in der Revolution Gewalt mit Gewalt zu erwidern?
Darf ein Sozialist eine Browning- oder eine Parabellumpistole besitzen? (...)
Darf er sie am Tage der Revolution gebrauchen, oder muss er sie zu Hause lassen?
Darf er sie auf eigene Faust oder nur auf Befehl der Instanzen gebrauchen? (...)
Ist es gescheit, solche Bücher zu schreiben?" [2]
Pikant wird diese Persiflage, die inhaltlich ganz an die
unter dem Decknamen *"Pfannkuch"* geäusserten Gedanken anschliesst, dadurch, dass Fuchs bis dahin mit Karl Kautsky
in einem zwar sporadischen, aber freundschaftlichen Briefwechsel stand, der nach 1909 nicht wieder aufgenommen wurde.
Der Briefwechsel hatte noch in Fuchs' Münchner Zeit seinen
Anfang genommen.[3]

---

1) Folgende Titel sind da zu nennen:
   - K.Kautsky: Der Weg zur Macht, Berlin 1909
   - ders: Die Soziale Revolution, Bd.I: Sozialreform und soziale Revolution; Bd.II: Am Tage nach der sozialen Revolution, Berlin 1902
   - ders: Ethik und materialistische Geschichtsauffassung, Stuttgart 1906. (Alle Werke erschienen in mehreren Auflagen auch noch später.)
2) Monatscircus, op.cit., p.28
3) Fuchs suchte bei Kautsky Rat wegen seiner Morus-Ausgabe. Vgl. S. 300 ff.dieser Arbeit.

Fuchs hatte Kautsky auch sein erstes kulturhistorisches
Werk über die Revolution von 1848 [1] mit einem Begleitbrief [2] zugestellt, worauf dieses Werk dann in Kautskys
"Neuer Zeit" von Franz Mehring sehr freundlich besprochen
wurde.

Von einer Reise nach Rom schickte Fuchs ferner am 29.April
1905 eine Postkarte an Kautsky, deren Rückseite, eine Fotografie des Kolosseums, Fuchs mit der ungestümen Frage überkritzelt hatte:

"Lieber Freund,
 wann wird die bürgerliche Gesellschaft nur mehr eine
schöne Ruine sein?" [3]

Schon dieser Scherz muss Karl Kautsky ein bisschen erschreckt
haben. Ganz bunt trieb es aber Fuchs in seinem letzten Brief
an Kautsky, der vom 21. September 1908 datiert.
Fuchs schrieb ihm dort:

"Lieber Genosse Kautsky!
 Ich mäste mich seit Jahr und Tag an Ihrer Tafel und
nie hatte ich so recht Gelegenheit, Ihnen herzlich dankeschön zu sagen. Nun da sich die Gelegenheit einmal fügt,
will ich das einmal nachholen. In dieser Weise wollen
Sie die Widmung auffassen, die ich so frei war, meinem
letzten Opus vorauszusetzen. Erschrecken Sie jedoch
nicht, Sie werden weder durch den Stoff, noch durch
meine literarische Behandlung desselben kompromittiert.
Diese gedruckte Widmung findet sich nur in drei Exempla-

---

1) Vgl. S. 335 f. dieser Arbeit.
2) Alle diese Briefschaften finden sich im Nachlass Kautskys im
   Institut für Sozialgeschichte, Amsterdam, Signatur Kautsy DX-
   502-12 und Kautsky FA port. 2,4.
3) A.a.O. Die Postkarte ist ferner fotografisch wiedergegeben bei
   Ulrich Weitz: Eduard Fuchs, op.cit., p.33

ren vor - in dem Ihrigen, in dem Mehrings und in dem meinigen. In mehr Exemplaren hätte es keinen Sinn gehabt, da dies nur die Aushängebogen aus meiner grossen 'Geschichte der erotischen Kunst' sind, zu der diese Untersuchung sozusagen die Einleitung darstellt." [1]

Bei dem erwähnten beigelegten Opus handelte es sich um den Text *"Die Naturgeschichte der Kunst"* [2], der mit Reproduktionen der hervorragendsten Zeugnisse erotischer Kunst geschmückt war.

Es scheint nun, dass Kautsky diese Widmung dennoch als etwas Kompromittierendes oder jedenfalls als einen ungehörigen Scherz auffasste, obwohl es Fuchs, der theoretisch von Kautsky mehr beeinflusst war als von Marx [3], mit dieser Dankesbezeugung durchaus ernst meinte.

Mit diesem Brief hört der Briefwechsel zwischen Fuchs und Kautsky auf, und der nächste, ihrem wechselseitigen Verhältnis sicherlich nicht weiter förderliche Streich von Fuchs ist dann der zitierte Seitenhieb im *"Monatscircus"*.

Auch dieses Vorkommnis zeigt, dass Fuchs für seine Werke über die erotische Seite der Kunst und über die Geschichte der Sexualität kaum Anerkennung von den obern Parteiinstanzen fand.

---

1) a.a.O.
2) in: Eduard Fuchs, Die Geschichte der erotischen Kunst, Berlin 1908 p.1-59. Vgl. zu diesem Text auch die S.372ff.dieser Arbeit.
3) Vgl. dazu die S.383ff..dieser Arbeit.

1.3.4. Fuchs in der bürgerlichen Kunstszene (1901-1914)

Es sind vor allem zwei Männer, die dem zugereisten Schwaben und vormaligen Redakteur eines sozialdemokratischen Witzblattes den Zugang in die besten Kulturkreise Berlins ebneten.

Da ist zunächst der vorurteilslose Bücherfreund Fedor von Zobeltitz zu nennen, der als Herausgeber der *"Zeitschrift für Bücherfreunde"* der erste bürgerliche Verleger war, der Arbeiten von Fuchs veröffentlichte.[1] Seine Zeitschrift war eine Publikation, die sich ausschliesslich an jene betuchten Jünger der Bibliophilie wandte, die sich stundenlang über die Einzelheiten eines künstlerischen Ex Libris oder eines besonders schön marmorierten Einbandpapiers und dergleichen ereifern konnten und zu deren wichtigsten Sorgen es zählte, sich die Frage zu stellen: *"Ist Bücherstaub dem Menschen schädlich?"* [2]

Fedor von Zobeltitz benutzte ferner den Zugang zu Adels- und Hofkreisen, den ihm seine Herkunft aus einem alten preussischen Junkergeschlecht verschaffte, um sich als eine Art Chronist der besseren Gesellschaft aufzuführen.

Der Freiherr von Zobeltitz schrieb zur Befriedigung des offenbar auch im nüchternen, bürgerlichen Hanseaten vorhandenen Bedürfnisses nach Hofklatsch in den *"Hamburger Nachrichten"* Stimmungsbilder über die Hofbälle und Jagdpartien der Edlen und Reichen des Reiches, die 1922 als *"Chronik der Gesellschaft unter dem letzten Kaiserreich"* [3] in Buchform gesammelt herauskamen.

---

1) Vgl. auch S. 318, Anm.2 dieser Arbeit.

2) Ein Aufsatz dieses Titels, verfasst von E.Fischer von Röslerstamm, findet sich im Jahrgang 1900/01 No.5/6 der *"Zeitschrift für Bücherfreunde"*, p.214-215.
3) Fedor v.Zobeltitz, Chronik der Gesellschaft unter dem letzten Kaiserreich, Hamburg 1922, 2Bde.

Zobeltitz öffnete nicht nur den frühesten Arbeiten
von Fuchs sowie Rezensionen zu praktisch allen seiner
grösseren Werke die Spalten seiner Zeitschrift, sondern stand ihm in seiner Eigenschaft als Präsident
der Gesellschaft der Bibliophilen und als Freiherr
mit klangvollem Namen und besten Verbindungen auch
vor Gericht mit Gutachten zur Seite.
Zobeltitz muss ein echter Liberaler gewesen sein.
Er teilte die in den Büchern von Fuchs mit scharfer Deutlichkeit geäusserten politischen und philosophischen Prinzipien keineswegs, achtete sie jedoch
als Ausdruck eines *"leuchtenden Idealismus"*.[1]
Beim Vergleich der sammlerischen Findigkeit von Fuchs
mit dem *"Spürsinn des Jagdhunds"* schimmert allerdings
der junkerliche Hintergrund des adligen Bücherfreunds
deutlich durch. Dennoch beschreibt diese Passage
aus einem Gerichtsgutachten von Zobeltitz eindrücklich
jene Qualitäten, durch welche Fuchs in Kreisen auch
durch und durch bürgerlicher Kunstliebhaber auf Anerkennung stiess:

*"Fuchs ist als passionierter Bibliophile auch ein
Sammelgenie ersten Ranges. Nicht im Sinne der 'Omnivoren',
der Allesfresser auf den Sammlergebieten, sondern im
Rahmen seiner Lebensarbeit ein Sammler kulturgeschichtlicher Werte solcher Art, die ihm als Urkunden zur
Menschheitsgeschichte bedeutsam erscheinen. Er besitzt
einen beneidenswerten Spürsinn, die Nase des Jagdhunds,
die uns Bibliophilen das Aufstöbern erleichtert. Er hat
sich nie damit begnügt, nur das in Museen und Kupfer-
stichkabinetten aufgespeicherte Bildmaterial heranzu-
ziehen, weil er erkannte, dass in diesen Anstalten zwar*

---

[1] Ein Auszug aus einem Gutachten, aus welchem dieses Zitat und
der folgende Text stammen, findet sich in einem Anhang zu:
Eduard Fuchs, Die grossen Meister der Erotik, München 1931,p.4.

*die Masse gross war, dass es dort aber an der für seine
Zwecke nötigen systematischen Anordnung gebrach und vieles auch fehlte, weil es sich nicht in das offizielle
Schema unterbringen liess. So begann er denn, auf eigene Kosten, soweit es in seinen Kräften lag, das Material zusammenzutragen, dessen er bedurfte. Und dass
ihm dabei Funde und Entdeckungen in einem Ausmass gelangen, zu dem es tatsächlich kein Seitenstück in der
Graphikforschung gibt, das wird ohne weiteres auch der
Laie (...) spüren. (...) Auch der beste Kenner auf diesen Gebieten wird in den Fuchsschen Büchern auf zahlreiche Dokumente treffen, die ihm gänzlich neu sind."* [1]

Der andere Mann, von dessen Verbindungen in Kunstkreise
Berlins Fuchs profitieren konnte, war Emil Faktor, der
uns bereits als Redaktor einer Prager Zeitschrift und
Brieffreund von Fuchs begegnet ist.

Anders als Zobeltitz war Faktor jünger als Fuchs.[2]
Er war von Fuchs am Anfang ihrer Beziehung - die
ersten Briefe zwischen ihnen datieren von 1899 - fast
väterlich oder jedenfalls wie ein jüngerer Bruder behandelt worden. Noch 1905, als Faktor, nunmehr ein promovierter Doktor der Rechte, als Theaterreferent in
Berlin debütieren wollte, empfahl ihm Fuchs in aufdringlich belehrendem Ton, unbedingt die Lessing-Legende [3] von Mehring, den Thomas More von Kautsky [4]
und den 18.Brumaire von Marx [5] zu lesen. [6]

---

1) ebda.
2) Faktor wurde am 31.8.1876 geboren und starb 1941, von den Nazis verschleppt, in Lodz.(Vgl. Günter Rühle:Theater für die Republik, Frankfurt/Main 1967, p.1163 ff.)
3) Greifbar in der Ausgabe als Bd.9 der *"Gesammelten Schriften"* von Franz Mehring, Berlin 1976
4) K.Kautsky: Thomas More und seine Utopie, Stuttgart 1888
5) Greifbar in Karl Marx / Friedrich Engels, Werke, Bd.8, p.110-207, Berlin 1975
6) Diese drei Werke gehörten zur eisernen ideologischen Ration von Fuchs. Vgl. dazu p. 387 dieser Arbeit. Der Brief datiert vom 26.1.1905,a.a.O.

Faktor wurde Theaterkritiker und später Chefredaktor am
"*Börsen-Courier*",dem Finanz- und Intelligenzblatt mit dem
glänzendsten Feuilleton auf dem Platz Berlin. Als solcher
pflegte Faktor bald nach seiner Ankunft in der Hauptstadt
und später während der ganzen Weimarer Republik die besten
Beziehungen zu den Literaten Berlins.

Für Fuchs wichtiger wurde aber ein alter Freund Faktors
noch aus der Prager Zeit, J.A. Bondy, den Fuchs schon
in seinem allerersten Brief an Faktor grüssen lässt.[1]

Bondy publizierte 1909 einen Artikel des Titels "*Eine
Berliner Privatsammlung*".[2] Darin machte er eine weitere
Oeffentlichkeit mit den Schätzen bekannt, die Eduard
Fuchs mittlerweile in seiner Wohnung zusammengetragen
hatte. Weitere Artikel, die sich mit einzelnen Objekten
und Aspekten dieser bemerkenswerten Sammlung befassten,
erschienen bald darauf. Sie geben ein gutes Bild vom damaligen Stand der Sammlung von Fuchs.

1.3.4.1. Die Sammlung Fuchs vor dem 1.Weltkrieg

Seit jenen Münchner Tagen, da Fuchs die ersten Objekte
seiner Sammlung der Familie am Essen abgespart hatte,[3]
waren noch keine anderthalb Jahrzehnte vergangen, die für
Fuchs zudem ausgefüllt waren von der reichsten Phase seines publizistischen Schaffens. Doch Bondy kann 1909 die
Sammlung Fuchs bereits als eine Kollektion präsentieren,
"*die in Deutschland nicht ihresgleichen findet.*" [4]

---

1) Brief vom 28.12.1899, a.a.O.
2) In: Neue Revue, Berlin 1909, Heft 22/23, p.767-770. In dieser Zeitschrift hatte auch Fuchs publiziert, und zwar den zweiteiligen Aufsatz "*Die Emanzipation der Frau in der Karikatur*". Teil 1 im Septemberheft 1908, p.32-42, Teil 2 im Oktoberheft 1908, p.123-133.
3) Vgl. S. 52 dieser Arbeit.
4) op.cit.p.767

Bondy schrieb:

"Wer die amüsanten und gedankenvollen Karikaturen-Werke von Eduard Fuchs kennt (...) wird längst erraten haben, dass ein so mannigfach - intimes Bildermaterial nicht aus fremder Leute Besitz, sondern aus einem unerschöpflichen, zu jeder Stunde paraten Eigentum mit Feinschmecker-Lust erkoren und zu grossen Mosaiken gefügt worden ist. Eduard Fuchs (...) besitzt tatsächlich eine Sammlung, die in Deutschland nicht ihres gleichen findet. Seit Jahren spürt er den offenen und geheimen Wegen aller Meister der Karikatur nach, ihren spielerischen Scherzen und ihren blutigsten Wagnissen (...). Ihre Blätter, früher bei uns wenig beachtet und erst durch Fuchs in einen grossen Zusammenhang eingeordnet, sind jetzt in seinen von Reichtum berstenden Mappen zu einem einzigartigen Schatz gespeichert. Beim Umschlagen der vielen tausend Seiten dieser lachenden, grinsenden Welt- und Sittengeschichte, von Meistern der Unverfrorenheit mit genialen Strichen hingeschnörkelt, könnte man Tage und Wochen versäumen. Nur zwei Beispiele und Vergleiche: Fuchs hat nicht weniger als 3800 Daumier-Blätter; das Berliner Kupferstichkabinett besitzt im ganzen kaum 50 Stück, und selbst die Bibliothèque Nationale in Paris kann ihn darin nicht überbieten. Während man im Berliner Kabinett nur etwa ein Dutzend Stiche von Rowlandson finden kann, hat Fuchs über 300 zusammengebracht." [1]

Das sind Dimensionen, die für einen sozialdemokratischen Waisenknaben fast unglaublich klingen. Hinzu kommen aber noch etliche Studien und Oelgemälde grösseren Formats wiederum von Daumier, dann aber auch von Max Slevogt und von Max Liebermann, die Bondy jedoch längst nicht alle aufzählt, weil *"der grosse Mappenhort, der Blätter von 1500 an bis auf unsere Tage enthält, darunter viele Hand-*

---

[1] ebda.,p.767f.

zeichnungen" für ihn den *"Kern des Fuchsschen Kunstbesitzes"* bilden [1] und weil er sich bemüht, einen Ueberblick über die ganze Sammlung Fuchs zu geben. So erwähnt er auch den *"mit Pottners lustigen Tieren gefüllten Glasschrein"* [2] im sog. *"Birkenzimmer"* von Fuchs' Wohnung. [3]

Um auch auf dem Gebiet der Oelbilder die Dimensionen aufzuzeigen, sei hier Fuchs' Besitz an Liebermann-Bildern aufgeführt [4], wobei zu beachten ist, dass Liebermann erst an 3.

---

1) Bondy, op.cit.p.770. Auch das Gutachten von Zobeltitz hatte ja Fuchs zu Recht vor allem als Grafiksammler gewürdigt.

2) Bondy, op.cit.p.769. Pottner war der talentierteste deutsche Keramiker der ersten Hälfte des 20.Jahrhunderts.

3) Dieses offenbar in Birke getäferte Zimmer hatte kein geringerer als der berühmte Innenarchitekt und Möbelentwerfer Bruno Paul eingerichtet. Vgl. Bondy, op.cit., p.769

4) Allein schon die Tatsache, dass die Sammlung Fuchs in den Ortsangaben des Werkverzeichnisses von Liebermann im Band *"Max Liebermann. Sein Leben und seine Werke"* von Erich Hancke, Berlin 1914, p.527-547, durchau gleichrangig neben Sammlungen wie derjenigen der Herren Fürst von Liechtenstein, Wien, Dr.Krupp von Bohlen-Halbach, Essen, oder Oskar und Georg Reinhart, Winterthur, figuriert, rückt sie bereits ins rechte Licht.
Fuchs besass 1914 folgende Werke von Liebermann:
Dünenweg zum Dorfe, 1875, Oel auf Holz, 30 x 37 cm
Dorf in den Dünen, 1875, Oel auf Holz, 26 x 38 cm
Brabanter Spitzenklöpplerinnen, Studie, 1881, Oel auf Pappe, 24 x 32,5 c
Studienköpfe von *Bäuerinnen*, 1881, Oel auf Pappe, 34,5 x 25 cm
Interieur, 1890, Aquarell auf Papier, 23 x 295 cm
Arbeiter im Walde, 1897, Oel auf Pappe, 33 x 47 cm
Bauer am Kornfeld, 1897, Pastell auf Papier, 31 x 46 cm
Beflaggte Strasse bei der Königin Geburtstag in Holland, 1898, Oel auf Pappe, 23 x 30,5 cm
Waldspaziergang im Harz (Die Familie des Künstlers), 1899, Oel auf Leinwand, 61 x 48 cm
Strand von Scheveningen, 1899, Oel auf Leinwand, 64,5 x 87 cm
Papageienallee, Studie, 1901, Pastell auf Papier, 30,5 x 30 cm
Tennisspieler am Meer, 1901, Oel auf Pappe, 29 x 45 cm
Reiter am Meer, 1902, Oel auf Leinwand, 70 x 100 cm
Der Strandwächter, 1902, Oel auf Pappe, 46 x 37 cm
Badende Jungen im Meer, 1902, Oel auf Pappe, 23,5 x 33,5 cm
Bootsleute, Studie, 1907, Oel auf Pappe, 35 x 44 cm
Holländische Arbeiter am Kanal, Studie, 1907, Oel auf Pappe, 26 x 34 cm
Polospieler, Skizze, 1907, Oel auf Pappe, 27 x 45,5 cm
Simson und Delila, Studie, 1907, Oel auf Leinwand, 65 x 83 cm
Düne, 1907, Oel auf Pappe, 38 x 45,5 cm
Börse in Amsterdam, 1908, Pastell auf Papier, 29,5 x 37,5 cm

Stelle nach Slevogt und Daumier rangiert - neben minder
berühmten Namen wie Robert Breyer, dem nachmaligen Direktor der Stuttgarter Kunstakademie, oder Rudolf Hellwag
und Rudolf Siek, die in der Sammlung Fuchs ebenfalls vertreten waren.[1]

Die nächste Publikation über die Sammlung Fuchs verfasste
Robert Breuer; sie erschien 1912 in der Zeitschrift *"Kunst
und Künstler"*.[2] Breuers Artikel spezialisiert sich auf
die Bilder und lässt Graphik und Keramik ganz beiseite.
Breuer formuliert ziemlich genau, was den Kunstsammler
Fuchs von den protzigen Aufkäufern mit viel Geld und wenig
wirklicher Liebe zur Kunst unterscheidet:

*"Die Sammlung des Herrn Eduard Fuchs (...) enthält, bis
auf Slevogts 'Verlorenen Sohn', keine grossen Formate,
fast nichts, was auf Ausstellungen gewesen ist, kaum ein
Bild, das eine öffentliche Geschichte hat. Alles, was dieser Sammlung angehört, ist in besonderem Grade Autogramm
und von dem Künstler mehr für sich selber als für einen
Fremden gemacht. Man sieht sofort, dass Eduard Fuchs nur
weniges durch den nüchternen Prozess des Einkaufes beim
Kunsthändler erwarb; man sieht, dass er seine Schätze ohne Vermittler sich aus den Werkstätten der Künstler holte.
Man möchte meinen, dass die meisten dieser Bilder im Atelier aufgestöbert und gleich mitgenommen wurden. Selbst
von den Daumiers möchte man das sagen. Alles in dieser
Sammlung zeugt von einer freundschaftlichen Intimität des
glücklichen Pflegers zu den Vätern der Bilder. Man spürt,
dass die Künstler ihre heimlichen Kinder Herrn Fuchs gern
mitgaben, weil sie wussten, dass sie sozusagen in der Familie blieben. Dieser Sammler ist einer jener*

---

1) Vgl. Bondy, op.cit., p.770
2) Robert Breuer: Die Sammlung Fuchs, in: Kunst und Künstler, Jg.10, No.10, pp.449-464

Liebhaber, bei denen Bilder (...)nie in schlechte Gesellschaft kommen. Weil er eigentlich nur sich selber sammelt, kann solch ein leidenschaftlicher Amateur nie etwas Fremdes in sein Haus bringen." [1)]

Die Bewunderung für diese geradlinige Freude, die Fuchs an der Kunst hatte, schlägt dann bei Breuer in eine etwas schulterklopfende Gönnerhaftigkeit um:

"Fuchs ist nicht das, was man gemeinhin einen Kenner nennt. Alles Artistische, die Aesthetik um ihrer selbst willen ist ihm verhasst. Seine Einseitigkeit kennt kein Mass; Renoir ist für ihn fast Kitsch, und einen Gauguin würde er kaum aufnehmen. Er kennt nur seine heilige Drei. Auf sie wies ihn sein Instinkt; ihm allein vertraute er sich. Es gibt in der Kunst keinen besseren Führer. Auch keinen, der das Sammeln einträglicher machte. Wer nur zu kaufen vermag, was die Auguren bereits abstempelten, wird immer viel bezahlen müssen. Fuchs kaufte seine Daumiers vor der jüngsten Hausse, und auch bei Slevogt begann er früh genug. So darf er heute mit behaglichem Selbstbewusstsein und mit gerechtem Stolz auf seine Bilder blicken, die ihm gehören, weil er sammelnd selber stets sein eigen war." [2)]

Die dritte Publikation der Vorkriegszeit über die Sammlung Fuchs nimmt diese mehr als Vorwurf für eine Abhandlung über *"Slevogts Improvisationen"*, wie auch ihr Titel lautet. [3)]

Was Bondy und Breuer versucht hatten, nämlich neben dem Ueberblick über die Sammlung auch ein Porträt des Sammlers zu geben, fehlt in dieser Arbeit von Scheffler völlig, weswegen sie hier weniger in Betracht kommt. Fuchs tritt dafür in einer Reproduktion des Bildes *"Der Enthusiast"* [4)]

---

1) Breuer, op.cit.p.449   2) Breuer, op.cit.p.451
3) Karl Scheffler, Slevogts Improvisationen, Notizen aus der Sammlung Ed.Fuchs, in: Kunst und Künstler, Jahrgang 10, 1912, p.579-588
4) Scheffler, op.cit.p.587.

das den Maler mit Eduard Fuchs beim Betrachten eines
Blattes im abendlich erleuchteten Schaufenster eines
Antiquariates zeigt, bildlich auf.

Dabei kommt man gerade bei der Würdigung der Werke
Slevogts in der Sammlung Fuchs um ein Herausstellen
der Persönlichkeit von Fuchs nicht herum.
Bondy und Breuer sind sich darüber im Gegensatz zu
Scheffler einig. Breuer schreibt dazu:

*"Es dürfte im allgemeinen nicht schicklich sein, einen
Kunstfreund nach Konfession und Partei zu befragen; für
die Sammlung Fuchs ist es wesentlich, ja entscheidend,
dass ein revolutionäres Temperament sie zusammenbrachte.
(...) Fuchs erzählt, wie er in Daumier den elementaren
Ausbruch der Revolution, in Liebermann deren Objektivierung, in Slevogt neue Brandfackeln des revolutionären
Enthusiasmus suche und empfange."* [1]

Zu Recht schwächt Breuer dann allerdings dieses
nur im Fall von Daumier berechtigte Fuchssche Kunstempfinden für Slevogt ab mit dem Hinweis auf die bereits
erwähnte Zeichnung Slevogts in der Maifestzeitung von 1903: [2]

*"Es gibt von Slevogt das Titelblatt zu einer sozialdemokratischen Maifestzeitung; es ist aber nicht mehr als eine
Allegorie von guter Qualität. Durch Slevogt wird wohl
nie jemand auf die Barrikade getrieben werden."* [3]

Umso wichtiger ist aber die Kenntnis der Persönlichkeit
von Fuchs für die Interpretation von Slevogts Fuchs-Portrait aus dem Jahr 1905, das in der gesamten Slevogt-Literatur als eines der besten Portraits gilt, die Slevogt je
malte. Bondy schreibt dazu:

"Die(...) agitatorische Stosskraft, dieses Temperament

---

1) Breuer, op.cit.p.450   2) Vgl. S. 76   dieser Arbeit
3) Breuer, op.cit.p.463

*eines begeisterten Volkstribuns hat Max Slevogt in Eduard
Fuchsens lebensgrossem Porträt mit allem Schwung herausgebracht. Die beiden Männer verknüpft intime Freundschaft,
und das liebevolle Erfühlen der letzten Eigentümlichkei-
ten hat dieses Bildnis - man sehe nur, wie dieser ungestü-
me Kerl mit seiner Mappe dahin- und aus dem Rahmen hinaus-
stürmt - zu einem der besten Slevogts gemacht."* [1]

Weil ich auf die Sammlung Fuchs und Fuchs als Sammler
bei der Behandlung seines weiteren Lebens unter der
Weimarer Republik nocheinmal zurückkommen werde, wende
ich mich jetzt dieser *"intimen Freundschaft"* zwischen
Slevogt und Fuchs zu.

1.3.4.2 Die Freundschaft mit Max Slevogt

Wenn Robert Breuer annahm, dass die von Fuchs gesammelten
*"Bilder im Atelier aufgestöbert und gleich mitgenommen
wurden"* [3], so trifft das im Fall von Slevogt unbedingt zu.

Johannes Guthmann, ein anderer Slevogt-Sammler von bürgerlicher Herkunft und Haltung, schildert etwas neidisch
und doch anerkennend Fuchs' Beziehung zu diesem Maler
folgendermassen:

*"Im Grunde aber war(...) ich (...) doch nur Stümper neben
Fuchs, diesem routinierten Sammlermatador. Wenn er in ur-
wüchsiger Renommage uns alle seine Slevogts wohlgefällig
herzählte, konnte einen der Neid geradezu zum Räuber an
den vielen Kunstwerken, die vor unsern Augen entstanden,
werden lassen. Geräubert freilich hatte dieser Enthusiast
nie. Doch seine Verehrung und seine Gabe, sich dem verehrten Manne nützlich zu machen, hatten ihn jahrelang täglich
in das Atelier des Meisters geführt. Er war ein grosser
Daumier-Sammler und brachte Slevogt oft seine neu erworbenen Lithographien mit. Dadurch hat er - das soll ihm nicht*

---

1) Bondy, op.cit. p.768 . Vgl. die Reproduktion im Bildteil.
2) Breuer, op.cit. p.449

vergessen sein – eine Seite von Slevogts Begabung geweckt, die ihm sonst vielleicht nicht ganz so zu Bewusstsein gekommen wäre. Ja, manchmal schenkte er Slevogt ein Blatt – man kaufte sie damals noch am Quai Voltaire für einen Franc – und Slevogt hat ihm dankbar von seinen Bildern wiedergeschenkt! Er schenkte ja so gern, wo er sah, dass seine Sachen Freude machten! Und Fuchs hatte viel Freude und somit – da er nach dem Wahlspruch 'Nulla dies sine linea' das Atelier gern mit einem Slevögtchen verliess – viele echte Freude und viele echte Bilder!" [1)]

Guthmann bezeugt auch in einem andern Buch, das den Gelegenheitsarbeiten Slevogts gewidmet ist, den engen Umgang zwischen Fuchs und Slevogt. Slevogt garniert die an Fuchs gerichtete Post stets mit kleinen Zeichnungen, die Guthmann wie folgt beschreibt:

"Was für Anspielungen auf seinen Namen und seine Passionen hat nicht Eduard Fuchs erfahren! Der Verfasser der bekannten Sittengeschichten und Karikaturmonographien und ebenso leidenschaftliche wie verständnisvolle Daumier- und Slevogt-Sammler scheint von unerschöpflichem Anreiz für des Meisters lustige Laune zu sein. In immer neuen Angriffen kitzelt er den Adressaten und lässt ihn in Fuchsgestalt, doch menschlich kostümiert und bewegt, auf Jagd gehen; mit seiner Füchsin Bergtouren machen und einen Pas de deux tanzen; sich als Cicerone vor den in seinem Bau aufgestapelten Bildern tummeln; als Triumphator auf antikem Wagen, von seiner zu Drachengestalt ausgewachsenen Sittengeschichte gezogen, sich in die Lüfte und Unsterblichkeit erheben; oder sonst als Füchslein allerhand sinnvolle Allotria treiben; [2)] *und dann wieder gichtkrank und wehleidig sich von rechts und links von je*

---

1) Johannes Guthmann: Goldene Frucht. Begegnungen mit Menschen, Gärten und Häusern. Tübingen 1955, p.277 f.

2) Eine unter dieser allgemeinen Rubrik von Guthmann nicht näher beschriebene, aber (p.108) reproduzierte Zeichnung zeigt den neuigkeitsgierigen Fuchs, wie er einen Telegraphenmast hochklettert und daran horcht.

einem Arzte belehren." [1]

Den einen Höhepunkt der Beziehung von Slevogt und Fuchs bildet das erwähnte Porträt von Fuchs; [2] der andere Höhepunkt ist die Reise nach Aegypten, die Slevogt, Fuchs, Guthmann und dessen Freund Zimmermann 1914 unternahmen.

1.3.4.2.1. Die Reise nach Aegypten

Slevogt suchte mit dieser Reise, die von Hans-Jürgen Imiela erschöpfend beschrieben worden ist,[3] zum einen Erholung im südlichen Klima, zum andern malerische Anregungen aus dem Orient, dem Land seiner Träume, in dem er in der Fantasie, etwa anlässlich seiner Illustrationen der Märchen aus Tausendundeiner Nacht, schon seit langem zu Hause war. Aus ähnlichen Gründen reisten um dieselbe Zeit auch andere deutsche Maler in den Süden: Lovis Corinth nach Süditalien, Max Pechstein und Emil Nolde in die Südsee, Paul Klee und August Macke mit Louis Moillet nach Tunesien.

Die genaue Route und die exakten Daten dieser Reise, die vom Januar bis Mai 1914 dauerte, sind bei Imiela, der sich dazu auf ein in Stichworten gehaltenes Tagebuch von Fuchs stützen konnte, [4] genau verzeichnet, ebenso die Werke, die Slevogt im Land der Pharaonen malte. Ich beschränke mich deshalb im folgenden auf jene Ausschnitte der Reiseerinnerungen Guthmanns, die einige weitere Facetten der vielseitigen Persönlichkeit von Eduard Fuchs aufzeigen.

---

1) Johannes Guthmann: Scherz und Laune, Max Slevogt und seine Gelegenheitsarbeiten, Berlin 1920, pp.109-112. Einige der dort präsentierten Fuchs-Karikaturen sind im Bildteil dieser Arbeit wiedergegeben.
2) Vgl. auch S. 558 f.dieser Arbeit, ferner Hans-Jürgen Imiela:Max Slevogt, Karlsruhe 1968, p.98 sowie p.379, Anm.39. Slevogt porträtierte 1906 auch Frau und Tochter von Fuchs und malte 1909 ein zweites Bildnis seines Sammlerfreundes, das im von Churchill angeordneten Bombardement von Dresden zerstört wurde.
3) H.I.Imiela, Max Slevogt, op.cit., p.175-194
4) Dieses Tagebuch liegt im Slevogt-Archiv in dessen Landsitz Neukastel.

Aus Guthmanns Schilderung der Rolle von Fuchs bei der Absolvierung dieser Reise spricht immer wieder das Entsetzen des grossbürgerlichen Lebemanns aus gutem Hause ob der manchmal als ungebührlich und ordinär empfundenen Direktheit des Reisegenossen. Ueber Fuchs' kommunistische Sitten an der reichen Tafel ihrer Luxusunterkünfte entsetzte er sich z.B. folgendermassen:

"Die weite Welt vor 1914 konnte man im allgemeinen wohl als bürgerlich bezeichnen; wo die rote Farbe mit Ostentation gezeigt wurde, wurde sie als Ostentation empfunden. Unser Füchslein nun war (...) wie Füchse nun einmal sind, ein waschechter Roter und seinem schwäbischen Temperament entsprechend sogar ein rabiater Sozialdemokrat, der sich späterhin zum Kommunismus bekehren sollte. Vorerst aber ging sein politisches Gleichheitspathos mit allen gemütlichen Kinderstubengepflogenheiten durch, wenn er etwa an Bord oder im Hotel auf dem Nebentisch eine Menage mit den scharfen englischen Saucen und Mixed Pickles stehen sah, die auf dem unsrigen fehlte. Dann ergriff er einfach das Desideratum und pflanzte es, ganz gleich, ob uns der Appetit danach stand, vor uns auf:'Wir habbe grad so viel bezahlt wie die da!'" [1]

Dennoch kann er nicht umhin, ihm hohe Anerkennung zu zollen über seine praktischen und organisatorischen Fähigkeiten, die er auf dieser Reise vorbehaltlos in den Dienst der Malkunst Slevogts stellte:

"Eduard Fuchs (...) war ein unerbittlicher Mann. Der guten Frau Slevogt fiel ein Stein vom Herzen, als man ihrer Sorge,

---

[1] Guthmann, Goldene Frucht, op.cit.p.273 f. Zu den *"gemütlichen Kinderstubengepflogenheiten"* ist allerdings noch der erste Satz dieses Memoirenbandes nachzutragen:*"'Du weisst, das Kind ist krank', sagte meine Mutter, wenn mein Vater seinen Jüngsten zu ihren Füssen fand, wie er sich einen köstlichen Happen ungesalzenen Kaviars wohlschmecken liess und dazu aus ihrem Portweingläschen nippte."* (ebda. p.1)

*den für soviel Krankheit anfälligen Mann so lange in
weite Fernen entlassen zu müssen, mit dem klugen Einfall begegnete, diesen Praktikus mitzunehmen, damit
er dem Max in jedem Augenblick zur Hand sei. (...)
Fuchs war ein brauchbarer und williger Mann von eigener Art, und begeistert, wie er für Slevogt war, der
rechte Packesel, den der Meister brauchen konnte. So
meinte Frau Slevogt. Und so hat er sich bewährt."* [1)]

Fuchs entledigte sich dieser Aufgabe bravourös, auch
*"als es sich herausstellte, dass er als der verpflichtete Ordner der Malkampagne in Assuan, in der Wüste,
auf dem Nil helfender Kräfte bedurfte. Wenn man bedenkt,
dass dort zum täglichen sogenannten Säubern eines Hotelzimmerfussbodens nicht wie bei uns zu Lande ein weibliches Wesen gehört, das einmal durch die Stube geht und
dann fertig ist, sondern mindestens drei, auch vier Araber in weissem Gewande, rotem Fez, Gürtel und Schnabelschuhen, die unter Anleitung eines Vorsängers den Namen
Allahs anrufen und häuslichen Fleiss als gute Schauspieler zur Darstellung bringen, so wird man begreifen, dass
der Arbeitstrupp, den Fuchs benötigte, um die Weltwerdung
eines Kunstwerks zu ermöglichen, ins Ausserordentliche
wuchs. So verfügte er über einen Stamm von etwa zehn jungen Burschen, die sich unter der Last der Pinsel und der
Farbentuben, aber auch der Leinwände, der Staffelei und
des Sonnenschirms totschleppten und einen furchtbaren Lärm
machten. Da galt es zu kommandieren, und Fuchs -'es wächst
der Mensch' - zeigte sehr schnell, wieviel angeborene Begabung zu einem preussischen Feldwebel in ihm steckte.
Schlau aber wie er war, versicherte er sich rechtzeitig des
Beistandes des jeweils nächsten Schutzmanns, dem er mit*

---

1) Guthmann, Goldene Frucht, op.cit.p.272

*Ausdrücken babylonischer Sprachverwirrung und Gebärden
die Wichtigkeit dieser Anstalten klarzumachen wusste.
Wenn dann alles wohlvorbereitet und voll Erwartung war,
erschien - ganz wie sich das Frau Slevogt gedacht haben
mochte - der Meister, wie der Seiltänzer auf dem Jahrmarkt, und ergriff den Pinsel, den ihm ein Sklave darbot. Dann allerdings hörte jeder Spass auf; Fuchs und
der Konstabler wachten, dass jede Handreichung prompt
erfolgte, der Fliegenwedel diskret gehandhabt, das gaffende Fellachenvolk in respektvoller Entfernung gehalten und jegliche Störung der Arbeit verhindert wurde.
War nach Stunden lautlosen Fleisses und fortwährender,
äusserster Anspannung gegen die von Minute zu Minute
wachsende Sonnenglut des Vormittags und hohen Mittags
das Werk getan, dann kehrte Slevogt ihm den Rücken,
liess sich das Handwerkszeug von dienstfertigen Fingern abnehmen, zündete eine Zigarette an und ging von
dannen, es Fuchs überlassend, wie er das ölblanke Bild
und den ganzen Hilfsapparat nach Hause brachte."* [1]

Diese Transporte erforderten den verbissensten Einsatz.

*"Slevogt malte einmal von einem alten Fischkutter aus
das Bild der herrlich aus blauem Meere aufsteigenden
Altstadt von Syrakus. Inzwischen war ein böser Sturm
aufgekommen, (...) so (...) dass es nur mit Gefahr möglich war, an einer Strickleiter hinab in das von den
Wellen himmelan - abgrundtief geschaukelte Ruderboot zu
gelangen. Der Maler wollte schon sein tropfnasses Bild
den Winden preisgeben, da trat Fuchs als letzter an die
Strickleiter, nahm, weil er ja die Hände nicht frei hatte, den Blendrahmen (immerhin achtzig zu etwa sechzig
Zentimeter gross) zwischen seine festen Zähne und, trotzig
verbissen, brachte er das Bild heil in die delphinengleich*

---

[1] ebda., p.274 ff.

tanzende Barke. Auch das weiss ich nicht, ob ichs getan hätte. Ich habe das bewundert." [1]

Von den zwei vornehmen Mitreisenden Guthmann und Zimmermann hatte Fuchs in solchen Schwierigkeiten also keine Hilfe, sondern nur ein mitleidiges Lächeln zu erwarten. Auch in ideologischen Fragen harmonierte die Reisebegleitung Slevogts nicht:

"Ueberhaupt war es der Zustand der Bewunderung, der uns drei Genossen Slevogts zusammenhielt, was nicht immer leicht war. Wenn der Freund zum Beispiel die harmlose Frage aufwarf, was für ein Buch er lesen solle, um sich über die Kultur der italienischen Renaissance zu belehren, und (...) ich natürlich Burckhardt nannte(...), Fuchs aber, den grossen Namen verächtlich beiseiteschiebend, hinwarf:'Lese Se Kautsky. Aus den paar Seiten Einleitung zu seinem 'Thomas Morus' lerne Se mehr als aus den zwei Bänden von dem alte Schmöker', so war das ein Stichwort zu endlosen Diskussionen. (...) Slevogt gewann bei solchen Redeschlachten wenig, las am Ende weder Burckhardt noch Kautsky". [2]

Es ist wohl Zeit, dass auch Slevogt einmal zu Wort kommt, obwohl Guthmann, bei aller bürgerlichen Beschränktheit, ein begabter Anekdotenerzähler ist. Slevogt empfand Fuchs als den reinsten Sklaventreiber, als er am 8.März 1914 an seine Gattin schrieb:

"Nur ein kleines Malheur gestern veranlasst mich, Ruhe zu halten - ich flog kopfüber vom Esel, der ausrutschte u. sich auch überschlug, u. ich habe mir die beiden Hände so geprellt, dass ich sie schlecht gebrauchen kann. Infolge dessen kann mich Fuchs, der als der reine Arbeits'ausbeuter' figuriert, nicht an die Arbeit stellen..." [3]

---

1) ebda. p.276   2) ebda. p.277   3) Zitiert nach Imiela, op.cit.p.410, Anm. 23

Fuchs selbst vermerkte nicht nur in seinem recht nüchtern, nur stichwortartig geführten Reisetagebuch die Bilder, die Slevogt malte [1], die einzelnen Station der Reiseroute und der Tagesausflüge, sondern trat auch als Photograph in Erscheinung.[2]

Auch seine Fähigkeiten als Kunstaufkäufer stellte Fuchs in den Dienst Slevogts und kaufte für ihn in Luxor zwei kleinere altägyptische Statuetten, einen Katzenkopf und einen Ibis darstellend. [3]

Der vornehme Guthmann bezeichnete Fuchs als den *"Packesel"* [4] dieser Reise, Imiela würdigt ihn als *"klugen Sachwalter"*.[5] Ueber seine organisatorischen Hilfsdienste hinaus, die ihn trotz bester gegenteiliger Absichten in hochgradig kolonialistische Allüren[6] ver-

---

1) Vgl. dazu das Gesamtverzeichnis der Gemälde in Imiela, op.cit. p.40ff, Anm.9, welches auch vermerkt, dass der gründliche Fuchs eines davon (*"Palmengarten in Luxor"*) vergessen hat.
2) Vgl. Imiela, op.cit.p.175 et passim
3) Vgl. Imiela, op.cit.p.187
4) Vgl. Guthmann, Goldene Frucht, op.cit.p.272
5) Imiela, op.cit.p.174
6) Guthmann berichtet mokant, wie Fuchs als *"Freiheitsmann im Luxuszug"* (Goldene Frucht, p.274) zu Beginn der Reise um Bakschisch bettelnde Kinder vor dem englischen Konstabler, der sie verscheuchen wollte, zu schützen versuchte, und schliesst unmittelbar an diese Episode die Schilderung von Fuchs' feldwebelmässiger Kommandierung der ägyptischen Malergehilfen an, die ich bereits zitiert habe.
Schlimmer ist aber, dass Fuchs selbst in seinem Tagebuch den Jargon des damals in seiner kurzen Blüte stehenden deutschen Tropenhelmkolonialismus verfällt. Er nennt in seiner Notiz zum Beginn der Rückreise nilabwärts die von Guthmann beschriebenen, hauptsächlich als Gepäcktrager und Fliegenwedler gebrauchten jungen Leute das *"Expeditionskorps"*.
Fuchs notiert in seinem Tagebuch am 14.März:
"Rühr. Abschied vom Exped.Korps - dch. 1 sh. gesteigert."
(Zitiert nach Imiela, op.cit.p.410, Anm. 24)

fallen liessen, ist er jedoch, obwohl ihn Guthmann auf diesem Gebiet nicht gelten lassen will, auch ein wichtiger Partner von Slevogt bei der Verarbeitung der vielen neuen Eindrücke der Reise. Das kommt vor allem bei der Rückreise über Italien deutlich zur Geltung.

Wie aus Fuchs' Tagebuch hervorgeht, diskutieren die Freunde oft über ihre Eindrücke der reichen italienischen Kunstlandschaft, so z.B. über das Porträt des Papstes Innozenz von Velazquez oder über Arbeiten Berninis in Rom [1], aber auch über die Kunstschätze von Florenz. Dort gelingt es übrigens Fuchs, die Reisegesellschaft zu Zuschauern des örtlichen Festumzugs zum 1.Mai zu machen.[2]

Fuchs verliess die Reisegesellschaft in Venedig am 4.Mai 1914, nachdem es ihm nicht gelungen war, auch nur eins der mit seiner Mithilfe so zügig gemalten Bilder für seine Sammlung zu erwerben, weil Slevogt es vorzog, den ganzen Posten als Einheit an die Königliche Gemäldegalerie in Dresden zu verkaufen.

---

1) Vgl. Imielas Wiedergabe der diesbezüglichen Tagebuchstellen, op.cit.p.191.
2) Imiela, op.cit.p.192 sowie p.412, Anm.22

1.3.4.2.2. Der Bruch mit Slevogt

Die plötzliche Abreise aus Venedig nach den gescheiterten Verkaufsverhandlungen mit Slevogt zeugt schon von einem etwas abgekühlten Verhältnis zwischen Fuchs und dem Maler; es ist aber andererseits klar, dass ein derart herzliches Einvernehmen, wie es auf der Reise bestanden hatte, nicht im vollen Umfang aus der sonnigen Reiseatmosphäre in die kühleren nördlichen Breiten hinübergerettet werden konnte.

Die düstere Zeit nach dem bald auf die Heimkehr folgenden Kriegsausbruch hat wohl ihr Verhältnis noch weiter abgekühlt. Fuchs gehörte zu jenen Sozialdemokraten, für die der Internationalismus nicht ein blosses Lippenbekenntnis blieb und die die Unterordnung des rechten Flügels unter die Burgfriedenspolitik Kaiser Wilhelm II. scharf verurteilten.[1]

Slevogt hingegen schloss - obwohl er ein führender Vertreter der von Wilhelm II. verpönten modernen Kunst der damaligen Zeit war - eine Art Separat-Burgfrieden mit dem deutschen Militarismus. Als getreuer Sohn seines Vaters, der als Offizier bei Bazeilles fürs Vaterland gefallen war, hatte Slevogt, der diensttauglich war, in der ersten Kriegsbegeisterung ein Gesuch eingereicht mit der Bitte, *"dem bayr. Armeeoberkommando (...) folgen zu dürfen, um Kriegsszenen mit Pinsel und Stift festzuhalten"*.[2] Dem Gesuch wurde stattgegeben, und am 13. Oktober bekam Slevogt einen Ausweis vom Generalstabschef des Feldheeres als *"Schlachtenmaler"*.[3]

Dennoch sind aus der Zeit des 1.Weltkrieges Kontakte zwischen Fuchs und Slevogt weiterhin bezeugt. Unter den Motiven zu Slevogts Gelegenheitsarbeiten figuriert -

---

1) Vgl. S. 122 ff. dieser Arbeit 2) Zitiert nach Imiela, op.cit,p.413, Anm.3
3) Zitiert nach Imiela, op.cit. p. 413, Anm.3

wieder in den Worten von Guthmann - *"unser Fuchs als Wachtposten in Zivil, die Muskete über dem Rücken".*[1]
Eine andere Zeichnung zeigt Fuchs, wie er *" - eine witzige Auslegung des Jägerjargons - mit seiner Lunte ein alte Haubitze"* entzündet.[2]

Slevogts Kriegsbegeisterung wich bald der Ernüchterung über die unheroischen Schrecken des Grabenkriegs; auch hatte seine Schlachtenmalerei nicht den unbedingten Beifall der Schlächter gefunden.
Die mit der Darstellung eines Totengerippes, das auf einem von einer schwarzen Schabracke bedeckten Pferdegerippe dahingaloppiert, geschmückte Dankeskarte Slevogts, mit welcher er die Uebersendung des Buchs *"Der Weltkrieg in der Karikatur"* [3] von Fuchs quittiert, ist ein Zeugnis dieser Ernüchterung.[4]

Slevogts Ernüchterung über die Greuel des 1.Weltkriegs reichte aber nicht dazu aus, die revolutionären Konsequenzen zu verstehen, welche Fuchs daraus zog.

Obwohl Slevogt ein unpolitischer Mensch war und Fuchs seine revolutionäre Gesinnung ja auch vorher nie verleugnet hatte, kann Guthmann in seinen Memoiren triumphierend berichten, Slevogt habe Fuchs aus politischen Gründen den weiteren Umgang versagt. Guthmann schildert zuerst die Stimmung des Schlachtenmalers und leitet daraus dessen Bruch mit Fuchs ab:

"Die fünf Oelbilder aus der Umgegend von Lille werden wohl die wertvollsten künstlerischen Ergebnisse sein, die jener Krieg geboren hat; und doch wirken sie auf mich, als sei der Maler vor Schmerz und Grauen bei der Arbeit innerlich vereist. Nichts helfen, nichts eigentlich

---

1) Guthmann, Scherz und Laune, op.cit. p.112 2) ebda.
3) Vgl. dazu S. 126 ff. dieser Arbeit
4) Diese Zeichnung ist auf p.126 von Guthmann, Scherz und Laune, op.cit. reproduziert.

*schaffen, dem Heere nicht und nicht der Sache dienlich
sein zu können, war die bittere Erkenntnis dieser Wochen
für ihn. Aus solcher Stimmung heraus geschah es, dass er,
nach Berlin zurückgekehrt, Eduard Fuchs aus seinem Atelier wies. Wieder hatte der rote Mann, der sehr bald aus
seinen Sympathien für die Wandlungen, die sich in Russland vorbereiteten, kein Hehl machte, auf ihn einreden
wollen; aber Slevogt, der für dergleichen bisher weder
Ohr noch Sinn gehabt hatte, straffte sich auf: 'Früher
wars mir gleichgültig. Jetzt aber ists mir ernst geworden.
Ich will nichts mehr davon hören! Schluss!"* [1]

Dieses letzte Kapitel der Behandlung der Freundschaft
mit Slevogt hat uns bereits in jene Zeit von Fuchs'
Leben geführt, die dem nächsten Abschnitt vorbehalten
ist.

---

[1] Guthmann, Goldene Frucht, op.cit., p.298
Der Bruch mit Slevogt war allerdings nicht so total, wie es hier
den Anschein hat. Guthmann selbst erzählt von letzten Ausläufern
der immerhin seit 1893 währenden Beziehung zwischen Fuchs und
Slevogt in der Zeit nach dem 1.Weltkrieg. Vgl. dazu Johannes Guthmann: Schöne Welt, o.O.1948, p.94 ff.

1.4. B E R L I N (1914 - 1933)

Es wird wieder einmal Zeit, dass wir uns dem Familienleben von Fuchs zuwenden. Das letzte, was wir von Fuchs' Familie vernahmen, war deren Verewigung in drei Einzelportraits von der Meisterhand Slevogts.

Ausser seiner Tochter Gertraud, Traudel genannt, hatte Fuchs keine Kinder mehr; dafür hatte sein Neffe Theodor, der uneheliche Sohn seiner Schwester Rosa, praktisch auch zur Familie gehört. Rosa Fuchs hatte sich übrigens nach Bolivien abgesetzt; dort heiratete sie 1911 einen um 15 Jahre jüngeren Destillateur. 1927 verstarb sie am Paratyphus. [1]

Von Frau Frida Fuchs sprechen nur wenige der Quellen zu Fuchs. Die erwähnte Italienreise von 1905 soll u.a. auch der Erholung von Frau Fuchs dienen. [2] Ausser in konventionellen Grussformeln oder als steife Unterschrift tritt sie in den Briefen von Fuchs kaum in Erscheinung. Fuchs hat ihr den zweiten Band der *"Karikatur der europäischen Völker"* mit folgenden Dankesworten gewidmet:

"Dem zweiten und letzten, dem ich noch zu danken habe, das ist meine liebe, gute Frau, Frida Fuchs. Sie war mein einziger und hauptsächlichster Mitarbeiter, mein treuer und steter Gefährte bei der langen, siebenjährigen Arbeit. Ihr schulde ich den grössten Dank, denn sie hat nicht geringen Anteil am Vollenden und Gelingen, sie hat meine Sammlungen in Ordnung gehalten, und ihr kluges Urteil war mir in hundert Fällen bestimmend in Wahl und Anordnung. Ihr widme ich darum diese Arbeit." [3]

---

1) Ahnenreihe ... , a.a.O.
2) Brief an Faktor vom 31.3.1905, a.a.O.
3) op.cit., Bd.2, p.VI

Im Jahre 1915 wurde die Ehe zwischen Eduard und Frida Fuchs, geborene Schön, geschieden.[1]

1.4.1. Der erste Weltkrieg

Der erste Weltkrieg war also für Fuchs eine Zeit, in der viele seiner persönlichen Bindungen in Brüche gingen.

In Brüche gingen auch die noch vor kurzem auf internationalen Kongressen verkündeten Ideale der II.Internationale vom gemeinsamen Kampf der Arbeiterparteien aller Länder um den Frieden. Es gibt keinen eindrücklicheren Bericht über den geistigen Zusammenbruch eines Grossteils der Prominenz der deutschen Sozialdemokratie beim Ausbruch des Krieges als das Tagebuch von Alexandra Kollontai. Diese grosse Frau, eine der schönsten Seelen unter den Bolschewiki, weilte mit dem Mandat der russischen Partei für die auf den Spätsommer 1914 in Wien geplante Internationale Sozialistische Frauenkonferenz, wo parallel zum gleichzeitig geplanten Kongress der II.Internationale vor allem die Probleme des Militarismus erörtert werden sollten, in Berlin. Sie berichtet:

"Ich erkundige mich bei Haase, wann und wo der Internationale Kongress stattfinden werde.'Kongress? Sie scherzen wohl! Sehen Sie denn nicht, was los ist? Die Leute sind von Sinnen. Der Krieg ist unvermeidlich. Der Chauvinismus hat die Köpfe verwirrt. Da lässt sich nichts mehr tun.'" [2]

---

1) Imiela, op.cit., p.378, Anm.33. Frida Fuchs-Schön lebte bis 1956, ihre Tochter Gertraud bis 1960.
2) Alexandra Kollontai: Auszüge aus dem Tagebuch von 1914, in: Dies.: Ich habe viele Leben gelebt..., Autobiographische Aufzeichnungen, Hg.von I.M.Dashina, M.M.Muchamedshanow, R.J.Ziwlina, Köln 1980, pp.166-209, p.168

Dieser Haase verlas dann am 4.August vor dem Reichstag
in seiner Eigenschaft als Parteivorsitzender jene Zustimmung zu den Kriegskrediten, welche die SPD zur Handlangerin des preussischen Militarismus degradierte.[1]
Alexandra Kollontai, die angewidert auf der Publikumsempore sass, berichtet:

*"Haase verliest die 'Erklärung' der Fraktion. Er wird
von allgemeinem Beifall unterbrochen. Auch die extreme
Rechte applaudiert. Stürmische Begeisterung bewirken
die Worte, die Sozialdemokratie lasse in der Stunde
der Gefahr das eigene Vaterland nicht im Stich.
Mir ist, als stürzte ich in einen Abgrund.
'Ausgehend von allen genannten Gründen spricht sich
die sozialdemokratische Fraktion für den Kredit aus ...'
Was nun kommt, haben die Mauern des Reichstags noch
nicht erlebt! Das Publikum springt auf die Stühle,
schreit, fuchtelt mit den Armen. (...) Ein (...) Sturm
'patriotischer'Hysterie. Ich bemerke, dass man auch auf
den linken Bänken in einem Anfall von 'Patriotismus'
tobt."* [2]

Beim Verlassen des Reichstagsgebäudes wird Alexandra
Kollontai vom sozialdemokratischen Abgeordneten Wurm
dahingehend belehrt, dass sie als Russin nicht berechtigt gewesen sei, dieser historischen Reichstagssitzung
beizuwohnen.[3] Es ist klar, dass sie von solchen Genossen nicht zuviel Hilfe erwarten darf für ihre russischen
Landsleute im deutschen Exil, denen die kochende Volksseele mit Pogromen droht. Haase meinte, die Partei sei
auch in dieser Frage machtlos.[4]

---

1) Haase, der später zur USPD ging, hatte an sich Vorbehalte gegen
   die Bewilligung, fügte sich aber, wie übrigens auch Karl Liebknecht,
   der Fraktionsdisziplin.
2) Kollontai, op.cit., p.178   3) ebda., p.178f.   4) ebda., p.187

Die einzigen Lichtblicke in dieser traurigen Schilderung
politischer Charakterlosigkeit sind die Begegnungen mit
Karl Liebknecht, Rosa Luxemburg und auch mit Eduard Fuchs.
Alexandra Kollontai lernte Fuchs am Abend des 13.August
1914 in der Wohnung von Karl Liebknecht kennen.

*"Ein merkwürdiger Abend war das heute bei Liebknechts.
So ganz anders als die Abende, die wir in dieser Woche
erlebt haben. Liebknechts hatten Gäste, welche von uns,
aber eben Gäste. Es war hell, wir assen zu Abend, die
Kinder waren da. Und man hatte nicht dieses Gefühl,
dass man von allen als Feind angesehen wird. Und wartete
auch nicht auf einen 'Pogrom'...
Ein interessanter, origineller Mann ist Eduard Fuchs,
Verfasser des mehrbändigen Kunstbuchs 'Die Frau in
der Karikatur'. Ich hatte ihn mir immer als trockenen
Menschen vorgestellt, so dick und gründlich sind alle
seine Arbeiten über die Geschichte der Malerei, der
Kultur usw. Nun stellte sich heraus, dass er mehr dem
Typ eines Bohemien glich. Er war voller Eindrücke von
seiner jüngsten Aegyptenreise, sprach von den Farben,
von der Luft, von den besonderen Farbtönen der ägyptischen Sonne. Wie ich ihm so zuhörte, vergass ich
den Krieg (...) 'Um zu begreifen, was Sonne ist, muss
man in Aegypten gewesen sein. Erst dann beginnt man,
die Lichteffekte im Norden richtig zu sehen ...'
Sofja Borissowna (die Frau von Liebknecht) und Fuchs
stritten heftig über die verschiedenen Schulen der Malerei - der Krieg schien nur mehr ein Traum zu sein."*[1]

Fuchs schwelgt aber nicht nur in Reiseerinnerungen. Er
ist es, der schliesslich die Heimkehr der vom chauvinistischen Volkszorn bedrohten Russen organisiert. Dankbar

---

1) ebda., p.189 f.

notiert Alexandra Kollontai am 12.September 1914:

"Es ist beschlossene Sache: Morgen in aller Frühe werden wir Berlin verlassen. Das kam ganz unerwartet. Plötzlich stürzte Henriette Derman mit der Nachricht herein, in der Kommandantur hätten sich die Russen versammelt, die ausreisen würden. (...) Gleich am Morgen gingen wir in die Kommandantur. Am Tor drängten sich eine Menge Russen - nicht Hunderte, sondern Tausende. Die Polizei versuchte vergebens, Ordnung zu schaffen. Es gab fürchterliches Gedränge, Tränen, Ohnmachten. Ein Schreiben von Fuchs, diesem Hansdampf in allen Gassen, öffnete das ersehnte Tor. Ein Spalier von Wartenden. Fuchs war da. Er erteilte Anordnungen." [1]

Alexandra Kollontai konnte dann zwar erst am 16.September aus Deutschland ausreisen. Ihre Schilderung der Ereignisse zeigt nur einen kleinen Ausschnitt der organisatorischen Grosstat, die Fuchs da vollbrachte und welche nur der Anfang eines bis über das Kriegsende hinaus andauernden Engagements war.

Eine zusammenfassende Würdigung dieser Leistung gibt eine kleine Notiz in der Beilage des Berliner Börsen-Courier anlässlich des 50.Geburtstags von Fuchs im Januar 1920, die vermutlich von Emil Faktor verfasst oder zumindest inspiriert ist.[2] Neben der Aufzählung seiner Leistungen als Sammler und als *"einer der gelesensten wissenschaftlichen Autoren"* [3] heisst es da:

"Während des Krieges hat Fuchs sich in menschlicher Hinsicht grosse Verdienste dadurch erworben, dass er bei

---

1) ebda.,p.204 f.
2) Beilage des Berliner Börsen-Courier Nr.45, Mittwoch, den 28.1.1920, p.5. Der Titel der Notiz lautet:*"Fünfzigster Geburtstag von Eduard Fuchs"*
3) ebda.

Ausbruch des Krieges in Gemeinschaft mit einigen Freunden einen wichtigen Teil der Kriegsgefangenenfürsorge organisierte, nämlich den Abtransport und die dauernde Unterstützung der in Deutschland lebenden russischen Zivilbevölkerung, wobei es sich um 150-180 000 Personen handelte. Im Anschluss daran wurde Fuchs von der späteren Sowjetregierung zum Generalbevollmächtigten für die gesamte russische Kriegs- und Zivilgefangenenfürsorge in Deutschland ernannt. Durch dies alles wurde auch der Rücktransport der noch in Russland befindlichen deutschen Kriegsgefangenen kräftig gefördert. Und wenn die im letzten Jahr aus Russland zurückgekehrten Soldaten über eine wohlwollende Behandlung von seiten der Sowjetregierung berichten konnten, so verdanken sie das in erster Linie der Tätigkeit von Eduard Fuchs in Deutschland und der von diesem mit der Sowjetregierung zugunsten der deutschen Kriegsgefangenen getroffenen Vereinbarungen." [1]

Das literarische Schaffen von Fuchs ging in den Kriegsjahren im Vergleich zu den äusserst produktiven letzten Vorkriegsjahren zurück. Er konnte aber immerhin mitten im Krieg - 1916 - einen neuen Band herausbringen: *"Der Weltkrieg in der Karikatur"*. [2] Dieser Titel blieb zwar ein Versprechen, denn der nie fortgesetzte erste und einzige Band dieses Werks behandelt nur die Kriege bis zum Vorabend des ersten Weltkriegs.

Diese für Fuchs ungemein niedrige Produktivität erklärt sich zum Teil aus den persönlichen Umstellungen dieser Jahre, zum Teil aber auch aus dem simplen Umstand, dass eine wichtige Phase des Schaffens von Fuchs, die Sammelreisen, durch den Krieg verunmöglicht oder zumindest stark eingeschränkt wurden.

---

1) ebda.
2) Eduard Fuchs: Der Weltkrieg in der Karikatur, Bd.1, München 1916

Zu diesem Punkt sei folgende Stelle aus einer Veröffentlichung des Langen-Verlags über Fuchs zitiert:

*"Eduard Fuchs unternimmt viele und grosse Reisen über den ganzen europäischen Kontinent, manche gewiss unter dem Namen Erholungsurlaub. Aber sie sind für ihn in den meisten Fällen Zeiten der konzentriertesten Arbeit. Kein Aufenthalt in einer Stadt ohne Besuch der Museen und Kupferstichkabinette und vor allem der Dome und sonstigen Baudenkmale. Die Antiquitäten- und Kupferstichhändler nicht zu vergessen. Es gibt keinen Städtebesuch, von dem er ohne einen 'Fund' heimkehrte, meist sind es mehrere und nicht selten viele. (...)
Oft liefen ganze Kisten voll solcher Funde in München ein, wenn er sie von einer Sammelfahrt zuerst an uns expedieren liess, um gemeinsam mit dem Verlag über die besondere Art der Verwendung zu beraten."* 1)

Zudem reute es Fuchs, Bücher auf dem wegen des kriegsbedingten Rohstoffmangels minderwertigen Papier dieser Zeit zu drucken.

Aber dieses eine in den Kriegsjahren entstandene Buch, das nichts anderes als eine illustrierte Geschichte des Krieges nicht vom Feldherrnhügel aus, sondern aus dem Blickwinkel des einfachen Volkes ist, gehört dafür zu den besten von Fuchs überhaupt.
Erstaunlich ist auch die politische Weitsicht, von der das 1916 geschriebene Vorwort von Fuchs zu diesem Band zeugt. Er schrieb dort:

"Der Weltkrieg (...) ist (...) das revolutionärste Ereignis auf der ganzen Welt seit der grossen französischen Revolution. In ihm läuten die Sturmglocken einer neuen Weltenwende, und man muss schon taub sein, wenn man ihr schrilles Klingen nicht hört." 2)

---

1) Der Kulturhistoriker Eduard Fuchs, Beilage zur Neuauflage der *"Karikatur d.europ.Völker"*, München 1921, pp.5,4
2) Fuchs, Der Weltkrieg..., op.cit.,p.V

Diese Interpretation des Weltkriegs war diejenige des
Spartakusbundes, wie sich die Gruppierung der Linken
innerhalb der mehrfach gespaltenen deutschen Sozialdemokratie nun nannte. War Eduard Fuchs schon 1914 ein
Mitglied des engeren Kreises um Liebknecht gewesen,
so blieb er das auch während des ganzen Krieges.

Mathilde Jacob, die Freundin und Sekretärin von Rosa
Luxemburg, erwähnt in ihren Erinnerungen *"Von Rosa
Luxemburg und ihren Freunden in Krieg und Revolution
1914 - 1919"* [1] auch Eduard Fuchs mehrmals. So überliefert sie ein Zusammentreffen von Ernst Meyer, dem Vor-
wärtsredakteur und damaligen Leiter des Spartakusbundes,
Eduard Fuchs und Rosa Luxemburg kurz vor der zweiten Verhaftung der letzteren am 10.Juli 1916:

*"Für die ersten Tage des Juli 1916 war Rosa Luxemburg von
Leipziger Genossen gebeten worden, an internen Besprechungen teilzunehmen und einige politische Referate im engsten Kreis zu halten. Am 9.Juli erwarteten wir sie zurück.
Als ich am Vormittag dieses Tages, es war ein Sonntag,
die drei Treppen hinauf zu ihrer Behausung hinaufstieg,
begegneten mir zwei Männer. (...) Sie gaben an, ein Flugblatt in Auftrag geben zu wollen. Ich wurde stutzig und
bat, mir Bescheid zu sagen. Sie wollten aber persönlich
mit Rosa Luxemburg verhandeln und erkundigten sich nach
ihrer Rückkehr, was mein Misstrauen herabminderte. Zu jener Zeit erkannte ich Spitzelphysiognomien noch nicht ohne
weiteres. (...) Am Nachmittag kehrte Rosa Luxemburg wie
erwartet heim.
Einige Parteifreunde hatten sie von der Bahn abgeholt und mit*

---

1) Teile diese Texts sind abgedruckt in: Rosa Luxemburg: Ich umarme Sie
   mit Sehnsucht, Briefe aus dem Gefängnis 1915-1918, Bonn 1980, pp.
   15-80. Das vollständige Original des Textes befindet sich in der
   Hoover Institution on War, Revolution and Peace, Stanford, California, U.S.A.

*ihr in einem Restaurant zu Mittag gegessen. Der Vorwärts-
redakteur Dr.Ernst Meyer und der Kunsthistoriker Eduard
Fuchs kamen mit in ihre Wohnung. Bei einer Tasse Kaffee
erzählte ich von dem mysteriösen Besuch, der besonders
Eduard Fuchs verdächtig erschien. An eine neuerliche
Verhaftung dachte indessen niemand. In der Nacht liess
sich Rosa Luxemburg meinen Bericht durch den Kopf gehen,
und es stand bei ihr fest, dass ich es mit Spitzeln zu
tun gehabt hatte. Am nächsten Morgen erklang in aller
Frühe die Korridorglocke. Ich öffnete die Tür, und die
zwei Individuen vom Sonntag standen vor mir, zeigten
ihre Erkennungsmarke und legitimierten sich als
Kriminalbeamte.(...) Sie nahmen auf Staatskosten eine
Autodroschke und entführten Rosa Luxemburg nach etwa
4½ monatiger Freiheit wieder in das Frauengefängnis
Barnimstrasse."* [1]

Eduard Fuchs schickte ihr ins Gefängnis im Januar 1918
ein Exemplar seines neuesten Werks, einer Ausgabe der
Holzschnitte Honoré Daumiers,[2] was sie in einem Brief
an Clara Zetkin vermerkt.[3]

Ebenfalls noch in die Kriegszeit, und zwar in die letzten Tage des Weltkriegs, fällt der Empfang für den am
20.Oktober 1918 dank einer Amnestie für politische Ge-
fangene aus der Gefangenschaft befreiten Karl Liebknecht,
wo Fuchs sowohl auf dem Anhalter Bahnhof, auf dem Liebknecht in Berlin einfuhr, wie auch in der russischen

---

1) Rosa Luxemburg, Ich umarme Sie ..., op.cit., p.31 f.
2) Eduard Fuchs: Honoré Daumier. Holzschnitte 1833-1870, München o.J.
   (1918)
3) Vgl. Rosa Luxemburg: Schriften über Kunst und Literatur, Dresden
   1972, p.184

Botschaft, wo am folgenden Abend ein Bankett zu Ehren des befreiten Kriegsgegners gegeben wurde, eine wichtige organisatorische Funktion innehatte.

Der Chemigraph Fritz Globig, ein Mitglied der Spartakusgruppe, erinnert sich wie folgt an die Ankunft von Karl Liebknecht in Berlin:

"Am 23.Oktober 1918 erhielt ich am frühen Nachmittag (...) einen telefonischen Anruf (...):'Fritz, heute trifft Karl um fünf Uhr auf dem Anhalter Bahnhof ein.'-'Welcher Karl?'- 'Aus Luckau!'-'Ich bin im Bilde.' (...) Dann zog ich los. In der Zimmerstrasse traf ich einen hochbeladenen Rollfuhrwagen mit Stückgütern. Ich fragte die Fuhrleute:'Fahrt ihr jetzt noch alles ab?'-'Klar!'-'Dann sagt überall, dass heute um fünf Uhr Karl Liebknecht auf dem Anhalter Bahnhof eintrifft. Er ist frei. Hin zur Begrüssung!'-'Wird gemacht!' (...) Eine Strassenbahn fuhr vorbei. Ich sprang auf und wiederholte auf dem Hinterperron meinen Spruch. (...) Dann hin zum Bahnhof. Da gruppierten sich schon einige tausend Arbeiter. Polizeiaufgebote versuchten, sie abzudrängen. Die Treppen und Bahnsteige waren polizeilich besetzt. Trotzdem gelang es mir, mit gelöster Karte auf den Bahnsteig zu kommen. Dort traf ich Dunckers, Marcussons, Frida Winkelmann und einige andere Genossen der Spartakusgruppe. Eduard Fuchs, der bekannte Schriftsteller und 'Treuhänder' der Spartakusgruppe, begrüsste mich verstohlen und sagte leise:'Karl wird nicht kommen. Man sagt, er werde schon in Lichterfelde aus dem Wagen herausgeholt.' Ich antwortete: 'Man muss abwarten; er wird kommen!' Dann fuhr der stark besetzte Zug ein. Und da stieg auch Karl Liebknecht mit Sophie Liebknecht und seinem jüngeren Sohn Bob (Robert) aus dem Wagen." [1]

Von einer riesigen Menschenmenge umgeben, gelangte Lieb-

---

[1] Zitiert nach: Karl und Rosa. Erinnerungen. Zum 100.Geburtstag von Karl Liebknecht und Rosa Luxemburg, Berlin 1971. Der Text von Globig findet sich dort pp.82-98. Zitat p.90ff.

knecht schliesslich auf den Potsdamer Platz, wo er am
1.Mai 1916 verhaftet worden war. Dort richtete er einen
revolutionären Appell an die Massen.

Am folgenden Tag wurde in der russischen Botschaft ein
Bankett zu Ehren des Befreiten gegeben. Es gibt zwei
Berichte davon, der eine vom Schriftsteller Arthur Holitscher, der andere von unserem bisherigen Augenzeugen
Globig verfasst. Globigs Fassung ist prägnanter, dafür
erwähnt er Fuchs nicht, von dem Holitscher schreibt:
*"Geschäftig und aufgeregt eilte Eduard Fuchs, offenkundig
der Ordner dieser Festlichkeit, durch die Säle"*.[1)]

Halten wir uns nun wieder an den Augenzeugen Globig,
der insbesondere die bei dieser Gelegenheit gehaltenen
Reden genauer wiedergibt:

*"Am nächsten Tag sagte Hermann Duncker zu mir:'Du bist
als Vertreter der Jugend zum Bankett zu Ehren Karl Liebknechts in die russische Botschaft eingeladen. Komme möglichst im dunklen Anzug. Es wird feierlich zugehen.'
Allerdings, in der Botschaft ging es feierlich zu: die
Innenräume prunkvoll ausgestattet, die Wände mit seidenen Tapeten bespannt, der Festsaal in weissem Marmor mit
kristallenen Kronleuchtern, die lange Tafel geschmückt
mit Blumen und Früchten. (...) 'Wo sitzt Karl?' - 'Dort
in der Mitte, mit Sophie Liebknecht, mit Mehring, Hugo
Haase und dem Botschafter.' (...) Der Botschafter begrüsste (...) Karl Liebknecht und verlas ein Grusstelegramm
des Genossen Lenin. Karl Liebknecht antwortete: Es geschehen ausserordentliche, wunderbare Ereignisse. Gestern
noch in der Zuchthauszelle, heute im Botschafterpalais
der ersten sozialistischen Räterepublik der Arbeiter, Sol-*

---

1) Arthur Holitscher: Mein Leben in dieser Zeit, 1907-1925, Potsdam 1928, p.141. Holitscher nennt auch den Namen des Botschafters (Joffe) und weitere von Globig nicht erwähnte Anwesende wie Eichhorn, Ledebour, Cohn und Luise Zietz sowie Bucharin.

daten und Bauern. Noch viel mehr, gestern ein vom zaristischen Absolutismus (...) geknechtetes Volk (...) und heute (...) ein vom Zarismus und Kapitalismus befreites Volk, das den Krieg beendete, den Frieden brachte und durch seine eigenen gewählten Organe seine künftigen Geschicke selbst gestaltet (...). Und dann sprachen noch einige führende Genossen, (...) Jacob Walcher, auch Haase. Für die revolutionären Betriebsobleute sprach Emil Barth (...). Er sagte: Genossen, während wir hier bankettieren, glaubt nicht, dass in Deutschland gar nichts geschieht. Wir bereiten, wohlgemerkt unter Bedrohung durch Zuchthaus und Tod, auch die Revolution in Deutschland vor. Und zwar so, dass, nicht wie in Russland, wir nur über eine Minderheit verfügen, sondern die erdrückende Mehrheit des deutschen Proletariats auf unserer Seite stehen wird. - Diese Rede löste peinliche Verlegenheit aus. Da stand (...) unser alter Franz Mehring auf (...) Er sagte (...): Es berühre eigenartig, dass hier ein Zeitgenosse aufstehe, der noch nichts bewiesen und wahrscheinlich auch wenig gelernt habe, und sich erkühne, unseren russischen Klassengenossen, die täglich in der Geschichte Gewaltiges leisten und der Welt ein Beispiel geben, Lektionen zu erteilen." [1]

Die im prunkvollen Bankettsaal den Vergleich mit der russischen Revolution nicht scheuenden deutschen Revolutionäre sollten bald merken, dass *"eine Revolution kein Gastmahl"* [2] und ein Bankett keine Revolution ist.

---

1) Karl und Rosa, op.cit., p.94 f.
2) Mao Tse-tung, Untersuchungsbericht über die Bauernbewegung in Hunan, in: Ders., Ausgewählte Werke, Bd.1, Peking 1968, pp.21-63, p.27

1.4.2. November 1918

Die deutsche Revolution brach sich dann ihre Bahn spontan, nicht gemäss den Absichten Liebknechts und schon gar nicht so, wie sich das Emil Barth vorgestellt hatte. Diese beiden hatten über das Datum einer von ihnen geplanten Erhebung debattiert, bis schliesslich am 9.November die von Ebert lange hingehaltenen Arbeiter Berlins von sich aus auf die Strassen strömten.[1]

An diesem 9.November schien es dann aber endlich fast, als ob die hochgemuten Trinksprüche auf dem Botschaftsbankett Wirklichkeit würden. Selbst Fuchs' bourgeoiser Reisegenosse Guthmann glaubte an diesem Tag an den Sieg der Revolution:

"Ich im grossen Berlin habe bis zum verzweiflungsvoll Letzten an einen erträglichen Ausgang geglaubt - bis uns am 5.November (...) die Kunde von der Meuterei der Marine kam - bis mir am 9. vom Chef meiner Generalinspektion, bei der ich freiwilligen Zivildienst geleistet, mit bitterem Ernst bedeutet wurde, es gäbe nun nichts mehr zu tun - bis ich am Mittag jenes Tages in dem Menschengetümmel an der Potsdamer Brücke in der einzigen vorhandenen Droschke Eduard Fuchs, einem Manne gleich, der mit Spannung die Asche beobachtet, aus der der neue Phönix steigen soll, wohlgefällig dahinfahren sah - bis mir am Nachmittag unser Mädchen das Extrablatt mit der offiziellen Bestätigung des Ausbruchs der Revolution schluchzend in die Hand gab:'Unten am Kanal werfen die Soldaten ihre Waffen ins Wasser - und mein Bruder steht draussen vor dem Feind!" [2]

---

1) Vgl. die Wiedergabe der Aufzeichnungen Karl Liebknechts in: Illustrierte Geschichte der deutschen Revolution, op.cit., p.203 f. Zum Ablauf der Novembertage vgl. die Anm.2 auf S. 92 dieser Arbeit.

2) Guthmann, Goldene Frucht, op.cit.,p.300

Doch schon der folgende Tag sollte Eduard Fuchs nicht
mehr so wohlgefällig in der Droschke dahinfahren sehen.
Wie Mathilde Jacob berichtet, hatte Fuchs am Vormittag
dieses Tages die Aufgabe, Rosa Luxemburg nach Berlin
zu schaffen.

Weil Rosa Luxemburg in sogenannter Schutzhaft sass,
fiel sie nicht unter die Amnestie, welche Karl Liebknecht befreit hatte. Sie musste deshalb die ersten
Revolutionstage im Gefängnis verleben und kam erst von
Breslau nach Berlin, als das Gewoge der Massen auf den
Strassen am Abebben war und Ebert, dem die Generalität
und der abtretende Reichskanzler Prinz Max von Baden
als Steigbügelhalter gedient hatten, fest im Sattel
sass.
Mathilde Jacob schreibt dazu:

*"Ihr war am 8.November 10 Uhr abends von der Gefängnisdirektion mitgeteilt worden, dass sie frei sei. Da sie
ihre Sachen noch nicht vollständig gepackt hatte und
auch so spät am Abend nicht wusste, wohin sie gehen sollte, blieb sie während der Nacht vom 8. zum 9.November
noch im Gefängnis. (...) Auch an diesem Tage gingen keine Züge von Breslau nach Berlin, und Rosa Luxemburg musste die Heimreise verschieben. Am Abend zog sie mit Parteifreunden durch die Strassen Breslaus, in denen die Revolution ausgerufen wurde. Leo Jogiches bestimmte, dass ich
am 10. November, falls die Bahn noch immer nicht in Betrieb sei, Rosa Luxemburg im Auto holen solle. (...) Leo
Jogiches wollte der Freundin gemeinsam mit mir entgegenfahren. Sie müsse sofort mit ihm in die Versammlung der
Arbeiter- und Soldatenräte zum Zirkus Busch kommen (...).
Am 10.November vormittags holte mich ein Auto ab, aber
nicht mit Leo Jogiches. Statt seiner kam Eduard Fuchs, der
mir erklärte, unser Freund sei unabkömmlich. Auch wünschte*

> *Fuchs Rosa Luxemburg sogleich zu sprechen, da sie über*
> *Russland falsch informiert sei. Rosa Luxemburg hat ihren*
> *Standpunkt in der russischen Frage, ihre Kritik an der Tak-*
> *tik der Bolschewiki, trotz vieler Bemühungen auch anderer*
> *Genossen, nicht aufgegeben und Eduard Fuchs kam an jenem*
> *Tage auch nicht zu der gewünschten Unterredung. Denn das*
> *Auto (...) erlitt gleich zu Beginn der Fahrt eine Panne.*
> *Fuchs requirierte zwei Mal in Militärdepots andere Autos,*[1]
> *die aber noch unbrauchbarer waren. (...) Nachdem wir etwa*
> *5 Stunden lang herumgefahren waren (...), überliessen wir*
> *Auto und Begleitmannschaft ihrem Schicksal und stiegen in*
> *die Bahn, die uns wieder zur Stadt brachte. Inzwischen war*
> *auch Rosa Luxemburg in Berlin eingetroffen. In einem durch*
> *den Rücktransport der Truppen völlig überfüllten Zuge (...)*
> *hatte sie, auf einem Koffer im Gang sitzend, die Heimreise*
> *angetreten."* [2]

Am Nachmittag dieses Tages sollte es Fuchs und mit ihm der
ganzen revolutionären Führungsspitze um Karl Liebknecht
noch schlimmer ergehen. Unter der Führung von Hermann
Duncker war *"von einigen enthusiasmierten Revolutionsroman-*
tikern" [3] die Redaktion des *"Berliner Lokal-Anzeigers"* besetzt und zum Druck der ersten beiden Nummern der *"Roten*
Fahne" benutzt worden, eine Position, die sich nicht lange
halten liess. Duncker erinnert sich wie folgt an diese
Episode:

> *"Am Morgen des 9.November war (...) ich in die Stadt ge-*
> *fahren. (...) Die Leitung der Spartakusgruppe benötigte*

---

[1] So bezieht sich denn der Aufruf des während der Novembertage hauptsächlich um die Nahrungsversorgung besorgten Reichspräsidenten Ebert
vom 11.11.1918 auch auf Fuchs. Er lautet: *"Es sind gestern viele Mo-*
torwagen der Kraftfahrtruppen requiriert worden. Alle diese Wagen
müssen sofort (...) zurückgebracht (...) werden. Wenn die Lebensmit-
telversorgung nicht vollkommen versagen (...) soll, müssen alle mili-
tärischen Wagen sofort abgeliefert werden." (Friedrich Ebert: Schriften, Aufzeichnungen, Reden. Dresden 1926, Bd.2, p.94).

[2] In: Rosa Luxemburg: Ich umarme Sie ..., a.a.O., p.53 f.

[3] ebda., p.57

*seit langem eine eigene grosse Druckerei, eine eigene
Zeitung. (...) Die revolutionären Massen beherrschten
die Strassen. Wir kannten unsere Aufgaben. (...) Als
ein Lastauto mit wehender roter Fahne, besetzt mit revolutionären Matrosen und Arbeitern, an uns vorbeikam,
hielten wir es an. In aller Eile machten wir den Genossen begreiflich, dass der 'Lokal-Anzeiger', dieses
infamste Hetzblatt, unmöglich weiter das Volk vergiften
dürfe. Die Matrosen zogen (...) mich auf den Wagen, fuhren vor den Haupteingang Zimmerstrasse 35-41. Wir spran-
gen ab, ein paar Feldgraue und Matrosen begleiteten uns.
Der Portier öffnete die Tür, niemand machte Miene, sich
uns zu widersetzen. Vor der roten Fahne, die wir mit uns
führten, kapitulierten alle Gegner. Im Setzersaal hielt
ich eine kurze Ansprache: Die Setzer sollten fortan nicht
mehr für Geldsack- und Hohenzollerninteressen schuften,
sie sollten helfen, die revolutionäre proletarische Zeitung zu schaffen. Zwar sahen wir in einige verwunderte
Gesichter, aber die meisten zeigten eine ängstlich-eil-
fertige Bereitwilligkeit. Nun wurden wir in den Sitzungs-
saal gebeten, wo sich die Redakteure versammelt hatten.
(...) Kurz und bündig sagte ich:'Meine Herren, das Blatt
hat sich gewendet. Ihr Blatt muss sich auch wenden. Sie
verstehen, dass eine siegreiche Revolution eine konterre-
volutionäre Presse nicht dulden kann.' (...) Die Herren
nickten (...). Sie stellten uns den Betrieb zur Verfügung.
(...) Erst am nächsten Tag kam Rosa Luxemburg aus dem
Gefängnis nach Berlin, sie eilte sogleich auf die Redaktion
des 'Lokal-Anzeigers'. (...) Als Rosa Luxemburg an jenem
10.November in die Redaktion kam, wehte dort bereits ein
anderes Lüftchen. (...) Die Herren von Verlag und Redaktion
gingen zur Regierung, schrien dort Zeter und Mordio, und
die neue 'Revolutionsregierung' schenkte den Klagen (...)
ein williges Ohr. Ebert verfügte, dass die Zeitung ihren*

*ehemaligen Besitzern wieder auszuliefern sei (...). Bald
darauf kamen der Verleger und die Redakteure, denen Ebert
(...) regierungstreue Soldaten mitgegeben hatte, zurück.
Die angetrunkenen Soldaten nahmen uns Spartakusgenossen
in den Redaktionsräumen fest und sperrten uns in einen
engen Raum."* [1)]

Die Fortsetzung dieses Abenteuers, welches für die Führung
des Spartakusbundes recht gefährlich wurde, folgt nun
in der Fassung von Lotte Pulewka, die ebenfalls auf
der Redaktion der *"Roten Fahne"* in der besetzten Druckerei arbeitete:

*"die Redakteure des 'Berliner Lokal-Anzeigers' hatten
den Soldaten Alkohol ausgeschenkt und erzählt, dass die
Redakteure und Mitarbeiter der 'Roten Fahne' gegen die
Revolution seien. Damit wollten sie die Wache veranlassen,
uns umzubringen oder mindestens aus der Redaktion zu ver-
treiben. Die Soldaten waren natürlich für die Revolution,
sie wollten nicht mehr an die Front, wollten mit dem
Krieg Schluss machen.(...) Wir wurden gar nicht sanft in
ein ziemlich kleines Zimmerchen mit einem Fenster nach der
Strasse gestossen. Hier hatten wir, in Tuchfühlung stehend,
gerade so Platz. In der Ecke am Fenster stand ein kleiner
unstabiler Tisch, auf den sich einige Genossen setzten,
damit mehr Bewegungsfreiheit war. Niemand von uns hatte
Angst, aber lustig waren wir auch nicht. Nach einiger Zeit
begann dieser und jener, seinem Nebenmann etwas zuzuflüstern.
Die Spannung schien sich schon zu lösen - da plötzlich ein
Geräusch. Es war der Türschlüssel, der von draussen umge-
dreht wurde. Die Tür ging auf, und zu uns herein flog ein
Mensch in Hemdsärmeln, hinter ihm eine Aktentasche und
sein Rock. Dann wurde die Tür wieder abgeschlossen. Wir waren, als der Mann hereingestossen wurde, ganz zusammenge-*

---

1) In: Karl und Rosa, op.cit., p.31-35. Das Manuskript dieses Textes
liegt im Zentralen Parteiarchiv des Instituts für Marxismus-Leni-
nismus, Berlin, Signatur EA 0168

*gerückt. Jetzt richteten wir ihn auf und erkannten den
Genossen Eduard Fuchs.
Wieder schwiegen wir ein Weilchen. Da ging die Tür abermals
auf. Wir wichen, uns dicht aneinanderdrängend, zurück.
Herein kam ein kleiner Soldat mit rundem, rotem Kopf. Seine
rechte Hand lag auf dem Rücken und hielt einen Revolver.
Mit Anstrengung hielt er sich auf den Beinen. (...) Mit
trunkenen Augen blickte der Soldat in unsere Gesichter.
(...) Dann lallte er:'Wer ist hier Karl Liebknecht?' (...)
Karl (...) drängte sich durch und trat in den freien Raum
neben den Soldaten.'Was wünschest du, Kamerad?' sagte er
ganz ruhig und gemütlich (...). Da wollte der Soldat den
Revolver hinter seinem Rücken hervornehmen. Das ging aber
nicht so schnell, vielleicht weil er so betrunken war,
vielleicht hatte ihn auch der freundliche Ton Karls verwirrt.
In diesem Augenblick klopfte Karl dem Soldaten
wie einem guten Freund auf die Schulter und sagte:'Mensch,
mach dich vor der Welt nicht lächerlich!' Die in dieser
Situation doch eigenartigen Worte hatten eine verblüffende
Wirkung. Der Soldat wurde plötzlich bleich, sein Gesicht
war auf einmal eingefallen. Schweigend machte er kehrt und
verliess den Raum. (...) Wir standen noch eine Weile wie
benommen. Was würde jetzt kommen? Es dauerte nicht lange,
da hörten wir von der Strasse her Arbeitergesang. Da kamen
sie, unsere Genossen, revolutionäre Arbeiter, Soldaten und
Matrosen. Vom Fenster aus konnten wir die Strasse überblicken.
Singend, mit einer roten Fahne, marschierten sie heran.
Auch einen Panzerwagen und ein Maschinengewehr auf Rädern
führten sie mit. Unsere Herzen schlugen freudig und erregt.
Damit war geklärt, welche Redaktion für und welche gegen
die Revolution war."* [1]

Wenn diese Episode auch glücklich ausging, zeigt sie doch,
dass sich das Blatt vom 9. auf den 10. November wieder ge-

---

[1] ebda., p.202 f. Das Manuskript liegt im selben Archiv wie dasjenige des vorigen Textes, Signatur EA 0738.

wendet hatte. Wohl wurden die Spartakus-Führer aus ihrer misslichen Lage befreit, aber der besetzte *"Lokal-Anzeiger"* musste geräumt werden.[1]

Schon am 10.November zeigte es sich und mit jedem darauffolgenden Tag wurde es deutlicher, dass die revolutionäre Woge über Berlin hinweggeflutet war, ohne die von den pro forma abtretenden herrschenden Kreisen in Militär und Zivil vorgeschobenen Ebert und Scheidemann hinwegzufegen oder ihnen zumindest ein revolutionäres Machtorgan gegenüberzustellen, das es verstanden hätte, mit weitergehenden Forderungen und Parolen die Massen weiterhin in Schwung zu halten. Im Gegenteil wussten sich Ebert und Scheidemann als oberste Verkörperung der alsbald von ihnen schrittweise abgewürgten Räterevolution auszugeben, als sie am 10.November neben ihrem treuen Helfer Landsberg und getarnt durch ihre USPD-Ratskollegen Barth, Dittmann und Haase im sogenannten *"Rat der Volksbeauftragten"* Einsitz nahmen und ihn bald dominierten.

In diesem Abschnitt über die schnell aufflammende und schnell verpuffende Dynamik der Novembertage 1918 war es möglich, die historischen Ereignisse anhand jener wenigen Berichte von Augenzeugen über die Teilnahme von Eduard Fuchs an der Revolution abzuhandeln. Fuchs bewegte sich in diesen Tagen in den Schnittpunkten der Revolutionsgeschichte.

Für die nun folgende Zeit der etappenweisen Niederdrückung der revolutionären Restenergien bis zu den Januar- und Märzmorden ist diese Identität von Biografie und Zeitgeschichte nicht mehr da. Fuchs tritt nun wieder seltener aus dem Dunkel dieser düsteren Zeit hervor.

---

[1] Auch Versuche der Spartakisten, die besetzte und wieder geräumte Druckerei zu kaufen, scheiterten. Sie kauften schliesslich *"Das kleine Journal"* an der Königgrätzer Strasse, wo dann ab dem 18.November die *"Rote Fahne"* ordnungsgemäss zu erscheinen begann.

1.4.3. Dezember 1918

Kurz vor Ausbruch der Revolution, im Sommer 1918, noch im Breslauer Gefängnis, hatte Rosa Luxemburg folgenden Satz über das Wesen der Revolutionen geschrieben:

"Entweder muss sie (die Revolution) sehr rasch und entschlossen vorwärts stürmen, mit eiserner Hand alle Hindernisse niederwerfen und ihre Ziele immer weiterstecken, oder sie wird sehr bald hinter ihren schwächeren Ausgangspunkt zurückgeworfen und von der Konterrevolution erdrückt." [1]

Dieses Grundgesetz aller Revolutionen sollte sich gerade in der Niederlage und blutigen Unterdrückung der deutschen Revolution, die der polnischen Revolutionärin zum Schicksal wurde, beispielhaft erfüllen.

Seit Mitte November waren die revolutionären Kräfte in Berlin in der Defensive, und anfangs Dezember setzte die Reaktion zu ihrer Zerschlagung an. Die undurchsichtigen Vorgänge um die versuchte Ausrufung Eberts zum Präsidenten der Republik und die Verhaftung des Vollzugsrates durch eine Studentenwehr mit weit rechts stehenden Hintermännern im Auswärtigen Amt sowie die blutige Tatsache des ersten Gemetzels von Demonstranten durch Gardefüsiliere am selben Tag zeigten deutlich, was es geschlagen hatte. Am 7. Dezember wurde Liebknecht vorübergehend verhaftet, am 10. Dezember zogen aufgrund einer Abmachung zwischen den weiterhin vertraulich verkehrenden Drahtziehern der Reaktion, Ebert und General Groener, 10 Divisionen in Berlin ein, um die Hauptstadt endgültig gegen die Revolution abzusichern, an ihrer Spitze die Garde-Kavallerie-(Schützen)-Division, welcher die späteren Mörder von Rosa Luxemburg und Karl Liebknecht angehörten.

---

[1] Rosa Luxemburg: Die Russische Revolution, Aus dem Nachlass herausgegeben von Paul Levi, Berlin 1922, p.78

In dieser bedrohlichen Situation verlegten sich die Führer des Spartakus-Bundes bei den Bemühungen um die Gründung einer über ihren Kreis hinausgehenden kommunistischen Partei für ganz Deutschland auf das Schreiben von Programmen.

Rosa Luxemburg schrieb ihren programmatischen Artikel "*Was will der Spartakus-Bund*" [1], der am 14.Dezember 1918 in der "*Roten Fahne*" veröffentlicht wurde.

Eine wichtige Sorge war Rosa Luxemburg dabei die Abgrenzung der zu gründenden Kommunistischen Partei Deutschlands von der russischen Partei. In ihren Betrachtungen über die Russische Revolution, die sie noch im Gefängnis geschrieben, aber nie veröffentlicht hatte, findet sich eine gründliche und stellenweise scharfe Kritik an der Taktik der Bolschewiki. Rosa Luxemburg fürchtete nun nicht zu Unrecht, eine eigenständige taktische Linie der deutschen Partei würde durch die Gründung der III. Internationale gefährdet, welche Lenin in Moskau zu dieser Zeit vorbereitete, und hielt ihre Auffassung von der in Deutschland einzuschlagenden Taktik mit theoretischer Akribie fest. Unter den übrigen deutschen Parteigründern waren zwar ähnliche Widerstände gegen eine generelle Uebernahme der russischen Linie verbreitet, doch war auch das Prestige Lenins gross. [2]

Auch Fuchs hatte mit Rosa Luxemburg Differenzen in der Einschätzung der russischen Revolutionäre, wie wir aus dem Bericht von Mathilde Jacob über die missglückte Autofahrt nach Breslau am 10.November bereits wissen. [3]

Fuchs genoss als Generalbevollmächtigter für die russische Gefangenenfürsorge in Deutschland das Vertrauen der

---

1) Abgedruckt in der Illustrierten Geschichte der deutschen Revolution, op.cit., p.259-263.

2) Um es mit den Russen nicht zu verderben, riet z.B. Paul Levi, der spätere Herausgeber dieser bereits zitierten Schrift, Rosa Luxemburg damals von einer Veröffentlichung ab.

3) Vgl. S.134f. dieser Arbeit.

Sowjetregierung. Als engen Kampfgefährten schätzten ihn
auch Rosa Luxemburg und die gesamte Führungsspitze des
Spartakusbundes. Fuchs war also der geeignete Vermittler
zwischen Lenin und den deutschen Revolutionären in der
Frage der Gründung einer neuen Internationale.

So nahm der stets reiselustige, vom Krieg lange genug
in Berlin festgehaltene Fuchs Ende Dezember 1918, als
in der Reichshauptstadt die letzte revolutionär gesinnte
Armeeeinheit, die Volksmarinedivision, niedergerungen
wurde, auf seine wegen der Organisation des Rücktransports
der russischen Kriegsgefangenen in Deutschland
nötige Fahrt nach Moskau einen kurzen Brief von der Hand
Rosa Luxemburgs an Lenin mit.

Der Brief lautet in deutscher Uebersetzung:
"Teurer Wladimir!
Ich benutze die Reise des Onkels, um Ihnen allen einen
herzlichen Gruss von unserer Familie, von Karl, Franz
und den anderen zu übersenden. Gebe Gott, dass das kommende
Jahr alle unsere Wünsche erfüllen wird. Alles Gute!
Ueber unser Leben und Treiben wird der Onkel erzählen.
Einstweilen drücke ich Ihnen die Hände und grüsse
Sie.   Rosa." [1]

Der Spitzname *"Onkel"* für Fuchs, der auch in dem Brief
von Rosa Luxemburg an Clara Zetkin mit der Erwähnung des
Erhalts von Fuchs' Buch über die Holzschnitte Daumiers
verwendet wird,[2] war ein guter Aufhänger für die Tarnung
der Botschaft als Familienbrief mit frommen Wünschen.

Peter Nettl, der Biograf Rosa Luxemburgs, interpretiert
die Moskaureise von Fuchs folgendermassen:

---

1) Der Brief ist auf deutsch (mit dem Faksimile des russischen Originals auf der Seite nebenan) abgedruckt in Rosa Luxemburg, Ausgewählte Reden und Schriften, Bd.II, Berlin 1951, p.624. *"Karl"* ist Karl Liebknecht, *"Franz"* ist Franz Mehring.

2) Vgl. S. 161 dieser Arbeit.

"Der 'Onkel', der den Brief überbrachte, war der Rechtsanwalt und Journalist Eduard Fuchs, seit einiger Zeit Mitglied der Spartakusgruppe. Ueber seine Mission in Moskau ist nichts Näheres bekannt, aber so gut wie sicher hatte sie mit der Gründung der neuen Internationale zu tun. Bestimmt behandelte Lenin ihn als offiziellen Spartakusvertreter. Wir können annehmen, dass Fuchs über die starken Vorbehalte, die Rosa und Jogiches gegen eine neue Internationale hegten, instruiert war und den Auftrag hatte, Lenins Absichten genauer zu sondieren. Jedenfalls war seine Mission ganz inoffiziell, wenn nicht geheim; von seinen Gesprächen mit Lenin wurden nicht einmal dessen Führungskollegen alle unterrichtet. Lenin, der begierig war, die neue Internationale so schnell wie möglich zu gründen, wurde in diesem Vorhaben durch das, was Fuchs zu sagen hatte, nur bestärkt. Er beschloss, die Dinge zu beschleunigen." [1]

Nettl, der Fuchs fälschlicherweise als Rechtsanwalt bezeichnet, kennt weder Fuchs' Funktion als Generalbevollmächtigter für die russischen Gefangenen in Deutschland, noch den Hinweis von Mathilde Jacob auf seine Differenzen mit Rosa Luxemburg in der Einschätzung des revolutionären Russland. Nettl tendiert dazu, Fuchs zu einem blossen Sprachrohr von Rosa Luxemburg zu machen und behauptet ferner einmal, Fuchs sei offiziell, dann wieder, er sei inoffiziell in Russland, was immer das auch heissen soll.

Dass aber die Reise von Fuchs nach Moskau - wenn sie auch primär der Einholung von Instruktionen für die Heimschaffung der russischen Kriegsgefangenen in Deutschland

---

1) Peter Nettl: Rosa Luxemburg, Köln 1965, p.743

diente - daneben tatsächlich auch etwas mit der Vorbereitung der Gründung der III.Internationale zu tun hatte, geht aus dem Brief hervor, den Lenin dem Volkskommissar für Auswärtiges Tschitscherin am 27. oder 28.12.1918 schrieb:

"*Gen. Tschitscherin! Wir müssen s c h n e l l s t e n s (noch vor der Abreise des 'Spartakisten' durch das ZK bestätigen lassen) die internationale sozialistische Konferenz zur Gründung der III.Internationale vorbereiten, in Berlin (legal) oder in Holland (illegal), sagen wir, zum 1.2. 1919, jedenfalls s e h r bald. Dazu muss man*
a) die Grundsätze für eine Plattform formulieren (ich denke,
 man kann aa) die Theorie und Praxis des Bolschewismus nehmen (...)
 bb) ferner 'Was will der Spartakusbund?' nehmen).
b) die organisatorische Basis der III.Internationale festlegen (keine Gemeinsamkeit mit den Sozialpatrioten)
c) eine Liste der Parteien aufstellen nach etwa drei Kategorien (...)" [1]

Nettl sieht in diesem Brief Lenins an Tschitscherin, der sich laut der Anmerkung der Herausgeber eindeutig auf die bevorstehende Abreise von Fuchs aus Moskau bezieht, [2] nur das Bestreben, die Gründung der Internationale ungeachtet der von Fuchs vorgebrachten Vorbehalte der deutschen Revolutionäre zu vollziehen, ja sie gerade wegen dieser Einwände noch zu beschleunigen.[3] Es muss demgegenüber aber festgehalten werden, dass die Bereitschaft Lenins, Rosa Luxemburgs Programm des Spartakusbundes neben den Ansichten der Bolschewiki in die Plattform der neuen Internationale aufzunehmen, als Konzession gegenüber den deutschen Revolutionären zu werten ist. Zusammenfassend kann gesagt werden,

---

1) Lenin, Werke, Ergänzungsband Oktober 1917-März 1923, Berlin 1971, p.100. Lenin lässt eine detaillierte Aufstellung seiner Einschätzung damaliger linker Parteien und Gruppierungen in Europa folgen.
2) ebda., p.551, Anm.113
3) Vgl. Nettl: Rosa ..., op.cit., p.743

dass Fuchs nicht in erster Linie als *"offizieller Spartakusvertreter"* auftrat, wie Nettl es darstellt, sondern einen eher informellen Vermittlungsversuch am Rande seiner Tätigkeit als Generalbevollmächtigter für die russischen Gefangenen in Deutschland unternahm, dem sogar ein gewisser Erfolg - eben die Aufnahme der Gedanken Rosa Luxemburgs in Lenins Konzept einer Plattform der zukünftigen III.Internationale - beschieden war.

Diese Auffassung steht im Einklang mit Fuchs' eigenem Bericht von dieser Winterreise nach Moskau und Petrograd, den er allerdings erst viel später schrieb. Im Artikel *"Die Sonne der Menschheit ging im Osten auf"*, den Fuchs zum 10.Jahrestag der Oktoberrevolution verfasste und von dem später noch die Rede sein wird, beginnt er eine lange Aufzählung der Errungenschaften der Sowjetunion folgendermassen:

"Als ich im Winter 1918/19 in meiner Eigenschaft als Zivilkommissar für die in Deutschland befindlichen russischen Kriegsgefangenenlager in Russland war, um den Heimtransport der russischen Kriegsgefangenen so zu organisieren, wie er dem Interesse des befreiten russischen Volkes entsprach(...)" [1]

Wie Nettl macht übrigens auch Heinz Wohlgemuth in einem der wenigen Bücher zu diesem Geschehen, die ihn überhaupt erwähnen, Fuchs zum blossen Postillon zwischen Rosa Luxemburg und Lenin. Laut ihm war die Hauptaufgabe von Fuchs, das eben geschriebene Programm *"Was will der Spartakusbund?"* von Rosa Luxemburg nach Moskau zu bringen. [2]

---

1) Der Artikel erschien im Doppelheft 9/10 vom November 1927 der Zeitschrift *"Das Neue Russland"*, die Erich Baron in Verbindung mit Dr. Graf Arco, Eduard Fuchs, Dr.Max Osborn und Dr.Helene Stöcker herausgab, pp.6-15.

2) Vgl. Heinz Wohlgemuth: Karl Liebknecht, Berlin 1975, p.444:*"Das Programm 'Was will der Spartakusbund?' wurde zum Programm der neugegründeten KPD. Es muss schon mit diesem Ziel geschaffen worden sein, denn nur so ist es zu verstehen, dass es bereits um den 20.Dezember herum dem Genossen Eduard Fuchs zur Uebergabe an Lenin anvertraut wurde."*

Man kann sich fragen, weshalb Fuchs von Lenin als *"Spartakist"* in Anführungszeichen bezeichnet wurde. Es mag sein, dass Lenin der gehobene Lebensstil des Kunstliebhabers als Widerspruch zu dem spartanischen Anspruch erschien, den der römische Sklavengeneral wie auch die deutschen Linken in ihrer Namenswahl geltend machten. Vor allem auch die eingehende Beschäftigung des Schriftstellers Fuchs mit den sexuellen Aspekten von Kunst und Kultur mag Lenin, der eher konservative moralische Ansichten hatte, als spartanischer Sittenstrenge unangemessen empfunden haben.[1)]

---

1) Clara Zetkin überlieferte einen längeren Ausfall Lenins gegen alle der sexuellen Frage gewidmete zeitgenössische Literatur, den er in einem längeren Gespräch mit ihr machte und der u.a. auch *"die Freudsche Theorie"* als *"eine Modenarrheit"* abtut. Lenin ging dabei von der *"Broschüre einer jungen Wiener Genossin"* aus (gemeint ist die Arbeit von Elfriede Friedländer: Sexualethik des Kommunismus, Wien 1920), die er verärgert einen *"Schmarren"* nannte, machte aber auch Aeusserungen, die sich u.a. auf die Werke von Fuchs beziehen lassen:
"Ich bin misstrauisch gegen die sexuellen Theorien (...) jener spezifischen Literatur, die auf den Mistbeeten der bürgerlichen Gesellschaft üppig emporwächst. Ich bin misstrauisch gegen jene, die stets nur auf die sexuelle Frage starren wie der indische Heilige auf seinen Nabel. Mir scheint, dass dieses Ueberwuchern sexueller Theorien, die zum grössten Teil Hypothesen sind, oft recht willkürliche Hypothesen, aus einem persönlichen Bedürfnis hervorgeht, nämlich das eigene anormale oder hypertrophische Sexualleben vor der bürgerlichen Moral zu rechtfertigen. (...) Dieser vermummte Respekt vor der bürgerlichen Moral ist mir ebenso zuwider wie das Herumwühlen im Sexuellen. Es mag sich noch so wild und revolutionär gebärden, es ist doch zuletzt ganz bürgerlich. Es ist im besonderen eine Liebhaberei der Intellektuellen (...). In der Partei, beim klassenbewussten, kämpfenden Proletariat ist kein Platz dafür. (...) Ich bitte Sie, ist jetzt die Zeit, (...) die Proletarierinnen damit zu unterhalten, wie man freit und sich freien lässt? Natürlich 'in Vergangenheit, Gegenwart und Zukunft', bei verschiedenen Völkern, was man dann stolz historischen Materialismus nennt! (...) Jetzt treten doch wahrhaftig andere Probleme in den Vordergrund als die Eheformen der Australneger und die Geschwisterehe in alter Zeit." (Clara Zetkin: Erinnerungen an Lenin, Berlin 1961, p.65 ff.) Im letzten Satz dieses Zitats, dessen Argumente im zweiten Teil dieser Arbeit wieder aufgenommen werden, zieht Lenin die Arbeit von Heinrich Cunow über *"Die Verwandschafts-Organisation der Australneger"* an, die bei Dietz in Stuttgart 1894 erschien.

1.4.4. Januar 1919

Aus dem eben zitierten Reisebericht von Fuchs geht hervor, dass er sich bis über den Beginn des neuen Jahres hinaus in Russland aufhielt. Er kam wohl erst gegen Mitte Januar 1919 wieder nach Berlin zurück.

So verpasste Fuchs den Gründungsparteitag der KPD vom 29. bis 31.Dezember in Berlin, mit dessen Vorbereitung der Spartakusbund so intensiv beschäftigt war, dass vorerst hauptsächlich die USPD auf die blutigen Auseinandersetzungen von Weihnachten 1918 reagierte, in deren Verlauf die Regierungstruppen die letzte revolutionäre Armeeeinheit in Berlin, die Volksmarinedivision, niedergekämpft hatten.

Zu seinem eigenen Glück verpasste Fuchs auch den dilettantisch, halbherzig und im falschen Moment ausgelösten Aufstand vom 5./6.Januar 1919, mit dem Teile der uneinigen Revolutionäre, voran Liebknecht - dem aber nicht einmal die Mehrheit der KPD-Führung die Stange hielt (auch Rosa Luxemburg erschien das Unterfangen aussichtslos) - die Regierung Ebert stürzen und einen Revolutionsausschuss mit Liebknecht, Ledebour und Scholze an die Macht bringen wollten.

Anlass zur Ausrufung des Aufstandes war die Entlassung des der Revolution wohlgesinnten Berliner Polizeipräsidenten Eichhorn, der dem linken Flügel der USPD angehörte und der auch an dem von Fuchs organisierten Empfang für Liebknecht in der russischen Botschaft teilgenommen hatte. Zur Unterstützung eines von der Entlassung bedrohten Polizeipräsidenten einen Revolutionsausschuss vermittelst einer gewaltsamen Erhebung an die Macht bringen zu wollen, ist ein der deutschen Revolution vorbehaltenes Kuriosum der Weltgeschichte.[1]

---

[1] Den deutschen Historikern fehlt der Blick für die fatale Rolle der *"deutschen Gehorsamsgewohnheiten gegenüber der Obrigkeit"* in den Ereignissen von 1918 und 1919, auf die Barrington Moore in *"Ungerechtigkeit. Die sozialen Ursachen von Unterordnung und Widerstand"* (Frankfurt/M. 1982), p.409 ff., genauer eingeht.

Der Zeitpunkt des Aufstands war auch deshalb schlecht gewählt, weil erst dann losgeschlagen wurde, als die Regierungstruppen Berlin bereits wieder vollständig in der Hand hatten und als Ersatz für desertierte oder zur Revolution übergegangene Truppenteile die sogenannten Freikorps schon in beachtlicher Zahl aufgestellt waren,[1] die sich dann im blutigen konterrevolutionären Terror besonders hervortun sollten.

Die Aufständischen besetzten zuerst das Vorwärts-Gebäude, um das dann der Hauptkampf tobte, ferner einige andere Druckereien und Bahnhöfe; an politischen Machtzentren mit Symbolcharakter wurde nur das Kriegsministerium besetzt, allerdings bloss vorübergehend, weil die dort anwesenden Politiker den Besetzern einreden konnten, dazu brauche es doch die Unterschrift der neuen obersten revolutionären Instanz, worauf die Aktion farcenhaft im Sand verlief.[2]
Allerdings war auch die Regierung gerade wegen des verfehlten, unerwarteten Zeitpunkts des Aufstands überrumpelt. Der Oberbefehlshaber der Regierungstruppen, der selbsternannte Bluthund Noske,[3] meinte in seinen Memoiren:
"Wenn die Scharen entschlossene, zielklare Führer gehabt hätten, an Stelle von Schwadroneuren, hätten sie am Mittag dieses Tages (dem 6.1.1919) *Berlin in der Hand gehabt."* [4]
Noske sagte das jedoch auch in der Absicht, die von ihm verantwortete Abschlachtung von über 200 Zivilpersonen und das grausame Vorgehen der konterrevolutionären Kräfte bei der Niederschlagung des Aufstands zu rechtfertigen.

---

1) Vgl. das *"Gesetz zur Bildung einer freiwilligen Volkswehr vom 12.12. 1918"* in: Die deutsche Revolution, op.cit., p.129 und ebda.p.130,170ff.

2) Vgl. Illustrierte Geschichte der deutschen Revolution, op.cit., p.276

3) Noske berichtet in seinen Erinnerungen an die Revolution, dass er es bei der Regierungsberatung in der Reichskanzlei am 6.1.1919 für taktisch ungeschickt hielt, einen General mit der Niederschlagung des Aufstands zu betrauen. Er berichtet selbst weiter:"*Darauf sagte jemand:'Dann mach' du doch die Sache!' Worauf ich kurz entschlossen erwiderte:'Meinetwegen! Einer muss der Bluthund werden, ich scheue die Verantwortung nicht!'"* (Gustav Noske: Von Kiel bis Kapp. Zur Geschichte der deutschen Revolution. Berlin 1920, p.68 f.)

4) ebda.

Nach einer Woche blutigen Strassenkampfes kam es trotz
des von der neugegründeten KPD ausgerufenen General-
streiks in Berlin zur endgültigen Niederlage der Revolution. Karl Liebknecht musste sie in seinem letzten
Artikel in der *"Roten Fahne"* eingestehen,[1] der am Tage
seiner und Rosa Luxemburgs Ermordung durch Angehörige
der Garde-Kavallerie-(Schützen)-Division, dem 15.Januar,
erschien.

Diese Niederlage war seit langem abzusehen gewesen.
Die Art und Weise aber, auf die jetzt mit den Revolutionären abgerechnet wurde, ist in ihrer Bestialität nicht
aus ihrer Vorgeschichte, sondern erst aus ihrer unaus-
weichlichen Folge, dem Naziregime heraus zu verstehen.

Eduard Fuchs verbrachte diese Tage an der Seite seines
alten Freundes Franz Mehring abseits vom mörderischen
Geschehen. Im Vorwort zu der im Mai 1919 erschienenen
Neuausgabe der Marx-Biografie von Mehring [2] beschrieb
Fuchs, wie der älteste Kämpfer der deutschen Linken
an diesen Ereignissen, die er nicht mehr verkraften konnte, am 28.Januar starb. Fuchs, der von der Witwe *"zum
Behüter der literarischen Hinterlassenschaft ihres Gatten,
meines Freundes Franz Mehring, bestellt worden"*[3] war,
benützte dieses Vorwort dazu, seiner Wut und seiner Trauer
über die Januarmorde Ausdruck zu geben. Er schrieb:

"Franz Mehring starb am Tode seiner Freunde Karl Liebknecht

---

1) Erschienen in der *"Roten Fahne"* Nr.15 vom 15.1.1919, abgedruckt in:
Die deutsche Revolution..., Hg. G.A.Ritter u.a.,p.180 ff.

2) Franz Mehring: Karl Marx. Erstausgabe Leipzig 1918

3) Eduard Fuchs: Vorwort zur zweiten Auflage von Franz Mehring: Karl Marx,
Leipzig 1919, pp. VIII-XVI, p.VIII. Vgl. zu Fuchs' Tätigkeit als
Nachlassverwalter von Franz Mehring S.306f.dieser Arbeit.

und Rosa Luxemburg (...).Als die Nachricht zu ihm traf,
irrte er stundenlang in seinem Zimmer auf und ab. Ständig
trieb es ihn umher, solange bis der Greisenkörper erschöpft in den Lehnsessel sank. Aber er sprang immer sofort wieder auf, sobald er sich notdürftig erholt hatte,
und von neuem begann er seine ruhelosen Wanderungen. Die
Empörung über eines der schamlosesten Verbrechen der Weltgeschichte - so nannte er es -, 'dass die grösste und
kühnste revolutionäre Energie Deutschlands, und der fein-
ste Frauenkopf mit dem genialsten Hirn der Internationale,
zwei der herrlichsten Menschen, den mit allen Mitteln arbeitenden Blutorgien einer sogenannten sozialistischen Regierung' zum Opfer gefallen waren, diese fast unfassbare
Vorstellung rüttelte ununterbrochen an allen Nerven dieses
gewaltigen Rebellen. Als ich drei Tage nach dem Morde vor
Mehring stand, war ich Zeuge seiner fürchterlichen Empörung. Ich war einst Zeuge gewesen, wie er den aus dem Zuchthaus zurückgekehrten Karl Liebknecht zum erstenmal wieder-
sah und mit Tränen in den Augen in seine Arme schloss.
Ich war später Zeuge gewesen, wie Mehring, vor Freude bebend und immer wieder lachend, die durch die Revolution aus
der Schutzhaft befreite Rosa Luxemburg begrüsste; beide
sprachen kaum, sie lachten nur wie selige Kinder. 'Jetzt
lebe ich wieder', sagte er beidemal nachher zu mir. Nun war
ich Zeuge, wie er sich zwang, an die Tatsächlichkeit nicht
nur der Ermordung Karl Liebknechts, sondern auch der Rosa
Luxemburgs zu glauben. Ich hatte ihm sagen müssen, dass es
wohlüberlegte Irreführung der Oeffentlichkeit ist, wenn
einige Tage lang von einer heimlichen Entführung Rosa Luxemburgs durch ihre Freunde gefabelt wurde. Nun sah ich keine
Träne mehr in seinen Augen, wohl aber das immer erneute Auf-
zucken des Hohns und des Zorns:'Tiefer ist noch keine Re-

gierung gesunken', murmelte er mehrfach. 'Wenn die preussische Generalsclique wieder zur Herrschaft kommt, wird sie den Noske behalten, denn solche Methoden nehmen selbst die preussischen Junker nicht verantwortlich auf die eigene Kappe.' Es war erschütternd anzusehen, wie dieser grosse Geist noch im Absterben die höchste Kraft der Liebe und des Hasses in sich barg. Denn zu dieser Stunde trug Franz Mehring bereits den Tod in der Brust. Auch während der Nacht hatte ihm der Gedanke an den gewaltsamen Tod seiner Freunde keine Ruhe gelassen. Nur notdürftig bekleidet war er vom Bett aufgesprungen und wiederum stundenlang im Zimmer auf- und abgewandelt. (...) Die Folge dieser nächtlichen Wanderungen war eine starke Erkältung, aus der sich eine schwere Lungenentzündung entwickelte. Diesem Angriff war der alte, von der früheren Schutzhaft ausgemergelte Körper nicht mehr gewachsen. So starb Mehring am Tode seiner Freunde." [1]

Fuchs schloss den traurigen Bericht über das traurigste Kapitel der deutschen Arbeiterbewegung mit folgenden Worten:

"Dieses Werk trägt einige der stolzesten Namen des deutschen und des internationalen Sozialismus: Karl Marx, Franz Mehring, Rosa Luxemburg [2], *Clara Zetkin* [3]. *Wenn ich mich auch zu den Zukunftsgläubigen zähle, so beschleicht mich doch eine unsägliche Wehmut bei dem Gedanken, dass nur noch die letzte dieser Heroen des soziali-*

---

1) Eduard Fuchs, Vorwort ..., op.cit., p. XV f. Zu den Einzelheiten der Ermordung Rosa Luxemburgs und Karl Liebknechts vgl. E.Hannover-Drück und H.Hannover (Hg.): Der Mord an Rosa Luxemburg und Karl Liebknecht, Frankfurt/Main 1967. Eduard Fuchs hatte dieses Vorwort am 1.Mai 1919 fertiggestellt; die Leiche von Rosa Luxemburg wurde erst am 31.Mai im Landwehrkanal gefunden.

2) Rosa Luxemburg hatte in Mehrings Marx-Biografie jenes Kapitel verfasst, das dem zweiten und dritten Band von Marx' *"Kapital"* gewidmet ist.

3) Mehring hatte sein Werk Clara Zetkin gewidmet.

stischen Befreiungskampfes (...) an unserer Seite streitet; dass es den anderen nicht vergönnt war, den lichten Morgen eines siegreichen sozialistischen Aufstiegs mit eigenen Augen zu schauen. Sie starben alle noch vor Sonnenaufgang. Trotzdem: Liebe Freunde, eure zukunftsdürstenden Augen sind für immer geschlossen, aber eure Fahne flattert so stolz wie je im Winde und euer Schiff wird selbst durch die turmhoch aufschäumenden und uns entgegenrollenden Blutwogen der 'sozialistischen' Ebert-Noske-Regierung keine Linie aus seinem geraden Kurs gedrängt werden." [1)]

Dieser Zukunftsglaube von Fuchs sollte recht bald noch mehr strapaziert werden, vor allem was den zukünftigen Kurs der KPD betrifft, der keineswegs geradlinig, sondern in wirrem Zick-Zack verlaufen sollte.

---

1) Eduard Fuchs: Vorwort ..., op.cit.,p.XVI

1.4.5. Fuchs als kommunistischer Intellektueller

Die am 19.Januar 1919, 4 Tage nach dem Mord an Rosa Luxemburg und Karl Liebknecht, unter dem Boykott der KPD gewählte Nationalversammlung konstituierte sich in Weimar, weil in Berlin immer noch nicht die Ordnung herrschte. Im März 1919 kam es erneut zu Strassenschlachten, die noch weit mehr Opfer forderten als die Januartage, weil die im Januar und Februar in grosser Zahl aufgestellten weiteren Freikorps jetzt schon schwere Artillerie und sogar Flugzeuge einsetzen konnten, um den letzten Widerstand der geschlagenen Revolutionäre, die Anfang März in Berlin erneut den Generalstreik ausgerufen hatten, endgültig zu brechen. [1]

Anfang Mai 1919 wurde auch die Münchner Räterepublik von den nach und nach das Feuer der Revolution in ganz Deutschland austretenden Freikorps blutig unterdrückt.

Es ist verständlich, dass sich Fuchs unter diesen Umständen seit seiner Rückkehr aus Russland nach Möglichkeit aus dem Geschehen heraushielt. Er wandte sich wieder der Kunst zu, allerdings radikalisierte er sich auch auf diesem Feld. Holitscher berichtet von seiner Teilnahme an einer Gruppierung, welche die Kunst ins Volk, vor allem in die Arbeiterschaft, tragen wollte. [2]

---

1) Vgl. Illustrierte Geschichte der deutschen Revolution, op.cit., p.361

2) Als Mitglied des *"Bundes für proletarische Kultur"*, der vom Herbst 1919 bis zum Frühjahr 1920 existierte, ist bei Walter Fähnders/Martin Rector: Literatur und Klassenkampf, München 1971, p. 22 auch Fuchs vermerkt. Der Bund nahm als Nachfolgeorgan des *"Rates geistiger Arbeiter"* Bogdanows Proletkult-Gedanken auf und bemühte sich besonders, als Alternative zu den damals schlagartig aufkommenden Kinos und deren Kitschfilmen nicht etwa den revolutionären Film zu fordern, sondern das revolutionäre Theater. Der Bund scheiterte bald, aber immerhin ist Erwin Piscators berühmte Bühne eine Folge dieser Bemühungen. Vgl. auch Holitscher, Mein Leben ..., op.cit., p.183 f.

Doch blieb er nach der Niederlage vom Januar und März
1919 weiterhin auch politisch aktiv.

Im Sommer 1920 reiste Fuchs als zweiter Delegierter
der KPD neben deren Vorsitzenden Paul Levi nach
Petrograd und Moskau zum zweiten Kongress der nun
allgemein Komintern genannten III.Internationale.[1)]

Fuchs scheint vor diesem Forum nicht gesprochen zu
haben oder sonstwie auffällig in Erscheinung getreten
zu sein. Seine Teilnahme ist nur deswegen überliefert,
weil er während der Reise ziemlich engen Kontakt mit
dem Schweizer Walther Bringolf, dem deutschschweizerischen Vertreter des linken Flügels der SPS auf dem
Kongress, gehabt hatte. Bringolf, der sich später
als langjähriger Stadtpräsident von Schaffhausen ebenfalls als Kunstförderer betätigte, wurde vor allem von
Fuchs' Kunst- und Geschichtskenntnissen beeindruckt.
Er schreibt in seinen Erinnerungen über ihn:

*"Der Stuttgarter Eduard Fuchs, wie Paul Levi ein
Freund Karl Liebknechts und Rosa Luxemburgs, war im
Grunde kein aktiver Politiker, obwohl er ein alter
Sozialdemokrat war und tiefgehende Geschichtskenntnisse besass. (...) Dabei war er ein durch und durch
künstlerischer Mensch. In seinem schönen Haus im Grunewald dominierten Bilder von Daumier, von Slevogt und
anderen befreundeten Malern. Fuchs war ein Kenner der*

---

1) Der zweite Kongress der Kommunistischen Internationale fand
vom 19.Juli bis 7.August 1920 statt. Die Eröffnung wurde in
Petrograd abgehalten, und ab 23.Juli tagte man in Moskau.

Geschichte, der Kultur der vergangenen Jahrhunderte, hatte eine unglaubliche Fähigkeit, Dinge in Antiquariaten oder sonstwo zu finden, nach denen sich ein anderer kaum zu fragen getraut hätte." [1]

Der welschschweizerische Delegierte war Jules Humbert-Droz, Licentiat der Theologie, der später von Lenin zum Generalsekretär der Komintern gemacht wurde. In dessen Bericht vom 2.Kongress der Komintern taucht der Name von Fuchs auch bei der Aufzählung der deutschen Delegierten nicht auf. Dafür überliefert Humbert-Droz ein anderes Detail, das bei Walther Bringolfs Bericht fehlt:

"Lounatcharsky, ayant mis quelques délégués au courant des efforts qu'il faisait pour créer une culture prolétarienne, le 'Proletkult', nous avons créé un groupe étranger de ce 'Proletkult'. En faisaient partie Walther Bringolf (...) et un écrivain allemand dont j'ai oublié le nom." [2]

Man geht wohl nicht fehl in der Annahme, bei diesem deutschen Schriftsteller habe es sich um Fuchs gehandelt, der sich ja schon in Berlin zusammen mit Holitscher und anderen mit diesem Versuch linker avantgardistische Künstler, sich den Arbeitern anzubiedern, beschäftigt hatte.[3]

Eduard Fuchs gehörte auch zu den Mitunterzeichnern des Aufrufs der Internationalen Arbeiterhilfe für die deutsche Hungerhilfe an Russland, der 1923 lanciert wurde.[4]

---

1) Walther Bringolf: Mein Leben, Bern 1965, p.78. Vgl. dort auch p.76f. sowie p.95

2) Jules Humbert-Droz: Mon évolution du tolstoïsme au communisme, 1891-1921, Neuchâtel 1969, p.367

3) Vgl. S. 153 dieser Arbeit.

4) Vgl. Babette Gross: Willi Münzenberg, Eine politische Biografie, Stuttgart 1967, p.157

1924 tritt Fuchs zum erstenmal als Autor in der Zeitschrift *"Das neue Russland"* auf, die von der Gesellschaft der Freunde des neuen Russland in Deutschland herausgegeben wurde.[1]

1925 rückt Fuchs dann gar zum Mitarbeiter an der Grossen Sowjetischen Enzyklopädie auf. In deren erster Auflage von 1925, zu der auch ausländische Kapazitäten wie Benjamin [2] oder eben Fuchs beigezogen wurden, deren Artikel dann in den späteren Auflagen des Lexikons fehlen, findet sich ein von Eduard Fuchs verfasster, ins Russische übersetzter Artikel zum Stichwort *"Renaissance"*.[3]

---

1) Sein Beitrag ist folgendes in eine Prophezeiung übergehendes Statement:
   "Die russische Oktoberrevolution ist unbedingt das bedeutsamste Ereignis der gesamten Menschheitsgeschichte. (...) Die (...) in ihren Besitztiteln geschädigten Individuen (...) vermögen an der Tatsache nichts zu ändern, dass im Anschluss an die russische Oktoberrevolution auf der ganzen Welt neue und höhere Gesellschaftsformen als die seitherigen erstehen werden."
   Der Beitrag findet sich im Doppelheft 7/8 vom Nov.-Dez. des Jahrgangs 1924 der bereits einmal erwähnten Zeitschrift.

2) Benjamin hat die Prozedur der Entstehung eines solchen Artikels am Beispiel des Kampfes um Form und Inhalt seines Beitrages über Goethe in zahlreichen Briefen überliefert. Diese Briefstellen sind im Anmerkungsband II/3 seiner Gesammelten Schriften (op.cit.), pp. 1465-1484 zusammengestellt. Der schliesslich gedruckte Text wies gegenüber Benjamins Manuskript grosse Veränderungen auf.

3) Vgl. den Artikel *"Renaissance"* in: Bolschaja Sowjetskaja Enziklopedija = Grosse Sowjet-Enzyklopädie, 1.Aufl. Moskau 1925 ff., Bd.12, pp.486-527. Von Fuchs stammen die Unterabschnitte *"Begriffsgeschichte und allgemeine Charakterisierung"* (pp.486-491), *"Die Entwicklung der Städte"* (pp.491-492), *"Die Lebensweise"* (pp.492-495), *"Geistige Kultur (Sprache, Literatur, Bildende Kunst, Architektur, Malerei, Graphik, Druckkunst)"* (pp.501-527). Diese von meinem Bruder Hans Huonker freundlicherweise ins Deutsche übersetzten Untertitel zeigen, dass der Inhalt des Artikels durchaus nach Fuchs'schen Kriterien gegliedert ist; auf einschlägige Illustrationen wurde jedoch verzichtet. Allfällige redaktionelle Aenderungen kann ich mangels Einsicht in das Manuskript nicht eruieren.

1925 erwies sich Fuchs auch als Retter in der Not für den
Malik-Verlag, der mitten im Weltkrieg von den Brüdern Wieland und Helmut Herzfelde gegründet worden war. Letzterer
nannte sich aus Protest gegen den im Krieg propagierten
Gruss *"Gott strafe England"* fortan John Heartfield und
ging als Fotomonteur in die Kunstgeschichte ein.[1] Der
linke Kleinverlag hatte mit einer literarischen Zeitschrift
begonnen und verlegte in den Revolutionsjahren Texte und
Illustrationen des Berliner Dadaismus, denen vor allem der
Zeichner George Grosz zu hohem Kunstwert verhalf. Finanziell waren die von Wieland Herzfelde geführten Verlagsgeschäfte Hasardstücke von seltener Brillanz. Bis 1921 lebten
Verlag und Verleger von den seltsamsten Kreditformen, wie
sie nur in dieser Kriegs-, Revolutions- und Inflationszeit
möglich waren:

*"Erst Julian Gumperz, der 1921 als Gesellschafter in den
Verlag eintrat, brachte mehrere tausend Mark in die Firma,
die bis dahin als einziges Kapital einen immer wieder Kredit vermittelnden Optimismus besessen hatte."* [2]

In einer darauf folgenden ersten Blütezeit zeugten neben
den bisherigen Verlagsautoren wie Franz Jung u.a. die populären Bände Upton Sinclairs, ferner die literarischen
Entdeckungen Oskar Maria Graf, John Dos Passos und Aleksandr Blok vom Spürsinn der Verleger. Die Einbandgestaltungen John Heartfields machten diese Neuerscheinungen auf
dem deutschen Buchmarkt auch zur optischen Sensation.
Doch dann geriet der Malik-Verlag in die Krisenjahre von
1924 und 1925.

---

1) Zum epochemachenden Werk von John Heartfield vgl. Wieland Herzfelde:
John Heartfield, Leben und Werk, Dresden 1962. Eduard Fuchs war der
kunst- und karikaturhistorische Lehrmeister Heartfields, der ihn
deshalb stets als seinen *"väterlichen Freund"* in der Erinnerung behielt. Vgl. dazu den Artikel Heartfields *"Daumier im 'Reich'"* in:
Freie Deutsche Kultur, German Anti-Nazi monthly, No.2, London, Februar 1942, p.7-8.

2) Wieland Herzfelde, Rede zum zehnjährigen Verlagsjubiläum, zitiert
nach: Der Malik-Verlag, 1916-1947, Ausstellungskatalog der Deutschen
Akademie der Künste zu Berlin, verfasst und zusammengestellt von Wieland Herzfelde, Berlin o.J. (1967), p.37

Wieland Herzfelde sagte über diese Zeit in der Rede zum zehnjährigen Verlagsjubiläum:
"*Die Stabilisierung kam. Rentenmarkpreise, zahlungsunfähige Schuldner, Absatzstockung (...), teure Warenlager, gekündigte Bankkredite, 10% Monatszinsen: Wie Schnee am Ofen schmolzen die Sachwerte. Bis nichts mehr da war. Da schied im Herbst 1924 Gumperz wieder aus. Und mir gingen die Haare aus. Unser Kredit war im Nu erloschen. (...) Schon verbreiteten voreilige Freunde die Nachricht: Malik ist tot. Schon führte ich, bei gesperrtem Telefon, mit dem Gerichtsvollzieher Unterhaltungen von Mensch zu Mensch. (...) Da kam der rettende Gedanke: eine Aktiengesellschaft gründen!*"[1)]
Bei dieser Firmensanierung spielte Fuchs eine wichtige Rolle. Im selben Ausstellungskatalog über den Malik-Verlag, in dem die Rede Herzfeldes überliefert ist, findet sich auch das Faksimile des Anstellungsvertrags vom 21.Juli 1925 für Wieland Herzfelde als Geschäftsführer der "*durch ihren Aufsichtsrat vertretenen Malik Verlag Aktiengesellschaft*",[2)] als deren Aufsichtsratspräsident Eduard Fuchs das Papier persönlich unterschrieb.

Laut einer Mitteilung von Babette Gross, der Gefährtin Willi Münzenbergs, des anderen Verlegergenies der KPD, hat Fuchs schon vorher, noch zu Gumperz' Zeiten, dem Malik-Verlag unter die Arme gegriffen.[3)]

---

1) a.a.O., p.37   2) a.a.O., p.144 f.

3) Babette Gross, Brief vom 14.10.1979 an den Verfasser: "*Als ich Ende 1923 anfing, im Neuen Deutschen Verlag* (Münzenbergs) *zu arbeiten, bestand der Malik-Verlag bereits (...). Die Besitzer Herzfelde, Gumperz etc. waren ebenfalls Kommunisten und betrachteten uns als unliebsame Konkurrenz. Mit ihnen befreundet war Eduard Fuchs, der (...) ihnen auch finanziell Hilfestellung leistete, indem er seine Verbindungen benutzte.*" Hauptgeldgeber dieser ersten Rettungsaktion für den Malik-Verlag anlässlich von dessen Umwandlung in eine G.m.b.H. war der marxistisch denkende Sohn eines reichen argentinischen Weizenhändlers,Felix J.Weil.(Vgl. John Willett, Explosion der Mitte, München 1981, p.82).

1926 beteiligt sich Eduard Fuchs an der Kampagne
gegen das auf die Pressefreiheit zielende *"Schmutz- und
Schundgesetz"*. Zu dieser Aktion gab er nicht nur wie
zahlreiche andere Intellektuelle seine Unterschrift, sondern nahm im Ausschuss, der die Aktion leitete, Einsitz.
Die von Willi Münzenberg gegründete und geleitete kommunistische *"A.I.Z."* brachte sogar ein Bild des im Reichstags-
gebäude für den Fotografen posierenden Ausschusses samt
Fuchs.[1]

1927 folgte dann der bereits einmal zitierte Artikel über
die Errungenschaften der Sowjetunion in der Zeitschrift
"Das neue Russland", auf deren Kopf Fuchs jetzt bereits
als Mitglied der Schriftleitung figurierte. Dieser Artikel
des Titels *"Die Sonne der Menschheit ging im Osten auf"* [2]
erwähnt beiläufig, dass Fuchs mit Maxim Gorki befreundet
war [3] und zählt dann die Erfolge der zehnjährigen Sowjetunion auf den Gebieten der Versorgung der Bevölkerung mit
Schuhen, der Fürsorge, der Hygiene, der Volksbildung, der
Befreiung der Frauen, der Emanzipation der Juden, der Ent-

---

1) Illustration zum diesbezüglichen Artikel *"Gegen Pfaffen- und Polizeizensur"*, Arbeiter-Illustrierte-Zeitung (A.I.Z.) Nr.25, 5.Jahrgang
1926, p.3. Auf der Legende zum Bild wird Fuchs irrtümlich als *"Dr.
Ed.Fuchs"* bezeichnet; auch ist er nicht der zweite, sondern der dritte
von links.
Der damalige kommunistische Reichstagsabgeordnete Peter Maslowski
schrieb mir über diese Kampagne und über den geistigen Einfluss von
Fuchs auf ihn: *"Ich verdanke es einem Eduard Fuchs und dann auch
dem Sexualforscher Magnus Hirschfeld, dass ich in den Strafrechts-
debatten des Reichstages als junger Abgeordneter meinen Mann ge-
standen habe. Bei Fuchs und Hirschfeld habe ich im Schnellkursus
gelernt, wie man den pfäffischen und grossbürgerlichen Sittlich-
keitsheuchlern entgegentreten muss. Eduard Fuchs und Magnus Hirschfeld, die damals natürlich als angebliche Pornographen von der ganzen kulturreaktionären Meute beschimpft wurden, waren dann gegen die
Schmutz- und Schundgesetze, die im Reichstag zur Vorlage kamen, unsere
besten Mitkämpfer."* (Brief vom 30.4.1979 an den Verfasser)
Zum hier und auch andernorts in einem Atemzug mit Fuchs genannten
Hirschfeld vgl. S. 422 und S. 521 dieser Arbeit.
Das *"Gesetz zur Bewahrung der Jugend vor Schund-und Schmutzschriften"*,
wie es mit seinem vollen Namen hiess, wurde am 3.12.1926 angenommen.
Zum damaligen Grad der von repressiven Tendenzen bedrohten Publikations-
freiheit vgl. John Willett, Explosion ..., op.cit., p.174 ff.

2) op.cit.   3) ebda., p.7

wicklung von Industrie und Kunst mit plastischer Anschaulichkeit auf. Gerade was die Versorgung der Bevölkerung mit Schuhen betrifft, zeigt dieser Passus, dass Fuchs die im Vergleich mit der jahrhundertelangen zaristischen Ausbeutung in der Tat stupenden Erfolge der ersten Jahre der Sowjetunion aufgrund der Erfahrungen zahlreicher Reisen nach Russland vor und nach der Revolution realistisch einschätzen konnte:

"Im zaristischen Russland war der Barfüssler, der arme Teufel, der niemals in seinem Leben die Mittel zum Kauf von Schuhen und Strümpfen aufbrachte, und der im Winter seine Füsse höchstens mit Lumpen zu umwickeln vermochte, eine solche stereotype Erscheinung, dass sie das Strassenbild in unzähligen Städten und Vierteln geradezu charakterisierte. Die Zahl dieser Barfüssler ging in die Dutzende von Millionen. Heute kann man tagelang die Strassen einer grösseren russischen Stadt durchwandern, ohne einem einzigen Barfüssler zu begegnen." [1]

Der Abschnitt zeigt auch, dass Fuchs noch im fortgeschrittenen Alter von über 50 Jahren seiner alten Gewohnheit, weite Strecken seiner Reisen und Streifzüge zu Fuss zurückzulegen, treugeblieben war.

So war Fuchs in der ersten Zeit der Weimarer Republik ein in der KPD organisierter Intellektueller, der die Partei zwar sporadisch in ihren Aktivitäten unterstützte, aber mit Ausnahme der Teilnahme am 2.Kongress der Komintern keine eigentlichen Funktionärstätigkeiten übernahm. Dafür hatte er direkte Verbindungen zur KPdSU; überhaupt ist ein wichtiger Teil seiner politischen Betätigung in dieser Zeit eher Vermittlungs- und Werbetätigkeit für die Sowjetunion als für die KPD.

---

[1] ebda., p.7

1.4.6. Fuchs' Bücher nach dem 1.Weltkrieg

Ein grosser Teil der Werke, welche Fuchs nach dem Weltkrieg veröffentlichte, war Honoré Daumier gewidmet. Es wurde bereits darauf hingewiesen, dass Fuchs eine der grössten, wenn nicht die grösste Daumier-Sammlung überhaupt besass. Einen etwas abseitigen Teil des Schaffens des französischen Zeichners und Malers hatte Fuchs bereits zu Beginn des Jahrhunderts der deutschen Oeffentlichkeit präsentiert.[1]

Auch der nächste Band von Fuchs über Daumier, der genaugenommen noch der Zeit des Weltkriegs zuzurechnen ist, wurde schon erwähnt.[2] Fuchs hat den Band seinem Malerfreund Max Slevogt gewidmet, dem er ja manches Blatt von Daumier schenkte. Im Vorwort erklärt er, weshalb er dieses Werk erst jetzt publiziere, nachdem er sich doch bereits seit Jahrzehnten mit Daumier beschäftigte:

"Diese Publikation ist von mir seit einer Reihe von Jahren geplant und vorbereitet. Aber wenn ich auch immer und immer wieder von verschiedenen Seiten zu der Herausgabe gedrängt wurde, so konnte ich mich doch nicht früher dazu entschliessen. Aus einem einfachen Grunde nicht: ich wollte das graphische Werk Daumiers erst in möglichster Vollständigkeit in meinen Mappen haben. Es erschien mir einem solchen Meister gegenüber unwürdig, die Wahl aus unvollkommenen Beständen zu treffen. Mein Ziel habe ich jetzt so ziemlich erreicht. Von den Lithografien fehlen mir in der Hauptsache nur jene Blätter, deren Veröffentlichung seinerzeit von der Zensur nicht gestattet wurde. Darunter sind gewiss

---

1) Honoré Daumier: Die ollen Griechen, Hrsg. Ed. Fuchs, Berlin 1903.
   vgl. S. 60   dieser Arbeit.
2) Honoré Daumier: Holzschnitte 1833-1870, Hrsg.Ed.Fuchs, München o.J. (1918).

manche ausgezeichnete Stücke, aber es sind nicht ohne weiteres die besten, weder zeichnerisch noch gedanklich; denn für die Zensur waren immer nur aktuelle politische Gesichtspunkte massgebend. Immerhin stand mir auch eine Reihe von den der Zensur anheimgefallenen Blättern zur Wahl, und einige davon werden in den folgenden Bänden enthalten sein. Das ganze Werk wird insgesamt vier Bände umfassen. Davon soll der erste, der vorliegende Band, die Holzschnitte, die drei weiteren die Lithografien enthalten." [1]

1921/22 erschienen dann in rascher Folge die drei versprochenen, den Lithographien Daumiers gewidmeten Bände, womit Fuchs' Herausgabe von Daumiers grafischem Werk vollendet war.[2] In diesen Bänden trat zwar der kurze einleitende Text jeweils ganz hinter die grossformatigen Bildwiedergaben zurück; dennoch macht Fuchs hier manche Anmerkung über seinen vergötterten Lieblingskünstler, die zu seinem Daumierverständnis wichtig ist.[3]

Die Krönung von Fuchs' jahrzehntelanger Beschäftigung mit Daumier bildete aber zweifellos das in handgearbeiteten Halbpergamentbänden, natürlich mit Goldschnitt, vorliegende Werk *"Der Maler Daumier"*, das 1927 erschien.[4] Obwohl er den Prachtsband seiner zweiten Frau gewidmet hat, schreibt er im Vorwort zur ersten Auflage, er habe das Buch für niemanden ausser für sich selbst geschrieben:

"Das auf den folgenden Seiten und Tafeln vorgeführte Dokumentenmaterial zur Charakteristik des malerischen, zeichnerischen und plastischen Werkes von Daumier verdankt seine ursprüngliche Entstehung und sein immer stärkeres An-

---

1) H.Daumier, Holzschnitte ..., op.cit., p.7
2) Honoré Daumier: Lithographien 1828-1851, Hrsg.Ed.Fuchs, München o.J.
   Honoré Daumier: Lithographien 1852-1860, Hrsg.Ed.Fuchs, München o.J.
   Honoré Daumier: Lithographien 1861-1872, Hrsg.Ed.Fuchs, München o.J.
3) Vgl. S.348 ff.dieser Arbeit.
4) Eduard Fuchs: Der Maler Daumier, München 1927

wachsen einzig und allein dem Wunsche, mir selbst, und mir allein, eine klare Vorstellung von dem Maler Daumier zu machen und mich ausserdem in meinen Mussestunden an dem immer erneuten Anblick dieser Herrlichkeiten zu erheben." 1)

An eine Herausgabe habe er auch deshalb nicht gedacht, weil er lange hoffte, ein anderer nehme sich dieser Aufgabe an. Schon im Text zu Daumiers Holzschnitten hatte er dieser Hoffnung Ausdruck gegeben: *"Ausführlich über Daumier zu schreiben, behalte ich mir (...) für eine spätere Gelegenheit vor. Erfüllt diese Aufgabe aber unterdessen ein anderer - denn sie ist bis heute nicht erfüllt - , so bin ich diesem auch nicht gram."* 2)

1927 formulierte er diesen Gedanken dann so:
"An eine Herausgabe in der vorliegenden Form habe ich, wie gesagt, ursprünglich nicht gedacht. Ich hielt eine solche Publikation immer für eine der wichtigsten Aufgaben, die sich jedem Kunsthistoriker förmlich aufdrängen müsse. Deshalb glaubte ich auch jahrelang, der Tag werde nicht fern sein, an dem sich ganz plötzlich offenbaren würde, dass sich längst nicht nur ein einziger Kunsthistoriker, sondern wahrscheinlich schon mehrere in den verschiedenen Ländern mit dieser zwar etwas mühevollen, aber umso herrlicheren (...) Aufgabe beschäftigten." 3)

In dieser Hoffnung schwang wohl auch ein wenig Angst mit. Aber schliesslich kann Fuchs beruhigt feststellen:
"In der mir allmählich aufgehenden Erkenntnis, dass ich mich auch in diesem Punkt über die zünftige Kunstgeschichte gründlich getäuscht habe, und dass diese Enttäuschung wohl in absehbarer Zeit nicht widerlegt werden wird, habe ich mich vor einigen Jahren entschlossen, nun meinerseits das von mir (...) seit dreissig Jahren gesammelte Material

---

1) Ed.Fuchs: Der Maler Daumier, op.cit., Vorwort p.5
2) H.Daumier, Holzschnitte ... , op.cit., p.7
3) Ed. Fuchs: Der Maler Daumier, op.cit., Vorwort p.5

über den Maler und Plastiker Daumier der Oeffentlichkeit zu übergeben." [1]

Schon zwei Jahre später, 1929, konnte Fuchs eine zweite Auflage des Werks über den Maler Daumier präsentieren, was zeigt, dass auch rein kunsthistorische Bücher von Fuchs Verkaufserfolge waren. In der zweiten Auflage konnte er 160 neue, nie veröffentlichte Bilder des Meisters vorzeigen und zudem zu seiner grossen Befriedigung auf eine bisher unbekannte Seite von Daumiers Schaffen hinweisen, die er bis anhin an seinem künstlerischen Idol schmerzlich vermissen musste, nämlich auf ein erotisches Aquarell des sonst in seiner Themenwahl sehr keuschen Künstlers. [2]

Im Vergleich zur bescheidenen Demut der übrigen Vorreden zu seinen Publikationen über Daumier wirft sich Fuchs diesmal recht selbstbewusst in die Positur des *grand old man* der Daumierforschung, wenn er im Vorwort zu dieser zweiten Auflage schreibt:

"Einige Kritiker der ersten Auflage waren so liebenswürdig, mich darauf hinzuweisen, dass es in erster Linie nötig wäre, einmal an Hand der Ausstellungen von 1878 und 1901 den wichtigsten Bestand an Daumierbildern nachzuprüfen. Dieser Hinweis ist sehr klug, aber er kommt um zehn Jahre zu spät. Einem alten Sammler, wie ich es bin, muss man eine solche Binsenwahrheit nicht erst verraten." [3]

Diese wenigen Zitate zeigen schon das etwas übersteigerte Verhältnis, das Fuchs zu Daumier hatte. Es ist aber klar, dass nur dieses einem Kult nahekommende Verhältnis Fuchs zu dem Daumierkenner und -sammler machen konnte, der er war.

---

1) ebda.
2) Vgl. S. 439ff. dieser Arbeit, wo ich näher darauf eingehe.
3) Eduard Fuchs: Der Maler Daumier, Zweite, durch einen umfangreichen Nachtrag vermehrte Auflage, München 1929, Vorwort, p.6

Ein anderes Themenfeld von Fuchs' neuen Büchern bildete nach wie vor die Kulturgeschichte, aus der er teils beängstigend aktuelle, teils abseitige Themen behandelte.

Das aktuelle Thema behandelte er in dem 1921 erschienenen Band *"Die Juden in der Karikatur"*, wo er die prophetische Feststellung machen musste: *"Die grauenhaftesten Formen des Judenhasses gehören leider nicht nur der Vergangenheit an, sondern im Gegenteil der Gegenwart."* [1)]
Inhaltlich werde ich dieses Werk wie alle andern erst im zweiten Teil würdigen. Im Vorwort finden sich aber einige biographisch interessante Sätze, welche von den schwierigen Schaffensbedingungen während des Weltkriegs und besonders drastisch vom Dilemma des linksstehenden Verfassers von teuren Büchern für die Reichen zeugen:

"Dieses Buch lag auf meinem Weg, genau wie mein früheres Werk 'Die Frau in der Karikatur'. Die Judenfrage ist neben der Frauenfrage eines der auffälligsten Sondergebiete in der Karikatur. (...) Der Plan zu diesem Buch ist deshalb schon sehr früh bei mir aufgetaucht, und die ersten Vorarbeiten (...) liegen ebenfalls schon sehr weit zurück. Meine ursprüngliche Absicht war, das Buch etwa um das Jahr 1915 herauszubringen, nach Vollendung meiner Daumier-Ausgabe. Der Weltkrieg hat diesen Plan zerstört. Er hat es mir unmöglich gemacht, mein Material zu vervollständigen, das unentbehrliche Quellenmaterial aufzutreiben, und er hat auch die technischen Vorbedingungen für die Herstellung Jahre hindurch zunichte gemacht. Diese technischen Vorbedingungen sind erst seit kurzem wieder gänzlich gegeben. Leider unter den allgemein bekannten veränderten Umständen, die ein Buch sechs- bis achtmal so teuer machen

---

1) Eduard Fuchs: Die Juden in der Karikatur, München 1921, p.76

*wie früher. Und das ist für mich die grösste Hemmung beim
Schreiben. Bücher schreiben, die in der Hauptsache nur noch
von Leuten mit ungeheuer gesteigertem Einkommen gekauft werden können, das ist literarischer Hurendienst. Wenigstens
empfinde ich es so. Für eine neue Menschheit zu schreiben,
müsste köstlich sein, nicht aber für die neuen Reichen.
Glücklich jene, die diese neue Menschheit erleben."* [1)]

Aehnliche Gedanken der Resignation über den Szenenwechsel
von der vordersten Front der Weltrevolution zurück ins
museale Studierzimmer als Schreiberling für die, welche
es vermögen, sprechen auch aus dem Vorwort zum 1923 erscheinenden 2.Band seiner *"Geschichte der erotischen
Kunst."* Zusätzlich beklagt sich Fuchs über die Erschwe-
rung seiner Sammeltätigkeit durch die Inflation:

(Ich bedaure)*"es sehr, dass die allgemein veränderte
politische Lage und die völlige Entwertung des deutschen
Geldes es mir unmöglich gemacht haben, noch weitere Sam-
melfahrten für diese Arbeit in die wichtigen und unerschöpflichen Quellgebiete der graphischen Künste, nach
England, Holland und Frankreich, zu unternehmen."* [2)]

Neben dem Thema der Judenverfolgung erschien in den
zwanziger Jahren vor allem noch die Keramik neu im
Fuchsschen Themenfeld. Schon die Berichte über den
Vorkriegsstand der Sammlung Fuchs erwähnen Keramik
von Pottner in Fuchs' Besitz [3)]; neu und vermutlich
auf den Einfluss seiner zweiten Frau zurückzuführen
ist, dass Fuchs der Keramik Bücher widmet, nämlich

---

1) ebda., p.III
2) Eduard Fuchs: Geschichte der erotischen Kunst, Bd.II: Das individuelle Problem, München 1923, p. VII
3) Vgl. S. 105 dieser Arbeit.

gleich eine ganze Reihe mit dem Obertitel *"Kultur- und Kunstdokumente"*, von der insgesamt drei Titel erschienen.

Zwei davon sind der chinesischen Keramik gewidmet, der erste unter dem Titel *"Tang-Plastik"* der chinesischen Grabkeramik des 8. bis 10.Jahrhunderts, eben der sog. Tang-Zeit, der zweite unter dem Titel *"Dachreiter"* den keramischen Dachverzierungen des 15.-18.Jahrhunderts, der sog. Ming-Zeit.

Dass es seine zweite Frau war, die seinen Sammeleifer auf dieses Gebiet gelenkt hat, sagt Fuchs in der Vorbemerkung zum ersten Band der Reihe selbst:

"Im besonderen möchte der Verfasser an dieser Stelle noch hervorheben, dass das meiste von dem in dieser Arbeit vorgeführten und verarbeiteten eigenen Material von ihm in steter Gemeinschaft mit seiner Frau, Grete Fuchs-Alsberg, aufgefunden und gesammelt wurde. Die photographischen Aufnahmen sind ausschliesslich unter der Leitung von Frau Grete Fuchs gemacht worden; mit ihr hat der Verfasser alle wissenschaftlichen Gesichtspunkte durchgesprochen; Frau Grete Fuchs-Alsberg hat darum einen grossen Anteil an diesen Studien. Wenn der Verfasser seiner geliebten Frau und seiner klugen Mitarbeiterin diese Arbeit deshalb zum Danke widmet, so gibt er ihr damit nur, was ihr zu einem grossen Teil sowieso gehört." [1]

Auch auf diesem neuen Gebiet hat es Fuchs binnen eines Jahrzehnts auf einen Besitz gebracht, um den ihn manche Museen beneiden müssen. Jedenfalls ist die Sammlung Fuchs auf dem Gebiet der Tang-Plastik die grösste Privatsammlung Deutschlands und übertrifft auch den Bestand der meisten deutschen Museen. [2] Bei den Dachreitern hat die Sammlung Fuchs in Deutschland sogar die absolute Spitzenposition noch vor dem Ostasiatischen Museum in Köln

---

1) Eduard Fuchs: Tang-Plastik, München 1924, p.12
2) ebda., p.55 .

inne.[1)]

Hatten die ersten beiden Bände der Reihe "*Kultur- und Kunstdokumente*" die Bestände der Sammlung Fuchs an chinesischer Keramik vorgezeigt,[2)] wie Fuchs vorher seinen Besitz an europäischer Grafik in seinen Büchern präsentiert hatte , so ist der dritte und letzte Band dieser Reihe ein Sonderfall unter den Publikationen von Fuchs. Im gemeinsam mit Paul Heiland herausgegebenen Band "*Die deutsche Fayence-Kultur*", der 1925 erschien, war es nämlich für einmal nicht Fuchs, der seine reichen Bestände mit einem Text von fremder Feder garnierte, sondern er selber verfasste einen Text zu den Abbildungen diverser deutscher Fayence-Gefässe aus der Sammlung Paul Heilands. Heiland schrieb die Legenden zu seinen Objekten. Der Text von Fuchs war ein allgemeiner, dem Abbildungsteil vorangehender Essay über diese mit Zinn-Glasuren versehene Art von Tongegenständen aus der Epoche vor der Einführung des Porzellans in Deutschland.

Neben diesen Büchern über keramische Objekte, die innerhalb des Werks von Fuchs doch eine gewisse Sonderstellung einnehmen, muten die weiteren Publikationen dieser letzten Schaffensperiode von Fuchs wieder vertrauter an.

Im gleichen Jahr, 1925, hatte Fuchs eine Monografie über den französischen Zeichner Gavarni publiziert, den unpolitischen Konkurrenten Daumiers, der Fuchs eigentlich nicht besonders beeindruckte ausser durch die grosse Zahl seiner Zeichnungen.[3)]

1926 folgte der dritte und letzte Band der "*Geschichte der erotischen Kunst*", der wiederum dem "*individuellen Problem*", das heisst der Persönlichkeit der erotischen Künstler, gewidmet war.

---

1) Eduard Fuchs: Dachreiter, München 1924, p.55 ff.
2) Vgl. dazu auch die Fotos vom Interieur des Hauses Fuchs im Bildteil.
3) Gavarni soll 50 000 Zeichnungen geliefert haben.

Die Erörterung dieses Problems der künstlerischen Kreativität, deren Wurzeln Fuchs in der Sexualität der Künstler erblickte, füllt auch sein letztes Werk. Es trägt den Titel *"Die grossen Meister der Erotik"* und den Untertitel *"Zum Problem des Schöpferischen in der Kunst"*; sein Erscheinungsjahr ist 1930.

Aehnlich wie das Prachtwerk *"Der Maler Daumier"* den prunkvollen Schlusspunkt unter die jahrzehntelange Beschäftigung mit seiner Grafik gesetzt hatte, krönte nun dieser Band im Riesenformat (27x38cm) die jahrzehntelange Beschäftigung mit der Grafik derjenigen Darsteller erotischer Szenen, die hier mit der Wiedergabe von Gemälden zum Zuge kommen.

Daneben erschienen nach wie vor die älteren Werke von Fuchs, welche seine grössten Erfolge blieben, auf dem Markt. Sie beschäftigten sogar weiterhin die deutschen Gerichte. Der *"Spezialakt Eduard Fuchs"* wurde bei der Polizeidirektion München auch nach Krieg und Revolution weitergeführt. Am 21.12.1920 wurde eine ganze Kiste voll Fuchsscher Werke, zum Versand nach Wien bestimmt, im Hauptzollamt München festgehalten. Aufgrund der Vorkriegsverfahren entschied *"die Staatsanwaltschaft (...) nach Besichtigung und Beratung für Freigabe der angehaltenen Bücher"*.[1] Dieser Entscheid der Münchner Behörde bewog dann auch die Stuttgarter Staatsanwaltschaft dazu, den Buchhändler Ernst Weiss, dem *"u.a. zur Last gelegt gewesen (war), das nebenbezeichnete Buch von Fuchs, die Geschichte der erotischen Kunst, feilgehalten und zum Zwecke der Verbreitung vorrätig gehalten zu haben"*,[2] ungeschoren zu lassen.

---

1) Zitiert nach dem Original im Staatsarchiv München, Signatur Pol.-Dir. München 7141

2) Zitiert nach dem Original, datiert vom 22.6.1921, im Staatsarchiv München, Signatur Pol.-Dir. München 7141

Wo allerdings ein Buchhändler die Fuchsschen Werke in Prospekten anpries oder gar an Minderjährige und Frauen verkaufen wollte, also den freiwilligen Beschränkungen zuwiderhandelte, die sich Verlag und Autor mit ihrem Vermerk "Privatdruck" [1] schon vor dem 1.Weltkrieg selbst auferlegt hatten, wurde bestraft, so etwa der Buchhändler Oswald Schladitz in Berlin, dem allerdings gleichzeitig der Verkauf unzweifelhaft unzüchtiger Schriften zur Last gelegt wurde, mit einer Busse von 10 000 Reichsmark.[2] Diese Praxis sowie die Abmachung aus der Vorkriegszeit, die ihr zugrundelag, fasst der "Einstellungsbeschluss" des Verfahrens gegen den Inhaber des Langen-Verlags, Otto Friedrich, vom 14.2.1928 zusammen. Damit setzte die Münchner Staatsanwaltschaft einen Schlusspunkt unter die jahrzehntelangen juristischen Querelen in Bezug auf die umstrittensten und erfolgreichsten Werke von Fuchs, die "Illustrierte Sittengeschichte" und die "Geschichte der erotischen Kunst":

"Einstellungsbeschluss:
Das Strafverfahren gegen den verantwortlichen Ihnhaber der Firma Langen in München, Otto Friedrich, wegen Sittlichkeitsvergehens stelle ich ein, und zwar sowohl, was die Verbreitung des Werkes von Fuchs, Sittengeschichte, Ergänzungsbände, wie auch des Werkes des gleichen Verfassers, Geschichte der erotischen Kunst, angeht, und zwar aus folgenden Gründen:
a) Die Frage der Unzüchtigkeit der beiden Werke soll zunächst vollkommen ausser Betracht bleiben und erst unter b) gewürdigt werden. Auch wenn man sie zweifelsfrei bejahen wollte, so kann doch ein strafbares Verschulden des Verlags-Inhabers niemals festgestellt werden.
Es muss als richtig unterstellt werden, dass die Firma

---

1) Vgl. S. 61 dieser Arbeit.
2) Vgl. die Abschrift des Urteils und der Urteilsbegründung vom 11.1.1923 der IV.Strafkammer des Landgerichts II Berlin im Spezialakt Eduard Fuchs (Staatsarchiv München, Sign. Pol.Dir.7471).

Langen im Jahre 1912 mit dem damaligen zuständigen Referenten der StA.I Berlin StA.Dr.Heintzmann das von ihr behauptete Abkommen über den Vertrieb der beiden Fuchsschen Werke abgeschlossen hat (s.Blatt 15 ff. der Akten Fuchs, Sittengesch.). Darnach sollten die beiden Werke nur unter gewissen einschränkenden Bedingungen vertrieben werden. Sie sollten in erster Linie für Gelehrte und Bibliotheken, in zweiter Linie für Leute bestimmt sein, die sich aus höheren geistigen Interessen mit Kultur-, Kunst- und Sittengeschichte beschäftigen. Frauen und Kinder sollten vom Bezug prinzipiell ausgeschlossen sein. Ein öffentliches Anpreisen der Werke sollte unterbleiben. Die Firma Langen verpflichtete sich, die Werke nur an für Solidität und Einhaltung dieser Bedingungen bürgende Firmen abzugeben. StA.Dr.Heintzmann hat bestätigt, er werde bei Einhaltung dieser Bedingungen weder gegen den Verleger noch gegen den Verfasser einschreiten. (Akten Sittengesch. Bl. 243 r.)
Soweit sich von hier aus auf Grund der in diesem Verfahren gepflogenen Erhebungen übersehen lässt, hat die Firma Langen diese Bedingungen ihrerseits stets eingehalten (vgl. die Stichproben Bl.108, 113 r, 117, 272 der Akten Sittengeschichte; Bl. 26a, 127, 129r, 147 der Akten erot.Kunst) (...) Wenn in einzelnen Fällen von den Händlern diese Bedingungen nicht eingehalten wurden, so kann das dem Beschuldigten nicht zum Vorwurf gemacht werden." [1]

Dieser Teil des Einstellungsbeschlusses ist besonders wichtig, weil er die in den Münchner Akten nicht auffindbare gerichtliche Seite der den *"Privatdruck"* betreffenden Abmachungen dokumentiert. Im zweiten Teil dieses Einstellungsbeschlusses steht dann noch einmal die Frage der Unzüchtigkeit der beiden Werke zur Debatte:

---

[1] Zitiert nach dem Abdruck im Anhang zu: Ed.Fuchs, Meister der Erotik, op.cit., p.1f.

"b) Die Frage, ob die beiden Werke unzüchtig sind, ist in diesem Verfahren neuerlich Gegenstand eingehender Würdigung gewesen (...). Eine Reihe von Gerichtsentscheidungen und von der Verteidigung beigebrachte Sachverständigengutachten haben die Unzüchtigkeit der beiden Werke verneint. Hingewiesen sei auch auf die Aeusserung der Deutschen Zentralpolizeistelle Berlin zur Bekämpfung unzüchtiger Schriften etc. Bl.243 der Akten Sittengesch., wonach diese Stelle ein neuerliches Vorgehen gegen diese Werke für nicht am Platze hält.
Die Staatsanwaltschaft hat in diesem Verfahren zwei Schlussgutachten über jedes Werk erholt. Das ein, von Prof.Dr.Lill am bayer.Nationalmuseum, bejaht die Unzüchtigkeit, das andere, vom Leiter der Prüfstelle München für Schmutz und Schund, Lösch-Berrsche, abgegebene, kommt zu dem Ergebnis, dass die beiden Werke wissenschaftliche Arbeiten seien, denen das Unzüchtige so wenig anhaftet, wie jeder anderen wissenschaftlichen Literatur, die ein an sich heikles Thema behandelt.
An diesem Gutachten eines beachtlichen amtlichen Sachverständigen kann nicht vorübergegangen werden. Zum mindesten muss bei dieser Sachlage die Frage der Unzüchtigkeit offengelassen werden, keinesfalls kann sie bejaht werden.
Unter diesen Umständen kann auch von der Stellung eines Antrags auf gerichtliche Entscheidung im Wege der Einziehung im hier besonders kostspieligen objektiven Verfahren abgesehen werden, denn es muss nach Sachlage für ausgeschlossen gelten, dass ein Gericht unter diesen Umständen zur Feststellung der objektiven Unzüchtigkeit kommen kann.
       München, den 14.Februar 1928
Der Erste Staatsanwalt bei dem Landgerichte München I
(gez.) Appelmann   (gez.) Müller I" [1]

---

1) ebda.,p.2

Bei den fortdauernden gerichtlichen Querelen zu den beiden juristisch am intensivsten befehdeten Werken von Fuchs zeigte sich also auch in der Weimarer Republik dasselbe Bild wie zu Kaisers Zeiten: Untergeordnete Polizeiorgane machten eifrig Beschlagnahmungsaktionen, während die höhergestellten Beamten die Sache ruhiger nahmen und die Verfahren meist bald wieder einstellten.

Diese Akten zeigen ferner, dass die Werke von Fuchs auch in den gegenüber der viktorianisch verklemmten Vorkriegszeit sittlich doch gelockerten zwanziger Jahren den Reiz des Verruchten beibehielten und weiterhin reissenden Absatz fanden, jedenfalls bis zur Weltwirtschaftskrise. Dann allerdings nahm der buchhändlerische Erfolg der Werke von Fuchs ein Ende. Jedenfalls konnte der 1931 noch als letztes Werk von Fuchs bei Langen erschienene riesige Bildband *"Die grossen Meister der Erotik"* den renommierten Verlag auch nicht mehr vor dem Konkurs retten. Resigniert schreibt Fuchs seinem Freund der späten Jahre, dem Zürcher Arbeiterarzt Fritz Brupbacher,[1] im Brief vom 23.Februar 1932,[2] dass nun die Rechte auf alle Titel von Fuchs an den Verlag Hesse & Becker, Leipzig, übergegangen seien; diese Firma hatte vorher schon den Druck, nicht aber den Verlag der Werke von Fuchs besorgt. Aus einem beigelegten Verlagsprospekt geht hervor, dass dieser Verlag den *"Preis der Eduard-Fuchs-Bände um durchschnittlich 10-25% (...) herabgesetzt"* [3] habe. Die Werke von Fuchs wurden nun also verramscht. Diese neue Verlagsfirma hatte demzufolge

---

1) Vgl. zur Person Brupbachers S.201 ff. dieser Arbeit.

2) Die Briefe von Fuchs an Brupbacher liegen in des letzteren Nachlass im Schweizerischen Sozialarchiv, Zürich, unter der Signatur Ar.101. 30.4., Fuchs, Eduard.

3) Ein mit handschriftlichen Ergänzungen von Fuchs versehenes Exemplar dieses Verlagsprospektes findet sich als Beilage zum erwähnten Brief vom 23.2.1932 von Fuchs an Brupbacher in dessen Nachlass, a.a.O.

auch kein Interesse an der Herausgabe von neuen, mit
einem Verleger-Risiko behafteten Werken von Fuchs. Das
geht aus demselben Brief hervor, in dem Fuchs zwar nicht
gänzlich resigniert, aber doch deutlich gedämpften Mutes
schreiben muss:

*"Ein (...) ganz ausserordentliches Vergnügen hat mir das
bereitet, was Sie mir über meine 'Grossen Meister' geschrieben haben. Ein Lob aus Ihrem Munde wiegt für mich natürlich doppelt so schwer, weil Sie doch zu den ganz Wenigen
gehören, die auf beiden in Frage kommenden Gebieten zuhause sind. Dazu kommt für mich der sehr fatale Umstand, dass
meine derartigen Bücher fast gänzlich von einer öffentlichen
Besprechung ausgeschlossen sind. Anderseits sehnt man sich
doch wiederum nach einem Echo auf eine Arbeit, an der man
allein ein Jahr 'geschuftet' hat, vom Vordenken garnicht
zu reden. Gerne möchte ich Sie und andere Interessenten
mit einer Weiterführung dieser Gedanken erfreuen, aber damit
hat es in der Zeit dieser unheimlichsten aller Krisen voraussichtlich noch sehr weite Wege. Als ich vor etlichen Wochen
meinem jetzigen Verleger einen Zusatzband zum Daumierwerk,
der unter dem Titel 'Der erotische Daumier und Anderes
vom unbekannten Daumier' erscheinen sollte, anbot, da dämpfte er meinen Feuereifer mit der Antwort:'Erstens fehlen uns
die Mittel, um zurzeit ein solches Buch herauszubringen, und
zweitens glauben wir nicht, dass ein solches Buch in absehbarer Zeit einen Absatz findet, der die Herausgabe lohnt.'* [1]
*In dieser Antwort haben Sie ein zwar krasses, aber darum
nicht minder typisches Beispiel für die katastrophale Mutlosigkeit, die heute beim deutschen Unternehmertum herrscht.
Früher konnte ich nicht rasch genug ein Buch auf das andere
folgen lassen. Manche Leute meinen übrigens, dass die Zeit*

---

[1] Wahrscheinlich war dieser projektierte Band ein Ausschnitt aus jenem nie veröffentlichten Werk von Fuchs, das Brupbacher in den *"Erinnerungen an Eduard Fuchs"* wie folgt erwähnt:*"Fuchs besass eine reichhaltige Sammlung von Zeichnungen, die er zu einem projektierten Werke 'Der Künstler intim' zusammengetragen hatte. Das Buch ist nie erschienen, denn (...) er behauptete, man hätte ihn gekreuzigt, wenn es der Fall gewesen wäre."* (a.a.O.)

meiner, also derartiger, Bücher überhaupt vorbei sei. Erstens seien alle jene, die als Käufer in Frage kämen, verarmt; zweitens sei allmählich die Mehrzahl derer ausgestorben, die für solche schwere Kost das nötige Interesse hätten. Ich möchte diese Ansicht nur bis zu dem Punkt akzeptieren, dass wahrscheinlich geraume Zeit vergehen wird, bis die materielle Leistungsfähigkeit grösserer Kreise wieder so weit gefestigt ist, um sich solch kostspielige Wälzer leisten zu können. Aber meinen Daumiernachtrag, der in dieselbe Kerbe haut wie die 'Grossen Meister', hoffe ich darum doch noch schreiben zu können. Und vielleicht auch noch ein ähnliches Buch. Die materielle Ernte wird freilich kaum mehr eine ähnlich goldene sein wie früher." [1]

Der traurige Vergleich des damaligen Geschäftsgangs mit der goldenen Ernte früherer Jahre ist aber doch auch ein weiterer Hinweis darauf, dass Fuchs in dem grössten Teil seines Lebens tatsächlich, und zwar nicht schlecht, von seinen Büchern leben konnte. Sein Sammeltrieb hatte im übrigen dazu beigetragen, dass er dem allmählichen Versiegen der Tantièmen recht ruhig gegenüberstehen konnte: Die in seinem *"Fuchsbau"* [2] angehäuften Schätze, von denen im folgenden Abschnitt wieder die Rede sein wird, erlaubten ihm eine ruhige Zuversicht auch für schlechteste Zeiten.

Der Vollständigkeit halber sei in diesem Abschnitt auch noch kurz auf zwei andere Bereiche hingewiesen, wo Fuchs

---

1) Brief vom 23.2.1932 an Fritz Brupbacher, a.a.O.

2) Fuchs bezeichnete seine Behausung in vielen Briefen an Brupbacher als Fuchsbau. Er muss das auch schon vorher getan haben; jedenfalls übernimmt Guthmann in der bereits zitierten Beschreibung der Fuchs darstellenden Gelegenheitsarbeiten Slevogts diese Ausdrucksweise. Vgl. S. 110 dieser Arbeit. Vgl. dazu auch die Innen- und Aussenansichten des Hauses Fuchs im Bildteil.

zwar nicht als Autor, aber als Mitarbeiter und Herausgeber im Hintergrund wirkte.

Bei dem bekannten, im Verlauf der Darstellung der Revolution von 1918/1919 auch in dieser Arbeit mehrfach zitierten Gemeinschaftswerk zahlreicher kommunistischer Intellektueller, das 1929 unter dem Titel *"Illustrierte Geschichte der deutschen Revolution"* [1] in Berlin herauskam, ist Fuchs zwar weder im Text noch unter den Autoren und Herausgebern verzeichnet. Aber die Wiedergabe zahlreicher Illustrationen im Buch nach Daumier, darunter so unverhoffte wie die Abbildung einer Tonplastik des grossen Franzosen, [2] nebst zahlreichen anderen Karikaturen auf die vorrevolutionäre politische Entwicklung, welche alle mit Legenden nach der Art von Fuchs versehen sind, bilden ein gewichtiges Indiz für die damit natürlich dennoch nicht schlüssig bewiesene Annahme, dass Fuchs bei der Bildredaktion dieses Bandes eine wichtige Rolle spielte. Eine solche Bildredaktion wird im Vorwort erwähnt; namentlich wird aber nur John Heartfield als ihr Berater aufgeführt; [3] der Hauptteil der Illustrationen bestand aus zeitgenössischen Fotos zum Revolutionsgeschehen. John Heartfield und Fuchs kannten sich ohne Zweifel aus ihrem Engagement für den Malik-Verlag. [4] Auch die Tatsache, dass die Mehrzahl der massgeblich-

---

1) op.cit.

2) Auf p.23 der *"Illustrierten Geschichte ..."*, op.cit., findet sich eine fotografische Wiedergabe der karikierenden Tonfigur Daumiers auf *"Ratapoil"*, den käuflichen Schlägertyp im Dienst Napoleon III. Das weitgehend unbekannte plastische Werk Daumiers hatte Fuchs der deutschen Oeffentlichkeit erst 1927 vorgestellt, nämlich in *"Der Maler Daumier"*, op.cit., p.22 ff.

3) *"Den Umschlag-Entwurf besorgte John Heartfield, der auch der Bildredaktion beratend zur Seite stand."* (*"Illustrierte Geschichte ..."*, op.cit., Vorwort).

4) Vgl. S. 157 f. dieser Arbeit.

sten Mitglieder der Textredaktion, die im Unterschied zur Bildredaktion neben den zum Teil bereits verstorbenen Autoren klassischer Texte der Arbeiterbewegung im Vorwort mit Namen aufgeführt wurden,[1] später zu der auch von Fuchs aktiv unterstützten *"Kommunistischen Partei-Opposition"* [2] gehörten, spricht für die Annahme, dass Fuchs bei der Illustration dieses Bandes mitarbeitete. Fuchs tat dies aber offenbar wie schon bei der Illustration der *"Kulturbilder"*,[3] zu deren letztem Titel dieses Werk ja eine Fortsetzung bildete,[4] ganz bescheiden und anonym hinter den Kulissen.

Dieses Gemeinschaftswerk über die gescheiterte deutsche Revolution ist auch heute noch von grossem Quellenwert.

Noch wichtiger war jedoch die wenig bekannte erste Gesamtausgabe von Mehrings Schriften, die Fuchs leitete. Franz Mehring, der in historischen Belangen und in Fragen der Kunst, insbesondere der Literatur, wichtigste und ferner der stilistisch brillanteste Theoretiker der deutschen Vorkriegssozialdemokratie, hatte Fuchs mit Rezensionen gefördert. [5] Ihr freundschaftliches Verhältnis geht auch aus dem bereits

---

1) *"An der Redaktion waren beteiligt und Beiträge leisteten: Becker, Duncker, Eberlein, Frölich, Heckert, Hörnle, Karski, Knief, Koenen, Lenin, Leo, Léviné, Liebknecht, Lindau, Luxemburg, Mehring, Meyer, Münzenberg, Pieck, Remmele, Rück, Schreiner, Schumann, Stoecker, Thälmann, Ulbricht, Walcher, Zetkin."* ("Illustrierte Geschichte ...", op.cit., Vorwort)
2) Vgl. S. 191ff.dieser Arbeit; ferner K.H.Tjaden: Struktur und Funktion der KPD-Opposition (KPO), Meisenheim 1964, Teil II: Anhänge, p.156, Anm.145:*"In diesem Zusammenhang kann darauf hingewiesen werden, dass das (...) Dokumentationswerk (...)(Illustrierte Geschichte...), das zwar KPD-offiziell herausgegeben war, (...) im wesentlichen (...) eine Arbeit von späteren KPO-Mitgliedern war, die ihre Arbeit noch vor dem Ausschluss aus der KPD fertigstellen konnten."*
3) Vgl. S. 80 dieser Arbeit.
4) Der letzte Band der *"Kulturbilder"* war eine *"Geschichte der Revolutionen bis zum Vorabend der Grossen Französischen Revolution"* gewesen (vgl. S.80 dieser Arbeit). Otto Rühle, der später auch eine modernisierte Sittengeschichte verfassen sollte (vgl. S.523 dieser Arbeit), hatte bereits mit seinem Werk *"Die Revolutionen Europas"*, Dresden 1927, 3 Bde., das Zwischenglied für die Revolutionen von 1789 bis 1917 geliefert und dabei im ersten Band zahlreiche Illustrationen aus dem erwähnten Titel der *"Kulturbilder"* übernommen. 1973 erschien in Wiesbaden ein Reprint des Werks von Rühle.
5) Vgl. S.72 dieser Arbeit.

zitierten Vorwort von Fuchs zur zweiten Auflage der
Mehringschen Marx-Biografie hervor.[1]

Dieses erste Produkt von Fuchs' Tätigkeit als Nachlassverwalter von Mehring war bereits 1919, wenige Wochen nach dem Tod des Verfassers, erschienen. Es sollte aber dann mehr als zehn Jahre dauern, bis Fuchs schliesslich den ersten Band der Gesamtausgabe der Werke Mehrings präsentieren konnte.[2]

Ich werde auch auf diese editorische Tätigkeit von Fuchs erst im zweiten Teil der Arbeit näher eingehen.[3]
Hier sei nur soviel gesagt, dass von der auf 12 Bände berechneten [4] Ausgabe bis 1933 erst deren sieben erschienen waren; der Faschismus verunmöglichte dann ihre Vervollständigung. Als letzten Band, der 1933 erscheinen konnte, hatte Fuchs noch die fünfte Auflage von Mehrings Marx-Biografie herausgebracht.[5]
Das war das letzte Buch, das Fuchs publizieren konnte.

---

1) Vgl. S.149 ff. dieser Arbeit.
2) Die Ausgabe trug den Obertitel: *"Franz Mehring: Gesammelte Schriften und Aufsätze in Einzelausgaben, herausgegeben von Eduard Fuchs"*. Der erste Band (Franz Mehring: Zur Literaturgeschichte von Calderon bis Heine, Berlin 1929) erschien im September des Erscheinungsjahrs.
3) Vgl. S.306 ff.dieser Arbeit.
4) Der erste Plan der Ausgabe, der dem ersten Band beigedruckt ist, sah nur neun Bände vor, wurde aber später erweitert.
5) Franz Mehring: Karl Marx, Berlin 1933. Damit kam das Werk auf sein 26.Tausend.

1.4.7. Fuchs als Sammler und Kunstmäzen in der Weimarer Republik

Bei den erwähnten Artikeln der Vorkriegszeit über die Sammlung Fuchs stehen die von Fuchs angehäuften Kunstschätze im Vordergrund. Bei den späteren Berichten ist die Persönlichkeit des Sammlers wichtiger. Fast alle Texte über den Sammler Fuchs aus der Zeit nach dem ersten Weltkrieg gehen von der starken Kurzsichtigkeit des alternden Fuchs aus, der ja stets Brillenträger gewesen war, dessen Augenschwäche aber in den späten zwanziger und dreissiger Jahre fast in Blindheit überging.

Im Fuchs gewidmeten Text des Langen-Verlags "Der Kulturhistoriker Eduard Fuchs" heisst es, *"dass Eduard Fuchs ohne Zweifel eines der grössten Sammlergenies ist, die es heute gibt, ja, die wohl überhaupt je gelebt haben. (...) Er sieht Dinge von dem grössten kultur- und kunstgeschichtlichen Wert, an denen Hunderte vor ihm achtlos vorübergegangen sind, dutzendfach auf den ersten Blick. Das gilt, grotesk gesprochen, selbst von den zwei Jahren, die einer erfolgreichen Staroperation vorangingen, einer Zeit, wo er die Menschen höchstens auf einen halben Meter Entfernung zu erkennen vermochte. Damals kursierte in Kunsthändlerkreisen das Wort:'Eduard Fuchs hat die schlechtesten Augen, aber er sieht am besten.' (...) Eduard Fuchs holt mit sicherer Hand (...) aus hundert scheinbar gleichgültigen Objekten das einzige besonders charakteristische Stück heraus. Er belegt das Gefundene sofort mit Beschlag. Was ihm für eine in Arbeit befindliche oder auch für eine erst geplante Studie irgendwie*

*wertvoll sein kann, lässt er unter keinen Umständen
mehr aus den Händen, (...) es wird gekauft, geliehen
oder photographiert.
Als dieser kategorische 'Ramasseur' war er vor dem
Krieg in ganz Paris, der wichtigsten internationalen
Fundstätte für alte Graphik bekannt; und der inzwischen
verstorbene Senior der Pariser Kunsthändler hat Eduard
Fuchs seinen Bekannten stets mit dem Beifügen vorgestellt:'C'est le monsieur qui mange tout Paris'. Deshalb
ist er auch bei allen Händlern sehr beliebt. Er betritt
nie ein Geschäft, bloss um herumzustöbern, sondern stets,
um eine wissenschaftliche Beute zu machen."* [1]

An diese Darstellung schliessen einige Episoden aus den
"Erinnerungen an Eduard Fuchs" unmittelbar an:

*"Seine Stärke war ein untrüglicher flair, die Fähigkeit,
mit absolut sicherem Instinkt das künstlerisch Wertvolle
zu erkennen. (...) So erzählte er mit Vergnügen, wie er
einst in einem Trödelkram ein ganz schmutziges Bild für
60 Fr. erwarb und dabei bemerkte, dass der Händler sich
sichtlich freute, das Gemälde so gut loswerden zu können.
Zu Hause aber reinigte Fuchs das Bild sorgfältig und erhielt die Gewissheit dessen, was er sofort vermutet hatte:
nämlich, dass es ein Fragonard war. Eine Galerie erwarb
ihn später für einige Tausende.
Fuchs war daher (...) unter den Antiquitätenhändlern Berlins (...) so bekannt, dass er sich oft darüber beklagte,
wie die Händler das, was er in die Hand nehme und erwerben
wolle, sofort als etwas Wertvolles betrachteten und daraufhin den Preis in die Höhe trieben. Er war aber schlau -
machte seinem Namen alle Ehre - und schickte einfach später
jemand anders zu dem betreffenden Händler, damit er den*

---

1) op.cit., p.4, p.5f

Gegenstand ohne Aufschlag kaufe." [1)]

Das schlechte Sehvermögen von Fuchs liefert auch George Grosz, dem aggressivsten Zeichner und Maler der Weimarer Republik, der uns schon als Mitarbeiter des Malik-Verlags begegnete und dessen Werke aufgrund derselben Paragraphen, die auch gegen Fuchs ins Feld geführt wurden, juristisch bekämpft wurden, die Eingangspointe zu seinem längeren Bericht über seine Bekanntschaft mit Fuchs. Dieser recht bissige Text des scharfen Beobachters ist auch ein wohltuender Gegensatz zur Lobeshymne des Langen-Verlags auf Fuchs. Grosz schreibt in seinen Memoiren:

"Eduard Fuchs (...) hatte manches von einem Käfer (...) von der Sorte, die immer etwas herumschleppt. Er war Sammler und besass die grösste Daumiersammlung Europas, als Teil einer riesigen Karikaturensammlung von vielen tausend Blättern. Fuchs sammelte alles Mögliche, Gutes und Schlechtes, doch seine Liebe gehörte Daumier. Da konnte er vor einer kleinen Daumierskizze stehen und fragen (er sprach süddeutsch):'Wisse Se, wo der Daumier immer ang'fange hat? Hajo - des wisse Se net - des könne Se aach net wisse ...'. Hier betrachtete er schief, ganz nah von unten nach oben, das Daumierblatt und legte den Zeigefinger auf ein paar undeutliche Striche. 'Sehe Se, Herr Grosz, sehe Se, der Daumier, hajo, der hat bei die Naas ang'fange, hat der, der Daumier - bei die Naas', fuhr er fast schreiend, als wäre man schwerhörig, fort, 'bei die Naas hat der ang'fange!' Er strahlte mich an, über seine Entdeckung triumphierend.
Er hatte schlechteAugen, und das führte oft zu komischen Situationen. Einmal zeigte er (...) mir seine Sammlung von

---

1) Erinnerungen an Eduard Fuchs, op.cit.

Thomas Rowlandsons. Die Blätter waren, schon der Reihe
nach geordnet, aus dem extra dafür gemachten Kasten genommen worden zu näherer Besichtigung, als (...) ich
beim Umwenden plötzlich auf eine recht eindeutige Row-
landsonsche Schaukelszene stiess(...).(Ich) sah(...) gleich,
was da dargestellt war. Fuchs beugte sich über das Blatt,
hob es dicht vor seine Augen und dozierte:'Des hier' - er
wurde fast würdevoll, wie vor einem ganz unschuldigen Publikum - 'des hier isch ein hocherotisches Blatt, isch des
... Mache Se de Tür zu; Fraue brauche des nit zu sehe!'
Todernst erklärte er das Herstellungsdatum und noch einige Details. Es war hochkomisch.
Eduard wurde allgemein 'der Sittenfuchs' genannt wegen seiner immer wieder neuaufgelegten Sittengeschichte. Dafür
sammelte er seine vielen Blätter und schrieb dazu dann
einen populären Text mit allerlei Auszügen aus Büchern,
Biographien, Gedichten, Memoiren und Werken der Philosophie
und Medizin. Er wies nach, dass alle Kunst auf Erotik
beruhe. Wenn zum Beispiel Daumier seiner Meinung nach
jede Zeichnung bei der Nase anfing:'Hajo - des isch ein
Symbol, isch des', erklärte er. Doch gehörte er nicht zu
der späteren psychoanalytischen Schule, die ja auch fast
alles dem Sexualtrieb in die Schuhe schob, sondern er
durchsetzte seine Erklärungen mit sozialer Bedeutung, als
hätte ein fortschrittsgläubiger Sozialdemokrat sie verfasst.
Eine merkwürdige Mischung!
Nacktheit, Sinnlichkeit und die damit verbundenen erotischen
Kräfte waren für ihn etwas Schönes. In seinen Büchern wenigstens hatte er nichts gegen griechisches Heidentum oder
gegen das vorchristliche Rom mit seinen Phalluskulten. Das
Pech war, dass seine Bücher ganz anders aufgenommen wurden,
als es wohl seine Absicht war, obgleich ja auch diese sich
nicht so eindeutig feststellen lässt; denn ich zum Beispiel
glaubte immer, dass er an seinen Büchern den gleichen Spass

*gehabt haben muss wie seine Leser ... Die Bücher hatten
jedenfalls einen enormen Erfolg, vor allem durch die abgedruckten Bilder und die mitgelieferten Ergänzungsbände,
die noch deutlicher auf das Thema eingingen und wirklich
erotische Abbildungen aus allen Kulturepochen Westeuropas
enthielten, bis zu gewissen Photografien aus unserer Zeit.
Alles Material dazu hatte Fuchs im Lauf der Jahre fleissig
gesammelt und hob es nun in seiner von einem modernen Architekten gebauten Villa auf. Es war wie ein richtiges
Museum; sogar im Badezimmer hingen Bilder, Kupferstiche,
Handzeichnungen - eine neben der anderen, vom Boden bis
an die Decke und manchmal noch an der Decke. Und überall
lagen geschickt versteckte Drähte, an die man unbedingt
rühren musste um, wenn der Strom angestellt war, die Polizei herbeizurufen, denn es waren ja unwiederbringliche
Schätze, die hier lagerten.
Eduard Fuchs war eines der ganz wenigen wirklichen Originale unserer Zeit. Ich bin froh, dass ich ihn noch gekannt
habe."* [1)]

Soweit die etwas karikierende, aber auf genauer Beobachtung
fussende Schilderung von George Grosz.

Bei dem *"modernen Architekten"* von Fuchs' Villa handelte
es sich um keinen Geringeren als um den späteren Bauhaus-
direktor Ludwig Mies van der Rohe, der in den USA zu noch
grösserer Berühmtheit gelangen sollte. Mies van der Rohe
hatte das Haus im Jahr 1911 noch als Schüler von Behrens
für den Kunsthändler Hugo Perls entworfen; als *"Haus Perls,
später Fuchs"* ging es in die Architekturgeschichte ein. [2)]

---

1) George Grosz: Ein kleines Ja und ein grosses Nein, Hamburg 1955,
   p.185 f.
2) Vgl. dazu den Kasten zum Artikel Luciana Zingarellis: Eduard Fuchs ...,
   op.cit., p.36 sowie die Fotos im Bildteil dieser Arbeit.

Das Haus an der Hermannstrasse 14 in Zehlendorf entsprach
den Zwecken von Fuchs:
*"Der Kunstbezug ging schon durch den Erstbesitzer in den
Entwurf ein, der Kunsthändler war: daher eine innere, im
Aussenbau wie selbstverständlich zur Erscheinung gebrach-
te Gliederung: öffentliches Erdgeschoss mit streng axial
geordneten Räumen, privates abgeschlossenes Obergeschoss."*[1]
Allerdings reichte das Untergeschoss für die Aufbewahrung
der Sammlung von Fuchs bei weitem nicht aus, was ja aus
der drastischen Schilderung von Grosz deutlich hervorgeht.
Fuchs hatte das Haus zu Beginn der zwanziger Jahre gekauft.
Kurz darauf plante er bereits einen Anbau, um Platz zu gewinnen. Er trat deshalb in Unterhandlungen mit dem Erbauer
Mies van der Rohe. Der Architekt erinnert sich in einem
Brief an den amerikanischen Kulturhistoriker Egbert wie
folgt daran:

*"One of the first houses I built was for Hugo Perls in
Berlin. Mr.Perls sold his house in the early twenties
to a Mr.Edward Fuchs. Mr.Fuchs had a huge collection
of Daumiers and other artists. He told friends of mine
he would like to build a wing onto his house as a gal-
lery for his collection and for this he would like to
talk me. (...) This meeting was arranged."* [2]

Der Anbau an das Haus Fuchs wurde von Mies in seiner neu-
en, zum ursprünglichen, klassizistischen Bau in starkem
Widerspruch stehenden funktionalistischen Bauweise entworfen und bis 1928 auch fertiggestellt.[3]

---

1) Kasten zum Artikel von L.Zingarelli, a.a.O.

2) Der Brief ist in dem kenntnisreichen Buch von Donald D.Egbert:
Social Radicalism and the arts, Western Europe, A Cultural History
from the French Revolution to 1968, New York 1970, p.661f. abgedruckt.

3) Zur ursprünglich klassizistischen Orientierung des späteren Moderni-
sten Mies van der Rohe vgl. Arthur Drexler: Ludwig Mies van der Rohe,
Ravensburg 1960, p.7:*"Das Haus Perls, von Mies im Jahre 1911 erbaut,
ist geradezu eine Huldigung an Schinkel."* Vgl. dazu die Fotos des
des Altbaus und des Anbaus im Bildteil dieser Arbeit.

Im Zusammenhang mit diesem Umbau vermittelte Fuchs auch
die Entwurfstätigkeit des berühmten Architekten für das
von der Kommunistischen Partei seit langem geplante Denkmal für die Opfer der Revolution von 1918/19 auf dem
Berliner Friedhof Friedrichsfelde. Das Denkmal wurde bei
seiner Planung und Einweihung Revolutionsdenkmal genannt.
Später wurde es oft auch als Denkmal für Karl Liebknecht
und Rosa Luxemburg bezeichnet, obwohl es auch die Grabstätte anderer Toter des Januar und März 1919 war, darunter neben zahlreichen Arbeitern auch Franz Mehring
und Leo Jogiches.

Ueber die Planungsstadien gibt es zwei verschiedene Berichte, die beide in dem ausführlichen Artikel von Rolf-Peter Baacke und Michael Nungesser zur Geschichte dieses
Denkmals überliefert sind.[1]

Der eine ist derjenige von Mies van der Rohe selbst. Es
handelt sich dabei um die direkt anschliessende Passage
aus dem bereits zitierten Brief an Egbert, die hier folgt:

*"After discussing his house problems Mr.Fuchs then said
he wanted to show us something. This developed to be a
photograph of a model for a monument to Karl Liebknecht.
It was a huge stone monument with Doric columns and medaillons of Luxemburg and Liebknecht. When I saw it I
started to laugh and told him it would be a fine monument for a banker. He must have been very much disturbed by this remark because the next morning he called
me and said that I had laughed at the monument he had
shown, he would like to know what I would like to pro-*

---

1) Rolf-Peter Baacke, Michael Nungesser: Ich bin, ich war, ich werde
   sein! Drei Denkmäler der deutschen Arbeiterbewegung in den Zwanziger Jahren, in: Katalog zur Ausstellung *"Wem gehört die Welt"* -
   Kunst und Gesellschaft in der Weimarer Republik, hg. von der Neuen
   Gesellschaft für Bildende Kunst, Berlin 1977, pp.280-298

*pose. I told him I hadn't the slightest idea what I would
do in his place, but as most of this people were shot in
front of a wall, a brick wall would be what I would build
as a monument. Fuchs could not imagine how a brick wall
could be used as a monument but told me that if I had an
idea he would be interested in seeing it. A few days la-
ter I showed him my sketch of the monument which in the
end was built. He was still skeptical about it and parti-
cularly so when I showed him the bricks I would like to
use. In fact, he had the greatest trouble to gain per-
mission from his friends who were to build the monument."*[1]

Beim vom Architekten vorgeschlagenen und schliesslich auch
verwendeten Material handelte es sich um gebrochenen pur-
purroten Oldenburger Hartbrandklinker aus Abbruchbestän-
den.[2]

Nur die Idee der Mauer, nicht aber das vorgeschlagene Material und der einfache, in aufeinanderliegende Quader gegliederte Entwurf von Mies scheint vorerst die Skepsis von
Fuchs und die zweifellos noch grössere Skepsis der KPD-
Führung gegen diesen Modernismus überwunden zu haben.
Von dorischen Säulen und Medaillons war nun also nicht
mehr die Rede, dafür von einer Plastik Rodins, die vor
die Mauer gestellt werden sollte. Vor dem 10. Parteitag
der KPD hielt Wilhelm Pieck eine Rede, in der er das geplante Denkmal erläuterte:

*"Durch einen befreundeten Künstler haben wir ein Kunstwerk
für das Denkmal erhalten (...) von dem 1917 gestorbenen
grossen französischen Bildhauer Rodin, der es selbst als
sein grösstes Werk bezeichnet hat. Es trägt den Namen
'Die Empörung'. Das soll das Kernstück des Denkmals sein.*

---

1) Zitiert nach D.D.Egbert: Social Radicalism ... , op.cit., p.661f.
2) Vgl. Baacke/Nungesser, op.cit., p.283, die zum damals modischen
   Rückgriff der Architekten auf dieses Material einige zusätzliche
   Ueberlegungen anstellen.

Die Grundidee ist eine Mauer, die erinnern soll an die Mauer der Föderierten (...) Diese Idee der Mauer soll ferner in Parallele stehen zu der Kremlmauer in Moskau, wo die Helden der russischen Revolution an der Seite Lenins liegen. Die Mauer soll symbolisieren, wie viele unserer Genossen von der Bourgeoisie zur Ermordung an die Mauer gestellt wurden (...) Die Denkmalsmauer wird in rotem Sandstein oder Porphyr ausgeführt werden und mit Bronzetafeln und Feuerbecken geschmückt werden." [1]

Zu diesem Zeitpunkt hatte also noch nicht einmal der taktisch geschickte Hinweis auf die ebenfalls aus Ziegelsteinen aufgeführte Kremlmauer die Zustimmung der Parteioberen zu diesem Material erwirkt.

Die Plastik Rodins verschwand später aus dem Projekt, dafür kam ein stählerner Sowjetstern hinzu. [2]

Am 13.Juni 1926 wurde das Revolutionsdenkmal von Wilhelm Pieck enthüllt, und der Parteivorsitzende Thälmann stimmte *"ein dreifaches Rot Front"* [3] zu Ehren der Toten an.

Das wuchtige Monument mit der Feuerstelle und dem stählernen Stern passte im Endausbau allen Bedenken zum Trotz ganz ausgezeichnet zum verkrampften Agit-Prop Stil der KPD. Es wurde in den Jahren bis 1933 zur eigentlichen Kultstätte der Partei. Ein verkleinertes Exemplar des Denkmals - diesmal nun doch in massivem Bruchstein ausgeführt - wurde 1927 vom ZK der KPD der russischen Bruderpartei zum zehnjährigen Jubiläum der Sowjetunion überreicht. [4]

---

1) Wilhelm Pieck: Ehrt die proletarischen Helden der Revolution, in: ders.: Gesammelte Reden und Schriften, Bd.3, Berlin 1961, pp.74-76

2) Die Firma Krupp lehnte die Herstellung des rostfreien Sterns aus ihrem später auch von den Nazis symbolisch verwendeten harten Stahl vorerst ab, sodass er getarnt in Form von fünf Rauten bestellt wurde. Auch die Geldsammlung der KPD für das Monument wurde von Behörden und politischen Gegnern oft behindert. Vgl. Baacke/Nungesser, passim.

3) Vgl. *"Rote Fahne"*, Organ der KPD, vom 15.6.1926

4) Baacke/Nungesser, op.cit., p.288

Die Faschisten haben das Denkmal 1934 zerstört.[1]
Heute erinnert nur noch das Fundament an seine Existenz.[2]

Die Bemühungen um ein anderes Denkmal linker Kunst der Weimarer Republik, an denen sich Fuchs ebenfalls beteiligte, hatten ebensowenig Bestand. Es ging um die Wandgemälde Heinrich Vogelers in dessen seit 1923 von der Roten Hilfe als Kinderheim benutzten Worpsweder Heimstätte Barkenhoff. Kreisverwaltung und Landrat wollten das kommunistische Kinderheim schliessen und die Bilder übermalen. Auf Protest zahlreicher Intellektueller hin, darunter neben Fuchs auch Thomas und Heinrich Mann, Hermann Hesse und viele andere, wurden die Bilder vorerst nur verhängt; die Faschisten überstrichen sie dann nach 1933 doch.

Durch die Vermittlung Heinrich Vogelers lernte der Gebrauchsgrafiker Carl Meffert mit dem Künstlernamen Clément Moreau gegen Ende der zwanziger Jahre Fuchs kennen, der dem jungen Künstler ein väterlicher Freund und Förderer wurde. Moreau erzählt heute noch mit grosser Achtung und Liebe von Eduard Fuchs. Ich rapportiere im folgenden den Inhalt eines Gesprächs mit Moreau vom 17.1.1979:

"Ich lernte Fuchs 1928 kennen, als ich 25jährig war. Heinrich Vogeler hatte mich - ich war eben aus dem Gefängnis entlassen worden - Fuchs empfohlen und ihm einige Arbeiten von mir gezeigt. Nach Rücksprache mit

---

1) Zuerst liessen sie es eine Zeitlang als Falle für die Besucher der Grabstätte stehen, die dort festgenommen und von der Gestapoverhört wurden. Vgl. Baacke/Nungesser, op.cit., p.288
2) Eine Architektengruppe versuchte 1968 *"den Wiederaufbau des von den Faschisten zerstörten und von den Stalinisten nicht wiederhergestellten Denkmals"* am Landwehrkanal. Vgl. Baacke/Nungesser, op.cit., p. 289, sowie p.296, Anm.88
3) Vgl. dazu Peter Hielscher: George Grosz in der Turnhalle, Zum politischen Wandbild in der Weimarer Republik, in: Katalog *"Wem gehört die Welt"*, op.cit., pp.268-279

Käthe Kollwitz entschied sich dann Fuchs, mich einmal einzuladen. Fuchs setzte mir einen monatlichen Unterstützungsbeitrag aus, der mir erlaubte, von der Kunst zu leben; er zahlte mir auch einen Advokaten und schenkte mir Bücher mit Widmung sowie Grafiken. Fuchs bestellte bei mir den Zyklus 'Deine Schwester'[1] als Beitrag für eine geplante Fortsetzung der Illustrierte Sittengeschichte. Ich konnte immer auf Fuchs zählen; einmal, als ich auf der Flucht war, klingelte ich ihn nachts heraus, und er gab mir Geld. Fuchs hatte etwas von einem Lehrer. Er kritisierte aber nicht, sondern korrigierte, aber nur auf Wunsch. Obwohl Fuchs gerne lange diskutierte, was ihm bei seinem grossen Wissen ein leichtes war, war er eigentlich ein bescheidener Mensch. Am liebsten erzählte er von seiner Zeit an der Zeitung.[2] Aus neuerer Zeit erzählte er vor allem von den Schwierigkeiten bei der Materialsuche zu seinen Büchern und von all den Menschen, die er dadurch kennenlernte. Wenn er so erzählte, glaubte man kaum, dass er halb blind war. Ohne die diskrete Hilfe seiner Frau wäre er sogar in seinem eigenen Haus ständig hingefallen. Fuchs musste sich immer den Möbeln entlangtasten. Dabei war das ganze Haus vollgestellt mit Sammlungsgegenständen. Es war nicht zum Wohnen konzipiert. Auch die Gäste hatten sich dem anzupassen: Im Gästezimmmer gab es kein Bett, nur eine schmale, mit Stoff bespannte Pritsche der Wand entlang. Musste man essen - Fuchs zelebrierte das nicht, sondern tat es nur aus Notwendigkeit - so wurde von einem

---

1) Linolschnitte aus dieser Serie über das Leben einer Prostituierten finden sich in beiden wichtigen Werken über Moreau. Vgl. Werner Mittenzwei: Carl Meffert/Clément Moreau, Berlin 1977, Tafeln 43-49 sowie den Katalog zur Ausstellung Carl Meffert/Clément Moreau im Kunstamt Kreuzberg, März-April 1978, Hg. von der Neuen Gesellschaft für bildende Kunst, Berlin 1978, Abb. 113-119.

2) Gemeint sind die Jahre beim *"Süddeutschen Postillon"*.

*antiken Tisch rasch eine Ecke von Vasen, Statuetten u.dgl.
freigemacht. Auch im Garten war Fuchs auf Gehhilfen, Geländer angewiesen. Es blieb mir ein Rätsel, wie er Bilder sehen konnte. Im Zehn-Zentimeter-Abstand, mit der Nase am Bild, suchte er grossflächige Bilder quadratzentimeterweise ab, Stück für Stück, und doch gelang ihm zum Schluss eine innere Vorstellung des gesamten Bildes. Fuchs war gross und hager, sonst war an seinem Aeusseren nichts Besonderes. In der Art zu reden und zu sein hatte er etwas Behutsames."*

Diese Schilderung steht in einem seltsamen Gegensatz zum Bericht von Grosz über Fuchs. Die Behutsamkeit von Fuchs ist allerdings auch Brupbacher aufgefallen, der schreibt:

"Dieser grosse, starke Mann hatte zarte Hände, mit denen er behutsam jeden Gegenstand anfasste, als würde er Angst haben, ihm durch eine unsanfte Bewegung wehe zu tun." [1]
Aehnliche Aeusserungen von Moreau über Fuchs überliefert auch Mittenzwei.[2] Aus diesen geht zusätzlich hervor, dass es Fuchs' *"Absicht war, dieses Haus der Stadt Berlin als Museum zu übergeben."* [3]

Moreau, der damals der KPD nahestand, versicherte mir ferner:*"Es hat mir nichts ausgemacht, zu Fuchs zu gehen, obwohl er damals in der KPD der Feind Nummer 1 war."*

Diese von Moreau überlieferten Anfeindungen gegen Fuchs in der KPD hatten ihren Grund in dem Parteiausschluss von Exponenten des rechten Flügels aus der KPD, zu denen auch Fuchs gehörte, der soeben über die Bühne gegangen war.

---

1) Erinnerungen..., op.cit.
2) Vgl. Mittenzwei, op.cit.p.35 f.
3) ebda., p.36

1.4.8. Von der KPD zur KPD-Opposition

Um das Verhältnis von Fuchs zur KPD sowie den politischen Ort der sich KPO (Kommunistische Partei Deutschlands - Opposition) nennenden Abspaltung, der er nach 1928 angehörte, verstehen zu können, ist eine kurze Rekapitulation der verschiedenen Wendungen der wechselnden Führungsmannschaften der KPD vonnöten.

Als Paul Levi die Führung der ihrer Begründer Liebknecht, Luxemburg, Jogiches und Mehring beraubten KPD übernahm, hatte sie zwar eben eine schwere Niederlage erlitten und war wegen ihres Boykotts der Wahlen zur Nationalversammlung auch nicht im Reichstag vertreten, zählte jedoch über 100 000 Mitglieder.[1]

Aber auf dem 2.Parteitag im Herbst 1919 spaltete sich der überwiegende Teil der Mitgliedschaft ab und konstituierte sich als KAPD (Kommunistische Arbeiterpartei Deutschlands). In Berlin verblieben der KPD von rund 10 000 Mitgliedern nur einige Dutzend.[2] Erst nach dem 2.Kongress der Komintern, zu dem Fuchs Levi begleitet hatte, wurde die nun vorübergehend VKPD (Vereinigte Kommunistische Partei Deutschlands) genannte Partei wieder eine Massenpartei durch den Zuzug von rund 300 000 Mitgliedern aus der soeben aufgelösten USPD.[3]

---

1) Illustrierte Geschichte ..., op.cit., p.444
2) Ossip K.Flechtheim: Die Kommunistische Partei Deutschlands in der Weimarer Republik, Frankfurt 1969, p.149
3) ebda., p.157

Die KPD verlor diese neue Massenbasis sogleich in der sogenannten März-Aktion von 1921.

Levi war im Februar dieses Jahres als *"Versöhnler"* abgewählt worden; mit ihm traten auch Clara Zetkin, Däumig, Hoffmann und Brass aus der Zentrale aus. Die neue Zentrale, die Gruppe Brandler-Thalheimer-Frölich-Stoecker, gab teils aus ihren eigenen linksradikalen Positionen heraus, teils auf Betreiben der als *"Turkestaner"* bezeichneten russischen Komintern-Berater [1] ihre Parolen aufgrund der *"Offensivtheorie"* heraus, welche besagte, die Partei müsse, im Gegensatz zur *"antiputschistischen Phrase (...), die in der deutschen Arbeiterschaft einen Geist der Feigheit und Passivität gezüchtet"* [2] habe, es nun *"wagen, die Offensive zu übernehmen"*,[3] um *"das Geschick der Revolution (zu) zwingen"*.[4]

Durch dieses Gerede alarmiert, ging die preussische Regierung ihrerseits in die Offensive und schickte Polizeitruppen in die kommunistischen Hochburgen. Dort kam es auch zu Kämpfen, die aber lokal blieben; der Aufruf zum Generalstreik, den die KPD dann erliess, wurde nur von einem sehr kleinen Teil der Arbeiterschaft befolgt.

Die Führer der lokal zum Aufstand übergegangenen kommunistischen Verbände wie Max Hölz wurden verhaftet und zu langen Gefängnisstrafen verurteilt.

---

1) Zu deren Auftreten und Argumentation vgl. Karl Retzlaw: Spartakus, Aufstieg und Niedergang, Erinnerungen eines Parteiarbeiters, Frankfurt 1971, p.209 f.
2) Rote Fahne, 22.3.1921, zitiert nach Flechtheim, op.cit., p.160
3) Flechtheim, ebda.
4) ebda.

Nach der Niederlage wurde Levi, der vor dem putschistischen
Abenteuer gewarnt und auf eine Gewinnung der noch unter
dem Einfluss der SPD stehenden Arbeiterschichten hingear-
beitet hatte, nicht etwa wieder in leitender Funktion
eingesetzt, sondern aus der Partei ausgeschlossen.
Als Folge der März-Aktion war die Mitgliederzahl auf
150000 geschrumpft. Der Gruppe Brandler-Thalheimer war
der Offensivgeist jetzt auch verflogen; sie schwenkte
still und leise auf jene Einheitsfront-Taktik zurück,
die sie Paul Levi vorgeworfen hatten.

Fuchs wird von Karl Retzlaw, einem Arbeiter und Basis-
Spartakisten, für die Zeit kurz vor der März-Aktion,
als Levi von der Linksgruppierung um Brandler und Thalheimer ausmanövriert wurde, als Angehöriger des fraktions-
politisch nicht sehr aktiven näheren Kreises von Levi
eingestuft.[1] Fuchs folgte aber Levi nach dessen Parteiausschluss nicht in seine *"Kommunistische Arbeitsge-
meinschaft"* genannte Gruppierung, sondern blieb in
der Partei. Das ist vermutlich darauf zurückzuführen,
dass Fuchs auch einem Führer der Gegengruppierung,
August Thalheimer, Württemberger und Spartakus-Veteran
wie er selbst, freundschaftlich verbunden war.

Sicher trugen diese ersten Zick-Zack-Manöver der KPD
das ihre zu Fuchs' Rückzug von der aktiven Parteipoli-

---

[1] Retzlaw schreibt:*"Levi war gegen die Fraktionsbildung nicht blind, aber sie interessierte ihn wenig. Er war wohl zu wenig ehrgeizig, er wollte gar nicht unbedingt Vorsitzender der Partei bleiben. Natürlich hatte er auch seine Freundeskreise in Berlin und anderen Orten. In Berlin gehörte auch der berühmte Kunsthistoriker und Schriftsteller Eduard Fuchs dazu".* (K.Retzlaw: Spartakus, Aufstieg und Niedergang. Erinnerungen eines Parteiarbeiters, Frankfurt/Main 1971, p.210). Im Artikel von L.Zingarelli: Eduard Fuchs, op.cit., p. 52, Anm.18, ist dieses Zitat mit einer im Original nicht anzutreffenden Fortsetzung versehen und überdies fälschlich auf den Kreis um den *"Bund für proletarische Kultur"* bezogen.

tik bei, die Babette Gross konstatiert: *"Fuchs gehörte zum Kreise der sogenannten Spartakusleute, hatte aber schon 1923 sehr wenig mit der damaligen KP zu tun."* [1]

1923 war das Datum der nächsten Wendung der KPD. Brandler, der bis zur Ruhr-Krise eine relativ gemässigte Politik getrieben hatte, wurde im August 1923 nach Moskau zitiert, wo ein Plan zur neuesten Offensive ausgearbeitet wurde. Wieder sollte die Macht übernommen werden, diesmal unterstützt von den nationalistischen Kräften bis hin zu den Nationalsozialisten, deren Parolen samt dem wildesten Antisemitismus von der KPD aufgenommen wurden.[2] Während die Kommunisten im Untergrund Waffen aufkauften und ausgruben, trat Brandler in die sächsische Regierung des Linkssozialdemokraten Zeigner ein. Nach 10 Tagen schon, am 20.und 21.Oktober, liess die Reichsregierung die Reichswehr in Sachsen einmarschieren und setzte die sächsische Linksregierung ab. Brandler und mit ihm den meisten KP-Führern war es jetzt mit dem geplanten Aufstand nicht mehr so geheuer; nur in Hamburg wurde aufgrund eines Uebermittlungsfehlers isoliert losgeschlagen. Der Hamburger Aufstand war rasch niedergeschlagen. Die KPD wurde nun einmal mehr verboten. Die putschistische Phase der KPD war damit abgeschlossen.[3]

Nach der Aufhebung des Verbots 1924 konzentrierte sich die KPD, die wiederum einen grossen Mitgliederschwund zu verzeichnen hatte, in der folgenden Phase der Stabilisierung auf parlamentarische und propagandistische Aktivitäten.

---

1) Brief vom 14.10.1979 an den Verfasser 2) Flechtheim, op.cit, p.178f.

3) Vgl. zur ganzen putschistischen Phase:Werner T.Angress: Stillborn Revolution. The Communist Bid for Power in Germany, 1921-23. Princeton 1963. Zum "Deutschen Oktober" von 1923 vgl. auch die sehr informative Rechtfertigungsschrift von August Thalheimer: 1923, eine verpasste Revolution? Die deutsche Oktoberlegende und die wirkliche Geschichte, Berlin 1931. Spezifisch zu Brandlers Rolle vgl. auch: Unabhängige Kommunisten. Der Briefwechsel zwischen Heinrich Brandler und Isaac Deutscher. Hrsg. v.Hermann Weber, Berlin 1981, insb. pp. 125 ff, 179 ff. und 258 ff.

Die Aenderungen der Parteilinie äusserten sich in dieser
Zeit mehr in der Aenderung der Parolen und der Auswechselung der Parteifunktionäre, aber nicht mehr in so abrupten
politischen Manövern wie vorher.
1924, auf dem 9.Parteitag, wurde die Brandler-Gruppe mit
Fuchs' Freunden August Thalheimer und Clara Zetkin abgewählt und durch die linke Gruppierung um Ruth Fischer[1]
und Arkadij Maslow ersetzt.Diese begannen mit der sogenannten
"Bolschewisierung" der Partei, gerieten aber 1925 selbst
ins Abseits, als ihnen das Vertrauen der Komintern
entzogen wurde. Nun übernahm die Gruppe um Ernst Thälmann die Führung. Thälmann ordnete sich den Direktiven
Moskaus ohne eigene Ueberlegungen bedingungslos unter.
Er wurde in den folgenden Jahren in Nachahmung des
Stils von Hitler und des Personenkults von Stalin ähnlich wie Maurice Thorez in Frankreich zu einer proletarischen Führerfigur aufgebaut, während die Partei zur
blossen Akklamationsmaschinerie abgebaut wurde.

1928 kam es zum Versuch einer Absetzung Thälmanns durch
die Vertreter des rechten Flügels, die sich noch im
Parteiapparat hatten halten können. Thälmann hatte eine
Unterschlagung eines persönlichen Freundes aus der Parteikasse vertuschen wollen. Er wurde nun vom Zentralkomitee
in seinen Funktionen eingestellt. Aber die Komintern
in Moskau hatte sich zusammen mit Stalin, der nach der
russischen Linken um Trotzki nun auch die russische Rechte
um Bucharin ausschaltete, gerade wieder linken Parolen
zugewandt, wollte keine rechte KPD-Führung und setzte
den rehabilitierten Thälmann wieder in seine Funktionen
ein. Im Herbst 1928 wurde dann der rechte Flügel - allen
voran Heinrich Brandler und August Thalheimer - aus der

---

1) So nannte sich nun Elfriede Friedländer. Vgl. S.146 dieser Arbeit.

KPD ausgeschlossen. Der Ausschluss betraf vor allem höhere Kader. Diese hatten zwar keine Mühe, noch vor Jahresende, nämlich am 30.Dezember 1928, eine erste Reichskonferenz durchzuführen und eine eigene Organisation unter dem Namen KPO (Kommunistische Partei Deutschlands - Opposition) auf die Beine zu stellen. Die lange politische Erfahrung der meisten Mitglieder konnte aber in der neuen Organisation nicht auf die Unterstützung grosser Massen einfacher Mitglieder rechnen, weil zwar sehr grosse Teile der Basis der KPD mit den von der KPO vorgetragenen Kritikpunkten sympathisierten, aber den Sprung aus der KPD heraus nicht wagten, und dies nicht ohne Grund: Alle Abspaltungen von der KPD, sowohl die KAPD von 1919 wie die Gefolgsleute Levis von 1921, blieben politisch einflusslos und isoliert.

Die Kritikpunkte der KPO an der KPD betrafen ausschliesslich deren ultralinke Linie, hauptsächlich in der Gewerkschaftsarbeit und in der Bündnispolitik. Aber auch als von der Partei Ausgeschlossene benahmen sich die Führer der KPO, Brandler und Thalheimer, weiterhin so, als seien sie eine Fraktion der KPD. Diese Haltung verunmöglichte es der KPO, sich einen eigenen politischen Standort abzustecken und selbständig zu handeln. Obwohl sie eine eigenständige Organisation mit eigenen Mitgliedschaftsausweisen, einem eigenen Beitragswesen und eigenen Presseorganen etc. war, weigerten sich ihre Führer, sie als eine neue Partei zu deklarieren.[1]

---

1) Karl-Heinz Tjaden bringt in seiner umfassenden Darstellung der KPO (K.H.Tjaden: Struktur und Funktion der 'KPD-Opposition'(KPO), Meisenheim 1964) ein Bespiel dieses zwitterhaften Auftretens aus der Provinz. In einem Protokoll des ersten öffentlichen Auftretens der Geesthachter KPO-Sektion, das vom 4.9.1931 datiert, heisst es fast 3 Jahre nach der Entstehung der Organisation: *"Redner (...) trat zum Schluss für die Einheitsfront des Proletariats ein, und forderte zum Eintritt in die Kommunistische Opposition, die keine neue Partei sei, auf."* (Tjaden, op.cit.p.52 des Anhangs)

Die KPO diente ihren Führern nur als Vehikel dazu, diejenigen Parolen auszugeben, die sie von der KPD erwarteten. Ihre Forderung nach einer Einheitsfront mit den Sozialdemokraten gegen die Faschisten, ihre Ablehnung der gewerkschaftsspalterischen RGO-Politik [1] der KPD, ihre Kritik an der Degradation der nationalen kommunistischen Parteien zu blossen Befehlsempfängern der Moskauer Kominternzentrale, diese Linie war zweifellos richtiger als die von der KPD unter Thälmann verfolgte Politik.

Aber es war dem Aufbau der KPO zu einer eigenständig handelnden, sich politischen Einfluss erkämpfenden Organisation nicht gedient, wenn sich Brandler und Thalheimer aufführten, als stünden sie statt an der Spitze der kleinen, isolierten KPO nach wie vor in führenden Positionen einer machtvollen KPD mit einem Programm, das ihren Vorstellungen entsprochen hätte.[2]

Dass sich die KPO kommunistischer gab als die KPD, verhinderte nicht nur recht lange eine konsequente Kritik am Aufbau der persönlichen Diktatur Stalins, dem sich die KPO in der ersten Phase allen Ernstes als die bessere und richtiger politisierende Sektion der Komintern in Deutschland anbot.[3] Es führte auch dazu, dass sich die Kader der KPO gegenüber Andersdenkenden in ihren Reihen genau so benahmen, wie sich die KPD ihnen gegenüber benommen hatte: Sie stiess sie als Abweichler aus. Im Januar 1932 wurde so eine Gruppe von Mitgliedern, die sich für eine Annäherung an eine andere linke Splittergruppe zwischen SPD und KPD, an die SAP (Sozialistische Arbeiterpartei) ausgesprochen hatte, aus der KPO ausgeschlossen.[4]

---

1) Die Bildung von kommunistischen Splittergewerkschaften unter dem Namen Rote Gewerkschaftsorganisation.
2) Vgl. dazu Tjaden, op.cit., p.288 und passim
3) Vgl. dazu Tjaden, op.cit., p.162 ff. In späteren Jahren - die KPO besteht in Westdeutschland noch heute - verstand sie sich aber zu einer scharfen Kritik des Stalinismus. Vgl. dazu auch Theodor Bergmann: 50 Jahre KPD(Opposition), Hannover 1978.
4) Vgl.Tjaden, op.cit., p.282ff.

Trotz dieser Schwachstellen, die sich bei der KPO ausmachen lassen, muss festgehalten werden, dass sich die Analysen der KPO-Führung, vor allem diejenigen ihres theoretischen Kopfes August Thalheimer, auch im Rückblick sehen lassen können, vor allem was die Einschätzung des Faschismus betraf.[1] Die KPO unterschätzte die faschistische Gefahr nicht, während die KPD unter Thälmann bekanntlich die Erfolge Hitlers bagatellisierte und sich noch 1931 als Bündnispartner der NSDAP gegen die als *"Sozialfaschisten"* eingestuften Sozialdemokraten in der preussischen Regierung hergab.

Der Versuch, die offizielle KP zu überflügeln oder gar auszubooten, war übrigens in anderen Ländern, wo sich ebenfalls "rechtsabweichlerische" Gruppen aus den kommunistischen Organisationen herausgebildet hatten, nicht ganz so erfolglos wie in Deutschland. In Schweden erzielte die von Karl Kilbom geführte, ebenfalls 1929 dem Bannstrahl der Komintern und der herrschenden linken Richtung in der offiziellen schwedischen KP verfallene Rechtsopposition grosse Wahlerfolge, nachdem ihr die Mehrheit der Parteimitglieder gefolgt war. Auch der Ende 1930 als "Rechtsabweichler" aus der schweizerischen KP ausgeschlossene Walther Bringolf konnte seine Gefolgschaft, vor allem in Schaffhausen, noch nach seinem Ausschluss mit gutem Erfolg halten und führte sie schliesslich in die SPS.[2]

Welche Rolle spielte nun Eduard Fuchs in der KPO ?
Bei Tjaden wird er nur einmal kurz erwähnt, nämlich als Financier des wichtigsten KPO-Blattes *"Arbeiterpolitik"* (*"Arpo"*), das wie die gesamte Presse der KPO wegen deren kleiner Mitgliederzahl und demzufolge schwachen Finanzen

---

1) Vgl. Tjaden, op.cit., p.271-282

2) Vgl. dazu den von der Arbeitsgruppe für Geschichte der Arbeiterbewegung Zürich herausgegebenen Band *"Schweizerische Arbeiterbewegung, Dokumente zu Lage, Organisation und Kämpfen der Arbeiter von der Frühindustrialisierung bis zur Gegenwart"*, Zürich 1975, p.257 f.

Mühe hatte, sich über Wasser zu halten. Tjaden, der für diesen Sachverhalt mündliche Auskünfte Heinrich Brandlers als Quellen angibt, schreibt dazu:

"Die Fehlbeträge der Verlagsgenossenschaft wurden (...) unter Beteiligung des vermögenden marxistischen Kulturhistorikers Eduard Fuchs in Berlin, im wesentlichen von einem süddeutschen Geldgeber gedeckt, der mit marxistischer Politik wie mit marxistisch-soziologischer Wissenschaft seit je sich verbunden gezeigt hatte." [1]

Ueber die nähere Identität dieses süddeutschen Hauptgeldgebers macht Tjaden keine Angaben. Vielleicht handelte es sich dabei wieder um Felix J.Weil. Auf jeden Fall *"nahmen die Liquiditätsschwierigkeiten des Unternehmens laufend zu"*, [2] und der Geldgeber entzog schliesslich dem Verlustgeschäft seinen Kredit. 1931 ging die *"Arpo"* ein:

"Nach dem ersten Vierteljahr 1931 stellte der Hauptgeldgeber seine Unterstützung ein; nach dem Ergebnis des Geschäftsjahrs 1931 beschloss die Generalversammlung, in Liquidation zu treten." [3]

Es ist wohl kein Zufall, dass das Ende dieser von Fuchs vermittelten Unterstützung mit der Spaltung der KPO, die ihr wirklich sektiererische Züge verlieh,[4] zusammentraf. Für Fuchs muss das Auseinanderfallen der einst gemeinsam aus der KPD ausgeschlossenen Rechtsopposition in rivalisierende, vollends einflusslose Grüppchen umso schmerz-

---

1) Tjaden, op.cit., p.136   2) ebda.   3) ebda.
4) Der Vorwurf des Sektierertums wird demgegenüber im DDR-Schrifttum gegenüber der KPO und damit auch gegenüber Fuchs ganz pauschal z.B. wie folgt erhoben: *"In den zwanziger Jahren stand F.(uchs) zeitweise der KPD nahe, unterstützte dann aber die sektiererische Kommunistische Partei-Opposition."* (Lexikon der sozialistischen deutschen Literatur, op.cit., p.181)

licher gewesen sein, als seine beiden engsten Freunde
August Thalheimer und Paul Frölich, wie er alte SP-Linke
und Veteranen der Novemberrevolution, mit denen zusammen
er seine Mehring-Ausgabe begonnen hatte,[1] sich nun gegenseitig heftig befehdeten, weil der erstere in der KPO verblieben war, während der letztere eine führende Rolle in
der SAP zu spielen begann.[2]

Fuchs selbst zeigte nämlich auch in seiner Zeit als Financier der KPO kein sektiererisches Verhalten. Seine Bereitschaft zur Zusammenarbeit auch mit Andersdenkenden zeigte
sich z.B. anlässlich einer Affäre im *"Schutzbund deutscher
Schriftsteller"*. Johannes R.Becher hatte im Laufe des
Jahres 1931, ganz im Sinn der damaligen ultralinken
KPD-Politik, innerhalb dieser Standesorganisation eine
"Fraktion der kommunistischen Schriftsteller" aufgezogen;
als diese Gruppe vor allem in Berlin grösseren Einfluss
gewann, versuchte der konservative Vorstand des Schutzbundes, diese ganze Fraktion kurzerhand auszuschliessen.
Zusammen mit vielen anderen namhaften Literaten unterzeichnete in dieser Situation auch Fuchs seine Solidaritätserklärung mit den vom Ausschluss bedrohten kommunistischen
Schriftstellern.[3]

Wie unmöglich es für Fuchs war, mit seiner pragmatischen
Offenheit die KPO vor dem Abgleiten ins Sektierertum zu
bewahren, zeigt auch der folgende Abschnitt.

---

1) Vgl. S. 308ff. dieser Arbeit.

2) Vgl. die Kurzbiografie Frölichs bei Theodor Bergmann: 50 Jahre
KPD(Opposition), op.cit., p.137

3) Vgl. zu dieser Affäre: Aktionen, Bekenntnisse, Perspektiven, Berichte und Dokumente vom Kampf um die Freiheit des literarischen Schaffens in der Weimarer Republik, hg. v.A.Klein u.a., Berlin 1966, p. 383 ff.

1.4.9. Die Freundschaft mit Fritz Brupbacher

Ueber den Arbeiterarzt Fritz Brupbacher, der in seiner lebenslangen politischen Arbeit stets einen revolutionären Anarchismus in einer proletarischen Massenpartei - 1898-1914 in der schweizerischen Sozialdemokratie, 1921-1933 in der KPS - zu vertreten versuchte und der deshalb aus diesen beiden Parteien zu Zeiten ausgeschlossen wurde, wo sie die in sie gesetzten Hoffnungen Lügen straften, über diesen grossen Schweizer informiert neben seiner unübertrefflichen Selbstbiografie [1] die detaillierte Biografie von Karl Lang. [2]

Brupbacher war von Anfang an ein recht illusionsloses Mitglied der KPS gewesen. Seine Distanz zu den Instanzen dieser Partei wuchs bis 1933 ziemlich kontinuierlich. Er verkehrte auch stets freundschaftlich mit ausserhalb der Kommunisten organisierten oder von deren Organisationen ausgeschlossenen Leuten, so z.B. mit seinem alten Freund Pierre Monatte, der mit seinem anarchosyndikalistischen Gedankengut auch in Frankreich stets etwas ausserhalb des Spektrums der grossen Parteien gewirkt hatte. Seit 1925 war Monatte von der KPF ausgeschlossen und gab die Zeitschrift *"Révolution prolétarienne"* heraus. Brupbacher versuchte diese Gruppierung französischer Anarchosyndikalisten mit der deutschen KPO zusammenzubringen, deren Führer Heinrich Brandler er aus dessen Zeit in Zürich gut kannte. [3] Diese Friedensarbeit zwischen Gruppen, die mehr als auf alles andere auf ihre ideologische Reinheit achteten, war allerdings vergebliche Liebesmüh. Lang schreibt dazu:

---

1) Greifbar in der Neuausgabe: Fritz Brupbacher, 60 Jahre Ketzer, Selbstbiografie, Zürich 1981
2) Karl Lang: Kritiker, Ketzer, Kämpfer. Das Leben des Arbeiterarztes Fritz Brupbacher, Zürich o.J.
3) Vgl. Lang, op.cit., p.204 et passim

"Brupbacher (...) bemühte sich (...) um die Herstellung
von Verbindungen zwischen der 'Révolution prolétarienne'
und der Berliner KP-Opposition, die sich 1929 um (...)
Heinrich Brandler und August Thalheimer gebildet hatte.
Im Januar 1930 war Brupbacher mit seiner Frau zu Gast
bei Eduard Fuchs, dem Kassier dieser Gruppe. Hier fanden
mehrere Besprechungen mit den führenden Mitgliedern der
Berliner Opposition statt über die Gewerkschaftsbewegung
in Frankreich und die Möglichkeit einer Zusammenarbeit
mit den Leuten um Monatte. Diesem berichtete Brupbacher,
die Kameraden in Berlin hätten ihm einen guten Eindruck
gemacht. Er habe ihnen vorgeschlagen, für die 'Révolution prolétarienne' jeden Monat einen Artikel zu schreiben. (...) In gleicher Weise müssten die Kameraden in
Frankreich für die Presse der Berliner arbeiten. Man müsse
damit anfangen, durch regelmässige Information die bestehenden Missverständnisse zwischen den deutschen und französischen Oppositionellen abzubauen. Beiden gemeinsam sei
schliesslich die Ablehnung der kommunistischen Gewerkschaftstaktik. Allerdings herrschte abgesehen davon wenig
Gemeinsamkeit zwischen Männern wie Monatte und Brandler.
Ideologisch stand man weit voneinander entfernt. Die Berliner Oppositionellen waren absolut keine Syndikalisten,
wollten nichts wissen von einer Beschränkung auf Gewerkschaftsarbeit. Brupbachers erstes Anliegen war es denn
auch, bei seinem Berliner Aufenthalt eine Diskussion über
diese prinzipielle Frage ein für allemal abzustellen:
'Man wollte, dass mit Euch zuerst über die Frage 'Politik
und Partei' diskutiert werde, denn die Kameraden wollten,
dass man Euch überzeuge von der Notwendigkeit der Einmischung der Partei in die Bewegung. Ich sagte ihnen, dass
über diesen Punkt eine Diskussion unmöglich oder sogar
verderblich sei (...)'(Brief Brupbachers an Monatte vom
12.1.1930). Diese von Brupbacher in die Wege geleitete
Zusammenarbeit kam nicht über ihre allerersten Anfänge

*hinaus. Einzelheiten dieses Scheiterns sind keine bekannt.
Zweifellos waren es aber die ideologischen Differenzen,
welche die Entstehung eines Klimas gegenseitigen Vertrauens
und Interesses verhinderten."* [1]

Die Briefe von Fuchs an Brupbacher beginnen aus Anlass
dieser Vereinigungsreise nach Berlin. Sie kannten sich
aber offenbar schon vorher, wie aus dem allerersten Brief
von Fuchs an Brupbacher vom 16.12.1929 hervorgeht:

"Lieber Genosse Brupbacher!

Von ihrer Fräulein Tochter, die wir gestern durch Zufall das Vergnügen hatten, kennenzulernen, erfuhren wir, dass Sie und Ihre verehrte Frau Gemahlin die Absicht haben, Ihr Versprechen wahr zu machen und ungefähr am 4. Januar hieher zu kommen. Wir und die anderen Freunde freuen uns sehr auf Ihren Besuch. Selbstverständlich sind Sie bei uns in Zehlendorf unsere Gäste. (...)

  Mit kommunistischem Gruss
            Ihr   Eduard Fuchs" [2]

Die Mischung aus bürgerlich-wohlanständiger und stramm
kommunistischer Förmlichkeit verlor sich in den weiteren
Briefen von Fuchs an Brupbacher sehr bald und wich einem
sehr familiären Ton. Wüsste man nicht, welchem Zweck
der erste Besuch Brupbachers im Hause Fuchs dienen sollte
und wer die *"anderen Freunde"* waren, so fände man über
weiteste Strecken der Korrespondenz keine politischen
Hinweise.[3] Sie blieb meist sehr privat und handelte

---

1) Lang, op.cit., p.300 f.
2) Auch diese Karte befindet sich im Nachlass Brupbachers, a.a.O.
3) Fuchs erwähnt zwar im Brief vom 30.10.10 (d.i. wohl der 10.10.1930) die Durchreise von *"Genosse Kilbom mit Frau aus Stockholm"*. Kilbom war der Vorsitzende der schwedischen Parallelorganisation zur KPO, welcher es sogar gelungen war, die schwedische KP zu überflügeln. Fuchs ging es aber nur darum, den Kilboms einige Angaben Brupbachers über die Oase Biskra zu vermitteln, welche Brupbacher bereits hatte und wohin nun auch Frau Kilbom strebte.

hauptsächlich von den kleinen Gebresten der beiden
alternden Ehepaare, deren Symptome vor dem Hintergrund der ausgedehnten Reisetätigkeit, über welche
die Korrespondenz ebenfalls Rechenschaft ablegt, jedoch nicht allzu ernst genommen werden können.

Beides, Reisen und Gesundheitsprobleme, sei hier für
die Zeit von 1930-1932 kurz zusammengefasst.

Die Briefe und Karten dieser Zeit sind bis auf die
Unterschrift nicht von Fuchs' eigener Hand abgefasst,
sondern vermutlich von seiner zweiten Frau geschrieben,
teils von Hand, teils maschinell.[1]

Dass Fuchs sich gern *"wehleidig von rechts und links
von je einem Arzte belehren"* [2] liess, überlieferte
bereits Guthmann. Brupbachers Haupttherapie gegen
die Gebresten von Fuchs wie gegen seine eigene medizinische Inanspruchnahme scheint das Anraten von strikter
Alkohol- und Nikotinenthaltung gewesen zu sein.

Erst nach der Beteuerung des Einhaltens dieser Regeln
wagt es Fuchs, den Freund um die Verschreibung eines
Medikaments zu bitten. In einer Karte aus Crans im
Wallis vom 15.9.1930 lässt er schreiben:

*"Was soll ich tun gegenüber einem akuten starken Anfall
von Bergkrankheit, resp. Atemnot, und wenn eine sofortige
Abreise ins Tal nicht möglich ist? Das heisst also trotz
vielen Liegens und Alkoholenthaltung. Kommt evtl. Kardiazol in Frage?"* [3]

---

1) Alle Briefe der spärlich überlieferten Korrespondenz von Fuchs
 nach dem 1.Weltkrieg, von denen diejenige mit Brupbacher die
 Hauptmasse ausmachen, sind von Fuchs nur mehr unterzeichnet, so
 auch der einzige nicht an Brupbacher gerichtete Brief dieser
 Zeit, eine Karte zur Abmachung eines Treffens mit dem Kunsthistoriker Max Sauerland, Leiter des Museums für Kunst und Gewerbe in
 Hamburg, vom 14.9.1925, dessen Original sich in der Handschriftenabteilung der Staats- und Universitätsbibliothek Hamburg befindet.
2) Vgl. S. 110f. dieser Arbeit.
3) a.a.O.

Im Brief vom 27.9.1932 kann Fuchs vom guten Erfolg der
Therapie Brupbachers berichten.[1] Ermüdungserscheinungen,
über die er wenig später klagt,[2] sind angesichts seines
nach wie vor wenig geruhsamen Lebens wohl nur normal. Er
war 1932 nämlich nicht nur zur Erholung nach Barcelona
und Mallorca gefahren,[3] sondern zwecks *"Expertisierung
einiger Daumiergemälde"* [4] auch wieder einmal nach Paris
gereist.[5]

Ueber die Tätigkeit von Fuchs als Kunstexperte schreibt
Benjamin, der bei der Begutachtung einer zweifelhaften
Fassung des Daumierschen Aquarells *"Der Kunstkenner"* zu-
gegen war, folgendes: *"Eine bisher nicht bekannte Fassung
des Blattes wurde Fuchs eines Tages vorgelegt: ob eine
echte, war zu ermitteln. Fuchs nahm die Hauptdarstellung
dieses Motivs in einer guten Reproduktion zur Hand, und
nun ging es an den überaus instruktiven Vergleich. Keine
Abweichung, nicht die kleinste, blieb unbeachtet, und von
jeder galt es, Rechenschaft abzulegen, ob sie unter einer
Meisterhand entsprungen oder ein Erzeugnis der Ohnmacht sei.
Immer wieder ging Fuchs auf das Original zurück. Aber die
Art und Weise, wie er das tat, schien zu zeigen, dass er
wohl davon hätte absehen können; sein Blick erwies sich
in ihm so heimisch, wie das nur bei einem Blatte der Fall
sein kann, das man jahrelang im Geist vor sich hatte.*

---

1) *"Gesundheitlich geht es uns beiden momentan gut. Alkohol wird ziemlich streng gemieden. Nikotin gänzlich."* (a.a.O.)

2) *"der männliche, wenig bessere Teil leidet unter dauernden Ermüdungserscheinungen. Er hat immer Drang zum Schlafen. Der Hausarzt dekre-
tiert: Soll er!"* (Karte vom 25.12.1932, a.a.O.)

3) *"Der Arzt hat mir (...) eine längere Erholung vorgeschrieben. Und
diese wollen wir auf Mallorca verbringen. Dort soll es herrlich sein
und ausserdem billig."* (Brief vom 23.2.1932, a.a.O.)

4) Brief vom 27.9.1932, a.a.O.

5) Wie schon 1931, vgl. Karte vom 19.11.1931, a.a.O.

Unzweifelhaft war das für Fuchs so gewesen. Und nur darum war er imstande, die verborgensten Unsicherheiten des Konturs, die unscheinbarsten Fehlfarben in den Schatten, die kleinsten Entgleisungen in der Strichführung aufzudecken, die das fragliche Blatt an seinen Platz stellten - übrigens nicht den einer Fälschung, sondern einer guten alten Kopie, die von einem Amateur stammen mochte." [1]

Erstaunlich ist, dass Fuchs trotz seiner Sehschwäche noch allein reiste,[2] allerdings in komfortablen Hotels absteigend.[3]

Ein weiteres Thema der Korrespondenz mit Brupbacher ist die halb ironische, halb ernstgemeinte Anteilnahme an Krankheit und Operation eines Zürcher Staatsanwalts: *"Es hat uns sehr gefreut, dass die Operation bei dem lieben Dr.Zürcher gut gelungen ist. (...) Wir haben ihm selbstverständlich sofort geschrieben (...), in einem Stil, der ihn vermutlich aufmuntern wird."* [4]

Im übrigen diente der Briefwechsel mit Brupbacher auch zur Aufmunterung von Fuchs selbst. Eine sich auf die Aufmunterung des von Selbstzweifeln geplagten, in Deutschland zusehends ignorierten Autors durch seinen interessierten Leser Brupbacher beziehende Briefstelle von Fuchs wurde bereits zitiert;[5] eine andere, die an obige Sätze über die Aufmunterung des kranken Staatsanwalts unmittelbar anschliesst, soll hier folgen:

---

1) Benjamin, op.cit., Bd.II/2, p.501
2) In der Karte vom 5.3.1932 heisst es z.B.:*"z.Zt.Amsterdam. Liebe Freunde! Der männliche Teil ist bereits unterwegs, die Gattin sitzt noch im Bau und wird erst in etwa 8 Tagen folgen. Bei Ihnen werden wir uns programmgemäss wieder vereinigen."* (a.a.O.)
3) In Zürich im Parkhotel, in Paris im Hotel Beaujolais.
4) Brief vom 15.10.1932, a.a.O.
5) Vgl. S.174f dieser Arbeit.

*"Im übrigen: Auch der gesunde Mensch bedarf stets der
Aufmunterung, damit ihm das Schaffen wieder sinnvoll
erscheint. Und darum danke ich Ihnen von Herzen für
den begeisterten Brief, in dem Sie mir den Eindruck
berichten, den Ihnen das Studium meiner 'Tang-Plastik'
bereitete. Umsomehr als gerade diese Bücher, d.h. die
von mir angewandte historisch-materialistische Methode
in der öffentlichen Kritik sozusagen ohne Resonanz geblieben ist. Die bürgerlichen Kritiker merken den Teufel gar nicht, der ihnen im Nacken sitzt, sie lesen
wahrscheinlich in den meisten Fällen gedankenlos über
das wichtigste hinweg. Und die Sozialisten und Kommunisten interessieren sich wiederum nicht für solch teure Kunstbücher, sofern sie mich nicht direkt boykottie-
ren. So hat man nicht selten das Gefühl, als sei das
Beste, was man gesagt hat, nur in den Wind gesprochen."* 1)

Ganz allgemein kann über die Freundschaft zwischen Fuchs
und Brupbacher gesagt werden, dass hier zwei politisch
isolierte und enttäuschte Menschen unabhängigen Geistes
sich in einem ähnlichen politischen Standpunkt und aufgrund ähnlicher Lebenserfahrungen und -umstände 2) als
Ebenbürtige treffen konnten.

---

1) Brief vom 15.10.1932, a.a.O.
2) Von der Aehnlichkeit ihrer Lebensart zeugen auch die gemeinsamen
   Bekannten, die sie schon lange vor ihrer Begegnung hatten. Neben
   Heinrich Brandler gehört dazu u.a. Oskar Panizza, dem Brupbacher
   in seinen erwähnten Lebenserinnerungen (op.cit. p.71f.) unter der
   Ueberschrift *"Oskar Panizza, der militante Individualist"* einige
   von ihrer einst engen Beziehung zeugende Erinnerungen widmet.

1.4.10. Die Vertreibung ins Exil

Eduard Fuchs hatte seit dem ersten Weltkrieg viele Enttäuschungen erlebt: Den Zusammenbruch der zweiten Internationale, das Scheitern der deutschen Revolution von 1918, die verfehlten Putschversuche der KPD, die Ausschaltung der besten und klarsichtigsten Köpfe aus der kommunistischen Bewegung im Zug von Stalins Aufstieg.
Er selbst hatte mit seinen Freunden die KPD nach dem vergeblichen Versuch, sie auf eine der Gefahr des Faschismus Rechnung tragende Linie zu bringen, verlassen müssen, und er hatte erleben müssen, dass die von ihm nach Kräften unterstützte KPO diese Linie wohl aufrechterhielt, sie aber so starr vertrat, dass sie dabei bald im Sektierertum endete.
Im Vorwort zur fünften Auflage von Mehrings Marx-Biografie, die er 1933 als seine letzte Buchpublikation herausbrachte, gibt er seiner Verbitterung über die Arbeiterparteien, die das Erbe von Marx so schlecht verwalteten, ebenso Ausdruck wie seiner Klarsicht über das im Gefolge der Weltwirtschaftskrise die Welt bedrohende Unheil:

"Der internationale Horizont verdunkelt sich gegenwärtig sichtlich von neuem: der japanische Einfall in China, die Revolutionswelle über ganz Südamerika, in Europa die neuen Balkanwirren, und überall auf der Welt, anscheinend ohne Ausnahme, der unheimlich fortschreitende Zusammenbruch der sämtlichen herrschenden Währungen. Zu alledem und ebenfalls überall gesellt sich als furchtbarste Auswirkung ein erschütternder Rückfall in politische und kulturelle Barbarei. Nur Narren, bewusste politische Betrüger und solche, die zu feig sind, die unvermeidliche historische Logik von alledem sehen zu wollen, können es wagen, den Völkern vorzumachen, dass es vermöge des Genfer Kinderspotts und des sogenannten 'natürlichen Ausgleichs der Kräfte' übermorgen in der Welt wieder so sein wird, wie es vorgestern war. In Wahrheit

*aber wird alles von Grund auf sich wandeln, und nur das
nächste Wie ist die einzig noch offene Frage. Wieder geht
deshalb die Arbeiterklasse der ganzen Welt, und vornehmlich die europäische, in sehr absehbarer Zeit neuen gewaltigen Kämpfen entgegen: vielleicht ihren allerschwersten.
Die Arbeiterklasse wird diese Kämpfe zweifellos nur dann
siegreich bestehen, wenn sie diese in allen Etappen im
Geiste von Karl Marx führt: Der Weg zum Sozialismus,
dorthin, wo erst die eigentliche Geschichte der Menschheit anheben wird, ist der Weg zu Karl Marx. Dass es kaum
einen zuverlässigeren Führer auf diesem Weg gibt als die
Mehringsche Biographie - darin besteht die unsterbliche
Bedeutung dieser letzten und klassischen Leistung Franz
Mehrings."* [1]

Seine Hoffnungslosigkeit lässt Fuchs hier - etwa was den
Währungszerfall angeht - Töne anschlagen, die an seine
Reaktion auf die Inflation zu Beginn der zwanziger Jahre
erinnern;[2] dass er aber sogar die *"Revolutionswelle über
ganz Südamerika"* beklagt, die immerhin neben zwielichtigeren Figuren bald auch Lazaro Cardenas in Mexiko an die
Macht bringen sollte, zeigt, bis an welchen Punkt seine
Verbitterung ihn führte.

Was er jedoch über die Genfer Abrüstungsverhandlungen und
die illusionären Hoffnungen auf das Gleichgewicht der Kräfte sagte, war damals so richtig wie heute.

Es ist ein kleiner Trost, bei solchen Prophezeiungen recht
zu behalten. Auch Fuchs kam 1933 in den Strudel des von ihm
konstatierten Rückfalls in die Barbarei.

---

1) Eduard Fuchs: Vorwort des Herausgebers zur fünften Auflage, in:
Franz Mehring: Karl Marx, Geschichte seines Lebens, Berlin 1933, pp.
11-15, p.15. Das Vorwort datiert vom 14.2.1933.

2) Vgl. S.165f. dieser Arbeit

Er gehörte zusammen mit der engeren Führung der KPO
zu den ersten Flüchtlingen, die nach der vom Reichstagsbrand illuminierten Machtübernahme der NSDAP
Deutschland verliessen. Fuchs und seine Freunde wählten den Fluchtweg über die Schweizer Grenze nach Schaffhausen, wo sie auf einen guten Empfang durch den ihnen
politisch nahestehenden Walther Bringolf rechnen konnten,
den Fuchs ja schon seit dem 2.Kominternkongress kannte.[1]
Bringolf schreibt in seinen Erinnerungen:

*"Die ersten politischen Flüchtlinge aus Deutschland
tauchten auf, insbesondere ehemalige Antistalinisten,
die sich allerdings nach wie vor zum Kommunismus bekannten und keine Sozialdemokraten sein wollten. Ich denke
an August Thalheimer, Heinrich Brandler, Paul Böttcher
und Eduard Fuchs, den sympathischen Württemberger, der
mir schon früher begegnet war."* [2]

Via Zürich, wo Fritz Brupbacher sich der offenbar wieder
erkrankten Frau Grete Fuchs annahm,[3] reiste das exilierte Ehepaar vorerst nach Genf weiter.[4]

Schon Ende 1933 meldete sich dann Fuchs an Brupbacher aus
seiner Pariser Adresse *"Paris XVIe, 6 bis rue d'Auteuil"*,[5]
welche er bis zu seinem Tod beibehalten sollte.

---

1) Vgl. S.154 f. dieser Arbeit.
2) Bringolf, Mein Leben, op.cit., p.171 f. Bringolf macht keine genaue Zeitangabe; nur auf p.172, wo er einen belehrenden Vortrag der geschlagenen deutschen Politiker übel vermerkt, spricht er von *"Frühling 1933"*.
3) Karte von Fuchs an Brupbacher vom 8.6.1933, a.a.O.
4) Sie logierten dort in der Pension Chez moi, 87 rue de Lausanne.
5) Brief vom 14.12.1933 von Fuchs an Brupbacher, a.a.O.

Im ersten Brief aus dem Exil, den Fuchs von Genf aus
an Brupbacher richtet, heisst es:
*"Hier fanden wir leider sehr wenig erbauliche Nachrichten
von zuhause vor."* [1]

Fuchs hatte erfahren, dass die SA sein Haus gestürmt
und seine Sammlung geplündert hatte. Robert Liebknecht,
der Sohn Karl Liebknechts, der Fuchs schon in Berlin
kannte und der in Paris als Maler lebt, schreibt über
sein erstes Treffen mit Fuchs im Exil in einem mir
freundlicherweise mitgeteilten Brief an Ulrich Weitz:

*"Als ich ihn in Paris wieder traf nach über 10 Jahren,
erzählte er mir, dass sein 'Museum' regulär durch SA-
Leute geplündert wurde, die sich die erotischen Stücke
der mühsam zusammengebrachten Sammlung zur eigenen Er-
götzung nach Hause nahmen."* [2]

Hatte Fuchs das Unheil schon klarsichtig kommen sehen,
so diagnostizierte er nun ebenso klarsichtig auch dessen
längere Dauer. Im zweiten Brief aus dem Exil, der schon
aus Paris abgeschickt wurde, schreibt er resigniert an
Brupbacher:
*"Was uns betrifft, können wir leider nur sagen: der
Zehlendorfer Traum ist für immer ausgeträumt."* [3]

---

1) Karte vom 8.6. 1933 an Brupbacher, a.a.O.
2) Das Original dieses Briefes vom 24.4.1980 ist im Besitz von U.Weitz
3) Brief vom 14.12.1933 an Brupbacher, a.a.O.

1.5. PARIS (1933 - 1940)

Was andere Emigranten und Flüchtlinge, etwa Tucholsky, in tödliche Verzweiflung stürzte, nämlich der Abstieg von der linken Prominenz in angenehmen Lebensumständen zum gerade geduldeten ausländischen Gesindel ohne Verdienstmöglichkeiten, war gewiss auch für Fuchs schwer zu ertragen; ja man sollte meinen, für jemanden, der wie er sein Lebenswerk, sein Haus, seine Sammlung, ohne die er nicht in seiner Art arbeiten konnte, zurücklassen musste, sei das Emigrantenschicksal ein noch weit schwereres Kreuz gewesen als für andere. Aber Fuchs trug es mit Fassung.

Ein besonderer Glücksfall liess ihn zudem in dieser misslichen Lage von einer Art Zins seiner jahrzehntelangen Sammelarbeit leben. Robert Liebknecht überliefert dazu folgendes:

"Damals erzählte er mir (...), dass zufällig seine kleinen Daumier-Bilder 1933 auf einer Ausstellung waren (...) und ihm durch ihren Verkauf ermöglichten, in einem kleinen bescheidenen Hotel in Auteuil sein Leben zu fristen." [1]

Es ist ein schöner Zufall, dass ihm gerade sein verehrter Daumier, zu dessen Nachruhm er soviel beigetragen hatte, zu diesem Glück im Unglück verhalf.

---

1) Brief vom 24.4.1980 an U.Weitz, a.a.O. Aehnliches überliefert Brupbacher in seinen *"Erinnerungen an Eduard Fuchs"*, op.cit. Er schreibt dort: Fuchs *"bestritt seine Existenz"* in Paris *"hauptsächlich durch Veräusserung der Kunstblätter, die zu retten ihm gelungen war"*. Liebknecht erinnert sich nicht, an welcher Ausstellung die Daumier-Bilder waren; er kann auch nicht angeben, um welche es sich handelte.

1.5.1. Fortgang und Ende des Briefwechsels mit Brupbacher

Die Grussformel aus dem Brief vom 1.2.1934, die übrigens auch bezeugt, dass es sich hier eigentlich um einen Briefwechsel zwischen zwei Ehepaaren handelt, trifft gut den etwas gedämpften Ton, den die Briefe von Fuchs im Exil angenommen hatten:

"Wie geht es Ihnen beiden? Bei uns immer im gleichen Hundetrab; wir schimpfen uns so durch. Herzliche Grüsse aus dem sehr verkleinerten Fuchsbau". [1]

Es war wohl einer der schlimmsten Statusverluste für Fuchs, dass er im Exil nicht mehr als Mäzen auftreten konnte, sondern froh sein musste, dass er selbst von der ihm noch verbliebenen Kunst leben konnte. Dennoch bemühte er sich, seine Rolle als Mann mit vielen nützlichen Verbindungen auch im Exil gegenüber einigen Schützlingen aufrechtzuerhalten.

So z.B. gegenüber Leo Borochowicz, dem in der Geschichte der Arbeiterbewegung als *"Leo"* oder *"Peregrinus"* bekannten Mitglied der KPD, später der KPO. [2] Im Brief vom 14.12. 1933 bat Fuchs Brupbacher um die Adresse eines beiden flüchtig bekannten Pensionsbesitzers in Ascona, um bei diesem einen Aufenthalt für den gesundheitlich geschwächten Borochowicz und dessen Frau nachzusuchen.

Fuchs schrieb:

"Wir kommen heute mit einer Bitte. Nicht für uns, sondern für einen unserer Besten, für den auch Ihnen bekannten Freund Leo. Aber auch für diesen bitten wir nicht um Geld, sondern um Rat und Empfehlung.(...) Wir wissen, Sie werden uns kein

---

1) a.a.O.

2) Vgl. z.B. K.H.Tjaden, Struktur ... , op. cit., Teil I p. 31, 70, 73 117, 271, 317, 325, 339 f.; Teil II p. 8, 132 (Anm. 60). Leo war u.a. einer der namentlich genannten Mitarbeiter an der *"Illustrierten Geschichte der deutschen Revolution"* (op.cit.)

Refus geben. Denn Sie kennen ja Leo selbst und wissen, dass er einer der wertvollsten Köpfe ist. (...) Wir können aus eigenster Erfahrung hinzufügen, dass er die ihm fehlenden Kräfte restlos im revolutionären Kampf aufgebraucht hat. Wenn es also einer verdient, (...) zu einer Erholungskur eingeladen zu werden, so ist es Leo und nicht minder seine Frau (...) Da wir bisher sowieso beide über Wasser gehalten haben, so werden wir auch weiterhin nach Kräften beisteuern. Jedenfalls werden wir unsererseits die Reisekosten übernehmen." [1]

Am 1.2.1934 muss Fuchs dann vom negativen Ausgang dieses Bittgangs für Borochowicz berichten. Er schreibt an Brupbacher:

"Freund Mayer hat meinen Bettelbrief in Sachen Leos leider negativ beantwortet. Es ist ein Pech, dass ein solches Schicksal immer die trifft, die einer Hilfe am würdigsten wären. Da die tätige Solidarität sich meistens umgekehrt auswirkt, so haben wir wenigstens die Beruhigung, dass die Schwätzer nicht aussterben." [2]

Der "Schwätzer" bezog sich auf Arthur Holitscher, der seinerseits in den Genuss eines solchen Kuraufenthalts in Ascona gekommen war.

Eine andere Hilfsgeste machte Fuchs gegenüber einem bürgerlichen Emigranten - ein Zeichen mehr seines alles andere als sektiererischen Verhaltens. Er schrieb für den vormaligen Staatssekretär Severings, den Deutschlandschweizer Dr. Wilhelm Abegg, einen Empfehlungsbrief an den inzwischen zum Oberrichter avancierten Zürcher Sozialdemokraten Otto Lang. [3]

---

1) a.a.O.   2) a.a.O.

3) Bei Lang, dem Verfasser des ersten marxistischen Programms der SPS von 1904, handelt es sich um eine der Bekanntschaften, mit denen der junge Fuchs auf dem Kölner Parteitag 1893 so blamabel renommiert hatte. (Vgl. S.37 ff. dieser Arbeit.)

Die Bitte, Dr.Abegg Zugang zur ohnehin öffentlichen
Bibliothek des Sozialarchivs in Zürich zu verschaffen,
war dabei mehr ein Vorwand zur allgemeinen Empfehlung
des abgesetzten Beamten. Dessen empfehlende Würdigung
gibt Fuchs den Anlass zu folgender Schilderung der faschistischen Machtübernahme:

*"Herr Dr.Abegg, der bis zu seinem Eintritt in den preus-
sischen Staatsdienst Schweizerischer Staatsbürger gewesen ist und der dies nun wieder geworden ist, nachdem
ihn der Naziumsturz zum Verlassen Deutschlands gezwungen
hatte, ist vielleicht der würdigste der deutschen Staats-
männer unter dem vorigen Regime gewesen. Er ist ein Demokrat in des Wortes bestem Sinne. Und wenn Severing, dessen
Staatssekretär er war, A.'s Anregungen gefolgt wäre, so
würde die deutsche Arbeiterbewegung und das deutsche Volk
vor den Nazis nicht in der jammervollen Form zusammenge-
brochen sein, wie dieses geschehen ist, und Deutschland
und die Arbeiter wären vor ihrer schmachvollsten Niederlage und von den entsetzlichen Leiden, die die Nazibanden
tagein, tagaus über Deutschland bringen, bewahrt geblieben.*[1]
*Abegg war derjenige, der seinerzeit das Verbot gegenüber
den Nazis, eine Uniform zu tragen, durchsetzte. Er war
auch zugleich derjenige, der zum aktiven Kampf gegenüber
den Nazis riet und persönlich dazu bereit war. Aber das
ist das, was ihm Severing verweigerte. Kein Wunder, dass
die Hauptwut der Naziführer gegen ihn gerichtet war, als
sie zur Herrschaft kamen. Glücklicherweise gelang es ihm
im letzten Augenblick noch, über die Grenze zu kommen.
Und so konnten die Nazis ihre Wut nur an seinen Möbeln
austoben, die sie vollständig zerstörten. Und ausserdem in
der Weise, dass sie ihm von der ersten Minute an sein Gehalt
sperrten. Dieses Schicksal ist den negativen Helden Seve-*

---

1) Die preussische SPD-Regierung unter Ministerpräsident Otto Braun und
   Innenminister Severing wurde durch Reichskanzler von Papen mit Hilfe
   einer Blankovollmacht von Hindenburg und einer Handvoll Soldaten am
   20.Juli 1932 abgesetzt. Sie wich der Gewalt ohne Widerstand.

*ring und Braun erspart geblieben. Andererseits war
Abegg, als er in den preussischen Staatsdienst eintrat,
ein recht vermögender Mann; er besass, soviel ich weiss,
400000 Goldmark. Als er ihn verliess, hatte er sein Vermögen
im Dienst so ziemlich aufgebraucht. Diese hohe moralische
Qualifikation rechtfertigt es, wenn man sich
für ihn einsetzt. (...) Heute ist Abegg nun leider nicht
nur völlig verarmt, sondern auch ohne jedes Einkommen.
Seinen Lebensunterhalt erwirbt dieser vornehme Mensch,
wie er mir einmal gestand, als sogenannter Gentleman-
Chauffeur und durch gelegentliche Lektortätigkeit."* [1)]

Fuchs war nicht nur in der ihm zeitlebens so wichtigen
Hilfe für vom Glück weniger begünstigte Zeitgenossen
in den Jahren des Exils auf noble Gesten und kleine
Beiträge reduziert. Seine missliche Lage hinderte ihn
auch, mehr noch als Alter und Krankheit, am Reisen.
Er hatte den Brupbachers, die ebenfalls passionierte
Reisende waren, schon vor 1933 zu einer Aegyptenreise
geraten, und Brupbacher hatte ihm von Marokko erzählt,
wohin Fuchs nun ebenfalls wollte. Es blieb im Exil
ein Ehrenpunkt von ihm, diese Reise an die Hand zu
nehmen. Im letzten Brief von Fuchs an Brupbacher heisst
es nach allerlei Anfragen über die medizinische
Versorgung in Marrakesch:*"Wir (...) halten auch jetzt
noch an diesem Plane fest, wenngleich immer noch einige
Schwierigkeiten für uns zu überwinden sind.(...) Wir haben*

---

1) Eine Kopie dieses Empfehlungsschreibens an Lang sandte Fuchs mit dem Brief vom 1.3.1934 auch an Brupbacher, a.a.O. Fuchs fügte dort die Bemerkung hinzu, bei Abegg handle es sich um *"einen sehr interessanten Menschen, freilich um einen bürgerlichen Ideologen vom reinsten Wasser."* Abegg ist durch die von seinem Sekretär gefälschten und mit seinem Namen als Echtheitszeichen versehenen Dokumente unter Historikern in neuerer Zeit etwas in Verruf geraten. (Vgl. Klaus Urner: Zehn preussische Polizeioffiziere und das Abegg-Archiv, Geschichte einer Fälschung - Gefälschte Geschichte, in: Neue Zürcher Zeitung, Nr.101/2.5.1980, p.35 und Nr.105/7.5.1980, p.35)

uns längst alle möglichen Prospekte besorgt und haben Marokko jedenfalls im Geiste schon tüchtig angeknabbert." [1)]

Die - unbekannten, aber wohl im unsicheren Status des Exilanten und eventuell auch in Verpflichtungen gegenüber Genossen im Exil liegenden - *"Schwierigkeiten"* waren derart, dass am Rand des Briefs noch handschriftlich vermerkt wurde:

"Reden Sie von diesen Reiseplänen mit keiner Seele. Es könnte sehr kritisch für uns werden." [2)]

Das war der letzte Brief an Brupbacher.[3)] Es ist nicht bekannt, ob Fuchs diese Reise nach Marokko noch zuwege brachte, doch ist eher das Gegenteil anzunehmen.

Vielleicht hatte die zunehmende Unmöglichkeit, im Emigrantenstatus das ebenbürtige Niveau mit Brupbacher zu halten, den Briefwechsel einschlafen lassen. Wenn man nach Anhaltspunkten für eine allfällige Verstimmung zwischen den Briefpartnern sucht, so findet man in diesem letzten Brief keine.[4)]

---

1) Brief vom 17.7.1934
2) ebda.
3) Weil sich die Todesanzeige für Fuchs wieder im Nachlass Brupbachers findet (vgl. S. 227 dieser Arbeit), ist es unwahrscheinlich, dass Brupbacher allfällige spätere Briefe von Fuchs nicht aufbewahrte.
4) Am ehesten könnte man die wenigen Zeilen, welche die Fuchs offenbar etwas im Dunkeln lassenden Abmachungen von Brupbacher für eine französische Ausgabe von Mehrings Marx-Biografie betreffen (Briefe vom 1.2.1934 und vom 1.3.1934), so deuten. Vgl. dazu S. 314 dieser Arbeit. Aber im letzten Brief fehlt jeder Bezug darauf.

1.5.2. Fuchs als Objekt des Instituts für Sozialforschung

Das berühmte Frankfurter Institut für Sozialforschung war 1923 von demselben Sohn eines reichen Weizenhändlers gestiftet worden, der Fuchs auch bei der Sanierung des Malik-Verlags unterstützt hatte.[1] Das Institut hatte sich umsichtigerweise schon vor 1933 mit einer Filiale in Genf versehen und auch sein Stiftungskapital gerade noch rechtzeitig ins Ausland, nach Holland, transferiert. Teils aus den Zinsen des Stiftungskapitals, teils aus dem vom ökonomischen Leiter Friedrich Pollock auf der Börse zusätzlich erzielten Gewinn setzte das Institut seine Forschungstätigkeit auch nach Hitlers Machtantritt und der darauffolgenden Schliessung des Frankfurter Hauptsitzes im Exil fort. Es war eine der wenigen Institutionen, die den vertriebenen deutschen Linksintellektuellen Arbeit im gewohnten Rahmen verschaffen konnte. Um seinen geistigen Leiter Max Horkheimer scharten sich spätere Grössen wie Herbert Marcuse, Erich Fromm und Theodor W.Adorno.

Max Horkheimer hatte Fuchs schon vor 1933 gekannt und über den wissenschaftlichen Wert seiner Werke ein Gutachten zuhanden der Gerichte verfasst.[2] Vermutlich haben sich Fuchs und Horkheimer in der ersten Phase des Exils, im Sommer und Herbst 1933, in Genf wieder getroffen, wo sie damals beide logierten, bevor Fuchs nach Paris und Horkheimer nach New York gingen.

In dieser Zeit muss Horkheimer beschlossen haben, einen vertriebenen, arbeits- und mittellosen Intellektuellen mit der Abfassung einer Arbeit über Eduard Fuchs zu beauftragen.

---

1) Vgl. S. 157f. dieser Arbeit. Zu Felix J.Weil vgl. auch George Grosz: Ein kleines Ja und ein grosses Nein, op.cit., p.187 f.

2) Vgl. S.421ff. dieser Arbeit. Vielleicht war Fuchs auch bei dieser Spende des reichen Weizenhändlers vermittelnd tätig gewesen und hätte so Horkheimer seinerseits zu einer Gefälligkeit verpflichtet.

Horkheimer fasste dafür Walter Benjamin ins Auge.[1]
Eventuell schon 1933, spätestens aber im Frühjahr
1934 kam es, nach mehreren Treffen zwischen Benjamin
und Horkheimer, zu einer definitiven Abmachung in
diesem Sinne.[2] Benjamin musste zwar in Erkenntnis
seiner Lage schreiben: *"Ich bin zu jeder Arbeit bereit."* [3]
Aber er machte doch kein Hehl daraus, dass er sich für
eine nähere Beschäftigung mit den weitverbreiteten Schriften des *"Sittenfuchs"* als elitärer intellektueller Snob,
dessen Typus er verkörperte, nur der Not und Horkheimer
gehorchend hergab.

Zwar begann Benjamin bereits im Sommer 1934 mit der Lektüre einiger Bücher von Fuchs.[4] Aber als sich Horkheimer
Ende Jahr nach dem Stand der Arbeit erkundigte,[5] schrieb
ihm Benjamin nur, er *"werde im Laufe des Jahres (1935)
wieder nach Dänemark (zu Bertolt Brecht) hinüberwechseln,
wo neben meiner Bibliothek die Bände von Fuchs stehen,
denen die Arbeit der dortigen Monate gelten wird."* [6]
In der Antwort auf diesen Brief bekräftigte Horkheimer
noch einmal, wie sehr ihm an einer Arbeit über Fuchs im
Rahmen des Instituts gelegen sei. Horkheimer will Fuchs
vor allem als Sozialpsychologen sehen und erwähnt beiläufig, dass Fuchs im Exil an einem Buch zu diesem Thema
gearbeitet habe, was sonst nirgends bezeugt wird und offenbar auch nicht zu einer Publikation geführt hat:[7]

---

1) Zu Benjamin vgl. Werner Fuld: Walter Benjamin, Zwischen den Stühlen, München 1979. Auch in Benjamins Gesammelten Schriften, op.cit., findet sich im Anmerkungsteil reiches biografisches Material.

2) Vgl. Benjamin, Gesammelte Schriften, op.cit., Bd.II/3, p.1316

3) ebda., p.1322 (Brief Benjamins an Adorno vom 31.5.1935)

4) vgl. ebda., p.1316   5) vgl.ebda., p.1318

6) ebda., p.1318 (Brief Benjamins an Horkheimer vom 2.1.1935).Es ist zu beachten, dass Benjamin die Bände von Fuchs n e b e n seine Bibliothek stellt.

7) Vgl. W.Sternfeld/E.Tiedemann: Deutsche Exilliteratur 1933-1945, Heidelberg 1970, p.159: *"Fuchs (...) hat im Exil nichts veröffentlicht."*

*"Wenn Sie den Aufsatz über Fuchs bald schreiben wollten,
entspräche dies einem allgemeinen und einem besonderen
Bedürfnis. Es ist in der Tat notwendig, dass endlich einmal eine wissenschaftlich ernst zu nehmende Abhandlung
über die sozialpsychologischen Theorien von Fuchs erscheint. Gegenwärtig versucht er selbst, sie in einem
neuen Bande zusammenzufassen. Ausserdem ist es, wie Sie
wissen, ein sehr alter persönlicher Wunsch von uns, dass
ein guter Bericht über Fuchs in der Zeitschrift steht."* [1)]

Im Lauf des ganzen Jahres 1935 sträubte sich aber Benjamin hartnäckig gegen die Arbeit über Fuchs. Er arbeitete zu dieser Zeit an einem Text über das Paris des 19.Jahrhunderts [2)] und empfand den Aufsatz über Fuchs als unzumutbare Ablenkung davon. Um aber weiterhin vom Geld des Instituts für Sozialforschung leben zu können, gab er vor, über Fuchs zu arbeiten.[3)] Horkheimer beschwichtigte er überdies, indem er von einem Besuch bei Fuchs erzählte:

*"Bei meinem letzten Zusammensein mit ihm habe ich mir
vielerlei Interessantes aus seinen Anfängen unter dem Sozialistengesetz erzählen lassen."* [4)]

Es scheint aber, dass dies das erste Mal war, dass Benjamin bei Fuchs wegen seiner Arbeit über ihn vorsprach. Jedenfalls hat Benjamin leider die Möglichkeit, mit Fuchs persönlich zu

---

1) Benjamin, Gesammelte Schriften, op.cit., Bd.II/3, p.1319 (Brief Horkheimers an Benjamin vom 28.1.1935)
2) Zu diesem Fragment gebliebenen sog. *"Passagen-Werk"* vgl. den soeben erschienen Band V der Gesammelten Schriften Benjamins.
3) An seinen in Palästina lebenden Freund Gershom Scholem schrieb Benjamin am 20.5.1935, dass seine *"Arbeit über Fuchs (...) um die Wahrheit zu sagen noch nicht einmal angefangen ist"*.(ebda., p.1321). Wenig später versicherte er aber Pollock und Horkheimer, dass er sich nun an die Fertigstellung der Arbeit über Fuchs mache.(vgl. ebda., p.1323)
4) ebda., p.1323 (Brief Benjamins an Horkheimer vom 10.7.1935)

verkehren, nicht zu umfangreichen biografischen Erkundigungen genutzt.[1]

Trotz diesem halbherzigen Vorgehen scheint aber im Spätsommer 1935 Benjamin selbst an seine Pläne zu glauben, schreibt er doch an Scholem:*"Mich rettet vor der Arbeit über Fuchs kein Gott mehr."* [2] Das Geschick gewährte ihm aber einen Aufschub. Im März 1936 berichtet er Scholem, dass es ihm gelungen sei, die ungeliebte Arbeit wieder weiter hinauszuschieben:*"Den Fuchs habe ich wieder auf seine lange Bank geschoben."* [3]

Erst im zweiten Halbjahr 1936 machte er sich ernsthaft an die Vorarbeiten, und Anfang 1937 schliesslich lag der Entwurf des Textes von rund 50 Seiten dann fertig vor.

Kurz vor der Fertigstellung der Arbeit hatte Benjamin Fuchs gemeinsam mit dem kurz in Paris weilenden Adorno noch einmal besucht. Benjamin berichtet Horkheimer davon folgendes: *"Durch den Besuch, den wir dem alten Mann gemeinsam gemacht haben, ist seine begreifliche Verstimmung behoben worden."* [4]

Dass Fuchs über die lange Verschleppung seiner Würdigung durch Benjamin nicht erbaut war, ist tatsächlich begreiflich.

---

1) Benjamins Notizen von diesem Besuch füllen knapp eine halbe Druckseite. Er hat unter dem Titel *"Biographisches"* nur gerade einige Stichworte zu Fuchs' politischen Anfängen, immerhin eine vollständige Liste seiner Gefängnisaufenthalte, wenige Zeilen über die gescheiterte Zusammenarbeit mit Kraemer, die Wanderungen der Münchner Zeit und über den Transport der russischen Zivilbevölkerung im ersten Weltkrieg festgehalten. In seinen Aufsatz sind dann noch einige zusätzliche biografische Angaben eingeflossen, dafür hat er einige der hier angegebenen nicht berücksichtigt. Die Notiz *"Biographisches"* findet sich in den Gesammelten Schriften, op.cit., Bd.II/3, p.1358.

2) ebda., p.1323 (Brief Benjamins an Scholem vom 9.8.1935)
3) ebda., p.1326 (Brief Benjamins an Scholem vom 29.3.1936)

4) ebda., p.1344 (Brief Benjamins an Horkheimer vom 17.12.1936)

Weniger begreiflich ist eine Unterstellung gegenüber Fuchs, in der sich alle beteiligten Mitarbeiter des Instituts einig waren. Sie nahmen alle an, Fuchs sei nicht fähig, den Text von Benjamin, der mit Kritik nicht spart, positiv aufzunehmen. Benjamin wollte das Manuskript Fuchs nicht zeigen.[1] Horkheimer fürchtete ebenfalls Schlimmes:

"Nun zur grossen Frage, wie Sie Fuchs das Manuskript zugänglich machen. Wie sehr ich auch der Ueberzeugung bin, dass dieser Aufsatz schon wegen seines theoretischen Gewichts ihm zur grossen Ehre gereicht, so bin ich doch nicht sicher, dass er nicht in furchtbaren Zorn ausbricht. Um sich über den Aufsatz zu freuen, müsste Fuchs entweder sehr naiv oder überragend sein. Da er beides nicht ist, wird er schimpfen. Ueberlegen Sie mit Pollock (...), was zu tun ist." [2]

Benjamin sandte Fuchs den Text schliesslich per Post. Er überliess es Pollock, Fuchs nach seiner Ansicht über den Aufsatz zu befragen. Benjamin konnte aber schliesslich am 26.4.1937 Horkheimer berichten: *"Fuchs hat mir gegenüber brieflich, Herrn Pollock gegenüber mündlich auf meine Arbeit mit Freundlichkeit reagiert."* [3]

Diese angemessene Reaktion von Fuchs macht die Witzeleien, die sich die Sozialforscher des Instituts vorher über ihn erlaubten, umso peinlicher. Am 29.3.1937 hatte Benjamin an eine Freundin geschrieben:

"Der 'Fuchs' ist nach dreieinhalb Jahren fertiggeworden. Ich habe ihn noch nicht zu dem guten Mann, der hier lebt, heraufgebracht, weil ich Angst habe, dass er, nach der Lektüre, mich auf seine alten Tage vergiften lässt." [4]

---

1) Vgl.ebda., p. 1329

2) ebda., p.1337 (Brief von Horkheimer an Benjamin vom 16.3.1937)

3) ebda., p.1344 (Brief von Benjamin an Horkheimer vom 26.4.1947)

4) ebda., p.1340 (Brief von Benjamin an Margarete Steffin, die Mitarbeiterin Brechts)

Noch schäbiger nimmt sich Adorno aus, der schreibt:
*"Sollte es zu einer Diskussion zwischen Ihnen und Fuchs
kommen, so würde ich das Stichwort 'Leninistische Selbstkritik' geben. Ich glaube, damit kann man ihn sich vom
Halse - oder vielmehr vom Gesicht - halten."* [1]

Dabei wäre es leicht auszurechnen gewesen, dass Fuchs,
der schon in seinen letzten Jahren in Berlin mit Echo
auf sein Werk nicht verwöhnt worden war, im Exil für
eine ihm auch nur einigermassen wohlgesinnte Arbeit über
ihn und sein Werk - und das ist die von Benjamin bei
aller Kritik ohne Zweifel [2] - umso dankbarer sein würde.

Horkheimer beging übrigens noch eine weitere Peinlichkeit im Zusammenhang mit Benjamins Text über Fuchs, in
dem auch Sätze aus dem *"Cousin Pons"* von Balzac zitiert
werden, welche den Sammeleifer des Kunstsammlers in
einen Zusammenhang mit angeblich jüdischen Eigenschaften
bringen. Horkheimer machte dazu folgenden Korrekturvorschlag:
*"Ist dies taktisch geschickt, nachdem Fuchs gegenwärtig
in Deutschland und auch sonstwo als Jude gilt? Falls das
Zitat belassen wird, sollte wenigstens irgendwo ein Wort
stehen, dass er ebensowenig einer ist wie Cousin Pons."* [3]

Benjamin führte diesen Vorschlag durch sein Eingehen darauf
ad absurdum: *"Zu 'Israeliten.' kommt die Anmerkung: Cousin
Pons ist natürlich kein Israelit; Fuchs ebensowenig."* [4]
Man kam dann überein, das Zitat samt Anmerkung fallen zu
lassen.

---

1) ebda., p.11344 (Brief von Adorno an Benjamin vom 29.3.1937)

2) Benjamin schrieb über seine Arbeit:*"Bei der Arbeit habe ich an das
Goethe-Wort denken müssen 'Das Alter verliert eines der grössten Vorrechte: von seinesgleichen beurteilt zu werden.' Wenn ich Fuchs dieses Vorrecht nicht verschaffen konnte, so habe ich doch das, was mir
als recht und richtig erschien, für Fuchs teils so erfreulich, teils
so wenig unerfreulich wie möglich darzustellen versucht."* (ebda., p.
1328 f., im Brief Benjamins an Horkheimer vom 28.2.1937)

3) ebda., p.1335   4) ebda., p.1339

Die Veröffentlichung des Textes von Benjamin unter dem Titel *"Eduard Fuchs, der Sammler und Historiker"* in der vom Institut damals in New York herausgegebenen *"Zeitschrift für Sozialforschung"* wurde noch etwas verzögert, weil Pollock mit der Publikation des Aufsatzes die Unterhandlungen von Fuchs mit den deutschen Behörden über die Freigabe seiner beschlagnahmten Sammlung nicht tangieren wollte.[1]

Benjamin, der nach vollbrachter Arbeit auf sein Werklein doch recht stolz war und dafür auch hoch gelobt wurde,[2] sah den Sinn dieser Verschiebung nicht ein, weil er nicht an ein Ende dieser Verhandlungen glaubte: *"Die 'entscheidenden Verhandlungen' dauern seit vier Jahren an; nichts lässt darauf schliessen, dass sie vor Ablauf des Dritten Reiches sistiert werden. Bekanntlich zählt es zur Taktik der Leute, keinerlei endgültige Dezision zu treffen."* [3]

Einmal mehr sollte sein Pessimismus Unrecht bekommen: Schon im Juni 1937 hatten die faschistischen deutschen Machthaber auch in dieser Frage kurzen Prozess gemacht. Eventuell dienten die letzten Unterhandlungen mit Fuchs nur noch als Tarnung dafür, dass sie bereits daran gingen, am 16. und 17. Juni grosse Teile der Sammlung Fuchs im Kunst-Auctions-Haus Rudolph Lepke in Berlin zu versteigern.[4]

So stand der Veröffentlichung der Arbeit von Benjamin über Fuchs nichts mehr im Weg.[5]

---

1) Vgl. ebda., p.1347. Offenbar hatte Fuchs beim Treffen mit Pollock das gewünscht.
2) Vgl. ebda., p.1354 (Brief von Brecht an Benjamin, undatiert):*"ich meine, dass gerade ihr mässig temperiertes interesse am gegenstand ihrer Arbeit zu dieser ekonomie verholfen hat. da ist kein zierat, aber alles ist zierlich."*
3) ebda.,p.1348 (Brief von Benjamin an Adorno vom 10.7.1937)
4) Vgl. Imiela, op.cit., p.379, Anm.39
5) Das zweite Heft des Jahrgangs 1937 der *"Zeitschrift für Sozialforschung"*, das den Text brachte, erschien im Oktober 1937.

1.5.3. Das Ende von Fuchs

Was für den Aufsatz Benjamins freie Bahn bedeutete, war für Eduard Fuchs das endgültige Ende der Hoffnung, je wieder in den Besitz seiner Sammlung gelangen zu können oder diese seinen Plänen gemäss als öffentliches Museum der Stadt Berlin zu vermachen.[1]

Im Briefwechsel mit Brupbacher hat Fuchs nur einmal ganz kurz auf die Verhandlungen mit den deutschen Behörden um seine Sammlung hingewiesen.[2] Offenbar hat er aber Benjamin schon bei ihrem allerersten Treffen, das 1933 stattfand, von diesen Verhandlungen berichtet, sonst hätte Benjamin 1937 nicht darauf hinweisen können, dass Fuchs sich seit vier Jahren an diese Hoffnung klammere.[3]

Bei dieser ersten Begegnung mit Benjamin muss Fuchs noch sehr vital gewirkt haben, schrieb doch Benjamin an Gretel Adorno: *"Fuchs habe ich gesehen; seine Lebenskraft hat etwas Bewundernswertes."* [4] Aber schon 1935 berichtete Benjamin: *"Fuchs (...) geht es leider schlecht und sein Verfall ist spürbar."* [5] Er muss sich aber wieder gut erholt haben. Robert Liebknecht schreibt über Fuchs im Pariser Exil: *"Er wirkte nicht resigniert, da er seinen politischen und künstlerischen Interessen treugeblieben war."* [6]

---

1) Vgl. Moreaus Aussagen in Mittenzwei, op.cit., p.35 f.

2) Im letzten Brief an Brupbacher vom 17.7.1934, a.a.O., erwähnt Fuchs *"unangenehme Besuche von drüben und (...) tagelange juristische Beratungen."*

3) Vgl. Benjamin, op.cit., Bd.II/3, p.1348 f.

4) ebda., p.1316 (Brief vom 8.11.1933)

5) ebda., p.1325 (Brief von Benjamin an Gretel Adorno vom 10.9.1935)

6) Brief an Ulrich Weitz vom 24.4.1980, a.a.O.

Liebknecht schreibt ferner, dass Fuchs noch 1938 eine Ausstellung mit Bildern Liebknechts besucht habe.[1]

Sonst dürfte Fuchs wegen seiner Sehschwäche und wegen seiner sich verschlechternden Gesundheit in seinen letzten Jahren ziemlich eingezogen gelebt haben, obwohl er, was ihm das Exil sicher erleichterte, Paris von vielen Reisen her gut kannte.

In den *"Erinnerungen an Eduard Fuchs"* schreibt Brupbacher zu den letzten Lebensjahren des Vertriebenen:

"Der Tod brachte ihm die Erlösung von dem tiefen seelischen Aufgewühltsein, das ihn immer mehr gegen die bestehende gesellschaftliche Ordnung verbitterte (...) Die Augen versagten allmählich den Dienst. Für den lebensfreudigen, schönheitstrunkenen Mann war es keine Freude mehr zu leben." [2]

Sein Alter bewahrte Fuchs vor der Internierung aller männlichen exilierten Deutschen zwischen 16 und 50 Jahren in französischen Arbeitslagern, welche die Regierung Daladier nach Bekanntwerden des Stalin-Hitler-Pakts noch vor Kriegsausbruch im August 1939 verfügte.

Und sein Tod am 26.1.1940, wenige Tage vor seinem 70. Geburtstag, ersparte es Fuchs, nach dem Sieg Francos über die spanische Republik auch noch den Zusammenbruch Frankreichs und die weiteren Siege Hitlers auf dem europäischen Kontinent erleben zu müssen.

---

[1] Brief an Ulrich Weitz, a.a.O. Wahrscheinlich handelte es sich dabei um die Exil-Ausstellung *"Freie deutsche Kunst"* vom November 1938. Vgl. dazu Werner Mittenzwei: Exil in Frankreich (Kunst und Literatur im antifaschistischen Exil, Bd.7), Leipzig 1981, p.333 ff.
[2] op.cit.

In der Todesanzeige heisst es, Fuchs sei nach einer schweren Krankheit in seiner Pariser Bleibe gestorben.[1]

Nach der Einäscherung wurden die sterblichen Ueberreste von Eduard Fuchs auf den Friedhof *Père Lachaise* überführt,[2] wo auch die Toten der *Commune* von 1871 begraben wurden. So kam Fuchs neben jene zu liegen, deren Ideale er sein ganzes bewegtes Leben lang hochgehalten hat.

---

[1] Die Todesanzeige findet sich im Nachlass Brupbachers, a.a.O. Sie lautet: *"Madame Margarete Fuchs a la douleur de vous faire part du décès de son cher mari Monsieur Eduard Fuchs, décédé le 26 janvier, en son domicile, après une grave maladie. L'incinération a eu lieu dans la plus stricte intimité."*

[2] Vgl. den im Zürcher *"Volksrecht"* vom 3.Februar 1940 erschienenen Nachruf *"Eduard Fuchs gestorben"*, der mit *"W.V."* gezeichnet ist. Wahrscheinlich wurde dieser Nachruf von Walther Viktor verfasst, der in den ersten Jahren seines Exils in der Schweiz lebte und gelegentlich im *"Volksrecht"* publizierte. Viktor, geb.1895 in Oeynhausen, war ein auch im Exil aktiver Schriftsteller (u.a. *"Kunst und Kulturleben"*, Bern 1936), der nach dem Krieg in der DDR lebte.

Bildteil

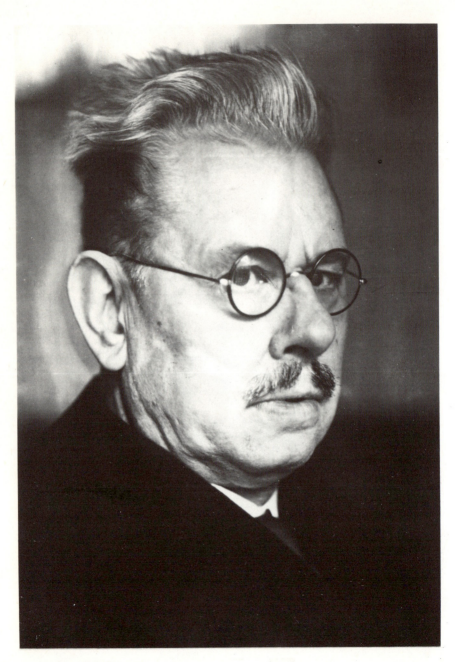
Eduard Fuchs, Fotografie, 1930

Max Slevogt: Eduard Fuchs, Porträt, 1905, Oel auf Leinwand, 180 auf 70 cm, Staatsgalerie Stuttgart

Max Slevogt: Fuchs-Karikaturen

Fuchs auf dem von seiner Sittengeschichte gezogenen Streitwagen

Fuchs, auf seinem Geldsack thronend

Fuchs mit seiner Füchsin auf einer Bergtour

Fuchs als Kunstbesitzer

Fuchs, ein Gemälde begutachtend

Fuchs, seine Kunstsammlung erläuternd

Das von Ludwig Mies van der Rohe entworfene, 1911 für den Kunsthändler Perls erbaute und von Fuchs in den frühen zwanziger Jahren gekaufte Haus an der Hermannsstrasse 14 in Berlin-Zehlendorf.

Das Haus von Fuchs mit dem ebenfalls von Mies van der Rohe entworfenen Anbau von 1928.

Längswand des Speisezimmers im Haus von Fuchs. Neben Max Slevogts Triptychon "Der verlorene Sohn" und dem Gemälde "Wettrennen" (ebenfalls von Slevogt) hängen deutsche, italienische und Delfter Fayenceteller. Auf der Anrichte und in der Vitrine altchinesische Keramik, auf der Vitrine u.a. eine Pferdestatuette aus der Han-Zeit.

Entrée vor der Bibliothek. Rechts Kopf einer Basalt-Statue der Kuan-yin. In den Vitrinen altchinesisches Porzellan und Japanlacke, auf den Vitrinen Statuetten aus der Tang-Zeit.

Hauptwand des Daumier-Zimmers. Von Honoré Daumier u.a. "Der Schimmelreiter". Das grosse Bild über dem Empire-Sofa ist ein Porträt des Sängers Francisco d'Andrade von Slevogt. Neben der Empire-Kommode eine chinesische Vase aus der Sung-Zeit.

2. DAS WERK VON EDUARD FUCHS

In diesem zweiten Teil sollen die Gedanken von Fuchs dargestellt werden, und zwar aufgrund seiner gedruckt vorliegenden Hinterlassenschaft; als sein Werk soll in diesem Sinn seine schriftstellerische Produktion gelten. Gewiss war seine Sammlung auch ein Lebenswerk; sie soll hier aber nur insofern berücksichtigt werden, als sie - in Form von Illustrationen - in die Publikationen von Fuchs einfloss. Diese vielleicht bedeutendste Seite des schriftstellerischen Schaffens von Fuchs kann aber im Rahmen dieser Arbeit nur unvollkommen berücksichtigt werden.

Die Zweiteilung meiner Abhandlung in einen biografischen ersten und in einen dem Werk gewidmeten zweiten Teil bringt neben dem Vorteil grösserer Uebersichtlichkeit den Nachteil zahlreicher Querverweise und einiger notwendiger Wiederholungen mit sich. Denn der biografische Teil gab unter anderem auch schon einen ersten Ueberblick über Art, Umfang und Umstände des schriftstellerischen Schaffens von Fuchs, der naturgemäss auch dessen Inhalt streifen musste. Der Bezug zwischen Leben und Werk von Fuchs, den diese formale Gliederung keineswegs verdecken soll, ist offensichtlich und bei seinen politischen Texten am engsten. Die explizit politischen Texte von Fuchs habe ich deshalb von vornherein im ersten Teil dieser Arbeit abgehandelt, was nun wiederum nicht heissen soll, das übrige Werk von Fuchs könnte als unpolitisch betrachtet werden.

2.1. DIE JOURNALISTISCHEN ARBEITEN VON FUCHS

Die Vorgeschichte des *"Süddeutschen Postillon"*, an dem Fuchs als Journalist debütierte, habe ich im Zusammenhang mit seiner Lebensgeschichte bereits im ersten Teil geschildert.[1] Die Münchner Zeit war die einzige Phase im Leben von Fuchs, wo der Journalismus im Vordergrund seiner Tätigkeit stand, obwohl er sich auch später als Gelegenheitsjournalist betätigte. Der Münchner Zeit ist deshalb der Hauptteil dieses Kapitels gewidmet.

2.1.1. Beim *"Süddeutschen Postillon"* (1892 - 1900)

Etliche Proben des Einstands, welchen der frischgebackene Journalist Fuchs, kaum dem Buchhalterkontor entronnen, auf der Druckerpresse gab, sind in dem kürzlich erschienenen Faksimileband enthalten, den Udo Achten dem *"Süddeutschen Postillon"* widmete.[2] Der Band bringt zwar einen Querschnitt durch alle Erscheinungsjahre des Witzblattes, legt aber das Hauptgewicht auf das von Fuchs geprägte Jahrzehnt.

Achten ist nicht der einzige, der die Rolle von Fuchs in der Entwicklung des *"Süddeutschen Postillon"* hervorhebt. Wenn er in der Einleitung zu seinem Band schreibt: *"Unter Eduard Fuchs erlebte der Süddeutsche Postillon seine Blütezeit"*,[3] so befindet er sich in Uebereinstimmung mit anderen Urteilen. So schrieb Ernst Drahn: *"Bedeutung erlangte der 'Postillon' erst nach dem Fall des Sozialistengesetzes, als Eduard Fuchs in die Redaktion eingetreten war."*[4]

---

1) Vgl. S.28ff.dieser Arbeit.
2) Süddeutscher Postillon, redigiert v.Eduard Fuchs u.a., Hrsg: Udo Achten, Bonn 1979
3) op.cit., p.10f.
4) Ernst Drahn: Sozialistische Witzblätter, op.cit., p.276

Ludwig Hollweck spricht gar von einer "Sternstunde", die
dem Blatt mit dem Arbeitsbeginn von Fuchs beschieden war.[1]

Worin bestand nun Fuchs' Bedeutung für den "Postillon" ?
Ich beginne die Beantwortung dieser Frage ausgehend von
jenem Aspekt, der in einer Arbeit ohne Illustrationen
nur unzureichend zu behandeln ist, nämlich mit dem Aufschwung der grafischen Gestaltung des *"Süddeutschen Postillons"* unter der Aegide von Fuchs.

2.1.1.1. Fuchs und die Grafik des *"Postillon"*

Die technischen Voraussetzungen der grafischen Entwicklung
des Blattes garantierte die Aufgeschlossenheit des Besitzers,
Herausgebers und Druckers Maximin Ernst allen drucktechnischen Neuerungen gegenüber.[2] Ernst führte den Vierfarbendruck ein und ermöglichte den immer häufigeren Einschub
grossformatiger, oft ganze Doppelseiten füllender Illustrationen. Die seit Beginn der neunziger Jahre zu konstatierende
Entwicklung - weg von der nur durch wenige, kleinformatige
Illustrationen aufgelockerten Textsatire hin zur grossformatigen Karikatur, die den Text oft auf eine einzige Zeile
am unteren Bildrand reduziert, ja manchmal ganz ohne Worte
auskommt - ist also nur zum Teil Fuchs zugute zu halten.

Ganz sicher war aber der Augenmensch Fuchs jener Redaktor,
der diesen neuen technischen Möglichkeiten nicht nur mit
Verständnis entgegenkam, sondern sie auch voll auszuschöpfen
imstande war. Fuchs war es auch, der junge Zeichner zur
Mitarbeit heranzog, deren Strich das Grossformat bewältigte.

---

[1] *"Dass es gelang, den Kulturhistoriker Eduard Fuchs als Redakteur zu gewinnen, war für den 'Postillon' eine Sternstunde."* (Ludwig Hollweck: Karikaturen, Von den Fliegenden Blättern zum Simplicissimus, 1844-1914, München 1973, p.79.) Kulturhistoriker wurde Fuchs aber erst später.

[2] Vgl. S. 32   dieser Arbeit.

Neben Max Engert, der die zeichnerische Hauptstütze des *"Süddeutschen Postillon"* der Aera Fuchs bildete und übrigens einer der wenigen war, der das Risiko nicht scheute, seine Zeichnungen für das Sozialistenblatt auch zu signieren, konnte Fuchs auch Josef Benedikt Engl und den bekannten Bruno Paul anwerben.[1] Weitere Zeichner des *"Postillon"* waren Richard Grimm, Albert Fiebiger, J. Stichler, Galle und Damberger. Auch der grosse Jugendstilzeichner Ephraim Mose Lilien zeichnete in seinen Anfängen für den *"Postillon"*.[2]

Einer näheren, mit Illustrationen dokumentierten Untersuchung wäre die Tatsache wert, dass diese Zeichner im *"Süddeutschen Postillon"*, lange bevor das Wort auf die erst ab 1896 erscheinende *"Jugend"* gemünzt wurde, die ersten Vorformen des Jugendstils entwickelten.[3] Schon die Mainummer von 1892, mit deren triumphalem Erfolg Fuchs die Leitung des Blattes übernommen hatte, wies im Titelblatt jugendstilmässig beschwingte Linien auf, vor allem auch, was den Zeitungskopf betrifft, der während der Redaktionszeit von Fuchs übrigens mehrmals abgeändert und in immer wieder neuem Jugendstil-Geschnörkel verpackt wurde.

---

1) Vgl. zum weiteren Werdegang dieser beiden S. 41 dieser Arbeit.
2) Vgl. zur Zusammenarbeit von Lilien und Fuchs auch S. 335 dieser Arbeit.
3) Vgl. zum Ursprung des Jugendstils auch Michael Weisser: Im Stil der Jugend, Die Münchner illustrierte Wochenschrift für Kunst und Leben und ihr Einfluss auf die Stilkunst der Jahrhundertwende, Frankfurt 1981.

2.1.1.2. Die Signaturen von Fuchs

Es ist nicht immer ganz leicht, den persönlichen Beitrag, den Fuchs in den Spalten des *"Postillon"* leistete, auszumachen und auszusondern, ganz abgesehen von dem noch viel schwieriger zu bemessenden Einfluss, den er via Mitarbeiterselektion, Textauswahl und -bearbeitung, Umbruch etc. auf alle Spalten des Blattes ausübte.

Viele seiner Texte hat Fuchs signiert, andere nicht. Einige der letzteren sind ihm trotzdem ziemlich eindeutig zuzuordnen, während andere Zweifelsfälle bleiben.

Auch mit den Signaturen von Fuchs ist es nicht ganz einfach. Seine ersten Arbeiten, die im *"Postillon"* erschienen, als er noch Buchhalter der *"Münchner Post"* war, sind vermutlich identisch mit denjenigen, die mit *"Rotfuchs"* oder auch nur mit *"R."* signiert sind. Das Pseudonym *"Rotfuchs"* liegt natürlich von der Farbe und vom Namen her nahe; in den *"Radlerliedern"* besingt sich Fuchs ja selbst als *"Rotwild voll Finessen"*, das *"mit Fuchsesnas"* polizeiliche Bedrohung wittert.[1]

So finden sich in der Nr.9 des Jahrgangs 1891 des *"Postillon"* drei mit *"Rotfuchs"* signierte Gedichte. Die zwei kürzeren (*"Monolog eines Handwerksburschen"* und *"Zukunft"*) kann man in Stil und Ton durchaus Fuchs zuordnen.[2]

---

1) Vgl. S. 20 dieser Arbeit.
2) Zu den Gedichten von Fuchs vgl. S.271 ff. dieser Arbeit.
   Das dritte dieser Gedichte, *"Proletarierlos"*, ist jedoch eindeutig Ernst Klaar, einem der hauptsächlichsten Mitarbeiter des *"Postillon"* schon vor der Aera Fuchs, zuzuordnen, unter dessen Namen es dann auch in der Gedichtsammlung *"Aus dem Klassenkampf"* (vgl. S. 273f. dieser Arbeit) erschien. Vielleicht handelt es sich bei der hier ebenfalls vorliegenden Signatur *"Rotfuchs"* um einen Druckfehler.

Ganz im Geist und im Ton von Fuchs, dessen aphoristische Könnerschaft hier allerdings noch nicht ihren Gipfel erreicht hat, sind einige kleine, mehr oder weniger witzige Dialoge in der Nr.10 desselben Jahrgangs, die mit "R." gezeichnet sind. Als Beispiel sei hier die "*Zeitgemässe Frage mit gleichzeitiger Beantwortung*" wiedergegeben: "*Was für Futter kommt in zweierlei Tuch? - Kanonenfutter.*"

Ab Nr.8 des Jahrgangs 1892, also gleich seit Beginn der eigentlichen Aera Fuchs am "*Postillon*", signiert er die wichtigeren Beiträgen entweder mit vollem Namen oder mit den Initialen "E.F.". Daneben tritt dann als Signatur bald die Buchstabenfolge "-sd" oder "-ds" (abgeleitet von Eduar<u>d</u> Fuch<u>s</u>). Die meisten seiner Aphorismen und andere kleine Texte liess er unsigniert erscheinen.

Zur definitiven Abklärung der Autorschaft von unsignierten Veröffentlichungen können ab und zu die in der Staatsbibliothek München aufbewahrten Druckfahnen der meisten Nummern des "*Postillon*" beitragen, [1] wo der Verfasser manchmal noch ausgeschrieben oder an Schrift bzw. Absenderadresse kenntlich ist. Die einmalige Signatur "E.", die Fuchs für eine seiner Prosaarbeiten [2] 1900 neu einführte, liess sich z.B. nur so entschlüsseln. [3]

Für seine fingierten Anzeigen, von denen im folgenden Abschnitt die Rede ist, verwendete Fuchs nocheinmal eine Umschrift seines Tiernamens als Signatur: "*Reinecke*".

---

1) Signatur "*Postilloniana*", ungeordnet.
2) Die Arbeit trägt den Titel "*Seine Nummer*". Vgl. S.268 dieser Arbeit.
3) Sie fehlt in Völkerlings Verzeichnis der Texte von Fuchs im "*Postillon*". (Vgl. Völkerling: Die satirischen ..., op.cit., p.14-19)

2.1.1.3. Fingierte und echte Anzeigen im "Süddeutschen Postillon"

In der Nr.13 des Jahrgangs 1892, also gleich nach dem definitiven Einstieg von Fuchs in die Redaktion, erschien neu ein Inseratenteil mit folgender Vorbemerkung:

"Infolge des schlechten Geschäftsganges sind wir leider gezwungen, auch Reklamen, welche bekanntlich Geld eintragen, in unser Blatt aufzunehmen, jedoch hat unser literarischer Leiter mit aller Entschiedenheit sich gegen die Verantwortung dieses Teils verwahrt. Herr R e i - n e c k e hat die Güte, dies Amt zu verwalten."

Es handelt sich also um von Fuchs fingierte Inserate; so beklagten z.B. in einer Todesanzeige *"Herr Kapital"* und *"Frau Bourgeoisie"* betroffen *"das sanfte Hinscheiden eines leider wirkungslosen halben Jahres Kampf gegen die Freiheitsbestrebungen der Arbeit."* [1]

Andere Inserate suchten in humorvoller Weise neue Leser und Kolporteure für den *"Postillon"*, und eine *"Nichtamtliche Bekanntmachung"* empfiehlt ihn als *"Bestes Mittel gegen geistige Gehirn-Verhunzung"* mit folgenden, durchaus ernst zu nehmenden programmatischen Worten: *"Wir sind in der Lage, auch für die Dauer des kommenden Quartals, Juli bis September, stets kräftige, klassenbewusste Witze, Gedichte und Feuilletons zu liefern. Die Untersuchungen berühmter 'wissenschaftlicher' Autoritäten haben ergeben, dass sie zusammengesetzt sind aus: 60% unwiderstehlicher Abneigung gegen das kapitalistische System, 20% Hohn auf Unterdrückung und 20% Satire auf reaktionäre Bestrebungen. Diese Substanzen sind in der Lage, in der Gesamtwirkung den Willen zur Erringung besserer Lebensbedingungen für das Proletariat zu erzeugen. Unter den Nebenwirkungen sind besonders hervorzuheben: Wirkt äusserst erfrischend und*

---

[1] a.a.O.

*kräftigend auf Proletariergemüter; auf konservative
Seelen jedoch ungemein brechreizend. Durch Aerger an
der Kapitalwirtschaft verstauchte Magen werden leicht
wieder eingerichtet. Auf Glaubensschafe sehr deprimie-
rend. Ferner sind sie imstande, eine gewisse Art von
Rindvieh stets in gelinde Wut zu versetzen. Dieses
Mittel sollte in keiner geistigen Hausapotheke fehlen."* [1]

Diese Persiflage einer wissenschaftlichen Inhaltsanalyse
passt gut an den Anfang dieses Abschnittes über Inhalt
und Formen der Fuchsschen Texte im *"Süddeutschen Postillon"*. Doch zuvor folgt jetzt ein kurzer Exkurs zum Inseratenteil des Blattes, in dem es keineswegs bei fingierten Anzeigen bleiben sollte.

Einige Jahre lang beschränkte sich die Leitung des Blattes
auf die Aufnahme von Inseraten für Publikationen aus dem
Verlag des Herausgebers Ernst. Ab Mitte der neunziger Jahre erscheinen jedoch zunehmend auch kommerzielle Inserate für ein grosses Sortiment von Waren, welche man nicht
durchwegs als Gebrauchsartikel bezeichnen kann. Hersteller
von Fahrrädern, Taschenmessern, Christbaumschmuck, Musik-
instrumenten und Schweizer Uhren, ja gar von Brasil-Cigarren
suchten mittels Inseraten im *"Postillon"* den klassenbewussten süddeutschen Proletariern das Geld aus der Tasche zu
locken - ein sicherer Beweis, dass dort auch welches vorhanden war. Es liegt schliesslich auf der Hand, dass ein
proletarischer Haushalt, der imstande war, etwas für ein
Witzblatt zu erübrigen, nicht der absoluten Verelendung
anheimgefallen war. Die zunehmende Verbreitung solcher Arbeiterblätter ist für sich allein schon ein Indiz für den
steigenden Lebensstandard der deutschen Arbeiterschaft.
Der seit den letzten Jahren des 19.Jahrhunderts stets wach-

---

[1] a.a.O.

sende Inseratenteil, der allerdings nie die redaktionelle
Linie des Textteils zu beeinflussen vermochte, ist nur ein
Nebenaspekt dieser Tatsache. Obwohl Völkerling diese Entwicklung des Anzeigengeschäfts bei der sozialdemokratischen
Presse und insbesondere bei den Witzblättern genau kennt
und vor allem dem *"Wahren Jacob"* schwer anlastet,[1]
erklärt er an anderer Stelle die Entstehung und Entwicklung
der satirischen Arbeiterblätter genau verkehrt herum. Sie
hätten sich nämlich entwickelt, schreibt er, weil der *"auf
die Arbeiterklasse ausgeübte politische und ökonomische
Druck sowie die Verschlechterung der Lebensbedingungen bei
gleichzeitig steigender kapitalistischer Profitrate* [2] *(...)
auf literarischem und publizistischem Gebiet neue Formen
der Auseinandersetzung mit dem reaktionären Gesellschaftssystem"* [3] erfordert hätten.

Aber nicht nur zur ökonomischen, sondern auch zur geistigen
und psychischen Lage der deutschen Arbeiterklasse um die
Jahrhundertwende hat die Inseratenkolumne eine mindestens
ebenso grosse Aussagekraft wie der von ihr zwar nicht
beeinflusste, aber relativierte Textteil.

---

1) Völkerling, op.cit., zitiert p.52 die Kritik des Delegierten Leinert aus Hannover am Nürnberger Parteitag von 1908 an der unkritischen Aufnahme von Inseraten in die Parteipresse: *"Wir machen antimilitaristische Agitation, aber kauft diese Musikapparate, dann habt ihr die Schlacht bei Sedan mit Gebet und Hurrarufen."* Völkerling kommentiert dazu entrüstet:*"Der Inseratenteil des 'Wahren Jacob', der besonders nach 1905 als Reklameteil für alle möglichen Unternehmen und Fabrikate ausgebaut wurde und zeitweise sechs Seiten umfasste, war (...) eine willkommene zusätzliche Einnahmequelle. (...) Ein sozialdemokratisches Organ machte Propaganda für die Erzeugnisse von Konzernen und Grossunternehmen!"* (ebda.)

2) Völkerling, der es mit der ökonomischen Theorie ebenso wenig genau nimmt wie mit der Empirie, meint natürlich nicht die Profit r a t e , sondern die Profit m a s s e .

3) Völkerling, op.cit., p.44

Kann man auch zu den bisher aufgezählten Angeboten ausser vielleicht dem gesundheitsschädigenden Grosskapitalistenattribut der Brasil-Cigarre nicht viel sagen und taucht auch der inkriminierte Musikapparat zum Gedenken an die Schlacht bei Sedan in den Inseraten des *"Süddeutschen Postillon"*, die selten mehr als eine Seite umfassten, nie auf, so gehören doch viele der angepriesenen Produkte in den Bereich der Ausrichtung von Seele und Körper auf wilhelminische Prinzipien. Die Leitfossilien all dieser Produkte sind natürlich die klassischen *"Es ist vollbracht!"*-Präparate zur Verformung und Versteifung des Schnurrbarts wie etwa das bewährte Fixolin, dank welchem nicht nur die Festigkeit, sondern auch *"das Wachstum des Schnurrbarts (...) sehr befördert"* werde.[1]

Zum Abschluss dieses Exkurses über den Inseratenteil des *"Postillon"* sei noch vermerkt, dass Fuchs im Vorfeld seiner Arbeit über *"1848 in der Karikatur"* anonym als Karikaturensammler selbst inserierte: *"Zu kaufen gesucht. Aeltere politische Karikaturen und Witzblätter, speziell aus dem Jahre 1848. (...) Angebote sind zu richten an Verlag M.Ernst, München."*

---

1) Ein anderes angepriesenes Präparat war die Marke *"Probatum est"*. Dass es sich bei der mit Schnauzbinden und -fett erreichten Formung des menschlichen Körpers nach den herrschenden höheren Prinzipien um vergleichsweise harmlose Mittel der Körperkultur handelte, beweisen zahlreiche andere Annoncen für noch ungleich martialischere Einschnürungsmaschinerien, die Christian Gerroz als Illustration zu seinem Artikel *"Um die Jahrhundertwende oder Der Verlust des Körpers"* (in: Kulturmagazin, Nr.16/17, Okt.1979, p.46-49) zusammengestellt hat. Vgl. auch S.455ff.dieser Arbeit.
Ein schönes Beispiel dafür, wie sich SPD-Funktionäre gehorsam dem wilhelminischenSchnauz-Tenue-Zwang unterwarfen, ist z.B. das Bild *"Clara Zetkin mit Stuttgarter Funktionären"* (13.Abbildung zwischen den p.208 und 209 von Luise Dornemann: Clara Zetkin, Leben und Wirken, Berlin 1974).

2.1.1.4. Fuchs als Rezensent

Ich komme nun zurück auf die Texte im redaktionellen Teil, die der *"literarische Leiter"* selber schrieb. Beginnen wir bei der Rubrik *"Bekritteltes"* (seltener auch *"Kritik"*), die Fuchs mit folgender Mitteilung ebenfalls schon 1892 ins Leben gerufen hatte: *"Wir ersuchen die Verlagsbuchhandlungen, alle zur Rezension bestimmten Bücher und Zeitschriften an die Redaktion unter der Adresse Ed.Fuchs, Augustenstr.6 senden zu wollen."* [1] Literaturpropagandistische Annoncen für Werke aus der Arbeiterbewegung waren schon in früheren Jahrgängen des *"Postillon"* erschienen und hatten weiterhin ihren festen Platz im Anzeigenteil. Neu war eine redaktionelle Rubrik zur Buchproduktion. Einige der einlaufenden Neuerscheinungen wurden bloss mit ihren bibliografischen Angaben vermerkt, andere wurden der Gegenstand meist relativ kurzer, kleingedruckter Rezensionen.

Die meisten sozialdemokratischen und einige linksbürgerliche Verlage [2] sandten Fuchs grosse Teile ihrer Produktion zur Besprechung, andere schickten hin und wieder einzelne Rezensionsexemplare. Einige Besprechungen hat Fuchs auch aus eigener Initiative eingerückt. Meistens verfasste er die Kritiken selber. [3]

---

[1] No.13/1892

[2] nämlich der Vorwärts-Verlag und der Verlag A.Hofmann in Berlin, der Verlag der Münchner Post, der Verlag M.Ernst und der Verlag E.Albrecht in München, der Verlag R.Schnabel in Dresden, der Verlag Wörlein&Co.in Nürnberg und der Verlag Schabelitz in Zürich.

[3] Ausnahmen sind ein K.Weinholdt, der in No.8/1899 die Rezension eines *"Arbeiter-Liederbuchs für 4stimmigen Männerchor"* mit Reflexionen über den *"Männergesang"* verbindet, sowie ein mit G. zeichnender Autor einer vernichtenden Kritik des Traktats *"Sozialliberal"* von J.Jastrow in No.14/1894.

Das Interessenspektrum des Lesers Fuchs ist hinter den
Rezensionen sehr deutlich auszumachen. Obwohl er auch
viele der in sozialdemokratischen Kreisen gelesenen
Bestseller der Zeit berücksichtigte, wies er recht
häufig auf ziemlich abseitige literarische Produktionen hin, die seine eigene geistige Entwicklung dokumentieren.

Ich will hier nicht eine umfassende Liste der von Fuchs
besprochenen Bücher erstellen, wie sie Völkerling - leider
allerdings nur für die belletristischen Werke - schon
zusammengestellt hat,[1] sondern vor allem einzelne dieser
auf das spezielle Fuchssche Interessenspektrum hinweisenden Besprechungen würdigen.

So ist es wohl kein Zufall, dass eine der längsten Rezensionen von Fuchs dem Werk *"Mann und Weib"* des Sexualforschers Havelock Ellis gewidmet ist,[2] auf den er sich
in seinem späteren Werk gerne beruft. Andere populärwissenschaftliche Bücher zu diesem Thema erwähnt Fuchs ebenfalls, so z.B. *"Das Liebesleben in der Natur"* desselben
W.Bölsche, dessen evolutionistische Weltschau *"Vom Bazillus zum Affenmenschen"* er kurz vorher eingehend dargestellt hatte.[3]

Die Leidenschaft des jungen Fuchs für das Radfahren schlägt
durch, wenn er *"Scherm's Reisehandbuch für wandernde Arbeiter"* auch als *"Tourenbuch für Radfahrer"* empfiehlt.[4]

---

1) Vgl. Völkerling, op.cit., p.238 f.
2) No.18/1896
3) Vgl. No.5/1900 und No.9/1900
4) No.13/1896

Andere Rezensionen zeugen davon, dass Fuchs dem frühen Personenkult, dem nicht nur der lassalleanische Flügel der deutschen Arbeiterbewegung erlag, auch in dieser Spalte seine Opfer brachte.[1] Kann man die verklärende Rezension von Wilhelm Liebknechts ebenso verklärenden Erinnerungen an Marx [2] damit zu erklären versuchen, dass Fuchs dabei auch ein indirektes Eigenlob im Sinne hatte, weil Liebknecht Teile seiner Erinnerungen zuerst im *"Postillon"* veröffentlicht hatte,[3] so sind bei seinen Lobpreisungen Lassalles keine solchen Ueberlegungen zu berücksichtigen.

Eine der wenigen negativen Kritiken richtete Fuchs gegen den Herausgeber der Lassalle-Briefe an Herwegh, der es dabei an der nötigen Sorgfalt und Pietät habe mangeln lassen.[4] Uneingeschränkt empfehlen kann er hingegen *"ein neues Porträt von Lassalle"* der Wiener Volksbuchhandlung. Es sei das einzige bisher erschienene Lassalleporträt von künstlerischem Wert.[5] Damit propagierte Fuchs den Personenkult Lassalles ungeachtet des Umstands, dass er dazu die Konkurrenz seines eigenen Verlages loben musste, denn auch Ernst druckte Porträts der deutschen Sozialistenführer.

---

1) Vgl. auch S.275 dieser Arbeit.

2) Wilhelm Liebknecht: Karl Marx zum Gedächtnis, Nürnberg 1896; die darauf bezügliche Rezension von Fuchs erschien in der No.4/1897.

3) Wilhelm Liebknecht: Eine böse Viertelstunde, in: No. 24/1896.

4) Gemeint ist die Rezension des von Marcel Herwegh herausgegebenen Bandes *"Ferdinand Lassalle's Briefe an Georg Herwegh"*, Zürich 1896, in No.22/1896.

5) In No.7/1895.

In anderen Besprechungen fällt ein weiteres Detail auf, das für Fuchs charakteristisch ist. Bei der Rezension der Bauerngeschichten von Ludwig Thoma,[1] die von Hölzel und Bruno Paul illustriert worden waren, widmet er zwei Drittel der Besprechung der Buchausstattung, die ihm ja später auch bei seinen eigenen Buchpublikationen so wichtig sein sollte.[2]

Auch bei der Rezension von Joseph Ruederers *"Tragikomödien"* wendet er sich in einem - allerdings nicht derart unverhältnismässig langen - Teil der Besprechung der Ausstattung zu, deren Grafik immerhin kein Geringerer als Lovis Corinth besorgt hatte.[3]

Bei einem Aufsatz über die gegen die Schundliteratur gerichtete literarische *"Wochenschrift für das arbeitende Volk"* [4] unter dem Motto *"In freien Stunden"* legt Fuchs ebenfalls grossen Wert auf das Lob ihrer *"meisterhaften"* Illustrationen.

Ganz in den Vordergrund tritt das grafische Interesse des Rezensenten Fuchs natürlich bei jenen Besprechungen, die grafischen Werken gewidmet sind. Seien es nun die französischsprachigen Werke von John Grand-Carteret, dem von Fuchs fälschlich als Franzose angesprochenen Schweizer Sammler französischer Karikatur,[5] deren Empfehlung beim Durchschnittsabonnenten des *"Postillon"* gewiss Kopfschütteln erregte, oder sei es die Postkartenserie *"Alte Kunst"*

---

1) *"Agricola"*; vgl. No.9/1898

2) Nach einer langen Erörterung des Schrifttyps und der Vignetten dieses Werks und Vergleichen mit anderen *"Prachtausgaben"* schloss er bedauernd: *"Leider ist der Raum an dieser Stelle zu knapp, um diese Leistung eingehender würdigen zu können."* (ebda.)

3) No.3/1897. Fuchs wertet allerdings die Illustrationen Corinths gegenüber den heute vergessenen Texten deutlich ab: *"Corinths Vignetten bilden grossenteils sehr geistreiche Beigaben; die Vollbilder ermangeln aber des rassigen Charakters, der den Text auszeichnet."*

4) So der Titel der diesbezüglichen Rezension in No.3/1898.

5) In No.12/1897 und in No.10/1898

des Kunstantiquariats Hirsch, der Fuchs eine seiner allerausführlichsten Rezensionen widmet [1] - bei diesen Besprechungen wird die Propaganda sozialistischer Literatur, für die Völkerling Fuchs besonders belobigt,[2] in den Hintergrund gedrängt von der Propagierung persönlicher Vorlieben.

Damit ist am Beispiel der Rubrik *"Bekritteltes"* eine Tendenz vorwegnehmend zum Ausdruck gekommen, die insgesamt die Entwicklung von Fuchs' Beiträgen im *"Süddeutschen Postillon"* auszeichnet.

2.1.1.5. Der Briefkastenonkel Fuchs

Von Fuchs neu eingeführt wurde auch die Rubrik *"Briefkasten"*, wo er Einsendungen, die von Lesern zur Veröffentlichung geschickt wurden, mit prägnant formulierten Sprüchen entweder verdankt oder mit kurzer Begründung zurückweist. Auch daraus will ich eine kleine Blütenlese geben.

Auf die kürzeste Form gebracht hat Fuchs einen der häufigsten Ablehnungsgründe in der Antwort an B.H. in Wien, dem er nur beschied: *"Nicht rein genug in der Form!"* [3] Etwas ausführlicher kanzelte er den L.M.Br. ab: *"Lieber Genosse! In der Postillon-Redaktion gibt es keine Klinik für ausgerenkte Versfüsse."* [4] Andere Einsender behandelte Fuchs schonungsvoller. Den Max G. in R. tröstet er: *"Sie bedürfen der Uebung, Formgewandtheit zu erreichen, dann werden Sie wohl Sachen zu schreiben imstande sein, welche der Veröffentlichung wert sind."* [5]

---

1) No. 25/1897   2) Vgl. Völkerling, op.cit., p.237
3) No. 25/1897
4) No. 24/1897
5) No. 5/1896

Ein anderer wiederkehrender Ablehnungsgrund ist in der
Antwort an W.B. in T. so formuliert:

"Sie dachten beim Verfassen Ihrer Beiträge wohl auch:
   Der Staatsanwalt, der Staatsanwalt,
   Der lässt den Pseudonymen kalt,
   Dem Mitarbeiter - das Schwitzen,
   Dem Redakteur - das Sitzen!" [1]

2.1.1.6. Ausländische Quellen

Weil schon die dem *"Briefkasten"* gewidmeten Zeilen einen
gewissen Einblick in die eigentliche Redaktionsarbeit von
Fuchs gaben - nämlich das Sichten und Redigieren von
fremdem Material für die eigene Zeitung - , schalte ich
hier einen diesbezüglichen Exkurs ein, der für einen
Moment von den direkt Fuchs zuzuschreibenden Texten
wegführt.

Manchmal entnahm Fuchs deutschsprachige Beiträge - wie
wiederum den Druckfahnen in der Staatsbibliothek München
zu entnehmen ist [2] - der sozialistischen amerikanischen
Emigrantenpresse. So konnte er sicher sein, dass seine
süddeutschen Leser diese fremden Federn, die er dem
"Postillon" so an den Hut steckte, nicht allzuleicht
als solche erkennen konnten. [3]

Fuchs brachte auch zahlreiche ausländische Karikaturen
in den *"Süddeutschen Postillon"*.

---

1) No.5/1896
2) Bestand *"Postilloniana"*, ungeordnet.
3) Das heimattümelnde Feuilleton *"Der Gurgler-Sepp"* (No.21/1896) hatte Fuchs dem in Detroit erscheinenden Blatt *"Der arme Teufel"* entnommen, aus dem auch das Gedicht *"Feudaler Jammer"* in No.14/1898 stammt.

Oft streute Fuchs die ausländischen Zeichnungen einfach irgendwo ein, nötigenfalls mit einer deutschen Legende versehen.[1] Andere Karikaturen oder Titelblätter liess er nach ausländischem Vorbild von seinen Zeichnern neu gestalten.[2] Daneben pflegte Fuchs aber im *"Postillon"* auch eine mehr oder weniger regelmässig erscheinende, ebenfalls von ihm erst eingeführte Kolumne *"Ausländische Satire"*, wo von Fuchs besonders geschätzte ausländische Karikaturisten und Zeichner mit ausgewählten, oft recht ausführlich kommentierten Proben ihres Könnens vorgestellt wurden. So liess Fuchs sein Leserpublikum an seinen Vorarbeiten zu seinem Werk über die Geschichte der europäischen Karikatur teilhaben. Eine ähnliche Kolumne betreute Fuchs ab September 1897 an der von Bruno Schönlank redigierten *"Leipziger Volkszeitung"* unter dem Titel *"Politik im Bilde"*, und auch in den von Fuchs redigierten Maifestzeitungen bildete die ausländische Karikatur ein hervorstechendes Element.[3]

---

1) Vgl.z.B. No.10/1896, No.11/1896 oder auch die Weihnachtsnummer 1897, wo Fuchs den Schweizer *"Nebelspalter"* als Vorlage benutzte.

2) Vgl. das Titelblatt der Märznummer von 1898, das Engert mit einer dem Kommunarden Courbet nachempfundenen Jakobinerin schmückte.

3) In der Postillon-Kolumne brachte Fuchs z.B. eine zuerst im *"Figaro"* erschienene Karikatur von Hermann Paul auf die Dreyfus-Affäre (No. 15/1897). Hermann Paul würdigte Fuchs schon vorher einmal (No.12/1897).
In der einschlägigen Kolumne der *"Leipziger Volkszeitung"* brachte Fuchs z.B. Zeichnungen von Farago, Caran d'Ache und wiederum von H.Paul (Vgl. Leipziger Volkszeitung, 4.Jahrgang, 1897, Nr.212 vom 14.September u.folgende)
In der Maifestzeitung von 1901 beispielsweise setzte Fuchs auf die Rückseite vier allegorische Zeichnungen des englischen Zeichners und Kunsttheoretikers Walter Crane und beliess ihre Legenden in Englisch, was ihn zu einer umständlichen Erläuterung nötigte.
Cranes Kunst und Kunsttheorie fand zu Beginn des 20. Jahrhunderts in Deutschland ein starkes Echo. Schon vor der Publikation des für Crane vielleicht typischsten Versuchs einer Vereinigung von Kunst und Kunsttheorie (Ideals in Art, London 1905) waren deutsche Uebersetzungen seiner Werke erschienen, so z.B. Walter Crane: Von der dekorativen Illustration des Buches in alter und neuer Zeit, Vorträge und Aufsätze, Leipzig 1901, sowie ders: Die Grundlagen der Zeichnung, Berlin o.J. und ders: Linie und Form, Berlin o.J.
Vgl. ferner auch Otto v.Schleinitz: Walter Crane, Bielefeld 1902.

Ausländische Quellen erschloss Fuchs seiner Leserschaft auch durch seine eigenhändigen Uebersetzungen aus dem Französischen und Englischen. Damit hat es seine besondere Bewandtnis. Diese Uebersetzungen tauchen nämlich erstmals in der Nr. 18 von 1899 auf.[1] Alle Uebersetzungen von Fuchs sind, wie man dem Bestand von Druckfahnen des *"Postillon"* in der Staatsbibliothek München [2] entnehmen kann, Auszüge aus einem handgeschriebenen, linierten Uebersetzungsheft. Man geht wohl nicht fehl in der Annahme, dass diese Uebersetzungen eine der Arbeiten sind, mit denen Fuchs seinen Gefängnisaufenthalt zu nutzen wusste. So erklärt sich auch das Einsetzen dieser Uebersetzungen seit Mitte 1899, dem Datum seiner Haftentlassung.

Es hat keinen Sinn, hier alle seine Uebersetzungen aufzuführen. Unter den von ihm übersetzten Schriftstellern befanden sich immerhin Zola [3] und Maupassant,[4] daneben hauptsächlich Lucien Descaves und Richard O'Monroy.[5]

Mit diesen satzfertigen längeren Beiträgen, die ihm in den letzten Jahren fast in jeder Nummer des *"Postillon"* als Füller dienten, konnte Fuchs wohl auch einen gewissen Teil jener Zeit sparen, die er zur Ausarbeitung seiner ersten karikaturgeschichtlichen Arbeiten brauchte.

---

1) *"Parlamentarische Intrigue"* von Richard O'Monroy, No.18/1899

2) Signatur *"Postilloniana"*, ungeordnet

3) Auszug aus *"Der Zusammenbruch"* von Emile Zola in No.20/1899

4) *"Der Vagabund"* von Guy de Maupassant, 1.Teil in No.19/1900, 2.Teil in No.20/1900

5) Uebersetzungen aus dem Werk dieser beiden Autoren finden sich u.a. in den Nummern No.22/1899, No.2/1900, No.3/1900, No.6/1900, No.8/1900, No.17/1900, No.24/1900

2.1.1.7. Rosa Luxemburg in der Karikatur

Eine andere ständige Rubrik des *"Postillon"* hiess *"In eigener Sache"*. Unter dieser Ueberschrift nahm Fuchs jeweils Stellung zu Anfeindungen, die seinem Blatt aus den eigenen Reihen oder aber von seiten der Justiz erwuchsen.

Ich beginne den Ueberblick über diesen defensiven Teil der Redaktionsarbeit, der von Fuchs den grössten Einsatz verlangte, mit den Differenzen, die er mit seinen eigenen Parteigenossen auszufechten hatte. Auf den Strauss mit den Hamburger Genossen bin ich bereits eingegangen,[1] während eine andere Querele, die sich um Fuchs' Neuausgabe der *"Utopia"* von Morus drehte, später noch nachgetragen wird.[2]

Eine besonders unglückliche Hand hatte Fuchs in seiner Redaktionszeit mit einigen Frauenkarikaturen. Beim ersten sich daraus ergebenden Streit kann man seiner Argumentation zwar durchaus folgen. Es ging dabei um das empörte Votum der Genossin Schneider am für Fuchs ohnedies unrühmlich verlaufenen Kölner Parteitag,[3] das zwei die Bourgeoisien von Leipzig und Berlin symbolisierende Weibsbilder aus den Spalten des *"Postillon"* als der Würde der Frau abträglich kritisierte. Fuchs entgegnete, dass bei solch empfindlicher Betrachtungsweise ja wohl auch die Männer und die Tiere sich vom *"Postillon"* beleidigt fühlen müssten, weil auch ihre Gestalt von dessen Zeichnern zum Zwecke der Karikatur oft genug verzerrt werde.[4]

---

1) Vgl. S. 37ff. dieser Arbeit.
2) Vgl. S. 301f. dieser Arbeit.
3) Vgl. S. 37ff. dieser Arbeit.
4) Vgl. Fuchs' Replik auf dieses Votum in No.1/1894 unter dem Titel: *"Der Postillon auf der Anklagebank"*.

Beim nächsten Streitfall kann man Fuchs jedoch nicht mehr
folgen. Das corpus delicti in dieser Affäre war eine
Zeichnung einer weiblichen Vogelscheuche, in Pumphosen
steckend, ausgerüstet mit Reitgerte, Sonnenschirm und
Federhut, versehen mit den grimmigsten Zügen.
Diese Grafik sollte Rosa Luxemburg darstellen. Weder
karikierte aber diese Darstellung Rosa Luxemburg in einem
guten Sinne, noch hatte sie mit ihrer im Kreise der Parteigenossen so erfreulichen äusserlichen Erscheinung auch
nur die geringste Aehnlichkeit. Die Legende zu diesem
Machwerk ist ein leicht abgeändertes Zitat aus Engels'
"Anti-Dühring": "Man vergisst nur, dass wenn man auch die
*Kleiderbürste unter die Säugetiere klassifiziert, so be-
kommt sie damit noch lange keine Milchdrüsen."* [1]
In der Darstellung des *"Postillon"* wurde dieses Zitat
als ein eigenständiges Votum Rosa Luxemburgs aufgefasst,
hiess es doch als Quellenangabe nur: *"Rosa Luxemburg auf
dem soz.dem.Parteitag"*.[2] Das ganze Machwerk trug den
Obertitel *"Sehr richtig bemerkt"* und sollte wohl eine
Anspielung auf mangelnde Weiblichkeit, Hausfraulichkeit
und Mütterlichkeit der grossen Kämpferin sein.

Es steht ausser Zweifel, dass Fuchs selbst die Idee zu
dieser verunglückten Verunglimpfung lieferte. Denn es
blieb die Druckfahne erhalten,[3] auf der Fuchs seinen

---

1) Im Original bei Engels lautet die Stelle: *"Wenn ich eine Schuhbürste unter die Einheit Säugetiere zusammenfasse, so bekommt sie damit noch lange keine Milchdrüsen."* (In: Friedrich Engels:Herrn Eugen Dührings Umwälzung der Wissenschaft, MEW Band 20, pp.3-303, p.39).
Die Luxemburg-Karikatur mit dem abgewandelten Zitat erschien in der No.23/1899 des *"Süddeutschen Postillon"*.

2) Gemeint ist der Parteitag in Hannover von 1899.

3) Im ungeordneten Bestand *"Postilloniana"*, a.a.O.

vermeintlichen Geistesblitz mit Bleistift notiert
und sogar die bildliche Andeutung einer Frauengestalt
an der Stelle der geplanten Illustration festgehalten
hat. Ursprünglich - eben in diesem Entwurf - hatte er
sogar einen ganz explizit frauenfeindlichen Titel darüber setzen wollen: *"Sehr wahr - ein modernes Weib"*,
den er dann aber wieder durchstrich.

Aus dieser Druckfahne geht auch hervor, welchen Weg
das Dühring-Zitat nahm, bis es von Fuchs zur Charakterisierung von Rosa Luxemburg missbraucht wurde. Er
hatte auf der Fahne nämlich - anders als im korrigierten Druck - noch *"Kratzbürste"* geschrieben statt der
von Rosa Luxemburg angeführten, ebenfalls nicht mit
Engels' ursprünglicher *"Schuhbürste"* übereinstimmenden
"Kleiderbürste". Und unversöhnlich kämpferisch oder
eben - im Jargon der Weiberfeinde - kratzbürstig war
ja Rosa Luxemburg am Parteitag in Hannover gegen die
Revisionisten aufgetreten, was die Assoziation von
Fuchs zu erklären, jedoch nicht zu entschuldigen vermag.

Der in der *"Münchner Post"* postwendend erscheinende
Protest gegen diese Karikatur war von einer *"vox clamantis"*
unterzeichnet, hinter welchem Pseudonym sich die Aerztin
Dr.Hoppe Adams-Lehmann verbarg. Ihre Argumente waren
von Fuchs' Replik nicht zu entkräften. Die Aerztin schrieb:

"Ich habe mich mit nicht geringem Erstaunen gefragt: Was
soll das bedeuten? Für den schlichten Verstand ist das eine
Verhöhnung - und nebenbei bemerkt eine ziemlich plumpe
und witzlose Verhöhnung - der politischen Frau im allgemei-
nen und einer mit Namensnennung gekennzeichneten Person im
Besonderen. (...) Ein Ausfall wie der vorliegende vom Postil-
lon ist zwar in seiner brutalen Offenheit nicht üblich, ja,
er steht meines Wissens vereinzelt da, er entspricht aber dem
Gefühl, welches in den meisten Männern schlummert, bei Par-

*teigenossen allerdings nicht offiziell, sondern nur am
Biertisch (...) zum Ausdruck kommt, aber nichtsdestoweniger immer noch die Stellungnahme zur Frau im öffentlichen und privaten Leben bestimmt."* [1]

Das Urteil von Dr. Hoppe Adams-Lehmann über die Mentalität der männlichen Sozialdemokratie der Jahrhundertwende ist zu zutreffend, um einer Untermauerung zu bedürfen. Eine solche Dokumentation liegt jedoch seit kurzem vor. [2]

Frau Dr. Hoppe Adams-Lehmann fährt dann fort:
"In der Theorie sind wir freilich längst darüber hinaus. Wir haben ja unsere materialistische Geschichtsauffassung und wissen, woher das alles kommt, und warum das jetzt so sein muss und nicht anders sein kann und später anders sein wird. Aber gerade aus dieser Einsicht erwächst uns die Verpflichtung, die Frau in der schwersten Zeit ihrer Entwicklung zu fördern und zu unterstützen. (...) Sie ist auf ihrer jetzigen Entwicklungsstufe kein Gegenstand für den Spott. (...) Für das nötige Gegengewicht, für ein gesundes Mass von Hohn und Geringschätzung dürfen wir getrost die bürgerliche Presse sorgen lassen. Wer würde es am Platz finden, einen Arbeiter, der als Neuling in einer Volksvertretung sich Ungeschicklichkeiten zu Schulden kommen liess, persönlich lächerlich zu machen? Oder möchte es der Postillon vielleicht für geraten halten, sich über das Aeussere eines israelitischen Parteigenossen zu belustigen? Bei der Frau aber soll dergleichen in Ordnung sein?" [3]

In seiner redaktionellen Antwort ging Fuchs gar nicht auf diese Argumente ein. Er unterliess es auch geflissentlich,

---

1) Zitiert nach der Wiedergabe des Artikels im *"Süddeutschen Postillon"* (No.25/1899)

2) Vgl. Martin Soder: Hausarbeit und Stammtischsozialismus, Giessen 1980

3) *"Südd.Postillon"* No.25/1899

auf die Blamage zurückzukommen, dass er Rosa Luxemburg
mit Hilfe eines von ihm nicht erkannten Engels-Zitates
ins Lächerliche hatte ziehen wollen. Dafür gibt er umso
freimütiger zu, dass er es eben auf den Beifall der von
Frau Dr.Adams-Lehmann erwähnten Biertischgenossen abgesehen hatte und diesen in der männlichen Form des Hände-
drucks auch prompt erhalten hatte. Er schreibt in der
Einleitung des Abdrucks des Protests von Frau Dr. Adams-
Lehmann:

*"Unsere Karikatur zu der von der Genossin Rosa Luxemburg
an dem Parteitag in Hannover gebrauchten Redeblüte hat uns
ausser zahlreichen beifälligen Händedrücken auch eine ab-
sprechende Kritik eingebracht."* [1]

In seiner redaktionellen Antwort auf die Kritik der Aerztin beschränkt sich Fuchs dann darauf, das schon im Obertitel
über der ganzen Auseinandersetzung postulierte *"Recht
auf Satire in den eigenen Reihen"* [2] zu verteidigen - was
mit Art und Anlass des zur Rede stehenden plumpen Witzes
allerdings wenig zu tun hat. Fuchs schrieb:

*"Ich kann mir nicht helfen: Wo ich Worte sittlicher Ent-
rüstung über eine Karikatur (...) höre, rieche ich jedesmal
etwas wie Weihrauch oder Konzilienluft. (...) Riecht es auch
bei uns nach Weihrauch (...)? Sind wirklich für den sozialdemokratischen Karikaturenzeichner, wie die Vox clamantis
meint, gewisse Nasen ein noli me tangere, nur weil es auch
Parteigenossen gibt, die sie im Gesicht tragen? (...) Wer
nicht die Kraft oder den Mut hat, über sich selbst zu lachen,
wenn er etwas Lächerliches an sich entdeckt, der ist entweder ein Pedant oder ein eitler Tropf oder ein Schwächling."* [3]

---

1) ebda.
2) ebda.
3) ebda.

Nach so schwachen Argumenten konnte Fuchs froh sein, dass
er sich dank des Grossmuts von Rosa Luxemburg schliesslich folgendermassen aus der Affäre zu ziehen vermochte:

*"Hat sich etwa Rosa Luxemburg selbst über unsere Karikatur
geärgert? Nein, wie wir die verehrte Genossin kennen, die
so warm für Freiheit kämpft (...), hat sie selber herzlich
gelacht, als sie das Bild (...) erblickte."* [1]

In der Tat war Rosa Luxemburg über solche Lächerlichkeiten
erhaben. Sie ärgerte sich nicht über die ohnehin gegen sich
selbst sprechende Karikatur, sondern darüber, dass daraus
angesichts wichtigerer Aufgaben eine parteiinterne Staatsaffäre gemacht wurde. In einem Brief an Leo Jogiches schrieb
sie am 27.11.1899:

*"Ich vergass, Dir zu erzählen, dass mir Bebel, als ich bei
K. (Kautsky) war, sagte, dass er wegen der Karikatur im
'Südd.P.' einen Brief an Parvus geschrieben hätte mit einem
Anschnauzer für Fuchs (...), denn er wollte nicht direkt
an ihn schreiben. Nun weiss ich nicht, ob in Zusammenhang
damit oder nicht: in der 'Münchner Post' ist ein Artikel
erschienen, der diesen Streich des 'Süddeutschen Postillon'
heftig kritisiert, ziemlich dumm geschrieben, von dieser
Lehmann wie es scheint. Ich habe ihn gestern Bebel geschickt, wenn er zurückkommt, schicke ich ihn Dir.
Bebel, der K.(Kautsky) schon vorher geschrieben hatte, dass
er von diesem Artikel gehört habe, will, dass der 'Vorwärts'
ihn abdruckt. Was für Aufhebens sie mit diesem Blödsinn
machen!"* [2]

---

1) ebda.
2) Rosa Luxemburg: Briefe an Leo Jogiches, Frankfurt/M. 1971, p.166 f.
Der erwähnte Brief Bebels an Kautsky datiert vom 24.11.1899 und lautet:
*"Ferner hat heute die Münchner Post einen kleinen Artikel gegen den
Postillon, in dem dieser wegen des Angriffs auf die Luxemburg attakkiert wird. Ich will sehen, ob ich ihn durch den Alten in den Vorwärts
bringe."* (August Bebels Briefwechsel mit Karl Kautsky, Hg.Karl Kautsky jr.,
reprint Assen 1971. Der Herausgeber merkt fälschlicherweise an, *"Postillon"* beziehe sich auf den *"roten Feldpostmeister"* Julius Motteler. Der
"Alte" ist Wilhelm Liebknecht.)

Es ärgerte Rosa Luxemburg, dass sich der Parteichef Bebel persönlich intensiv *"mit diesem Blödsinn"* beschäftigte. In einem früheren Brief an Jogiches hatte sie geschrieben:

"Bebel (ist) überhaupt schon alt und nicht imstande, sich in den wichtigsten Angelegenheiten zu behaupten (...), jetzt äussert er sich nur mit solchen Kleinigkeiten, wie seine ausführliche Beschäftigung mit der Karikatur des 'Südd. P.' usw., d.h. mit Kindereien hinter den Kulissen; in der Fraktion tut er gar nichts, und man kann ihn nicht dazu bewegen, da er keine Kräfte mehr hat, an alles zu denken und alle in Gang zu halten." [1]

Es sollte sich zeigen, dass Rosa Luxemburg - auch abgesehen von ihrer realistischen Einschätzung solcher *"Kindereien"* - ganz recht hatte, wenn sie von dem Konterfei im *"Postillon"* keine schädliche Wirkung fürchtete. Vier Jahre später kam sie in einem weiteren Brief an Leo Jogiches erneut auf die unglückselige Karikatur zu sprechen. Amüsiert schildert sie die Rezeption ihres Bildnisses durch die Genossen von Reichenbach, bei denen sie auf Landagitationsreise war:

"Nach der Versammlung in Reichenbach (...) sagte einer der dortigen Massgeblichen, nachdem er mich längere Zeit angesehen hatte, endlich: 'Na, Sie werden doch höchstens 27 Jahre alt sein. Und ich dachte, Sie seien so 42.' Warum denn - frage ich verwundert? 'Na, nach dem Bild im 'Süddeutschen Postillon'. Du kannst Dir vorstellen, wie ich gelacht habe. Es stellte sich heraus, dass sie das dort in ihrer Naivität für mein wirkliches Portrait gehalten hatten, und dass sich jeder feierlich ein Exemplar aufgehoben hatte." [2]

---

1) Brief vom 7.11.1899, ebda. p.168
2) Brief vom 11.2.1902, ebda. p.210 f.

2.1.1.8. Der *"Süddeutsche Postillon"* auf der Anklagebank

Es war schon weiter vorn die Rede von den juristischen Querelen, die Fuchs als Redaktor des *"Postillon"* durchzustehen hatte. [1] Hier sollen diese Gerichtsfälle ausgehend von den inkriminierten Texten in einer vollständigen Uebersicht behandelt werden.

Eine von Fuchs persönlich eingeführte und auch besonders gepflegte Kolumne des *"Postillon"* veranlasste die Münchner Staatsanwaltschaft insgesamt drei Mal zum Eingreifen gegen das widerspenstige Witzblatt. Diese Kolumne mit dem Titel *"Derbe und lehrsame Sprüchlein aus dem Volksmunde"* enthielt jeweils einige träfe Sprichwörter, Bauernregeln weniger über das Wetter als über wiederkehrende Erfahrungen des Volkes mit seinen weltlichen und kirchlichen Herrschaften.

Das erste Mal blieb es bei der Konfiskation der Nr.12 vom 9.Juni 1893, worin eben diese Kolumne zum ersten Mal den staatsanwältlichen Argwohn geweckt hatte. Hinzu kam die Verbüssung zweier Kolporteure mit je 1 Mark. Solche kleinlichen Schikanen begleiteten den *"Postillon"* seit seiner Gründung.

Die nächste Konfiskation veranlasste der Staatsanwalt wegen des von Fuchs selbst geschriebenen Gedichts *"Jeunesse dorée"*[2] und der zweifellos ebenfalls von Fuchs zusammengestellten zeitgenössischen Epigramme auf zwei Renaissance-Päpste

---

1) Vgl. S.48f. dieser Arbeit

2) Das Gedicht lautet: *"Jeunesse dorée.*
   1. Tipp-Tapp geht's die Trepp herunter,
   Tapp-Tipp geht's hinauf die Treppe,
   Frou-Frou raschelt's auf dem Gange,
   Von des Schlafrocks seidner Schleppe.

   2. Kling-ling schäumt im Kelch Champagner,
   Piff-Paff dämpfen Cigaretten,
   Klipp-Klapp durch's Gekicher klappern
   Bum el olé Castagnetten.

   3. Risch-rasch surrt die Portière,
   Schwipp-Schwapp fliegt die Divandecke!
   Hipp-Hopp schnalzt die Bajadere,
   Auf dem Marmor klirrt ein Goldstück."

   Fuchs wusste noch folgende Anmerkung zu seinem Opus hinzuzufügen:*"el olé (der Oelfleck), ein durch die spanische Tänzerin Pepita bekannt gewordener Tanz."*

und auf Lucrezia Borgia unter dem Titel *"Zur Naturgeschichte der Päpste"* [1], die Fuchs in der Märznummer 1894 gebracht hatte. [2]

In der Maifestnummer 1894 wurde dann über den weiteren Fortgang dieser Affäre berichtet: *"Die gegen unseren Redakteur Eduard Fuchs anhängig gemachten Anklagen wegen Vergehens wider die Sittlichkeit (§ 184) und Verächtlichmachung kirchlicher Einrichtungen (§ 166), begangen durch die in der Märznummer (Nr.6) publizierten Beiträge 'Jeunesse dorée' und 'Zur Naturgeschichte der Päpste' wurden dieser Tage niedergeschlagen. Durch die Resultate der (...) Voruntersuchung muss demnach die Staatsanwaltschaft zu der Erkenntnis gelangt sein, dass der Beweis nicht genügt, dass, wenn die Bourgeoisjugend unsittlich ist, es diejenigen auch sind, welche es sagen."* [3]

Diese Maifestnummer wurde dann selbst wieder Opfer der nächsten Konfiskation. Die beiden allegorischen Bilder *"Es werde Licht" "Und es ward Licht"*, welche darstellen, wie eine nackte Lichtbringerin die von der Wissenschaft vergeblich gewarnte Dreieinigkeit von König, Kirche und Kapital vom Thron hinwegfegt, sowie das Gedicht *"Fin de siècle"* erschienen der Behörde als *"Aufreizung zum Klassenkampf"* gemäss § 130 des StGB. Das Gedicht hat zum Inhalt,

---

1) *"Grabschrift auf Papst Innozenz VIII: Gebt's auf, die Geilheit, die Gefrässigkeit, den Geiz und die Feigheit in der Welt zu suchen: all diese Laster liegen im Sarge Innozenz VIII. eingeschlossen. Grabschrift auf Lukrezia Borgia. (...) In ihr hatte der heil.Vater zugleich eine Tochter, Gattin und Schwiegertochter. Epigramm auf Leo X.: Wisst Ihr was er ausser seinem Namen nur noch vom Löwen hat? - Den Magen und die Gefrässigkeit. Grabschrift auf Leo X.: In diesem Grabe fault der Ruhmes-Leib Leo X. Er, der seine Schäflein so mager zurücklässt, macht nun das Erdreich fett."* (No.6/1894)

2) Vgl. Akten der kgl.Bayer. Polizeidirektion München, 24 a I/Fasz.65 Nr.4, Statistik der politischen Presse, Verzeichnis der Zeitungen und periodischen Druckschriften politischen Inhalts, München 1894, Staatsarchiv München.

3) No.9/1894

dass eine von Not und Gerechtigkeitssinn getriebene Einheitsfront von Arbeitern, Bauern, Subproletariat und deklassierter Intelligenz *"zum Bund vereint im vierten Stand"* [1] ihre Ketten zerbricht.

Maximin Ernst teilte den Abonnenten in einer nüchternen Verlautbarung mit, dass die Nummer, unter Schwärzung der inkriminierten Stellen, termingerecht nachgedruckt werde. Fuchs war mit dieser trockenen Mitteilung nicht zufrieden und schrieb einen eigenen Aufruf zu dem Vorkommnis, der ebenfalls in die nachgedruckte Mainummer aufgenommen wurde. Dieser Aufruf an die Arbeiter und Parteigenossen übertrifft das verbotene Gedicht *"Fin de siècle"* noch um etliches in seinem millenaristischen Ueberschwang.

Fuchs wollte darin den konfiszierten *"Postillon"* als Märtyrer verstanden haben und verglich ihn der Reihe nach mit Jesus Christus, Thomas Münzer und den Pariser Kommunarden. Er schloss mit den Worten: *"Wieder stehen wir in einer bewegten Zeit, eine neue Weltanschauung (...) erfasst täglich Tausende von Gemütern (...). Die Geschichte lässt sich nicht düpieren, die (...) Polizeimacht wird der Bourgeoisie nicht ermöglichen, ihre Macht zu erhalten (...). Wir müssen uns vor allem scharen um die Leuchte, welche uns im Kampfe voranschwebt, um unsere Presse (...). In diesem Zeichen werden und müssen wir siegen!"* [2]

Und vor dem Schwurgericht war es Fuchs dann tatsächlich vergönnt, in diesem Zeichen, in der Rolle des die Geschichte vollstreckenden Revolutionärs, zu siegen. Schon in der Nr.14 desselben Jahres erschien der Prozessbericht: *"Wie unseren Lesern allerorten bekannt ist, wurde unsere diesjährige Maifestnummer auf Grund des § 130 (...) konfis-*

---

1) No.9/1894

2) Nachgedruckte Maifestnummer, datiert vom 25.4.1894

ziert. Die (...) Anklage gegen Genosse E.Fuchs als Redakteur und Genosse Ernst als Verleger fand am 20.Juni vor dem Schwurgericht hinter verschlossenen Türen ihren Abschluss. Angeklagt war die revolutionäre Tendenz der Sozialdemokratie und mit redlichem Eifer bemühte sich der erste Staatsanwalt Hoechtlen, den Geschworenen begreiflich zu machen, dass es sich bei den Sozialdemokraten eigentlich doch nur um die Provozierung brutaler Gewalttakte handle, was er durch Verlesung verschiedener Stellen aus 'Unsere Ziele' von Bebel - bewies. Um dann diese seine Behauptung noch recht wirkungsvoll zu gestalten, hielt der kgl. Staatsanwalt eine sittlich entrüstete Rede über die spanischen Anarchisten, über das 'Teilen', über die Chikagoer Bombenaffäre, über Polnische Aufstände, über die Sizilianische Hungerrevolte und über die Welfenumtriebe in Hannover, nur vom Süddt. Postillon sprach er fast gar nicht. Die Verteidigung, Dr. Löwenfeld für Fuchs und Dr.Pailler für Ernst, blieb die gebührende Antwort nicht schuldig. (...) Nach 7½ stündiger, ununterbrochener Verhandlung erfolgte Freisprechung beider Angeklagter." [1]

Die Nummer 20 desselben Jahrgangs zog bereits wieder den Zorn des Staatsanwalts auf sich, und zwar - nun schon zum zweiten Mal - wegen der Kolumne "Derbe und lehrsame Sprüchlein aus dem Volksmunde". Da hatte es z.B. geheissen: "Der Bube bleibt ein Bube, auch unter dem Chorrock" oder "Was ein Mönch und ein Wolf gebissen, das wird nicht wieder gesund" und schliesslich:"Die grossen Kreuze tragen die Bauern voran, die Kreuzlein die Pfaffen hintendrein". Fuchs kommentierte die Massnahmen seiner behördlichen Gegner so: "Durch einen Strafbefehl in der Höhe von M.25.-, event. im Nichteinbringungsfall 5 Tage Haft, versicherte die Münchner

---

[1] No.14/1894

Polizeibehörde von neuem unseren Redakteur, Genossen Fuchs, ihre dauernde Aufmerksamkeit." [1]
Der Justiz war es, so fährt Fuchs fort, *"ganz gleichgültig, dass nicht (...) Fuchs der Missetäter ist, sondern ein gewisser Dr.M.Luther, Grimmelshausen, Petri, Fischart, die diese Sprüchlein verbrochen haben oder der Nachwelt überlieferten, indem sie die auf der Gasse geborene Weisheit des Volksmundes in ihre Werke aufnahmen.*
Der richterliche Entscheid führte zur Verwerfung der Revision. Gründe: Dass es sich beim 'Südd.Postillon' nicht um kulturhistorische Forschungen handle und wenn auch die Sprichwörter den Werken obengenannter Männer entnommen seien, so könne deren Abdruck in einem Blatte von der Tendenz des 'Südd.Postillon' nicht unbeanstandet bleiben." [2]
In einer Fussnote setzte Fuchs hinzu:*"Wir werden diesem also in Zukunft Rechnung tragen und ersuchen die Leser, die Sprichwörter vom rein kulturhistorischen Standpunkt aus zu sehen."* [3]

Dieser Kommentar zum Ablauf dieser Gerichtssache ist natürlich nicht ernst gemeint, sondern will - mit gutem Grund - die richterliche Unterscheidung zwischen Forschungsfreiheit und Tendenzfreiheit ins Lächerliche ziehen. Dennoch muss hier gesagt werden, dass sich Fuchs in seinem späteren Werk diesem Richterspruch mit grosser Folgerichtigkeit unterzogen hat.

Auch im Jahr 1895 wurden wieder zwei Nummern konfisziert, beide Male wegen Erregung religiösen Aergernisses.[4]

---

1) No.24/1894   2) ebda.   3) ebda.
4) Vgl. Statistik der politischen Presse, Verzeichnis der Zeitungen ..., a.a.O., München 1895

Im Jahr 1896 wollte der Staatsanwalt gleich bei der ersten
Nummer zuschlagen; das Amtsgericht lehnte dann aber ein
Strafverfahren ab.[1]

Dafür wurde später die Nummer 17 wegen des vorgeblich die
Sittlichkeit gefährdenden Gedichts *"Aristokraten-Ehe"* konfisziert.[2]

Einen grösseren Justizfall konstruierten die zuständigen
Behörden dann erst wieder aus Anlass des in der Nummer 24
erschienen Gedichts *"Enthüllungen"*, das den abgesetzten
Bismarck als stänkerndes altes Tratschweib verhöhnt. Es
hiess in diesem Gedicht u.a.:

> *"Das alte Weib hat Langeweil,*
> *drum hebt es seine Röcke frech und geil.*
> *Und was sich unter den Röcken enthüllt,*
> *Mit Ekel die ganze Welt erfüllt."* [3]

Gewiss ist das keine zimperliche Sprache. Aber die damit
verspottete Enthüllung des deutsch-russischen Rückversicherungsvertrags, die der alternde Bismarck am 24.Oktober
1896 vorgenommen hatte, war schliesslich ein Ausrutscher
des in die Wüste geschickten eisernen Kanzlers, den selbst
seine Freunde nicht verstanden.[4]

---

1) Vgl. Statistik der politischen Presse ..., a.a.O., 1896

2) Tendenz und Ton des Gedichts entsprach etwa dem erwähnten Gedicht
"Jeunesse dorée", ebenso wiederholten sich Anklage und Verteidigung.

3) No.24/1896

4) Bismarcks Biograf Erich Eyck schreibt zu diesem Punkt:*"Mag man über den
politischen Wert dieses Vertrags streiten, soviel man will, über die
moralische und politische Qualifikation dieser letzten politischen
Handlung Bismarcks sollte kein Streit möglich sein. Der Mann, der vor
wenigen Jahren des Deutschen Reiches Kanzler gewesen war, verrät der
Oeffentlichkeit des In- und Auslandes eines der wichtigsten politischen
Geheimnisse des Reichs. (...) Und warum das alles? (...) das Bedürfnis,
immer und überall Recht zu behalten, überwog bei ihm so sehr, dass er
sich über alle Pflichten des Anstands und des Rechts hinwegsetzte."*
(Erich Eyck: Bismarck, Leben und Werk, Bd.III, Zürich 1944, p. 626f.)

Für die Veröffentlichung dieses Spottgedichtes auf Bismarck wurde Fuchs als verantwortlicher Redaktor von dem in erster Instanz zuständigen Amtsrichter v.Bomhard das höchstmögliche Strafmass für den Straftatbestand des *"Groben Unfugs"* zuerkannt, nämlich 6 Wochen Haft. Nach einem Entrüstungssturm vor allem auch in ultramontanen und bayerischen Blättern,[1] die dem eisernen Preussen nicht allzu wohlgesinnt waren, musste das Urteil von der 2.Instanz auf eine Geldstrafe von 150 Mark reduziert werden.[2]

Ein Bilderbogen aus der Nummer 12 desselben Jahrgangs stellte das wilde Dreinschlagen der bayerischen Justitia bei der Ahndung solcher Pressevergehen drastisch dar. Unter dem Titel *"Untersuchung gegen unbekannt"* versuchen die Justiz und ihre Schergen all jener habhaft zu werden, die auch nur das Geringste mit der Veröffentlichung einer unerwünschten Druckzeile zu tun haben könnten: Beginnend beim treffend karikierten verantwortlichen Redaktor über den Drucker, den Korrektor, den Setzer und dessen Stift bis hin zum Hausbesitzer, ja bis zum Papierlieferanten und zur Lumpensammlerin packt die Polizei alle beim Wickel, vergisst natürlich auch die Zeitungsverträgerin nicht und will sogar den Briefträger verantwortlich machen für das Zutragen des inkriminierten Textes. Der Bilderbogen schliesst mit dem Vers:*"Nur einer nicht vor dem Richter steht: Der günst'ge Wind, der's hergeweht!"*

Auch im Jahr 1897 ging das Justiztheater weiter. Die Veröffentlichung eines Gedichts des Titels *"Rebekkas Tod"*[3]

---

1) Vgl. dazu die Presseschau, die Fuchs in der No.3/1897 zu dem Fall und seinem Echo im Blätterwald zusammenstellte.

2) Vgl. No.7/1893

3) in No.11/1897

wurde beanstandet; die Sache endete aber mit einem Freispruch für den *"Postillon"*.

Die Nummern 22 und 25 des Jahrgangs 1897 wurden wieder einmal mit Kolportageverbot belegt.

Mit all diesen kleinlichen Schikanen konnten die eifrigen Königlich bayerischen Pressezensoren wohl Redaktion und Verlag des *"Süddeutschen Postillon"* ständig belästigen, doch nie ernstlich schädigen. Oft endeten diese Verfolgungen ja mit einem Freispruch oder mit der Niederschlagung des Verfahrens.

Voll durchsetzen konnte sich hingegen der Staatsanwalt, als er in drei Texten der Nummer 2 von 1898 eine Beleidigung Seiner Majestät des Kaisers Wilhelm II. fand.

In den Akten finden sich diese Texte samt den Unterstreichungen des Staatsanwalts. Sie lauten:
"Die sittliche Weltordnung
Eine ganz kleine Fabel will ich Euch hier erzählen. Es gab einmal ein <u>*grosses Volk*</u>*, von dem es hiess,* <u>*Wahrheitsliebe sei seine erste Tugend*</u> *und es sei* <u>*treu*</u> *und* <u>*gerade wie seine Eichen*</u>*. Wenn nun einer der Männer aufstand und sprach vor dem versammelten Volke von den Fürsten des Landes, so nannte er sie weise, gütig und gerecht. Wenn einer einen Prozess hatte, so hiess es 'noch gibt es Richter' und wenn man von den Priestern sprach, so sagte man, sie führen einen gottseligen Lebenswandel. Niemals hörte man auf offener Tribüne:* <u>*unser Fürst ist ein eingebildeter Schwätzer, ein grössenwahnsinniger Tor*</u>*, unsere Priester sind elende Heuchler, die nur reden, was wohlklingt in den Ohren der Reichen und Mächtigen, auch nicht: Unsere Richter sind gewissenlose Streber, die jederzeit des Winkes von oben gewärtig sind, um das Recht zu beugen - und* <u>*doch dachten alle Verständigen des Landes so*</u>*.*

Das wäre die kleine Fabel, die ich Euch hier erzählen wollte. Leider hat sie einen grossen Fehler - dass sie nämlich gar keine Fabel ist."

Zwei kleinere Texte bezog der Staatsanwalt - nicht zu Unrecht - auf die Flottenpolitik des deutschen Kaisers und fasste sie ebenfalls als Beleidigungen Seiner Majestät auf - unbeschadet dessen, dass der eine dieser kürzeren Texte eine Legende - offenkundig von Fuchs selbst geschrieben - zu einer Karikatur auf Napoleon III. war. Auch diese beiden inkriminierten Texte folgen hier mit den Anstreichungen des Staatsanwalts:

"In Berlin soll ein neues Witzblatt erscheinen:'Das Narrenschiff'. - Bei der gegenwärtigen Flottenschwärmerei sollte ein vorsichtiger Verleger solch einen verfänglichen Titel nicht wählen. Und noch dazu in Berlin!"

"Was wir hier unseren Lesern vorführen, (eben die zeitgenössische Karikatur auf den Empereur zweiter Wahl, der darauf als kleiner Junge beim Spielen mit Spielzeugkriegsschiffen abgebildet ist) *ist eine kleine Reminiszenz, und beileibe nicht aktuell, und der auf den sie gemünzt war, ist tot, wie ihr genialer Schöpfer. Es ist Napoleon der dritte, dessen Weltpolitik der französische Karikaturist Gill so blutig verspottete. Mächtig war der Zorn des kaiserlichen Hanswursts über die Frechheit, seine Pläne als Spielereien zu kennzeichnen und die Zensur waltete ihres Amtes. Die Nummer der L'éclipse, darin das Bild kam (vom Jahre 1868) wurde wie so viele andere konfisziert. Aber die Nachwelt holte sie alle hervor, und wenn von dem kaiserlichen Schwätzer - auf den sie gemünzt war - kein Stäubchen mehr existiert, lacht und höhnt man über seine Possen."*

Dieser Prozess endet, wie wir bereits aus dem biografischen Teil wissen, [1] mit der Verurteilung von Eduard Fuchs zu 10 Monaten Gefängnis.

---

1) Vgl. S. 48 ff. dieser Arbeit.

Während Fuchs im Gefängnis sass, übernahm der Setzer
Alois Kiefer den Posten des Sitzredaktors. Der juristische
Kleinkrieg der Zensurbehörde gegen den *"Postillon"* wurde
in dieser Zeit in Form etlicher Beschlagnahmungen [1] weitergeführt, und im fernen Sachsen, wo man den *"Postillon"* auch
aufmerksam zu lesen pflegte, wurde Alois Kiefer sogar zu
zwei Monaten Gefängnis verurteilt. [2]

Und kaum war Fuchs aus der Gefängniszelle in die Redaktionsstube zurückgekehrt, versuchte es der Staatsanwalt ein
zweites Mal mit der gefährlichen Waffe der Majestätsbelei-
digungsanklage. Das Bild auf der Rückseite einer Goethe
gewidmeten Sondernummer, [3] das einen eitlen Fürsten mit
einem willfährigen Papagei als Berater zeigte, schien dem
Staatsanwalt, der den Papagei als Karikatur auf den Reichs-
adler auffasste, die Verhältnisse am Kaiserhof abzubilden.
Mit dieser erneuten Beschuldigung der Majestätsbeleidigung
drang er aber vor Gericht nicht durch.

Es bleibt noch der letzte Prozess zu rapportieren, den sich
Fuchs als Redaktor des *"Postillon"* zuzog. Er hatte die Num-
mer 4 von 1900 als Gedenknummer auf den am 17.Februar 1600
als Ketzer verbrannten Giordano Bruno gestaltet und dabei -
neben den gewohnten antiklerikalen *"derben und lehrsamen
Sprüchlein aus dem Volksmund"*, die auch seine letzte redak-
tionelle Untat würzten - auf reformatorische antipapistische
Karikaturen zurückgegriffen, so auf den Holzschnitt *"Der
Bapstesel zu Rom"* von Lukas Cranach, dem Illustrator von
Luthers Pamphleten wider das Papsttum.

---

1) Sie betrafen die Nummern 10/1898, 26/1898 und Nr.275/1898
2) Wegen der Nr.5/1899
3) No.23/1899

Auch diesmal drang der Staatsanwalt nicht durch. Der Prozess sicherte Fuchs vielmehr einen glanzvollen Abschluss seiner Münchner Presseprozesse. In der letzten uns interessierenden Kolumne "In eigener Sache" hiess es:

"'Wieder einmal', schrieb der Postillon in Nr.5 und teilte unter diesem Stichwort seinen Lesern die neueste Konfiskation mit. Sie betraf die 'Giordano-Bruno-Nummer'. Was wir damals vorhersagten, ist eingetroffen. Es hat sich keine Strafkammer gefunden, die die Anklage gegen unseren Redakteur Eduard Fuchs, der sich gleich als Verfasser der inkriminierten Abhandlung nannte, aufrecht erhielt und Genosse Fuchs wurde daher bereits vor drei Wochen ausser Verfolgung gesetzt. Aber alles auf einmal preiszugeben, Missetäter und Missetat, das wäre doch zu schmerzlich für die Staatsanwaltschaft gewesen, und so bestand sie auf der Aufrechterhaltung der Konfiskation im objektiven Verfahren. Aber auch das sollte ihr nicht gelingen. Obgleich persönlich nicht mehr haftbar, führte unser Redakteur Eduard Fuchs am 23.April dennoch selbst die Sache vor dem Landgericht. Klar und schlagend widerlegte er in dreiviertelstündiger Rede den Antrag der Staatsanwaltschaft - das Richterkollegium schloss sich ihm an. Das Urteil lautet, 'da es der Staatsanwaltschaft nicht gelungen ist, die Ausführungen des Redakteurs Fuchs zu entkräften, ist die Beschlagnahme aufzuheben.'" [1]

Dieser letzte Münchner Justizvorfall gegen den Redaktor Fuchs zeigt nicht nur, wie gewandt Fuchs auf dem juristischen Parkett inzwischen zu fechten verstand. Er weist auch darauf hin, in welchem Mass er in den letzten Jahren den "Postillon" als Tribüne für seine Forschungen auf dem Gebiet der Geschichte der Karikatur benutzte.

---

1) No.9/1900

2.1.1.9. Längere Artikel von Fuchs im "Süddeutschen Postillon"

Nach der Uebersicht über den redaktionellen Kleinkram und über den ständigen Kleinkrieg mit der Justiz komme ich nun zur Darstellung der längeren Artikel, die Fuchs in seinem Blatt publizierte.

Vor der Aera Fuchs waren Nachrufe auf bedeutende Genossen eigentlich die einzigen längeren Artikel gewesen, die im *"Postillon"* erschienen. Auch in die Redaktionszeit von Fuchs fiel der Tod wichtiger Führer des deutschen Proletariats. Den Nachruf auf Friedrich Engels, den grössten Toten dieser Jahre, verfasste für den *"Süddeutschen Postillon"* kein Geringerer als Wilhelm Liebknecht.[1] Den Nachruf auf Wilhelm Liebknecht [2] sowie die Trauerreden auf den Nürnberger Parteipolitiker Karl Grillenberger [3] und auf den Arbeiterdichter Leopold Jacoby [4] schrieb dann Fuchs selbst.

Von diesen Nachrufen zu unterscheiden ist das Genre des Lebensbildes. Mit solchen Beiträgen hielt Fuchs nicht nur das Andenken verstorbener Künstler und Politiker hoch, sondern ehrte auch Lebende.

Den Anfang hierin machte der unverbesserliche Lassalleaner Fuchs mit einer ganz dem Andenken des von der marxistischen Orthodoxie wenig pietätvoll behandelten Gründers des *"Allgemeinen Deutschen Arbeitervereins"* gewidmeten Nummer.[5]

---

1) No.19/1895
2) No.17/1900
3) No.23/1897
4) No. 2/1896
5) No.18/1894

Diese Nummer enthielt neben einem Rückblick auf das
Leben Lassalles noch von Fuchs zusammengestellte *"Aphorismen aus Lassalles Werken"* und ferner einen Artikel,
ebenfalls aus Fuchs' Feder, des Titels *"Lassalle und
das deutsche Literatentum"*.

Seinen Fortgang nahm dieser Personenkult mit einem ebenfalls von Fuchs verfassten Artikel *"Der junge Lassal"* [1]
mit Reminiszenzen aus der Breslauer und Leipziger Jugendzeit des Politikers.

Gleich nach Lassalle kam die italienische Dichterin Ada
Negri in der Lebensbildergalerie von Fuchs zu Ehren.
Fuchs widmete der gleichaltrigen Schriftstellerin einen
Artikel voll glühender Bewunderung. [2]

Der nächste, dem Fuchs ein schriftliches Porträt widmete,
ist der Pariser Kommunarde Eugène Pottier, der Dichter
der *"Internationale"*. [3]

Ein interessanter Uebergang von den literarischen Artikeln von Fuchs zu jenen, die sich mit der bildenden
Kunst befassen, sind diejenigen, welche die Karikaturen
von Goethe sowie die Bildnisse von Heine zum Ausgangspunkt von Betrachtungen über diese Geistesgrössen machte.
Der Artikel *"Heine Bildnisse"* [4] anlässlich des 100. Geburtstags des grossen Lyrikers und Satirikers nimmt die
Unterschiede zwischen den Heine-Porträts von Oppenheim
und von Grietz zum Vorwurf, um den wirklichen Heine aus
dem bürgerlichen Heine-Bild herauszuschälen.

---

1) No.19/1896. Lassal ist die ursprüngliche Schreibweise des Namens.
2) No. 4/1897
3) No.12/1897
4) No.25/1899

Im Artikel "*Goethe in der Karikatur*" unternimmt es Fuchs, anhand einiger Goethe-Karikaturen "*die von den Goethe-Pfaffen, welche jeden Hosenknopf des Weimarer Dichterfürsten für eine Offenbarung seines olympischen Geistes halten*", betriebene "*Vergötterung Goethes*" zu hinterfragen und auf menschliches Mass zurechtzurücken.[1]

Aehnlich nutzte Fuchs die klassischen Kriegsbilder Goyas, die *desastres de la guerra*, um der chauvinistischen Feier des dreissigsten Jahrestags der Schlacht von Sedan Paroli zu bieten.[2]

Auf dem Gebiet der bildenden Kunst präsentierte Fuchs – ein beschämender Missgriff des sonst untrüglichen Geschmacks des Kunstenthusiasten – den für kurze Zeit gerühmten Sascha Schneider. Zuerst widmete er diesem technisch brillanten, künstlerisch aber armseligen Holzschneider einen längeren Artikel,[3] und in einer der nächsten Nummern brachte er eine der Arbeiten dieses Grafikers, eine Allegorie des Grams mit Hängebrüsten, zum Abdruck.[4]

Lassen sich schon in einigen der erwähnten Publikationen deutliche Vorzeichen des späteren Werks von Fuchs erkennen – so z.B. die Beschäftigung mit dem Gebiet der Karikatur oder mit der Geschichte des Kriegs –, so gilt dies für die beiden längsten und wichtigsten Arbeiten, die Fuchs in Form von Artikelfolgen im "*Postillon*" veröffentlichte, umso mehr.

1898 erschien zum 50.Jahrestag der Revolution von 1848 die später auch als Buch erschienene Artikelfolge von Fuchs "*1848 in der Karikatur*".[5]

---

1) No.17/1899
2) No. 6/1900
3) No.19/1897
4) No.22/1897
5) No.4,5,6,7,15/1898

Die andere Artikelfolge trug den Titel *"Honoré Daumier"*.[1]
Sie stand am Anfang der lebenslangen Beschäftigung Fuchs'
mit dem damals in Deutschland noch kaum bekannten grossen
französischen Künstler.

Eigentlich entsprach nur ein längerer Artikel von Fuchs
im *"Postillon"* etwa dem, was in der sozialdemokratischen
Presse der Zeit üblich war. Gemeint ist die Betrachtung
oder Sympathieadresse *"Zum Hamburger Hafenstreik"*.[2]
Alle anderen der nun vorgestellten grösseren Arbeiten
von Fuchs (mit Ausnahme der Nachrufe) würden eigentlich
eher in ein literarisch-ästhetisches Blatt der fortschrittlicheren bürgerlichen Intelligenz passen. Selbst
der an sich durchaus parteiintern argumentierende Artikel *"Die politische Karikatur im verflossenen Wahlkampfe"*[3]
steht etwa in der Mitte zwischen sozialdemokratischer Agitation und literarisch-ästhetischer Abhandlung.

---

1) No.10,11 und 12/1900
2) No.2/1897
3) No.14/1898

2.2. FUCHS ALS POET

Als Ueberleitung von den längeren Artikeln von Fuchs über Sachthemen zum Feld seiner poetischen Produktion - die ebenfalls vollumfänglich im *"Süddeutschen Postillon"* erschien - seien in diesem längeren Kapitel seine unbeholfensten belletristischen Arbeiten, nämlich einige wenige Kurzgeschichten, an den Anfang gestellt.

2.2.1. Prosa

Die Geschichte *"Seine Nummer"* verwertet am Beispiel eines Arbeitslosen, dem das Gefängnis mehr Komfort bietet als die Freiheit, die Gefängniserfahrungen von Fuchs.[1]

Ebenfalls ganz von Fuchs' persönlichem Empfinden geprägt ist die *"Skizze nach dem Leben"*, die Fuchs unter dem Obertitel *"Der Asket"* [2] präsentiert. Ursprünglich wohl tatsächlich als skizzenartiger Bericht einer eigenen Beobachtung geplant, geriet die Erzählung ganz zu einer Plattform von Fuchs Auffassungen über Kunst, Sinnlichkeit, Aesthetik und Moral, die auch sein späteres Werk durchziehen. Deshalb und nicht wegen ihrer plumpen künstlerischen Form soll hier relativ ausführlich auf sie eingegangen werden.

---

1) Die Geschichte findet sich in No.15/1900. Robert Musil nahm in seinem epochalen Roman *"Der Mann ohne Eigenschaften"* dieses Motiv anlässlich des Referats der Gedanken des verhafteten Zimmermanns und Frauenmörders Moosbrugger wieder auf und schrieb: *"Die Fürsorge, die allen Sträflingen unterschiedslos zuteil wurde, bereitete ihm Genugtuung. Der Staat musste sie nähren, baden, kleiden und sich um ihre Arbeit, Gesundheit, ihre Bücher und ihren Gesang kümmern, seit sie sich etwas hatten zuschulden kommen lassen, während er das vordem nie getan hatte."* (zitiert nach der Ausgabe Hamburg 1970, p.236)

2) No.12/1896

Der Held oder vielmehr das Opfer dieser Skizze ist ein
katholischer Priester. Das Kernstück sind zwei Szenen
vor zwei Kunstwerken, nämlich vor Gabriel Max' "Braut
von Korinth" [1] und vor der schlafenden Marmornymphe
eines ungenannten Künstlers. Diese zwei Szenen seien
hier gekürzt wiedergegeben:

*"Vor dem berühmten Bilde von Gabriel Max, 'Die Braut von
Korinth', stand eine Gruppe junger Leute. Mit sichtlichem
Interesse betrachten sie das üppig erblühte Weib (...);
besonders auf dem Gesichte eines der Beschauer, eines
kraftstrotzenden jungen Mannes, den der in dem Bilde
dargestellte Vorgang allem Anschein nach am meisten inte-
ressiert, macht sich ein breites, sinnlich-behagliches
Schmunzeln bemerkbar. In diesem Augenblick schritt ein
grosser, hagerer Herr vorüber. Er hatte das sinnliche
Behagen in dem Mienenspiel des jungen Mannes wahrgenommen
und ein streng verweisender Blick, begleitet von einigen
halblaut gemurmelten Worten, traf den Frevler."* [2]

Die wahre Natur desselben hageren Herrn wird dann in der
nächsten Szene entlarvt:

*"Eine abstossende Lüsternheit sprach aus allen seinen
Bewegungen. (...) Sein Kopf beugte sich (...) über das
Marmorbild und seine funkelnden Augen traten (...) aus
ihren Höhlen - dieser leblos steinerne Leib war in seiner Phantasie zu Fleisch und Blut geworden. Endlich konnte
er sich nicht mehr halten, schauernd vor Aufregung tastete
er mit einer Hand nach der Brust des Marmorbildes. Sein*

---

1) Wie schon seine Elogen auf Sascha Schneider ist auch dies ein
   Ausdruck dafür, dass Fuchs bei allem eigenständigen künstlerischen
   Geschmack gegen die diesbezüglichen Verirrungen des späten 19.Jahr-
   hunderts nicht gefeit war.

2) No.12/1896

*ganzer Körper erbebte heftig bei dieser Berührung.
Zitternd glitten seine Finger über den glattgearbeiteten Stein. Jetzt presste er die andere Hand auf das
Knie der Nymphe, seine Augen schlossen sich, (...) seine Aufregung steigerte sich zur Ekstase - da als seine
zitternde Hand vom Knie langsam aufwärts glitt, ertönte
ein helles Lachen. (...) Verstört blickte er um sich
(...)."* [1]

Diese Blossstellung heuchlerischen Asketentums ist gewiss keine literarische Glanzleistung, sondern durch und durch klischeehaft konstruiert. Eine *"Nachschrift der Redaktion"*, die Fuchs noch daruntersetzte, nimmt dem *"Asketen"* noch die letzte literarische Aura, indem sie darauf hinweist, es handele sich hier um ein keineswegs erfundenes, sondern in einer Münchner Galerie wirklich vorgefallenes Ereignis. Und der Anlass zur Abfassung dieser Geschichte war nicht irgendeine Dichterlaune, sondern das Votum eines Pfarrers namens Kohl, der *"jüngst im bayerischen Landtage gegen das Nackte in der Kunst zu Feld zog"*. [2]

Fuchs hatte gegen solche klerikale Moralheuchelei dann gleich noch ein Histörchen aus eigenem Erleben zu bieten, das einen Amtsbruder des *"Asketen"* und des Pfarrers Kohl in der Hl.Stadt Rom betrifft:

"Als dieser Amtsbruder einmal beobachtete, wie ein Hausierer einigen jungen Leuten derartig pornografisch-widerwärtige Photographien verkaufen vollte, dass sich selbst diese zwei Studenten angeekelt abwandten, da ging er hin, nahm den Hausierer beim Arm, winkte ihn vor Sankt Peter hinaus - und kaufte ihm seine ganze Kollektion ab. Natürlich nur um sie zu vernichten!" [3]

---

1) ebda.
2) In der erwähnten *"Nachschrift der Redaktion"*, ebda.
3) ebda.

Auch die beiden letzten hier zu behandelnden Prosastücke von Fuchs sind ausgesprochen antiklerikal. Das eine ist die Anekdote *"Nichts schuldig geblieben"*,[1] in der Fuchs einen verschmitzten Juden zwei Jesuiten fragen lässt, zu welcher Gesellschaft Jesu sie denn gehörten, zur ersten oder zur letzten, wobei der von den beiden antisemitisch gesinnten Geistlichen zuvor aufs Korn genommene Jude die ergänzende Erklärung nicht schuldig bleibt: *"Die erste bestand aus Ochsen und Eseln und die letzte aus zwei Verbrechern."*

Interessant ist die autobiografische Skizze *"Wie ich von der Richtigkeit der biblischen Geschichte überzeugt wurde"*,[2] wo er seinen Bruch mit der christlichen Lehre schon auf sein 12.Lebensjahr datiert. Damals bekam er für die naturkundliche Erklärung eines alttestamentarischen Regenbogens im Religionsunterricht eine Tracht Prügel und eine Stunde Nachsitzen.

2.2.2. Gedichte

Eduard Fuchs gehört zur letzten Generation, deren Bildungsschichten die gebundene Sprache noch geläufig war. Gewiss ist es auch heute noch nicht ganz aus dem Schwang gekommen, der ersten Liebe Gedichte zu weihen. Doch seit dem Zerfall der an Versmasse gebundenen klassischen Gedichtformen, welcher schon vor der Jahrhundertwende einsetzte und den nach dem 1.Weltkrieg kein Dichter von Rang aufzuhalten versuchte, brauchen die jungen Liebenden dafür keine Versfüsse mehr zu zählen und keine Reime mehr zu erzwingen. Aber aus den Zeiten vor 1914 ist fast keine Geistesgrösse und noch seltener eine Provinzgrösse überliefert, die in ihrer Jugend nicht

---

1) No.13/1900
2) No.18/1896

Verse geschmiedet hätten. Nun sind zwar Fuchs' Gedichte in seiner Jugend entstanden.[1] Aber im Gegensatz etwa zu den dichterischen Versuchen des jungen Marx gehen sie keineswegs ins Kapitel der Jugendsünden. Man könnte dies zwar zunächst fast meinen, denn der zu ihrer Würdigung eigentlich berufene Germanist Benjamin unterschlägt sie in seinem bekannten Aufsatz,[2] der das Fuchs-Bild in Westdeutschland lange auf den *"Sammler und Historiker"* der Berliner Zeit festlegte. In Ostdeutschland hingegen werden die späteren kulturgeschichtlichen Werke von Fuchs umgekehrt zu einer Art Alterstorheit abgewertet,[3] während Fuchs *"als Dichter"*[4] an erster Stelle erwähnt wird. Die einzigen Texte von Fuchs, die in der DDR neu aufgelegt wurden, sind denn auch einige seiner Gedichte, denen wir uns nun zuwenden wollen.

---

1) Alle von Fuchs bekannten Gedichte erschienen vor seinem 30.Geburtstag mit Ausnahme des Epos *"Die Not"*, Sonderdruck bei M.Ernst, München 1901, zu dem aber schon im *"Postillon"* No.8/1900 ein Fragment gleichen Titels vorliegt.

2) Walter Benjamin: Eduard Fuchs ...., op.cit.

3) Vgl. S. 565 dieser Arbeit.

4) Diese Bezeichnung ist dem Lexikon sozialistischer deutscher Literatur, Leipzig 1964, p.181 entnommen. Ohne Fuchs diese Ernennung zum Dichter zu missgönnen, habe ich die etwas bescheidenere Bezeichnung *"Poet"* vorgezogen. Das kann auch mit dem - allerdings widersprüchlichen - Sprachgebrauch von Fuchs selbst begründet werden, der sich einmal selbst als Poeten apostrophiert: *"Ich seh's mit des Poeten zukunftssich'rem Blick"* (aus: Ein königliches Mahl, München 1893, p.15). Im Gedicht *"Dichter da ist dein Platz"* stellt er jedoch dem *"wahren Dichter (...) im Weltstadtschlamm"* den nicht mehr zeitgemässen *"veilchenduftig"* säuselnden, *"wonnefauchenden Poeten"* (Aus dem Klassenkampf, München 1894, p.24 f.) gegenüber und lässt dabei keinen Zweifel offen, zu welchem Genre er sich selbst rechnet.

Klaus Völkerling besorgte im Akademie-Verlag eine
Neuauflage der von Fuchs zusammen mit Karl Kaiser [1]
und Ernst Klaar [2] unter dem Titel *"Aus dem Klassenkampf"* 1894 bei Maximin Ernst als Sonderdruck herausgegebenen Auswahl von im *"Postillon"* publizierten
Gedichten.[3] Er hat sich als Literaturhistoriker
auf die frühe sozialdemokratische Literatur spezialisiert.
Seine bereits mehrfach erwähnte ungedruckte Dissertation
nimmt diese Lyrik der Vorkriegs-Arbeiterbewegung mit an-
massender Selbstgefälligkeit als *"Vorformen und Keime
unserer sich heute voll entfaltenden sozialistischen
Nationalkultur"* [4] für die DDR in Beschlag und kann
zur Bekräftigung dieses Anspruchs immerhin darauf hinweisen, dass u.a. das Gedicht *"Heute"* von Fuchs ins
Lesebuch der Oberschulen der DDR aufgenommen wurde.[5]

---

1) Von dem 1868 in Strasbourg geborenen Klaviermechaniker Kaiser sind nur die anfangs der 90er Jahre beim *"Postillon"* publizierten Gedichte bekannt; sein weiterer Lebensweg liegt im Dunkeln.

2) Der 1861 geborene Schriftsetzer Klaar lebte ab 1888 von seiner literarischen Mitarbeit an der Parteipresse, hauptsächlich beim *"Postillon"* und beim *"Wahren Jacob"*, und starb 1920.

3) Berlin 1978 . Die Neuauflage enthält ein längeres Vorwort von Völkerling.

4) Klaus Völkerling: Die politisch-satirischen ..., op.cit., p.1

5) Vgl. Klaus Völkerling: Vorwort zur Neuausgabe von *"Aus dem Klassenkampf"*, op.cit., p.XIV. Dieses Gedicht ist in einem Lesebuch der DDR übrigens keineswegs fehl am Platz. Es lautet:
"Heute.

*Die Knute geküsst
und nicht gemuckt,
Vor jedem Höfling
devot sich geduckt,
Antichambriert,
Den Rücken gekrümmt,
Und nur nach gegebener
Parole gestimmt -
Das nennt man im Lande der Urteutonen
Männerstolz vor Königsthronen."*

(Zitiert nach: Aus dem Klassenkampf, op.cit., München 1894, p.129.)

Völkerling spart nicht mit Lob für die Gedichte von Fuchs. *"Fuchs verkörpert (...) den Typ des dem Bürgertum entstammenden, zum Proletariat vorgestossenen und fest mit ihm verbundenen sozialistischen Dichters."* [1]
Was aber ist nach den Massstäben der von Völkerling betriebenen Literaturwissenschaft ein guter sozialistischer Dichter? Seine Qualität bemisst sich daran, wie getreu seine Gedichte die politischen Auffassungen von Marx und Engels wiedergeben. Auch hier bekommt Fuchs gute Zensuren. Völkerling bescheinigt ihm, dass er im Vergleich zu Kaiser und Klaar *"in der Aneignung des wissenschaftlichen Sozialismus am weitesten vorangekommen war."* [2]

Diese marxistische Linientreue hat zuweilen - was Völkerling nicht erwähnt - die dichterische Form und denkerische Substanz von Fuchs' Lyrik völlig aufgelöst, so im Fall des Gedichts *"Karl Marx"* zu dessen zehntem Todestag. Wo sich Fuchs in klareren Stunden auch in Gedichtform als Atheisten darstellte,[3] da schwelgt er nun mit religiöser Inbrunst in einer förmlichen Marx-Anbetung:

---

[1] Vorwort zur Neuausgabe, op.cit., p.XXIV

[2] ebda., p.XXVI. Einzig Leopold Jacoby (1840-1895), den sich, wie Völkerling richtig bemerkt, Fuchs zum dichterischen Vorbild nahm, kommt in dieser Skala noch besser weg. Denn in der Disziplin des *"Weltanschauungsgedichts"*, wo Völkerling die besondere Stärke dieser beiden Dichter der deutschen Arbeiterbewegung lokalisiert, *"wurde in den Dichtungen Jacobys der marxistische Standpunkt stärker profiliert."* (Vorwort zur Neuausgabe, op.cit., p.XXIX. Vgl. dazu auch die Dissertation Völkerlings, op.cit., p.126)

[3] Vgl. dazu die Gedichte von Fuchs *"Charfreitagsklänge"* (Aus dem Klassenkampf, 1894, p.48), *"Nichtglaubens-Bekenntnis"* (ebda.p.17) und *"Skeptizismus"* (ebda.p.97).

> *"(...) Du warst*
> *Der wenigen Einer,*
> *Der Auserwählten,*
> *In denen der Geist*
> *Der leidenden Menschheit*
> *Zum Bewusstsein kam,*
> *Nach Erlösung rang!*
> *(...)*
> *Du lehrtest uns denken,*
> *Du lehrtest uns hassen,*
> *Du lehrtest uns kämpfen,*
> *Du lehrtest uns siegen!*
> *(...)*
> *Der Monumente kann entraten,*
> *Der sich selbst aus dem harten Gestein*
> *Das er sich brach aus den furchtbaren*
> *Gründen der Leidensgeschichte des Volkes*
> *Schuf den Geisterpalast des Gedankens!*
> *Geisterkönig wir grüssen Dich!*
> *Geisterkönig wir huldigen Dir*
> *Und wir schwören, die Hand auf dem Werk,*
> *Das Du geschaffen:*
> *Deinem Werke des Geistes*
> *Wird die Tat der Erlösung ersteh'n."* [1]

Marx als Geisterkönig: Das Abgleiten ins Hymnisch-Pathetische und schliesslich ins Lächerliche ist die Hauptgefahr, der Fuchs beim Dichten immer wieder erlag. Völkerling drückt das sehr milde aus, wenn er sagt: *"Allerdings ist die Gefahr der Abstraktheit seiner Lyrik nicht zu übersehen."* [2]

---

1) *"Postillon"*, No.6/1893
2) Vorwort zur Neuausgabe, op.cit., p.XXVIII

Vor allem wenn Fuchs an die Heraufbeschwörung der revolutionären Zeitenwende geht - die er übrigens noch vor der Jahrhundertwende erwartete [1] - versteigt er sich ins Abstrakt-Pathetische, so z.B. im Gedicht "An der Wende".

> "Es gellt im Sturmprophetenton
> Wie Richterswort, wie satter Hohn.
> Es tönet laut von Volkstribün'
> und widerhallt im Kerker kühn
> 'Mene tekel upharsin!'
> (...)
> Die Luft erzittert gewitterschwül." [2]

Dieser überzogen pathetische Ton, in dem Fuchs eine grossartige, sehr stürmische Zukunft feiert, rollt bald hin über eine erwachende neue Welt, [3] bald ergeht er als brüllender und pfeifender Heroldsruf an die, die Ohren haben,

---

1) Im Gedicht "Es muss" heisst es:

> "Eh' dies Jahrhundert sich gewandt,
> Ist alles Elend längst gerochen,
> Des Hungers Qual, sie ist verbannt,
> Die Welt liegt jetzo in den Wochen.
>
> Der Krater, der zum Ausbruch drängt,
> Verkündet sich mit dumpfem Grollen,
> Und was die Knechtschaft hat gesprengt,
> Das ist des Proletariers Wollen."

(Aus dem Klassenkampf, op.cit., 1894, p.112)

2) ebda., p.68. Den letzten beiden Beispielen ist übrigens zu entnehmen, dass Fuchs ungeniert Motive bekannterer Dichtungen übernimmt, so den "Krater, der zum Ausbruch drängt" der Internationale (die übrigens ihre deutsche Erstpublikation im "Postillon" erlebte) und das "Mene tekel upharsin" dem "Belsazar" seines Leibdichters Heine. Beim Gedicht "Charfreitags-Abend"("Postillon" No.8/1894) vermerkt er den Bezug zum Vorbild ausdrücklich mit der Fussnote: "Nach Anhörung des Freiligrathschen Gedichtes 'Die Schlacht um den Birkenbaum".

3) Im Gedicht "Das Erwachen einer neuen Welt" steht u.a.:
"Und fort rollt der Ton, hin über die Welt,
vernichtend den, der sich dagegen stellt,
Er wecket die Schläfer, er reisst sie empor,
Zerstreuet den Nebel, den hemmenden Flor -
Und das Frühlicht es kündet, dass dieser Nacht
Ein sonniger Morgen entgegenlacht." (Aus dem Klassenkampf, op.cit., 1894, p.82)

ihn zu hören.[1]

Ab und zu gelingt es Fuchs allerdings, diese kosmische Pathetik mehr oder weniger korrekt zu handhaben. Im Gedicht *"Eine Frage"* kann er damit, im Rückgriff auf des grossen Kopernikus' *"Revolutionen der Himmelskörper"*, konservatives Philistergezeter in die Schranken weisen:

> *"Wenn du auch zagst, Philister, dennoch:*
> *Des Weltalls Losung heisst: Revolutionen!*
> *Und ohne Anfang, ohne Rast und Ende*
> *Erneut das Leben sich durch die Aeonen.*
>
> *Und Sonnen, die den Raum des Kosmos*
> *Durcheilen gleich wie Flammenzeichen,*
> *Verkohlen mählig zu vulkan'schen Schlacken,*
> *Erkalten einst zu ausgebrannten Leichen.*
>
> *Kometen, die mit ihren Flammenruten*
> *Zornrot das All zu peitschen scheinen,*
> *Sie stürzen zischend in der Sonne Gluten,*
> *Um neu dem Urstoff sich zu einen.*
>
> *Es rang der Mensch unbeugsam tapfer*
> *Sich los aus Schlamm und tierischen Gestalten,*
> *So siehst auf Sonnen und Planeten*
> *Du die Gesetze der Entwicklung walten.*

---

[1] Im Gedicht *"An die Bourgeoisie"* schreibt Fuchs:
"Und wir, die wir den Feuerschein begreifen,
Der jäh aufflammt am Horizont,
Die wir das Brüllen hör'n, das Pfeifen,
das nicht den Singsang unsrer Zeiten schont;
Uns gilt er als der Heroldsruf,
Der Neuzeit Meldung,
Der Wellenschlag der Zukunftsbrandung."
(ebda., p.74 f.)

Nur du allein, du lieblicher Philister,
Glaubst, dein Gesetz sei gültig für die Ewigkeiten,
Und binde auch den manngewordnen Menschen,
Der gott-gleich schaut in Siriusweiten.

Der sich den Blitz herabgeholt vom Himmel,
Glaubst du, er frohne stets in deinen Krämerbuden?
Glaubst du, dass ewig nur für deinen Geldsack
Die Hirne fiebern und die Muskeln bluten?" [1]

Das hier angetönte Motiv des gottgleichen Menschen, der sich den Blitz vom Himmel holt, das Prometheus-Motiv also, hat Fuchs zu mehreren Gedichten angeregt.

Das erste Gedicht der Anthologie *"Aus dem Klassenkampf"* stammt von Fuchs und trägt den Titel *"Der Prometheus unserer Zeit"*. Völkerling hat darauf hingewiesen, dass das im Zusammenhang steht mit einer konzertierten Aktion von Ernst Klaar und Eduard Fuchs gegen Karl Henckell. Dieser mit den Sozialdemokraten sympathisierende bürgerliche Schriftsteller war von der Parteileitung der SPD mit der Herausgabe einer Anthologie von *"Proletarierliedern"* beauftragt worden. So sollte ursprünglich der Titel des dann unter der Ueberschrift *"Buch der Freiheit"* 1894 erschienen Sammelwerks lauten. Diese Gedichtsammlung wurde von Fuchs einer scharfen Kritik unterzogen:

"Von denen, welche überhaupt fehlen, nenne ich nur: Dingelstedt, M.Kegel, K.Kaiser, dann die Franzosen Eugène Pottier, Richepin, Hugues. Diejenigen, welche meiner Ansicht nach zu nebensächlich behandelt wurden, sind insbesondere L.Pfau mit nur 3 Strophen, Geib 1 Strophe, Audorf 2 Strophen, Lavant

---

[1] *"Postillon"* No.10/1893

2 Strophen, Klaar 2 Strophen, Greulich 1 Strophe." [1]
Notabene fehlte auch Fuchs, während aus Henckells Werken eine reiche Auswahl wiedergegeben war. Klaar attackierte in dem Gedicht *"Einem Anthologen"* [2] zudem die massiven Streichungen, die Henckell an den abgedruckten Gedichten vorgenommen hatte, ohne die Verfasser um ihr Einverständnis zu bitten.

Die Anthologie *"Aus dem Klassenkampf"* erschien genau vier Wochen nach Henckells Konkurrenzprodukt. Hatte Henckell an die Spitze seiner Sammlung den *"Prometheus"* des damit nicht nur geadelten, sondern auch proletarisierten Goethe gesetzt, so plazierte Fuchs mit selbstbewusster Spitze seinen *"Prometheus unserer Zeit"* an den Anfang des gemeinsamen Werks. So unbekümmert er sich an den Motiven seiner grossen Vorbilder Heine und Freiligrath misst, ebenso unbekümmert nimmt er es also selbst mit Goethe auf.

Noch ein anderes Mal behandelt er dann das Prometheus-Motiv, auf dessen Kontinuität in der sozialistisch orientierten deutschen Dichtung Völkerling zu Recht hinweist, [3] nämlich im Gedicht *"Sozialismus-Prometheus"*. Hier herrscht wieder der kosmisch-pathetische Ton vor:

> *"Aus Millionen Kehlen schallt*
> *Jubelgruss dem Licht entgegen,*
> *Donnernd bricht das Echo sich*
> *Tausendfach und weiterrollt's*
> *Jauchzend durch des Weltalls Räume (...)"* [4]

---

1) No.5/1894
2) ebda.
3) Vgl. dessen Vorwort zur Neuausgabe, op.cit., p. XXVII
4) No.1/1896

Im Gedicht "*Der junge Titan*", wo er das Prometheus-
Motiv für einmal nicht zum pathetischen Hymnus verar-
beitet, sondern als Vorwurf für eine Satire auf satte
häusliche Selbstzufriedenheit verwendet, hat er es
weitaus am besten im Griff.
Der junge Titan will Feuer vom Aetna holen, um damit
die Götter auszuräuchern. Aber einer ihm unterwegs
begegnenden jungen Frau gelingt es, ihn unter Hinweis
auf das Schicksal des Prometheus auf solidere Bahnen
zu lenken: "*Denk des Prometheus,*

   Der dachte wie du,
   Aber die Götter, die furchtbar Gerechten
   Schmiedeten ihn, den furchtbaren Frevler,
   An des Kaukasus Felsen und Tag und Nacht
   Zerfleischt ihm ein Geier die Leber! -
   (...)
   Geh lieber mit mir,
   Hol Feuer vom Aetna
   (...)
   Und heize den Herd mir
   Und koche mir Suppe,
   Und koche mir den Brei!

   Und er ging mit dem Weibe,
   Der junge Titan,
   Und er holte Feuer,
   Feuer vom Aetna,
   Und heizte den Herd ihr
   Und kochte die Suppe
   Und kochte den Brei." [1]

Auch wenn man dieses Opus von Fuchs nicht als guten Vor-
satz des zukünftigen Hausvaters interpretieren will
 - er heiratete zwei Jahre später -, sondern als Humoreske

---

[1] "*Postillon*" No.24/1893

auf politische Höhenflüge hemmende Familienpflichten,
so bleibt die Pointe des zum Hausmann bekehrten Titanen
doch einigermassen überraschend.

Der bei Fuchs' Poesie stets drohenden Gefahr der Abstraktheit sind auch die das Dichten selbst thematisierenden
Gedichte stark ausgesetzt. Fuchs reflektiert das Dichterdasein - neben dem bereits erwähnten programmatischen
Opus *"Dichter da ist dein Platz"* - in folgendem leicht
makabren *"Stammbuchvers"*:

> *"Verhungert nur ihr 'deutschen Dichter',*
> *Im Land der Dichter und der Denker.*
> *Vergesset aber vorher nie:*
> *Dass es auch Richter hat und Henker."* [1]

Diese frühe Vorausahnung des 1933 dann allgemein konstatierten Umschlags des Volks der Dichter und Denker in
das der Richter und Henker geht einher mit der ebenso
klaren Verurteilung anderer chronischer Leiden der
Deutschen: Untertanengeist und Antisemitismus. [2]

Ein anderes Gedicht dieses Themenkreises, *"Bourgeois -
und Proletarier - Kunst"*, nahm Fuchs nicht in seine
Anthologie auf. Er stellt dort der abgelebten Bürgermuse

---

1) Aus dem Klassenkampf, op.cit., 1894, p.135

2) Das den Untertanengeist geisselnde Gedicht *"Heute"* und dessen Rezeption an den Oberschulen der DDR wurde bereits angemerkt. (Vgl. S. 273 dieses Kapitels). Einige Wurzeln der Erziehung zum Untertan legte Fuchs zudem im Gedichtlein *"Teutsche Erziehung"* bloss:

> *"Gross gezogen mit Traktätchen,*
> *x mal aufgewärmtem Kohl,*
> *Dass der Stuhlgang nimmer fehle,*
> *Richtig funktionier die Seele,*
> *Manchen Tritt aufs Kamisol.*
> *- Urgermane, Hundeseele,*
> *Dass dich doch der Teufel hol' ! "*

(ebda., p.127)
Zum zweiten Punkt vgl. das Gedicht *"Antisemitismus"*,ebda.p.65, sowie das Porträt *"Kleinbürgerlicher Sozialist"* auf einer der folgenden Seiten.

die junge, frische Arbeiterkunst gegenüber:

> *"Das ist die Kunst der Fäulnis und der Schwäche,*
> *Der décadence, wie ihr vergeckt sie nennt,*
> *Euch ist die Kunst bald nur das Metzenkunststück,*
> *Die Brunst zu reizen, dess - der impotent.*
>
> *Die Kunst des untergehenden Geschlechtes*
> *Wie kann sie besser sein als dieses selbst?*
> *Vom Wein, den stolze Ahnen einst kredenzten,*
> *Blieb euch nur schnöder Epigonenrest.*
>
> *Ja unsrer jungen Kunst der Arbeit*
> *Fehlt Dirnenschminke freilich ganz und gar,*
> *Doch schön ist sie, ein jugendfrisches Mädchen,*
> *Dem Volk entsprossen, rein und wahr."* [1]

Hier schlägt Fuchs bereits jene Töne an, die Völkerling nicht mehr goutiert - er bezeichnet sie als *"seine zum Teil emotional übersteigerten Bilder aus dem Leben des Bourgeois"* [2] - die aber eine für Fuchs' Poesie wichtige und auf sein späteres Werk hindeutende Motivgruppe beherrschen. Man könnte die Gedichte mit diesen Motiven unter den Oberbegriff *"Sittenbilder"* bringen, wie Fuchs selbst das teilweise tut. Völkerlings Unbehagen gegenüber diesem aus dem Werk Fuchs' nicht wegzudenkenden, in der DDR aber noch mehr als anderswo tabuisierten Thema geht so weit, dass er die *"mittelalterliche Ballade"* vom *"König Schlappschwanz"* [3] in seinem Verzeichnis der Versbeiträge von Fuchs zum *"Postillon"* [4] unterschlägt.

---

1) *"Postillon"* No.15/1893
2) Vorwort zur Neuausgabe, op.cit.p.XXIV
3) *"Postillon"* No.21/1892. Dieses Gedicht trägt zwar keine Signatur, kann aber meines Erachtens nur von Fuchs stammen.
4) In seiner Dissertation, op.cit.,p.14 ff. fehlt dieser Titel.

Repräsentativ für dieses Genre sind zwei von Fuchs
zusammen unter dem Obertitel *"Sittenbilder aus einer
anderen Welt"* publizierte Gedichte, die hier folgen:

"*Höhere Buben*

Das Eiapopeia der Denkfaulheit
Umnebelt sein Gehirne
In einer Hand die Morphiumspritz'
Die andre presst die Dirne.
Er füttert sie mit Zuckerwerk,
Mit goldenem Gebimmel,
Sie weckt dafür die Liebesbrunst
Dem impotenten Lümmel.
    D a s   s i n d   d i e   h ö h e r e n   B u b e n.

Höhere Töchter

Im schwellenden Chaiselongue mit Nonchalance
Rutscht sie herum, blickt fade,
Sie liest sich dumm im Schundroman
Und schlickert Limonade.
Sie nennt plebejisch den, gemein,
Der von 'Natur' spricht kühner.
Dafür des Nachts im Sinnenrausch
Ergibt sie sich dem Diener.
    D a s   s i n d   d i e   h ö h e r e n   T ö c h t e r." [1)]

Meistens geht Fuchs in seinen Sittenbildern von der blossen
Schilderung der Unsitten der Herrschenden weiter zu einer
"moralisierenden Antithetik",[2)] welche das flotte Leben
der Oberschicht mit der Not der Unterdrückten konfrontiert.
Diesem Genre ist der quantitativ gewichtigste Teil von
Fuchs' Versen zuzuordnen; qualitativ leiden sie alle

---

1) *"Postillon"* No.22/1892; Aus dem Klassenkampf, 1894, op.cit., p.120.
   Vgl. auch das Gedicht *"Die höhere Tochter"*, ebda. p.136
2) Völkerling, Vorwort zur Neuausgabe, op.cit., p.XXVIII

unter einer aufgesetzt wirkenden Drastik, deren Effekt
durch die unermüdlich wiederholte Anprangerung immer derselben
Laster zusätzlich gemindert wird.

Das weitaus längste Gedicht von Fuchs, *"Ein königliches
Mahl"*,[1] das 1893 als Sonderdruck von 15 Seiten bereits
in der 8.Auflage vorlag und an Arbeiterfesten gerne
rezitiert wurde, geisselt das Schlemmerleben des russischen
Zaren auf dem Rücken seiner geschundenen Völker.
Ins gleiche Kapitel gehen die Gedichte *"Fasching"*,[2]
"Der erste Schnee"[3] oder *"Momentbild"*.[4]

Zum Themenkreis der Sittenbilder gehören auch die Gedichte,
welche Fuchs den Huren, Vagabunden und Bettlern widmet.
Fuchs, der seinen Aufenthalt bewusst *"im Weltstadtschlamm"*
nahm und der auf seinen langen Wanderreisen selbst das
Vagabundenleben genoss, kennt das Leben dieser Leute
besser als die Sitten der Grossbourgeoisie, zu welchen
ihm nur die gängigen Klischees einfallen. Diese
Gedichte in der Nachfolge François Villons, z.B. der
nachstehende Grabgesang auf einen toten Stromer, stehen
qualitativ höher und wirken echter:

> *"Im Morgendämmern*
>
> *Am Forchenast, am Kreuzesweg*
> *Ein toter Stromer baumelt.*
> *Durch Waldgeäst auf falbes Laub*
> *Das Morgendämmern taumelt.*

---

1) Eduard Fuchs: Ein königliches Mahl, München 1893
2) Aus dem Klassenkampf, 1894, op.cit., p.39f.
3) *"Postillon"*, No.26/1892
4) Aus dem Klassenkampf, 1894, op.cit., p.90

> *Ein seiden Tuch um seinen Hals,*
> *daran zwei feste Knoten,*
> *War seines Lebens bester Witz,*
> *Des Schicksals letzte Zoten.*
>
> *'Nun danket alle Gott' es quoll*
> *Vom Tal herauf zu Berge –*
> *Die ausgestreckte Zunge sang*
> *Ein Lob auf Gottes Werke."* [1]

Ebenfalls dem Selbstmord einer Lumpenproletarierin ist das Gedicht *"Die Lumpenkäthe"* [2] gewidmet, das die Hallenser KP-Zeitung *"Klassenkampf"* übrigens 1922 wieder abdruckte. [3]

Stark sind auch die folgenden Strophen aus dem Gedicht *"Razzia"*, welche diesen Themenkreis hier abschliessen sollen:

> *"Fort zum Richter! Die Gendarme*
> *Wohlbewaffnet, wohlgenährt,*
> *Eskortieren ihre Beute,*
> *Aufgepflanzt ist das Gewehr.*
>
> *Und der Richter urteilt schleunigst*
> *Denn der 'Fälle' sind gar viele,*
> *Vagabunden, Bettler, Dirnen,*
> *Jedes Wort ist Strafe, Drohung.*
> *Protokoll auf Protokoll:*
> *Haft, Gefängnis, Arbeitshaus.*
> *Zeigen wird er dem Gesindel*
> *Der Justiz gestrenge Faust.*

---

1) Aus dem Klassenkampf, 1894, op.cit., p.92
2) ebda., p.35
3) Vgl. Völkerling: Vorwort zur Neuausgabe, op.cit. p. XIV

(...)
Weil sie mittellos im Lande,
Arbeitssuchend, keine fanden
(...)
Weil sie Opfer der Gesellschaft
Sperrt sie die Gesellschaft ein!" [1]

Entgegen der in Titel und Widmung der Anthologie *"Aus dem Klassenkampf"* enthaltenen Programmatik [2] bilden die den konkreten Klassenkampf der Arbeiterschaft thematisierenden Gedichte nur einen kleinen Teil von Fuchs' Lyrik. Allerdings gehören dazu seine mit Abstand besten Gedichte, nämlich die bereits erwähnten *"Radlerlieder"* zur illegalen Aktivistentätigkeit von Fuchs noch in Stuttgart, aus denen bereits im ersten Teil zitiert wurde.[3] Völkerling schreibt zu Recht, dass die *"ganz im Volkston gehaltenen und jede aufgehängte reflektorische Didaktik vermeidenden 'Radler-Lieder' durch ihre Frische und Originalität aufhorchen"* lassen.[4]

Andere Gedichte zum Klassenkampf im engeren Sinn, etwa die in Verse gesetzte dringende Empfehlung *"Organisiert Euch"* [5] oder der lange Zyklus *"Streikbilder"* [6] sind überreich an *"reflektorischer Didaktik"* und entbehren

---

1) *"Postillon"* No.3/1895
2) Die dem Werklein vorangestellte Widmung lautet: *"Dem klassenbewussten Proletariat zu eigen"*.
3) Vgl. S.20 f. dieser Arbeit.
4) Völkerling: Vorwort zur Neuausgabe, op.cit., p. XVIII
5) Aus dem Klassenkampf, 1894, op.cit., p.56
6) *"Postillon"* No.20/1892

über weite Strecken jeglicher *"Originalität und Frische"*.
Neben den Radlerliedern ist es ein einziges unmittelbar
zum politischen Kampf Stellung nehmendes Gedicht, das Fuchs
wirklich gelungen ist: Das Porträt *"Kleinbürgerlicher
Sozialist"*.

> *"Dröhnende Phrase*
> *Demonstration,*
> *Bierbankbegeistert,*
> *Revolution.*
>
> *Predigt wie nötig*
> *Grossproduktion,*
> *Einzige Hilfe*
> *Expropriation.*
>
> *Kommt er aber in*
> *Gant und Auktion,*
> *Zetert und schimpft er*
> *Auf Veitel und Cohn."* [1]

Die eigentliche Stärke von Fuchs' poetischer Produktion
liegt - das zeigt gerade auch das letzte Beispiel -
im pointierten Kurzgedicht, im Epigramm.

Neben den bereits zitierten Beispielen *"Heute"* und
"Deutsche Erziehung" sei hier noch eins davon eingerückt,
das die antirevisionistische Spitze der Sammlung *"Aus
dem Klassenkampf"* deutlich macht:

> *"Der allergetreuesten Opposition.*
>
> *Steisswackelnd, gemächlich, nur Schritt für Schritt,*
> *Ist eures Handelns Parole.*
> *Drum wünsch' ich euch keck, dass einstens euch*
> *Der Teufel auch lotweis hole."* [2]

---

1) Aus dem Klassenkampf, 1894, op.cit., p.96
2) ebda., p.118

2.2.3. Aphorismen

In seinen Aphorismen, die ich auch unter seine poetische Produktion rechne, hat Fuchs schliesslich die lyrische Form ganz der Prägnanz des Gedankens geopfert, und zwar mit Gewinn.

Fuchs hat auch seine Aphorismen in ihrer grossen Mehrzahl[1] im *"Süddeutschen Postillon"* veröffentlicht, teils unter wechselnden Rubriktiteln,[2] zum grössten Teil aber unter dem Obertitel *"Gedanken eines arbeitslosen Philosophen"*, unter welcher Ueberschrift Fuchs im Jahr 1897 auch eine Auswahl seiner Sprüche in einem anonymen Sonderdruck veröffentlichte.[3] In diesem Sonderdruck in Broschürenform sind allein über 220 Aphorismen versammelt; die daneben vorher oder nachher von Fuchs im *"Postillon"* veröffentlichten Gedanken sind jedenfalls nicht geringer an der Zahl. Eine solche Massenproduktion innerhalb von knapp 10 Jahren kann natürlich das Niveau nicht immer halten. Aber die besten dieser Aphorismen sind von gedanklicher Schärfe; manchmal, jedoch nicht immer, sind sie auch entsprechend geschliffen formuliert.

Man kann diese *"Gedanken eines arbeitslosen Philosophen"* thematisch ähnlich gruppieren wie die Gedichte von Fuchs. Die Stromer- und Vagabundenthematik ist allerdings hier noch stärker vertreten,[4] da Fuchs seine Aphorismen in den Mund eines arbeitslosen Landstreichers legte, der von Damberger in einer Vignette für den *"Postillon"* auch bildlich dargestellt wurde. Den Geburtstag dieses unter Brücken nächtigenden, zerlumpten Gesellen mit dem losen Maul legte

---

1) Eine Ausnahme bilden die schon im ersten Teil dieser Arbeit Fuchs zugeschriebenen Aphorismen der Maifestzeitung von 1906.
2) Solche abweichenden Rubriktitel waren *"Glossen"* oder *"Aus dem politisch-satirischen Handwörterbuch"*.
3) Gedanken eines arbeitslosen Philosophen, o.O., o.J. (München 1897)
4) Einige davon finden sich im Kapitel *"Not"* des genannten Sonderdrucks zusammengestellt.

Fuchs übrigens mit Akkuratesse auf den Reichsgründungstag (18.1.1871) [1) und machte ihn so zu seinem fast auf den Tag genau ein Jahr jüngeren Bruder im Geiste.

Der arbeitslose Philosoph lässt sich von seinen misslichen Lebensumständen nicht um sein Selbstbewusstsein bringen. Er grüsst anlässlich des Todes von Nietzsche diesen anderen Aphoristen von gleich zu gleich:

"Mein Kollege Nietzsche ist gestorben; über seine frische Leiche stürzen sich die Aasgeier der Börse und reklamieren ihn als einen der ihrigen." [2)

Zur bürgerlichen Moral kommen einem mittellosen Denker leicht kritische Gedanken. So zum Beispiel:

"Bürgerliche Tugend ist, wenn die Leute nicht darüber reden." [3)

"Bürgerliche Opposition ist, wenn man erst oben anfragt, ob man sie machen darf." [4)

Und schliesslich: *"Arbeit anderer ist des Bürgers Zierde."* [5)

Zu dieser letzten kritischen Anmerkung zur bürgerlichen Moral gibt der arbeitslose Philosoph noch folgende Ergän-

---

1) Vgl. den Sonderdruck, op.cit., p.58

2) *"Postillon"* No.19/1900. Einen ähnlichen Gedanken legt Robert Musil Ulrich, dem Helden seines Hauptwerks *"Der Mann ohne Eigenschaften"* in den Mund: *"Wenn ein bedeutender Mann eine Idee in die Welt setzt, so wird sie sogleich von einem Verteilungsvorgang ergriffen, der aus Zuneigung und Abneigung besteht; zuerst reissen die Bewunderer grosse Fetzen daraus, so wie sie ihnen passen, und verzerren ihren Meister wie die Füchse das Aas, dann vernichten die Gegner die schwachen Stellen, und über kurz bleibt von keiner Leistung mehr etwas übrig als ein Aphorismenvorrat, aus dem sich Freund und Feind (...) bedienen."* (Robert Musil: Der Mann ohne Eigenschaften, Hamburg 1970, p.379 f.)

3) *"Postillon"*, Beilage zu Nr.25/1898   4) ebda.

5) *"Postillon"* No.2/1901

zung:

"*Stehlen heisst es, wenn es unter hundert Mark ist.*" [1)]

Bürgerliche Sittlichkeit und bürgerliche Wohltätigkeit zugleich kann der arbeitslose Philosoph mit folgender Sentenz erläutern:

"*Durch die Wohltätigkeit wird die soziale Frage so gut gelöst, wie die Sittlichkeit durch die Bordelle gerettet wird.*" [2)]

Die gegen die Kirche gerichteten Poeme von Fuchs habe ich nur kurz vermerkt, weil sie nicht zu seinen besten gehören. Zum Ausgleich seien hier zwei Aphorismen über Geschichte und Zukunft der Kirche zitiert:

"*Das Privateigentum ist eine weise Einrichtung Gottes. Gottlob, die Ketzerverbrennungen, die Hexenprozesse und der Kirchenstaat waren auch weise Einrichtungen Gottes.*" [3)]

"*Die Kirche hat noch mit jeder neuen mächtigen Bewegung ihren Frieden gemacht. Ich wette, dass sie noch einmal versuchen wird, den 1.Mai zum St.Bebelstag zu ernennen.*" [4)]

Die hier mit einigen besonders prägnanten Vertretern präsentierten Themen von Fuchs' Aphorismen sind mit denjenigen von seinen Gedichten identisch. Die Aphorismen bringen aber auch Themen zur Sprache, die in den Gedichten fehlen, so etwa den Krieg und den Militarismus.

So merkt der friedfertig gesinnte arbeitslose Philosoph an: "'*Der Krieg offenbart die herrlichsten Tugenden des Mannes.*' - *Jawohl, als da sind: Raub, Mord, Totschlag, Notzucht und*

---

1) Sonderdruck, 1897, op.cit., p.11
2) *"Postillon"* No.5/1897
3) " " 1/1896
4) " " 9/1900

gänzliche Vertierung." [1]

Er macht auch klipp und klar, wer an der Entfaltung solcher Tugenden sein Interesse hat:

"So ein Manöver ist ein Krieg im Kleinen und mancher Krieg ein Manöver der Grossen." [2]

Um konstruktive Gegenvorschläge ist der arbeitslose Philosoph nicht verlegen:

"Die Wehrpflicht soll noch mehr verallgemeinert werden: die allgemeine Nährpflicht wär mir lieber." [3]

Bissige Bemerkungen machte Fuchs im Philosophengewande auch zum kolonialistischen Sprachgebrauch, mit dem die imperialistische Expansion im Fernen Osten beschönigt wurde:

"Da hat neulich ein armer Teufel, durch das Beispiel der Kolonialmächte aufgemuntert, bei einem Selcher eine Wurst 'pachten' wollen. Aber sie haben ihn eingesperrt. Ist das nicht eine Verletzung des Völkerrechts?" [4]

Die Hetzreden Kaiser Wilhelm II. zur Anfeuerung der deutschen Expeditionskorps gaben Fuchs wiederholt Anlass zu ätzenden Kommentaren:

"'Der friedliche Bürger und der Gewerbetreibende soll wissen, dass überall das deutsche Reich ihn schützt.' Ganz recht, aber wer schützt ihn vor dem deutschen Reich?" [5]

---

1) Sonderdruck, 1897, op.cit., p.17
2) ebda., p.19
3) ebda., p.22
4) *"Postillon"* No.20/1900
5) " " 13/1899

Geradezu prophetisch geht der arbeitslose Philosoph Fuchs mit den vorgeblichen Friedensfreunden jenes Schlages ins Gericht, die dann 1914 auch die Mehrheit der sozialdemokratischen Reichstagsfraktion stellen sollten:

"Der richtige Friedensfreund stösst auf dem internationalen Kongresse mit Champagner auf die Völkerverbrüderung an und stimmt zu Hause für das Militärbudget." [1)]

Spätere Differenzierungen nimmt auch folgender Ausspruch zur Nomenklatur der Arbeiterbewegung vorweg:

"Der Name Sozialist klingt euch gewohnter, und ihr erschreckt nicht mehr so heftig, wenn Ihr das Wort hört. Aber wir wollen es euch verraten: Communisten sind wir, rote Communisten, und communistischere Communisten, als die Communisten der weiland Commune." [2)]

Nicht nur als zukünftigen Kommunisten, sondern auch als einstigen Anarchisten gibt sich Fuchs in seinen Aphorismen offen zu erkennen.

Viele dieser Sentenzen zeugen von einer klammheimlichen Freude Fuchs' an den anarchistischen Attentaten um die Jahrhundertwende. Immer aber gehen diese Sympathiekundgebungen des einstigen Stuttgarter Bürgerschrecks einher mit einer realistischen Einschätzung solcher isolierter Gewalttaten als nicht nur wirkungslos, sondern kontraproduktiv für die revolutionäre Bewegung. Einige dieser Aphorismen über den Anarchismus sollen den Abschluss dieser Blütenlese bilden:

"Bei Gott, ich hatte auch manchmal anarchistische Anwand-

---

1) Sonderdruck, 1897, op.cit., p.20
2) ebda., p.55

lungen. Wenn ich aber sah, wie freundlich die bürgerliche Presse die Anarchisten gegen die Sozialdemokraten in Schutz nahm, wurde ich immer wieder marxgläubig." [1]

"Es muss soweit kommen, dass jeder bürgerliche Redakteur des Sonntags sein Anarchistenattentat im Topfe hat, dann blüht das Zeitungsgeschäft!" [2]

---

1) ebda. p.65 f.
2) *"Postillon"* No.24/1898

2.2. FUCHS ALS VERLEGER

Fuchs begnügte sich in seiner Münchner Zeit nicht mit dem vielfältigen Spektrum seiner von der Abhandlung bis zum Aphorismus reichenden Veröffentlichungen im *"Süddeutschen Postillon"*; wie bereits im biografischen Teil dieser Arbeit gezeigt wurde, gab er daneben auch die ersten seiner Werke zur Geschichte der Karikatur heraus und schrieb zum selben Thema in anderen Zeitschriften eigene Artikel. Auch seine Tätigkeit als Uebersetzer und Autor von Prosa und Lyrik wurde schon erwähnt.

Aber damit nicht genug, versuchte er sich auch als Verleger. Er gab eine Reihe kürzerer Arbeiten zu Geschichte und Theorie des Sozialismus heraus, die den Obertitel trug: *"Sammlung gesellschaftswissenschaftlicher Aufsätze"*. Sie trägt zwar den Vermerk: *"Verlag von M.Ernst, München"*. Es war aber Fuchs, der diese Ausgaben verlegerisch betreute ; Ernst war nur für den Druck zuständig.

2.2.1. Die *"Sammlung gesellschaftswissenschaftlicher Aufsätze"*

Bei seiner Tätigkeit als Herausgeber dieser Reihe besorgte Fuchs nicht nur die Auswahl der Titel und Autoren, sondern schrieb zu einigen Broschüren der *"Sammlung"* selbst das Vorwort.

Dieses Projekt war in gewissem Sinn die Ausführung eines Plans, den schon Viereck verfolgte, nämlich

auch in München einen Verlag für sozialdemokratische
Literatur entsprechend dem von Dietz in Stuttgart oder
den übrigen einschlägigen Parteiunternehmungen an zahlreichen Orten Deutschlands. Die Infrastruktur für Druck
und Vertrieb war an der Senefelderstr.4 natürlich vorhanden, und auch der oberste Sozialdemokrat Bayerns,
Georg von Vollmar, gab seinen Segen zu diesem von Fuchs
nun in bescheidenem Rahmen begonnenen Vorhaben.

Allem Anschein nach war es nämlich Vollmar gewesen,
der die Anregung zum Inhalt des ersten Bändchens dieser
Schriftenreihe gegeben hatte. Im Brief von Fuchs an
Vollmar vom 17.1.1895 ist die Rede von dem *"Hubersche(n)
Artikel, von dem Sie mir sprachen"*.[1] Damit ist der zuerst
1878 in der Augsburger *"Allgemeinen Zeitung"* - übrigens
einem bürgerlichen Blatt - veröffentlichte Aufsatz von
Johannes Huber über *"Die Philosophie der Sozialdemokratie"*
gemeint, mit dem die *"Sammlung gesellschaftswissenschaftlicher Aufsätze"* 1894 ihren Einstand gegeben hatte.
Diese im Ton auf bürgerliche Ohren gestimmte *"Würdigung
der Geschichtsphilosophie von Lassalle, Marx und Engels"*[2]
ist weniger repräsentativ für das Denken von Fuchs als
für die Sicht der Dinge des eher dem Revisionismus zuneigenden Vollmar. Die gleichrangige Behandlung von Lassalle
neben den beiden offiziellen Begründern des wissenschaftlichen Sozialismus ist allerdings auch für Fuchs typisch,
der die orthodoxe Streichung Lassalles aus dem sozialdemokratischen Olymp nie mitmachte.

---

1) Original im Internationalen Institut für Sozialgeschichte, Amsterdam, Signatur V 664

2) Zitiert aus einem Inserat für die Restexemplare der Reihe im *"Postillon"* No.25/1898

Auch der nächste Band der Reihe blieb dieser lassalleanischen Ausrichtung treu, brachte er doch Lassalles Vorrede zu dessen Hauptwerk, dem *"System der erworbenen Rechte"*, im Abdruck.

Der Titel des dritten Heftes, das der von Fuchs schon auf dem Kölner Parteitag angepriesene Dr.H.Lux verfasste, lässt Schlimmes ahnen, lautet er doch: *"Die Juden als Verbrecher"*. Doch der Untertitel - *"Eine Beleuchtung antisemitischer Beweisführung"* - stellt klar, dass es hier um die hauptsächlich statistische Widerlegung der wilden Behauptungen der Antisemiten handelte.

Für zwei Hefte nahm Fuchs die Dienste seines Mentors der Stuttgarter Anarchistenzeit, Jakob Stern, in Anspruch. *"Der historische Materialismus und Die Werttheorie von Karl Marx, beide populär dargestellt"*, so bot sich Heft 6 der Reihe den an Weiterbildung interessierten Münchner Genossen an. Heft 7, eine *"statistische Studie"* desselben Verfassers, trägt den Titel *"Einfluss der Krisen und der Steigerung der Lebensmittelpreise auf das Gesellschaftsleben"* und ist, wie Fuchs als Herausgeber im Vorwort schrieb, *"eine furchtbare Anklage gegen die Anarchie der heutigen Produktionsweise"*, wenn auch ihr Autor selbst einschränken muss, *"dass die vorliegende Abhandlung (...) keine neuen Gesichtspunkte ins Feld führt"*. [1]

Nach diesen beiden Schriften seines alten Stuttgarter Freundes verkündete Fuchs im Heft 8, das einen zweiten Artikel von Johannes Huber beinhaltete,[2] sein *"Programm des Herausgebers."* Fuchs rechnete damit, die Reihe

---

1) Jakob Stern: Einfluss der Krisen ..., München 1894, p.1
2) Johannes Huber: Der Sozialismus.Rückblick auf das Altertum. München 1894. Es handelt sich um einen Ueberblick auf soziale Theoretiker und Praktiker des Altertums, in deren Werken spätere Generationen die Vorwegnahme sozialistischer Gedanken sahen.

nach ihrem erfolgreichen Start im Jahr 1894, in dem alle bisher besprochenen Titel erschienen, *"in zwanglosen Heften in Abständen von 6-8 Wochen"* [1] fortzuführen - ein Produktionsrhythmus, der längst nicht eingehalten werden konnte, erschienen doch unter Fuchs' Aegide bis 1901 nur insgesamt 15 Hefte, davon 3 Doppelhefte.

Zutreffender, wenngleich ebenfalls etwas überschwänglich sind die Worte über den inhaltlichen Charakter der Reihe im selben Programm: Die Reihe habe es sich *"zur Aufgabe gesetzt, solche in Sammelwerken, Gesamtausgaben und Zeitschriften aller Art des In- und Auslandes erschienenen oder erscheinenden Arbeiten, welche von bleibendem gesellschaftswissenschaftlichem Werte sind, (...) erscheinen zu lassen. (...) Ab und zu werden wir aber auch moderne Originalarbeiten einschalten (...) aus den Gesamtgebieten der Sozialphilosophie, Sozialökonomie, Sozialstatistik sc."* [2]

Grosses Gewicht legte Fuchs auf eine undogmatische Herausgeberpraxis: Es *"wird die Auswahl der in unserer Sammlung zum Abdruck kommenden Aufsätze v o n   k e i n e r   e n g e n   S c h u l m e i n u n g   b e e i n f l u s s t   werden. Idealistische und materialistische Auffassung, christlicher und Kathedersozialismus, die utopischen wie die modernen, wissenschaftlichen Sozialisten - alle Anschauungen werden das Wort erhalten."* [3]

Die bisher besprochenen Exemplare der Reihe entsprachen dieser Zielsetzung, wenn auch nicht auf sonderlich hohem Niveau. Das Hauptgewicht der Reihe lag aber - nicht nur der Anzahl, sondern vor allem der Bedeutung der

---

1) Programm des Herausgebers, in: J.Huber, Der Sozialismus, op.cit., p. 3-6, p.6
2) ebda.,5   3) ebda., p.5

Hefte nach - auf der Veröffentlichung von Texten
der utopistischen Vorläufer des modernen Sozialismus.
Das Fuchssche *"Programm des Herausgebers"* kann sich
dabei auf folgendes Zitat von August Bebel - der
ja seinerseits stets Fourier die Treue gehalten
hatte - stützen: *"In einem in Gärung befindlichen
Zeitalter, wie dem unsrigen, in dem alles nach neuen
Gedanken und neuem Inhalt sucht, ist es natürlich,
dass der Blick sich auch nach rückwärts wendet, um
in der Gedankenwelt vergangener Perioden nach Material
für die Gegenwart und die Zukunft zu suchen."*
Und Fuchs fügt hinzu: *"Davon ausgehend, werden wir
ältere, längst vergriffene oder vergessene sozial-
wissenschaftliche Schriften, Pamphlete sc., soweit
sie für das Studium des Sozialismus von Wichtigkeit
sind, neu herausgeben."* [1]

Den Anfang dazu hatte Fuchs ebenfalls bereits im ersten
Jahrgang 1894 mit dem Doppelheft 4/5 gemacht, das Weitlings *"Evangelium eines armen Sünders"* brachte. In dieser
Abhandlung führt der erste sozialistische Arbeiteragi-
tator des deutschen Sprachgebiets anhand von über hundert
Bibelstellen den Nachweis, dass *"die Religion (...) nicht
zerstört, sondern benutzt werden* (muss), *um die Menschheit zu befreien"*. [2] Wilhelm Weitling, der kommunistische Schneider, hat Fuchs fasziniert. Im Heft 9, das im
Sommer 1895 erschien, brachte Fuchs die von Weitling
anno 1838 im Auftrag des *"Bundes der Gerechten"* verfasste
Schrift *"Die Menschheit wie sie ist und wie sie sein soll"*.

---

1) ebda., p.3

2) Wilhelm Weitling: Das Evangelium eines armen Sünders, München 1894,
p.4. Weitling nimmt hier frischeren Mutes als mancher fade Theologe
des 20.Jahrhunderts eine Theologie der Befreiung vorweg. Es wäre
eine eigene Studie wert, zu zeigen, wie die frühsozialistischen
Theoretiker - St.Simon, Fourier, Weitling u.a. - die ketzerischen,
revolutionären Tendenzen des Christentums, welche von der offiziellen
Theologie des 19.Jahrhunderts ignoriert wurden, sorgsam aufnahmen,
pflegten und weiterentwickelten.

Fuchs, der ursprünglich eine Neuherausgabe des gesamten
Werks von Weitling geplant hatte, musste allerdings schon
im Vorwort dieser zweiten Weitling-Publikation auf unbedachte Schwierigkeiten hinweisen: Er hatte nur die unvollständige erste Ausgabe des *"Evangeliums eines armen Sünders"* abgedruckt und musste den Rest jetzt als Beilage
zu der *"Menschheit wie sie ist und wie sie sein soll"*
liefern. Die im Programm angekündigte Neuauflage von
Weitlings Hauptwerk *"Garantien der Harmonie und Freiheit"*
erschien dann gar nie.[1] Aber als Krönung von Fuchs'
Beschäftigung mit dem Pionier des deutschen Sozialismus
erschien 1896 im *"Sozialistischen Akademiker"* ein
biographischer Abriss des Lebens von Weitling aus
der Feder des Nicht-Akademikers Fuchs.[2]

Auch das nächste Heft der *"Sammlung gesellschaftswissenschaftlicher Aufsätze"* brachte wieder einen klassischen
revolutionären Text aus dem Deutschland des Vormärz, nämlich die Flugschrift Georg Büchners *"Der hessische Landbote"*, [3] ein wilder Schrei des Lebens aus dem toten
Plüsch-Intérieur des Biedermeier. Fuchs, auf dessen Beschäftigung mit Büchner bereits hingewiesen wurde,
überliess die Abfassung des einleitenden Vorworts diesmal
seinem promovierten Namensvetter Eduard David, der es
später zum Reichstagsabgeordneten und unter Ebert gar zum
Minister bringen sollte.

Im nächsten Heft, das die drei Nummern 11-13 zu einem
grösseren Bändchen vereinigte, wagte sich Fuchs erstmals
an ein Dokument der ausländischen Geistesgeschichte:
Er machte sich an die Herausgabe der *"Utopia"* von Thomas

---

1) Vgl. Programm des Herausgebers, op.cit., p.6
2) Eduard Fuchs: Wilhelm Weitling. In: Sozialistischer Akademiker, 2.Jahrgang, Okt.1896, pp.609-614
3) Georg Büchner: Der hessische Landbote, München 1895

Morus. Dieses für den Fünfundzwanzigjährigen recht
ambitiöse Unterfangen ist gut dokumentiert, weshalb
es hier etwas ausführlicher dargestellt wird.

Zu dieser Edition angeregt wurde Fuchs wohl durch
das bereits 1888 erschienene Buch von Kautsky "*Thomas
More und seine Utopie*".[1] Jedenfalls hielt er auf
diese Arbeit grosse Stücke.[2] Das geht auch aus
den Briefen hervor, die er im Zusammenhang mit
dieser Herausgebertätigkeit an Kautsky richtete.
Nachdem er sich bei Kautsky schon nach in München
nicht erhältlicher englischer Fachliteratur erkundigt
hatte [3] und auch anderweitige Ratschläge einholte, [4]
schrieb er - nach den ersten Verzögerungen der Ausgabe -
voller Selbstzweifel einen unterwürfigen, zerknirschten
Brief an Kautsky. Der Brief datiert vom 26. März
1896, und einige Stellen daraus seien hier zitiert:

"*Werter Genosse Kautsky!*

Ihre Bemerkung in der 'Neuen Zeit' (Kautsky hatte dort
auf das baldige Erscheinen einer neuen Uebersetzung der
Utopia hingewiesen, T.H.) *(...) hat mich sehr gefreut (...).
Das Buch wäre längst erschienen, wenn ich nicht infolge
eines unglücklichen Falles im Januar über eine Woche
arbeitsunfähig gewesen wäre. Sie waren so liebenswürdig
zu schreiben, 'die Herausgabe ist in guten Händen'. Gäb's
aber nicht bessere? Ich meine, ob es nicht empfehlenswert*

---

1) Karl Kautsky: Thomas More und seine Utopie, Stuttgart 1888
2) Vgl. dazu etwa S. 115 dieser Arbeit
3) Brief von Fuchs an Kautsky vom 22.10.1895. Original im Institut
   für Sozialgeschichte, Amsterdam, Signatur K. DX 505
4) Brief von Fuchs an Kautsky vom 5.11.1895. Original im Institut
   für Sozialgeschichte, Amsterdam, Signatur K. DX 506

wäre, wenn bessere Hände als die meinigen das Vorwort
schreiben würden. Sie sagten mir zwar s.Zt., dass nach
Ihrer Ansicht das Ding keiner besonderen Begründung
bedarf u. einige w. bibiografische Notizen vollauf
genügen würden. Das könnte ich schon geben, aber auch
keine Zeile mehr, ob das ausreicht? Hätten Sie nicht
Lust, einige Seiten zu schreiben? Denn ich müsste ein
eingebildeter dummer Junge sein, würde ich nicht offen
erklären, dass ich gegen Sie auf diesem Gebiet ein
Hundsfott bin - u. ist es angebracht, dass ein solcher
ein derartiges Werk einleitet?"* [1]

Kautsky muss den für einmal wenig selbstbewussten Fuchs
tröstend aufgerichtet haben (leider sind die Briefe
an Fuchs in fast allen überlieferten Korrespondenzen
verloren). Fuchs schrieb das Vorwort schliesslich doch
selbst, und es wurde eine glänzende, wohlfundierte
Arbeit zu des grossen Humanisten Leben und Werk im Umfang
von über 20 Seiten.

Nachdem das Buch nach der erwähnten Verzögerung schliesslich im Juni 1896 doch erschienen war, wurde es von einem anonymen Parteigenossen im *"Vorwärts"* scharf kritisiert,[2] insbesondere, was die Uebersetzung durch Dr. Ignaz Emmanuel Wessely anbetraf. Aber es war nicht zuletzt auch die Selbstbescheidung von Fuchs' Vorwort, die der Anonymus aufs Korn nahm. Fuchs referiert die Kritik im Brief an Kautsky vom 3.9.1896 folgendermassen:

*"Nun kommt der Vorwärts und fällt wie ein bissiger Hund
darüber her, ungeschickt und gemein. Er nennt das Deutsch
des Dr. Wessely 'unglaublich', dabei findet sich in seiner*

---

1) Brief von Fuchs an Kautsky vom 26.3.1896. Original im Institut
   für Sozialgeschichte, Amsterdam, Signatur K.DX 507

2) In der No.205/1896

Besprechung nicht ein korrekter Satz. Was alle loben an der Ausgabe - ihre Vollständigkeit - , das tadelt er und empfiehlt 'weise Beschränkung'. Betr. meiner Vorrede, die ich gleich damit beginne, dass ich sage, ich mache keinen Anspruch darauf, die Utopia in einer neuen Beleuchtung zu zeigen, dass ich nur für den nicht informierten Leser die hauptsächlichsten Daten und Notizen geben wolle, im übrigen auf Sie verweise - entdeckt er und konstatiert es verächtlich, dass meine Vorrede nur eine Kompilation aus Kautsky und Ziegler [1] *sei."* [2]

Diese Kritik, gegen die Fuchs und Wessely in den Spalten des *"Süddeutschen Postillon"* sogleich den Kampf aufnahmen, ist in einigen Punkten symptomatisch für die spätere Kritik, die Fuchs' weitere kulturgeschichtliche Arbeiten aus Parteikreisen treffen sollte.

Dem sparsamen Kritiker war besonders der hohe Preis der Fuchs'schen Morus-Ausgabe ein Dorn im Auge. Zwecks Verbilligung empfahl er nicht nur eine radikale Kürzung des Urtexts, sondern vor allem auch den rigorosen Verzicht auf illustratives Beiwerk, auf das Fuchs - auch damit die spätere Entwicklung seiner eigenen Arbeiten vorwegnehmend - grosse Sorgfalt verwandt hatte. Der Anonymus meinte: *"Wenn gar die sonst sehr schönen Nachbildungen der Bilder, Leisten etc., die der alten Ausgabe entnommen sind, nicht gebracht worden wären, wäre es dem Buche insofern zugutegekommen, als sich sein Preis (2 Mark broschiert) sicher erheblich vermindert hätte."* [3]

---

1) T.Ziegler war der Mitherausgeber einer lateinischen Ausgabe des Textes von Morus in der Reihe der *"Lateinischen Denkmäler des XV. und XVI. Jahrhunderts"* bei Weidmann, Berlin.
2) Brief von Fuchs an Kautsky vom 3.9.1896. Original im Institut für Sozialgeschichte, Amsterdam, Signatur K.DX 508
3) Zitiert nach *"Postillon"* No.20/1896

Fuchs entgegnete darauf:

"Wir wollen dem Vorwärtskritiker (...) zu seiner Belehrung etwas verraten - was zur Not zwar auch jeder Buchdruckerlehrling ausrechnen könnte - dass nämlich diese erhebliche Preisverminderung ungefähr 3 bis höchstens 5 Pfennige pro Exemplar betragen hätte. Wir verzichten auf eine solche 'weise Beschränkung', (in Wirklichkeit: verständnislose Missachtung), weil wir eben keine Schundausgabe z.B. wie die Reclamsche à 40 Pf. liefern wollten, sondern eine, von der gesagt werden kann und auch gesagt wurde: 'Diese Ausgabe ist im wohltuenden Gegensatz zu sämtlichen übrigen deutschen, die die Utopia nur gekürzt und verstümmelt enthalten, eine vollständige Wiedergabe des lateinischen Urtextes und mit allen möglichen Zutaten versehen, die das Buch zu einem wertvollen gestalten'." [1]

Etwas schwerer fiel es dem Uebersetzer, sich zu rechtfertigen, ist seine Sprache doch in der Tat etwas schulmeisterlich-trocken - was allerdings einem humanistischen Text nicht unangemessen ist. [2]

Diese sachlich gesehen ungerechtfertigte kalte Dusche aus den Spalten des *"Vorwärts"* hat den Elan von Fuchs bei der Herausgabe seiner *"Sammlung gesellschaftswissenschaftlicher Aufsätze"* vermutlich etwas gebremst. Während seiner Amtszeit als Redaktor beim *"Postillon"* brachte er

---

1) *"Postillon"* No.20/1896. Das von Fuchs zuletzt angeführte Zitat ist der Rezension seiner Utopia-Ausgabe im *"Sozialistischen Akademiker"*, Nr.8/1896 entnommen.

2) Kautsky empfahl in den späteren Auflagen seines Buchs über Morus die Fuchs'sche Ausgabe zur Lektüre, merkte jedoch an, dass die Uebersetzung die Eleganz des Originals nicht wiedergebe. Vgl. Karl Kautsky: Thomas Morus und seine Utopie, Berlin 1947, p.257

nur noch einen anderen utopischen Klassiker, den
"Sonnenstaat" des Tommaso Campanella heraus.[1)]
Und auch dazu kam es wohl nur noch dank der erzwungenen kontinuierlichen *"mässigen geistigen Beschäftigung"*, die er auf Geheiss des Nervenarztes im Nürnberger Zellengefängnis verrichten musste.[2)] Die kürzere, doch ebenfalls brillante Einleitung zur klösterlichen Utopie des Dominikaners Campanella entstand nämlich während der Haftzeit von Fuchs; im Januar 1899 hatte er sie bereits abgeschlossen.

Erst lange nach Fuchs' Weggang aus München - erst im Jahr 1908 - erschien dann als Nachzügler noch der bereits von Fuchs angekündigte Auszug aus der *"Reise nach Ikarien"* des französischen Utopisten Cabet.[3)]

Abschliessend kann gesagt werden, dass diese von Fuchs herausgegebene Schriftenreihe zwar nie aktuelle Texte von grosser Relevanz herausbrachte, aber dafür in der Würdigung und Popularisierung der geistigen Vorboten des sozialistischen Gedankens Grosses leistete.

---

1) Thomas Campanella: Der Sonnenstaat, München 1899
2) Vgl. S. 51   dieser Arbeit
3) Der Auszug aus dem Werk Etienne Cabets erschien unter dem Titel *"Das Weib - sein unglückliches Schicksal in der gegenwärtigen Gesellschaft, sein Glück in der zukünftigen Gemeinschaft"* als Heft 18 der *"Sammlung gesellschaftswissenschaftlicher Aufsätze"*.

2.3.2. Das *"Volksfeuilleton"*

Neben seinem Redaktions-Vollamt, seiner Kunstliebhaberei, seiner Familie und seiner Verlegertätigkeit fand Fuchs in den Münchner Jahren auch noch die Zeit, eine Art literarischer Presseagentur mitzubegründen.

Dieser Pressedienst, für dessen Korrespondenz ein eigener Briefkopf angefertigt worden war, wurde als *"Volksfeuilleton"* bezeichnet und sollte die deutschsprachigen - also auch die schweizerischen und österreichischen - Arbeiterblätter mit Stoff für die Feuilletonseiten, also mit Glossen, Kurzgeschichten u.ä., beliefern.

Zwar beliess es Fuchs für diesmal bei der Herausgeberrolle und überliess die eigentliche Redaktionsarbeit dieses Pressedienstes dem Kollegen Adolf Müller von der *"Münchner Post"*. Dennoch diente das Unternehmen nicht zuletzt auch der Verbreitung von Fuchs' eigenen literarischen Erzeugnissen.

Auch diese Unternehmung hatte Fuchs gegen oben abgesichert, gehörte doch unter anderen auch Frau von Vollmar zu den Lieferanten literarischer Kurzware für die Feuilletonseiten der sozialdemokratischen Parteipresse.[1]

Damit sei die Würdigung der schriftstellerischen und publizistischen Kleinarbeit, die Fuchs in seinen Münchner Jahren auf sich nahm, abgeschlossen.

---

1) Vgl. den Brief von Fuchs an Frau von Vollmar vom 11.4.1895. Original im Institut für Sozialgeschichte, Amsterdam, Signatur V.2504

2.3.3. Die Herausgabe der Werke Mehrings

Es wurde bereits im ersten Teil berichtet, dass Fuchs von der Witwe Mehrings zum Verwalter von dessen Nachlass bestellt worden war;[1] auch die damit zusammenhängende Herausgabe von Mehrings Werken durch Fuchs ist bereits mehrfach gestreift worden, soll hier aber als seine zweifellos wichtigste editorische Unternehmung noch ausführlicher dargestellt werden.

Für die ersten 10 Jahre nach dem Tod des väterlichen Freundes und Förderers liess es Fuchs bei der Herausgabe der 2. bis 4. Neuauflage von Mehrings Marx-Biografie bewenden;[2] daneben erschienen in diesem Zeitraum auch Neuauflagen früherer Publikationen von Mehring im sozialdemokratischen Dietz-Verlag.[3] Vielleicht mochte es Fuchs gerade aufgrund des letztgenannten Umstands lange nicht geraten scheinen, dieses Angebot mit einer neuen Mehring-Ausgabe zu konkurrenzieren. Diese buchhändlerische Situation hatte sich auch am Ende der zwanziger Jahre nicht geändert. Dennoch wagte es Fuchs ab

---

1) Vgl. S.149 dieser Arbeit.
2) Vgl. S.149 ff. dieser Arbeit.
3) 1922 waren dort folgende Bände von Franz Mehring erschienen:
  - Deutsche Geschichte vom Ausgange des Mittelalters
  - Geschichte der deutschen Sozialdemokratie (4 Bde.)
  - Die Lessing-Legende
  Die Rechte auf die *"Deutsche Geschichte vom Ausgange des Mittelalters"* hatte der Dietz-Verlag vom Vorwärts-Verlag übernommen; die anderen beiden Bücher, ohne Zweifel die Hauptwerke Mehrings, gehörten seit ihrer Erstausgabe zu den meistverkauften Titeln aus dem Hause Dietz.

1929, in rascher Folge nicht weniger als sechs Bände einer auf insgesamt zwölf Bände berechneten Mehring-Gesamtausgabe auf den Markt zu werfen.[1]
Fuchs konnte dabei von Anfang an nicht auf kommerziellen Gewinn hoffen. Die *"Soziologische Verlagsanstalt"* in Berlin, in der die Mehring-Ausgabe herauskam, war ein von Fuchs finanziertes Verlustgeschäft.[2]

---

[1] 1929 erschienen die beiden ersten Bände mit kleineren literargeschichtlichen Arbeiten Mehrings *"Zur Literaturgeschichte von Calderon bis Heine"* und *"Zur Literaturgeschichte von Hebbel bis Gorki"*.
1930 erschienen die beiden Bände *"Zur preussischen Geschichte vom Mittelalter bis Jena"* und *"Zur preussischen Geschichte von Tilsit bis zur Reichsgründung"*, ebenfalls mehr eine Sammlung von einzelnen Aufsätzen als eine durchgehende Darstellung.
1931 folgte der Band *"Zur deutschen Geschichte"* und die Aufsatzsammlung *"Zur Geschichte der Philosophie"*.
Diese Konzentration auf die kleineren Nebenwerke Mehrings ist natürlich eben darin begründet, dass dessen Hauptwerke bereits auf dem Buchmarkt erhältlich waren. Allerdings war bereits der fünfte Band der Ausgabe (*"Zur deutschen Geschichte"*) ein Konkurrenzangebot zur Ausgabe von Dietz. Der siebte Band sollte Mehrings Aufsätze *"Ueber Militarismus und Kriegswesen"* versammeln, seine Arbeiten *"Zur Zeitgeschichte"* sollten die Bände 8 und 9 füllen, diejenigen *"Zur Geschichte der Arbeiterbewegung"* den Doppelband 10 bis 11, und als zwölften Band präsentierte Fuchs 1933 die fünfte Auflage der Mehringschen Marx-Biografie (vgl. S. 208 f. dieser Arbeit).

[2] In dem am 3. Februar 1940 im Zürcher *"Volksrecht"* erschienenen Nachruf *"Eduard Fuchs gestorben"*, der die Signatur W.V. trägt und vermutlich von Walther Viktor stammt, heisst es dazu: *"Leidenschaftlicher Sozialist, gehörte er kaum einer der bestehenden Gruppierungen an, aber kein anderer als er hat mit seinem eigenen Geld jene 'Sozialistische (sic) Verlagsanstalt' finanziert, der man die herrliche Ausgabe der Werke des klassischen literarischen Kulturkritikers Franz Mehring verdankt."*
Vgl. zu Walther Viktor auch S.227 dieser Arbeit.

Was Fuchs zu diesem verlustreichen Vorhaben trieb, war neben seiner Verehrung für Mehring auch in diesem Fall wieder der Wille, der letzten politischen Hoffnung seiner Laufbahn, der KPO, zu jener Bedeutung zu verhelfen, die sie aufgrund ihres Abgleitens ins Sektierertum im Gegensatz zu den vergleichbaren Gruppierungen in Schweden und der Schweiz nicht zu erringen vermochte.[1]

Dieses Bestreben geht daraus hervor, dass Fuchs zwei der theoretisch beschlagensten Aktivisten der KPO zur Mitarbeit an der Mehring-Ausgabe heranzog, nämlich August Thalheimer [2] und Paul Frölich, der in diesem Zusammenhang allerdings unter dem Pseudonym *"Ludwig Pollnau"*

---

[1] Vgl. S. 198 f. dieser Arbeit.

[2] August Thalheimer verfasste die Einleitungen zu den beiden literaturgeschichtlichen Bänden der Ausgabe. Deren erste ist ein richtiggehender kleiner Essay zur marxistischen Aesthetik am Beispiel Mehrings, und in der allerdings kürzeren und weniger gehaltvollen zweiten dieser Einleitungen findet sich immerhin die folgende Perle zum Wesen des Naturalismus, die übrigens auch als Hinweis zur Ortung des Werkes von Fuchs von Interesse ist:
"Die Rebellion des Naturalismus gegen die Epigonenliteratur der siebziger und achtziger Jahre spiegelte den Uebergang der vorimperialistischen in die imperialistische deutsche Bourgeoisie wieder. Die ökonomische Depression der siebziger und eines Teils der achtziger Jahre wurde abgelöst durch einen neuen Aufschwung. Der Reichtum der Bourgeoisie wuchs. Es änderte sich ihre Lebensart. Die klein- oder mittelbürgerliche Lebensführung war bis dahin unter ihr herrschend gewesen, damit auch die kleinbürgerliche Moral. Ihr spezifisch deutscher Ausdruck waren die abgestandenen, schal gewordenen Reste des deutschen Idealismus. Jetzt brach die grossbürgerliche Lebensführung sich Bahn. Die Grossbourgeoisie rebellierte gegen die klein- und mittelbürgerliche Enge und die ihr entsprechende zaghaft-schüchterne Moral im Namen des 'Sichauslebens'. Der gesteigerten Mehrwertproduktion entsprach das Bedürfnis nach gesteigertem Verzehr und seiner Rechtfertigung. Eng verbunden damit ist die Kritik der bisherigen Form der bürgerlichen Ehe und Geschlechtsmoral." (August Thalheimer, Einleitung zu Franz Mehring: Zur Literaturgeschichte von Hebbel bis Gorki, op.cit., pp.11-15, p.12)
Thalheimer verfasste ferner die Einleitung zu den philosophiegeschichtlichen Arbeiten Mehrings; während seiner Verbannung in Moskau (von 1924 - 1928) hatte er sich ja hauptsächlich philosophischen Fragen gewidmet.

auftrat.[1)]

Fuchs war allerdings klug genug, von dem parteipolitischen Hintergrund dieser Ausgabe, wie er in seiner Mitarbeiterauswahl deutlich wird, in seinem Vorwort zur ganzen Ausgabe nichts verlauten zu lassen. Tatsächlich war ja das bisherige Fehlen einer Mehring-Gesamtausgabe ein ausreichender Grund zu einem solchen Unternehmen, welches das weitverstreute Werk des Theoretikers wieder zugänglich machen sollte. Fuchs betonte den letztgenannten Gesichtspunkt folgendermassen:

"die vielen Hunderte von selbständigen Artikeln über Geschichte, Sozialismus, Literatur, Philosophie, Kriegswissenschaft usw., die er (Mehring) in den verschiedensten Zeitungen und Zeitschriften veröffentlicht hat (...) (sind) *ein Schatz, von dem das heutige Geschlecht mit wenigen Ausnahmen keine Ahnung hat und der obendrein den meisten heute nur mit schwerster Mühe zugänglich ist. Diesen ungeheuren Schatz gilt es (...) zu heben (...) Diese Aufgabe ist aus drei Gründen die wichtigste, die mir als dem Verwalter des geistigen Erbes von Mehring oblag. Erstens, weil diese gesammelten Aufsätze und Schriften dem deutschen Proletariat, für das sie einst geschrieben worden waren, und für das sie auch heute in erster Linie bestimmt sind, ein ganzes Weltbild eröffnen; zweitens, weil sie ihm ermöglichen, auf diese Weise Mitbesitzer der*

---

1) Vgl. dazu den diesbezüglichen Hinweis im Artikel von Michael Bühnemann und Thomas Friedrich: Buchgemeinschaften der Arbeiterbewegung im Katalog *"Wem gehört die Welt"*, op.cit., pp.364-397, p.387. Paul Frölich war aus dem Kreis der Bremer Linken zur KPD gestossen, war durch die von Radek inspirierte *"Schlageter-Kampagne"* als Mitexponent einer *"nationalbolschewistischen"* Einheitsfront mit rechtsgerichteten Nationalisten unrühmlich bekannt geworden und schrieb in den späteren dreissiger Jahren im Exil die erste Biografie Rosa Luxemburgs (Paul Frölich: Rosa Luxemburg, Gedanke und Tat, Frankfurt/M. 1967 (3.Aufl.)). Er schrieb unter dem Pseudonym Ludwig Pollnau die Einleitungen zu den drei Bänden, welche die Aufsätze Mehrings zur preussischen und zur deutschen Geschichte versammeln.

*höchsten geistigen Kultur zu werden, und drittens, weil sie
sich ihm ausserdem als die wuchtigste geistige Waffe in
seinem Kampf um die Machtübernahme erweisen werden. Es sind
geistige Waffen von solch zwingender Ueberzeugungsgewalt,
wie es deren neben den Werken von Marx, Engels und Lenin
in solchem Umfang in der gesamten sozialistischen Literatur keine ebenbürtigen gibt."* [1]

Die Grösse dieser Aufgabe nötigte Fuchs zur Suche von
Mitarbeitern, und deren Auswahl begründete er mit ihrem
gemeinsamen Kampf an der Seite Mehrings innerhalb der
SPD-Linken während des Weltkriegs und bei der Gründung
der KPD:

*"Ein Einzelner vermag diese Aufgabe nicht so zu lösen,
wie sie gelöst werden muss (...) Hieraus ergab sich für
mich die Pflicht, dass ich bei der Herausgabe (...) Mitarbeiter heranzog, von denen jeder auf einem der Gebiete, die diese Sammlung umfasst, spezielle Kenntnisse besitzt. (...) Ich habe diese Pflicht in der Weise erfüllt,
dass ich bei der Ausarbeitung dieser umfangreichen Publikation in erster Linie jene als Mitarbeiter heranzog, die
bei Lebzeiten Mehrings dessen besonderes Vertrauen besessen haben."* [2]

Trotz dieser einleuchtenden Begründung kann kaum Zweifel
daran bestehen, dass Fuchs nicht zuletzt gerade wegen dieser Uebergabe des Nachlasses von Mehring an Exponenten der
KPO in KPD-Kreisen als *"Feind No.1"* galt. [3] Fuchs betont
wohl auch deshalb sein freies persönliches Verfügungsrecht
über den Mehring-Nachlass:

"noch bei Lebzeiten Frau Mehrings wurde mir alles brief-

---

1) Eduard Fuchs, Vorwort des Herausgebers, a.a.O., p.11
2) ebda., p.13
3) Vgl. S.190 dieser Arbeit.

liche und andere Material aus Mehrings Nachlass überantwortet, damit ich nach meinem persönlichen Ermessen darüber verfüge." [1)]

Bei der Wertung dieser Verfügung von Fuchs über den Mehring-Nachlass sind zwei Aspekte im Auge zu behalten. Wohl bewährte sich die Auswahl von Thalheimer und Frölich als Mitarbeiter insofern, als sie speditive und seriöse Arbeit leisteten. Ihre Einleitungen sind brillant. Fuchs wäre aus eigener Kraft zu theoretisch ähnlich hochstehenden Würdigungen der Beiträge Mehrings zum revolutionären Marxismus schwerlich imstande gewesen. Insbesondere die wohlwollend kritische, kenntnisreiche Darstellung von Mehrings falscher Einschätzung der lassalleanischen Richtung in der deutschen Arbeiterbewegung durch Paul Frölich ist die notwendige Korrektur eines Irrtums, dem auch Fuchs immer wieder erlegen ist.[2)]

---

1) Eduard Fuchs, Vorwort des Herausgebers, a.a.O., p.11

2) Frölich nimmt dazu die treffende Kurzformulierung aus dem Nachruf Lenins auf August Bebel auf:*"Lassalle und die Lassalleaner verfolgten angesichts der schwachen Aussichten des proletarischen und demokratischen Wegs eine schwankende Taktik, indem sie sich an die Hegemonie des Junkers Bismarck anpassten. Ihre Fehler liefen auf eine Abweichung der Arbeiterpartei in bonapartistisch-staatssozialistischer Richtung hinaus."* (Zitat p.21 der Einleitung des Bandes *"Zur deutschen Geschichte"*, pp.5-26). Frölich liefert anschliessend noch die Mehring unbekannt gebliebenen Beweise der heimlichen Zusammenarbeit Lassalles und seines Gefolgsmanns v.Schweitzer mit Bismarck (p.18f.). Der ganze Aufsatz Frölichs kreist um diese nicht nur bei den Lassalleanern anzutreffende Unterordnung von Teilen der deutschen Arbeiterbewegung unter Bürgertum und Staatsapparat, die er schon bei dem 48er-Revolutionär Stephan Born ausmacht (p.24f.) und deren Durchbruch in Gestalt der SPD Eberts und Noskes ihn bitter konstatieren lässt:*"Es gibt auch bürgerliche Arbeiterparteien."* (p.20). Daneben setzt sich Frölich in dieser bedeutendsten seiner drei Einleitungen mit dem bereits einmal zitierten Werk des Sozialdemokraten Heinrich Cunow zur Urgeschichte und mit der in den 20er Jahren erstmals erschienenen *"Geschichte der deutschen Revolution von 1848-49"* des Linksliberalen Veit Valentin (Neuauflage Köln 1970) auseinander, um den Beweis anzutreten, dass Mehrings Beitrag zur deutschen Geschichtsschreibung unübertroffen geblieben sei.

Der andere Aspekt ist der, dass sich die Zusammenarbeit
mit leitenden Aktivisten der KPO letztlich doch als Bumerang für die Mehring-Ausgabe von Fuchs erwies. Mit dem
bereits erwähnten Ausschluss jener Minderheit der KPO,
welche eine Zusammenarbeit mit der SAP anstrebte, ging
das Einvernehmen zwischen Thalheimer, der in der KPO blieb,
und Frölich, der zur SAP ging, [1] 1931 soweit verloren, dass
an eine Weiterführung der Ausgabe im bisherigen Rahmen
nicht mehr zu denken war. Zwar behielt Fuchs offensichtlich
weiterhin Fühlung zumindest mit Thalheimer, mit dem zusammen er ja 1933 via Schaffhausen in die Schweiz flüchtete.[2]
Aber zu einer weiteren Zusammenarbeit bei der Mehring-Ausgabe kam es offenbar nicht mehr; für den letzten Band der Edition, für die fünfte Auflage von Mehrings Marx-Biografie,
schrieb Fuchs den Kommentar selber [3] und griff ferner, wohl
um das Fehlen einer theoretischen Einleitung zu diesem Band
zu kompensieren, auf seine alte Gepflogenheit der gediegenen
Buchausstattung durch verschiedene Illustrationen zurück,[4]
die er sonst bei dieser editorischen Arbeit im Zaum zu halten
wusste.

---

1) Vgl. dazu S. 200   dieser Arbeit.
2) Vgl. S. 210 dieser Arbeit.
3) Vgl. S. 208 f.dieser Arbeit, wo ein längeres Stück daraus zitiert ist.
4) Nämlich ein Porträt von Karl Marx, ein Abdruck der Karikatur auf Marx
   als gefesselter Prometheus, Faksimiles verschiedener Schriftstücke,
   u.a. von Handschriften Marx' und Mehrings. Das Material zu diesen
   Abbildungen hatte Fuchs vom Leiter des Marx-Engels-Instituts in Moskau,
   D.Rjazanow, erhalten, den er in Nizza 1931 als *"überaus feinen u. hilfs-
   bereiten Herrn"*(Karte von Fuchs an Brupbacher im Nachlass Brupbachers,
   a.a.O.) kennengelernt hatte. Die Zusammenarbeit mit Rjazanow hat insofern eine Pointe, als derselbe seinerzeit Mehring bei der Ausarbeitung
   der Marx-Biografie Schwierigkeiten gemacht hatte, worauf sich Mehring
   in seinem Vorwort zu diesem Werk ausdrücklich bezieht.

Es stimmt wohl, dass die Mehring-Ausgabe von Fuchs wegen
der Machtübernahme der Faschisten nicht beendet werden
konnte. Es bleibt aber festzuhalten, dass die erste Verzögerung dieser letzten verlegerischen Leistung von Fuchs
eine Folge der sektiererischen Streitigkeiten seiner beiden Mitarbeiter war. Wäre die Ausgabe auch nach 1931 im
selben Tempo vorangetrieben worden wie in den drei Jahren
zuvor, so wäre es kaum bei den sieben Bänden geblieben,
die 1933 schliesslich vorlagen.

Waren die politischen Umstände schon der Entstehung der
Ausgabe hinderlich, so erschwerten sie auch ihre Rezeption. Zwar gelang es Fuchs, seine Mehring-Ausgabe im Programm der *"Universum-Bücherei für Alle"* zu plazieren [1)]
und so zumindest ansatzweise auch breiteren Leserschichten zugänglich zu machen. Aber 1933 wurde diese populäre
Vertriebsorganisation linker Bücher verboten, und dass in
den folgenden Jahren marxistische Theorie im deutschen
Sprachraum kaum mehr geduldet wurde, ist ein Gemeinplatz.

---

1) Ueber diese der heute noch bestehenden *"Büchergilde"* organisatorisch
grosso modo entsprechende, aber weiter linksstehende Organisation
informiert der dritte Abschnitt des bereits zitierten Aufsatzes von
Bühnemann und Friedrich über die Buchgemeinschaften der Arbeiterbewegung in der Weimarer Republik (a.a.O. pp.382 ff.). 1932 zählte die
Universum-Bücherei immerhin 40 000 Mitglieder (p.385). Zu ihren po-
pulärsten Autoren zählte der *"Rasende Reporter"* Egon Erwin Kisch.
Die Autoren des genannten Artikels finden es erstaunlich, dass
das Werk der KPO-Leute Fuchs, Thalheimer und Frölich ins Programm
aufgenommen wurde (p.387), weil sie die Universum-Bücherei allzusehr
als Unterorganisation der KPD bzw. als Nebenorganisation zum *"Neuen
Deutschen Verlag"* des KPD-Pressezars Willi Münzenberg auffassen.
Aus dem von den Verfassern p.382 abgedruckten Programm der Bücherei
geht aber hervor, dass im sog.*"literarischen Beirat"*der Organisation
ausser Johannes R.Becher kaum Exponenten einer stramm auf die KPD
ausgerichteten Kulturpolitik sassen, sondern eine grosse Anzahl von
Persönlichkeiten, deren enge persönliche Verbindung zu Eduard Fuchs
so stark auffällt, dass es fast als wahrscheinlich erscheint, dass
er - ähnlich wie im Malik-Verlag - auch hier eine gewisse Rolle
spielte. Im Beirat sassen nämlich u.a. Fritz Brupbacher, Alexandra
Kollontai, Käthe Kollwitz, George Grosz sowie Graf Arco und Dr.He-
lene Stöcker, deren Zusammenarbeit mit Fuchs im ersten biografischen
Teil dieser Arbeit an verschiedenen Stellen erwähnt wurde.

Klare Einsicht in diese geistige Lage bewog Fuchs schon
kurz nach seiner Flucht ins französische Exil dazu, das
Projekt einer französischsprachigen Ausgabe von Mehrings
Marx-Biografie anzupacken. Von den Schwierigkeiten dieser
Aufgabe, die der des grössten Teils seiner Ressourcen und
Verbindungen beraubte Flüchtling in Paris nicht mehr lösen konnte, berichten zwei Briefe von Fuchs an Brupbacher
aus dem Jahr 1934.[1]

Fuchs ist mit seiner letzten publizistischen Unternehmung
trotz grossen Investitionen von Geld und Arbeit gescheitert, auch wenn sich die erschienen 7 Mehring-Bände
durchaus sehen lassen können. Sein Scheitern geht nicht
zuletzt aus der mangelhaften Würdigung dieser Mehring-
Ausgabe durch die Nachwelt hervor. Benjamin betont in
seinem Aufsatz über Fuchs zwar die theoretische Nähe von
Mehring und Fuchs, [2] erwähnt die Edition aber nicht.
Der Historiker der KPO, Tjaden, erwähnt von der Ausgabe

---

[1] Offenbar hätte Brupbacher in diesem Zusammenhang seine französischen Beziehungen spielen lassen sollen. Er liess Fuchs aber anscheinend über seine Bemühungen im Dunkeln. Am 1.2.1934 bittet Fuchs Brupbacher um nähere Auskünfte. Er schreibt:*"Da ich in der letzten Zeit verschiedene Male wegen der französischen Ausgabe der Mehringschen Marx-Biografie interpelliert wurde, so möchte ich beim Verleger etwas Dampf hinter die Geschichte machen. Zuerst frage ich natürlich bei Ihnen um Auskunft darüber an, wie die Dinge zurzeit eigentlich stehen. Seien sie so liebenswürdig, mich durch ein paar Worte zu informieren und mir gleichzeitig die genaue Adresse des Verlegers mitzuteilen."* Ungeduldiger bereits tönt es dann am 1.3.1934: *"Die mir unterm 2.Februar für 'in ein paar Tagen' in Aussicht gestellten Mitteilungen über des Uebersetzers Samson bisherige Leistungen sind bis heute noch nicht bei mir eingetroffen."* (Originale im Brupbacher-Nachlass, Schweizerisches Sozialarchiv, a.a.O.). Jean-Paul Samson war ein lange Jahre in Zürich lebender französischer Schriftsteller, Redaktor der Zeitschrift *"Témoin"* (Vgl. R.J.Humm: Bei uns im Rabenhaus, Zürich 1963, p.43). Es scheint, dass die von Brupbacher ins Auge gefassten französischen Mittelsmänner dieser Aufgabe nicht gewachsen waren. Der Briefwechsel zwischen Fuchs und Brupbacher, der kurz nach diesen Briefen abbricht, geht sonst auf das Projekt nicht ein.

[2] Benjamin: Eduard Fuchs ..., a.a.O., p.465 f.

nur ganz beiläufig einige Bände der Ausgabe, [1]
Luciana Zingarelli gar scheint nur einen einzigen
zu kennen.[2] Und in der neuen Mehring-Gesamtausgabe,
die seit längerem in der DDR erscheint, wird nur gerade die Unvollständigkeit der ersten Gesamtausgabe
bemäkelt und nicht einmal der Name ihres Herausgebers
genannt.[3]

---

1) K.H.Tjaden, op.cit., Bd.II, p.156, Anm 145
2) Luciana Zingarelli: Eduard Fuchs ..., a.a.O., p.51, Anm.12
3) Franz Mehring: Gesammelte Schriften, Hg. Thomas Höhle, Hans Koch und Josef Schleifstein, Band I, Vorbemerkung, p.18:
   "Zum ersten Male werden die Arbeiten zur Geschichte der Arbeiterbewegung und die politischen Aufsätze gesammelt, die Arbeiten auf literarhistorischem und historischem Gebiet werden weit vollständiger erscheinen als in der vor 1933 herausgegebenen Mehring-Ausgabe, von der nur sieben Bände erscheinen konnten."

2.4. FUCHS UND DIE KARIKATUR

Fuchs wurde in München vom kaufmännischen Angestellten sehr jung zum Chefredaktor eines satirischen Arbeiterblattes, das vor allem mit dem Mittel der gezeichneten Satire, der Karikatur, arbeitete. Die Berührung von Fuchs mit der Karikatur ist der Ausgangspunkt seines Lebenswerks.

Fuchs hatte das Glück, zu einer Zeit auf die Karikatur zu treffen, da sie auf einem ihrer Höhepunkte stand, wenigstens was Deutschland betraf: Die Frühzeit des *"Simplicissimus"* und die ersten Jahrgänge der *"Jugend"*, die Fuchs als direkte Konkurrenten seines Blattes genau kannte, bilden den Höhepunkt der Entwicklung der satirischen Zeichnung im Deutschland des 19.Jahrhunderts.

Fuchs hatte bei seiner Begegnung mit der Karikatur aber auch das Pech, selbst zu ihrer Gestaltung nur indirekt beitragen zu können. Fuchs konnte selbst nicht zeichnen,[1] im Unterschied zu Doppelbegabungen wie Charles Philipon, dem geschäftstüchtigen Herausgeber, Redaktor und Zeichner des Pariser *"Charivari"*,[2] oder Wilhelm Busch und Jean-Rodolphe Toepffer, den ingeniösen Zeichnern und Textern ihrer unsterblichen Bildergeschichten, die am Anfang der hauptsächlichsten Erscheinungsform der Karikatur im 20.Jahrhundert, der *comics*, stehen.

---

1) Es ist keine Zeichnung von Fuchs überliefert; sein Entwurf zu der diffamierenden Karikatur Rosa Luxemburgs (vgl.S.247 f.dieser Arbeit) besteht nur aus zwei, drei unbeholfenen Strichen. (Das Origional dieses Entwurfs befindet sich im Bestand *"Postilloniana"*, Staatsbibliothek München, a.a.O.)

2) Vgl. zu Charles Philipon: Eduard Fuchs: Die Karikatur der europäischen Völker, op.cit., Bd.I., p.234 ff.

Fuchs musste sich demzufolge auf die Beschäftigung mit der bereits gezeichneten Karikatur und auf die Zusammenarbeit mit den Zeichnern beschränken.[1] Er tat das zum einen in der täglichen Redaktionsarbeit, zum andern aber in seiner Freizeit, indem er schon bald damit begann, Antiquariate und Museen nach allen Zeugnissen der Karikatur abzusuchen. Bei dieser Tätigkeit erwies es sich, dass ihm wohl der Strich, nicht aber der Blick für die Karikatur fehlte. Neben seinem sich bald herausbildenden untrüglichen Spürsinn für unter Trödel verborgene Kunstobjekte kam ihm bei seiner Sammlertätigkeit auch seine kaufmännische Ausbildung zustatten.

Der eigene künstlerische Ehrgeiz von Fuchs lag auf literarischem Gebiet. Er hatte zudem im *"Süddeutschen Postillon"* eine Tribüne, die den Einsatz seiner Feder zur Präsentation und Unterstützung des bildlichen Elements täglich forderte. So lag es nahe, dass Fuchs seine bald schon zahlreiche Mappen füllenden Sammelgegenstände aus dem Bereich der Grafik nicht einfach für sich hortete, sondern - umrahmt von den für die älteren Karikaturen unbedingt nötigen historischen Erklärungen - veröffentlichte. Es kam hinzu, dass es Fuchs in seinen Münchner Stadtwohnungen, aber auch später in Berlin stets an Raum zur Ausstellung seines Kunstbesitzes fehlte. Die Publikation war da ein Ausweg, der nicht nur Fuchs' demokratischem Kunstverständnis, sondern auch dem Wesen seiner meist für die weiteste Verbreitung durch den Druck konzipierten grafischen Sammelobjekte entsprach.

---

1) Beigedruckt zu anderweitigen Publikationen aus dem Verlag von M. Ernst gestaltete Fuchs oft Reklamen für sein Blatt. Eine davon, eine *"Illustrationsprobe aus dem Südd. Postillon, entworfen von Ed.Fuchs, ausgeführt von J.B.Engl"*, die den Weg von der absoluten Monarchie über die bürgerliche Republik zum Sozialismus als politischen Totentanz des Kapitals darstellt, zeugt von der engen Zusammenarbeit von Fuchs mit seinen Zeichnern.

In dieselbe Richtung wies der Umstand, dass Fuchs in der zweiten Hälfte der neunziger Jahre an die Grenzen seiner bisherigen schriftstellerischen Ausdrucksformen gestossen war. Was seine poetische Produktion betrifft, so hatte sie ihren Höhepunkt in den ersten Jahren beim *"Süddeutschen Postillon"* erreicht und hörte nach 1901 gänzlich auf. Auch seine Versuche, sich als Herausgeber theoretischer Schriften mit anderen Parteitheoretikern zu messen, erwiesen sich als seinem Talent nicht adäquat. Die mit Schwierigkeiten verbundene Morus-Ausgabe wie auch das Scheitern seiner geplanten Weitling-Gesamtausgabe hatten ihm gezeigt, dass er nicht über die antiquarische Akribie etwa von Kautsky verfügte.

Aus all diesen Gründen erwies sich für Fuchs die Veröffentlichung von Karikaturen aus seiner Sammlung, umrahmt mit populär gehaltenen, leicht lesbaren erläuternden und ergänzenden Texten als die ihm gemässe Publikationsform. Fuchs hatte damit im Rahmen des *"Postillon"* und des Verlags von Ernst begonnen.[1] Mit seinen folgenden Arbeiten, die weiteren bekannten Einzelereignissen und -personen im Zerrspiegel der Karikatur gewidmet waren,[2] hatte Fuchs nicht nur die schriftstellerische Ausdrucksform gewechselt, sondern sich über andere Vertriebskanäle auch einem neuen Publikum zugewandt. Er publizierte von nun an meist in bürgerlichen Verlagen.

---

1) Vgl. dazu die Darstellung seiner Themen der Karikatur gewidmeten Artikelfolgen im *"Süddeutschen Postillon"*, insbesondere auch der später auch in Buchform erschienenen Arbeit *"1848 in der Karikatur"*, op.cit., S. 266f. dieser Arbeit.

2) Es handelte sich dabei um folgende Publikationen: *"Noch einige Jahn-Karikaturen"*, in: Zeitschrift für Bücherfreunde, Bielefeld, Jg.1897, No.2, pp.582-585; *"Lola Montez in der Karikatur"*, in: Zeitschrift f. Bücherfreunde, Jg.1898, No.3, pp.105-126 (von dieser Arbeit erschien ebenfalls eine erweiterte Fassung in Buchform, vgl. S. 61 dieser Arbeit); *"Aus meiner Napoleonmappe. Zum hundertsten Gedenktag des 18. Brumaire"*, in: Vom Fels zum Meer, Stuttgart, Jg.1899, No.18, pp.262 - 267 sowie *"Sarah Bernhardt in der Karikatur"*, in: Bühne und Welt, Berlin, Jg.1900, No.1, pp.19-25.

Dabei blieb er aber durchaus sich selber treu. Die Aufarbeitung der Geschichte der Karikatur sollte sich als ein Gebiet erweisen, das seinem revolutionären Temperament und seinem impulsiven, die Konventionen beiseiteschiebenden Gestus im höchsten Mass entgegenkam.

Die Gründe für diesen Tatbestand hängen zusammen. Zum einen ist die Karikatur, wie der Witz überhaupt, stets eine Waffe oder mindestens ein Trost der Unterdrückten gewesen.

"Die Verhinderung der Schmähung oder beleidigenden Entgegnung durch äussere Umstände ist ein so häufiger Fall, dass der tendenziöse Witz mit ganz besonderer Vorliebe zur Ermöglichung der Aggression oder der Kritik gegen Höhergestellte, die Autorität in Anspruch nehmen, verwendet wird. Der Witz stellt dann eine Auflehnung gegen solche Autorität, eine Befreiung von dem Drucke derselben dar. In diesem Moment liegt ja auch der Reiz der Karikatur, über welche wir selbst dann lachen, wenn sie schlecht geraten ist, bloss weil wir ihr die Auflehnung gegen die Autorität als Verdienst anrechnen." [1]

Diese Formulierung stammt von Sigmund Freud, mit dessen diesbezüglichen Gedanken ich mich in diesem Abschnitt noch eingehender befassen werde. Fuchs schätzte genau diese kritische Kraft der Karikatur, [2] die seinem eigenen kritischen Temperament entsprach.

---

[1] Sigmund Freud: Der Witz und seine Beziehung zum Unbewussten, in: ders.: Studienausgabe, Bd.IV (Psychologische Schriften), pp.9-219, Frankfurt/M.1970.

[2] Vgl. z.B. Eduard Fuchs: Die Karikatur der europäischen Völker, op. cit., Bd.1, p.11 ff.

Zum andern ist die Karikatur aus genau diesem Grund ein
Segment der Kunst, das von der traditionellen Aesthetik
gerne übersehen wurde. Sie ist *"die Kunst der Gasse"*,[1]
und nur von ihr ausgehend konnte Fuchs zu seiner Gegenposition zur offiziellen Kunstgeschichte kommen, die auch
die beiden andern vernachlässigten Bereiche der klassischen Kunsttheorien, nämlich die Volkskunst und die
erotische Kunst, zu Ehren kommen lässt, ja ihnen gar
eine Schlüsselrolle zuweist.

Um Fuchs' Arbeiten zur Karikatur, allen voran sein
erstes und wohl auch bestes Hauptwerk *"Die Karikatur
der europäischen Völker"* in diesen Zusammenhang einordnen
zu können, folgt hier ein kurzer Exkurs zur Nebenrolle,
welche das Thema des Komischen, des Witzes, der Satire und
eben Karikatur im ästhetischen Fragen gewidmeten Schrifttum einnimmt.

---

1) *"Karikatur der europäischen Völker"*, op.cit., p.18

2.4.1. Darf über Kunst gelacht werden?

Die im Titel gestellte Frage soll in diesem Exkurs zur Aesthetik der Karikatur nicht in scholastischer Manier durch möglichst vollständiges Anführen aller Klassiker der Kunsttheorie und ihrer Aeusserungen zum Thema abgehandelt werden. Es wäre dies allerdings ein weniger aufwendiges Verfahren, als man erwarten möchte. Denn bei der grossen Mehrzahl der ästhetischen Grössen herrscht zum Thema der Karikatur tiefes Schweigen. Selbst bedeutende neuere, sich um kritische Denkansätze und Alternativen zur klassischen Schönheitslehre bemühende Werke zu Kunst und Aesthetik, etwa diejenigen von Arnold Hauser oder Theodor W.Adorno, halten Kunstsparten wie Satire und Karikatur nicht für erwähnenswert.[1] Mit dem Vehikel der Ignoranz gegenüber diesen Richtungen der Kunst eskamotieren sie wesentliche Probleme aus ihren ästhetischen Theorien.

Ausgerechnet der ernste Hegel kritisierte diese weitverbreitete Missachtung der Satire durch die Aesthetiker beredt. In seinen *"Vorlesungen über die Aesthetik"* [2] befasst sich der schwäbische Dialektiker ausführlich mit dem Ursprung der Satire und mokiert sich dabei über deren Fehlen in den herkömmlichen Lehrgebäuden der Aesthetik. Hegel dozierte seinen Studenten:

"Die Kunstform, welche diese Gestalt des hervorbrechenden Gegensatzes der endlichen Subjektivität und der entarteten Aeusserlichkeit annimmt, ist die Satire, mit welcher die

---

1) Diese Stichworte fehlen sowohl in Arnold Hausers *"Sozialgeschichte der Kunst und Literatur"* (München 1953) als auch in Theodor W.Adornos *"Aesthetischer Theorie"* (Frankfurt 1970).

2) Georg Friedrich Wilhelm Hegel: Vorlesungen über die Aesthetik (Bde. 13-15 der Ausgabe von Karl Michel und Eva Moldenhauer: *"Hegel: Werke in 20 Bänden"*, Frankfurt 1970)

gewöhnlichen Theorien niemals haben zurechtkommen können, indem sie stets in Verlegenheit blieben, wo sie dieselbe einschieben sollten." [1]

Wenn Hegel die Satire im Unterschied zu den *"gewöhnlichen Theorien"* der Aesthetik zwar immerhin behandelt, so wertet er sie doch gegenüber der *"wahren Kunst"*, deren Massstab für ihn - ganz im Geiste Winckelmanns - die Kunstwerke des klassischen Griechenland sind, deutlich ab. Er fuhr fort:

"Denn von Epischem hat die Satire gar nichts, und zur Lyrik gehört sie eigentlich auch nicht, indem sich im Satirischen nicht die Empfindung des Gemüts ausspricht, sondern das Allgemeine des Guten und in sich Notwendigen, welches, zwar mit subjektiver Besonderheit vermischt, als besondere Tugendhaftigkeit dieses oder jenes Subjekts erscheint, doch nicht in freier, ungehinderter Schönheit der Vorstellung sich geniesst und diesen Genuss ausströmt, sondern den Missklang der eigenen Subjektivität und deren abstrakter Grundsätze, der empirischen Wirklichkeit gegenüber, missmutig festhält und insofern weder wahrhafte Poesie noch wahrhafte Kunstwerke produziert. Deshalb ist der satirische Standpunkt nicht aus jenen Gattungen der Poesie zu begreifen, sondern muss allgemeiner als (...) Uebergangsform des klassischen Ideals gefasst werden. (...) Indem es nun die ihrem inneren Gehalt nach prosaische Auflösung des Ideals ist, welche sich im Satirischen kundgibt, so haben wir den wirklichen Boden für dasselbe nicht in Griechenland, als dem Land der Schönheit, zu suchen. Die Satire in der eben beschriebenen Gestalt kommt den Römern eigentümlich zu. Der Geist der römischen Welt (...) ist der wahren Kunst entgegen." [2]

So gelingt es Hegel, die Satire im Rückgriff auf die Ge-

---

1) Hegel, op.cit., Bd.14, p.123
2) ebda.

schichte in sein ja durchwegs historisch aufgebautes Lehrgebäude der Aesthetik einzuplanen. Hegel unterscheidet sich mit dieser relativ ausführlichen Berücksichtigung der Satire ziemlich auffällig von den übrigen Theorien der Aesthetik. Es ist deshalb auch kein Zufall, dass es einer seiner direkten Schüler, nämlich Karl Rosenkranz war, der von der Hegelschen Beachtung der Satire her auch zu einer recht ausführlichen Würdigung der ästhetischen Rolle der Karikatur kam.[1]

Doch zurück zu Hegel. Was Hegel sehr klar herausarbeitet, ist die moralische, kritische Intention der Satire, ihre Behauptung eines verlorenen Ideals in einer schlechten Wirklichkeit. Doch diese moralische Intention der Satire

---

1) Karl Rosenkranz (1805-1879) gab seinem kunsttheoretischen Hauptwerk eine angesichts des weltweiten Triumphs der Hässlichkeit in unserem Jahrhundert oft gebrauchte Wendung als Titel: Sein (hier nach der Ausgabe Königsberg 1853 zitiertes) Buch hiess *"Aesthetik des Hässlichen"*. In dieser Antithese zur die Aesthetik meist dominierenden Schönheitslehre räumt Rosenkranz der Karikatur ziemlich breiten Raum ein. Er schreibt u.a.: *"Ich habe mich bemüht, den Begriff des Hässlichen als die Mitte zwischen dem Begriff des Schönen und dem des Komischen von seinen ersten Anfängen bis zu derjenigen Vollendung zu entwickeln, die er sich in der Gestalt des Satanischen gibt. Ich rolle gleichsam den Kosmos des Hässlichen auf von seinen ersten chaotischen Nebelflecken, von der Amorphie und Asymmetrie an, bis zu seinen intensiven Formationen in der unendlichen Mannigfaltigkeit der Desorganisation des Schönen durch die Karikatur. Die Formlosigkeit, die Inkorrektheit und die Deformität der Verbildung machen die verschiedenen Stufen dieser in sich konsequenten Reihe von Metamorphosen aus. Es ist versucht worden zu zeigen, wie das Hässliche an dem Schönen seine positive Voraussetzung hat, dasselbe verzerrt, statt des Erhabenen das Gemeine, statt des Gefälligen das Widrige, statt des Ideales die Karikatur erzeugt."* (op.cit., Vorwort, p.IV f.) Ganz im Anschluss an Hegel fasst aber Rosenkranz die Karikatur richtigerweise nicht wie in dieser ersten Annäherung an ihr Wesen als eine Form in der Stufenfolge dieses *"Kosmos des Hässlichen"* neben den von ihm ebenfalls berücksichtigten *"Kröten und Molchen"* (op.cit.p.3) auf, sondern sieht auch ihren moralisch und aesthetisch positiven Aspekt: *"Die (...) Karikatur (...) ist in ihrem Ursprung hässlich, denn sie ist im Inhalt wie in der Form der ausdrückliche Widerspruch der Freiheit und der Schönheit mit sich selbst. Aber in der Karikatur wird durch den bestimmten Reflex in ihr Urbild die Macht des Hässlichen wieder gebrochen; sie kann relativ wieder zur Freiheit und Schönheit durchdringen, denn sie erinnert nicht nur an das Ideal, dem sie widerspricht, sondern sie kann dies auch mit einer gewissen Selbstbefriedigung tun, die in dem Schein des positiven Behagens der absoluten Nullität an sich selbst komisch wird."* (op.cit., p.63)

ist ihre ernste Komponente. Uns soll aber, immer gemäss
der Fragestellung im Titel dieses Kapitels, die humorvolle, die lustige oder zumindest unterhaltende Seite der
Satire interessieren, nämlich der Lachreiz, den die Satire und Karikatur oder verwandte Kunstgattungen ihrem
Publikum übermitteln.

Hegel wollte im eben zitierten Teil seiner ästhetischen
Vorlesungen, wo er die Satire von der *"wahren Kunst"* abgrenzte, das Auströmen von Kunstgenuss auf diese letztere
reduzieren. Er missachtet also den Lachreiz, diesen handfesten Kunstgenuss, der gerade von der Satire unweigerlich
ausgeht, ebenso wie die klassischen Theorien des Schönen
die Satire insgesamt missachten.

Aber wenn Hegel an der zitierten Stelle auch der Satire
die Fähigkeit abspricht, Kunstgenuss auszuströmen, so verschweigt er doch andernorts wenigstens das ungemeine Behagen nicht, das er aus der Lektüre der Komödien des Aristophanes gewann. Mag sich Hegel bei der Lektüre der Satiren
Martials oder Juvenals das Lachen verbissen haben: Beim
Genuss der Kunstwerke des Aristophanes kam selbst er zumindest ins Schmunzeln. Er schreibt darüber:

*"Diese absolute Freiheit des Geistes, die an und für sich
in allem, was der Mensch beginnt, von Anfang an getröstet
ist, diese Welt der subjektiven Heiterkeit ist es, in welche
uns Aristophanes einführt. Ohne ihn gelesen zu haben, lässt
sich kaum wissen, wie dem Menschen sauwohl sein kann."* [1]

Aber er lässt sich nicht weiter aus über die näheren Umstände und tieferen Hintergründe dieses wohligen Kunstgenusses. Das Lachen als Kunstgenuss ist für Hegel kein
Thema.

---

1) Hegel, op.cit., Bd. 15, p.553

Zu den Hintergründen des mit einem Lachreiz verbundenen Kunstgenusses führt uns der weiter oben nicht von ungefähr zitierte Freud.[1]

Freuds Schrift *"Der Witz und seine Beziehung zum Unbewussten"* [2] knüpft ausdrücklich an die ästhetische Theorie an. Auch Freud stellt fest, dass im ästhetischen Schrifttum die zum Lachen reizenden Kunstgattungen ein Mauerblümchendasein fristen.[3]

Freud hat in dieser Abhandlung die Technik von der Tendenz des Witzes unterschieden. Die mehr oder weniger elegante oder gar künstlerisch durchgearbeitete Witztechnik sei bloss für die Vorlust des Witzpublikums zuständig; diese Vorlust bahne einen assoziativen Weg durch die Barrieren der Verdrängung für die emotionalen Energien, welche die auf tabuisierte Bereiche zielende Tendenz des Witzes freisetze. Mehr als die Qualität des technischen oder gar künstlerischen Aufbaus des Witzes bestimme die Kraft dieser Energien den Lacherfolg.

Diese Analyse ist stringent. Man geht wohl nicht fehl in der Annahme, dass die Aestheten, welche alle mit dem Witz arbeitenden, auf das Lachen abzielenden Kunstgattungen zu ignorieren versuchen, eben diese Verquickung künstlerischer Mittel mit auf tabuisierte Bereiche zielenden Tendenzen nicht sehen wollen. Die *"wahre Kunst"*, auf welche sich die *"gewöhnlichen Theorien"* der Aesthetik zu beschränken pflegen, droht in dieser Verbindung mit niedern Trieben ihre sorgsam gehütete Hoheit und Würde zu verlieren.

---

1) Vgl. das Zitat zum antiäutoritaren Wesen der Karikatur S.319 dieser Arbeit.

2) op.cit.

3) *"Wer einmal Anlass gehabt hat, sich in der Literatur bei Aesthetikern und Psychologen zu erkundigen, welche Aufklärung über Wesen und Beziehungen des Witzes gegeben werden kann, der wird wohl zugestehen müssen, dass die philosophische Bemühung dem Witz lange nicht in dem Mass zuteil geworden ist, welches er durch seine Rolle in unserem Geistesleben verdient."* ebda., p.13

Die Komödie ist gewiss eine klassische Kunstgattung,
die aus dem Kunstkanon nicht wegzudenken ist. Ihre
Grossmeister Aristophanes, Molière, Shakespeare brauchen
nicht um ihren künstlerischen Ruhm zu fürchten, weil sie
witzig sind; kein Kunsttheoretiker darf sie ignorieren.
Aber die Komödie erleidet wegen ihrer Reizung des Zwerch-
fells gegenüber der Tragödie, deren Reizung der Tränen-
drüse offenbar schicklicher ist, eine Einbusse an künstlerischer Höhe.[1)]

Woher kommt aber diese Hoheit und Würde der *"wahren
Kunst"* ? Wenn das einmal herausgearbeitet ist, wird
es uns auch leichter fallen, zu verstehen, weshalb
Satire und Karikatur keine hohen Künste im traditionellen Sinn sein können.

Walter Benjamin hat in seiner Arbeit *"Das Kunstwerk im
Zeitalter seiner technischen Reproduzierbarkeit"* [2)] diese Hoheitsprätention der Kunst untersucht in der Hoffnung,
dass es damit aus technischen Gründen ein Ende habe.

---

1) Mehr aus Gründen der Bequemlichkeit und im Hinblick auf eine
gewisse Abrundung der hier gebrachten Hegel-Zitate führe ich
auch dazu wieder eine Stelle aus Hegels Vorlesungen zur Aesthetik an. Andere, ähnlich lautende oder noch pointiertere Stellen
sind in der Literaturgeschichte bei der Besprechung nicht nur
der Komödie, sondern aller mit dem Lachreiz arbeitenden Litera-
turgattungen, etwa bei der Behandlung von Cervantes' oder Rabe-
lais satirischen Romanen, sehr häufig. Hegel sagt also zur Komödie (op.cit., Bd.III,p.552 f.:*"Komisch nämlich (...) ist überhaupt
die Subjektivität, die ihr Handeln durch sich selber in Widerspruch
bringt und auflöst, dabei aber ebenso ruhig und ihrer selbst gewiss
bleibt. (...) Diesem Standpunkte gemäss stellt sich ein Individuum
nur dann als lächerlich dar, wenn sich zeigt, es sei ihm in dem
Ernste seines Zwecks und Willens selber nicht Ernst, so dass dieser
Ernst immer für das Subjekt selbst seine eigene Zerstörung mit sich
führt, weil es sich eben von Haus aus in kein höheres, allgemeingültiges
Interesse (...) einlassen kann. Das Komische spielt deshalb mehr in
den unteren Ständen der Gegenwart und Wirklichkeit selbst, unter
Menschen, die einmal sind, wie sie eben sind, nicht anders können
und wollen und, jedes echten Pathos unfähig, dennoch nicht den mindesten Zweifel in das setzen, was sie sind und treiben."*

2) In:Walter Benjamin: Gesammelte Schriften, op.cit., Bd. I.2, pp.431-508

Benjamin nennt diesen mit der Echtheit eines Kunstwerks
verbundenen Hoheitsanspruch des Kunstwerks, der seiner
Meinung nach bei dessen technischer Reproduktion (etwa
durch die Fotografie[1]) verblasst, seine Aura.
Benjamin drückt das so aus:

*"Die Einzigkeit des Kunstwerks ist identisch mit seinem
Eingebettetsein in den Zusammenhang der Tradition. Diese
Tradition selber ist freilich etwas durchaus Lebendiges,
etwas ausserordentlich Wandelbares. Eine antike Venus-
statue z.B. stand in einem anderen Traditionszusammen-
hange bei den Griechen, die sie zum Gegenstand des Kultus
machten, als bei den mittelalterlichen Klerikern, die
einen unheilvollen Abgott in ihr erblickten. Was aber
beiden in gleicher Weise entgegentrat, war ihre Einzigkeit, mit einem anderen Wort: ihre Aura. Die ursprüngliche Art der Einbettung des Kunstwerks in den Traditions-
zusammenhang fand ihren Ausdruck im Kult. Die ältesten
Kunstwerke sind, wie wir wissen, im Dienst eines Rituals
entstanden, zuerst eines magischen, dann eines religiösen.
Es ist nun von entscheidender Bedeutung, dass diese aura-
tische Daseinsweise des Kunstwerks niemals durchaus von
seiner Ritualfunktion sich löst. Mit anderen Worten: Der
einzigartige Wert des 'echten' Kunstwerks hat seine Fundie-*

---

[1] Wo Benjamin das Verblassen der Aura um die Kunst mit dem Aufkommen
der Fotografie datiert, entwickelt er gleichzeitig eine sehr be-
denkenswerte Auffassung der modernen Kunstströmungen:

*"Als nämlich mit dem Aufkommen des ersten wirklich revolutionären
Reproduktionsmittels, der Photographie (gleichzeitig mit dem Anbruch
des Sozialismus) die Kunst das Nahen der Krise spürt, die nach wei-
teren hundert Jahren unverkennbar geworden ist, reagierte sie mit
der Lehre vom l'art pour l'art, die eine Theologie der Kunst ist.
Aus ihr ist dann weiterhin geradezu eine negative Theologie in
Gestalt der Idee einer 'reinen' Kunst hervorgegangen, die nicht
nur jede soziale Funktion, sondern auch jede Bestimmung durch ei-
nen gegenständlichen Vorwurf ablehnt."*
(Walter Benjamin: Das Kunstwerk im Zeitalter seiner technischen
Reproduzierbarkeit, in: ders.: Gesammelte Schriften, op.cit.,
Bd.I/2, pp.431-508, p.481).

rung im Ritual, in dem es seinen originären und ersten Gebrauchswert hatte." [1)]

An einer andern Stelle nähert Benjamin diesen Begriff der Aura dem Begriff der Autorität an:

"Die Echtheit einer Sache ist der Inbegriff alles von Ursprung her an ihr Tradierbaren, von ihrer materiellen Dauer bis zu ihrer geschichtlichen Zeugenschaft. Da die letztere auf der ersteren fundiert ist, so gerät in der Reproduktion, wo die erstere sich dem Menschen entzogen hat, auch die letztere: die geschichtliche Zeugenschaft der Sache ins Wanken. Freilich nur diese; was aber dergestalt ins Wanken gerät, das ist die Autorität der Sache. Man kann, was hier ausfällt, im Begriff der Aura zusammenfassen und sagen: was im Zeitalter der technischen Reproduzierbarkeit des Kunstwerks verkümmert, das ist seine Aura." [2)]

Ueber hohe Kunst soll also deshalb nicht gelacht werden, so lässt sich daraus folgernd schliessen, weil sie eine Autorität ist.

Vergegenwärtigen wir uns an dieser Stelle das Zitat von Freud über die Karikatur, das deren unversöhnliche Feindschaft mit allen Autoritäten zum Ausdruck bringt, [3)] oder auch eine ähnlich lautende Stelle Kurt Tucholskys über die Satire, [4)] so wird klar, weshalb Kunstgattungen wie

---

1) op.cit., p.480   2) ebda., p.477   3) Vgl. S.319   dieser Arbeit
4) *"Politische Satire steht immer in der Opposition. Es ist das der Grund, weshalb es bis auf den heutigen Tag kein konservatives Witzblatt von Rang gibt und kein regierungstreues. Nicht etwa, weil die Herren keinen Humor hätten oder keinen Witz. Den hat keine Klasse gepachtet. Aber die kann ihn am wenigsten haben, die auf die Erhaltung des Bestehenden aus ist, die die Autorität und den Respekt mit hehrem Räuspern und hochgezogenen Augenbrauen zu schützen bestrebt ist. Der politische Witz ist ein respektloser Lausejunge."* (Kurt Tucholsky: Politische Satire, in: Gesammelte Werke, Bd.2 (1919-1920), Reinbek 1960, p.171 f.)

Satire und Karikatur mit der hohen, *"wahren"* Kunst, die nicht ohne Grund auch die ernste Kunst genannt wird, nur schwer unter einen gemeinsamen Kunstbegriff gebracht werden können.

Diese Ueberlegungen wurden hier als Exkurs eingebracht, weil Fuchs in seinen ersten, der Karikatur gewidmeten Publikationen nicht allzu eingehend auf solche ästhetischen Fragen eingeht. Nur allmählich erkennt er, in welch totale Gegenposition zur traditionellen und noch zur zeitgenössisch offiziellen Kunstbetrachtung ihn die für ihn selbstverständliche Voraussetzung bringt, der Kunstgenuss müsse sich in sinnlichem Lustgewinn äussern. Fuchs hat das zwar schon früh, nämlich in der bereits erwähnten Kurzgeschichte *"Der Asket"* ausgedrückt.[1] Aber erst seine späteren Werke über die erotische Kunst sind seine eigentliche Exposition und Untermauerung dieser nicht nur für die Karikatur bedeutsamen Auffassung.[2]

---

1) Vgl. S.269 f.dieser Arbeit. Fuchs erklärt zu Beginn dieser Skizze, dass es sich beim dort geschilderten jungen Publikum mit seinem *"sinnlich-behaglichen Schmunzeln"* angesichts von Max' *"Braut von Korinth"* um das einfache Volk handle, *"das werktätige Volk mit seinem gesunden Geschmack und dem Gefühl für das Schöne, das von keiner momentan herrschenden Kunstrichtung beeinflusst ist, dessen einziger Massstab der: es gefällt mir, oder es gefällt mir nicht."* (a.a.O.) Der die Gegenposition vertretende asketische Herr Hochwürden in der Erzählung von Fuchs bekämpft zwar vordergründig genau diese Auffassung von der Kunst als Quell *"roher Sinnenfreude"* (ebda.). Er erliegt dieser Auffassung aber dennoch, da er ein anderes Kunstwerk insgeheim mit noch grösserer *"roher Sinnenfreude"* geniesst. Diese Wendung der Erzählung zeigt vielleicht am klarsten, wie unmöglich für Fuchs auch nur die Vorstellung eines weniger direkten Kunstgenusses war.

2) Vgl. S. 393 ff.dieser Arbeit.

2.4.2. Die Karikatur im Buch

Die wiederholte Betitelung seiner Artikel und Bücher nach dem in der Ueberschrift angesprochenen Schema - ein bestimmtes Objekt *"in der Karikatur"* [1] - hat Fuchs vom Schweizer Karikaturenkenner John Grand-Carteret übernommen, wie ein Blick in dessen Bibliografie zeigt.[2]

---

1) Lola Montez in der Karikatur (op.cit), Sarah Bernhardt in der Karikatur (op.cit.), Richard Wagner in der Karikatur (op.cit.), Die Frau in der Karikatur (op.cit.), Der Weltkrieg in der Karikatur (op.cit.), Die Juden in der Karikatur (op.cit.)

2) Nachdem Grand-Carteret vergeblich versucht hatte, das Niveau des Schweizer Kunstgewerbes zu heben, wozu seine Schrift *"Les arts industriels en Suisse"* (Neuchâtel 1879) dienen sollte, verbrachte er den grössten Teil seines Lebens in Paris und publizierte auch dort, u.a. folgende Bände:
- Les moeurs et la caricature en Allemagne, en Autriche, en Suisse, Paris 1885
- Les moeurs et la caricature en France, Paris 1888
- Bismarck en caricatures, Paris 1890
- J.J.Rousseau jugé par les Français d'aujourdhui, Paris 1890
- Crispi, Bismarck et la triple-alliance en caricatures, Paris 1891
- Richard Wagner en caricatures, Paris 1892
- Les caricatures sur l'alliance franco-russe, Paris 1893
- Napoléon en images, Paris 1895
- Les almanachs français, Paris 1896
- La France jugée par l'Allemagne, Paris 1896
- Le musée pittoresque du voyage du Tsar, Paris 1897
- L'affaire Dreyfus et l'image, Paris 1898
- La voiture de demain: histoire de l'automobilisme, Paris 1898
- L'aiglon en images et dans la fiction politique et dramatique, Paris 1901
- La montagne à travèrs les âges, Grenoble 1903 f.
- Les célébrités vues par l'image: 'Lui' devant l'objectif caricatural, Paris 1905
- 'L'oncle de l'Europe' devant l'objectif caricatural, Paris 1906
- Nicolas, ange de paix, empereur du knout devant l'objectif caricatural, Paris 1906
- Contre Rome: La bataille anticléricale en Europe, Paris 1906
- Derrière "lui".(L'homoséxualité en Allemagne), Paris 1908
- Popold II, roi des Belges et des belles devant l'objectif caricatural, Paris 1908
- Zola en images, Paris 1908
- Une Turquie nouvelle pour des Turcs (La Turquie en images), Paris 1909
- Le jeune premier de l'Europe devant l'objectif caricatural, Paris 1910

(Forts. auf der folgenden Seite unten)

Die Bücher von John Grand-Carteret,(dessen eingehendere
Würdigung übrigens auch fällig wäre), sind noch in anderer Hinsicht direkte Vorbilder derjenigen von Fuchs.
Dass Fuchs die Bücher Carterets kannte, geht daraus
hervor, dass er zwei davon im *"Postillon"* besprochen hat.[1]
Dennoch nennt er in der Literaturliste zur *"Karikatur
der europäischen Völker"* nur gerade Carterets *"Les
moeurs et la caricature en France"*.[2] Die beiden Bücher
über Sitten und Karikatur in Frankreich resp. Deutschland
sind zwar tatsächlich diejenigen Werke Carterets, welche
in Aufmachung und auch Thematik ziemlich genau Fuchs'
Bände vorwegnehmen. Vor allem Carterets *"Les moeurs et
la caricature en Allemagne"* schöpft aus denselben Quellen,
die auch Fuchs in seinen Bildbänden fliessen lässt.
Im Unterschied zu anderen Publikationen Carterets, die
nur gerade aus einer kurzen Einleitung und anschliessend
nur noch aus Bildtafeln und Legenden bestehen, ist
dieses Werk mit einem sehr gründlichen Text zur Geschichte
der Karikatur im deutschsprachigen Raum versehen, so dass
das Bild/Text-Verhältnis dem von Fuchs bevorzugten entspricht;[3] auch im Format,[4] dem gediegenen Druck und
dem für einen Teil der Auflage verwendeten edlen Papier [5]
nimmt dieses Werk von Carteret die Publikationsmanier von
Fuchs vorweg, es muss aber als wichtiger Unterschied fest-

---

1) Vgl. S. 241 dieser Arbeit   4) 21 x 29 cm
2) Vgl.*"Karikatur der europäischen Völker"*,op.cit., Bd.I, p.477 f. Fuchs
   nennt aber Carterets Werk über die deutsche Karikatur in *"1848 in der
   Karikatur"*, op.cit., p.5 3) Vgl. dazu S. 447f.dieser Arbeit
5) Carteret liess 50 Exemplare auf *Hollande*, 20 auf *Japon* und 20 auf
   Whatmann abziehen.

(Forts. von Anm.2 auf der vorigen Seite)
- Les élégances de la toilette: robes, drapeaux, coiffures de style;
  Louis XVI, Directoire, Empire, Restauration (1780-1825), Paris 1911
- Une victoire sans guerre: documents et images pour servir à l'histoire
  du différend franco-allemand (97 caricatures), Paris 1911
- La conquête de l'air vue par l'image (zusammen mit Leo Delteil), Pa-
  ris 1909

gehalten werden, dass Carteret in seinen Angaben zu Zitaten, Illustrationen und insbesondere zum bio-bibliografischen Anhang [1] sich einer wissenschaftlichen Akribie befleissigt, deren Mangel bei Fuchs auffällt.[2]

Dass, wie im Fall von "*Richard Wagner in der Karikatur*", Fuchs von Carteret sowohl Thema wie Titel übernahm, blieb aber doch die Ausnahme. Es wird auch niemandem einfallen, Fuchs als reinen Imitator von Grand-Carteret abzutun; ein Teil ihrer Veröffentlichungen erschien sowieso zur selben Zeit. Dennoch sei hier auch darauf hingewiesen, dass die thematische Uebereinstimmung zwischen dem Werk von Carteret und dem von Fuchs noch grösser wird, wenn man die von Carteret 1885 geplanten Titel ebenfalls berücksichtigt, etwa die Projekte "*La femme en Allemagne*" oder "*Le nu à travers les âges*". [3]

Die Unterschiede zwischen Carteret und Fuchs liegen, abgesehen von Carterets grösserer Exaktheit, in der fehlenden politischen Tendenz von Carteret. Carterets politisches Hauptkriterium ist dasjenige der Berühmtheit; ferner liegt wohl auch ein gewisser helvetischer Republikanismus in seiner Vorliebe, gekrönte Häupter karikiert zu zeigen. Auf der anderen Seite ist eben diese Vorliebe Grand-Carterets, die er mit dem gerichtsnotorischen Majestätsbeleidiger Fuchs durchaus teilt, (wenn ihr Fuchs auch in seiner Buchproduktion nicht so breiten Raum gewährt), ein weiterer Beleg für den

---

1) In: Les moeurs et la caricature en Allemagne, op.cit., pp.427-482

2) Insbesondere die tatsächlich recht freie und manchmal unklare Zitierweise wirft z.B. Walther Gensel Fuchs in seiner Rezension der "*Karikatur der europäischen Völker*" von (W.Gensel: Ein Werk über die Karikatur, in: Deutsche Rundschau, Sept.1902, Berlin, pp.474-476). Andererseits hatte Grand-Carteret es auch nicht nötig, solche Uebereinkommen der geisteswissenschaftlichen Zunft für den Stein der Weisen zu halten. Der Titel seiner Schrift über die Marokko - Krise (*"Une victoire sans guerre: documents et images pour servir à l'histoire du differend franco-allemand"*, op. cit.), die statt einer historischen Analyse 97 Karikaturen enthält, ist eine Parodie auf Gepflogenheiten der französischen Historiker.

3) Les moeurs et la caricature en Allemagne, op.cit.,Vorsatzblatt.

von Freud konstatierten antiautoritären Ventilcharakter
der Karikatur in der autoritätsgläubigen Welt der Jahrhundertwende.[1]
John Grand-Carteret ist aber natürlich beileibe nicht
das einzige Vorbild, an dem Fuchs für seine Werke über
die Karikatur Mass nehmen konnte. Die ersten Autoren,
die über die Karikatur im engeren Sinn geschrieben hatten,
waren der französische Literat und Theoretiker des
Naturalismus, Jules Champfleury [2] und der Engländer Thomas
Wright.[3] Deren kleinformatige Werke sind zwar im Text
durchaus gehaltvoll, erreichen aber nicht einmal die
Fülle und Wiedergabequalität der Illustrationen bei
Carteret, welche die Bände von Fuchs hinwiederum bei
weitem übertreffen.

Fuchs behauptet zwar im Vorwort zur "*Karikatur der europäischen Völker*" stolz: "*Dieses Werk hat keinen Vorgänger in der deutschen Literatur.*" [4] Er führt aber die Vorläufer, welche in einem weiteren Umfeld auch die Geschichte der Karikatur beackerten, nämlich Karl-Friedrich Flögel und

---

1) Vgl. S. 319 dieser Arbeit. Für die damalige Fetischisierung der
Attribute staatlicher Autorität sind die bekannten Vorgänge
nach der Art der Köpenickiade oder des "*Jux mit der Dreadnought*",
wo eine Clique um Virginia Woolf 1910 in der Aufmachung des Kaisers
von Aethiopien mit Gefolge der Navy modernstes Kriegsschiff offiziell
besichtigte (Vgl. Quentin Bell: Virginia Woolf, Frankfurt 1982, p.
204 ff.) charakteristisch.

2) Jules Champfleury (das ist das Pseudonym für Jules Husson) veröffentlichte u. a. eine fünfbändige Geschichte der Karikatur: Bd.I : Histoire
de la caricature antique, Paris 1867, Bd.II: Histoire de la caricature
au moyen âge et sous la renaissance, Paris o.J., Bd.III: Histoire de la
caricature sous la réforme et la ligue, Paris o.J., Bd.IV: Histoire de
la caricature sous la république, Paris o.J., Bd.V: Histoire de la caricature moderne, Paris o.J.

3) Thomas Wright: History of Caricature and Grotesque in Literature and
Art, London 1865

4) op.cit., p.III

und seinen Stuttgarter Landsmann J.Scheible, wenigstens
in seinem Literaturverzeichnis an; [1] ausgelassen hat
Fuchs dort allerdings das gleichzeitig erschienene Werk
Georg Hermanns zur deutschen Karikatur des 19.Jahrhunderts,
das - wenn auch bei bescheidenerer Thematik - ein direktes Konkurrenzprodukt zum Werk von Fuchs auf dem deutschen Buchmarkt war. [2]

Flögels von Ebeling erweiterte *"Geschichte des Grotesk-Komischen"* [3] geht zwar in erster Linie auf den festlichen Mummenschanz ein, der heute der Volkskunde als Forschungsobjekt zugewiesen ist. Aber sie bringt etliche Karikaturen als Illustrationen und wurde als Beitrag zur Aesthetik konzipiert.

Scheible hingegen macht nicht den geringsten Versuch, sein ungeheuer reichhaltiges Material - literarische Texte, vor allem Schwänke und Anekdoten, ferner Holzschnitte und Kupferstiche sowie Merkwürdiges und Schreckliches aus diversen Chroniken - wissenschaftlich zu sichten, sondern bietet es z.B. in seinem *"Schaltjahr"* in der Art der volkstümlichen Kalender nach Monaten, Tagen und Stunden geordnet an. [4]

Natürlich sind diese frühen Vorläufer nicht ähnlich direkte Vorbilder für Fuchs gewesen wie die Bände John Grand-Carterets. Aber insbesondere das inhaltliche Spektrum von Scheibles Veröffentlichungen entspricht ziemlich genau den Sammeltendenzen von Fuchs.

---

1) a.a.O.

2) Georg Hermann: Die deutsche Karikatur im 19.Jahrhundert, Bielefeld 1901

3) Karl Friedrich Flögel: Geschichte des Grotesk-Komischen. Neu herausgegeben und erweitert von Friedrich Ebeling, Leipzig 1862 (Reprint Dortmund 1978). Die erste Auflage von Flögels Werk erschien 1788.

4) Die Hauptwerke des Kompilators Scheible sind:
 - Das Schaltjahr, welches ist der teutsch Kalender mit den Figuren, und hat 366 Tag, 5 Bde., Stuttgart 1846/7
 - Das Kloster, 12 Bde., Stuttgart 1845-49

2.4.2.1. Revolutionskarikaturen als Ausgangspunkt

Das erste Buch, das Fuchs publizierte, die reich mit zeitgenössischen Karikaturen illustrierte Darstellung "*1848 in der Karikatur*",[1] war nicht nur wegen seiner prachtvollen Ausstattung durch den später zu grossem Ruhm gekommenen Jugendstilkünstler Ephraim Mose Lilien [2] richtungweisend für alle später von Fuchs herausgebrachten Bücher, die er immer so prunkvoll wie möglich gestaltete. Auch inhaltlich und von der theoretisch-politischen Seite

---

1) München 1898. Das Buch erschien im Verlag von M.Ernst.

2) Die Zusammenarbeit zwischen Fuchs und Lilien ist ein weiterer Beweis für die intuitive Kunst- und Menschenkenntnis von Fuchs. Fuchs konnte den 1894 nach München gelangten Mitbegründer des Jugendstils meiner Meinung nach schon vor der Gründung der *"Jugend"* im Jahr 1896 als Mitarbeiter des *"Postillon"* gewinnen, was bei der bereits angeregten näheren Untersuchung über den Ursprung des Jugendstils von Belang wäre. Stefan Zweig schreibt allerdings: *"Die 'Jugend' wird begründet und unter den zahlreichen Künstlern, die ihr Namen und Achtung danken, war Lilien einer der ersten. (...) Fast gleichzeitig zieht der 'Süddeutsche Postillon' Lilien zur Illustration heran"*. (Stefan Zweig: Werdegang eines jüdischen Künstlers, im Nachtrag *"Ueber Ephraim Mose Lilien"*, in: Dein aschenes Haar, Sulamith. Ostjüdische Geschichten. Mit Bildern von E.M.Lilien. Hg. v. Ulf Diederichs u.a., Düsseldorf 1981, pp.348-366, p.356) Fuchs war es auch, der Lilien auf die Buchgestaltung brachte; das im erwähnten Nachtrag nicht aufgeführte Werk von Fuchs über *"1848 in der Karikatur"* war das erste von Lilien gestaltete Buch, und bei der Vermittlung von Illustrationen für den Vorwärts-Verlag war wohl auch Fuchs mit im Spiel.(Vgl. Nachtrag, a.a.O., p.364, und S. 53 dieser Arbeit.) Die fruchtbare Beziehung zwischen Fuchs und Lilien beruht auch auf gemeinsamen biografischen Elementen. Wie Fuchs hatte der Sohn eines ostjüdischen Drechslermeisters aus Drohobycz in Galizien - der am 23.5.1874 geborene Lilien war 4 Jahre jünger als Fuchs - seine höheren Studien wegen Geldmangels abbrechen müssen und blieb ein Autodidakt. Gemeinsam ist den beiden auch, dass sie die allgemeine Bewegung der kulturellen Avantgarde Deutschlands von München nach Berlin um die Jahrhundertwende mitmachten, Lilien 1899, Fuchs 1901.

gesehen bildete die revolutionäre Karikatur den Ausgangspunkt von Fuchs' Beschäftigung mit der Karikatur. Er sieht in ihr zu Recht den moralischen und künstlerischen Höhepunkt dieser Kunstgattung. Auch sein zweites karikaturhistorisches Werk über das Münchner Vorspiel zum Berliner März 1848 [1] ist ein Seitenstück zur revolutionären Karikatur des bürgerlichen Revolutionsversuchs in Deutschland.

Auch in seinem Hauptwerk zur Geschichte der *"Karikatur der europäischen Völker"* ist es ihm am wohlsten bei der Behandlung der revolutionären Epochen, nämlich vor allem der Reformationszeit mit dem satirisch-karikaturistischen Zweigespann von Martin Luther und Lukas Cranach, [2] der

---

1) *"Ein vormärzliches Tanzidyll"*, op.cit.

2) Fuchs schreibt zu diesen kongenialen Meistern des Grobianismus: *"Wenige Führer grosser Volksbewegungen haben die Bedeutung der Bildwirkung der Karikatur so klar begriffen wie Luther.(...) Offen forderte er (...) 1526 seine Anhänger auf, 'das edle Götzengeschlecht des römischen Antichrists auch mit Malen' anzugreifen.(...) Derjenige Künstler, der am bereitwilligsten der Aufforderung Luthers (...) Folge leistete, ist der berühmte Meister Lucas Cranach. Nach Dutzenden zählen die Bilder, in denen er das Papsttum verhöhnte und der allgemeinen Verachtung auszuliefern bestrebt war".* Von Cranach stammt auch das *"Holzschnittwerk 'Das Papsttum',* das er ebenfalls auf die direkte Veranlassung Luthers zeichnete und in Holz schneiden liess. 'Luther', sagt dessen begeisterter Verehrer Mathesius,'liess im Jahre 1545 viel scharpfer Gemälde abreissen, darin er den Laien, so nicht lesen konnten, des Antichrists Wesen und Gräuel fürbildet, wie der Geist Gottes in der Offenbarung Johannis die rothe Hure von Babylon hat abkontrofaktirt.' (...) Was Cranach hier zeichnete, und was Luther immer mit einem derben und schlagenden Vierzeiler erläuterte, ist zweifelsohne das Kühnste, was der lange und erbitterte Kampf zwischen Rom und der Reformation hervorbrachte. Da die zehn Bilder (...) ausdrücklich an den Teil des Volkes sich richteten, der des Lesens unkundig war, d.h. also den niedersten, so entsprach jeder Strich und jeder Zug dem geistigen Niveau derer, für die sie bestimmt waren, d.h. jede Pointe ist von der Gasse herbeigeholt: die urwüchsige Zote fehlt fast in keinem Blatt. Auf dem ersten gebiert der Teufel den Papst und fünf Kardinäle, die drei Furien erziehen den ersteren. Ein anderes zeigt einen Esel im päpstlichen Ornate mit der dreifachen Krone auf dem Kopfe, der den Dudelsack bläst. Das ist der grimmigste Hohn, den die Geschichte der Karikatur bis dahin kannte. Ungeheuer war auch das Aufsehen, das diese Blätter hervorriefen (...) der Städter barg die Blätter in der Lade, der Bauer aber zierte damit seine Stube - das war Geist von seinem Geist. Sich darum über diesen Ton sittlich entrüsten zu wollen, wäre töricht, man macht eben keine Revolutionen mit Lavendelöl, wie Mirabeau sehr richtig sagte."* (Eduard Fuchs: Die Karikatur der europäischen Völker, op.cit., Bd.1, pp.68 ff.)

Schilderung der Revolution von 1789 und der Revolutionen
von 1830 und 1848. Von daher ist auch die chronologische
Gewichtung dieses ersten grossen Werks von Fuchs zu erklären: *"In raschem Flug durch die Jahrhunderte hindurch
bis an die Schwelle der grossen französischen Revolution
hinan, die Grenzscheide zweier Welten, der alten und der
neuen Zeit, und von da ab in gemässigterem Tempo vorüber
an allen wichtigen Ereignissen, die die bedeutsame Geschichte des 19.Jahrhunderts ausmachen."* [1)]

---

1) Diese Charakterisierung der Periodisierung der Weltgeschichte
in seinem Werk, die Fuchs da in eigenen Worten gibt, ist allerdings etwas ungenau. *"In raschem Flug"* durcheilt er eigentlich
nur die Antike und das Mittelalter. Diese beiden Epochen berührt
er zudem nur in diesem seinem ersten grossen Werk, und zwar
mehr aus Pflichtbewusstsein und um dem Vergleich mit den erwähnten
Vorläufern der Karikaturgeschichte auszuhalten. Wright und Champfleury würdigen die antike Karikatur relativ eingehend, und selbst
das hier noch nachzutragende hübsche kleine Bändchen von Geo Veyrat:
La caricature à travèrs les siècles, Paris 1895, versäumt es auf
seinen 95 kleinen Seiten nicht, mit den bekannten altägyptischen
Papyri satirischen Inhalts anzufangen, die in Londoner und Turiner
Museen aufbewahrt werden. Auch Fuchs bringt diese Papyri ein (Karikatur der europ.Völker, op.cit., pp.25 ff.), die in neuerer Zeit
gründlicher abgehandelt worden sind. (Vgl. dazu Silvio Curto: La satira
nell'antico egitto, Quaderno No.1 del museo egizio di Torino, Turin o.J.
(1970)).
Aber wenn Fuchs auch auf den ersten paar Seiten seines ersten grossen
Werks pflichtgemäss auf die antike Karikatur eingeht und insbesondere
die tatsächlich sehr aussagekräftigen antichristlichen Kritzeleien
am Palatin würdigt (p.29 f.), so hat er doch ein ähnlich schlechtes
Verhältnis zu diesem klassischen Bildungsstoff wie Daumier; ja er
überbietet dessen Verhohnepipelung sowohl des französischen Klassizism-
mus des 19.Jahrhunderts (David, Ingres) als auch der Welt des klassischen Griechenland durch die Herausgabe von dessen Spottzeichnungen
zur griechischen Mythologie unter dem Titel *"Die ollen Griechen"* (op.
cit.) In dieselbe Richtung geht auch seine geringe Wertschätzung der
antiken Ruinen im Süden Italiens (vgl. S. 33 dieser Arbeit). Dieses
gestörte Verhältnis von Fuchs zur Antike mag auf dessen Abbruch
der gymnasialen Bildung zurückzuführen sein (vgl. S. 7 ff. dieser Arbeit);
jedenfalls hat es dazu geführt, dass Fuchs einer weiteren Behandlung
antiker Kunst und Geschichte weitgehend auswich. Die *"Sittengeschichte"*,
welche nur die Neuzeit seit der Renaissance behandelt, zeigt deutlich,
welche Abschnitte der Geschichte Fuchs besser liegen. Auch im Werk
über die *"Karikatur der europäischen Völker"* verlangsamt Fuchs den
"Flug durch die Jahrhunderte" bereits bei der Behandlung der Reformation,
aber auch bei der gründlichen Würdigung des sonst oft stiefmütterlich
behandelten 17. Jahrhunderts.

Fuchs plante ursprünglich, seine Aufarbeitung der revolutionären Karikatur mit einem illustrierten Werk über die Geschichte der Revolutionen fortzusetzen. Es blieb dann aber bei der Illustration von einschlägigen Werken anderer Autoren durch Fuchs.[1]

Obwohl Fuchs stets an seiner - von Goya und Daumier hinreichend bewiesenen - These festhielt, dass die Karikatur *"mit ihren stärksten Taten, mit ihren herrlichsten Namen stets auf der Seite des Schönen und Guten"* [2] stand, wurde er von den weder edlen noch revolutionären *"Exzessen und Ungerechtigkeiten der Karikatur"* [3] zunehmend geradezu magisch in den Bann gezogen. *"Die meisten Exzesse hat die Karikatur auf dem Gebiete der Erotik begangen"*, [4] schrieb Fuchs schon 1902, und in den folgenden Jahren befasste er sich überwiegend mit diesem Bereich der Karikatur.

---

1) Es handelt sich dabei um A. Conradys bereits zitierte *"Geschichte der Revolutionen vom niederländischen Aufstand bis zum Vorabend der Französischen Revolution"* und um die ebenfalls bereits angeführte Gemeinschaftsarbeit im Rahmen der KPD *"Illustrierte Geschichte der deutschen Revolution"*. (Vgl. dazu S. 80 und S.176 dieser Arbeit). Insbesondere das erste der beiden genannten Werke enthält einige überaus brutale Darstellungen von Kriegsgreueln und Hinrichtungen. Diese (und auch andere) Illustrationen von Fuchs' ersten Werken sowie einige Textpassagen über die Karikatur als Waffe wirken wie eine Fortsetzung der blutrünstigen Töne des jungen Flugblattschreibers Fuchs. Er vergleicht die Karikatur mit *"leichten Reitern"* und *"ätzender Lauge"* (1848 in der Karikatur, op.cit., p.6), er spricht von ihren *"vergifteten Geschossen"* (Karikatur d.europ.Völker, op.cit., p.24), und diese Beispiele liessen sich vervielfachen.

2) Karikatur der europäischen Völker, op.cit., p.24

3) ebda.

4) op.cit., p.23

Schon die Beschäftigung mit Lola Montez hatte Fuchs
in ein Zwischengebiet zwischen revolutionärer und erotischer
Karikatur geführt. Später behandelte er sehr
ausführlich die eindeutig erotische Karikatur. Auf
diesem Weg gelangte er schliesslich zur Formulierung
seiner Kunsttheorie, die von der erotischen Karikatur
ausgehend schliesslich die Kunst ganz allgemein auf
erotische Wurzeln zurückführt. Davon wird im nächsten
Abschnitt die Rede sein.

Zunächst gebe ich aber parallel zum Ueberblick über die
Vorläufer des karikaturgeschichtlichen Werks von Fuchs
eine kurze Uebersicht über einige neuere Publikationen,
die seine Intentionen aufnehmen.

2.4.2.2. Geschichte der Karikatur nach Fuchs

Ich habe die Vorläufer von Fuchs erwähnt und will nun auch auf einige seiner Nachfahren hinweisen. Fuchs hoffte, dass nach seiner *"Karikatur der europäischen Völker"* noch umfassendere Werke zur Geschichte der Karikatur erscheinen würden. Er drückt diese an sich von Bescheidenheit zeugende Ansicht unter Aufnahme einer Wendung des von ihm oft zitierten F.T.Vischer mit selbstbewusstem Stolz aus:

"Einer der wenigen, die bisher sich eingehender mit der Bedeutung der Karikatur befassten, unser trefflicher schwäbischer Landsmann Friedrich Theodor Vischer, hat schon vor Jahren ausgerufen: Möge uns doch endlich einmal die grosse Geschichte der Karikatur geschrieben werden! Vischers Wort hat uns angespornt, aber seinen Wunsch im vollen Umfang zu erfüllen, durften wir noch nicht wagen - in der Wildnis können nur Giganten Dome bauen. Wir mussten uns damit begnügen, aus den mehr oder minder gut erhaltenen Bauten vergangener Zeiten die Steine zusammengetragen, gesichtet und geordnet zu haben, aus denen Glücklichere das stolze Haus aufrichten mögen, das der Karikatur einst verdientermassen geweiht werden muss." [1]

Der Stolz, mit dem Fuchs sein Werk präsentiert, ist durchaus gerechtfertigt. Das Buch ist nicht nur Fuchs' bestes Werk geblieben, sondern es wurde bis jetzt auch durch kein ähnliches Werk in den Schatten gestellt. Nach Fuchs und seinen Vorläufern kamen lange nur kleinere Darstellungen auf den Markt, so in England, Holland und Frankreich. [2]

---

[1] Karikatur der europ.Völker, Bd.I., Vorwort p.V

[2] So z.B. in England: George Paston: Social Caricature in the 18th Century, London 1910, und B.Lynch: A History of Caricature, London 1920.
In Holland erschien *"Geschiedenis van de nederlandsche caricatuur"* von Cornelius Veth (Leiden 1921), in Frankreich *"La caricature révolutionnaire"* von André Blum (Paris 1917)

Im Deutschland der zwanziger Jahre publizierte der Sozialdemokrat Friedrich Wendel kleinere Sammelwerke zu Aspekten hauptsächlich der politischen Karikatur.[1] Wendel reproduziert in seinen kleinformatigen, im Vergleich zu Fuchs' Bänden erheblich billigeren Büchern viele bereits von Fuchs gebrachte Karikaturen.

Wie Luther hat es auch Lenin verstanden, die Karikatur als Verbündete zu gewinnen; [2] die Karikaturen der Russischen Revolution sind denjenigen der Reformationszeit an Gewalt und künstlerischem Gehalt ebenbürtig.[3] Die Historiografie der Ostblockstaaten ging darum am Phänomen der Karikatur nicht vorbei.[4] Der einzige neuere Versuch einer Gesamtdarstellung der Geschichte der Karikatur, der nicht wie der-

---

1) Einige seiner Titel sind:
   - Das 19.Jahrhundert in der Karikatur, Berlin 1924
   - Der Sozialismus in der Karikatur, Berlin 1924
   - Die Mode in der Karikatur, Berlin 1928
   - Die Kirche in der Karikatur, Berlin 1928

2) Interessant ist demgegenüber das von Fuchs konstatierte Versagen Napoleon I. in der Handhabung der Karikatur: *"Napoleon wollte vor der Welt immer als ein Gott erscheinen. Nie gestattete er die Darstellung seiner Person anders als in einer majestätischen, imponierenden Haltung. (...) Der strenge, kalte David wurde darum sein Maler. Und so ist es denn auch ganz erklärlich, dass der Spott keine Waffe in seiner Hand werden konnte. Aber auch die politische Unfreiheit des Landes schloss es aus, dass die Karikatur für seine Person und seine Ziele hätte kämpfen können. Die Karikatur braucht Bewegungsfreiheit, um wirksam tätig zu sein; Napoleon hatte das selbständige Denken und Urteilen dem französischen Volke geraubt."* (Eduard Fuchs: Die Karikatur der europäischen Völker, Bd.I, p.185)

3) In der revolutionären Epoche der Sowjetunion hatte fast jedes russische Kunstwerk karikaturistisch-agitatorische Stosskraft, während unter Stalin – für dessen Verhältnis zur Kunst dasselbe gilt wie für Napoleon – die russische Kunst von der internationalen Avantgarde der Kunstszene in eine hinterwäldlerische Karikatur der Kunst verwandelt wurde. Vgl. dazu u.a. Michail German: Die Kunst der Oktoberrevolution, Düsseldorf u. Leningrad 1979. Der Band dokumentiert die Fülle von künstlerischen Ansätzen, welche im Namen des sog. sozialistischen Realismus unterdrückt wurden.

4) Vgl. E.Teper: Die revolutionäre Karikatur der Pariser Kommune (russ.), Moskau 1961, oder L.A. Dukelskaja: Die englische Gesellschaftskarikatur in der 2.Hälfte des 18.Jahrhunderts (russ.), Leningrad 1966

jenige von W.Hofmann [1] auf karikaturistische Nebenwerke anerkannter grosser Meister der Malerei beschränkt ist, stammt aus der DDR.[2] Sein Autor, Georg Piltz, erreicht aber weder die Vollständigkeit noch den Schwung und die grafische Sorgfalt, die das Werk von Fuchs auszeichnen. Ferner macht sich Piltz als Apologet des im russischen Machtbereich einzig geduldeten parteifrommen Humors neuen Stils selber lächerlich.[3]

Ein im Vergleich zum Werk von Fuchs ebenfalls recht schmaler neuer Band zur Karikatur von Edward Lucie-Smith [4] kann am ehesten als moderne Entsprechung zur Karikaturgeschichte von Eduard Fuchs gelten. Alles in allem hat dieses erste Hauptwerk von Eduard Fuchs aber auch heute

---

1) W.Hofmann: Die Karikatur von Leonardo bis Picasso, Wien 1956

2) Georg Piltz: Geschichte der europäischen Karikatur, Berlin 1976

3) Der verbindliche Vorbildcharakter sowjetrussischer Einrichtungen für den übrigen Ostblock wird von Piltz ebensowenig hinterfragt wie die zahnlose, nur auf harmlose Teilbereiche zielende Satire in der Art des russischen Witzblattes *"Krokodil"*. Piltz schreibt (op.cit.p.309): *"Vor den satirischen Zeitschriften anderer Länder stand die Aufgabe, die Erfahrungen des 'Krokodil' schöpferisch zu verarbeiten, das heisst sie so anzuwenden, dass sie in der jeweiligen Situation den grössten Nutzen brachten."* Es fragt sich nur, wem dieser als schöpferische Arbeit deklarierte Opportunismus jeweils so grossen Nutzen bringen soll. Zum gestutzten Humor dieses jeder freiheitlichen Tradition hohnsprechenden Vorbildes bringt Piltz ferner das folgende entlarvende Zitat eines vorsichtigen Mitarbeiters dieses verknöcherten Reptils: *"Die Frage nach Zweck und Bedeutung des Humors wurde von den Mitarbeitern des 'Krokodil' auf neue Weise beantwortet.'Humor', schreibt Juri Borew,'hält (...) nicht zur Vernichtung der gegebenen Erscheinung, sondern zu ihrer Vervollkommnung, zur Beseitigung der in ihr vorhandenen Mängel an. Humor richtet sich auf Objekte, die zwar der Kritik bedürfen, trotzdem aber ihre Anziehungskraft behalten.'"* (ebda., p.308)

4) Edward Lucie-Smith: Die Kunst der Karikatur, Weingarten 1981

noch jenen Rang eines *standard - work* inne, den ihm die
zeitgenössische bürgerliche Kritik abgesprochen hatte.[1)]

Als Beispiel dafür, dass es trotzdem auch heute noch
Büchermacher im bibliophilen Sinn von Fuchs gibt, die
zudem sein Engagement für die oppositionelle Karikatur
teilen, ist hier noch ein vor kurzem erschienenes Werk
über die Karikatur der *belle époque* anzuführen.[2)]

An dieser Stelle verdient auch noch ein kleines Werklein des nachmaligen Präsidenten der BRD Theodor Heuss
einen kleinen Seitenhieb. Unter dem Titel *"Zur Aesthetik
der Karikatur"* gab Heuss in seinen jungen Jahren, anno
1910, einen ins bürgerlich-gediegen gewendeten Ueberblick über die von Fuchs ans Tageslicht geförderten
Karikaturen in jenem schöngeistigen Ton, den die bürgerliche Kritik bei Fuchs vermisst hatte. Einigermassen
erstaunlich an diesem Aufsatz ist der Umstand, dass es
Heuss fertigbrachte, seine offenkundige Quelle, eben
"Die Karikatur der europäischen Völker" von Fuchs, kein
einziges Mal auch nur zu nennen.[3)]

---

1) In der bereits zitierten Rezension von Walther Gensel hatte es u.a. geheissen: *"Es ist ein amüsantes und interessantes Buch, das, mit Vorsicht gelesen, sehr anregend zu wirken vermag. Aber das gründliche und zuverlässige Werk, das* standard - work *über die Karikatur, das wir nach der Ankündigung erwarten durften, ist es nicht."*

2) *"Die belle époque und ihre Kritik.(Die Karikatur schreibt Geschichte)"*, so lautet der unschlüssige Doppeltitel dieses in Monte Carlo 1980 erschienenen Prachtwerks. Das leider auf etwas abseitigen Vertriebskanälen verkaufte Werk ist eine Gemeinschaftsarbeit von M.Melot, G.Ramseger, L.Lévy, C.Hagedorn, Elli und Pagani. Die Illustrationen sind hier wie bei Fuchs wichtiger als der Text. Nur so ist es zu erklären, dass letzterer als Zeilenfüller lange Listen der zeitgenössischen Erfindungen enthält.

3) Theodor Heuss: Zur Aesthetik der Karikatur. Erstmals erschienen in: Patria, Bücher für Kultur und Freiheit, hg.v.F.Naumann, Bd.10, pp.113-138, Berlin 1910. Das *opusculum* wurde dem später anderweitig Berühmtgewordenen 1954 in einem Nachdruck auf Zerkall-Bütten von der Gesellschaft der Bibliophilen als Gabe zum 70. Geburtstag dargebracht.

2.4.2.3. Monografien zu Gavarni und Daumier

Die bisher besprochenen Werke von Fuchs und anderen zur Karikatur sind Bücher, welche die Karikaturen verschiedenster Künstler zu einem Thema oder nach historischen Kriterien zusammenstellen. Ich habe nicht alle dieser Werke von Fuchs gewürdigt, weil ihr Text oft mehr eine Darstellung dieses Themas als Reflexionen zur Karikatur sind. Diese Themen sind zudem jene, deren Behandlung bei der Würdigung von Fuchs als Kulturhistoriker mit ansteht.[1]
Es kommt dazu, dass die Auffassungen von Fuchs zum Wesen der Karikatur am besten im Rahmen seiner allgemeineren Kunsttheorien besprochen werden, was im folgenden Kapitel geschehen wird. Hier soll als Uebergang dazu die Erörterung jener Bücher von Fuchs stehen, die er dem Werk einzelner Künstler widmete.

Um den Stellenwert der zwei Künstler, denen Fuchs diese Ehre antat, in der Rangskala seiner Kunstschätzung richtig einzustufen, ist es vielleicht nötig, jene Künstler zu erwähnen, denen er keine Monografie widmete. Er tat das weder mit den drei grossen Engländern Hogarth, Rowlandson und Gillray, noch mit dem einen Spanier Goya,[2] noch mit einem Landsmann aus dem deutschsprachigen Gebiet.

---

1) Das gilt v.a. von *"Der Weltkrieg in der Karikatur"* (op.cit.) und von *"Die Juden in der Karikatur"* (op.cit.)

2) Fuchs widmet Goya in seinem Werk über die Karikatur der europäischen Völker unter der Ueberschrift *"Einer, aber ein Riese"* den gesamten Raum des Kapitels *"Spanien"* (op.cit., Bd.I, pp.294-309). Dieses Kapitel ist die erste Vorarbeit einer materialistischen Interpretation Goyas, wie sie einige Jahrzehnte später Francis D. Klingender gegeben hat. (Vgl. F.D.Klingender: Goya in der demokratischen Tradition Spaniens, Berlin 1954, reprint Berlin 1978)

Er behielt diese Vorzugsbehandlung zwei französischen
Karikaturisten vor, seinem Abgott Daumier und Gavarni,
der mit richtigem Namen eigentlich Guillaume Sulpice
Chevalier hiess.

Dass Fuchs Daumier verehrte, und zwar als Karikaturisten
wie als Maler, ist bekannt. Wieso kam er aber dazu, gerade
Gavarni mit dem einzigen monografischen Werk zu beehren,
das nicht Daumier behandelte? An sich ist nämlich Gavarni
nicht einer der allerstärksten Künstler, die sich mit
der Karikatur befassten, auch innerhalb Frankreichs
nicht, wo er immerhin mit Grandville oder Doré konkurrieren musste, die zumindest heute berühmter sind als er.
Vor allem das Fehlen einer näheren Beschäftigung von
Fuchs mit Doré ist im Vergleich zu dieser einlässlichen
Würdigung Gavarnis [1] augenfällig. Fuchs erwähnt den
unermüdlichen Zeichner, dessen Produktivität vor nichts,
nicht einmal vor der Illustration der Bibel, zurückschreckte, in seinem ganzen Werk sehr selten.[2] Es zeugt
aber - wie hier bloss am Rande vermerkt sei - von ausgleichender Gerechtigkeit der Kunstgeschichtsschreibung, dass
ein anderer Schrittmacher marxistischer Kunstgeschichte,
der Schweizer Konrad Farner, Doré zum Thema seines Hauptwerks machte.[3]

Eigentlich ist die Hochachtung, die Fuchs Gavarni zollte,
nur eine Folge von seiner Beschäftigung mit Daumiers Grösse.
Gavarni war neben Daumier der Hauptzeichner des *"Charivari"*,
und Fuchs musste mit der Tatsache fertigwerden, dass die
Illustrationen Gavarnis bei den Zeitgenossen den grösseren
Erfolg hatten als die Zeichnungen Daumiers. Die einleiten-

---

1) Eduard Fuchs: Gavarni. Mit 29 Textillustrationen und 80 in Originalgrösse wiedergegebenen Lithographien. München o.J. (1925)

2) Ausnahmen sind die beiden Beilagen nach Werken Dorés in *"Die Juden in der Karikatur"* zum Thema des Ewigen Juden.

3) Vgl. Konrad Farner: Gustave Doré. Der industrialisierte Romantiker. Zürich 1963

den Sätze legen davon Zeugnis ab:

"Unter den französischen Zeichnern des neunzehnten Jahrhunderts hat Gavarni unbestritten die grösste Weltberühmtheit erlangt. Nicht nur schon bei Lebzeiten, sondern schon wenige Jahre nach seinem ersten künstlerischen Auftreten. Der Pariser Charivari, dessen Hauptmitarbeiter er neben Honoré Daumier volle zwanzig Jahre war, erlebte bei Erscheinen gewisser Serien Gavarnis – ich nenne aus einer langen Reihe nur 'Die Studenten' und 'Die Debardeure' – förmliche Haussen seiner Auflage. Bei zahlreichen Nummern riss sich das Boulevardpublikum buchstäblich um den Besitz eines Exemplars. So gross und so anhaltend die Sensation war, die ein Daumier mit der Robert Macaire-Serie hervorrief, sie kam doch nicht entfernt dem Erfolge gleich, den Gavarni mit seinen Débardeuren erzielte. Natürlich ist hiemit nichts gegen die gigantische Grösse eines Daumier bewiesen." [1]

Mit der – nur allzu berechtigten – Relativierung des Ruhms von Gavarni, der nur elegant bekleidete, nicht aber anatomisch korrekte Figuren zeichnen konnte, [2] auf der künstlerischen Ebene tritt Fuchs sogleich den Gegenbeweis an. Gegen Zeitgenossen, die Gavarni auf eine Stufe mit Goya, Dürer oder Rembrandt stellen wollten, hält Fuchs nüchtern fest:

"Gavarni war in keiner einzigen seiner Schöpfungen ein ganz Grosser; er ist keines von jenen leuchtenden Gestirnen, in deren Werk der Menschen Lust und Leid zur ewig erschütternden Form gesteigert ist."

Mit dieser Problemstellung und mit diesem Schluss war das Phänomen Gavarni, das einst seinen Daumier in den Schatten zu stellen gewagt hatte, für Fuchs im wesent-

---

[1] op.cit., p.7

[2] Tafel 10 und 11 des Gavarni-Bandes (op.cit.) zeigen Adam und Eva vor und nach dem Sündenfall. Die beiden nackten Gestalten sind beidemale völlig verzeichnet.

lichen erledigt. Fuchs' Text, der nicht viel mehr als ein
Dutzend Seiten umfasst, würdigt noch den Fleiss und die
Produktivität Gavarnis [1] sowie dessen Vorliebe für Bergtouren [2] - beides Züge, die Fuchs mit Gavarni teilt.
Auch Gavarnis technische Meisterschaft in der Handhabung
der Lithografie stellt Fuchs heraus. [3]

Im übrigen benutzt Fuchs Gavarni als unkompliziertes Beispiel seiner Theorie von den sexuellen Wurzeln der künstlerischen Kreativität. Der Nachweis dieser Verbindung ist
nicht allzu schwierig bei einem Zeichner, dessen Genre
die elegante Zote und dessen bevorzugtes Motiv die damals
noch provokativ wirkende Frau in Hosen war:*"Gavarni ist
der Erfinder der Frau in Hosen. Gavarni ist ausgesprochener Fuss- und Beinfetischist. (...) Einzig (...) um die
erotische Linie der Hüften und Lenden möglichst auffällig
und zugleich faszinierend darstellen zu können, entwarf
er sein berühmtes Debardeurkostüm, ein weibliches Matrosenkostüm, das die Frau in Hosen zeigt."* [4]

---

1) Diese Textstelle ist charakteristisch für das nüchterne Verhältnis
von Fuchs zu Gavarni: *"Wenn man die Aktivposten im Werk eines Künstlers festzustellen hat, kommt selbstverständlich auch der Umfang
seiner Produktionskraft in Betracht. (...) Jean Robiquet, wohl der
grösste Kenner des Gavarnischen Werks, beziffert dieses auf ungefähr
fünfzigtausend Zeichnungen".* (Eduard Fuchs: Gavarni, op.cit., p.11)
Fuchs hebt ferner besonders lobend hervor, dass Gavarni während eines
vollen Jahres (1852) jeden Tag eine Lithografie ablieferte (ebda.).
Fuchs erwähnt auch die Zeitschrift Gavarnis *"Le journal des gens du
monde",* die dieser *"selbst herausgab, selbst redigierte, allein illustrierte, und deren literarischen Teil er ebenfalls zur grösseren
Hälfte bestritt (...) oft nahm er (...) auch noch das Amt des Expedienten auf sich. Eine noch grössere Steigerung der produktiven Arbeitskraft ist undenkbar. Was speziell diese Zeitung betrifft, so sei hier
eingeschaltet, dass Gavarni zwar nicht auch ihr einziger Abonnent geblieben ist, aber sie war doch ein geschäftliches Fiasko, das ihn (...)
sogar nach Clichy ins Schuldgefängnis brachte."* (ebda. p.12)

3) Fuchs vermerkt (Eduard Fuchs: Gavarni, op.cit.p.7):*"Den Namen Gavarni
nahm er in Erinnerung an eine (...) Bergtour in den Pyrenäen an, bei
der er in Lebensgefahr schwebte, und die in dem Bergstädtchen Gavarnie
ihren Abschluss fand."*

3) Eduard Fuchs: Gavarni (op.cit.), p.12   4) ebda., p.14

Auch in dieser Hinsicht benützt Fuchs Gavarni als
Seitenstück zu Daumier, dessen vergleichsweise geradezu prüdes Werk weniger einfach in Fuchs' Theorie von
der künstlerischen Schöpferkraft einzuordnen ist.
Wenn also Daumier hinsichtlich Erfolg, Produktivität [1]
und sexueller Deutlichkeit hinter Gavarni zurücksteht,
so ist er diesem dafür an politischer Orientierung und
sozialem Engagement weit überlegen. Bei Gavarni muss
Fuchs am Ende seiner kurzen Würdigung ziemlich angewidert von dessen konterrevolutionären Karikaturen und
vornehmtuerischen Gepflogenheiten berichten.[2] Fuchs
spricht dann ein abschliessendes Urteil über ihn und
die (übrigens von Gavarni elegant porträtierten) Gebrüder Goncourt, wenn er schreibt:

*"Gavarni gehörte, wie seine beiden besten Freunde, die
so stark überschätzten Brüder Goncourt, zu den geistigen
Trabanten des dritten Napoleon."* [3]

Demgegenüber ist Daumiers demokratisch-revolutionäre
Grundhaltung dominant in der Interpretation seines Werks
durch Fuchs: *"Das Wesen der Revolution ist das Wesen der
Daumierschen Kunst."* [4]

---

1) Bedauernd muss Fuchs die mindere Quantität von Daumiers Werk zugestehen. Aber im Handumdrehen gelingt es ihm, Daumier auch auf der Fuchs stets wichtigen quantitativen Ebene obsiegen zu lassen. Er schreibt im dritten Band seiner Ausgabe der Lithografien Daumiers (Honoré Daumier: Lithographien 1861-72, München o.J.(1922) p.16: *"Von Gavarni sind ungefähr 20 000 Lithographien und Holzschnittzeichnungen bekannt. Cham soll etwa 30 000 Holzschnitte und Lithographien geschaffen haben, und von Doré sollen gar 50 000 (...) existieren. Solchen fast unfassbaren Zahlen gegenüber ist es auf den ersten Blick geradezu wenig, wenn Daumier nur 900 Holzschnitte, nur rund 4000 Lithographien und nur etwa 5-600 Aquarelle und Gemälde der Welt geschenkt hat. Aber ich sage: trotzdem ist das Mehr auf Daumiers Seite.(...) dieses Mehr ist (...) die ungeheure Energiefülle, die jedes einzelne seiner künstlerischen Gebilde in sich birgt."*
2) Eduard Fuchs: Gavarni. op.cit., p.19. Gavarni pflegte u.a. über den Handschuhen Ringe zu tragen.   3) ebda., p.18
4) Eduard Fuchs: Einleitung, in: Honoré Daumier, Lithographien 1828-1851, München o.J. (1921), p.8

Fuchs formuliert es sogar noch extremer: "*Daumier war niemals Künstler an sich. Er war es deshalb nicht, weil er in erster Linie Politiker war*".[1]

Wie immer bei solch pauschalen und überspitzten Behauptungen muss Fuchs auch diese Aussage umgehend einschränken. Zunächst muss er die Rolle von Daumier in der aktiven Politik relativieren:

"*Abgesehen von einer Verurteilung im Jahre 1832 wegen seiner ersten und dabei nicht einmal besonders starken Karikaturen auf Louis Philipp, seiner Teilnahme an der Revolution von 1848, sowie seiner Verwaltungstätigkeit in den französischen Museen während der Kommune hat sich sein Leben meist abseits von den Kämpfen in stiller Zurückgezogenheit abgespielt.*" [2]

Dann muss er Daumiers revolutionäre Einstellung konkretisieren und seine politischen Schwachstellen aufzählen. Fuchs tut das, indem er den klassenmässigen Standpunkt des Künstlers bestimmt:

"*Daumier ist von Abstammung und Klassenangehörigkeit (...) Kleinbürger. Manche seiner Biographen nennen ihn fälschlich einen Proletarier, und wollen ihn loben, wenn sie ihn einen rebellierenden Proletarier nennen. Das ist eine durchaus schiefe Charakteristik. (...) Sein Vater war ein kleiner Glasermeister in Marseille gewesen, seine Erziehung war kleinbürgerlich, er heiratete ein Mädchen aus Kleinbürgerkreisen - übrigens eine ganz prachtvolle Frau! - er verkehrte ständig in Kleinbürgerkreisen, denn auch seine künstlerischen Freunde waren Kleinbürger, und sein niemals besonders hohes Einkommen schloss (...) aus, dass er jemals*

---

1) Eduard Fuchs: Einleitung zu H.Daumier, Lithographien 1828-51, op.cit., p.8

2) Eduard Fuchs: Einleitung zu Die ollen Griechen, op.cit., p.20 f.

in die Reihen der besitzenden Klassen eintrat.(...)
Aber wenn Daumier auch ein Kleinbürger war, so brauchte
er darum beileibe noch lange kein Spiessbürger zu sein.
(...) Daumier ist nur ein Kopf, der mit seinen Vorstel-
lungen nicht über die Grenzen der kleinbürgerlichen Ge-
sellschaft hinauskam. Aber innerhalb dieser Grenzen
war er der kühnsten und geistreichsten Köpfe einer." [1]

Wenn also Fuchs die Grösse von Daumier als Künstler
nicht zuletzt auch aus dessen politischem Standpunkt
ableitet, so kann er doch auch nicht umhin, in diesem
Standpunkt eine Deformation und Schwächung seines
Künstlertums zu sehen. Diesen Passagen, die zu den
distanziertesten zählen, die Fuchs seinem verehrten
Daumier gewidmet hat, wohnt deshalb eine beachtliche
Widersprüchlichkeit inne. Fuchs fährt fort:

"Wenn man Daumier, und zwar sicher mit Recht, gemäss
seiner künstlerischen Potenz und dem geistigen Ausmasse
seines Genies in eine Reihe mit Michelangelo und Shake-
speare stellt, so muss man andererseits hinzufügen,
dass er ein kleinbürgerlicher Michelangelo und ein klein-
bürgerlicher Shakespeare ist. Daumiers 'Auftraggeber',
Charles Philipon, war kein Medicäer-Papst wie Julius II.
und Louis Philipp war kein König wie Richard III. Durch
diese Konstatierung wird Daumier jedoch nicht degradiert.
Im Gegenteil. Es wird dadurch nur der für die Wesensecht-
heit des Künstlers wichtigste Umstand betont: dass Daumier
ein echter und ganzer Sohn seiner Zeit war. Denn diese war
eben (...) durch und durch kleinbürgerlich." [2]

Vor allem die letzte Volte, wo seine Kleinbürgerlichkeit
von der Begrenzung seiner Grösse wieder zu deren Garantie
avanciert, schwächt diese Deutung Daumiers.

---

1) Eduard Fuchs, Einleitung zu Daumiers Lithographien 1828-51, op.cit., p.19

2) ebda., p.19 f.

Besonders bei zwei Themen im *oeuvre* Daumiers mussten
Fuchs diese Grenzen seines Idols deutlich werden, näm-
lich bei dessen Behandlung der Frauenfrage und des
Sozialismus. Fuchs muss zugeben:

Daumier *"denkt (...) in vielen Dingen mit dem Hirn des
Kleinbürgers. Diese wichtige Tatsache wird auf's deutlichste durch seine Stellung zu den beiden wichtigsten
Tagesfragen der vierziger Jahre des vorigen Jahrhunderts,
der Frauenfrage und dem Sozialismus, belegt. (...) Nach
der kleinbürgerlichen Lebensanschauung gehört (...) die
Frau unbedingt ins Haus und hinter den Kochtopf und
den Strickstrumpf; jede Frau ist kategorisch zu verdammen,
die nach anderen Lebenszielen strebt und sich etwa als
Schriftstellerin oder gar als Politikerin betätigt. Diese
in der kleinbürgerlichen Existenz begründete Anschauung
hat auch Daumier. Also steht er der Frauenemanzipation,
die damals in Frankreich ihre ersten grossen Kämpfe aus-
focht, ablehnend gegenüber, und seine Serien, die sich
um die Frauenemanzipation drehen – Les bas bleus und
Les femmes socialistes – sind durchwegs aus derselben
kleinbürgerlichen Anschauung über die Frauenemanzipation
geboren. (...) Trifft man im Werk Daumiers auf einen ziemlich häufigen Widerhall der Frauenemanzipation, so begegnet
man einem Reflex des fast um dieselbe Zeit in Frankreich
als Massenbewegung aufkommenden Sozialismus überhaupt nicht.
(...) Daumier hatte als prinzipieller kleinbürgerlicher
Demokrat kein Ohr für den Sozialismus."* [1)]

Aber auch hier ist Fuchs um eine Ehrenrettung für Daumier
nicht verlegen:

*"Immerhin muss ausdrücklich betont werden, dass Daumier
(...) gegenüber dem Sozialismus den billigen Spott, wie
er damals in der bürgerlichen Presse an der Tagesordnung
war, niemals mitmachte, sondern dies seinem fingerfertigen
Kollegen Cham am Charivari überliess. (...) Sowenig es*

---

1) ebda., p.20 f.

von ihm Karikaturen auf den Sozialismus gibt, so wenig gibt es solche von ihm auf die Junikämpfer des Jahres 1848 und auf die Kommunekämpfer vom März 1871." [1]

Nach diesen widerstrebend und stets ihrerseits wieder eingeschränkten Einschränkungen kann Fuchs getrost mit der Behauptung schliessen, die er schon an den Anfang dieser Erörterungen gesetzt hatte:

"Die Fahne der revolutionären sozialistischen Arbeiter war gewiss nicht seine (Daumiers) Fahne, aber es war doch eine Fahne der Revolution..." [2]

Andere Beschränkungen und Fehlstellen, die Fuchs im Werk von Daumier ausmachen muss, zeigen wieder die enge Beziehung, die für Fuchs zwischen dem Werk Gavarnis und demjenigen Daumiers besteht. Was er bei Gavarni vermisst - einen aufrechten politischen Charakter und ernstes Pathos - findet er bei Daumier. Und was er bei Daumier gerade um dessen frontaler, direkter, in gewissem Sinne ernster Art des Karikierens [3] willen vermissen muss, das findet er bei Gavarni, nämlich eben das frivol-verspielte, lasziv-morbide Element. Er kritisiert zwar bei der Würdigung Gavarnis diese Ausrichtung von dessen Werk, bei Daumier bemängelt er aber umgekehrt das gänzliche Fehlen solcher Elemente. Zwar kann er das durchaus positiv formulieren:

"Allem, was nach Zote roch, blieb Daumier fern. Bei ihm riecht es niemals nach Patschuli. Man denke sich: er hat nicht ein einziges Mal eine Cancaneuse gezeichnet." [4]

---

1) ebda., p.21 f.   2) ebda., p.22

3) In der Einleitung zu den *"Ollen Griechen"* schrieb Fuchs: *"Die grossen Humoristen sind stets ernst, Daumier ist im Grunde seines Herzens oft von einem beinahe tragischen Ernst gewesen."* (p.14 f.)

4) Eduard Fuchs: Einleitung zu Honoré Daumier: Lithographien 1852-1860, München o.J. (1922), p.20

Bei allem Respekt vor Daumier, der wegen dieser Weigerung,
dem Geschmack der Aera des dritten Napoleon entgegenzukommen, grosse Einkommensverluste auf sich nahm und während
einiger Jahre nicht mehr für den Charivari arbeitete,
vermisst Fuchs in Daumiers Werk nicht nur Cancaneusen,
sondern überhaupt einige seiner Lieblingsmotive, nämlich
*"die folgenden Probleme, denen man bei ihm niemals begegnet: die eigentliche Armut, das uneheliche Kind, die
Gemeinheit in der gegenseitigen ehelichen Untreue, die
Prostitutution und die Tragödie des Sterbens."* [1)]

Mit solchen Blättern musste sich Fuchs bei Gavarni eindecken. Dieser innere Zusammenhang ist wohl der Grund
dafür, dass Fuchs gerade diese beiden Karikaturisten
mit Monografien bedacht hat.

Die Bücher von Fuchs über Daumier gehören zu seinen
wichtigsten Leistungen. Sie waren bahnbrechend für
eine dem Rang dieses Künstlers entsprechende Rezeption
in Deutschland. In der Einleitung zu seiner Wiedergabe
der Karikaturenreihen Daumiers über die Bewohner des
Olymp konnte Fuchs mit vollem Recht schreiben:

*"Honoré Daumier. In Deutschland ist dieser Name noch
gar selten erklungen. Wer ist Daumier? Diese Frage dürfte
dutzende Mal, nein, seien wir uns ganz klar, hunderte Mal
beim Anblick unseres Buches wiederholt werden, bis ein
einziges Mal mit einem 'Ah, Daumier!' darauf reagiert wird."* [2)]

Fuchs war jedoch nicht nur für die Rezeption Daumiers
in Deutschland ein Pionier. Abseits der Bahnen abgedroschener Kunstgemeinplätze bewegte sich Fuchs auch bei
der Auffassung und Wertung der verschiedenen Sparten von
Daumiers Betätigung.

---

1) Eduard Fuchs: Einleitung zu Daumiers Lithografien 1828-1851, op.cit., p.23

2) Eduard Fuchs: Einleitung zu Die ollen Griechen, op.cit., p.8

Die Kenner von Daumier, deren es zumindest in Frankreich
immer schon einige gegeben hatte, waren sich nicht nur
in ihrer Verehrung für den zu wenig zeitgenössischem
Ruhm gekommenen Künstler einig, sondern auch darin,
dass er als Maler seine Talente am sinnvollsten angewandt
habe und dass sein grafisches Werk, die Produkte seines
Brotberufs, im Vergleich zu seinen Gemälden künstlerisch
minderwertig seien.

Fuchs hat von Anfang an gegen diese Interpretation Stellung
bezogen:

*"Man hat es in Frankreich häufig als einen grossen Verlust
für die Kunst bezeichnet, dass Daumier nicht mehr gemalt
hat, man hat es bedauert, dass ihm die Arbeit um das tägliche Brot nicht mehr Zeit zum Malen übrig gelassen hat;
auch er selbst hat diesem Bedauern Ausdruck gegeben.
Arsène Alexandre* [1] *schreibt:'Der Journalismus, von dem
Daumier gelebt hat, hat ihn getötet', und weiter:'Abgesehen von einigen Meisterblättern muss man die Mehrzahl
seiner berühmten Lithographien viel mehr als Z e u g -
n i s s e denn als S c h ö p f u n g e n seines Genies
ansehen.' Wir sind anderer Ansicht und zwar aus verschie-
nen Gründen. Daumier hätte nach unserer Ansicht mit dem
Pinsel gar nicht das ausdrücken können, was er mit der
flüchtigen, gar keiner Vorbereitung bedürftigen, die letzten Intentionen wiedergebenden Lithographiekreide vermochte. Weiter, wenn Daumier gemalt hat, und er hat gar nicht
so selten zum Pinsel gegriffen - seine Hinterlassenschaft
an gemalten Bildern umfasst ausser zahlreichen Aquarellen
ca.100 Nummern - so hat er, wie man auf der letzten Welt-
ausstellung klar sehen konnte, selten eine andere Wirkung*

---

[1] Alexandre Arsène schrieb die erste Monografie über Daumier:
H.Daumier, l'homme et l'oeuvre, Paris 1888

erzielt, wie mit seinen Lithographien. Er hätte dieselben ebensogut als solche ausführen können. Das Phänomenale seiner malerischen Effekte besteht eben auf der ausserordentlichen Meisterschaft der Schwarz-Weiss-Technik." [1]

Von dieser Grundeinstellung her ist es besser zu verstehen, weshalb Fuchs seine ersten Veröffentlichungen zu Daumier dessen grafischem Werk widmete und erst spät, in einem seiner letzten Werke, den Maler Daumier zu Ehren kommen liess. Auch diese Gewichtung seiner Publikationen über Daumier zeigt, dass bei Fuchs die Karikatur der Schlüssel zu seinem ganzen Werk ist.

---

1) Eduard Fuchs: Einleitung zu Die ollen Griechen , op.cit., p.12 f.

2.5. DIE KUNSTTHEORIEN VON FUCHS

Der über diesen Abschnitt gestellte Titel soll deutlich machen, dass es hier nur um einen Teil des Themas 'Fuchs und die Kunst' geht.

Ich war im biografischen Teil dieser Arbeit darum bemüht, das enge persönliche Verhältnis von Fuchs zu Kunst und Künstlern aufzuzeigen. Bei der Pflege dieses engen Verhältnisses nahm der Kunstenthusiast Fuchs grosse Anstrengungen und Mühen auf sich. Dafür ist das Zustandekommen seiner reichen Sammlung aber auch einzig aus dieser Bemühung heraus möglich gewesen.

Seine Sammlung ist der Nährboden seiner sämtlichen Werke. Welches Thema sie auch immer behandeln mögen: In erster Linie haben sie die Funktion, die in keinem Ausstellungsraum - geschweige denn in einer Privatwohnung - mehr exponierbare Sammlung vorzuzeigen. Seine Bücher sind vervielfältigte, mit normierten Erklärungen versehene Exemplare der Mappen, in denen Fuchs seine Schätze barg.[1]

Sein Umgang mit Künstlern, seine Leistung als Sammler, das ist der praktische Teil von Fuchs' Verhältnis zur Kunst. Demgegenüber sind die hier zu erörternden Texte, die Fuchs nicht als Erläuterungen kulturhistorischer Art zum Umfeld einzelner Künstler und Bilder (zumal zu den im nachhinein stets erklärungsbedürftigen Karikaturen) verfasste, sondern als grundsätzliche Festlegung seines Standpunktes gegenüber der Kunst niederschrieb, der weniger wichtige Teil seines Umgangs mit der Kunst.

---

1) Nicht von ungefähr heisst eine seiner ersten Publikationen (sie wurde bereits zitiert) *"Aus meiner Napoleonmappe"*.

Der über diesem Abschnitt stehende Titel soll auch darauf hinweisen, dass Fuchs nicht ein tragfähig aufgebautes Theoriegebäude zur Kunst, kein System der Aesthetik, vorlegen kann. Die Kunst lässt sich ohnehin in keinen noch so ausgeklügelten Käfig sperren.

Statt einer Theorie liefert Fuchs einzelne Theoreme, die er allerdings mit prinzipiellem Nachdruck verficht.
Fast wertvoller sind aber einzelne seiner verstreuten Bemerkungen zu konkreten Zusammenhängen. In solchen Einzelbeobachtungen beweist Fuchs auch genug geistigen Grossmut, nötigenfalls seine sonst postulierten kunstrichterlichen Prinzipien souverän ausser Kraft zu setzen.

Dennoch ist Fuchs in seinem ganzen Werk zur Kunst die Konsequenz nicht abzusprechen. Er tat nie etwas anderes, als Kunstbereiche zu erschliessen, die abseits der in den offiziellen Museen und der universitären Kunstgeschichtsschreibung gepflegten Bereiche lagen. Es sind zwei Gebiete der Kunst, die Fuchs im Alleingang erschloss: Die sogenannt "niederen" bildenden Künste und die erotische Kunst, die ihn zwar zu den einschlägigen Werken der grossen Meister hinführte, die er aber auch mit kunsthandwerklichen Scherz- und Gebrauchsartikeln der unteren Volksklassen dokumentierte. Von dieser zuerst zu behandelnden Ausrichtung seines Werks aus sind die Kunsttheorien von Fuchs zu verstehen.

2.5.1. Fuchs und die Volkskunst

Der Ausgangspunkt der Kunstbegeisterung von Fuchs, die Karikatur, wird von den Hütern der hohen Kunst als eine niedere Kunstgattung eingestuft. Fuchs macht das in einem gewissen Sinn mit, wenn er sie als *"die Kunst der Gasse"* bezeichnet. Zwar ist diese Qualifikation bei Fuchs gar nicht abwertend gemeint, im Gegenteil: Für ihn ist der Bezug zur Masse, den die Karikatur den Meisterwerken in den Gemäldegalerien voraushat, gerade eines ihrer wertvollsten Elemente. Er schreibt:

"Für die Masse wird die Karikatur die beste Erzieherin zum richtigen Schauen. Sie ist die auf die Gasse übertragene Kunst. Die Museen sind dem Volke in seiner Mehrheit verschlossen. Sie zu besuchen und vor allem richtig geniessen zu können, dazu gehören Zeit und Vorstudien, über die nur ein geringer Bruchteil zu verfügen imstande ist. Die Karikatur tritt hier an die Stelle, sie ersetzt zum Teil, was der Masse durch den Abschluss von der grossen Kunst entgeht." [1]

Aber Fuchs geht noch weiter. Ist in der eben zitierten Passage die Karikatur nur ein populärer Lückenbüsser für die dennoch als grösser anerkannte hohe Kunst, so erhebt Fuchs die Karikatur wenig später in einen höheren Rang als die Gemälde der grossen Meister, wie er ja schon Daumiers lithografierte Karikaturen dessen Gemälden vorzog. Er statuiert diese Rangfolge für die gesamte moderne Kunst:

"Die Karikatur löst täglich in ihren rasch hingeworfenen, oft nur für den Tag bestimmten Blättern zeichnerische und malerische Probleme, an die sich die grosse Kunst in ihren riesigen Leinwandflächen nie herangewagt hat. Man denke nur an Goya und Daumier! Dass heute die gesamte Kunst unter dem Einfluss der Karikatur steht, ist eine (...) Tatsache." [2]

---

1) Eduard Fuchs: Die Karikatur der europäischen Völker, op.cit., Bd.I, p.16/18
2) Ebda.,p.16

Fuchs fasst überdies - und auch diese Feststellung ist richtig - die Karikatur als den Anfang der bildenden Kunst schlechthin auf. Er schreibt, *"dass die Karikatur (...) die Form ist, von der alle objektive Kunst ausgeht. Ein einziger Blick in die ethnographischen Museen belegt diesen Satz. Aufsuchen, Festhalten und Darstellen des Unterscheidenden erblicken wir als die erste Bestätigung des Kunsttriebes. Die Brüste des Weibes und die äusserlich sichtbaren Geschlechtsteile des Mannes sind es, die Mann und Weib in den Augen der prähistorischen Menschen unterscheiden, und siehe da, auf ihre Hervorhebung konzentriert sich das Individualisierungsbestreben des primitiven Künstlers. (...) Ganz so verfährt das Kind, ganz so der (...) Wilde."* [1]

Zur Erläuterung des karikierenden Wesens der Kunst der Primitiven zeigt er Abbildungen von jenen afrikanischen und urzeitlichen Kunstwerken, die einige Jahre darauf für die Pariser Kubisten eine *"Offenbarung"* wurden. [2]

Diese Wendung - die Erhebung der von Fuchs durchgearbeiteten Sparten der Kunst in einen noch über der anerkannt "hohen" Kunst stehenden Rang - macht Fuchs nicht nur bei der Karikatur, [3] sondern auch bei der Volkskunst. Hinter dieser Umwertung steht nichts anderes als der Besitzerstolz von Fuchs. In der Buchreihe, die Zeugnisse mehr oder weniger anonymer Volks- und Handwerkskunst präsentiert, geht es Fuchs zunächst einmal um den Beweis, dass diese Objekte seiner Sammlung den Glanzstücken öffentlicher Museen

---

1) Eduard Fuchs: Die Karikatur d.europ.Völker, op.cit., Bd.1, p.4f.

2) Picasso z.B. kaufte sich 1907 Steinstatuen der Ur-Iberer und empfand Objekte derselben afrikanischen Kultur (Babangi bzw. Bango) als *"Offenbarung"*, die Fuchs schon 1902 in seinem Buch über die Karikatur (op.cit. p.2) abgebildet hatte. (Vgl. den Katalog zur Picasso-Retrospektive im Museum of Modern Art, New York, Hg.v.W.Rubin, New York 1980, deutsch München 1980, p.86 f.)

3) Auf diese Ueberwertung des von Fuchs präsentierten Materials wies schon Mehring in seiner Rezension der *"Karikatur der europ.Völker"* hin.(Vgl. Franz Mehring: Eduard Fuchs, Die Karikatur der europäischen Völker, in: Die neue Zeit, No.23 (Jg.1904/05, Bd.1),p.290 f.

nicht nur an der Zahl überlegen, sondern auch in der Qualität mindestens ebenbürtig seien.

In dem Programm zu dieser Buchreihe unter dem Obertitel "Kultur- und Kunstdokumente" schreibt Fuchs gegen die kunstpflegerische Praxis der Museen folgendes:

"Das museale Sammeln ist in den meisten Fällen einseitig. Es beschränkt sich auf die sogenannten Glanzstücke auf dem betreffenden Gebiet. Gewiss ist diese Art des Sammelns für das heutige Museum schon durch räumliche Gründe bedingt. Aber dies (...) vermag an der Tatsache nichts zu ändern, dass wir dadurch ganz unvollständige, ganz einseitige, ja sogar direkt gefälschte Vorstellungen von der Kultur der Vergangenheit bekommen. Wir sehen diese durch die Museumsbrille immer im prunkvollen Festtagsgewand und nur sehr selten in ihrem meist dürftigen Werkeltagskleid. Und doch waren auch in der Vergangenheit die Werktage unendlich viel häufiger als die Festtage." [1]

Mit dieser Feststellung wäre eigentlich der Grund gelegt gewesen für eine demokratische Kunsttheorie, wie sie einem Absolventen von zahlreichen Sitzungen in Proletkult-Kreisen [2] wohl angestanden hätte.

Aber Fuchs fährt unmittelbar hieran anschliessend fort:

"Aus diesen (...) Gründen wollen wir in der vorliegenden Bücherreihe die entgegengesetzte Methode einschlagen. Wir wollen in unseren Veröffentlichungen möglichst wenig aus dem öffentlichen Besitz heranziehen, dagegen umso mehr aus privaten Sammlungen." [3]

Diese einigermassen überraschende Folgerung hat Fuchs in den "Kultur- und Kunstdokumenten" konsequent eingehalten.

---

1) Dieses Programm ist allen drei Bänden dieser Reihe, die bereits im ersten Teil zitiert wurden, vorgedruckt, z.B. auf den p.5/6 des ersten Bandes (Eduard Fuchs: Tang-Plastik, München 1924)
2) Vgl. S. 155 dieser Arbeit.
3) a.a.O. p.6

Von den über 100 chinesischen Kunstobjekten, welche die ersten beiden Bände [1] dieser Reihe präsentieren, stammen nur gerade deren 10 nicht aus der Sammlung Fuchs. Die programmatisch an den Anfang gestellte Polemik gegen die *"Glanzstücke"*, welche die offizielle Kunstpflege in den Museen der breiten, namenlosen handwerklichen Basis von Kunst und Kultur vorzieht, war also nur ein Vorwand zum Vorzeigen der eigenen Glanzstücke.

Denn Fuchs macht den Anspruch, das Seine zur Ueberlieferung und Wertschätzung des *"Werkeltagskleids"* der Kunst beizutragen, nur zum geringsten Teil wahr, wenn er die chinesischen Dachreiter der Ming-Zeit und plastische Grabbeigaben der Tang-Zeit, die er in unbekümmert kulturimperialistischer Weise seiner Sammlung einverleibt hatte,[2] vorzeigt.

Wohl sind diese Kunstwerke von namenlosen, über das ganze Reich der Mitte verstreuten Kleinmeistern verfertigt worden und gehören der Volkskunst, dem Kunsthandwerk an. Aber Fuchs rechnet ihnen diese Herkunft nicht hoch an. Recht schnoddrig erwähnt er *"Tausende der simpelsten Töpfer"* [3] als ihre Schöpfer.

---

1) Eduard Fuchs: Tang-Plastik. Chinesische Grabkeramik des VII. bis X.Jahrhunderts. München o.J.(1924)
Eduard Fuchs: Dachreiter und verwandte chinesische Keramik des XV. bis XVIII. Jahrhunderts. München o.J.(1924)

2) Man würde in dem Verfasser folgender Zeilen (Dachreiter, op.cit.,p.39) nicht unbedingt ein Mitglied jener Partei vermuten, die sich drei Jahre später wortstark in Solidarität mit dem chinesischen Volk übte. Fuchs schreibt mit dem Appetit eines Schatzsuchers, Grabräuber und Sammlers der Epoche etwa Schliemanns,*"dass sich, wie sachverständige Chinareisende versichern, in China noch zahlreiche Beispiele von Dachreitern nachweisen lassen, die das nach Europa gelangte Material tief in den Schatten stellen. Vor allem soll das im Format Gigantischste niemals nach Europa gekommen sein. Die Chinaexporteure haben diese Dinge früher nicht für wertvoll genug gehalten, um die grossen Transportkosten zu riskieren, und heute sind die 'Abbaumöglichkeiten' wesentlich umständlicher geworden. Wenn es auch noch keinen eigentlichen 'Denkmalschutz' in China gibt, so immer noch einen Fremdenhass, der sich besonders rasch am Demolieren von Tempeln (an denen sich zumeist die ganz grossen Stücke befinden) entzündet, und auf den auch der ganz skrupellos expropriierende Exporteur von Chinakunst einige Rücksicht nehmen muss."*

3) Dachreiter, op.cit., p.46

Aber umgekehrt tut Fuchs dann alles, um die aus so simplen
Händen stammenden Objekte seiner Sammlung durch bombastische
Beschwörung ihrer künstlerischen Grösse und Logik dennoch
von Zeugnissen einer breiten Handwerkstradition zu Glanzstücken grosser Kunst zu befördern.[1]

Diese Bemerkungen sollen nur auf einige unterschwellige
Tendenzen hinweisen, die in Fuchs' Texten dieser Reihe
ab und zu zum Vorschein kommen. Generell hat Fuchs hier
einen durchaus ernstzunehmenden Versuch unternommen,
die Volkskunst zu würdigen, denen er diese von namenlosen
Schöpfern erzeugten Massenprodukte ausdrücklich zurechnet.[2]

Dass diese unterschwelligen Tendenzen ihren Ursprung in
Fuchs' Bedürfnis haben, seine eigenen Sammelobjekte als

---

1) Fuchs schreibt dazu (Tang-Plastik, op.cit., p.38):*"es handelt sich in der Kunst dieser Epoche um eine der bewundernswertesten Erscheinungen; das offenbart sogar dem gänzlich Unorientierten schon der erste Blick auf das hier zusammengestellte Bildmaterial.(...) Auch andere Forscher sind dieser Meinung. Ernst Zimmermann, der Direktor des Dresdener Johanneums, schreibt in seinem Werk über die Geschichte des chinesischen Porzellans* (Leipzig 1923, 2 Bde.): *Diese keramischen Tang-Plastiken 'sind auch in ihren kleinsten Schöpfungen ganz erstaunlich gross aufgefasste Werke, denen gegenüber unter allen Kunstwerken der Welt wohl nur die altägyptische, altbabylonisch-assyrische und frühe griechische Kunst Gleichwertiges hervorgebracht hat.'(...) Was uns an den von uns ausgewählten und hier vorgeführten Zeugnissen der chinesischen Grabplastik am meisten in Staunen versetzt und verblüfft, sind vornehmlich drei Wesenheiten: Ein geradezu einzigartiger, intensiv erfühlter Realismus, eine zur höchsten Monumentalität gesteigerte Einfachheit des Stils und die kühnste groteske Phantasie, die sich denken lässt."*
Diese diversen Qualitäten, die Fuchs in diesen Stücken erblickt, sind ja in sich nicht ganz ohne Widerspruch. Klein ist nicht gross, und groteske Phantasie bleibt schwerlich realistisch. Fuchs überbrückt das mit folgender Aufbietung von schwerstem logischem Geschütz:*"diese Fabelwesen (...) sind durchweg von allerhöchster Logik. Absolut organisch logisch wirken ihre sämtlichen Attribute auf uns, (...) logisch wirken selbst die riesigen Elefantenohren; logisch ist auch stets die Haltung."*
(Diese *"absolut organisch logische"* Passage aus der Tang-Zeit,op.cit.p.30, hob bereits Benjamin in seiner Arbeit über Fuchs hervor.(Vgl. Gesammelte Schriften, op.cit., Bd. II/2, p.485 f.))
2) *"denn nicht der letzte Ruhm der chinesischenDachreiter ist es, dass es sich in ihnen um eine reine, das ist um eine namenlose Volkskunst handelt"*, schreibt Fuchs in Dachreiter, op.cit.,p.45, nachdem er schon in der Tang-Plastik, op.cit., pp.39 und 50, auf deren namenlose Massenproduktion hingewiesen hatte.

den Beständen der öffentlichen Museen ebenbürtig, ja
überlegen auszuweisen und seine Sammelgebiete zu den
edelsten Sparten der Kunst überhaupt zu erheben, wird
bei der Lektüre des dritten und letzten Bandes dieser
Reihe vollends klar.

Dieser Band ist nämlich das einzige Buch, von dessen
Illustrationen keine einzige aus der Sammlung Fuchs
stammt. "*Die deutsche Fayence-Kultur*", so lautet der
Titel des Werks,[1] stellt einzig eine Auswahl der
schönsten Stücke aus Paul Heilands heute noch in Potsdam befindlicher Sammlung deutscher Fayence-Keramik
auf fotografischen Tafeln und in katalogmässigen Einzelbeschreibungen vor. Die letzteren verfasste der
Besitzer der Stücke selbst; Fuchs schrieb nur die
einleitenden allgemeinen Textteile.

Fuchs gliederte seinen Text nach dem Muster der Bände
über die chinesische Keramik in allgemeine kulturgeschichtliche Betrachtungen zum Umfeld dieses Zweiges
der Keramik, kombiniert mit technischen Erörterungen
zur Fayence, die ja nichts anderes ist als mit einer
Zinnglasur versehene Tonkeramik, ein Substitut für das
bis zu seiner Nach-Erfindung durch Böttger in Europa
nicht fabrizierbare chinesische Porzellan.[2] Ferner gibt
Fuchs wie bei den Bänden zur chinesischen Keramik
Sammeltips für Anfänger auf diesem Gebiet. Nur in
diesem Teil des Textes muss er sich selbst kurz in
die Positur des Lobredners seiner eigenen Sammeltätig-

---

1) Kultur- und Kunstdokumente, hg. v. Eduard Fuchs, Bd.III:
   Eduard Fuchs / Paul Heiland: Die Deutsche Fayence-Kultur.
   Einhundertfünfzig der schönsten deutschen Fayencen, München o.J.(1925)

2) Der Name Fayence leitet sich von Faenza her, wo im 16. und 17.Jahrhundert eine Hauptproduktionsstätte dieser Ware war. Majolika, eine
   andere Bezeichnung dieser Keramiksorte, leitet sich von der spanisch-maurischen Nahtstelle Mallorca her, über welche die Vermittlung dieser
   Technik vom Fernen Osten nach Europa vor sich ging.

keit werfen.[1] Aber sonst steht er im ganzen Text nirgends unter dem Zwang, die vorgeführten Objekte zu überwerten. Sein Text, der zu seinen besten überhaupt zählt, kann sich nicht nur ungehemmt über die unmenschlichen Produktionsbedingungen in der Manufakturen auslassen, wo diese Objekte hergestellt wurden.[2] Er denkt auch nicht daran, den kleinbürgerlichen Charakter der deutschen Fayence zu leugnen, ja er kann sogar die vollständige Abwesenheit einer in der Tat nicht vorhandenen revolutionären Tendenz dieser Ware ruhig konstatieren.[3]

---

1) Fuchs erzählt auf p.61 schwelgerisch, *"dass es (...) vor dem Weltkrieg in Deutschland nur wenige Sammelgebiete gegeben hat, auf denen es eine solche Lust war, zu sammeln, wie auf dem der Fayence. Jeden Tag konnte man direkte 'Funde' machen. Kaum ein einziger Rundgang bei den Händlern einer grösseren Stadt war resultatlos. (...) Bei der Witwe Seligsberger in Würzburg reihten sich die besten süddeutschen Fayencen, wundervolle Enghalskrüge, grosse herrliche Platten, Vasen in ganzen Sätzen, prachtvolle Terrinen, vollsignierte Stücke usw. nicht selten in ganzen Reihen aneinander. Aehnlich war es beim alten Pergamenter in Berlin, bei Spannseil in Stuttgart, bei Kitzinger in München und bei verschiedenen Frankfurter und Nürnberger Händlern. Von verschiedenen Manufakturen existierten damals sogar noch umfangreiche Restbestände, die unbeachtet auf den Böden und in den Magazinen der noch existierenden früheren Niederlagen verstaut waren. Solche alte Lager brauchte man bloss aufzustöbern, um fast ebenso bequem kaufen und wählen zu können wie zu jenen Tagen, wo diese Dinge 'frisch aus dem Ofen' auf den Markt kamen. Dem Verfasser ist dieses Glück zweimal zuteil geworden. (...) Und was das berauschendste war: die unvergleichlichsten Herrlichkeiten waren lange Jahre hindurch tatsächlich 'um ein Butterbrot' zu haben. Man handelte beim Preis oft nicht nur um wenige Mark, sondern auch um Groschen. (...) Eine Fahrt auf entlegene Dörfer war lange Zeit das grösste und zugleich das billigste Sammlervergnügen. In manchen Bezirken brauchte man sich nur in einem Dorfkrug zu etablieren und durch den Amtsboten oder Nachtwächter ausschellen zu lassen, dass jemand da sei, der altes Geschirr kaufe und für jedes Stück, das ihm gefalle, einen Taler bezahle. Dann kamen nicht selten die glücklichen Besitzer von altem Urväterhausrat gleich zu Dutzenden, so dass einer, der über das nötige Kleingeld verfügte, unter günstigen Umständen tatsächlich mit einer ganzen Wagenladung nach Hause fahren konnte."*

2) Vgl. op.cit., p.35 ff.

3) Vgl. op.cit., p.26 ff. und p.55. Auf p.48 rügt Fuchs das praktisch vollständige Fehlen von Fayenceprodukten, etwa Büsten, zu Ehren politischer Vorkämpfer der bürgerlichen Revolution.

Wohl lobt er auch bei diesen Objekten - und durchaus
nicht zu Unrecht - die künstlerische Schönheit und
die formale Logik. Aber diese *"Zweckschönheit"* [1] muss
nur noch *"logisch und überzeugend"* [2] oder auch nur
- dem kleinbürgerlichen Charakter der Fayence entsprechend -
"praktisch" [3] sein, nicht mehr *"absolut organisch logisch"* wie seine eigenen Stücke aus der Tang-Zeit. [4]

Die wohltuende, gegenüber dem bombastischen Stil der
ersten beiden Bände dieser Reihe geradezu bescheiden
wirkende Lockerheit, welche Fuchs' Text über die deutsche
Fayence auszeichnet, hat aber neben dem Umstand, dass es
hier nicht Objekte der eigenen Sammlung zu rühmen galt,
noch einen anderen Grund. Fuchs schreibt immer dann besonders steif im Stil und apodiktisch im Inhalt, wenn er
sich unsicher fühlt. Und die chinesische Kultur- und
Kunstgeschichte war ja nun von Hause aus nicht sein
angestammtes Fachgebiet, hatte er doch noch 1908, im
Vorwort zum ersten Band seiner *"Geschichte der erotischen
Kunst"* als Grund für seine stiefmütterliche Behandlung
des Erotischen in der japanischen und chinesischen Kunst
das Sprichwort angeführt: *"Was der Bauer net kennt, dös
frisst er net."* [5]

Die Reihe der *"Kultur- und Kunstdokumente"* ist im übrigen
nicht der einzige Ort, an dem sich Fuchs mit der Volkskunst
befasst. Ihre drei Bände eigneten sich einfach besonders
gut zur Darstellung der Schwierigkeiten, die Fuchs dabei
hatte.

---

1) Fuchs/Heiland: Die Deutsche Fayence-Kultur, op.cit., p.56
2) ebda.   3) ebda.
4) Vgl. S. 362 dieser Arbeit
5) Eduard Fuchs: Die Geschichte der erotischen Kunst, Bd.I: Das zeitgeschichtliche Problem, Berlin o.J. (1908), Vorwort des Verfassers, p.XVI

2.5.2. Polemik gegen die konservativen Kunsthistoriker

Fuchs begann seine Beziehung zur Kunst mit der Karikatur. Er sammelte auch Zeugnisse der Volkskunst, und zwar in grösserem Umfang, als aus den im vorigen Kapitel hauptsächlich besprochenen drei Werken der Reihe *"Kultur- und Kunstdokumente"* hervorgeht.[1]

Bei der Behandlung dieser für Fuchs wichtigen Gebiete der bildenden Kunst stösst sich Fuchs immer wieder von neuem am klassischen Kunstkanon und an der zeitgenössischen Kunstgeschichtsschreibung, für welche diese beiden Kunstsparten nichts als gern gemiedene Niederungen des Kunstbereichs sind. Ein Ausweg für Fuchs war, wie ich im vorigen Kapitel gezeigt habe, die extreme Ueberhöhung der von ihm ans Licht geförderten Kunstobjekte. Dieser Ausweg erwies sich aber als Sackgasse für Fuchs, der damit nicht von einer wie auch immer geeichten Höhenmessung in der Kunstbetrachtung loskommt, statt diese der ständischen Rangfolge verpflichtete Anschauung insgesamt methodisch von sich abzutun. Weil Fuchs sich von einigen Hauptprämissen der gängigen Kunstinterpretation nicht trennen kann, kommt er mit seinen eigenen Ansätzen in der Kunsttheorie auch nicht weit, wie die nächsten Kapitel zu zeigen haben. Hier geht es aber zuvor noch darum, zu dokumentieren, dass es Fuchs keineswegs am Willen fehlte, sich polternd gegenüber der bürgerlichen Kunsthistorie als Vertreter einer gründlichen Alternative anzubieten. Fuchs kann aber den Gegner, die bürgerliche Kunstgeschichtsschreibung, deshalb

---

[1] Insbesondere die Ergänzungsbände zur Sittengeschichte (op.cit.) bringen zahlreiche Kunstobjekte - Schnitzarbeiten, Keramik etc. - erotischen Inhalts aus einer volkstümlichen Grundschicht der Kunst und des Kunsthandwerks, die stets von der Zerstörung durch religiöse und sittliche Eiferer bedroht war und die auch heute noch nicht genügend erforscht ist. Vgl. dazu S. 403 f. dieser Arbeit.

nicht so entscheidend treffen und vernichtend erledigen,
wie er es - seiner recht rabiaten Tonlage nach zu schliessen - eigentlich möchte, weil er den Feind denn doch allzu niedrig einstuft, wenn er ihm nur *"Kauderwelsch"* und
"Gallimathias" zutraut wie im folgenden Zitat aus der
"Tang-Plastik":

Der *"Hauptcharakter der Literatur über China und chinesische
Kunst besteht darin, dass man in ihr noch häufiger und in
einem noch grösseren Umfange als bei der Literatur über
die westeuropäischen Kultur- und Kunstprobleme jenem phrasenhaften Gallimathias begegnet, der jedem ernsten Menschen
das Studium der Kunstliteratur vielfach zu einer förmlichen
Qual wandelt. Es gibt China-Publikationen, wo man auf Dutzenden von Seiten nichts anderes als Sätze wie die folgenden aneinandergereiht zu lesen bekommt:'Ein Kontakt (mit
der Chinakunst), der uns in die Unendlichkeit eines magischen Erlebens hinausschleudert, ist nur dann möglich,
wenn Mensch und Objekt sich vollständig voraussetzungslos
gegenüberstehen.''Schliesslich können wir sagen, dass Kunst
in unserem Sinne hier gar nicht existiert, sondern alle
diese Werke schliesslich nur Erektionen des menschlichen
Geistes und Willens in aller Sehnsucht zu Gott und über
sich hinaus sind.''Und Kristallisationspunkte solchen Erlebens sind diese Bildwerke Asiens, - diese Bildwerke, die
uns nicht Erfüllung sein sollen, wohl aber Ruf und eine Verführung um der Erlösung willen. Und wenn es sein soll um
des Untergangs willen.' Es ist eine etwas harte Strafe
für den Leser, wenn er sein Interesse für die chinesische
Kunst mit einem solchen Kauderwelsch quittiert bekommt."* [1]

---

1) Tang-Plastik, op.cit., p.58

Etwas milder polemisiert er gegen die Kunstgeschichtsschreibung auf dem Feld der europäischen Kunst. Fuchs ist nicht zufrieden mit der *"Antwort, mit der man das Problem des jähen Ausklanges der deutschen Renaissance durchgehend abgetan findet:'um jene Zeit war die schöpferische Kraft in Deutschland erloschen', - so kann man tatsächlich hunderte Male lesen. Ebenso charakteristisch ist die Art, wie man sich irgendeinen auffälligen Aufschwung in der Grundstimmung der Kunst erklärt. Einer der verdienstvollsten und am meisten gelesenen Kunsthistoriker der Gegenwart - der Name tut hier nichts zur Sache, denn wir polemisieren nicht gegen einzelne Personen, sondern gegen eine fehlerhafte und ungenügende Art der Geschichtsbetrachtung - leitet z.B. den Umschwung, der sich an der Wende des 16.Jahrhunderts, von Florenz ausgehend, in der Kunst vollzog, die jähe Rückkehr zur Askese von dem tiefwirkenden Eindruck der gewaltigen Busspredigten Savonarolas her. 'Was hat Savonarola aus diesem Geschlecht gemacht!' heisst es. Und dann wird der Umschwung in der Florentiner Kunst jener Jahre geschildert, die heidnische Sinnenfreude, die vor dem Auftreten Savonarolas diese Künstler erfüllte, die christlich-zerknirschte, selbstquälerische Asketik, die nach seinem Auftreten darin lebte. 'Für den einen (Künstler) ist Savonarola der böse Dämon, für den anderen der heilige Geist. Dem raubt er seine Ideale, jenem verhilft er dazu, sich selbst zu entdecken.' Solche Erklärungen - und dieser Art sind sie fast alle, denen man in den landläufigen kunstgeschichtlichen Darstellungen begegnet - sind ganz roh empirisch. Sie behandeln die Dinge einfach als gegebene Tatsachen und stellen dann zwischen ihnen auf Grund ihres anscheinenden äusserlichen Zusammenhanges einen Kausalnexus her."* [1]

---

1) Eduard Fuchs: Die Naturgeschichte der Kunst, in: Geschichte der erotischen Kunst, op.cit., Bd.1, pp.1-59, p.6

Die verhältnismässige Milde dieses zweiten Ausfalls
gegen die zeitgenössische Kunsthistorie erklärt sich
daraus, dass der von Fuchs nicht genannte, aber mit
diesen Zitaten unverkennbar angesprochene Richard
Muther [1] zu den Lieblingsautoren von Fuchs gehört;
nicht nur zitiert ihn Fuchs oft und gerne - manchmal
sogar ohne ihn als Urheber des übernommenen Textes
zu nennen - , sondern er figuriert auch gleich mit
drei Werken in der Literaturliste am Ende von Fuchs'
Werk über die Karikatur der europäischen Völker. [2]

Fuchs hat die Schiefheit des Vorgehens, anhand einiger
besonders schwacher Zitate aus zweit- und drittrangi-
gen kunsthistorischen Büchern die gesamte Kunstgeschichtsschreibung der Unfähigkeit zu bezichtigen,
selbst empfunden. Fuchs zieht deshalb für eine neuerliche
*"mir notwendig erscheinende Auseinandersetzung mit beson-
derer Absicht die Gedankengänge eines so angesehenen und
nach vielen Richtungen überaus verdienstlichen Gelehrten,
wie Heinrich Wölfflin es ist, heran (...); denn wenn irgendein beliebiger kunstschreibender Feuilletonist wider-
spruchsvoll daherredet, so beweist dies nicht viel."* [3]

Diese neuerliche Polemik gegen *"die zünftlerische Kunstwissenschaft"* am Beispiel des berühmten Schweizer Kunst-
historikers zielt in dieselbe Richtung wie die vorherigen
Angriffe: Fuchs vermisst auch bei Wölfflin die korrekte
historische Herleitung von Formen und Inhalten der Kunst.

---

1) Das längere der von Fuchs angeführten Zitate (*"Für den einen.."* bis
   "... zu entdecken.") stammt aus Richard Muther: Geschichte der Malerei,
   Leipzig 1899, 5 Bde., Bd.2, p.8f. Entgegen der Ansicht von Zingarelli,
   op.cit., p.46, polemisiert hier Fuchs noch nicht gegen Wölfflin.

2) Neben Richard Muthers Geschichte der Malerei (op.cit.) nennt Fuchs
   dort noch dessen Geschichte der Malerei im 19.Jahrhundert und seine
   Geschichte der französischen Malerei.

3) Eduard Fuchs: Geschichte der erotischen Kunst. op.cit., Bd.II, p.22

"Heinrich Wölfflin (...) kommt nicht auf den Gedanken,
dass die (...) ständig sich verändernden wirtschaftlichen
Verhältnisse auch das künstlerische Sehen gewandelt haben, sondern er verharrt in seinem stolzen Glauben, dass
dies unabhängig von so untergeordneten Dingen vor sich
gegangen sei (...) Darum erwähnt er (...) die Möglichkeiten solcher Einwirkungen auch nicht mit einem einzigen
Wort (...) in seinem ganzen Buch.[1] Freilich hat auch
er etwas von einer wissenschaftlichen Methode läuten hören,
die das künstlerische Gestalten nicht aus dem souveränen
Hirn des Künstlers, sondern dieses Hirn mit seinem Inhalt
aus den souveränen Verhältnissen des Lebens ableitet, mit
dessen Veränderung auch der Inhalt des künstlerischen Ge-
hirns sich ändern muss, das heisst also, auch das künstlerische Sehen. (...) so fügte Wölfflin seinem dicken Buch
in den späteren Auflagen einen eigenen Schlussabschnitt
von ganzen - 33 Zeilen hinzu, in denen er sich mit dieser
seinen hohen wissenschaftlichen Ansprüchen nicht genügenden
wissenschaftlichen Methode auseinandersetzt und sie natürlich ablehnt." [2]

Auf die beiden Gegenpole Wölfflin und Fuchs wird zu
Beginn des nächsten Kapitels zurückzukommen sein. Hier
sei nur noch der erste Absatz dieses von Fuchs eben
kritisierten nachträglich ergänzten Schlussabschnitts von
Wölfflins *Klassischer Kunst* zitiert, weil er genau
jene Schwierigkeit nennt, die Fuchs' Bemühungen um eine
in sich geschlossene Darstellung seiner Gedanken zur Kunst
immer wieder scheitern lassen, nämlich das Wertungsproblem,
das bereits im Kapitel über Fuchs und die Volkskunst auf-
tauchte. Natürlich sieht aber Wölfflin nur in der Formu-

---

1) Fuchs bezieht sich auf Wölfflins Werk *"Die klassische Kunst. Eine Einführung in die italienische Renaissance"* (1.Aufl.München 1899)
2) Eduard Fuchs: Geschichte der erotischen Kunst, op.cit., Bd.II, p.18

lierung, nicht aber in der formalistischen Scheinlösung des Wertungsproblems klar, wenn er schreibt:

"Es gibt eine Auffassung der Kunstgeschichte, die in der Kunst nichts anderes sieht als eine 'Uebersetzung des Lebens' (Taine) in die Bildsprache und die jeden Stil als Ausdruck der herrschenden Zeitstimmung begreiflich zu machen versucht. Wer wollte leugnen, dass das eine fruchtbare Betrachtungsweise ist? Allein sie führt doch nur bis zu einem gewissen Punkt, fast möchte man sagen, nur bis dahin, wo die Kunst anfängt. Wer sich nur an das Stoffliche im Kunstwerk hält, wird vollkommen damit auskommen, allein sobald man mit künstlerischen Werturteilen die Dinge messen will, ist man genötigt, auf formale Momente zu greifen, die an sich ausdruckslos sind und einer Entwicklung rein optischer Art angehören." [1]

---

1) Zitiert nach E.Fuchs: Geschichte der erot.Kunst, op.cit., Bd.II, p.19

2.5.3. Naturgeschichte der Kunst: Determinismus als Entschleierung und Simplifizierung

Die Kontrahenten Wölfflin und Fuchs treffen sich darin, dass sie ihre durchaus voneinander abweichenden Auffassungen der Kunstentwicklung als Naturgeschichte abgehandelt wissen wollen.

Wölfflin schreibt dazu im Vorwort zu seinen *"Kunstgeschichtlichen Grundbegriffen"*, die übrigens auch noch heute zum Grundvokabular des Jargons der Kunstbeflissenen gehören, folgendes:

Das *"vorliegende (...) Buch (...) befasst sich mit der inneren Geschichte, sozusagen mit der Naturgeschichte der Kunst."* [1]

Es ist dies umso erstaunlicher, als sich Wölfflins Formalismus gerade gegen sein *"im Kern historisches Zeitalter"* [2] richtete und versuchte, aus der schon mit ihrem Namen als zu den historischen Wissenschaften gehörig definierten Kunstgeschichte *"die Lehre von den Sehformen"* [3] zu machen. Er ist auf der Suche nach den Gesetzmässigkeiten des Sehens, die über allem historischen Wandel der Kunst stehen sollen und deren *"natürliche Logik"* [4] er zwar nicht geradeheraus mit der Optik gleichsetzt, aber ihr doch annähert, wenn er schreibt: *"Gewiss gibt es kein optisches Schema, das, nur aus eigenen Prämissen hervorgegangen, der Welt gewissermassen wie eine tote Schablone aufgelegt werden könnte; man sieht wohl jederzeit so, wie man sehen will, aber das schliesst doch die Möglichkeit nicht aus, dass in allem Wandel ein Gesetz wirksam bleibe. Dieses Gesetz zu erkennen wäre ein Hauptproblem, das Hauptproblem einer wissenschaftlichen Kunstgeschichte."* [5]

---

1) Heinrich Wölfflin: Kunstgeschichtliche Grundbegriffe. Das Problem der Stilentwicklung in der neueren Kunst. München 1915. p.VIII
2) ebda.   3) ebda., p.251   4) ebda., p.18   5) ebda., p.19

Mit der überraschenden Inanspruchnahme des Terminus *"Naturgeschichte"* durch den Begründer einer formalistischen, gegen die historisierende Richtung der Kunstgeschichte gerichteten Kunstbetrachtung wollte dieser die von ihm in der Kunst ausgemachten Gesetzmässigkeiten in den methodologischen Rang der physikalischen Gesetze erheben.

Das hohe Ansehen dieses Begriffs der Naturgeschichte im 19.und beginnenden 20.Jahrhundert, das dessen Verwendung noch bei Wölfflin und Fuchs erklärt, kann hier nur kurz umrissen werden.[1]

Als Naturgeschichte wurde nach dem Vorbild von Plinius des Aelteren *naturalis historia* lange das weite Feld der gesamten Realien abgehandelt, und zwar zunächst in der unhistorischen, aufzählenden Weise, in der Plinius und vor ihm schon Aristoteles verfahren waren.[2] Eine an den zeitlichen Ablauf gebundene, im engeren Sinn historische Dimension erhielt die Naturgeschichte erst im 18. und 19. Jahrhundert, ausgehend von der Erforschung der Fossilien. Johann Jacob Scheuchzer, der Schweizer *"Schöpfer der Paläontologie"*,[3] hatte das von ihm untersuchte versteinerte Skelett

---

1) Erst nach der Niederschrift des folgenden kurzen Exkurses zum Begriff der Naturgeschichte wurde ich auf das seit 1976 vorliegende Buch von Wolf Lepenies: Das Ende der Naturgeschichte (München 1976/Frankfurt/M. 1978) aufmerksam, das, ausgehend von Buffon, die Geschichte des Begriffs Naturgeschichte in einen weit allgemeineren wissenschaftshistorischen Rahmen stellt, als es hier geschehen kann. Weil mein Exkurs aber insgesamt mehr eine Ergänzung zu als eine Wiederholung von Lepenies ist, lasse ich ihn unverändert.

2) Der kleine Pauly (Lexikon der Antike auf der Grundlage von Pauly's Realencyclopädie, hrsg. v.K.Ziegler u.W.Sontheimer, München 1975) verweist im Bd.4, p.931, Sp.2 auf die unhistorische Anlage des grossen Werks von Plinius: *"Naturalis historiae l.XXXVIII (...), eine enzyklopäd. Naturkunde (irrig die traditionelle Uebers. 'Naturgeschichte')"*, ohne das begriffsgeschichtliche Problem hinter diesem Irrtum zu sehen.

3) So wird der von Lepenies ignorierte Scheuchzer im ihm gewidmeten Artikel des Historisch-Biografischen Lexikons der Schweiz, Hg.v.H.Türler u.a., Neuenburg 1931, Bd.6, p.166 f., bezeichnet. Zu Scheuchzer als Naturhistoriker vgl. auch J.J.Scheuchzer: Beschreibung der Natur- Geschichten des Schweizerlands, Zürich 1706 ff.

eines Riesensalamanders noch mit der biblischen Ueberlieferung in Einklang gebracht, indem er es kurzerhand als das Gebein eines Opfers der Sintflut deutete.[1] Aehnlich ging noch Cuvier vor, dessen Katastrophentheorie die immer zahlreicheren Funde fossiler Reste ausgestorbener Lebensformen insofern mit der Schöpfungsgeschichte zu versöhnen versuchte, als sie die Hypothese einer Reihe von vernichtenden Katastrophen mit anschliessender mehrmaliger Neukreation des organischen Lebens in jeweils verschiedenen Formen aufstellte.[2]

Zwar hatte schon Lamarck die Grundzüge einer Evolutionstheorie entworfen,[3] und Geoffroy Saint-Hilaire hatte diese in einem tieferen Sinn naturgeschichtliche Auffassung gegen Cuvier in einem aufsehenerregenden Streit verteidigt.[4]

---

1) Das Original dieses Fossils befindet sich im Zoologischen Museum der Universität Zürich.

2) Vgl. George Léopold Chrétien Frédéric Dagobert de Cuvier: Discours sur les révolutions de la surface du globe et sur les changements qu'elles ont produits dans le règne animal (Einleitung zu den 4 Bänden der *"Recherches sur les ossements fossiles"*, Paris 1812). Cuvier, der gegen Ende seines Lebens (1822) zum Oberhirten der protestantisch-theologischen Fakultäten Frankreichs ernannt wurde, verfasste daneben auch noch Naturgeschichten im traditionellen Sinn, v.a. die 22 Bände umfassende *"Histoire naturelle des poissons"* (Paris 1828 ff.) Hinter die Katastrophentheorie zurück fällt die theoretische Katastrophe des im Gewande der Wissenschaft daherkommenden sog. *"Creationismus"*, der nichts anderes ist als eine Wiederholung der mittelalterlichen Schöpfungslehre auf der Basis einer wörtlichen Interpretation der Bibel. Vgl. dazu Hans Rudolf Brugger: Die Geschichte der Schöpfung. Wie alt ist die Erde? und Johannes Flury: Naturwissenschaft und Glaube, beide in: Reformatio, Bern, 31.Jahrgang, No.3/März 1982, pp.160-179.

3) Vgl. Jean Baptiste Antoine Pierre Monet de Lamarck: Philosophie zoologique, 2 Bde., Paris 1809. Lamarck verfasste ferner die *"Histoire naturelle des animaux sans vertèbres"* (Paris 1815 ff.)

4) Vgl. J.Piveteau: Cuvier et Geoffroy Saint-Hilaire, in: Revue des sciences et de leurs applications, Paris, No.3/1950.
Etienne Geoffroy Saint-Hilaire, Verfasser der *"Histoire naturelle des mammifères"* (4 Bde., Paris 1824), war der dritte Vertreter dieser mit der Revolution gross gewordenen französischen Naturhistoriker, welche die Nachfolge des vorrevolutionären, mehr erzählenden als forschenden berühmten NaturhistorikersBuffon antraten, um dessen Werk das Buch von W.Lepenies kreist.

Ihre volle aufklärerische Kraft gegenüber der biblischen
Schöpfungsgeschichte erreichte aber die Naturgeschichte
erst mit dem Werk Darwins.

Das Prestige des Werks von Charles Darwin in fortschrittlichen Kreisen des 19.Jahrhunderts kann kaum überschätzt
werden. Wurden im 16., 17. und 18. wie im 20.Jahrhundert
die Entdeckungen der astronomischen und physikalischen
Gesetze durch Kopernikus, Kepler, Newton und Einstein
zu den bestimmenden Erfahrungen einer wissenschaftlichen
Weltsicht, so stand das Jahrhundert der ungebrochensten
Wissenschaftsgläubigkeit, eben das gerne als *"Jahrhundert
der Naturwissenschaften"* [1] bezeichnete 19.Jahrhundert,
im Banne der Evolutionstheorie Darwins, die dem Begriff
der Naturgeschichte erst seinen vollen Gehalt als Gegen-
begriff zur biblischen Geschichte gab. [2]

Die aufklärerische Wirkung der Theorie Darwins war nicht
bloss antiklerikal, sondern in einem tieferen Sinn revolutionär, weil sie das eben noch von Linné systematisch und
statisch geordnete Reich der Natur als in steter Wandlung
begriffen auffasste.

Allerdings verdankte Darwin seine breite Wirkung nicht nur
der aufklärerischen Komponente seiner Theorie.

---

1) So z.B. der deutsche Darwin-Popularisator, Biologe und Monist Ernst
   Haeckel im Vorwort zur ersten Auflage seines Werks *"Die Welträtsel"*,
   (Bonn 1899), einem schmalen Büchlein, das alle Geheimnisse der Welt
   gelüftet wissen will.

2) Natürlich waren die praktischen Forschungsergebnisse James Watts oder
   Justus v.Liebigs von unmittelbarerer praktischer Wichtigkeit als die
   (wie gesagt auch keineswegs gänzlich neuen) Erkenntnisse Darwins
   über die Geschichte der Lebensformen. Darwins Theorie wälzte weniger
   die Welt als vielmehr die Weltanschauungen um. Uebrigens benutzte
   Darwin den für seine Theorie an sich naheliegenden Begriff der Naturgeschichte nur beiläufig und nie im Titel seiner Werke. Er will aber
   z.B. immerhin sein zweites Hauptwerk nach der *"Entstehung der Arten"*
   als einen Beitrag zur *"Naturgeschichte des Menschen"* verstanden wissen.
   (Charles Darwin: Die Abstammung des Menschen, Stuttgart 1966, p.262)

Er selbst gab ihr auch schon die reaktionären Züge jenes
Sozialdarwinismus, dessen bis heute populäre , um den My-
thos vom *"Kampf ums Dasein"* gruppierte Elemente in keiner
imperialistischen, rassistischen und faschistischen Ideologie fehlen.[1]

Auch Marx und Engels standen im Banne Darwins. Ohne sich
wie andere mehr oder minder originelle Denker mit der
Widerlegung des Sozialdarwinismus zu beschäftigen,[2]
bezog vor allem Engels Darwins Erkenntnisse zur Entwicklung

---

[1] So ist z.B. folgende Aeusserung des grossen Privatgelehrten
einzuordnen:
*"In einer künftigen Zeit, die, nach Jahrhunderten gemessen, nicht
einmal sehr weit entfernt ist, werden die zivilisierten Rassen der
Menschheit wohl sicher die wilden Rassen auf der ganzen Erde ausgerottet und ersetzt haben. Wie Prof. Schaaffhausen bemerkt hat, werden zu derselben Zeit ohne Zweifel auch die anthropomorphen Affen
ausgerottet sein. Der Abstand zwischen dem Menschen und seinen nächsten Verwandten wird dann noch weiter sein; denn er tritt dann auf
zwischen dem Menschen in einem - wie wir hoffen können - noch zivi-
lisierteren Zustande als dem kaukasischen, und einem so tief in
der Reihe stehenden Affen wie einem Pavian, anstatt wie jetzt zwischen dem Neger oder Australier und dem Gorilla."* (Charles Darwin:
Die Abstammung des Menschen, op.cit., p.203 f.).

[2] Die originellste und fundierteste Reinigung des Darwinismus von
seinen reaktionären Elementen unternahm der vornehme russische
Anarchist und Zoologe Peter Kropotkin in seinem zuerst (1902)
auf englisch mit dem Titel *"Mutual Aid. A Factor of Evolution"*
erschienenen Werk, auf deutsch greifbar in der Ausgabe von Henning
Ritter.(Peter Kropotkin: Gegenseitige Hilfe in der Tier- und
Menschenwelt, Frankfurt 1975). Er stellt dem individualistischen
Ansatz des Sozialdarwinismus die Rolle des sozialen Verhaltens
der gegenseitigen Hilfe in der Bewältigung des Daseins gegenüber.
z.T. ähnlich argumentiert der Eklektiker Müller-Lyer im ersten
Band seines mehrbändigen Werks *"Die Entwicklungsstufen der Menschheit"* (F.Müller-Lyer: Der Sinn des Lebens, München 1910).Er kritisiert dort den Sozialdarwinismus unter der Bezeichnung *"Kulturzoo-
logie"* (a.a.O., p.83 ff.).

der Lebensformen in seine *"Dialektik der Natur"* ein.[1]

Unter dem Eindruck des Erfolgs von Darwins Werken stellte Engels in seiner Grabrede auf Karl Marx den verstorbenen Freund als Pendant zum berühmten Naturforscher dar: *"Charles Darwin entdeckte das Gesetz der Entwicklung der organischen Natur auf unserem Planeten. Marx ist der Entdecker jenes grundlegenden Gesetzes, das den Gang und die Entwicklung der menschlichen Geschichte bestimmt."* [2] Marx selbst hatte schon mit dieser Parallelisierung zu Darwin - ohne die sein Ruhm nicht geringer geworden wäre - kokettiert, als er die Formulierung einer russischen Rezension des ersten Bands des *"Kapital"* in sein Nachwort zu dessen zweiter Auflage einbaute, welche den uns hier beschäftigenden, von Darwin mit neuer Kraft versehenen Begriff der Naturgeschichte aufnahm.[3]

Die Theoretiker der zweiten Internationale konnten sich also durchaus als orthodoxe Schüler von Marx und Engels fühlen, wenn sie Elementen des Darwinismus in ihren Ausformungen der marxistischen Lehre einen wichtigen Platz

---

1) Vgl. dazu vor allem den brillantesten Teil dieses Werks aus dem Nachlass von Engels, den Aufsatz *"Anteil der Arbeit an der Menschwerdung des Affen"* in: Friedrich Engels: Dialektik der Natur,(Marx-Engels-Werke, Berlin 1961 ff., Bd.20, pp.306-568), pp.444-456

2) Friedrich Engels: Entwurf zur Grabrede für Karl Marx, (Marx-Engels-Werke, op.cit., p.333). Geradezu peinlich wirkt übrigens die Wichtigkeit, welche die Teilnahme zweier der Royal Society angehörender Naturforscher am Begräbnis von Marx für Engels offenbar hatte. Engels' Bericht über die Bestattung im *"Sozialdemokrat"* vom 22.3.1883 schliesst folgendermassen: *"Die Naturwissenschaft war vertreten durch zwei Zelebritäten ersten Ranges, den Zoologen Professor Ray Lankester und den Chemiker Professor Schorlemmer, beide Mitglieder der Londoner Akademie der Wissenschaften (Royal Society)."* (ebda. p.339)

3) In diesem Nachwort zitiert Marx aus der Rezension zustimmend u.a. folgenden Satz: *"Marx betrachtet die gesellschaftliche Bewegung als einen naturgeschichtlichen Prozess".* Karl Marx: Das Kapital, Bd.1, (Marx-Engels-Werke, op.cit., Bd.23), p.26

zuwiesen. Was Kolakowski von Kautsky in Bezug auf dessen
Uebernahme von darwinistischen Gedanken in sein deterministisches Verständnis des historischen Materialismus sagt,
gilt für die meisten namhaften Theoretiker des noch relativ einheitlichen Marxismus dieser Epoche:

"Kautsky war vom Marxismus als einem kohärenten theoretischen System fasziniert, das den gesamten historischen Prozess in einem einheitlichen Interpretationsraster zu erfassen und alle historischen Veränderungen durch die Reduktion auf ein Schema zu erklären vermag. Er war ein typisches Kind des szientistischen Zeitgeistes, der durch das Werk Darwins, die Philosophie Spencers und die Fortschritte von Physik und Chemie geweckt worden war (...) Er glaubte an die unbegrenzte Fähigkeit der Wissenschaft, die Erkenntnis zu einem immer umfassenderen und immer stärker konzentrierten einheitlichen Erklärungssystem zu synthetisieren. (...) Die Grundlage der wissenschaftlichen Weltanschauung ist für Kautsky also ein strenger Determinismus, ein Glaube an allgemeine Gesetzmässigkeiten." [1] Zu diesem *"Grundsatz des strengen Determinismus"* [2] tritt, immer noch nach dem Referat Kolakowskis, bei Kautsky *"die Ueberzeugung, dass die menschliche Geschichte eine Fortsetzung der Naturgeschichte sei und sich durch die gleichen Gesetzmässigkeiten erklären lasse."* [3]

Mit der Erörterung der darwinistischen Komponente im orthodoxen Marxismus der zweiten Internationale sind wir wieder beim Ausgangspunkt angelangt. Genau von hier aus ist die Intention und die Ausführung von Fuchs'*"Naturgeschichte der Kunst"* zu verstehen und zu werten.

---

1) Leszek Kolakowski: Die Hauptströmungen des Marxismus, 3 Bde., München 1978, Bd.2, p. 48
2) ebda., p.53
3) ebda.

Kautsky, Fuchs und andere vom Darwinismus faszinierte Marxisten der II.Internationale vermochten allerdings nicht jene Nuance aufzunehmen, mit der Marx in seinen Frühschriften das Verhältnis der Geschichte zur Naturgeschichte abgehandelt hatte; diese Manuskripte waren zu ihrer Zeit auch noch nicht veröffentlicht. Während die Marxisten der zweiten Generation im Sinn des Positivismus darangingen, den historischen Materialismus dem darwinistischen Determinismus anzugleichen und so zu einer Gleichsetzung von Sozial- und Naturwissenschaften nach dem Modell der letzteren gelangten, sieht der junge Marx das Verhältnis von Natur und Geschichte differenzierter. Wohl beginnt auch er seine Erörterung des Begriffs der Naturgeschichte mit einer Passage, die mit Kautskys Auffassung der Geschichte als Fortsetzung der Naturgeschichte identisch scheint. Marx schreibt in den Oekonomisch-Philosophischen Manuskripten: *"Die Geschichte selbst ist ein w i r k l i c h e r Teil der N a t u r g e - s c h i c h t e , des Werdens der Natur zum Menschen."* [1)]
Im selben Text gibt er aber auch den von Kautsky ignorierten Unterschied zwischen Naturgeschichte und Geschichte zu bedenken: *"Wie das Natürliche e n t s t e h n muss, so hat auch der M e n s c h seinen Entstehungsakt, die G e - s c h i c h t e , die aber für ihn eine gewusste und darum als Entstehungsakt mit Bewusstsein sich aufhebender Entstehungsakt ist. Die Geschichte ist die wahre Naturgeschichte des Menschen."* [2)] So weist Marx dem Bewusstsein eine Rolle zu, die zwar jeden Determinismus ausschliesst, aber dennoch auf dem Zusammenhang zwischen menschlicher Geschichte und Naturgeschichte basiert.

---

1) Karl Marx: Oekonomisch-Philosophische Manuskripte, in: Marx/Engels-Werke, Ergänzungsband (Erster Teil: Schriften bis 1844), Berlin 1968, p.544
2) Ebda., p.579

Kautsky selbst hat keines seiner zahlreichen Bücher einem
Thema der Kunst gewidmet, obwohl ihm seine breite Bildung
durchaus erlaubte, dieses Gebiet des öfteren zu streifen.
Dessenungeachtet waren Kautskys Schriften und Auffassungen
für Fuchs eine ausreichende Grundlage zum marxistischen
Kunstverständnis. *"Lese Se Kautsky!"* hat Fuchs auf der
Aegyptenreise Max Slevogt empfohlen, als dieser sich um ein
Werk über die Kunst der italienischen Renaissance interessierte, und mit diesem Hinweis hatte er den ersten Abschnitt von Kautskys Buch über Thomas Morus gemeint, einen
historischen Abriss des Zeitalters des Humanismus, in dem
von Kunst kaum die Rede ist.[1]

Kautsky ist der einzige Autor, dem Fuchs in der historischen
Grundlegung seiner Kunsttheorie die Ehre eines ausdrücklichen
Zitats erweist. Er führt ihn an zur Beschreibung des wissenschaftlichen Charakters der *"naturgeschichtlichen"* Gesetze
der Kunst, die er enthüllen will.

Aus diesem Kautsky-Zitat geht vor allem die Parallelisierung
naturwissenschaftlicher und gesellschaftswissenschaftlicher
Gesetze hervor, eine unabdingbare Voraussetzung dafür, *"Naturgeschichte"* an Gegenständen des sozialen Bereichs abhandeln zu wollen. Kautsky schreibt: *"Ein jedes naturwissenschaftliche oder gesellschaftliche Gesetz ist ein Versuch, Vorgänge
in der Natur oder in der Gesellschaft zu erklären."* [2]
Gesetz ist da Gesetz. Insbesondere fasst Fuchs die Gesetze
der gesellschaftlichen Entwicklung als identisch mit den
Entwicklungsgesetzen der Natur auf. So gewiss als wie der
Aufstieg *"vom Bazillus zum Affenmenschen"* [3] erscheint dem
darwinistischen Deterministen Fuchs der Aufstieg der Menschheit von der Affenmenschenhorde zum Kommunismus, wenn er

---

1) Karl Kautsky: Thomas More, Berlin 1947, pp.15-104. Vgl. dazu auch
S. 115 dieser Arbeit.
2) Zitiert nach Eduard Fuchs: Naturgeschichte der Kunst, a.a.O., p.8
3) Vgl. S.239 dieser Arbeit. So lautet der Titel einer von Fuchs im
"Süddeutschen Postillon" wohlwollend besprochenen Publikation.

schreibt:

"Wenn man in der Naturwissenschaft auf Grund der Erkenntnis der Gesetze der Entwicklung längst dahin gelangt ist, anzuerkennen, dass in allen lebenden Organismen eine stete Weiterentwicklung zu immer höheren Formen am Werk ist, so hat man in der Gesellschaftswissenschaft ebenso geflissentlich von dieser Logik abgesehen. Und wenn man es auch nicht geradezu wagt, zu leugnen, dass innerhalb der sozialen und politischen Organisationsformen der menschlichen Gesellschaft derselbe Prozess sich vollzogen hat, so hat man wenigstens die Logik einer weiteren Entwicklung zu wiederum völlig neuen und auch höheren Gesellschaftsformen beharrlich ignoriert." [1]

Diese Uebertragung der darwinistischen Teleologie der Natur auf die gesellschaftliche Entwicklung teilt Fuchs nicht nur mit Kautsky, sondern wie gesagt mit den meisten zeitgenössischen Marxisten. Neben Kautsky hat wohl auch sein Mentor Stern stark in diesem Sinn auf Fuchs eingewirkt. Der als Spinozist und ehemaliger Rabbiner ohnehin mit teleologischen Gedankengängen vertraute Stern bringt diesen naturgeschichtlichen Optimismus jener Generation von Marxisten am bündigsten und sogar gereimt zum Ausdruck. Einen Anhang zu seiner 1890 in Stuttgart erschienenen Darstellung der Philosophie Spinozas, der das Kernstück von Fuchs' philosophischer Bildung sein dürfte, stellt er unter den Titel *"Das Gesetz der Entwicklung"*. [2] Im Untertitel nennt er als dessen Schöpfer *"Darwin, Hegel, Marx und Engels"*. [3]

---

1) Eduard Fuchs:Die Naturgeschichte der Kunst, a.a.O., p.2
2) Jakob Stern: Die Philosophie Spinozas, Stuttgart 1890, p.171
3) ebda.

Dann lässt Stern als zusammenfassendes Motto seiner
Weltsicht einen selbstverfassten Vierzeiler folgen:

"Es schreitet vorwärts unaufhaltsam
Die Weltkultur mit ehrnem Tritt,
Zermalmend alles, was gewaltsam
Versucht, zu hemmen ihren Schritt." [1)]

Diese in ihrer Einfachheit rührende Formulierung des
blinden Vertrauens in die höchste Autorität eines
unaufhaltsamen Fortschritts, das hinter der weiten
Verbreitung des Begriffs der Naturgeschichte im 19.
Jahrhundert steht, soll das Ende dieses begriffsgeschichtlichen Exkurses markieren.

Die naturgeschichtlichen Gesetze der Kunst, die Fuchs
aufstellt, sind schnell referiert. Er fasst sein Rezept
für kunstgeschichtliche Untersuchungen so einfach wie
möglich ab, um nicht auf Irrwege zu geraten:

"Wenn man bei solchen Untersuchungen von jenen Irrwegen
fern bleiben will, auf die man sofort abirrt, sobald man
auch nur im geringsten zugibt: die Kunst habe ihre Son-
dergesetze, denn sie hat deren ebensowenig wie die Ge-
schichte der Erfindungen und Entdeckungen, die Geschichte
der Philosophie usw. solche hat, so muss man ebenso vor-
gehen wie bei der Erforschung der die Gesamtgeschichte be-
stimmenden Gesetze. Das heisst, man muss gewissermassen in
derselben Weise verfahren wie der Physiker bei der Fest-
stellung physikalischer Gesetze. Um grundlegende Gesetze
zu gewinnen, abstrahiert der Physiker bei der von ihm zu
untersuchenden Erscheinung alle die störenden Einflüsse,
die in der Wirklichkeit nie fehlen. Genau so muss der Hi-
storiker verfahren." [2)]

---

1) Jakob Stern: Die Philosophie Spinozas, op.cit., p.171
2) Eduard Fuchs: Die Naturgeschichte der Kunst, a.a.O., p.8

Mit dieser Ablehnung aller Sondergesetze der Kunst kann Fuchs seine naturgeschichtlichen Kunstgesetze ohne Veränderungen, Zusätze oder Abstriche aus dem dürftigen Fundus des orthodoxen Marxismus der zweiten Internationale übernehmen. Kunstgeschichte ist für Fuchs eine untergeordnete Disziplin des historischen Materialismus, und der historische Materialismus erschöpft sich bei ihm in der schematischen Ableitung des Ueberbaus aus den ebenso schematisch und erst noch ungenau bestimmten Stationen des ökonomischen Unterbaus:

"Die Entschleierung der alles geschichtliche Geschehen endgültig bestimmenden Gesetze ist die grosse Errungenschaft auf dem Gebiete der historischen Wissenschaften. Es steht heute, und zwar durch die bahnbrechenden Forschungen von Karl Marx, fest, dass es in letzter Linie immer die allgemeinen wirtschaftlichen Interessen sind, die den gesellschaftlichen Lebensprozess der einzelnen Völker und Klassen bedingen, und dass es infolgedessen einzig die jeweilige ökonomische Grundlage einer Gesellschaft - das sind die Art und Höhe ihrer Produktionsverhältnisse, ihrer Gütererzeugung, ob dies feudalistisch, zünftlerisch, manufakturistisch, grossindustriell usw. geschieht - deren politische und geistige Formen bestimmt. Mit anderen Worten: Religion, Philosophie, Rechtsanschauungen, Sittlichkeitsbegriffe, Künste einer Zeit sind nur das ideologische Widerspiel der ökonomischen Basis der betreffenden Zeit und wechseln darum - das ist die entscheidende Logik! - folgerichtig auch mit dieser." [1]

---

1) Eduard Fuchs: Die Naturgeschichte der Kunst, a.a.O., p.2
Es ist charakteristisch für die theoretische Unbekümmertheit von Fuchs, wie er übergreifende Produktionsweisen *("feudalistisch")* mit deren städtisch-handwerklichem Teilbereich *("zünftlerisch")* ebenso zusammenwirft wie mit Begriffen zur technischen Seite der Produktion *("manufakturistisch", "grossindustriell")*.

Fuchs übernimmt hier eine von Engels noch abgesegnete
Vereinfachung der Theoretiker der zweiten Internationale,
die auch im heutigen Marxismus häufig anzutreffen ist.
Basis und Ueberbau werden in diesem schematischen Verständnis als zwei kontinuierlich durch die gesamte Geschichte verlaufende Stränge aufgefasst, wobei der erste
Strang den ökonomischen Bereich, eben die Basis, umfassen
soll. Der Verlauf dieses ersten ökonomischen Basisstrangs
soll nun nach dieser Auffassung allen Einzelerscheinungen
des zweiten Strangs, des Ueberbaus, der demzufolge alle
restlichen Bereiche umfassen muss, in direkter Beeinflussung
- wenn auch mit möglichen kleineren Abweichungen -
Art und Ort ihres Auftretens zuweisen.[1]

Marx gibt aber dieser Vereinfachung des historischen Materialismus selbst an der vom obigen Fuchs-Zitat angezogenen
Stelle im Vorwort zur *"Kritik der politischen Oekonomie"*
keinen Vorschub, wo er seine Auffassung stark verkürzt zusammenfasst. Es lohnt sich, diese oft heruntergebetete
Passage genau zu lesen. Marx schreibt:

*"Das allgemeine Resultat, das sich mir ergab (...), kann
kurz so formuliert werden: In der gesellschaftlichen Produktion ihres Lebens gehen die Menschen bestimmte, notwendige, von ihrem Willen unabhängige Verhältnisse ein, Produktionsverhältnisse, die einer bestimmten Entwicklungsstufe ihrer materiellen Produktivkräfte entsprechen. Die
Gesamtheit dieser Produktionsverhältnisse bildet die ökonomische Struktur der Gesellschaft, die reale Basis, worauf
sich ein juristischer und politischer Ueberbau erhebt und*

---

[1] So schrieb Engels in einem Brief aus seinem letzten Lebensjahr:
*"Je weiter das Gebiet, das wir grade untersuchen, sich vom Oekonomischen entfernt und sich dem reinen abstrakt Ideologischen nähert,
desto mehr werden wir finden, dass es in seiner Entwicklung Zufälligkeiten aufweist, desto mehr im Zickzack verläuft seine Kurve.
Zeichnen Sie aber die Durchschnittsachse der Kurve, so werden sie
finden, dass, je länger die betrachtete Periode und je grösser das
so behandelte Gebiet ist, dass diese Achse der ökonomischen Entwicklung annähernd parallel läuft."* (Engels im Brief vom 25.1.1895 an
Starkenburg, in: Marx/Engels, Ausgewählte Briefe, Berlin 1953, p.561)

welcher bestimmte gesellschaftliche Bewusstseinsformen entsprechen. Die Produktionsweise des materiellen Lebens bedingt den sozialen, politischen und geistigen Lebensprozess überhaupt. Es ist nicht das Bewusstsein der Menschen, das ihr Sein, sondern umgekehrt ihr gesellschaftliches Sein, das ihr Bewusstsein bestimmt. Auf einer gewissen Stufe ihrer Entwicklung geraten die materiellen Produktivkräfte der Gesellschaft in Widerspruch mit den vorhandenen Produktionsverhältnissen oder, was nur ein juristischer Ausdruck dafür ist, mit den Eigentumsverhältnissen, innerhalb deren sie sich bisher bewegt hatten. Aus Entwicklungsformen der Produktivkräfte schlagen diese Verhältnisse in Fesseln derselben um. Es tritt dann eine Epoche sozialer Revolution ein. Mit der Veränderung der ökonomischen Grundlage wälzt sich der ganze ungeheure Ueberbau langsamer oder rascher um. In der Betrachtung solcher Umwälzungen muss man stets unterscheiden zwischen der materiellen, naturwissenschaftlich treu zu konstatierenden Umwälzung in den ökonomischen Produktionsbedingungen und den juristischen, politischen, künstlerischen oder philosophischen, kurz, ideologischen Formen, worin sich die Menschen dieses Konflikts bewusst werden und ihn ausfechten. Sowenig man das, was ein Individuum ist, nach dem beurteilt, was es sich selbst dünkt, ebensowenig kann man eine solche Umwälzungsepoche aus ihrem Bewusstsein beurteilen, sondern muss vielmehr dies Bewusstsein aus den Widersprüchen des materiellen Lebens, aus dem vorhandenen Konflikt zwischen gesellschaftlichen Produktivekräften und Produktionsverhältnissen erklären." [1]

Von dieser ganzen bekannten Passage hat der Determinismus der zweiten Internationale hauptsächlich nur den einen Satz übernommen: *"Mit der Veränderung der ökonomischen Grundlage wälzt sich der ganze (...) Ueberbau (...) um."*

---

1) Karl Marx: Vorwort *"Zur Kritik der politischen Oekonomie"*, Marx-Engels-Werke, op.cit., Bd. 13, pp.7-11, p.8 f.

Diese eingeschränkte Rezeption einer ohnedies verkürzten
Formulierung verdrängt, dass die Strukturen der ökonomischen Grundlage wie diejenige des sozialen Ueberbaus nicht
nur - wenn auch von Zufälligkeiten durchkreuzt -
voneinander abhängig sind, sondern dass auch die jeweilige
Gestalt dieser beiden Bereiche fortlaufend der Wirkung
innerer Widersprüche ausgesetzt sind, sei dies nun das
stets mögliche, aber vielfach behinderte Hinaustreiben
der Produktivkräfte über die Produktionsverhältnisse in
der ökonomischen Basis oder der Austrag der von anderen
gesellschaftlichen Konflikten überlagerten Klassenkämpfe
im Ueberbau, ganz abgesehen von äusseren Einflüsse auf eine jeweilige Gesellschaftsformation.

Es kann hier nicht darum gehen, einen weiteren Beitrag
"zur Rekonstruktion des historischen Materialismus" [1)]

---

1) Jürgen Habermas hat in den unter diesem Titel zusammengestellten
Vorträgen (J.Habermas: Zur Rekonstruktion des historischen Materialismus, Frankfurt/Main 1976) keine Rekonstruktion der im weiten
Werk von Marx und Engels verstreuten Erklärungsversuche zum Gang
und Anleitungen zur Beeinflussung der Weltgeschichte geliefert,
sondern nur seine sporadische Beschäftigung mit dem Werk der beiden
Revolutionäre vor einem engen akademischen Kreis dokumentiert.
Eine Rekonstruktion der von Marx und Engels nicht systematisch
synthetisierten Theorie des historischen Materialismus ist zunächst
eine rein philologische Aufgabe, deren Voraussetzungen mit der nahezu vollständigen Publikation der Texte von Marx und Engels heute,
im Gegensatz zur Zeit der Theoretiker der II.Internationale, gegeben
sind. Die Prüfung des theoretischen Gesamtzusammenhangs der relevanten Textstellen wäre alsdann ein logisch-philosophisches Problem,
die Erklärung der hierbei wahrscheinlich zum Vorschein kommenden
und durchaus nicht scheindialektisch wegzudisputierenden Widersprüchlichkeiten schliesslich ein historisch-psychologisches Problem der
Lebensgeschichte von Engels und Marx. Damit wäre aber noch nichts in
Erfahrung gebracht über die Gültigkeit dieser Theorie gemessen am
bisherigen, geschweige denn am zukünftigen Geschichtsverlauf, die sie
beansprucht. Es kommt hinzu, dass der zu rekonstruierende historische
Materialismus sich heute über die Texte von Marx und Engels auch auf
die Arbeiten zahlreicher Marxisten erstreckt, die um die zu prüfenden
Probleme kreisen und selbst in derselben Weise zu prüfen wären.
Eine etwas bescheidenere Stichprobe aufs Exempel ist die Konfrontation des praktischen Einsatzes marxistischer Theorie in der Geschichte einzelner Länder - vor allem Russlands und seines Einflussbereichs -
mit der nur gerade philologisch rekonstruierten Theorie von Marx und
Engels, wie sie etwa Rudolf Bahro an die Hand genommen hat (vgl. R.
Bahro: Die Alternative,Köln 1977). Die marxistische Analyse des zur
Staatsreligion verkommenen "Marxismus" ist der dringlichste Beitrag
zur Rekonstruktion des historischen Materialismus.

zu liefern. Das bekannte Marxzitat soll gegenüber der
es vermeintlich treu referierenden, in der Tat aber verstümmelnden Formulierung von Fuchs nur zeigen, dass Fuchs
kein tieferes eigenständiges Marx-Verständnis hatte, sondern
seinen vereinfachten Marxismus von den Theoretikern der
zweiten Internationale, hauptsächlich von Kautsky, übernahm.[1]

---

1) In der Literaturliste am Ende seines Werks über die Karikatur der europäischen Völker (a.a.O.) nennt Fuchs neben Kautskys *"Thomas More"* und Engels' Frühwerk *"Die Lage der arbeitenden Klasse in England"* auch die *"Geschichte der deutschen Sozialdemokratie"* und *"Die Lessing-Legende"* Mehrings. Mehrings Distanz zum Determinismus eines Kautsky oder gar zum Revisionismus eines Bernstein liegt aber nicht in einem differenzierteren Verständnis der Dialektik des historischen Materialismus, sondern in seinem revolutionären Moralismus. Dafür wären die beiden Schriften von Marx selbst, die Fuchs ferner als Quellen seiner marxistischen Bildung anführt, nämlich *"Die Klassenkämpfe in Frankreich 1848-1850"* (Marx/Engels:Werke, op.cit., Bd.7, pp.9-107) und *"Der 18.Brumaire des Louis Bonaparte"* (Marx/Engels: Werke, Bd. 8, pp.111-207), in ihrer konkret detaillierten, nie schematischen Durchführung ein gutes Vorbild zur Ueberwindung des zweiachsigen Basis-Ueberbau-Schemas der zeitgenössischen Marx-Epigonen gewesen, das Fuchs aber gänzlich übernahm.
Auch im Zusammenhang mit der oben ausgeführten Erörterung des Begriffs der Naturgeschichte muss auf die Differenz zwischen Marx selbst und den Darstellungen seiner vorgeblich orthodoxen Schüler in der 2.Internationalen hingewiesen werden. Marx hütete sich bei aller Verehrung Darwins doch davor, Geschichte insofern als Naturgeschichte deuten zu wollen, als die Methode ihrer Betrachtung mit derjenigen der exakten Naturwissenschaften identisch sei, wie das Fuchs im Anschluss an Kautsky tat. Marx schrieb ja:*"In der Betrachtung solcher Umwälzungen muss man stets unterscheiden zwischen der materiellen, naturwissenschaftlich treu zu konstatierenden Umwälzung in den ökonomischen Produktionsbedingungen und den juristischen, politischen, künstlerischen oder philosophischen (...) Formen, worin sich die Menschen dieses Konflikts bewusst werden und ihn ausfechten."* (a.a.O.) Die Differenz zwischen der Geschichts- und Kunstbetrachtung von Fuchs und derjenigen von Marx ist im übrigen auch in jener Fuchs völlig unbekannten Stelle aus der erst spät veröffentlichten, nicht mit dem Vorwort zu verwechselnden Einleitung der Schrift *"Zur Kritik der politischen Oekonomie"* von Marx deutlich, wo es heisst:
"Aber die Schwierigkeit liegt nicht darin, zu verstehn, dass griechische Kunst und Epos an gewisse gesellschaftliche Entwicklungsformen geknüpft sind. Die Schwierigkeit ist, dass sie uns noch Kunstgenuss gewähren und in gewisser Beziehung als Norm und unerreichbare Muster gelten." (Marx/Engels: Werke, op.cit., Bd.13, p.641) Mit dieser Einschätzung der antiken Kunst folgt Marx Hegel; Fuchs teilt diese klassizistische Einschätzung ganz und gar nicht.

Es wurde bereits darauf hingewiesen, dass Engels in
einem seiner letzten Briefe eine besonders starr aufgefasste Variante des simplifizierenden zweiachsigen
Schemas von Basis und Ueberbau formulierte. Bekannter
sind aber die Aeusserungen des alternden Mitschöpfers
des historischen Materialismus, in denen er eine allzu
schematische Interpretation seiner Lehre durch jüngere
Marxisten tadelt. Diese Aeusserungen stellen jedoch
nicht das Modell mit den zwei Achsen der oekonomischen
Basis und des Ueberbaus in Frage, sondern beschäftigen
sich nur mit der Art der Beziehung zwischen diesen beiden Achsen. Engels legt Wert darauf, dass diese Beziehung
eine *"Wechselwirkung"* sei.[1] Kautsky übernimmt diese
Formulierung.[2] Die zitierte Stelle aus Fuchs' *"Naturgeschichte der Kunst"*, wo die Künste und die übrige Formen-
vielfalt des Ueberbaus als *"Widerspiel"* der ökonomischen
Basis vorgestellt werden, scheint eine solche oberflächlich
dialektische Interpretation [3] des undialektischen Schemas
offenzulassen. Aber wenig später präzisiert Fuchs, dass
er nur die allereinfachste, einseitig kausale Ableitung
der Formen des Ueberbaus aus der ökonomischen Basis für
korrekt halte. Er schreibt:

---

1) In einem anderen Brief schrieb Engels:
*"Dass von den Jüngeren zuweilen mehr Gewicht auf die ökonomische
Seite gelegt wird, als ihr zukommt, haben Marx und ich teilweise
verschulden müssen. Wir hatten den Gegner gegenüber das von diesen geleugnete Hauptprinzip zu betonen, und da war nicht immer Zeit
und Gelegenheit, die übrigen an der Wechselwirkung beteiligten Momente zu ihrem Rechte kommen zu lassen."* (Engels im Brief vom 21.9.
1890 an J.Bloch, in: Marx/Engels, Ausgewählte Briefe, Berlin 1953,
p.504)

2) *"Man kann auch nicht sagen, dass Unterbau und Ueberbau zueinander
stets in dem Verhältnis von Ursache und Wirkung stünden. Sie beeinflussen einander in steter Wechselwirkung."* (Karl Kautsky: Materialistische Geschichtsauffassung, Berlin 1927, Bd.I, p.817)

3) Nur oberflächlich dialektisch ist das Bestehen auf dieser Wechselwirkung nicht nur wegen der Beibehaltung des mechanischen Schemas,
sondern auch, weil Engels wie Kautsky *"in letzter Instanz"* bzw. *"in
letzter Linie"* auf dem Primat des Oekonomischen bestehen und so die
Wechselwirkung doch wieder auf eine einseitig bestimmende Wirkung reduzieren.

"Wenn also in der Religion, in der Philosophie, in den sittlichen Anschauungen, den Rechtsbegriffen usw. Veränderungen zu konstatieren sind, so ist das nur der Beweis dafür, dass in der Basis, im Gesamtkomplex der ökonomischen Struktur wichtige Umwälzungen sich anbahnen oder vorausgegangen sind. Das gleiche gilt von der Kunst. Und zwar ohne die geringste Einschränkung. Auch sie ist niemals in dem hier in Frage kommenden Sinn Ursache, sondern stets Ausfluss, stets Resultante." [1]

Fuchs ist aber innerhalb des mechanistischen Marxismus der zweiten Internationale nicht nur ein Anhänger der allerplumpsten Variante des deterministischen Materialismus.

Er wendet dieses grobschlächtige Denkmodell zudem mit grosser Entschiedenheit auf das Gebiet der Kunst an, dem von ähnlich mechanistisch und biologistisch argumentierenden Marxisten derselben Generation, etwa von Plechanow, ein etwas grösserer Freiraum zugestanden wurde.[2]

---

[1] Eduard Fuchs: Die Naturgeschichte der Kunst, a.a.O.,p.10

[2] Der russische Kautsky, Georgi Plechanow, hat sich relativ häufig mit Fragen der Kunst beschäftigt. Schon Benjamin hat darauf hingewiesen, dass Plechanow die Beziehung zwischen Unterbau und Kunst weniger direkt fasste als Fuchs. Er schrieb dazu zum Beispiel:*"Wenn die Kunst, die von den höheren Klassen geschaffen wird, in keiner direkten Beziehung zu dem Produktionsprozess steht, so ist dies in letzter Linie (...) aus ökonomischen Ursachen zu erklären. Die materialistische Geschichtserklärung ist (...) auch für diesen Fall anwendbar; es ist jedoch selbstverständlich, dass der unzweifelhafte kausale Zusammenhang zwischen Sein und Bewusstsein, zwischen sozialen Verhältnissen, welche die 'Arbeit' als Grundlage haben, einerseits und der Kunst andererseits (...) nicht so leicht zutage tritt. Hier entstehen (...) einige Zwischenstationen."* (Georgi Plechanow: Das französische Drama und die französische Malerei im 18. Jahrhundert vom Standpunkt der materialistischen Geschichtsauffassung, in: Neue Zeit, Jahrgang XXIX, Stuttgart 1911, No.I, p. 543 f.). Neben der diesbezüglichen Aeusserung Benjamins in dessen bereits mehrfach zitiertem Aufsatz über Fuchs (op.cit., p.486) vergleiche zur Kunsttheorie Plechanows auch Hans-Dietrich Sander: G.W. Plechanow, in: Klassiker der Kunstsoziologie, Hg.A.Silbermann, München 1979, pp.43-63.

Der ostentative Gestus, mit dem Fuchs seine simple
Kunsttheorie zum besten gibt, ist origineller als
der abgedroschene, sich oft wiederholende, an
zahlreichen Beispielen "bewiesene" einfache Inhalt
von Fuchs' naturgeschichtlichem Kunstgesetzestext,
der mit den angeführten Zitaten hinreichend belegt
ist. Der einzige neue, nicht dem Fundus des gängigen
Marxismus seiner Zeit entnommene Begriff, den Fuchs
in seiner naturgeschichtlichen Kunsttheorie vorführt,
bezeichnet eben diese brüske Präsentation seiner
kunsttheoretischen Entdeckungen.

Fuchs formuliert die von ihm postulierten bzw. vom
Marxismus seiner Zeit in vereinfachter Form übernommenen Kunstgesetze in einem Akt der Enthüllung; er verwendet dafür den Begriff der *"Entschleierung"*. [1]

Der Akt der Enthüllung kann seinen Gegenstand erhöhen
oder erniedrigen. Wenn ein Kunstwerk, ein Denkmal enthüllt wird, dient das der Zelebration seiner Aura. [2]

---

1) Es hat keinen Sinn, hier alle Stellen aufzuführen, wo Fuchs
diesen Begriff verwendet. Eine davon, wo Fuchs den historischen Materialismus als Entschleierung präsentiert, wurde
bereits zitiert (vgl. S.383 dieser Arbeit). Der 1908 entstandene Essay zur Naturgeschichte der Kunst wiederholt den Begriff
häufig; er ist geradezu ein Traktat *"vom Entschleiern"*. (Diese
Formulierung findet sich dort, a.a.O., p.9. Zur Entstehungszeit
des Aufsatzes vgl. auch S.417 dieser Arbeit.) Fuchs verwendet
diesen Terminus aber auch sonst häufig, so z.B. in der ein Jahr
später entstandenen Einleitung zum ersten Band seiner Sittengeschichte (op.cit., p.5), aber auch noch im Vorwort zur zweiten
Auflage seiner *"Karikatur der europäischen Völker"*, München o.J.
(1921), p.III., oder auch in seinem Buch über die deutsche Fayence-Kultur (op.cit., p.14). Immer bezieht sich Fuchs' Wendung
vom Entschleiern auf (kunst)historische Gesetzmässigkeiten.

2) Davon profitierte z.B. Till Eulenspiegel, als er die Zeit bis
zur schlau geplanten Enthüllung seiner nicht existenten Wandmale-
reien bei gutem Lohn mit Nichtstun verbrachte.

Die Entschleierungen etwa des Enthüllungsjournalismus
hingegen zielen auf eine Herabsetzung der behandelten
Gegenstände ab.

Bei Fuchs möchte man fast behaupten, dass sich diese
beiden Zielsetzungen ähnlich wie beim romantischen
Quell des Begriffs der Entschleierung, bei Novalis'
Erzählung *"Die Lehrlinge zu Sais"*, überschneiden und
verschlingen.

Wie dort Hyazinth im ägyptischen Heiligtum hinter dem
Schleier seine Jugendgespielin Rosenblütchen entdeckt,
die nächst ihm aufwuchs und die er zurückliess, um in
die Ferne zu schweifen, so will auch Fuchs die Kunst
durch das Entschleiern ihrer Gesetze mit den nächstliegenden, handfestesten Ursachen verbinden. Fuchs will
die so entschleierte Kunst ihrer einfachen, grobschlächtigen Herkunft wegen keineswegs herabsetzen; im Gegenteil rechnet er ihr die Abstammung aus tieferen ökonomischen Schichten hoch an. Wohl aber versucht er seine
plumpen Lehrsätze dadurch zu erhöhen, dass er sie anhand
der berühmtesten Meisterwerke der Kunst exemplifiziert.

Was sowohl Novalis wie Fuchs abwerten, sind einzig die
theoretischen Umwege, die einer solchen die Dinge schlagartig vereinfachenden Entschleierung im Wege stehen.
Beginnt Hyazinths langer Umweg zur Entdeckung seiner Liebe
mit einem *"Büchelchen (...), das kein Mensch lesen konnte"* [1]
und das Hyazinth erst verbrennen musste, um an sein Ziel
zu gelangen, so dient auch Fuchs die Entschleierung seiner
einfachen Wahrheiten hauptsächlich der Verunglimpfung

---

1) Novalis: Die Lehrlinge zu Sais, Bern o.J. (Parnass-Bücherei No.43),
   p.23

jener *"Riesenbibliothek, die bis heute über die Kunst zusammengeschrieben worden ist"* [1] und deren Lektüre er seinem Publikum mit der Naturgeschichte der Kunst ersparen will.

Dieser Reduktionismus ist der schwächste Punkt der Kunsttheorie von Fuchs. Zum einen ist deswegen, weil viel Unsinn über die Kunst geschrieben wurde, nicht alles Schrifttum zur Kunst überflüssig. Zum andern ist es ein zweifelhafter theoretischer Fortschritt, wenn die idealistische Kunsttheorie anhand ausgesuchter Beispiele ad absurdum geführt wird, um dann einem plump mechanistischen Materialismus auf dem Gebiet der Kunst das Wort zu reden.

---

1) Eduard Fuchs: Die Naturgeschichte der Kunst, a.a.O., p.4

2.5.4. Sexualität und Sinnlichkeit in der Kunst, bei Fuchs und in der Aesthetik

Fuchs begnügte sich wohl in dem als definitive Grundlegung gemeinten Aufsatz *"Zur Naturgeschichte der Kunst"* mit dem allereinfachsten Schema von Basis und Ueberbau zur Erklärung der Kunst. Aber schon unmittelbar bei der Abfassung dieses Essays muss Fuchs gespürt haben, dass ihn seine Kunstforschungen weit über das von den Ansichten Karl Kautskys abgesteckte Feld eines schematischen historischen Materialismus hinausführen würden. Die groteske Unverbundenheit, in der die Abbildungen erotischer Kunstwerke aus der Antike neben dem trockenen, eng dogmatisch und ultraorthodox "marxistisch" [1] formulierten Text standen, schrie nach einem Zusatz.

Eine erste Fassung der zusätzlichen Ueberlegungen von Fuchs zum Wesen der Kunst, die er im Schema seiner Naturgeschichte der Kunst nicht unterbringen konnte, formulierte er gleich anschliessend in dem zweiten Aufsatz zu Beginn des ersten Bandes seiner *"Geschichte der erotischen Kunst"*. Dieser zweite Aufsatz mit dem Titel *"Das Lebensgesetz der Kunst"* [2] soll nun vom *"Wesen der Kunst"* [3] handeln, an dem der naturgeschichtliche Ansatz in der Tat vorbeiging.

---

1) Der von Marx überlieferte Ausspruch, dass er selbst jedenfalls kein Marxist sei, hat zwar Differenzen von Marx mit den Aktivitäten der von seinen Schwiegersöhnen Lafargue und Longuet angeführten Fraktion der sog. *"marxistes"* zum Anlass (vgl. Marx/Engels-Werke, op.cit., Bd. 35, p.100, wo eine diesbezügliche Briefstelle aus dem Brief von Marx an Engels vom 30.9.1882 abgedruckt ist). Sie trifft aber darüber hinaus jeglichen Versuch, seine Theorie zu einem Dogma zu verfälschen.
2) in: Eduard Fuchs: Geschichte der erotischen Kunst, op.cit., Bd.I, Berlin 1908, pp.60-125. Diese beiden Aufsätze sowie einige Aenderungen in den Illustrationen unterscheiden den ersten Band der *"Geschichte der erotischen Kunst"* von dem im übrigen textidentischen *"Erotischen Element in der Karikatur"* (op.cit.), von dem Fuchs und sein Verleger versprochen hatten, niemals einen Nachdruck zu veranstalten.
3) Eduard Fuchs: Das Lebensgesetz der Kunst, a.a.O., p.61

Und was ist nun für den vom naturgeschichtlichen Ansatz offenbar selbst nicht befriedigten Fuchs dieses Wesen der Kunst? Er nähert sich ihm mittels der wiederholten Anrufung eines einzigen Wortes an:

"Kunst ist Sinnlichkeit. Und zwar Sinnlichkeit in potenziertester Form. Kunst ist Form gewordene, sichtbar gewordene Sinnlichkeit, und sie ist zugleich die höchste und edelste Form der Sinnlichkeit." [1]

Um diese Erkenntnis zu beweisen, greift er noch ausgeprägter auf ausgesprochen biologistische Grundgedanken zurück, als er dies in der Naturgeschichte der Kunst tat. Er tut dies zudem in einer extrem mechanistischen Argumentation, die den Menschen noch ganz im Sinne LaMettries als Maschine auffasst: [2]

"Um den Beweis für diese Bestimmung des Wesens der Kunst zu führen, muss man zu den Urquellen des Lebens hinabsteigen (...). Der Urquell alles Lebendigen ist das in allen Teilen der organisierten Materie wirkende Gesetz der Fortpflanzung. Die Biologie nennt die Fortpflanzung die Urfunktion der organischen Materie. Es ist das ewige Gesetz des Lebens überhaupt, Grundlage und Zweck. 'Hunger und Liebe' lautet die bekannte Formel; in dieser Formulierung ist aber (...) die Logik auf den Kopf gestellt, sie muss umgekehrt lauten: Liebe und Hunger. Sich fortzupflanzen ist die Tendenz jedes Lebewesens; die Zelle ist von dem Drang erfüllt, sich zu teilen. Das ist die Urtendenz (...). So erst steht die Logik auf den Füssen. Denn nicht dass die Maschine Kohle verzehrt, ist ihr Zweck - um einen simplen Vergleich an-

---

[1] Eduard Fuchs: Das Lebensgesetz der Kunst, a.a.O., p.61

[2] Vgl. Julien Offray de LaMettrie: L'homme machine, Leiden 1748. Wegen dieses Werks musste der bereits aus Frankreich vertriebene Philosoph auch aus Holland fliehen. Schon sein erstes Werk, das für eine gründlichere Begriffsgeschichte des Ausdrucks "Naturgeschichte" ebenfalls von Belang wäre, die *"Histoire naturelle de l'âme"* (Den Haag 1745), war in Frankreich verbrannt worden. LaMettrie, dessen mechanistische Grundlegung des Materialismus ein ungleich grösseres Verdienst war als ihre vielstimmige Nachbetung im 19.Jahrhundert, fand schliesslich bei Friedrich II. von Preussen Asyl.

zuwenden - , sondern dass die Kohle sich in Dampf, Bewegung
umsetzt. Da die Tendenz der Fortpflanzung die Ur- und Haupt-
funktion der organischen Materie ist, so muss beim tierischen Lebewesen die Maschine in ihrer primitivsten Entwick-
lungsform nur Apparat zur Erneuerung für verausgabte Kraft
sein, und die Entwicklung muss beim tierischen Lebewesen
logisch mit dem Magen einsetzen: Die Qualle ist nur Magen.
Aber nicht nur von der Qualle zum Menschen ist ein gerader
Weg, sondern logischerweise darüber hinaus zu dessen erha-
bensten ideologischen Verklärungen. Denn Erscheinungen der
organischen Welt sind alle nur Teile dieser Urfunktion und
unterscheiden sich nur durch die höhere Stufenfolge ihrer
Entwicklung. Zu diesem 'Allen' gehört auch die Kunst: Kunst
ist ein Teil dieser Urfunktion, sie ist Sinnlichkeit selbst,
und zwar betätigte Sinnlichkeit."* [1]

Auch Fuchs hat gefühlt, dass diese Argumentation mehr
Beschwörung durch Wiederholung als logisch gegliederte,
mit Fakten untermauerte, echt mechanisch materialistische
Beweisführung ist. Sein handfestestes Argument bringt er
deshalb erst am Schluss:

"Für diese Behauptung, dass die Kunst nicht nur im Dienste
dieser Kraft steht, sondern dass sie einen Teil dieser
Kraft selbst darstellt (...), dafür gibt es einen ganz einfachen Beweis. Dieser Beweis besteht in der Tatsache, dass
jede Beeinträchtigung der physischen Zeugungskraft stets
das künstlerische Produktionsvermögen im gleichen Mass
einschränkt. (...) Es gibt nicht einen einzigen schöpferischen Künstler, der ein Kastrat gewesen wäre. Wer dies
bestreitet, möge uns (...) einen solchen Künstler nennen." [2]

---

1) Eduard Fuchs: Das Lebensgesetz der Kunst, a.a.O., p.61
2) ebda., p.62

Wozu braucht Fuchs diesen weiteren Tiefpunkt der Niederungen seiner Theorien? Er löst damit das Wertungsproblem, das Wölfflin ganz richtig als *crux* jeglicher vom sozialen Umfeld ausgehenden Kunsttheorie diagnostiziert hatte.[1)]

Zum einen dient ihm das biologistische *"Lebensgesetz"* der Kunst wiederum dazu, seine Sammelgegenstände auch aus dem Gebiet der erotischen Kunst aufzuwerten.
Wie schon bei der Volkskunst und bei der Karikatur genügt es ihm auch hier nicht, einfach ein von der offiziellen Kunstpflege bisher vernachlässigtes Gebiet der lange daran vorbeigegangenen Oeffentlichkeit zu präsentieren.
Fuchs steht auch hier wieder unter dem Zwang, das Gebiet der erotischen Kunst und die von ihm gesammelten einschlägigen Kunstobjekte über alle andern Kunstwerke zu stellen.

Bei dieser massiven Wertung und kompromisslosen Verkündigung der absoluten Erstrangigkeit der erotischen vor aller anderen Kunst schreckt Fuchs nicht einmal vor der Inanspruchnahme des Kitschmotivs *par excellence*, nämlich des röhrenden Hirsches, zurück. Fuchs behauptet, *"dass es innerhalb der Erscheinungswelt keine wunderbarere Manifestation gibt als die organische Materie im Stadium ihrer erotischen Expansion. (...) Man schaue den Hengst, wenn er vor Aufregung die Nüstern bläht, mit dem Schweif den Boden fegt und jeder Muskel zum Zerreissen gespannt ist; man schaue den rörenden Hirsch, dieses Urbild von Kraft und Eleganz. (...) Was aber von der Pflanzen- und Tierwelt gilt, gilt in noch ungleich höherem Mass vom Menschen (...). Es gibt nichts Wunderbareres als die Verschlingung zweier menschlicher Körper, und zwar zweier Körper verschiedenen Geschlechtes in der Reife der Entwicklung und in der Ekstase*

---

1) Vgl. S.371 dieser Arbeit.

*der sexuellen Erregung. Energie, Kraft, Grösse, Harmonie
- alles triumphiert hier. Darum ergeben sich aber auch
hieraus die schönsten künstlerischen Linien; es gibt
keine herrlichere, künstlerisch schönere Bewegung."* [1]

Die erotischen Kunstwerke stehen für Fuchs also wegen
ihres lebensvollen Inhalts weit über Kunstwerken mit anderen Motiven.

Aber Fuchs bedient sich noch einer anderen Skala als
derjenigen des Themas oder Inhalts, um die erotische Kunst
aufzuwerten. Fuchs gehört nämlich zu jenen Kunsttheoretikern, für welche die Wirkung des Kunstwerks auf die Sinne
des Kunstbetrachters von zentraler Bedeutung ist.

Von allen Denkern, die sich mit der Aesthetik befassten,
ist Kant derjenige gewesen, der das von ihm mit dem Begriff
des Schönen beschriebene Wesen der Kunst am schärfsten von
dessen Wirkung auf die Sinne des Kunstliebhabers abgegrenzt
hat. Bei Kant darf die Kunst nur reflexiv genossen werden,
und sie soll dem Kunstgeniesser nicht sinnliche Lust bereiten, sondern ihn sittlich erheben. [2]

---

1) Eduard Fuchs: Das Lebensgesetz der Kunst, a.a.O., p.64 f.

2) Immanuel Kant schreibt dazu in seiner *"Kritik der Urteilskraft"*
(zitiert nach der Ausgabe von Karl Vorländer, Hamburg 1963):
*"Das Wohlgefallen am Schönen muss von der Reflexion über einen
Gegenstand, die zu irgendeinem Begriffe (unbestimmt welchem) führt,
abhangen, und unterscheidet sich dadurch auch vom Angenehmen, welches ganz auf der Empfindung beruht."* (§ 4 , p.44)
"Interesse wird das Wohlgefallen genannt, das wir mit der Vorstellung der Existenz eines Gegenstandes verbinden. Ein solches hat daher immer zugleich Beziehung auf das Begehrungsvermögen."(§ 2, p.40)
*" G e s c h m a c k ist das Beurteilungsvermögen eines Gegenstandes
oder einer Vorstellungsart durch ein Wohlgefallen oder Missfallen
o h n e a l l e s I n t e r e s s e . Der Gegenstand eines solchen
Wohlgefallens heisst s c h ö n ."* (§ 5, p.48)
*"Nun sage ich: das Schöne ist das Symbol des Sittlichguten; und auch
nur in dieser Rücksicht (einer Beziehung, die jedermann natürlich ist,
und die auch jedermann anderen als Pflicht zumutet) gefällt es mit einem Anspruch auf jedes anderen Beistimmung, wobei sich das Gemüt zugleich einer gewissen Veredlung und Erhebung über die blosse Empfänglichkeit einer Lust durch Sinneneindrücke bewusst ist".* (§ 59, p.213)

Ausser den konsequentesten Verfechtern des *l'art pour l'art* weisen die meisten Aesthetiker der Kunst auch eine moralische Rolle zu; seit Platon wurde das Schöne immer wieder mit dem Guten verknüpft.[1]

Auch Fuchs steht nicht etwa deshalb in scharfem Gegensatz zu Kant, weil er der Kunst ein moralisches Engagement absprechen wollte.[2] Er nimmt nur in der Wertung der sinnlichen Wirkung des Kunstwerks auf den Betrachter einen Kant entgegengesetzten Standpunkt ein.

Fuchs geht dabei aber hinwiederum noch nicht so weit wie wenig später Herbert Marcuse. Marcuse ist nämlich schliesslich so weit gekommen, gerade in der sinnlichen Schönheit des Kunstwerks dessen moralische Wirkung zu sehen:

"Die unmittelbare Sinnlichkeit der Schönheit verweist unmittelbar auf sinnliches Glück. Nach Hume gehört es zum entscheidenden Charakter der Schönheit, Lust zu erregen: Lust ist nicht nur eine Begleiterscheinung der Schönheit, sondern konstituiert ihr Wesen selbst. Und für Nietzsche erweckt die Schönheit 'die aphrodisische Seligkeit' wieder: er polemisiert gegen Kants Definition des Schönen als interesseloses Wohlgefallens und hält ihr Stendhals Satz entgegen, dass die Schönheit 'une promesse de bonheur' sei. (...) Schönheit ist eigentlich schamlos: sie stellt zur Schau, was nicht offen verheissen werden darf und was den meisten versagt ist." [3]

---

1) Er lässt den Sokrates im Gespräch mit dem Hippias sagen:*"so mag (...) das Schöne gleichsam den Vater des Guten vorstellen."*(Hippias maior, 297 a in der Schleiermacherschen Uebersetzung)

2) Ganz im Gegenteil bemisst ja Fuchs künstlerische Grösse immer auch an der revolutionären Einstellung des Künstlers, etwa bei Daumier.

3) Herbert Marcuse: Ueber den affirmativen Charakter der Kultur, in: Kultur und Gesellschaft, Frankfurt 1965, Bd.I, pp.56-101, p.83.

Die Formel von Fuchs zur sinnlichen Wirkung der Kunst ist simpler. Er wendet sich gegen die *"Konzession an die allmächtige Prüderie"*, die darin liege, *"dass man zwar die sinnliche Wirkung der bildlichen Darstellung im allgemeinen zugibt, jedoch beim grossen Kunstwerke bestreitet. Dieses soll nicht sinnlich wirken, auch wenn es ein direkt erotisches Motiv behandelt, und die Ausschaltung der erotisch erregenden Wirkung auf den Beschauer soll durch die hohe künstlerische Form der Lösung des Motivs zustande kommen."* Demgegenüber postuliert Fuchs: *"Wir behaupten: Die sinnliche Wirkung künstlerisch gestalteter erotischer Motive auf den Beschauer ist einer der wichtigsten Massstäbe für ihre Qualität; je intensiver diese Wirkung ist, um so grösser ist die künstlerische Qualität."* [1]

Das Zitat von Marcuse hat gezeigt, dass Fuchs mit dieser Betonung der sinnlichen Seite des Kunstwerks, des Schönen, keineswegs allein dasteht. Neben der dort angeführten Tradition der englischen Sensualisten und der Polemik Nietzsches gegen Kant gibt es in der Geschichte der Aesthetik noch den Fuchs so fernliegenden Neuplatoniker Plotin oder aber auch den ihm besser vertrauten schwäbischen Landsmann und fast noch Zeitgenossen Friedrich Theodor Vischer als Vordenker seiner sinnenfreudigen Kunstbetrachtungsweise. [2]

---

1) Eduard Fuchs: Das Lebensgesetz der Kunst, a.a.O. Alle 3 Zitate auf p.68

2) Plotin schrieb in seinen Enneaden:*"Betroffenheit, süsse Erschütterung, Verlangen, Liebe, lustvolles Beben, das sind Empfindungen, die gegen jegliches Schöne eintreten müssen."* (zitiert nach Plotins Ausgewählten Schriften, Stuttgart 1973, p.136). Der Gnostiker Plotin fasste die Freude am Schönen allerdings fromm als Vorstufe zur Erkenntnis Gottes auf.

Vischer schrieb in seiner *"Aesthetik"* (zitiert nach der 2.Aufl., München 1922):*"Das Schöne ist für jemand da, es erwartet und fordert den Anschauenden, und dies widerstreitet auf keine Weise der durch die Absolutheit seines Gehaltes ihm zukommenden Selbstgenügsamkeit".* (Bd.I, § 70, p.188) *"Das Subjekt sucht dieselbe freie Harmonie, und diesem Suchen fliesst der Gegenstand durchaus homogen entgegen, indem er es durch die Sinnlichkeit und in derselben geistig erfüllt und befriedigt."* (Bd.I, § 72, p.194)

Auch andere deutsche Aesthetiker des 19. und 20.Jahrhunderts legten die Wirkung der Kunst auf Sinne und Gefühle, kurz auf die Psyche des Kunstbetrachters ihren Kunsttheorien zugrunde, so etwa Gustav Theodor Fechner und Theodor Lipps. Aber diese beiden Hauptvertreter einer psychologischen Aesthetik, deren Hauptwerke gerade in der Zeit der ersten Beschäftigung Fuchs' mit der Kunst populär waren, machten eben diese von Fuchs gerügte *"Konzession an die allmächtige Prüderie"* in bezug auf erotische Kunstwerke sehr ausgeprägt. Fechner verlangte als Hauptkriterien von jeglichem Kunstwerk, *"dass der Eindruck alles Einzelnen sich überhaupt in einem einheitlichen Totaleindrucke abschliesse und dieser vielmehr im Sinne der Lust als Unlust sei, dass die bloss sinnliche Lust an Höhe überstiegen und das sittliche Prinzip nicht verletzt werde, kurz dass die Bedingungen der Schönheit im engern Sinn dadurch erfüllt werden."* [1]

Ganz ausgeprägt macht sich diese *"Konzession an die Prüderie"* bei Lipps bemerkbar. Lipps *"Grundlegung der Aesthetik"* [2] tritt in der Einleitung zum ersten Band mit der Prätention auf, das *"Schönheitsgefühl"*, die *"Wirkung"* eines Kunstwerks *"in mir"* als *"psychologische Tatsache"* in einer *"psychologischen Disziplin"* abzuhandeln. [3]

Doch bereits bei der Behandlung von Kunstwerken, welche geschlechtsspezifische Körperteile darstellen, also nicht einmal unbedingt explizit erotischer Natur sind, ersetzt Lipps schlagartig seine psychologische Kunstbetrachtung durch reinste Aesthetik, nicht ohne vorher zu betonen, *"dass das Sexuelle mit dem Aesthetischen nichts, auch nicht das Allermindeste zu tun hat."* [4]

---

1) Gustav Theodor Fechner: Vorschule der Aesthetik, zitiert nach der 2.Auflage Leipzig 1897, Bd.II, p.15
2) 2 Bde., Hamburg 1903 bzw.1906
3) Lipps, op.cit., Bd.I, p.1   4) ebda., p.148

Lipps schreibt:

"*Kurz gesagt, in der ästhetischen Betrachtung des weiblichen Körpers bin ich, soweit der Unterschied zwischen Mann und Weib ein sinnlich geschlechtlicher, also nicht ein Charakter- oder Temperamentsunterschied ist, schlechterdings nicht Mann noch Weib. Ich bin so wenig dieses sinnlich geschlechtlich differenzierte Individuum, als ich in der ästhetischen Betrachtung einer Landschaft Bauer, in der ästhetischen Betrachtung eines Baumes Holzfäller oder Zimmermeister bin.*" [1]

Gewiss ist die Aesthetik keine Berufskunde. Ebenso gewiss ist aber, dass eine Aesthetik, welche die sexuellen Gefühle dermassen tabuisiert, auch keine "*psychologische Disziplin*" sein kann. Den Gipfel der prüden Paradoxie erreicht Lipps in der Beschreibung der Gefühle, welche Aktbilder in ihm erwecken. Sie verschaffen ihm ein "*körperliches Wohlgefühl*" rein ästhetischer Natur:

"*Dies liegt nicht nur im Sinne der ästhetischen Einfühlung, sondern so sagt es die Erfahrung jedem, der einmal die Formen des menschlichen Körpers ästhetisch betrachtet hat. Ich fühle in den schönen weibliche Formen ein eigenartig kraftvolles, gesundes, schwellendes, blühendes Leben; ich habe ein körperliches Wohlgefühl, das nirgends anders als in den wahrgenommenen Formen lokalisiert ist; ein Wohlgefühl, das ich als derjenige, der ich sonst bin, nicht haben kann; d.h. das ich nicht haben kann als Mann; das zu haben mir einzig vergönnt ist im Akte der ästhetischen Betrachtung.*" [2]

So wird bei Lipps die Psychologie bei der Beschreibung dieses Wohlgefühls,"*das ich als derjenige, der ich sonst bin, nicht haben kann*", unvermerkt zur blanken Schizophrenie.

---

1) Lipps, op.cit., Bd.I, p.149   2) ebda.

Fuchs ist diese schizophrene Prüderie fremd. Gelassen nimmt er es auf sich, die Rolle des kunstmoralischen *"Schweinehundes"* zu spielen, wenn er - drastisch wie immer - schreibt:

"die Vertreter der Ansicht der nicht erotischen Wirkung eines grossen Kunstwerks (...) verweisen (...) stets auf die berühmten Meisterwerke der Antike und der Renaissance (...) mit dem Trick, dass sie sich mit Emphase in die Brust werfen und die Schicksalsfrage stellen: 'Wo ist der Schweinehund, der angesichts dieser oder jener klassischen Venus, dieser oder jener klassischen Liebesszene auf sinnliche Gedanken kommt (...).' Natürlich meldet sich niemals dieser Schweinehund." [1]

Fuchs fährt fort, dass das *"aber rein gar nichts beweist, und sogar dann nichts beweisen würde, wenn jedermann mit dem ehrlichsten Gewissen behaupten könnte, dass er vor diesen Werken auf keinerlei sinnliche Gedanken komme.(...) Nicht aber wäre erwiesen, dass diese Werke auch zu ihrer Entstehungszeit den Beschauer sinnlich indifferent gelassen haben."* [2]

Im Anschluss an diese Stelle gibt Fuchs einen Ueberblick über die zeitliche und klassenmässige Variabilität der sinnlichen Wirkung erotischer Kunst, der anhand der Pygmalionsage, viel eindeutiger aber noch mit Hilfe antiker Gemmen den mitunter recht handfesten Kunstgenuss der alten Griechen und Römer beschreibt.[3]

---

[1] Eduard Fuchs: Das Lebensgesetz der Kunst, a.a.O., p.70
[2] ebda.
[3] vgl. ebda., p.70 ff. Die beiden einschlägigen Gemmen (Abb.16 und 17) finden sich aber bereits auf p.16 des ersten Bandes der *"Geschichte der erotischen Kunst"*.

Fuchs führt in diesem Aufsatz jene Gedanken weiter aus, die er schon in der programmatischen Skizze *"Der Asket"* [1] geäussert hatte. Nebst der dort exemplarisch ausgeführten Unredlichkeit dieser Prüderie bedauert Fuchs vor allem die unwiederbringlichen Verluste an Kulturgütern, welche die wiederholten moralisch begründeten Säuberungsaktionen in den Kunstbeständen anrichteten. Er schreibt dazu:

"Man darf niemals übersehen, dass Prüderie und Heuchelei zwar auf allen Gebieten ganz furchtbar in dem Erbe unserer Väter gehaust haben, nirgends aber so fanatisch wie gerade auf dem Gebiete des erotischen Bildes. Jedes erotische Bild, das beim Oeffnen alter Mappen und Schränke zum Vorschein kam, war in Gefahr, gänzlich vernichtet, zum mindesten unauffindbar beiseite geräumt zu werden. Die Besitzer glaubten sich durch den Besitz zu kompromittieren; Erben fürchteten für sich und für den Spender; und vor allem die öffentlichen Sammlungen trugen allen Vorurteilen Rechnung und lehnten geflissentlich den Erwerb solcher Stücke ab. Fanden sich aber in ihren alten Beständen anstössige Stücke, so wurden diese Sachen in den meisten Fällen ausgeschaltet und still beiseite gepackt. Immer und immer wieder wurden in privaten und öffentlichen Sammlungen und Galerien moralische Säuberungen vorgenommen. Das begreifliche Resultat von alledem ist, dass das Beste und bedeutsamste dadurch unwiederbringlich verlorengegangen ist." [2]

Fuchs lässt dann eine lange Liste solcherart ausgetilgter Kunstwerke folgen und erwähnt mit besonderer Anteilnahme eine Gemäldefolge Bouchers für das Boudoir der Marquise de Pompadour, welche kurz vor Anbruch des 20.Jahrhunderts in England konfisziert und verbrannt wurde. [3]

---

1) op.cit., vgl. S.268ff.dieser Arbeit
2) Eduard Fuchs: Das Lebensgesetz der Kunst, a.a.O., p.77
3) vgl. ebda., p.78

Fuchs erwähnt anlässlich der Schilderung dieses von
wenig Kunstsinn zeugenden Vorkommnisses mit Genugtuung,
dass es einem Sammler wenigstens gelungen sei, rechtzeitig noch Photographien des verlorenen Objekts herzustellen.[1] Ohne Zweifel steckt auch diese Absicht der
Sicherung erotischer Kunstobjekte hinter dem Werk von
Fuchs. Vor dem Hintergrund der Konfiskation und Auflösung seiner Sammlung durch die Faschisten im Verlauf von
deren Feldzug gegen die "entartete Kunst" muss denn auch
gesagt werden, dass diese Vorsicht durchaus am Platze war.

Bei der Behandlung von Fuchs' Polemik gegen moralischen
Uebereifer und heuchlerische Prüderie darf aber nicht
ausser acht gelassen werden, dass Fuchs selbst der erotischen Kunst ebenfalls moralische Grenzen setzte.
Folgende Passage ist als Ergänzung zu jener Aeusserung
zu lesen, wo Fuchs die Qualität erotischer Kunstwerke
allein an ihrer erregenden Wirkung auf den Betrachter
bemessen wollte:
*"Mit der Ausrede, dass grosse Kunst unter keinen Umständen sinnlich erregend auf den Beschauer wirke, kommt
man also nicht durch. Man muss (...) fragen: Welche Art
Sinnlichkeit ist der allgemeinen Kulturentwicklung förderlich und darum berechtigt, und welche nicht?"* Und
Fuchs antwortet sich selbst darauf: *"Berechtigt sind
alle jene Formen des sinnlichen Gebarens, in denen das
Schöpferische dieses Lebensgesetzes sich offenbart, denn
sie sind es, die den Menschen in seiner Entwicklung nach
vorwärts und darum auch nach oben tragen. Nicht berechtigt und darum verwerflich sind dagegen jene Formen, die
diesen obersten Trieb zum blossen Mittel raffinierter
Genussucht herabwürdigen."* [2]

---

1) Fuchs hat sie in der *Sittengeschichte (Ergänzungsband Galante Zeit)* op.cit., z.T. reproduziert.
2) Eduard Fuchs: Das Lebensgesetz der Kunst, a.a.O., p.73

Der Dialog, den Fuchs da nach seinen offensiven Aeusserungen gegen die scheinheiligen Hüter der Kunstmoral zweiflerisch mit sich selbst führt, zeigt übrigens, dass er sich 1908 auf dem Terrain der Kunsttheorie noch recht unsicher fühlte. Ueberhaupt muss der ganze Aufsatz über *"Das Lebensgesetz der Kunst"* als Zeugnis für die viel Mut erfordernde Aussenseiterposition von Fuchs gesehen werden.[1)]

1) Die Aussenseiterrolle des Werks von Fuchs im Schrifttum über die Kunst wurde vom namhaften zeitgenössischen Kunsthistoriker Karl Voll in dessen Gutachten über den ersten Band der *"Geschichte der erotischen Kunst"* zuhanden des Gerichts anlässlich der Verhandlung gegen dieses der Unzüchtigkeit angeklagte Buch (vgl. S. 65 dieser Arbeit) wie folgt formuliert: *"Das Werk ist das eines Outsiders. Darum kann man als strenger Fachgelehrter mit zahlreichen kunstgeschichtlichen Urteilen des Verfassers nicht einverstanden sein. Aber die Werke von Outsiders sind es öfters gewesen, die in der Kunstgeschichte die neuen Wege gewiesen haben, und zu diesen Werken gehört unbedingt das von Fuchs."* (zitiert nach Eduard Fuchs: Geschichte der erotischen Kunst, op.cit., Bd.I, Vorwort des Verlegers R.Hofmann, p.X). Nur die wenigsten Vertreter der etablierten akademischen Kunstwächter konnten sich zu dieser bei aller Distanziertheit doch anerkennenden, grossmütigen Haltung gegenüber Fuchs durchringen. Die meisten von ihnen ignorierten vermutlich sein Werk. Insofern ist die Formulierung von Luciana Zingarelli, dass das Werk von Fuchs *"wie eine Bombe auf ein Gebiet des Kultursektors niedergeht - auf das Gebiet der Kunstgeschichte nämlich"*, sicher etwas überspitzt (L.Zingarelli: Eduard Fuchs ..., a.a.O., p.43; Zingarelli bezieht sich auf *"Die Karikatur der europäischen Völker"*). Das Aussenseitertum von Fuchs lag nicht nur in seiner souveränen Missachtung der Moralheuchelei auf dem Gebiet der Kunst, sondern ebensosehr in seinem ostentativen Bekenntnis zum Marxismus. Franz Blei, ein anderer Aussenseiter der zeitgenössischen Kunstszene, der auf moralischem Gebiet und in der Hochschätzung der erotischen Kunst mit Fuchs durchaus einig ging, protestierte in einer Rezension lauthals gegen dessen marxistische Töne: *"Wenn Fuchs nicht gerade das etwas plumpe Paradepferd seiner Theorie über die Blumenwiesen stampfen und trampeln lässt, wenn er mit eigenen Augen sieht und nicht durch die primitive Röhre des historischen Materialismus, ist er viel angenehmer zu lesen."* (F.Blei:Rezension von E.Fuchs*"Die Frau in der Karikatur"*, in: Der Amethyst, 1.Jahrgang, Dez.1905, p.397). Ein anderes Stigma des Aussenseiters Fuchs, seine unwissenschaftlichen Quellenverweise, kritisiert Blei (a.a.O., p.398) am Beispiel einer (tatsächlich falschen) Legende von Fuchs zu einem Bild von Beardsley; aus Bleis Kritik einer *"zu sehr auf die populäre Literatur hin"* angelegten Legende Fuchs' zu einer Radierung von Félicien Rops spricht aber auch der Futterneid des Konkurrenten, veröffentlichte doch Blei wenig später eine kleine Monografie über diesen heute vergessenen belgischen Zeichner (F.Blei:Félicien Rops, Berlin 1906).

Diese erste Formulierung seiner nicht nur der herkömmlichen und zeitgenössischen Kunstmoral zuwiderlaufenden, sondern auch über den schematischen historischen Materialismus in der Art Kautskys hinausgehenden Anschauungen machte Fuchs einige Mühe. Das geht nicht nur daraus hervor, dass der längere zweite Teil des eigentlich als Gegenstück zu der historischen Grundlegung in der *"Naturgeschichte der Kunst"* gemeinten Aufsatzes wiederum auf einen historischen Ueberblick über die erotische Kunst hinausläuft,[1] wie ja auch der neuaufgelegte eigentliche Text dieses ersten Bandes von Fuchs' *"Geschichte der erotischen Kunst"* ein historischer Ueberblick über die Entwicklung der erotischen Karikatur ist.[2]

Noch deutlicher wird das zeitweilige Unbehagen des Moralisten Fuchs [3] mit der Rolle des kunsttheoretischen *"Schweinehunds"* im folgenden Satz aus dem *"Lebensgesetz"*, der die eben zitierten Aeusserungen desselben Fuchs gegen die Prüderie stark abschwächt und selbst eine *"Konzession an die Prüderie"* ist:

"Die Darstellung des Erotischen ist statthaft, und zwar in den kühnsten Gestaltungen, wenn künstlerisch das Stoffliche derart gemeistert ist, dass das gemein Sinnliche aufgelöst und völlig überwunden ist, so dass nur das grosse waltende Gesetz, die schöpferische Kraft, sich offenbart und triumphiert." [4]

---

1) Eduard Fuchs: Das Lebensgesetz der Kunst, a.a.O., pp.80-125

2) Der erste Band der *"Geschichte der erotischen Kunst"* ist wie gesagt ein leicht veränderter, hauptsächlich um die Aufsätze *"Die Naturgeschichte der Kunst"* und *"Das Lebensgesetz der Kunst"* erweiterter Nachdruck des *"Erotischen Elements in der Karikatur"*.

3) Zur unbestreitbaren moralischen Grundintention von Fuchs vgl. nicht nur den ganzen ersten, biographischen Teil dieser Arbeit, sondern insbesondere auch den Abschnitt über Fuchs als Kultur- und Sittenhistoriker, p. 517 ff. dieser Arbeit.

4) Eduard Fuchs: Das Lebensgesetz der Kunst, a.a.O., p.74

Wohl gewinnt Fuchs aus dieser Anrufung der schöpferischen Kraft der biologischen Urfunktion in diesem Moment der Verunsicherung wieder genug offensive Kraft, um gerade anschliessend an diesen Kniefall vor der Prüderie in der Kunst auf dem *"ewigen Recht auf Darstellung des Erotischen"* [1] zu beharren.

Aber Fuchs verzichtete nach diesen mühseligen und z.T. widersprüchlichen ersten kunsttheoretischen Versuchen für's erste auf eine Wiederaufnahme seiner Gedanken über die Rolle der Sinnlichkeit beim Künstler, beim Kunstwerk und beim Kunstpublikum. Der zweite Band seiner *"Geschichte der erotischen Kunst"* [2] erschien erst 1923, volle fünfzehn Jahre nach dem ersten Band.

Fuchs schrieb zuerst seine grundlegende moralische Abrechnung mit der Weltgeschichte, die von 1909 bis 1912 erscheinende sechsbändige *"Illustrierte Sittengeschichte"* [3] sowie einige kleinere eher allgemein kulturgeschichtliche als spezifisch kunsthistorische Werke, [4] ehe er sich wieder auf das Feld der Kunstgeschichte wagte. Aber auch dort gab er zuerst seine imposante Präsentation von Daumiers grafischem Werk heraus [5] und wich dann noch einmal in die Kulturgeschichte aus, [6] bevor er den zweiten Band seiner *"Geschichte der erotischen Kunst"* vorlegte. Bis zur Fertigstellung des dritten und letzten Bandes dieses Werks verstrichen dann noch weitere drei Jahre. [7]

---

1) Eduard Fuchs: Das Lebensgesetz der Kunst, a.a.O., p.74

2) op.cit.

3) op.cit.

4) (Eduard Fuchs/Ernst Kreowski): Das Kulturleben der Strasse, Berlin 1910 (anonym erschienen); Eduard Fuchs: Der Weltkrieg in der Karikatur, München 1916, Bd.I (der zweite Band erschien nie).

5) op.cit.; vgl. S. 348 ff.dieser Arbeit

6) Eduard Fuchs: Die Juden in der Karikatur, München 1921

7) Eduard Fuchs: Die Geschichte der erotischen Kunst, Bd.III: Das individuelle Problem II, München 1926

2.5.5. Die Entwicklung der Kunsttheorie von Fuchs nach dem 1.Weltkrieg und ihr Verhältnis zur Psychoanalyse

Nach der langen kunsttheoretischen Pause, die Fuchs nach seinen angriffigen Essays über die Naturgeschichte und das Lebensgesetz der Kunst eingelegt hatte, musste er sich mit seinen Auffassungen nicht mehr im selben Mass als Einzelkämpfer auf ungesichertem Terrain bewegen wie in der konservativen Vorkriegskunstszene. Es war aber nicht Fuchs, der seine Meinungen geändert hätte,[1] sondern die Zeit war für seine Theorie reif geworden.

Das gilt zunächst vor allem für seine Hervorhebung des Zusammenhangs der Kunst mit der ökonomischen und sozialen Struktur ihrer Zeit. Schon anlässlich der bereits erwähnten Polemik gegen Wölfflin kann Fuchs – der Text wurde 1923 geschrieben – einen langsamen *"Umschwung gegenüber der früheren kategorischen Ablehnung wirtschaftspolitischer Bedingnisse für die Kunst fest(...)stellen."* [2]

---

1) Im Vorwort zur vierten Auflage seines ersten und besten Hauptwerks schreibt Fuchs 1921: *"An den Grundgedanken, von denen ich ausging, als ich die Abfassung der 'Karikatur der europäischen Völker' unternahm, halte ich heute noch fest. Von der Richtigkeit der von mir erkorenen Methode der Geschichtsbetrachtung und Geschichtsentschleierung bin ich heute so tief überzeugt wie an dem Tage, da ich die erste historische Zeile schrieb. (...) Höchstens deutlicher und noch schonungsloser als vor zwanzig Jahren möchte ich die Zeiten und die Dinge entschleiern und darstellen. Aber dieses Programm kann ich auch in den neuen Arbeiten erfüllen, die ich noch vor mir habe."* (Eduard Fuchs: Die Karikatur der europäischen Völker, 4.Aufl., München 1921, Bd.I, p.III)

2) Eduard Fuchs: Geschichte der erotischen Kunst, Bd.II, op.cit., p.16 f. Fuchs verweist dabei vor allem auf Wilhelm Hausenstein. Dessen Werke (z.B. *"Der nackte Mensch in der Kunst aller Zeiten"*, München 1912, *"Die bildende Kunst der Gegenwart"*, Stuttgart 1914 oder *"Die Kunst und die Gesellschaft"*, München 1917) haben in der Tat eine gewisse Affinität zum Werk von Fuchs.

Dieser Umschwung erfüllte Fuchs mit grosser Genugtuung.
1918 gab er seinem späten Triumph folgendermassen Ausdruck:
"Noch vor einem Jahrzehnt wurden solche Sätze (über die
wirtschaftliche Bedingtheit der Kunst, T.H.) *verhöhnt.
Da gab es selbst unter den angesehenen Kunsthistorikern
noch seltsame Käuze genug, die die Kunst, sagen wir, als
einen Knorz am Baume der Kultur betrachteten. Vor sechs
Jahren erklärte mir einer der Massgebendsten im deutschen
Kunstbetrieb in Beziehung auf meine Geschichte der erotischen Kunst, wo ich diese Sätze ausführlicher begründet
hatte: 'Etwas Naiveres ist mir noch nie begegnet als ihre
Behauptung, die Kunst sei von der Oekonomie ihrer Zeit
abhängig.' Der Betreffende wollte natürlich sagen: etwas
Dümmeres sei ihm noch nicht begegnet. Heute dagegen jonglieren zahlreiche Kunsthistoriker schon förmlich mit diesen
von mir aufgestellten, aus dem historischen Materialismus
abgeleiteten Erkenntnissen. Der geniale Teufel Karl Marx
reitet eben allmählich allen Fakultäten im Nacken. Und in
der Tat kommt man eben auch in der Kunst nur auf dem von
Marx gebahnten Weg in der Erkenntnis wirklich weiter."* [1]

Diese Zufriedenheit über die zunehmende Verbreitung und
Verbesserung der von ihm zwar roh und ungeschlacht, aber
pionierhaft geäusserten Positionen machte es möglich, dass
er sie in seinen späteren Werken nur noch andeutungsweise
und völlig undogmatisch formulierte.[2]

---

1) Eduard Fuchs (Hrsg.): Honoré Daumier, Holzschnitte 1833-1870, op.cit., p.8.

2) So z.B. in seinem grossen und reifen Alterswerk *"Die grossen Meister der Erotik"* (op.cit.), wo er p.23 Marx' Passage aus dem *"Vorwort"* zur *"Kritik der politischen Oekonomie"*, die er in der *"Naturgeschichte"* stark simplifiziert hatte (vgl. S.383 ff.dieser Arbeit) unverfälscht zitiert und auch auf Engels' Empfehlung zu einer unschematischen Auslegung dieser Stelle hinweist. In *"Die Juden in der Karikatur"* (op.cit. p.9) hatte er in einsichtiger Selbstbescheidung geschrieben: *"Diese Zusammenhänge zwischen Wirtschaft und Kultur brauchen hier nicht mehr näher begründet zu werden, das ist von Berufenern längst erschöpfend getan."*

Die selbstbewusste Gelassenheit desjenigen, der von der
Zeit Recht bekommen hat, ermöglichte es Fuchs auch,
andere doktrinäre Positionen aufzugeben. So kam er von
seiner früheren Uebertragung des darwinistischen Evolutions-
gedankens auf die Entwicklung der Kunst völlig ab.[1]
Er war auch gefeit gegen die Tendenz einiger jüngerer
Intellektueller im Umkreis der KPD, die Erzeugnisse
des "sozialistischen Realismus" unter Stalins Fuchtel
als absolut verbindliche und um jeden Preis zu erreichende
Muster der Kunst aufzufassen.[2]

So viel zu der in seinem kunsttheoretischen Spätwerk
weit zurücktretenden Anwendung des historischen Materialismus, die Fuchs in seinen ersten Abhandlungen zur
Kunsttheorie so schematisch vorgenommen hatte.

---

1) Er tat das unter dem Eindruck der neuentdeckten steinzeitlichen
Höhlenzeichnungen, an denen er im Zeichen seiner stets vorhandenen
Hochschätzung der Primitiven nicht vorbeiging: *"Gibt es im Künstlerischen hinsichtlich der Qualität der Gestaltungskraft eine ähnliche Entwicklung wie etwa bei der künstlerischen Technik, die
sich, von primitiven Formen ausgehend, zu immer vollkommeneren
entwickelt? Schon eine ganz oberflächliche Ueberprüfung der Entwicklungsgeschichte der Kunst erweist (...), dass es eine solche Entwicklung nicht gibt; jedenfalls nicht mehr von dem Augenblick an, wo der
Tiermensch auf die erste Stufe der menschlichen Entwicklung empor-
gestiegen war, und dieses Stadium fällt bereits in die Eiszeit.
Dass es seit diesen Zeiten (...) eigentlich kaum mehr eine Steigerung im Qualitativen der Kunstentwicklung gibt, belegt schon eine
Heranziehung der (...) Höhlermalereien (...), die im Laufe der letzten zwanzig Jahre in Altamira (...), La Grèze (...), Thaingen (...)"*
entdeckt wurden. (Eduard Fuchs: Die grossen Meister der Erotik, op.
cit., p.36). Hegel und Marx hätten dasselbe Argument mit dem Beispiel
der griechischen Kunst unterstützt.

2) Ungerührt stellt Fuchs die Kunst der Renaissance, des ausgehenden
18. und sogar die des ausgehenden 19.Jahrhunderts über die Sowjet-
kunst: *"Die(...) nicht zu ihren Endzielen gelangte wirtschaftliche
Umwälzung Russlands liess auch Kunst und Kultur nicht bis zu jenen
Grenzen gelangen, die eine volle Erfüllung auf der ganzen Linie bedeutet hätten. Dort, wo (...) wirtschaftliche Umwälzungen bis zu
ihren (...) historisch möglichen Zielen gelangt sind, wie z.B. im
XV. und XVI. Jahrhundert (...) oder am Ausgang des XVIII. und am
Beginn des XIX.Jahrhunderts (...), kam es auch (...) zu wirklichen
Gipfelhöhen in der (...) Kunst (...). Solche Gipfelhöhen waren (...)
die Renaissance und in der zweiten Hälfte des XIX.Jahrhunderts (...)
der Sieg des Impressionismus."* (ebda., p.36).

Andere Akzente von Fuchs' Kunsttheorie verschoben sich noch nachhaltiger. Der Ausgangspunkt seiner Beschäftigung mit der Kunst war die Karikatur gewesen, ein von der traditionellen Aesthetik vernachlässigtes Gebiet, von dem ausgehend es aber Freud gelungen war, zentrale Aspekte des Kunstgenusses zu analysieren. Auch Fuchs wurde vom starken Reiz, den die Karikatur auf den Betrachter ausübt, dazu gebracht, sich mit den psychischen Vorgängen im Gemüt des Kunstbetrachters auseinanderzusetzen; noch mehr aber führte ihn seine Beschäftigung mit der erotischen Kunst zu derselben Frage.

In seiner Abhandlung über *"Das Lebensgesetz der Kunst"* hatte Fuchs versucht, die Frage der Wirkung von erotischen Szenen in künstlerischen Darstellungen ohne Moralheuchelei zu beantworten; er hatte es aber nicht fertiggebracht, eine klare Stellung zu beziehen, und hatte sich in Widersprüche verwickelt. Es kann sein, dass er seine Aussage, dass ein erotisches Kunstwerk von umso höherer Qualität sei, desto erregender es auf den Betrachter wirke, im Nachhinein absichtlich verklausulierte, um mit seinen Werken vor dem Staatsanwalt nicht einen noch schwereren Stand zu haben.

Jedenfalls kam Fuchs in seinen späteren Büchern kaum mehr auf die interessante, von der traditionellen Aesthetik ebenfalls nur sporadisch berührte Frage nach der Rolle der Sinnlichkeit bei der Kunstbetrachtung zurück.

Nach dem ersten Weltkrieg, in den abschliessenden zwei Bänden der *"Geschichte der erotischen Kunst"* und in den Spätwerken über den Maler Daumier und über die erotischen Meisterwerke der Malerei befasste sich Fuchs beinahe ausschliesslich mit dem Problem der Kreativität, zu dessen Benennung er im Gegensatz zur heutigen Mode noch das deutsche Wort Schöpferkraft verwendete.

Der polnische Aesthetiker Tatarkiewicz hat darauf hingewiesen, dass die alten Griechen dem Künstler keine Kreativität zugestanden, die ihn über andere manuell Tätige erhoben hätte; mangels eines Begriffes, der die künstlerische Tätigkeit von derjenigen anderer Arbeiter unterscheiden würde, kommt die klassische griechische Kunsttheorie den Auffassungen des Proletkults näher, als das Fuchs je gelang.[1] Das Wort Kreativität ist lateinischen Ursprungs, doch spielte dieser Begriff in der römischen Aesthetik keine grosse Rolle, ebensowenig wie im Mittelalter.[2] Was das Mittelalter und noch die Renaissance angeht, so meint Tatarkiewicz, theologische Rücksichten hätten die damaligen Kunsttheoretiker davon abgehalten, die im Begriff der Kreativität steckende Gleichsetzung des Künstlers mit Gott als dem Erschaffer der Welt durch dessen unumschriebene Verwendung direkt auszudrücken. Er führt zum Beweis dieser These zahlreiche neue Begriffe zur Bezeichnung der künstlerischen Produktivität an, die von Aesthetikern der Renaissance geprägt wurden.[3] Er geht jedoch fehl in der Annahme, erst ein Pole habe es gewagt, diese Rücksichten fallen zu lassen.[4]

---

1) Vgl. Wladislaw Tatarkiewicz: A History of Six Ideas, Den Haag/Warschau, 1980, insbesondere Kap.8 (Creativity: History of the concept), p.244 f. Zur griechischen Gleichsetzung von Künstler und Arbeiter vgl. Aristoteles, Nikomachische Ethik, VI, 1140 a. Zu Fuchs' Bemühungen um den Proletkult vgl. S.153ff.dieser Arbeit.
2) Tatarkiewicz, op.cit., p.246 f.   3) ebda., p.247 f.
4) Ausgehend von den erwähnten Aestheten der Renaissance schreibt er:
"they did not venture to use the expression 'creator'. Until at long last someone did use it: he was a 17th-century Pole, the poetician and theoretician of poetry, Maciej Kazimierz Sarbiewski (1595-1640). He (...) said that the poet 'creates anew' (de novo creat)(De perfecta poesi I.1). He was the one who ventured to use the expression. He even added that the poet creates ... 'in the manner of God'." (Tatarkiewicz, op.cit., p.248). Hier ist der Chauvinismus der im Lauf der Geschichte unzählige Male gedemütigten polnischen Nation mit Tatarkiewicz durchgegangen, denn längst vor Sarbiewski brauchte der weit weniger obskure Giulio Cesare Scaliger (1484-1558) die Wendung vom gottgleichen Künstlertum:
"Die Dichtung (...) scheint die Dinge (...) wie ein zweiter Gott zu erschaffen." (Uebersetzt aus I.C.Scaliger, Poetices, libri VII, das zahlreiche Nachdrucke, u.a. einen 1651 zu Lyon, erlebte.)

Neben dem Begriff der Kreativität, der übrigens niemals
in der gesamten Geistesgeschichte dermassen häufig verwendet wurde wie heute, ist noch ein anderer Begriff
zur Bezeichnung der künstlerischen Produktivität von
Belang, um zu Fuchs' Auffassung dieses Phänomens einen
historischen Zugang zu gewinnen, nämlich der im 18.Jahr-
hundert sehr häufig gebrauchte, von der damaligen Vorherr-
schaft des französischen Geschmacks in der Kunst zeugende
Ausdruck Genie.

Längst nicht alle zeitgenössischen Aesthetiker gaben diesem neuen Begriff zur Bezeichnung der speziellen Eigenschaft, die den grossen Künstler vor anderen Menschen auszeichnet, jene kraftgenialischen Züge, welche etwa Lenz
oder der junge Goethe mehr praktisch als theoretisch
betonten, so z.B. der gestrenge Kunstrichter Kant.[1]

Gegen Kant hält später Nietzsche am überschäumenden,
sich keiner Regel beugenden Geniebegriff des Sturm und
Drang fest. Er vollzieht die Vereinigung von Genius
und Schöpferkraft in einer jener Passagen seiner philosophischen Prosa, deren pathetisch-blasphemischen, mit
kosmologischen Dimensionen jonglierenden Ueberschwang
der junge Fuchs in seinen Gedichten und in seinen Aphorismen zu imitieren versuchte.   Nietzsche schreibt:

*"Wir behaupten (...), dass der ganze Gegensatz, nachdem
wie nach einem Wertmesser auch noch Schopenhauer die Künste
einteilt, der des Subjektiven und Objektiven, überhaupt
in der Aesthetik ungehörig ist, da das Subjekt, das wollen-
de und seine egoistischen Zwecke fördernde Individuum nur
als Gegner, nicht als Ursprung der Kunst gedacht werden*

---

1) Kant hält auch den Begriff des Genies, mit dem andere Kunstfreunde
alle ästhetischen Fragen zu vernebeln imstande sind, streng am defi-
nitorischen Zügel:*"Genie ist das Talent (Naturgabe), welches der
Kunst die Regel gibt. Da das Talent, als angeborenes produktives
Vermögen des Künstlers, selbst zur Natur gehört, so könnte man sich
auch so ausdrücken: Genie ist die angeborene Gemütsanlage (ingenium),
durch welche die Natur der Kunst die Regel gibt."* (Immanuel Kant:
Kritik der Urteilskraft,§ 46, op.cit., p.160)

kann. Insofern aber das Subjekt Künstler ist, ist es bereits von seinem individuellen Willen erlöst und gleichsam Medium geworden, durch das hindurch das eine wahrhaft seiende Subjekt seine Erlösung im Scheine feiert. Denn dies muss uns vor allem, zu unserer Erniedrigung u n d Erhöhung, deutlich sein, dass die ganze Kunstkomödie durchaus nicht für uns, etwa unserer Besserung und Bildung wegen, aufgeführt wird, ja dass wir ebensowenig die eigentlichen Schöpfer jener Kunstwelt sind: wohl aber dürfen wir von uns selbst annehmen, dass wir für den wahren Schöpfer derselben schon Bilder und künstlerische Projectionen sind und in der Bedeutung von Kunstwerken unsere höchste Würde haben - denn nur als ä s t h e t i s c h e s P h ä n o m e n ist das Dasein und die Welt g e r e c h t f e r t i g t : - während freilich unser Bewusstsein über diese unsre Bedeutung kaum ein andres ist als es die auf Leinwand gemalten Krieger von der auf ihr dargestellten Schlacht haben. Somit ist unser ganzes Kunstwissen im Grunde ein völlig illusorisches, weil wir als Wissende mit jenem Wesen nicht eins und identisch sind, das sich, als einziger Schöpfer und Zuschauer jener Kunstkomödie, einen ewigen Genuss bereitet. Nur soweit der Genius im Actus der künstlerischen Zeugung mit jenem Urkünstler der Welt verschmilzt, weiss er etwas über das ewige Wesen der Kunst; denn in jenem Zustande ist er, wunderbarer Weise, dem unheimlichen Bild des Märchens gleich, das die Augen drehn und sich selber anschauen kann: jetzt ist er zugleich Subjekt und Objekt, zugleich Dichter, Schauspieler und Zuschauer." [1)]

Dieser Begriff vom schöpferischen Zeugungsakt des Genies ging wahrscheinlich von Nietzsche direkt in die Gedankenwelt von Fuchs ein, wenn auch unter Verlust seiner tieferen theologisch-philosophischen Absicht.

---

1) Friedrich Nietzsche: Die Geburt der Tragödie. In: Friedrich Nietzsche, Sämtliche Werke, Kritische Studienausgabe, München 1980, Bd.I, pp.9-156, p.47

Benjamin sieht die Wurzel von Fuchs' Verständnis des
genialen Künstlers eher in Burckhardts Werk über die
Kunst der italienischen Renaissance - was zwar wegen
der Verachtung von Fuchs für dieses Werk wenig wahrscheinlich ist, aber wegen der engen Freundschaft
Nietzsches mit Burckhardt während der Jahre in Basel,
in denen er die zitierten Sätze schrieb, auch keinen
grossen Unterschied machen würde - wenn er schreibt:

*"Der Begriff des Schöpferischen hat bei Fuchs einen
starken Einschlag ins Biologische. Und während das
Genie mit Attributen auftritt, die bisweilen das Priapi-
sche streifen, erscheinen Künstler, von denen der Autor
sich distanziert, gern geschmälert in ihrer Männlichkeit.
(...) Man darf nicht aus dem Auge verlieren, dass Fuchs
seine Grundbegriffe in einer Epoche entwickelte, der
die 'Pathografie' den letzten Standard der Kunstpsycho-
logie, Lombroso und Möbius Autoritäten vorstellten. Und
der Geniebegriff, der durch die einflussreiche 'Kultur
der Renaissance' von Burckhardt zur gleichen Zeit mit
reichem Anschauungsmaterial erfüllt wurde, nährte aus
anderen Quellen die gleiche weitverbreitete Ueberzeugung,
Schöpfertum sei vor allem anderen eine Manifestation
überschäumender Kraft."* [1]

Verglichen mit den anderen von Benjamin erwähnten wissenschaftlichen "Autoritäten" des frühen zwanzigsten Jahrhunderts ist die oben gezeigte Linie des Kraftgeniekultes,
die vom Sturm und Drang via Nietzsche und Burckhardt in
Fuchs' Ideen eingeflossen ist, zweifellos die edlere Tendenz in seiner Theorie des Schöpferischen als ihr biolo-
gistischer Einschlag, der Fuchs ja zu seiner Gleichsetzung
der künstlerischen Schöpferkraft mit der physiologischen
Potenz des Künstlers führte, die bereits zitiert wurde.

---

[1] Walter Benjamin: Eduard Fuchs ..., a.a.O. p.484

Es soll hier nicht darum gehen, noch weitere der zahlreichen Belege für den plumpen Biologismus der ersten kunsttheoretischen Formulierungen von Fuchs zu zitieren. Es muss aber an dieser Stelle klargestellt werden, dass Fuchs selbst sich deutlich vom noch weit extremeren biologistischen Instrumentarium der Lombroso und Möbius distanzierte, das Benjamin im eben angeführten Zitat zu sehr in die Nähe der Ideen von Fuchs rückt.[1]

Vielmehr gilt es hier die neue Dimension zu erörtern, die durch den Einbezug der Erkenntnisse Freuds und seiner ersten Schüler in die Theorie der künstlerischen Schöpferkraft bei Fuchs einging. Fuchs konnte sich dadurch von seinen starren, die künstlerische Produktivität auf unzulässige Weise mit der physiologischen Potenz des Künstlers verknüpfenden kunsttheoretischen Positionen lösen, ohne von seiner zentralen Aussage abzugehen, dass die Kunst in engem Zusammenhang mit der Sexualität stehe. Denn in dieser Feststellung stimmten Fuchs' Aufsatz über das Lebensgesetz der Kunst und die fast gleichzeitig erschienenen

---

[1] Fuchs grenzt sich folgendermassen von der Kunstlehre Lombrosos und Möbius' ab, welche die Basis der faschistischen Theorie von der "entarteten Kunst" bildete. Er zählt die bekannte lange Reihe von Künstlern mit schweren psychischen Störungen auf, hält es jedoch für verfehlt, wenn man diesen Aspekt des Problems des Schöpferischen *"wie Lombroso, Nordau, Möbius und verschiedene andere zu lösen versucht, indem man den Künstler analog dem konstitutionellen Neuropathen und dem 'geborenen' Verbrecher für entartet erklärt."* (Eduard Fuchs: Geschichte der erotischen Kunst, Bd.II, op. cit., p.177). Lombroso, der begeisterte Schädelmesser aus Turin, formulierte seine Kunsttheorie unter dem Titel *"Genie und Irrsinn"*, Leipzig o.J. (1884). Paul J.Möbius, der Verfasser des berüchtigten frauenfeindlichen Pamphlets *"Ueber den physiologischen Schwachsinn des Weibes"* (Halle 1901), setzte mit seiner Kunsttheorie bei Goethe an (*"Ueber das Pathologische bei Goethe"*, Leipzig 1898, reprint München 1982), bevor er sie verallgemeinerte (*"Ueber Kunst und Künstler"*, Leipzig 1901). Wiederum nicht ganz angemessen ist es, wenn Fuchs Max Nordau mit diesen beiden Präfaschisten in einem Atemzug nennt. Wohl ist dessen Werk *"Von Kunst und Künstlern"* (Leipzig 1905) einseitig biologistisch. Aber der oppositionelle Gestus etwa seines Hauptwerks *"Die conventionellen Lügen der Kulturmenschheit"* (Leipzig 1883) unterscheidet ihn doch deutlich von den beiden eben genannten Reaktionären.

ersten Schriften der psychoanalytischen Schule über die
Kunst überein.

Freud hat sich zwar schon sehr früh mit der psychoanalytischen Kunstdeutung befasst, [1] aber seine erste veröffentlichte Abhandlung, die ganz diesem Thema gewidmet war, erschien erst 1907, nur gerade ein Jahr vor dem ersten Band der *"Geschichte der erotischen Kunst"* von Fuchs. Kurz darauf erschienen dann rasch mehrere Bücher und Broschüren der ersten Schüler Freuds - Otto Rank, Karl Abraham und Wilhelm Stekel - neben weiteren Abhandlungen von Freud zum Thema der Kunst. [2]

---

1) Den Grund zur Psychoanalyse der Kunst hatte bereits *"Die Traumdeutung"* Freuds (Leipzig/Wien 1900) gelegt, wo er ja u.a. Werke von Sophokles und Shakespeare untersuchte. Ferner hatte Freud schon 1898 die Novelle *"Die Richterin"* von C.F.Meyer in einer unveröffentlichten Abhandlung analysiert.

2) Die erste ausschliesslich der Analyse eines Kunstwerks gewidmete Publikation Sigmund Freuds hiess *"Der Wahn und die Träume in W. Jensens 'Gradiva'"*(Leipzig/Wien 1907). Gleichzeitig stiess auch Otto Rank auf dieses Gebiet vor mit seinen unter dem Titel *"Der Künstler"* versammelten *"Aufsätzen zu einer Sexual-Psychologie"* (Wien 1907). Rank liess später noch das Werk *"Das Inzest-Motiv in Dichtung und Sage"* (Leipzig 1912) folgen. 1908 doppelte Freud mit seiner kürzesten Arbeit zum Thema der Kunst nach: *"Der Dichter und das Phantasieren"* (Wien 1908). Es folgte Wilhelm Stekel mit *"Dichtung und Neurose; Bausteine zur Psychologie des Künstlers"* (Wiesbaden 1909).
1910, mit der Arbeit über *"Eine Kindheitserinnerung des Leonardo da Vinci"* (Wien 1910), hatte Freud auch das Gebiet der bildenden Kunst einbezogen, nachdem er sich bisher auf literarische Deutungen beschränkt hatte; allerdings drehte sich auch auch Jensens *"Gradiva"* um ein antikes Relief. Freuds letzte Abhandlung zur Kunst *("Der Moses des Michelangelo"*, Wien 1914) ist kein kunsttheoretischer Beitrag, sondern eher als Seitenstück zu Freuds Identifikationsproblemen mit dieser jüdischen Führergestalt aufzufassen (vgl. dazu die dennoch einen gewichtigen Beitrag zur Bibelforschung darstellende Spätschrift Freuds *"Der Mann Moses und die monotheistische Religion"*, Amsterdam 1939). Bald schon begannen sich wiederum auch Freuds Schüler mit dem neuen Gebiet der objektiven Künste zu beschäftigen, so Abraham mit Segantini (Karl Abraham: Giovanni Segantini, ein psychoanalytischer Versuch, Wien 1911).

So froh Fuchs auf der einen Seite ohne Zweifel war, dass
nun auch andere, akademisch gebildete Forscher seine von
der etablierten Kunstwissenschaft als Aussenseiteransicht
beiseitegeschobene These vom sexuellen Ursprung der Kunst
teilten, so reihte er sich deswegen doch nicht einfach in
die psychoanalytische Schule ein. Das wäre für einen
Nichtmediziner und Nichtakademiker auch gar nicht so
leicht zu bewerkstelligen gewesen. Vielleicht bedauerte
er es aber auf der anderen Seite auch, dass ihm die
Entschleierung der Rolle der Sexualität in der Kunst
- ganz abgesehen von den übrigen Gebieten der Kultur -
nun weder als alleinigem Entdecker noch auch in dermassen
systematischer und präziser Art und Weise gelungen war
wie Freud und seinen Schülern.

Während der langen Pause zwischen dem ersten Band seiner
Geschichte der erotischen Kunst" und den beiden abschliessenden Bänden dieses Werks hat Fuchs seine ursprünglich
biologistische Position der Sexualität und Sinnlichkeit
in der Kunst revidiert und die Erkenntnisse der Psychoanalyse übernommen und auf die Psyche des Künstlers
sowie auf die Ausdrucksformen der bildenden Kunst angewandt.

Fuchs war nicht der Mann, der leicht von einmal aufgestellten Thesen abwich, obwohl er ja immerhin bereits
den Umstieg vom Anarchismus zum Marxismus hinter sich
hatte. Dass er es dennoch über sich brachte, beweist
zum einen die Unsicherheit, mit denen er seine biologistischen Thesen immer vertreten hatte und welche aus
ihrer apodiktischen Form deutlich ersichtlich ist.
Zum andern muss man in der Fähigkeit von Fuchs, neue
theoretische Horizonte zu überblicken, auch eine Folge der theoretischen Verunsicherung erblicken, in

welche Fuchs durch den Zusammenbruch der Ideale des
Vorkriegsmarxismus im Verlauf des Weltkriegs und
der Niederwerfung der Novemberrevolution unter der
Führung der Sozialdemokratie erlitt. Vielleicht
hat Fuchs auch seine zweite Heirat zu einer neuen
geistigen Oeffnung verholfen.

Um sich die Theoreme der Psychoanalyse zu eigen zu
machen, brauchte Fuchs den Marxismus nicht fallen-
zulassen; vielmehr fand er in ihr ein ausgearbeitetes
Geländer für seine Gehversuche in die vom Marxismus
der Vorkriegs-Orthodoxie nicht abgedeckten Gebiete.

Fuchs ist einer der allerwenigsten, wenn nicht der
einzige Repräsentant des Marxismus der zweiten Internationalen, dem dieser Einbezug der Psychoanalyse
in den geistigen Horizont gelang. Kautsky verbrachte
sein Alter damit, die von Weltkrieg und (von ihm scharf
bekämpfter) Oktoberrevolution unberührt gebliebenen
Elemente seiner Vorkriegstheorie zu einer systematischen
Summa abzurunden,[1] während Plechanow ebenfalls als
Gegner der Oktoberrevolution verbittert schon früh in
den 20er Jahren starb. Clara Zetkin war sich mit Lenin
in der Ablehnung der Psychoanalyse einig.[2] Lenins
diesbezügliche Ansichten wurden von Stalin noch weit
rigider vertreten, und die von daher im gesamten
Bereich der Komintern durchgesetzte Aechtung der Psychoanalyse führte schliesslich zum Ausschluss Wilhelm Reichs
aus der KPD und zum empörten Bannstrahl gegen dessen
Versuch, mit der Vereinigung von Kommunismus und Psychoanalyse sowohl die Psychoanalyse von ihrer bürgerlichen

---

1) Vgl. Karl Kautsky: Die materialistische Geschichtsauffassung, Berlin 1927 (2 Bde.)

2) Vgl. S. 146 dieser Arbeit. Die dort geäusserten Ansichten Lenins wurden von Clara Zetkin nach Gesprächen aufgeschrieben.

Rezeption [1] zu befreien als auch die Ideologie der KPD aus der gegenüber den propagandistischen Innovationen der Faschisten immer weniger zugkräftigen formelhaften Starrheit zu reissen. [2]

Der Fall Reich zeigt zwar, dass innerhalb der dritten Internationale die Verbindung von Marxismus und Psychoanalyse keinen Platz hatte; auch Fuchs wurde dort nur als Gönner und vielleicht auch, weil er Lenin persönlich kannte, geduldet.

Aber ausserhalb dieses ideologisch immer straffer ausgerichteten Bereichs, in dem nach 1929 schliesslich auch Fuchs nicht mehr toleriert wurde, arbeiteten vor allem im deutschen Sprachraum, wo die beiden wichtigsten sozialwissenschaftlichen Theorien der letzten beiden Jahrhunderte ja nicht nur entstanden waren, sondern aus sprachlichen Gründen auch am schnellsten und am gründlichsten rezipiert wurden, nach dem ersten Weltkrieg doch schon etliche Forscher an der gegenseitigen Fruchtbarmachung der Psychoanalyse und des Marxismus. Diese Pioniere eines heute international geläufigen, oft schon recht abgedroschenen *"Freudo-Marxismus"* waren mehr oder weniger eng um das Frankfurter Institut für Sozialforschung gruppiert; zu nennen sind neben dem Institutsleiter Max Horkheimer vor allem Herbert Marcuse und Erich Fromm.

---

1) Der Modellfall einer bürgerlichen, schliesslich in die Nähe des Faschismus abgleitenden Rezeption der Psychoanalyse ist das Wirken C.G.Jungs. Aber auch die Aussstossung Reichs aus der psychoanalytischen Vereinigung ist symptomatisch für die Vorliebe der Mehrheit der Schüler Freuds für gutbürgerliche gesellschaftliche Positionen und Einstellungen.

2) Genau das war das Anliegen seiner beiden am unmittelbarsten politisch eingreifenden Werke: *"Der sexuelle Kampf der Jugend"* (Berlin 1932) und *"Die Massenpsychologie des Faschismus"* (Kopenhagen 1933/34).

Es ist nur logisch, dass die Würdigung von Fuchs
als Pionier der Verbindung zwischen Marxismus und Psychoanalyse aus diesem Kreis kam. Als Horkheimer die im
Rahmen des Instituts zu verfassende Arbeit über Fuchs
bei Benjamin bestellte, stellte er in einem Brief
an Benjamin die sozialpsychologischen Einsichten von
Fuchs wegen dessen Verwurzelung im Marxismus weit über
diejenigen von Freud selbst. Er schrieb:

*"Es wäre eine schöne Gelegenheit, darzutun, wie der psychologisch viel primitivere Apparat, dessen Fuchs sich
bedient, infolge des Umstands, dass er von Anfang an
die richtige historische Orientierung besass, ihn in
der Sozialpsychologie viel weitsichtiger machte als
Freud, in dessen Schriften die Verzweiflung in der
bestehenden Wirklichkeit als das Unbehagen eines Professors zum Ausdruck kommt."* 1)

Zu dieser Briefstelle ist einiges anzumerken. Sie geht
von derselben Hochachtung für das Werk von Fuchs aus,
die auch aus dem Gutachten von *"Prof.Dr.Max Horkheimer,
Professor für Philosophie an der Universität Frankfurt a.M."*
spricht, aus dem folgende Passage stammt:

"Diese Werke (gemeint sind die Sittengeschichte und die
Geschichte der erotischen Kunst) *sind, wie alle Werke von
Eduard Fuchs, streng wissenschaftliche Leistungen und zugleich von hohem, bleibendem wissenschaftlichen Wert ebensowohl für die Kulturgeschichtsforschung als für die Psychologie (...) Mein Spezialgebiet ist die Philosophie und
innerhalb dieser die Forschung des Problems der Ideologien.
(...) Also handelt es sich bei den Fuchsschen Werken um einen Stoff, der direkt in meine besondere wissenschaftliche
Interessenssphäre fällt. Ich bin daher befugt zu sagen,*

---

1) Zitiert nach: Walter Benjamin, Gesammelte Schriften, op.cit., Anmerkungsband II/3, p.1319 (Brief Horkheimers an Benjamin vom 28.1.1935)

dass die Basis dieser Werke modernste psychologische und soziologische Erkenntnisse bilden. Man begegnet darin einer ganzen Anzahl von Schlussfolgerungen und Gedanken, die noch niemals in solcher Tiefe und Klarheit ausgesprochen worden sind und deren Fruchtbarkeit in den einschlägigen Fächern sich täglich aufs neue erweist." [1]

Zu diesen beiden Lobreden Horkheimers ist zunächst einmal zu bemerken, dass sie eventuell auch aus Dankbarkeit wegen der wahrscheinlichen finanziellen Hilfestellung von Fuchs gegenüber dem Institut für Sozialforschung, [2] auf jeden Fall aber - mindestens was die letztere angeht - für ihre Verwendung vor Gericht ganz einseitig positiv abgefasst sind. Horkheimer übersah natürlich die Schwächen von Fuchs *"psychologisch viel primitivere(m) Apparat"* keinesfalls, ebensowenig wie dessen Verflachung des historischen Materialismus.

Es war denn auch weniger die marxistische Verwurzelung von Fuchs, die ihn für Horkheimer über Freud erhob. Diese Ueberschätzung von Fuchs ist eher begründet in einer gewissen Abwehr gegenüber der unabweisbaren gedanklichen Autorität des grossen Wieners, zu der ähnlich auch Magnus Hirschfeld eingesetzt wurde. Beide galten in links-intellektuellen Kreisen als eine Art Versicherung dafür, dass man auch in Berlin Kapazitäten der Sexualforschung vorweisen könne, deren gedankliche Kraft zudem weit weniger zu fürchten war als diejenige Freuds und die ferner auch politisch linker eingestellt seien als dieser. [3]

---

1) Das Gutachten wurde für den Gerichtsfall von 1928 (vgl. S. 170 f. dieser Arbeit) aufgestellt und ist auszugsweise abgedruckt in der bereits mehrfach zitierten *"Mitteilung des Verlages Albert Langen"*.
2) Vgl. S. 218 dieser Arbeit
3) In dieser Art lässt sich auch der Brief Maslowskis (vgl. S.159 dieser Arbeit) deuten. Zum linken Image Hirschfelds, in dessen Werk die marxistischen Formeln und Begriffe, die Fuchs fleissig gebraucht, praktisch vollständig fehlen, trug wohl der Umstand bei, dass Willi Münzenberg, lange Zeit ein Chefideologe der KPD, seine Wohnung im Haus dieses Sexualforschers hatte. (Mündliche Mitteilung von Theo Pinkus, Zürich, an den Verfasser).

Die bereits zitierte Benjamin-Biografie Werner Fulds
geht mit Horkheimers Hochachtung vor Fuchs scharf ins
Gericht und nennt sie eine *"groteske Fehleinschätzung"*.[1]
Er beanstandet *"den vollständigen Mangel an Tiefsinn,
der die Bücher von Fuchs auszeichnet"* [2] ebenso wie ihre
"Verbindung mit den simpelsten vulgärsoziologischen Interpretationen".[3] Um Horkheimers positives Urteil über
Fuchs vollends lächerlich zu machen, nennt Fuld *"den
sozialdemokratischen Sittengeschichtler"* [4] Fuchs einen
Vertreter des *"sich so emanzipativ gebärdenden sozialdemokratischen Provinzialismus, der (...) sich als Bahnbrecher der freien Künste tarnt"*. [5] Obwohl Fulds
Schimpftiraden weit über das Ziel hinausschiessen und
ein falsches Bild von Fuchs geben, hat er natürlich
recht, wenn er die von Horkheimer abgewehrte Bedeutung
Freuds gegenüber Fuchs in die richtige Proportion setzt.

Horkheimer irrt nicht nur in der Einschätzung Freuds,
wenn er meint, dessen geistiges Format durch den Vergleich mit Fuchs herabmindern zu können. Horkheimer ist
sich dabei auch nicht im klaren über die Entwicklung
der psychologischen Ansichten von Fuchs.

Fuchs selbst trug zu dieser Unklarheit offenbar durch
die Selbstdarstellung seines Verhältnisses zur Psychoanalyse im Gespräch mit Horkheimer einiges bei. Horkheimer bezieht sich auf ein solches Gespräch mit Fuchs,
um eine Passage in Benjamins Arbeit zu kritisieren.

---

1) Werner Fuld: Walter Benjamin, op.cit., p.246
2) a.a.O., p.264
3) ebda.
4) a.a.O., p.244
5) a.a.O., p.264

Horkheimer schreibt zu diesem Punkt:

"Fuchs hat mir gegenüber des öfteren verneint, dass er jemals zur Lehre Freuds geführt worden sei. Er meinte damals, er sei selbständig zu verwandten Anschauungen gekommen." [1)]

Es wurde bereits gesagt, dass Fuchs zuerst einen biologistischen Standpunkt einnahm, der den sexuellen Ursprung der Kunst zwar unbeeinflusst von Freud (der diese These ein Jahr vor Fuchs publizierte), aber dafür auch in unzulässiger Verknüpfung mit der physiologischen Zeugungskraft des Künstlers postulierte. Später übernahm Fuchs - wie in seinem übrigen Werk auch hier ungenau zitierend und Widersprüche nicht scheuend - einen grossen Teil von Freuds sexualtheoretischen Begriffen, doch ist diese Uebernahme zumeist vermittelt durch die Schriften einiger Schüler Freuds, deren Differenzen untereinander und gegenüber ihrem Lehrmeister er kaum beachtete.

Benjamin hat aufgrund seiner langen Beschäftigung mit den Schriften von Fuchs und vielleicht auch darum, weil er dem direkten Gespräch mit dem alten Mann in Paris tunlichst auswich,[2)] diese erst nach dem ersten Weltkrieg im Werk von Fuchs sich zeigende, aber stets unvollständige Uebernahme psychoanalytischer Inhalte genauer charakterisieren können. Er schreibt:

"Der Kultus des Schöpferischen, der das Gesamtwerk von Fuchs durchzieht, hat aus seinen psychoanalytischen Studien neue Nahrung gezogen. Sie haben seine ursprünglich biologisch bestimmte Konzeption bereichert, freilich nicht

---

1) Walter Benjamin: Gesammelte Schriften, op.cit., Anmerkungsband II/3, p.1335 (Brief Horkheimers an Benjamin vom 16.3.1937)
Aehnlich überliefert ja auch George Grosz die Selbstdistanzierung Fuchs' von der Psychoanalyse. Vgl. S. 182   dieser Arbeit.

2) Vgl. S. 220 ff.   dieser Arbeit.

*darum auch schon berichtigt. (...) Seine Vorstellung
der Erotik (...) haftete weiter eng an der drastischen,
biologisch determinierten der Sinnlichkeit."* [1]

Benjamin sieht also im Gegensatz zu Horkheimer richtig,
dass Fuchs Teile der Psychoanalyse übernommen hat, um
damit seine Deutung der künstlerischen Schöpferkraft
als eine Form der Sexualität bis zu einem gewissen Grad
zu verfeinern.

Seine Vorbehalte gegenüber der Lehre Freuds formulierte
aber Fuchs durchaus nicht nur gesprächsweise. Um weiterhin am theoretischen Rahmen des historischen Materialismus festzuhalten, konnte er Freud natürlich ebensowenig
wie die späteren Adepten einer Kombination von Marxismus
und Psychoanalyse in allen Punkten seiner Versuche folgen,
seine Erkenntnisse aus dem Umgang mit seinen Patienten
auf die gesamte Gesellschaft und auf die Menschheitsgeschichte schlechthin anzuwenden.

So kritisiert Fuchs Freuds distanzierte literarische Beschäftigung mit den revolutionären Massenbewegungen im
Gefolge des ersten Weltkriegs [2] zwar dezidiert, aber
für seine Begriffe erstaunlich tolerant. Er besteht nicht
mehr wie früher in seiner Polemik gegen die bürgerliche
Kunstwissenschaft auf einem konzessionslosen Entweder-Oder
zwischen dogmatisch-orthodoxem Marxismus und reaktionärem
"Kauderwelsch" oder *"Gallimathias"*,[3] sondern steckt das
weite Feld des Sowohl-Als auch zwischen Psychoanalyse
und historischem Materialismus sehr grosszügig ab und

---

1) Walter Benjamin: Eduard Fuchs ..., a.a.O., p.498
2) Sigmund Freud: Massenpsychologie und Ich-Analyse, Wien 1921
3) Vgl. S. 367 f. dieser Arbeit.

lässt da, seinen sonstigen Gepflogenheiten widersprechend, vieles noch unentschleiert. Fuchs schreibt:

"Die alle anderen Faktoren ausschliessende Zurückführung alles individuellen Tuns auf den einen Punkt, den Eros, und die damit verbundene Negierung der sozialen Faktoren als solcher von selbständiger und ebenfalls ursächlicher Wirkung, - das führt diese modernen Psychologen mit ihren Deutungen in dieselbe fatale Sackgasse, in der die herkömmliche Welterklärung schon lange mehr komisch als erhebend wirkend herumstolpert. Das Betreten dieser Sackgasse beweist nämlich Sigmund Freud bereits auf ziemlich peinliche Weise in einer seiner letzten Arbeiten, die er der Untersuchung über die Zusammenhänge zwischen den Massen und dem Führer widmet. Aus einem einzigen Gesetz lässt sich eben nicht das gesamte historische Geschehen ableiten (...) Die Liebe und der Hunger sind, von der Natur zusammengekoppelt, die allgewaltigen Diktatoren und Former der Weltgeschichte (...) Der eine Teil kann und darf den andern niemals ignorieren. (...) Die grosse Bedeutung der genialen Freudschen Entdeckungen und die der bedeutenden unter seinen Schülern besteht also nicht darin, dass durch die Feststellung der engen und mannigfaltigen Beziehungen zwischen Sexualität und Psyche die Rolle des historischen Materialismus als des (...) Gesetzes alles geschichtlichen Geschehens widerlegt (...) wäre. Ihre Bedeutung besteht vielmehr darin, dass die Freudschen Erkenntnisse es ermöglichen, richtiger (...) festzustellen, unter welchen Voraussetzungen der Einzelne sich in dieses Fundamentalgesetz, aus dem in seiner Massenwirkung das entsteht, was man Weltgeschichte nennt, einfügt und unter ihm individuell auszuwirken vermag. Sie beruht in der Möglichkeit, zu einer solchen Synthese

> zu gelangen, und damit einen Schlüssel zu besitzen,
> der uns vielleicht eines Tages das letzte Geheimnis
> über die fundamentalste aller Fragen erschliesst -
> bis jetzt stehen wir freilich erst in den Vorhöfen -
> wie sich die Einzelindividualität und die Individu-
> alhandlung in die Logik und den historischen Zwang
> des Gesamtgeschehens eingliedern, unter welchen Vo-
> raussetzungen die Persönlichkeit zum Träger der
> Geschichte werden kann, und wieweit das Einzelindi-
> viduum fähig ist, zwar nicht den Rhythmus und den
> Verlauf, aber doch die Melodie des Gesamtgeschehens
> zu pointieren oder zu variieren." [1]

Mit der Rezeption der Psychoanalyse ist also Fuchs, der vor dem ersten Weltkrieg noch zwei monokausale Betrachtungsweisen apodiktisch und unverbunden im selben Buch, aber auf zwei verschiedene Aufsätze verteilt, vertreten hatte, zu einer geradezu musikalisch beschwingten Verbindung seiner Zweifaktorentheorie von Hunger und Liebe gekommen.

Was sind nun die spezielleren Gedanken, die er sich bei seinem doch recht tiefen Einblick in den von ihm überblickten Ausschnitt der psychoanalytischen Theorie aneignen konnte? Und welche Elemente von Freuds Theorie fielen in der Fuchsschen Fassung dieser neuen Theorie aus? Denn es kann hier ebensowenig wie bei der Uebernahme des Marxismus durch Fuchs übersehen werden, dass seine Rezeption der Psychoanalyse wiederum eine Verkürzung und Simplifizierung war; es ist weniger die Art als die Tatsache dieser Uebernahme, die ihn ehrt.

---

[1] Eduard Fuchs: Geschichte der erotischen Kunst, Bd.II, op.cit., p.35 f.

Neben Freud selbst nennt Fuchs als für ihn wichtige
Psychoanalytiker noch Abraham und Rank; auch Simmel
subsumiert er trotz dessen eigenständiger Stellung
in der Geistesgeschichte unter die *"begabtesten Schüler"* Freuds.[1] Er nennt aber als für seine Auffassung
der Psychoanalyse bedeutsam auch die *"Abtrünnigen dieses Kreises"*,[2] wo er *"in erster Linie auf den ausserordentlich scharfsinnigen Wiener Psychologen Wilhelm Stekel"* verweist.[3] Ferner zitiert Fuchs aus dem Umfeld
Freuds öfter auch Wilhelm Fliess.

Abraham und Rank waren - es wurde bereits darauf hingewiesen [4] - unter den ersten Schülern Freuds gewesen,
die ihrem Meister auf das Gebiet der Kunstanalyse gefolgt waren; wohl deshalb nennt sie Fuchs ausdrücklich.

Wilhelm Stekel hat zwar auch zwei der frühesten psychoanalytischen Werke zur Kunst verfasst,[5] die Fuchs wahrscheinlich den ersten Anstoss zur Beschäftigung mit ihm
gaben. Aber Stekel beeinflusste ihn tiefer als alle anderen Psychoanalytiker, Freud eingeschlossen. Fuchs
zitiert Stekel unter Namensnennung häufiger als Freud
selbst, und immer in zustimmendem Sinn. Noch häufiger
zitiert er ihn, ohne ihn zu nennen. Wilhelm Stekel
spielte bei Fuchs' Uebernahme der Psychoanalyse dieselbe Rolle wie Kautsky bei seiner simplifizierenden
Rezeption des historischen Materialismus.[6]

---

1) Eduard Fuchs: Geschichte der erotischen Kunst, op.cit., Bd.II, p.34

2) ebda.   3) ebda. 4) Vgl.S.417 dieser Arbeit, Anm.2

5) Neben dem bereits zitierten Buch *"Dichtung und Neurose"* ferner noch
"Die Träume der Dichter", Wiesbaden 1914

6) Eins der treffendsten Urteile über diesen Vulgarisator Freuds
stammt übrigens von Franz Kafka: *"Dr.Wilhelm Stekel oder so ähnlich
(Du kennst doch diesen Wiener, der aus Freud kleine Münze macht)"*
(Zitiert nach: Franz Kafka: Briefe. Briefe 1902-1924, hg.v.Max Brod,
Frankfurt 1966, p.169).

Sowenig Fuchs sich den historischen Materialismus
durch die Lektüre der zu seiner Zeit zugänglichen
Originaltexte von Marx und Engels aneignete, ebensowenig
bemühte er sich, die Lehre Freuds durch
die eigene Lektüre von dessen bis 1923, dem Erscheinungsjahr
des zweiten Bandes der *"Geschichte der
erotischen Kunst"*, vorliegenden Hauptwerken, allen
voran der *"Traumdeutung"*, aus erster Hand kennenzulerne.
Zwar gab Fuchs seine Leseblössen nach 1904
nie mehr in Literaturlisten kund; man kann sich aber
mit einiger Sicherheit dafür verbürgen, dass Fuchs
ausser Freuds kurzer Abhandlung über den Dichter und
das Phantasieren und eventuell noch *"Massenpsychologie
und Ich-Analyse"* kein Werk des Begründers der
Psychoanalyse gelesen hat.[1]

Um die Lektüre der Werke von Freud zu umgehen, griff
Fuchs vielmehr in genau dem Sinn zu Stekels auf 10
Bände angelegtem Hauptwerk,[2] wie es der dafür werbende
Verlagstext empfahl:

*"Die analytische Literatur ist so angewachsen, dass es
dem Anfänger nicht möglich ist, sich durch eigenes Studium
die notwendigen Kenntnisse anzueignen. Stekels
Bücher sind die beste Einführung in die Analyse. Sie
erleichtern das Verständnis der Werke Freuds, ohne
Auszüge aus Freud zu sein."* [3]

---

1) Aus der bereits zitierten Abhandlung *"Der Dichter und das Phantasieren"* zitiert Fuchs im zweiten Band seiner *"Geschichte der erotischen Kunst"* (op.cit., p.122) den folgenden Satz Freuds: *"Der Glückliche phantasiert nie, sondern nur der Unbefriedigte."* Die etwas allzu summarische Kritik von Fuchs an dem Werk Freuds zur Massenpsychologie (vgl. oben S.426) macht es fraglich, ob er es wirklich durchgearbeitet hat.

2) Wilhelm Stekel: Störungen des Trieb- und Affektlebens, Berlin/Wien 1920 ff., 10 Bde.

3) Verlagsannonce im Bd.II des eben zitierten Werks von Stekel *("Onanie und Homosexualität")*, Berlin 1921, p.523

Fuchs übernimmt im zweiten und dritten Band seiner
"Geschichte der erotischen Kunst" den formalen Aufbau
der nach klinischen Befunden sexueller Abartigkeiten
geordneten Systematik von Stekels Werk.[1] Ein Grund
für die Hochachtung, die Fuchs Stekel entgegenbringt,
liegt vielleicht darin, dass auch Stekel Wert darauf
legt, unabhängig von Freud die Wichtigkeit der Sexualität auf Gebieten, welche die damals übliche Anschaaung
für von ihr unbeeinflusst hielt, aufgezeigt zu haben.[2]

Inhaltlich übernimmt Fuchs von Stekel vor allem die starke Hervorhebung des Autoerotismus im menschlichen Triebleben. Stekel kämpfte energisch gegen die damals noch weitverbreitete Ueberzeugung, die Masturbation sei gesundheitsschädigend, indem sie das Rückenmark zerstöre.[3] Gegen diesen lustfeindlichen Aberglauben schreibt Fuchs in

---

1) Der zweite und der dritte Band von Fuchs' *"Geschichte der erotischen Kunst"* behandeln nach dem ersten Teil des ersten Bandes, der dem Problem des Schöpferischen gewidmet ist, nacheinander das ganze Spektrum der sexuellen Perversionen, von der Homosexualität über die Sodomie, den Exhibitionismus, Fetischismus, Sadismus, Masochismus, Flagellantismus bis hin zur Anal-Erotik, und zwar zunächst nur diese klinischen Befunde referierend, immer in abwertendem Kontrast zur normalen Sexualität. Erst in zweiter Linie geht Fuchs dann auf den Einfluss dieser Perversionen des Sexualtriebes auf Motive und Nuancen der beigedruckten Bildzeugnisse erotischer Kunst ein.

2) Stekel schreibt hiezu: *"Unabhängig von Freud begannen viele Forscher mit der Veröffentlichung sexueller Tatsachen. Die Zeit war wieder für das Sehen reif geworden. Ich habe wohl als erster - unbekannt mit den Lehren Freuds - schon im Jahre 1895 auf die Tatsache koitierender Kinder aufmerksam gemacht"*. (W.Stekel, Onanie und Homosexualität, op.cit., p.4)

3) Zur - nach einzelnen Vorläufern, etwa Gerson - erst an der Wende vom 17. zum 18.Jahrhundert einsetzenden Literaturflut gegen die Onanie vgl. Jos van Ussel: Sexualunterdrückung, Geschichte der Sexualfeindlichkeit, Reinbek 1970, p.132 ff. Ussels Werk ist immer noch die beste historische Darstellung des schlechten Umgangs der nachantiken Europäer mit ihrer Sexualität. Speziell zur antisexuellen Pädagogik vgl. ferner das unübertroffene antipädagogische Quellenwerk von Katharina Rutschky: Schwarze Pädagogik, Quellen zur Naturgeschichte der bürgerlichen Erziehung, Frankfurt 1977; zum moralisch-hygienische Feldzug finsterster Pädagogenseelen des 18. und 19. Jahrhunderts wider das Laster der Selbstbefriedigung vgl. v.a. Kap.VII

seinem dieser doch mässig triumphalen Form der sexuellen Betätigung gänzlich unangemessenen kosmisch-pathetischen Ton folgendes, um sich selbst und seinen Lesern zu versichern, dass die Onanie kein Laster sei:

"Weil der sehr oft bis ins hohe Alter vorhandene und aktive Trieb nach Wiederholung der Lust den Rhythmus des Lebens darstellt, also etwas Eingeborenes ist, darum ist die Onanie das schlechthin unausrottbare 'Laster', seitdem es zweigeschlechtliche Wesen gibt, und dieses Laster wird auch unausrottbar bleiben bis zu der Stunde, in der das letzte zweigeschlechtliche Wesen im erkalteten Weltraume erstirbt. Dieses menschheitsgeschichtliche Schicksal ist deshalb nicht aus der Welt zu schaffen, weil die Lustbefriedigungsmöglichkeiten, die die Wirklichkeit dem Einzelnen bietet, niemals mit der Intensität des Trieblebens (...) Schritt zu halten vermögen. Die Onanie ist die ganz von selbst sich aufdrängende der momentanen Situation und Stimmung entsprechende Form der Geschlechtsbefriedigung; denn nur die Phantasie kann alles das - und obendrein sofort - liefern, was die Sehnsucht begehrt." [1]

Und er schliesst dieses pathetisch-resignierte Lob der Selbstbefriedigung mit folgender Selbstberuhigung:

"Es ist eine der erfreulichsten Feststellungen der letzten Jahre auf dem Gebiete der Sexualwissenschaft, dass alle die sogenannten betrüblichen Folgen der Selbstbefriedigung durchwegs auf Selbstbetrug beruhen." [2]

---

1) Eduard Fuchs: Geschichte der erotischen Kunst, op.cit, Bd.II, p.40
2) ebda. Aehnliche Aeusserungen lässt Fuchs noch mehrmals folgen.

Fuchs geht aber in seiner hohen Bewertung der Onanie
noch weit über Stekel hinaus, und zwar wegen seiner
unklaren Begrifflichkeit, die über die handgreifliche
Masturbation hinaus praktisch alle Formen sublimierter
Sexualität unter dem Sammelbegriff des *"Auto-Erotismus"*
zusammenfasst, den er dann doch wieder mit dem deutschen
Wort Selbstbefriedigung gleichsetzt. In dieser unklar definierten Form der Sexualität sieht er nun den Ursprung
der Kunst, ja der Kultur überhaupt, und nicht mehr
wie in seiner ursprünglichen, biologistischen Theorie
in der überschäumenden physischen Potenz; diese nicht
sehr klar formulierte Neufassung seiner Theorie erlaubt
es ihm nun, auch Phantasieprodukte physisch Impotenter
zur Kunst zu rechnen, behält aber durch ihre enge Verknüpfung mit der handfesten Onanie – er lässt sie unmittelbar auf die Darlegung der Unschädlichkeit derselben
folgen – in allen anderen Fällen ihre drastische Direktheit.
Fuchs fasst seine neue Theorie vorwegnehmend folgendermassen zusammen:

"Das Geheimnis, das ich schon an dieser Stelle entschleiern muss, um etwaigen Missverständnissen von vornherein vorzubeugen, ist kein geringeres als dieses, dass wir in der Selbstbefriedigung, das heisst in der nicht auf dem normalen physischen Weg zustandegekommenen Abreagierung der sexuellen Spannungen, die Urfunktion, die Urzelle alles kulturellen Geschehens vor uns haben. Alles Schöpferische, und zwar nicht nur in der Kunst, sondern in jeder Form der Lebensgestaltung, in Organisation und so weiter, ist niemals etwas anderes als formgewordene Sexualität, Sexualität, die kurz gesagt, auf hundert verschiedene Arten und Weisen, und nur nicht auf dem Wege des Koitus abreagiert wurde." [1)]

Mit dieser Neufassung seiner Ableitung der Kunst aus der
biologischen Urfunktion der Sexualität, die ungefähr der

---

1) Eduard Fuchs: Geschichte der erotischen Kunst, Bd.II, op.cit., p.40 f.

der bald in den Volksmund übergegangenen landläufigen
Auffassung der Sexualpsychologie entspricht und ohne
weitere Differenzierungen oder genauere Auseinandersetzungen mit dem Begriff der Sublimierung das populär-
psychologische Universalwort *"abreagieren"* breit einsetzt, hat Fuchs nun auch die ihm vorher rätselhafte
Kunstproduktion sexuell gestörter Künstler entschleiert.

Fuchs möchte sich zwar bei dieser Ableitung der Kunst
aus der Onanie gerne auf Stekel berufen, wenn er bei
einer der zahlreichen Wiederholungen seiner Theorie
zustimmend, aber ohne genaue Zitierung darauf verweist,
dass die *"Kunstbetätigung von einem Forscher in das Gebiet der verlarvten Onanie eingereiht wurde."*[1] Diese
Aeusserung zielt natürlich auf Stekels zwei Kapitel
über die Formen larvierter Onanie.[2] Darunter befasst
aber Stekel wohl das Sammeln von pornographischen Darstellungen und die Propaganda für sexuelle Aufklärung,[3]
nicht aber die Kunstbetätigung, die er vielmehr ähnlich
wie Lombroso als Folge einer rückschlägigen Triebstruktur
auffasst,[4] in welche Auffassung ihm Fuchs wie gesagt
denn doch nicht folgen will.[5]

---

1) Eduard Fuchs: Geschichte der erotischen Kunst, Bd.II, op.cit., p.126
2) Wilhelm Stekel, Onanie und Homosexualität, op.cit.: Teil 1, Kap.
   III: *"Larvierte Onanie"* (pp.54-74); Kap.IV: *"Andere Formen larvierter Onanie"* (pp. 75 ff.)
3) ebda., p.70
4) *"Immer wenn die Natur etwas Grosses, Gewaltiges, Erhabenes schaffen
   will, greift sie weit zurück in das Reservoir ihrer Vergangenheit.
   Rückschlagserscheinungen zeichnen sich durch ein starkes Triebleben aus. Das haben der Neurotiker, das Genie und der Verbrecher
   gemeinsam. Dem Menschen mit übertarken Trieben (dem Uebermenschen,
   der eigentlich ein Untermensch ist) eröffnen sich drei Wege: Er sublimiert seinen Zerstörungstrieb, seine kriminellen Anlagen, seine
   asoziale Einstellung (...) und wird ein Schaffender (Dichter, Maler,
   Bildhauer, Musiker, Prophet, Erfinder usw.); oder er lebt seine Triebe ungehemmt aus, dann wird er ein Verbrecher; oder ein Teil der
   Sublimierung misslingt, er wird ein Neurotiker. So berührt sich meine Theorie (...) mit der von Lombroso."* (Wilhelm Stekel, Onanie und
   Homosexualität, op.cit., p.163 f.)
5) Vgl. S. 416   dieser Arbeit.

Es ist dieser von Stekel zwar nicht direkt übernommene, aber doch durch dessen Betonung der Rolle der Onanie im sexuellen Leben seiner Zeitgenossen bestärkte Erklärungsversuch der Kunst als eine Form der Selbstbefriedigung, welche auch der zweiten, von seinen *"psychoanalytischen Studien (...) bereichert*(en)*, freilich nicht darum auch schon berichtigt*(en)*"* [1] Variante von Fuchs' Theorie der Kreativität einen allzu engen, allzu direkt mit der körperlichen sexuellen Betätigung verknüpften Rahmen gibt.

Man darf aber nicht den Fehler begehen, die Gedankenwelt von Fuchs zu weitgehend als Produkt von durch Lektüre erfahrenen geistigen Einflüssen zu definieren. Der Urgrund seiner Ideen ist sein Leben und seine Sammelarbeit. Er formuliert selbst sehr glücklich, was ihm vor und neben seinem Studium von psychoanalytischen Werken zweiter Garnitur hauptsächlich zu der nach Perversionen kapitelweise geordneten Darstellung der erotischen Kunst brachte, wie er sie in den beiden nach demselben Konzept gestalteten letzten beiden Bänden seiner *"Geschichte der erotischen Kunst"* präsentiert. Die Anführung dieser längeren Passage ist auch deshalb wichtig, weil sie nochmals das intuitive Sammelgenie von Fuchs ohne falsche Bescheidenheit beschreibt.

"Die Idee zu dem vorliegenden zweiten Band (...) ist aus dem Materialsammeln geboren und aus den immer deutlicher dabei sich abzeichnenden Beobachtungen herausgewachsen. Das Bildmaterialsuchen zu meinen Büchern zwang mich stets, nicht nur ganze Sammlungen, öffentliche und private Kupferstichkabinette, sondern auch umfangreiche Kupferstich-

---

[1] Walter Benjamin, Eduard Fuchs ..., a.a.O. p.498.

handlungen in einem Zuge von oben bis unten durchzustöbern. Denn ich suche nur sehr selten ganz bestimmte Blätter. Zumeist stöbere ich, um zu finden, und ich finde dann auch in den meisten Fällen. Mit andern Worten: Von der Existenz der besten und meisten meiner Funde erfuhr ich erst in dem Augenblick, in dem sie aus einer Mappe auftauchten und ich sie zum ersten Mal in meinen Händen hielt. Um mit einer solchen Arbeit, also zum Beispiel mit dem restlosen Durchstöbern der sämtlichen Mappen einer grossen Kupferstichhandlung - in London gibt es solche, die schon seit Urgrossväterzeiten existieren und (...) Zehntausende von Blättern in ihren Kellern und Speichern aufgestapelt haben -, in absehbarer Zeit, d.h. in wenigen Tagen, fertig zu werden, muss man die Fähigkeit besitzen, die dickste Mappe in wenigen Minuten so gründlich durchzusehen, dass man mit mathematischer Sicherheit das unter Umständen einzige darin befindliche brauchbare Blatt herausfindet. Zu dieser Fähigkeit gelangt man naturgemäss nur durch langjährige Uebung, und sie offenbart sich darin, dass sich dem Auge ganz bestimmte Merkmale einprägen, die selbst beim flüchtigsten Blick die Technik, die Entstehungszeit, den Meister und den Stoff erkennen lassen. Gegenüber dem einzelnen Künstler musste das mehrfache Vorüberziehen vieler seiner Bilder, und nicht selten sogar seines ganzen Werkes, vor meinen Blicken schliesslich dazu führen, dass mir ganz bestimmte und ihm eigentümliche Umstände in der Motivwahl, in der Personengruppierung, der Bevorzugung bestimmter Stellungen usw. deutlich auffielen. Ich musste feststellen, dass es bei zahlreichen Künstlern Nuancen gibt, die sie, gleichsam wie eine Zwangshandlung, in jedem ihrer Werke anbringen, und wenn sie zu diesem Zweck sogar stofflich überflüssige Nebenfiguren hinzufügen mussten. (...)
Ich musste feststellen, dass eigentlich jeder einzelne

Künstler solche Lieblingsnuancen hat und pflegt, und weiter, was schliesslich das entscheidendste ist, dass diese Nuancen am deutlichsten in Erscheinung treten, wenn es sich um Stoffe aus der Geschlechtssphäre handelt. Auf diesem Wege kam ich im Lauf der Zeit ganz von selbst zu einer Reihe kunstpsychologischer Ueberlegungen und Feststellungen. (...) Es handelt sich also (...) ausschliesslich um die Fixierung von Beobachtungen, die sich mir seit einem gewissen Zeitpunkte meiner Materialforschung immer deutlicher aufdrängten." [1)]

Erst später bemerkte Fuchs, dass das den psychoanalytischen Forschern ungefähr gleichzeitig anhand der Literaturanalyse aufgegangen war:

"ich habe nachträglich, als ich mich an die Ausarbeitung meiner selbständig gewonnenen Anschauungen machte, gesehen, dass die in den objektiven Künsten, der Malerei und Plastik, wirkenden Grundgesetze in der schönen Literatur nicht nur ihr gleichartiges Gegenstück haben - was ich übrigens von vornherein annahm -, sondern dass sie hier auch schon mannigfach zum Gegenstand psychologischer Untersuchungen gemacht worden sind." [2)]

Fuchs' aus eigener Sammleranschauung gewonnene, von psychoanalytischer Lektüre bestärkte Auffassung der Kunst als Ersatzbefriedigung in der Sphäre der Phantasie ist zwar durchaus geeignet zur Interpretation jener Kunstsparte, an die sich Fuchs bei der Exponierung seiner Theorie des künstlerischen Schöpfertums vornehmlich hielt, nämlich der bildlichen und literarischen Zeugnisse der erotischen

---

1) Eduard Fuchs: Geschichte der erotischen Kunst, Bd.II, op.cit., p.24
2) ebda.

Kunst; sie muss aber dort weiterentwickelt werden, wo
der Künstler seine Schöpferkraft auf Gebiete und Motive
anwendet, in denen seine persönlichen Nuancen nicht
mehr so direkt mit der sexuellen Sphäre verknüpft erscheinen.

Bei der Behandlung seines künstlerischen Abgotts Daumier stand Fuchs vor genau diesem Problem. Daumier entzog sich seiner handfest sexuellen Kunstdeutung
praktisch vollständig; daran ändert auch die langersehnte schliessliche Entdeckung eines einzigen
erotischen Blattes von Daumier, die Fuchs endlich
glückte, nicht viel. Die Passage, in der Fuchs diesen
Triumph verkündet, gibt die Schwierigkeiten seiner
Kunsttheorie angesichts des Phänomens Daumier deutlich
wieder. Fuchs beschreibt im Nachtrag zur zweiten Auflage
seines die lebenslange Beschäftigung mit dem grossen
französischen Realisten krönenden Werkes über den Maler
Daumier [1] seine Gefühle und Gedanken angesichts des
einzigen ein erotisches Motiv behandelnden Blattes des
Meisters, das er erst sehr spät auffinden und - vielleicht
auch wegen der doch nicht gänzlich erwiesenen Echtheit
des späten Fundes - nicht abbilden konnte:

*"Das Werk, das dieses Thema belegt, ist ein in seiner
Schönheit wie in seiner Kühnheit gleich stark imponierendes Aquarell 'Liebesspiele'. Leider kann ich dieses Aquarell wegen seiner Kühnheit in diesem Rahmen nicht abbilden
und muss mich mit einigen allgemeinen beschreibenden Sätzen begnügen. Vorausschicken muss ich, dass bis jetzt
nicht nur kein einziges derartiges Dokument aus der Hand*

---

[1] Eduard Fuchs: Der Maler Daumier. Zweite, durch einen umfangreichen Nachtrag vermehrte Auflage, München 1930.

Daumiers bekannt war, sondern dass sogar in der Literatur mehrfach der Standpunkt vertreten worden ist - und zwar mit dem Applomb höchster befriedigter Moral - , Daumier gehöre zu den wenigen Künstlern, die so etwas nie gemacht hätten. Ich kann nicht verhehlen, dass auch ich, weil mir eben niemals derartiges von Daumier zu Gesicht gekommen war, allmählich geneigt wurde, an dieses scheinbar erhabene Wunder zu glauben, obgleich sich dieses Defizit mit meiner wissenschaftlichen Ansicht über diesen Punkt nicht zusammenreimte. Aber gerade deshalb stiegen doch immer wieder heimliche Zweifel über diesen Punkt in mir auf. Ebensowenig kann ich deshalb verhehlen, dass ich tatsächlich von Herzen froh war, als ich eines Tages dieses 'erhabene Wunder' durch einen ebenso drastischen wie charakteristischen Gegenbeweis widerlegt sah. Das fragliche Aquarell, das in seiner Monumentalität und in der Energie jedes Striches Daumier als Schöpfer verrät, zeigt eine naturalistische Kussszene".[1]

Es geht hier nicht um die Berechtigung der Zuschreibung dieses kleinen Aquarells [2] zum Werk Daumiers, sondern um das Angewiesensein der Theorie Fuchs' auf diese materielle Stütze seiner zu eng gefassten These vom Zusammenhang zwischen Sexualität und künstlerischer Schöpferkraft. Fuchs fährt fort:

"In dem grandios animalischen Gebaren des Vorganges enthüllt sich die kraftvolle Wurzel von Daumiers ebenso grosser künstlerisch-schöpferischer Potenz. Aus diesem Grunde war ich, wie ich oben sagte, von Herzen froh, als mir das

---

1) Eduard Fuchs: Vorwort zum Nachtrag zur zweiten Auflage von *"Der Maler Daumier"*, op.cit., p.4

2) *"Zur Ergänzung füge ich hier noch hinzu, dass das fragliche Aquarell 17,5 cm hoch und 26,5 cm breit ist und sich heute in der Sammlung des Herrn de Longa in Paris befindet".* (ebda.)
In der *"Geschichte der Erotik"* von Joseph Maria Lo Duca, Wiesbaden 1977, p.358, oben links findet sich eine Wiedergabe dieser mässig gewagten aquarellierten Kussszene Daumiers unter dem Titel *"In der Loge"*.

Glück dieses Aquarell unter die Augen führte. Ich war weiter über diesen Fund besonders beglückt, weil ich der Ueberzeugung bin, dass eine kraftvolle Erotik, die jeder starken künstlerischen Potenz zugrunde liegt, unter allen Umständen sich so oder so auch 'menschlich', d.h. naturalistisch und nicht bloss in auch stofflich höhere Kunstformen sublimiert, manifestieren muss (...). Ich bin weiter seit langem überzeugt, dass irgend etwas bei einem Künstler nicht stimmt, wenn dieses Thema nicht auch, sagen wir 'naturalistisch greifbar', in seinem Werk anklingt. Und bei einem Künstler wie Daumier, wo alles von innerer Leidenschaft, Energie und Potenz förmlich strotzt, da musste nach meinem Gefühl unbedingt alles stimmen. Ihm durfte auch das Allermenschlichste unter keinen Umständen fremd sein. Mein Gefühl und meine wissenschaftliche Ueberzeugung haben mich auch in diesem Falle nicht getäuscht." [1]

Dieser Rückfall in eine *"naturalistisch greifbare"* Argumentation mit Hilfe eines *"drastischen Beweises"* von zweifelhafter Durchschlagskraft ist zwar charakteristisch für die auch in ihrer zweiten Variante noch genug grobschlägtige Kunsttheorie von Fuchs. Sie kontrastiert aber mit jenen von Benjamin mit viel Mühe aus der Textmasse von Fuchs' Werk herausgezogenen *"tiefsten Blicke(n) in den Symbolbereich"*, [2] die Fuchs ab und zu bei Daumier gerade wegen des lange fehlenden materiellen Substrats zu seiner sonstigen direkten Argumentationsweise glückten.

Benjamin nennt in diesem Zusammenhang die Erörterung des Baum-Motivs bei Daumier durch Fuchs. Benjamin war über diese unverhoffte Aeusserung bei Fuchs fast so von Herzen froh wie Fuchs über den Fund des erwähnten kleinen erotischen Aquarells. Er schreibt:

---

1) Ebda., p.4
2) Walter Benjamin: Eduard Fuchs ... , a.a.O., p.499

*"Was er (Fuchs) über die Bäume bei Daumier sagt, ist
einer der glücklichsten Funde des ganzen Werks. Er erkennt in ihnen 'eine ganz eigenartige symbolische
Form (...), in der das soziale Verantwortlichkeits-
gefühl Daumiers zum Ausdruck kommt und seine Ueberzeugung, dass es Pflicht der Gesellschaft sei, den
Einzelnen zu schützen (...) Die für ihn typische Gestaltung der Bäume (...) stellt sie stets mit weitaus-
greifenden Aesten dar, und zwar vor allem dann, wenn
jemand darunter steht oder sich lagert. Die Aeste recken
sich besonders bei solchen Bäumen wie die Arme eines
Riesen, sie scheinen förmlich ins Unendliche greifen
zu wollen, sie formen sich zum undurchdringlichen Dach,
das jede Gefahr von allen denen fernhält, die sich in
ihren Schutz begeben haben.'"* [1]

Eine andere Symbolik, die Benjamin ebenfalls würdigt [2]
und die wir bereits aus der Schilderung eines Besuchs
von George Grosz bei Fuchs kennen, [3] nämlich die Funktion der Nase als erotisches Symbol und zentraler Ansatz-
punkt bei der Interpretation der figürlichen Darstellungen
nicht nur Daumiers, ist allerdings keine eigenständige
Entdeckung von Fuchs, wie Grosz und Benjamin meinen.

---

1) Walter Benjamin: Eduard Fuchs ..., a.a.O., p.499 f. Die von Benjamin zitierte Fuchs-Stelle findet sich in E. Fuchs, Der Maler Daumier, 1.Aufl. München 1927, p.30

2) *"Ein Blatt, so flüchtig, dass es unvollendet zu nennen ein Euphe-
mismus wäre, reicht Fuchs hin, einen tiefen Einblick in Daumiers
produktive Manie zu geben. Es stellt nur die obere Hälfte von einem Kopfe dar, an dem allein sprechend Nase und Auge sind. Dass die
Skizze sich auf diese Partie beschränkt, einzig den Schauenden zum
Objekt hat, das wird für Fuchs zum Fingerzeig, dass hier das zen-
rale Interesse des Malers im Spiele ist. Denn bei der Ausführung
seiner Bilder setze jeder Maler an eben der Stelle an, an der er
triebhaft am meisten beteiligt sei. (...) 'Die Daumierschen Menschen
schauen (...) förmlich mit der Nasenspitze'."* (Benjamin: Eduard
Fuchs, a.a.O., p.501. Das Zitat über die Nasenspitze stammt aus
E.Fuchs: Der Maler Daumier, 1.Aufl., op.cit., p.18

3) Vgl. S. 181 f. dieser Arbeit.

Fuchs ist zu seinen zahlreichen, auch im Gespräch offenbar gern gemachten Aeusserungen, dass die prononcierte Betonung der Nase, die bei Daumier tatsächlich in die Augen springt, eine sexuelle Wurzel habe, wiederum durch seine beiden psychologischen Lieblingsautoren Fliess und Stekel gelangt.[1] Benjamin und Grosz blieben diese Aeusserungen wahrscheinlich deshalb so eng mit der Person von Fuchs verknüpft, weil dieser selbst wegen seiner extremen Kurzsichtigkeit ebenfalls *"förmlich mit der Nasenspitze"* schauen musste.[2]

Nicht einmal bei Daumier, dessen mehr revolutionäre als erotische Thematik Fuchs sonst gerne betont, um deutlich

[1] *"Auf eine ebenfalls sehr verschleierte Form der künstlerischen Sublimierung des individuellen Eros macht der schon mehrfach von mir genannte Wilhelm Stekel aufmerksam. Er behauptet, dass bedeutende Maler fast immer dieselbe Nase gemalt haben, und er verweist als klassische Beispiele für seine Behauptung auf Rubens und Rembrandt. Die Beobachtung dieses Psychologen ist zutreffend, und ich füge als vielleicht klassischsten Beweis in dieser Richtung den Namen von Daumier hinzu. Daumier hat in überaus auffälliger Weise immer dieselben Nasen gemalt, und seine Nasen sind ausserordentlich charakteristisch. Wo es die karikierte Person oder die zu karikierende Situation irgendwie zuliess, sind sie stets energisch vorstossend. (...) Und dieses ist nichts weniger als ein bizarrer Zufall oder eine blosse individuelle Willkür der Rembrandt, Rubens und Daumier, die sich ebensogut an irgendeinen anderen Körperteil hätte heften können. Die seelische Pointierung der Nase des Dargestellten, kraft deren ihm der Beschauer sein Wesen noch viel leichter von der Nase als von den Augen ablesen kann, ist vielmehr die geniale künstlerische Wiederspiegelung eines wichtigen, erst neuerdings erkannten biologischen Gesetzes. Durch die neueren Forschungen von Wilhelm Fliess (...) wissen wir, dass die engsten Beziehungen zwischen der Nase und dem individuellen Eros, speziell den individuellen Geschlechtsfunktionen bestehen. Also haben wir in der von einem bestimmten Künstler bevorzugten Nasenform und Nasengestaltung einen wichtigen Schlüssel zur Aufhellung der einzelnen künstlerischen Schöpferkraft. Die typisch energische Nasenform auf Daumiers Bildern enthüllt uns (...) die eigene, physisch begründete, ganz besondere und immer aktiv eingestellte Schöpferlust dieses grossen Meisters..."* (Eduard Fuchs: Geschichte der erotischen Kunst, Bd.II, op.cit., p.152)

[2] Vgl. S. 190 dieser Arbeit.

zu machen, dass er seinem moralisch ehrenhaften Ausgangspunkt, der Kunst und Karikatur der Revolution, stets treu blieb und diese weit über sein späteres, ab und zu auch ihm selbst anrüchig erscheinendes Fachgebiet der erotischen Kunst stellt,[1] ist also Fuchs, trotz einzelner Anläufe dazu, nie über seine drastisch-reduktionistische Theorie der künstlerischen Schöpferkraft hinausgelangt.

Wenn er aber auch mit Genuss zuguterletzt selbst noch sein künstlerisches Idol Daumier dieser Gesetzmässigkeit ausliefert, so hat er doch auf einem anderen Gebiet die Drastik seiner Argumentation in der zweiten Phase seiner Schriften zur Kunsttheorie etwas abgeschwächt. In der ersten, rein biologistischen Grundlegung seiner Kunsttheorie, welche die Kunst mit der Sinnlichkeit identifizierte, hatte er diese Gleichsetzung auch noch sehr ausgiebig nicht nur an der Kunstproduktion, sondern auch am Kunstgenuss dargetan.

In der von der teilweisen Rezeption der Psychoanalyse partiell verfeinerten zweiten Variante seiner Kunsttheorie ist als neuer Pferdefuss und Rückfall in die drastisch-handgreifliche Argumentation die Ableitung der Kunstproduktion aus der Onanie deutlich auszumachen. Es ist nun interessant, dass Fuchs beim Kunstgenuss eine analoge Ableitung unterliess.

Fuchs beschäftigt sich zwar auch in seinen kunsttheoretischen Schriften, die nach dem ersten Weltkrieg erschie-

---

1) Anlässlich eines Vergleichs von Revolutionsbildern Delacroix' und Daumiers gibt sich Fuchs ganz puritanisch:*"Bei Delacroix ist es ein halbnacktes, schönes junges Geschöpf mit entblössten, vor Erregung zitternden Brüsten, halb Strassendirne, halb Freiheitsgöttin - das ist Literatursymbolik der Revolution! - neben ihr sieht man todesmutige Intellektuelle, Lumpenproletarier und Gamins (...) Bei Daumier ist nichts von alledem zu sehen. Da gibts keine entblössten bebenden Frauenbrüste. Was haben solche übrigens mit der Idee der revolutionären Aktion zu tun!"* (Eduard Fuchs: Der Maler Daumier, op. cit., p.34)

nen, mit der sinnlichen Seite des Kunstgenusses, so etwa
mit der folgenden Passage zu den sexuellen Wurzeln des
Genusses von Sport- und Kunstveranstaltungen durch ihr
Publikum. Die hier von Fuchs an den Tag gelegte Klarsicht
gegenüber der Dialektik von Arbeit und Freizeit, von Business und Show-Business zeugt vom tiefen Widerwillen des
in der Vorkriegszeit gross gewordenen Fuchs gegenüber
dem ersten Schub der Amerikanisierung des alten Kontinents nach dem ersten Weltkrieg. Fuchs schreibt:

*"Um die Tatsache, dass die Kunst auch für die Konsumenten
Wirklichkeitsersatz und verlarvte Abreagierungsform angesammelter und anders eben nicht genussreich realisierbarer
innerer psychischer Spannungen ist, ganz konkret belegt
zu bekommen, braucht man, z.B. hinsichtlich des Theaters,
nur zwei Fragen aufzuwerfen und diese sich ohne Umschweife zu beantworten. Dies Fragen lauten: Wer stellt das
Hauptkontingent der ständigen Theaterbesucher, und zu
welchen Zeiten steht das Theater im Mittelpunkt des allgemeinen Interesses? Die Antwort auf die erste Frage
lautet: Das Hauptkontingent aller Theaterbesucher stellen, von den Volksbühnen abgesehen, (...) die Frauen
der sogenannten besseren Gesellschaft, die mit unbefriedigten Wünschen geladen sind bis zur Halskrause, oder
bis dahin, wo diese wenigstens angebracht sein könnte.
Diese Kreise und Schichten wollen und müssen ihr durch
körperliche und geistige Mast übersteigertes Triebleben
abreagieren. Natürlich wollen sie dies auf die denkbar
vergnüglichste Weise. Durch fruchtbare Arbeit wollen sie
es nur sehr selten (...) - 'Beschäftigung soll schon sein,
nur darf diese nicht in Arbeit ausarten' -, und im Umgang
mit ihren Männern vermögen sie immer nur einen Teil ihrer
Spannungen zu entladen, weil diese gezwungen sind, ihre*

Hauptkraft in der turbulenten Hast des heutigen Geschäfte-
machens zu verausgaben, was (...) auch einer Abreagierung
gleichkommt. Die Antwort auf die zweite Frage lautet: Das
Theater steht stets dann im Mittelpunkt des Masseninteres-
ses, wenn (...) die Massen auf der Wirklichkeitsbühne des
Lebens zur Passivität verbannt sind, (...) da greift man
zum blinkenden Schein, um vor der (...) düsteren Realität
auszubiegen (...). Vielleicht die drastischsten Beispiele,
in welchem Umfange öffentliche Schaustellungen (...) dazu
dienen, die eigenen Spannungen abzureagieren (...), zeigt
(...) der unheimliche Massenbesuch aller irgendwie lebens-
gefährlichen Sportveranstaltungen; man denke an die wag-
halsigen Autorennen, über deren Verlauf das Publikum inner-
lich dann am glücklichsten ist (...), wenn blutige Unglücks-
fälle dabei vorgekommen sind; man denke weiter an die mit
grösster Leidenschaft von seiten des Publikums besuchten
Boxkämpfe (...). Solche Boxkämpfe sind Massenorgien des
Sadismus." [1]

So recht Fuchs mit diesen Bemerkungen hat, so fällt es
doch auf, dass er sich dieselbe Frage auf dem Gebiet der
bildenden Kunst in seinen späteren Schriften nicht mehr
stellt. Die naheliegende Frage nach den sexuellen Spannungen, welche zur Betrachtung von erotischen Darstellungen unter dem Mäntelchen des Kunstinteresses führen, sowie
nach der Art der Abreagierung dieser Spannungen hat sich
Fuchs nach dem ersten Weltkrieg nicht mehr gestellt. Es
ist nicht anzunehmen, dass er diese Frage seit der Lektüre
psychoanalytischer Schriften zu verdrängen begann, nachdem er sie in seinen frühesten Arbeiten zur Kunst so dezidiert aufgeworfen hatte.

---

[1] Eduard Fuchs: Geschichte der erotischen Kunst, Bd.II, op.cit., p.132 f.

Aber jedenfalls hat es Fuchs unterlassen, seine neue, von
der Onanie ausgehende Kunsttheorie auf seine eigenen Werke,
also auf den Konsum von bildender Kunst der erotischen
Sparte im Zeitalter ihrer Reproduzierbarkeit, anzuwenden.
Es ist vielleicht am besten, die Frage offenzulassen, ob
Fuchs tatsächlich unfähig war, sich den ohne Zweifel in
unzähligen Fällen stattfindenden Gebrauch seiner Werke
im Sinne seiner Theorie von der Kunst als Mittel zur Selbstbefriedigung klarzumachen. Schliesslich hatte ja Frank
Wedekind diesen Vorgang bereits 1891 in *"Frühlings Erwachen"*
drastisch in Szene gesetzt.[1]

Horkheimer schrieb dazu an Benjamin, dass *"bei allem Puritanismus der Erfolg der Fuchsschen Publikationen nicht zum
geringsten Teil darauf zurückzuführen ist, dass sie auf dem
Markt als Pornografie gesucht wurden. Der Umstand, dass er
selbst dies nie in Rechnung zog, ja nicht einmal in Rechnung zu ziehen fähig war, gereicht ihm nicht unbedingt zur
Ehre, gehört jedoch zum Verständnis seiner schriftstellerischen Existenz."* [2]

George Grosz war in dieser Frage bekanntlich anderer Meinung.[3]

Der Verleger Langen hat zur Entschärfung dieser von Fuchs
vielleicht doch eher verschwiegenen als verdrängten Frage
den gerichtlichen Sachverständigen *Dr.med. et phil.* Kronfeld, Facharzt für Nervenkrankheiten und Psychiatrie zu
Berlin, zu folgender Aeusserung veranlasst:

*"Gerade derjenige Leser, der mit unlauteren Absichten an
die Werke von Eduard Fuchs herangeht, wird in seinen unlauteren Absichten enttäuscht und erlebt diese Enttäuschung*

---

1) Frank Wedekind: Frühlings Erwachen, 2.Akt, 3.Szene (vgl. ders., Stücke, München 1970, p.33-35)

2) Brief Horkheimers an Benjamin vom 16.3.1937, a.a.O.

3) Vgl. dazu S.182f. dieser Arbeit.

als einen positiven Wert (...) Die Sittengeschichte oder die Geschichte der erotischen Kunst bringen zwangsläufig die ethischen und geistigen Instanzen des Lesers allmählich zum Uebergewicht, verwandeln ihn aus einem lüsternen in einen teilnahmsvollen und erschütterten Menschen, welcher der psychologischen Sublimierung fähig wird." [1]

Zweifellos ist diese Formulierung nicht mehr als ein frommer Wunsch; eine solche Umerziehung seines Publikums, das sich Fuchs ja nicht aussuchen konnte,[2] im Sinn einer Schillerschen Katharsis wäre ein fruchtloses Bemühen gewesen.

Der moralische Gehalt aller Schriften darf trotz und wegen solcher Erwägungen nicht ausser acht gelassen werden. Im folgenden Teil, wo nach den kunsthistorischen die kulturgeschichtlichen Werke von Fuchs behandelt werden, wird der strikte Moralismus von Fuchs noch deutlicher hervortreten.

---

[1] Zitiert nach der *"Mitteilung des Verlages Albert Langen in München"*, op.cit., p.6

[2] Vgl. dazu die im biografischen Teil dieser Arbeit bereits angeführte Aeusserung von Fuchs über das von ihm bedauerte, auf wirtschaftliche Gründe zurückgeführte Absinken seiner schriftstellerischen Arbeit zu *"literarischem Hurendienst"*, S. 166 dieser Arbeit.

2.6. FUCHS ALS KULTURHISTORIKER

Zu Beginn des Abschnitts über die kunsttheoretischen Schriften von Fuchs habe ich darauf hingewiesen, dass sein schriftlicher Umgang mit der Kunst nur im zweiten Rang hinter seiner direkten Beziehung zu Künstlern und Kunstwerken steht. Es gilt überdies zu beachten, dass in sämtlichen Büchern von Fuchs der Text weniger bedeutsam ist als die grosse Zahl von reproduzierten Kunstwerken, mit denen er sie illustrierte.

2.6.1. Das Verhältnis der Illustrationen zum Text im Werk von Fuchs

Der Vorrang, den Fuchs in seinem ganzen Werk dem bildlichen Element vor dem Text gibt, geht allein schon aus dem bereits erwähnten Umstand hervor, dass Fuchs zu mehreren seiner Bücher nur die Illustrationen lieferte und das Schreiben des Textes anderen überliess, während der gegenteilige Fall nur einmal vorkam. Andererseits war ihm der Text doch nicht so unwichtig, dass er seine Werke in der Art von Kunstbänden oder Kunstkatalogen als reine Bildbände konzipiert und den Text zu kurzen, auf das einzelne Bild direkt Bezug nehmenden Legenden komprimiert hätte. Vielleicht hat Fuchs damit eine Chance verpasst. Sicher wäre sein Werk in einer solchen Form zeitloser geworden. Denn das in fast jeder Hinsicht zehr zeitgebundene Eigenleben der Texte von Fuchs lenkt Leser und Schreiber zu sehr ab vom eigentlichen Zweck, der Analyse des beschriebenen Bilderschatzes. Luciana Zingarelli hat das im Kern richtig, aber auch sehr überheblich folgendermassen formuliert:

"*Der Text begleitet die Illustrationen und analysiert sie in Wirklichkeit nicht.*" [1] Anschliessend betont die Kunsthistorikerin: "*Fuchs, dem Autodidakten, fehlte jene spezifische Bildung, die auch notwendig ist, wenn man die Geschichte der Bilder interpretieren und dabei ihre 'relative Autonomie' berücksichtigen möchte.*" [2]

Wie aus der Arbeit Benjamins hervorgeht, war Fuchs im Gespräch vor einem Bild sehr wohl imstande, eine Bildanalyse zu liefern.[3] Eine solche musste er auch in Sekundenbruchteilen vollziehen können, um seine Sammelobjekte aus wertlosem Trödel mit sicherem Blick auszusondern. Es ist höchstens insofern sein unakademischer Bildungsgang, der den Autodidakten Fuchs daran hinderte, diese Fähigkeit der konkreten analytischen Begutachtung eines Kunstwerks in seinen Buchtexten vorzuzeigen, als dies mit seiner der klassischen Aesthetik zuwiderlaufenden prinzipiellen Auffassung der Kunst zusammenhängt. Ihn interessieren nicht in sich selbst ruhende künstlerische Formen und Strukturen an und für sich. Seine Texte kreisen in den der Kunst gewidmeten Schriften immer um die Bedingungen von Entstehung und Rezeption der Kunstwerke, und seine nun zur Behandlung anstehenden Texte zur Kulturgeschichte verwenden die sie illustrierenden Bilddokumente als Beweisstücke für die von Fuchs postulierten oder verteidigten historischen Gesetzmässigkeiten.

Dieses Eigenleben der Fuchsschen Texte wird das Hauptthema dieses Abschnittes sein. Doch zuvor noch einmal zurück zum Verhältnis von Bild und Text bei Fuchs. Fuchs fühlte selbst, dass seine konsequent durchgeführte Kombination von Bildern

---

1) Luciana Zingarelli: Eduard Fuchs ..., a.a.O., p.43 2) ebda.
3) Vgl. S. 205f.dieser Arbeit. Auch Moreau erzählt von solchen gesprächsweise vorgenommenen Bildanalysen von Fuchs beim Erklären seiner Sammlung.

mit einem fortlaufenden Text erklärungsbedürftig war.
Er schrieb dazu:

*"Bei einem wissenschaftlichen Werk, das die objektiven
Künste teils zum Gegenstand der Untersuchung hat, teils
sie bei jeder Gelegenheit als Beweismittel heranzieht,
und bei dem obendrein die Vorführung eines möglichst
umfangreichen Bildmaterials (...) angestrebt wird, erhält der Verfasser naturgemäss das Gesetz für den Aufbau
seiner Arbeit bis zu einem gewissen Grad von den vorzuführenden bildlichen Dokumenten; umso mehr, wenn bei deren Vorführung ausserdem eine harmonisch künstlerische
Wirkung im Gesamteindruck des Buches erstrebt wird. Diese Absichten: denkbar grösster Reichtum des Bildmaterials,
stoffliche Zusammengehörigkeit und künstlerische Anordnung im Einzelnen wie im Ganzen lassen sich nun leider
niemals in der Weise miteinander verbinden, dass sich
Bild und Text laufend decken."* [1]

Fuchs schwebte eine Harmonie zwischen Text und Bild vor,
die eher visuell als inhaltlich verknüpft war. Er bemühte
sich persönlich um einen Umbruch, bei dem weder die Bilder
noch die Schriftlettern das grafische Uebergewicht bekamen.
Gegenüber ganzseitigen Tafeln oder anderen grösseren Reproduktionen pflegte er eine Seite reinen Textes zu plazieren.
Sonst findet sich selten eine Seite ganz ohne Illustration,
ebenso selten aber auch eine mit mehr als zwei kleineren
Bildbeigaben. Kapitelenden und Vorsatzblätter drapierte
Fuchs gern mit Vignetten. In der Tat war diese von Fuchs
angestrebte Harmonie des *Lay-outs* seiner Bücher insofern
künstlerisch, als sie in Zweifelsfällen - etwa ausgefal-

---

[1] Eduard Fuchs: Geschichte der erotischen Kunst, op.cit., Bd.II,
Einleitung, p.2. Fuchs setzt zum Schluss noch hinzu:*"Dies ist gewiss sehr ärgerlich für den Leser, aber er muss sich damit abfinden"*. Die ganze Stelle ist eine etwas gekürzte Wiederholung des
schon im Vorwort zu *"Die Juden in der Karikatur"*, op.cit., p.IV
Gesagten.

lenen (z.B. runden oder ovalen) Formaten - sich mehr nach
der Intuition als nach einem starren Schema richtete.
Die Werke von Fuchs können zwar ebensowenig wie eine noch
so gut arrangierte Ausstellung den Rang eines Gesamtkunst-
werks erreichen, den Fuchs in gewissem Sinn für sie bean-
spruchte. Sie zeugen jedoch bis ins letzte Detail von der
grafischen und drucktechnischen Schulung des in dieser Hinsicht seit seiner Lehrlingszeit durchaus nicht nur auto-
didaktisch Gebildeten.[1]

Die von Fuchs in den meisten seiner Bücher ziemlich einheitlich, aber nie stur durchgehaltene Harmonie von Text
und Illustration, die letztlich eine mehr quantitativ
als qualitativ-inhaltlich festgelegte Relation zwischen
Wort und Bild ist, entspricht wohl keineswegs zufällig
ungefähr der Mischung dieser beiden Elemente, wie sie
in den seit dem 19.Jahrhundert verbreiteten Illustrierten
Zeitschriften gehandhabt wurde. Man mag da etwa an die
"Gartenlaube" und natürlich an den *"Süddeutschen Postillon"*
denken, aber auch noch an Willi Münzenbergs *"A.I.Z."*.
Es ist die Mischung, die zum Blättern und Verweilen, zur
Lektüre nicht als Studium, sondern als Zerstreuung einlädt.

Nach dem Kauf (oder der Ausleihe) eines Buchs von Fuchs
stand der Leser nicht vor der Aufgabe, den Wälzer vom ersten bis zum letzten Buchstaben durchzulesen. Die ohnedies
nur dem finanziell bessergestellten Publikum mögliche An-

---

1) Im bereits zitierten, undatierten und anonymen Artikel *"Der Kulturhistoriker Eduard Fuchs"* der als *"Mitteilung des Verlages von Albert
Langen in München"* erschien, heisst es dazu unter dem Stichwort *"Der
Buchtechniker"* u.a.: *"An den Büchern von Eduard Fuchs ist alles dessen eigenes Werk. Er wählt jedes einzelne Bild aus, bestimmt die Art
und Grösse seiner Reproduktionen und den Ort, wo es in den Text ein-
gefügt wird. Das künstlerisch hervorragende Arrangement seiner Werke stammt von der ersten bis zur letzten Seite ausschliesslich aus
seiner Hand. Das Format der einzelnen Werke, die Grösse des Satzspie-
gels, die Schrifttype (...), die Tönung des Papiers wird von ihm bestimmt, und in den meisten Fällen ist sogar der Einband von ihm selbst
entworfen. (...) Jede Aetzung wird von ihm persönlich auf ihre Qualität überprüft. (...) Er sagt: Bücher muss man (...) aufbauen wie grosse Paläste, - überzeugend, strahlend, reich, aber nicht überladen mit
sinnlosen Schnörkeln."* (p.5)

schaffung musste ihn nicht reuen, auch wenn er einen dieser
wertbeständigen[1] illustrierten Bände bloss durchgeblättert
hatte und nur an einigen Stellen tiefer in den Text einge-
drungen war. Er konnte ihn ins Gestell zurücklegen, um sich
denselben Genuss später noch oft zu gönnen und dann bei
anderen Bildern und Textstellen zu verweilen. Nebst ihrer
Thematik waren die Werke von Fuchs nicht zuletzt auch wegen
ihrer oberflächlichen, aber ergiebigen Konsummöglichkeiten
die idealen Bände für die Bücherwände der sogenannten Her-
renzimmer der herrschaftlichen Häuser seiner Zeit.

Der zweitrangige Stellenwert der Texte als blosses grafisches
Gegengewicht zur grossen Zahl der Illustrationen erklärt
zum Teil deren umständliche Ausführlichkeit und ihre zahlreichen Wiederholungen, die um so mehr auffallen, als er
sich Repetitionen seiner Bildveröffentlichungen nur in
ganz seltenen und begründeten Fällen erlaubte.

Die langatmigen Wiederholungen in den Texten von Fuchs sind
gewiss auch eine Folge seines reduktionistischen Denkens,
das in immer neuen Bereichen stets dieselben grobschlächtigen Gesetzmässigkeiten *"entschleiern"* musste. Aber manchmal
will es fast scheinen, als ob Fuchs, dem das Schreiben

---

[1] Zum Wiederverkaufswert der ersten Auflage von Fuchs' Werk *"Das eroti-sche Element in der Karikatur"* (op.cit.) schrieb dessen Verleger R. Hofmann in seinem Vorwort zur (umgearbeiteten) Neuauflage als Band I der *"Geschichte der erotischen Kunst"* (op.cit.,p.XII): *"Ein besonderes Gewicht bekamen die Anregungen zu einem Neudrucke noch durch den Um-stand, dass der Preis des Werkes, in dem es im Antiquariatsbuchhandel ausgeboten wurde, in ganz kurzer Zeit ein ganz exorbitanter wurde, für die gewöhnliche Ausgabe wurde bis zu 120 Mark, für die Luxusausgabe bis zu 200 Mark verlangt, und bis heute ist das Werk ununterbrochen eines der teuersten Bücher des Antiquariatshandels geblieben."* In letzter Zeit haben die Werke von Fuchs auf diesem Marktsegment eine neue Hausse erlebt. Christian von Faber-Castell schrieb im Blatt *"Finanz und Wirt-schaft"* vom 30.9.1978, p.21 unter dem Titel *"Neue Trends für alte Bücher"* u.a.folgendes, bezieht sich dabei aber auf die späteren, in Massenauf-lagen erschienenen Werke von Fuchs:*"Arbeiten zur Kunst-, Sitten- und Kulturgeschichte (...) die noch vor zehn Jahren kaum im Antiquariat handelbar waren,* (können) *heute bereits Preise zwischen 100 und 1000 Franken erzielen. Typische Beispiele hiefür sind die Karikaturenwerke von Eduard Fuchs."* Dennoch schätzte jener anonyme Inserent, der in der *"Neuen Zürcher Zeitung"* vom 2.2.1978 vier Bände der *"Sittengeschichte"* von Fuchs für *"mind. Fr. 6000.-"* verkaufen wollte, diese Objekte etwas zu hoch ein.

durchaus nicht leicht fiel,[1] sich mit grossem Fleiss dazu zwang, die zur harmonischen Präsentation immer zahlreicherer Bildtrouvaillen nach seiner fixen Relation ausreichende Textmenge zu produzieren.[2] Scheiterte sein enormer Fleiss an dieser Aufgabe, so spannte er dafür wie gesagt eher andere Schreiber ein, als von seiner Text/Bild-Relation abzurücken.

---

1) Fritz Brupbacher erwähnt in seinen *"Erinnerungen an Eduard Fuchs"* (a.a.O.) die stilistischen Schwierigkeiten von Fuchs, die auch in seinen Texten durchscheinen, wie folgt: *"Auf seine literarische Sprache hielt er (...) sehr, bemühte sich stets, einen möglichst untadeligen (klassischen, wie er sagte) Stil zu schreiben und studierte noch als angesehener Schriftsteller, als seine Bücher ihm schon lange grossen materiellen Erfolg einbrachten, immer wieder fleissig in stilistischen Ratgebern."*

2) Im bereits erwähnten Text *"Der Kulturhistoriker Eduard Fuchs"* des Langen-Verlags heisst es unter dem Stichwort *"Das Arbeitstier"*:
"Eduard Fuchs ist ein Mensch von nie gestilltem, ungeheurem Schaffensdrang und von nie erlahmender Schaffenskraft. Ein einziger Begriff fehlt in seinem Lebensrepertoire völlig: die Musse, das behagliche Ausruhen. Er arbeitet vom Morgen bis zur Nacht ununterbrochen, Tag aus, Tag ein. Wenn er auch kein eigentlicher Nachtarbeiter ist, so liegen doch auf seinem Nachttisch jeden Abend ein halbes Dutzend Notizblöcke und ebenso viele gespitzte Bleistifte. Zuzeiten, wo er an einem grossen Buch arbeitet, sind regelmässig jeden Morgen zahlreiche Seiten mit Notizen, Einfällen usw. bedeckt, die er mitten in der Nacht bei plötzlichem Erwachen niedergeschrieben hat." (p.6)

2.6.2. Zur Thematik der kulturhistorischen Arbeiten von Fuchs

Es wurde in den letzten beiden Abschnitten gezeigt, wie Fuchs ausgehend von seiner immer intensiveren Beschäftigung mit dem Gesamtgebiet der Karikatur zu unkonventionellen kunsttheoretischen Fragestellungen gelangte. Diese Fragestellungen trafen die Schwachpunkte der traditionellen Aesthetik - nämlich deren Vernachlässigung der Produktion wie der Rezeption der Kunst. Bei richtiger Durchführung hätten diese Fragestellungen zu den Angelpunkten werden können, von denen aus Fuchs die idealistische Aesthetik als die Lehre vom Wesen der Schönheit in der Weise vom Kopf auf die Füsse hätte stellen können, wie das Marx, ausgehend von Hegel, mit der idealistischen Philosophie insgesamt getan hatte.

Die Hindernisse, an denen Fuchs bei der Durchführung dieser auch heute noch anstehenden Denkarbeit scheiterte, sind abgehandelt worden.

Auch die Thematik von Fuchs' kulturhistorischen Texten hat ihren Ausgangspunkt in seiner Aufarbeitung der Karikatur. Fuchs betrachtete die Karikatur nie ausschliesslich als Kunstwerk, sondern immer auch als historische Quelle. Deshalb ist schon sein erstes grosses Werk über *"Die Karikatur der europäischen Völker"* auch eine kulturhistorische Arbeit, obwohl er dann von den Problemen aus, die der dritte Band dieses Werks über *"Das erotische Element in der Karikatur"* aufwarf, zur ersten Fassung seiner Kunsttheorie kam. Gleich in den ersten Sätzen seines ersten Hauptwerks deklariert er es als *"eine Kulturgeschichte, - aber aus den eigenartigsten zeitgenössischen Dokumenten zusammengetragen, eine Art Weltgeschichte in Epi-*

grammen." [1)]

Und umgekehrt sind seine späteren kulturgeschichtlichen Werke stets Erläuterungen zu ausgewählten Bereichen der Karikatur. Obwohl Fuchs in allen seinen kulturhistorischen Büchern auch Bilddokumente verwendet, die nicht ganz problemlos in der Rubrik Karikatur unterzubringen sind, ist das Herauswachsen seiner Themen und Bücher aus den anschwellenden Mappen seiner Karikaturensammlung auch ohne das von Grand-Carteret übernommene Titel-Stereotyp "*... in der Karikatur*" auf den ersten Blick ersichtlich.

Neben dem rebellischen, sich keiner Konvention unkritisch fügenden Grundcharakter von Fuchs' Persönlichkeit ist es diese Orientierung seines Werks an den Themen der Karikatur, die es trotz der denkerischen und stilistischen Mängel in der Durchführung zu einem methodisch kohärenten, inhaltlich einheitlichen und wissenschaftsgeschichtlich bedeutsamen *oeuvre* macht.

Die bereits dokumentierte weitgehende thematische Uebereinstimmung von Fuchs mit seinem französischsprachigen Pendant Grand-Carteret zeugt davon, was für ein verlässlicher Kompass die Karikatur bei der Ausrichtung des literarischen Schaffens auf die emotionsgeladenen Bereiche der Kulturgeschichte ist.

---

1) Eduard Fuchs: Die Karikatur der europ. Völker, op.cit., Bd.I, Vorwort, p.IV.
In einer an sich hübschen Metapher für diese *"eigenartigsten zeitgenössischen Dokumente"* - damit meint er natürlich die Karikaturen - lässt sich ein weiterer Beleg für den naturgeschichtlichen Ansatz von Fuchs finden. Er schreibt in der Einleitung desselben Bandes, p.16: *"Die Karikatur ist dem Bernstein gleich, der in seiner goldklaren Masse die subtilsten und feinsten Organismen der Vergangenheit durch Jahrhunderte hindurch unversehrt in ihrer Urform der Gegenwart aufbewahrt hat."*

Ohne die keineswegs skrupellose, wohl aber kompromisslose
Bereitschaft von Fuchs, der Karikatur in diese Bereiche
zu folgen und bei der Analyse der Hintergründe ihres
Reizes auf den Betrachter in eben jene Sphären hinein-
zuleuchten, welche die Karikatur und den Witz auch für
Freud interessant machte,[1] - und diese Bereitschaft
ist natürlich ein Teil des unkoventionellen, oppositionellen Wesens von Fuchs - hätte sich sein Werk natürlich auch auf die oberflächlich unterhaltende, harmlose
Seite dieser Kunstgattung beschränken können. In gewissem Sinn hat das Grand-Carteret getan, der sich ja auch
textlich weniger breit über die Karikatur ausliess als
Fuchs. Ebenso unterliess es Friedrich Wendel, der politisch wie moralisch gesäuberte Nachfolger von Fuchs
in der Weimarer Sozialdemokratie, seine Genossen durch
allzu unzensierte Seiten des gezeichneten Humors vor
den Kopf zu stossen. Fuchs hingegen hat dieses Risiko
von Anfang an auf sich genommen. Bereits im Vorwort zu
seinem ersten Werk, das dem *"erotischen Element"* zumindest in den ersten beiden Bänden noch sehr prüde ausweicht,
schrieb Fuchs unter nochmaliger Bezugnahme auf den kulturgeschichtlichen Charakter schon dieser zwei Bände:

"Durch den kulturgeschichtlichen Charakter des Werkes sind
uns von vornherein die Gesetze vorgeschrieben gewesen, die
uns bei unserer Arbeit, vornehmlich bei der Auswahl der
Bilder, zu leiten hatten. Da die Geschichte der Menschheit
kein Weg ist, der nur durch blumige Auen sich windet, hinein
in goldenes Licht, sondern durch sehr viel Schmutz hindurch
führt, darin ganze Generationen sich betäubt, oder sich
betäubend wälzten und das göttlich Erhabene in sich täglich
besudelten, so hatten wir neben dem Schönen auch das Häss-

---

[1] Vgl. dazu S. 319 dieser Arbeit.

liche zu bieten, neben dem Erhebenden auch das Verächtlichste, den leisen Spott und den bittersten Hohn, die pikante Ironie und die abstossende Lästerung, und das alles dicht nebeneinander gleichviel wie ihre Tendenz auch sein mochte. Das heisst mit anderen Worten, wir mussten unser Publikum an die Höhen und an die Tiefen der Menschenseele heranführen, an ihre schwindelnden Abgründe und in die öden wüsten Niederungen, wo Pfütze an Pfütze sich reiht.
Dass wir dies taten und dass wir nicht alle allzu grellen Töne ausmerzten und die frechen Farben, wo sie sich zeigten, nicht ignorierten, sondern ihnen den gebührenden Platz einräumten, das wird uns gewiss mancher verargen - es ist schon geschehen - aber das konnte uns nicht veranlassen, auch nur einen Schritt von dem Weg abzuweichen, der einer jeden Geschichtsbetrachtung, die ernst genommen sein will, vorgeschrieben ist. Hätten wir den Leser und Beschauer vorsichtig in weitem Bogen um jede dieser Pfützen herumführen wollen, so würde unser Werk selbst zur Karikatur geworden sein, aber zu keiner lustigen. Eine Geschichte des Mittels, durch welche die stärksten Konflikte der Menschenseele ihre Auslösung erfuhren, kann nie Anspruch darauf machen, den Forderungen einer höheren Töchterschule zu genügen." [1]

Diese Aeusserung von Fuchs ist nicht nur diejenige Stelle seines Werks, wo sich seine Vorwegnahme von und Parallelität zu Freud bis in die Formulierung hinein [2] am deutlich-

---

[1] Eduard Fuchs: Die Karikatur der europ.Völker, Bd.I, Vorwort, p.IV

[2] Fuchs hat dieses Vorwort auf den 12.11.1901 datiert. Freuds zitierte Arbeit über den Witz und seine Beziehung zum Unbewussten erschien erst 1905. Freud schreibt dort (op.cit. p.126) u.a.: *"Der Witz ist nun als psychischer Machtfaktor erkannt (...) Die grossen Tendenzen und Triebe des Seelenlebens nehmen ihn für ihre Zwecke in Dienst. Der ursprünglich tendenzlose Witz, der als ein Spiel begann, kommt sekundär in Beziehung zu Tendenzen, denen sich nichts, was im Seelenleben gebildet wird, auf die Dauer entziehen kann."* Dass Freud auch die Karikatur in seine Witzanalyse einbezieht, wurde bereits erwähnt. Zur Uebereinstimmung in den Formulierungen sei hier nur noch darauf hingewiesen, dass auch Freud die Wirkung des Witzes (und des Bildwitzes) als *"Auslösungsverhältnis"* definiert (ebda. p.127).

sten zeigt. Sie ist auch das definitive Programm für die
Arbeiten von Fuchs geworden. Die Gemeinsamkeit der Themen,
die Fuchs als Kulturhistoriker behandelte, lässt sich im
Nachhinein kaum besser formulieren, als er es selbst in
dieser programmatischen Aeusserung aus dem Jahr 1901 tat.
In dieser Aeusserung finden sich aber auch einige Metaphern
zur Umschreibung der Themen von Fuchs, die einen kleinen
Exkurs veranlassen, nämlich die Worte *"Schmutz"* und *"Pfützen"*.

Klaus Theweleit hat in seiner als Dissertation verfassten
Untersuchung über die Psyche politisch rechtsstehender Zeitgenossen von Fuchs [1] solche Metaphern, deren er noch mehr
aufzählt, [2] als verbale Aeusserungen von im Unbewussten wurzelnden Abwehrreflexen gegen Phänomene wie Revolution, Sexualität und Körperlichkeit interpretiert. Nun ist die Psyche
von Fuchs ja ohne Zweifel nicht generell gleichzusetzen mit
derjenigen der von Theweleit untersuchten Freikorpsleute,
deren mörderischem Wüten im Jahr 1919 seine engsten Freunde
zum Opfer fielen. Im Unterschied zu den Freikorpsleuten war
ja Fuchs zu einer rationalen Verarbeitung dieser Phänomene
durchaus fähig; genau dies war die Aufgabe, der er sich sein
Leben lang stellte. Dennoch verwendet auch Fuchs diese abwehrenden Metaphern. Um abzuklären, inwieweit Fuchs ähnliche
psychische Syndrome entwickelte wie seine zeitgenössischen
politischen Gegner, lasse ich hier ein kurzes Referat der
Ergebnisse von Theweleits Analyse des Ursprungs solcher Mechanismen folgen.

Für Theweleit prägte die Reinlichkeitserziehung des Kleinkinds in der wilhelminischen Epoche solche Reflexe. Er
schreibt im Kapitel *"Der Körper als Schmutz"* im ersten Band
seiner umfangreichen Arbeit in Anlehnung an den von Wilhelm

---

1) Klaus Theweleit: Männerphantasien, 2 Bde., Frankfurt/M. 1977/78
2) Nämlich:*"Schmutz"*(op.cit.Bd.1, p.492 ff.),*"Schlamm"*(ebda.p.495 ff.),
"Sumpf"(p.497 ff.),*"Schleim"*(502 f.),*"Brei"*(503) und schliesslich
"Scheisse"(p.505 ff.)

Reich geprägten Begriff des *"Körperpanzers"* dazu folgendes:
"Die spitzen Finger des Ekels, die der Säugling auf seiner Haut spürt",[1] lassen ihn *"sich erleben als angefüllt mit 'bösen Flüssen'* (...) *Wo andere Menschen ihre Haut haben, wird ihm - unter bestimmten gesellschaftlichen Bedingungen - ein Panzer wachsen. Diese Bedingungen organisierte der Wilhelminismus. Wir können nicht mehr in die Wiegen der späteren Soldatenmänner schauen, aber wir sehen die ihren eigenen Flüssen entfremdete wilhelminische Frau und kennen das Verhältnis der Epoche zum 'Schmutz'."* [2]

Nicht nur die urzeitlich patriarchalische, im mosaischen Gesetz auch für die christlichen Kulturen kodifizierte Tabuisierung der Menstruation, sondern mehr noch die Fixierung der wilhelminischen Frau auf *"Küche, Kinder, Kirche"* liess sie auf die eigenen und die ihr durch ihre familiäre und soziale Rolle oktroyierten *"Flüsse"* mit Abscheu und Abwehr reagieren.[3]

---

1) Klaus Theweleit: Männerphantasien, op.cit., Bd.I, p.533

2) ebda., p.525

3) Theweleit legt zwar diese Ueberlegung nahe, macht sie jedoch ausdrücklich nur für den Mann. Zwar erfuhren die weiblichen Säuglinge der Epoche ungefähr dieselbe Reinlichkeitserziehung wie ihre Brüder. Wegen der weit extremeren Tabuisierung der weiblichen Körperflüsse ist anzunehmen, dass die weiblichen Abwehrgefühle gegen die als eklen Schmutz empfundenen *"vermischten Substanzen"* intensiver waren als die der Männer. Umsomehr war deshalb die lebenslange Beschäftigung damit auch für die Frauen eine Strafe, wenn sie sie auch als Plicht zum Opfer stilisierten. Theweleit schreibt:*"Es gibt eine Tätigkeit, in der die Frau als das Lebewesen, das mit den vermischten Substanzen zu tun hat, erscheinen kann, den Haushalt. Beim Kochen verwandelt sie Festes in Flüssiges, beim Wäsche waschen, Geschirr spülen, beim Versorgen der Babies hantiert sie mit Sümpfen und Breien. Sie wischt die Scheisse vom Hintern der Kleinen, streift die nassen Hosen vom Leib. Sie reinigt den verstopften Ausguss vom schwarzen Schlamm und die Toilette.(...) Der durchschnittliche bürgerliche Mann des Wilhelminismus hätte sich eher erschiessen lassen, als diese Substanzen in einem Kontext zu berühren, der irgendwie an 'Frauenarbeit' erinnert hätte. Eine der zentralen Schikanen beim Militär bestand gerade darin, Männer zur Erledigung solcher Weibergeschäfte zu verdonnern (...) Also erscheint das Fliessfähige, Vermischte unter den Aspekten von Schmutz und Strafe"*. (op.cit., Bd.I, p.523)

Der abwehrende Umgang mit den Körperflüssen des Säuglings, *"etwa dem Urinieren, Defäzieren, Husten, Niesen, Spucken, Aufstossen, Erbrechen"*,[1] die für das Kleinkind keineswegs ekelerregend, sondern *"spannungsverringernd"* [2] sind, führt zur Tabuisierung der meisten körperlichen Vorgänge im Erwachsenen der wilhelminischen Epoche, insbesondere aber zur Tabuisierung der daneben später noch durch unzählige begleitende Kontrollmassnahmen unterdrückten Sexualität.

"Irgendwann müssen seine Körperflüsse negativisiert worden sein, bis sie ihm zur sinnlichen Erscheinung alles Schrecklichen wurden. Alle diese Vorgänge, die vermischtes Fliessen der Körper, am, im, auf, aus dem Körper sind: die Schleime und Fluten der saugenden Küsse, die Sümpfe der Vagina, ihre Schleime, (...) der Schleim und Brei des männlichen Samens, (...) Feuchtigkeit an allen Berührungspunkten der Körper und Wärme, die die Körpergrenzen zum Verschwinden bringen, (...) die Fluten des Orgasmus, die in der Muskulatur fliessenden Ströme der Entspannung, (...) all die flüssigen Wonnen der frühen Kindheit: der warme Pissstrom, der an nackten Beinen herunterrinnt, die Schlamme und Breie der frischen Scheisse in den Windeln des Kleinkindes, duftende Wärme, in der der Körper sich ausdehnt, der Milchstrom aus der Mutterbrust, (...) süsse Breie über Hände und Gesicht verteilt, das Lutschen am niemals alle werdenden Daumen, der wohlschmeckende Rotzstrom aus der Nase in den Mund (...) Versiegte Ströme ..., mehr: in ihr Gegenteil verkehrte, Tod anstelle von Lust." [3]

---

1) Margaret Mahler: Symbiose und Individuation, Stuttgart 1972, p.13
2) ebda.
3) Klaus Theweleit: Männerphantasien, op.cit., Bd.I, p.523 f. Hierher gehört auch die Fortsetzung des Theweleit-Zitats von der vorigen Seite: *"In der sehr früh einsetzenden Erziehung des Knaben zum soldatischen Mann (und welche bürgerliche wilhelminische Erziehung wollte das nicht sein und welche sozialdemokratische wollte das nicht a u c h sein) wird das Auftreten all der beschriebenen Feuchtigkeiten ausserhalb der speziell dafür vorgesehenen Situationen und Orte unter strengste Strafe gestellt. Die Ströme werden (...) abgeschnürt oder an die Orte verbannt, wohin man allein und der Kaiser zu Fuss geht."* (op.cit.,Bd.I, p.525)

Metaphern aus dem Umfeld von "*Schlamm*" und "*Sumpf*", die
Fuchs übrigens nicht so ungebrochen zu gebrauchen pflegt,
wie dieses eine Zitat nahelegte,[1] und die für ihn
schon gar nicht derart wahnhaft bedrohliche Züge annahmen,
wie sie Theweleit für die faschistischen Kräfte reichlich
dokumentiert, die sich schliesslich an die Austrocknung
der als Sumpf aufgefassten Weimarer Republik machten;[2]
solche Metaphern sind aufzufassen als Symptome für
"*eine Umkehrung der Affekte, die ursprünglich mit der Aussonderung der verschiedenen Substanzen des menschlichen Körpers verbunden sind: Lustempfindungen. An die Stelle solcher Lustempfindungen ist eine panische Abwehr ihrer Möglichkeit getreten. Auf diese muss sich die Intensität des Affekts beziehen, nicht etwa auf die geografische Existenz von Sümpfen; auf die politische Existenz einer Republik nur teilweise.*" [3]

---

1) Fuchs sah durchaus klar, dass die Metapher "*Sumpf*" ein demagogischer Auslösungsmechanismus war, mit dessen Hilfe die Ekelgefühle des zeitgenössischen Publikums auf die Zielscheibe des Rhethorikers oder Pamphletisten gelenkt werden konnte. Er parodiert in seinem "*Monatscircus*" (op.cit.,p.11; vgl. S.83f.dieser Arbeit) diese Redeweise sehr präzis, wenn er einen fingierten Angriff von rechter Seite auf die links dominierte Parteischule der SPD betitelt:"*Schreckenerregender Sumpf im Parteikörper*". Diese Parodie ist eine Kurzfassung dessen, was Theweleit anschaulich-drastisch über Dutzende von Seiten hinweg ausmalt. Ebenso ist die an gleicher Stelle von Fuchs vorgenommene humoristische Uebernahme der ersten Stufe der mörderischen Eskalation gegen Rosa Luxemburg, der Ausdruck "*die blutige Rosa*" zwar einerseits geschmacklos, aber andererseits parodiert er damit genau die Essenz der rechten Angriffe auf die Revolutionärin.(Vgl. "*Monatscircus*", op.cit.,p.12. Vgl. auch S. dieser Arbeit).

2) Theweleit liefert in op.cit., Bd.I, p.497 ff. zahlreiche Belege für diese Ausdrucksweise der Antidemokraten von rechts; er zeigt dazu noch auf, dass sich auch die damalige und sogar noch die heutige Linke diese Metapher gerne zunutze macht, wenn sie einmal meint, das sog. gesunde Volksempfinden auf ihrer Seite zu haben. Er bildet dort auch jene bekannte Fotomontage des mit Fuchs befreundeten John Heartfield ab, die Reichskanzler von Papen in stürmischer See an Bord eines kleinen Fischkutters abbildet, einen Suppenlöffel in der Hand.Auf die erstaunte Frage:"*Aber Papen, was machen Sie denn da?*" antwortet der Politiker:"*Ich lege den bolschewistischen Sumpf trocken!*" Vgl. dazu auch S.457 dieser Arbeit, Anm.2)

3) Klaus Theweleit., op.cit., Bd.I, p.522

Wir wissen wenig über die Kindheit und nichts über die
Säuglingszeit von Fuchs. Fest steht nur, dass Fuchs trotz
seines sympathischen Rebellentums in mancher Hinsicht diejenigen zeitgenössischen Syndrome nie ganz loswerden konnte, die Theweleit als *"Männerphantasien"* und Adorno als
Züge des *"autoritären Charakters"* [1] abhandeln. Beide Begriffe befriedigen mich nicht. Man müsste sie, wenn überhaupt, in Negative umgeformt verwenden: Männliche Phanta-
sielosigkeit und autoritäre Charakterlosigkeit.

Ich nehme zur Beschreibung solcher Syndrome den Begriff
des Chauvinismus auf. Das ist ein seiner geradezu klassisch
kolonialistischen Wurzeln wegen begriffsgeschichtlich
höchst interessantes Wort.[2]

---

1) Vgl. Theodor W.Adorno: Studien zum autoritären Charakter, Frank-
furt/Main 1973

2) Das Wort ist mit dem in vieler Hinsicht modellhaften Kolonialkrieg
in Algerien entstanden:
*"C h a u v i n i s m u s ist ein erst in neuerer Zeit in die franz.
Sprache eingebürgertes Wort. Dasselbe ist abzuleiten von Chauvin, dem
Namen einer in dem Lustspiel 'La cocarde tricolore' von den Brüdern
Théodore und Hippolyte Cognard auftretenden Person. Dieses Lustspiel
wurde am 19.März 1831 zum ersten Mal im Theater der Folies dramati-
ques zu Paris aufgeführt; es spielt in Afrika und behandelt die Eroberung von Algier. Den Namen Chauvin führt ein junger Rekrut, der
viel spricht, grosse Tapferkeit entwickelt und mehrere Couplets zu
singen hat mit dem Refrain:'J'suis Français, j'suis Chauvin, j'tape
sur le Bédouin'. Doch haben die Brüder Cognard den Namen nicht erfunden, sondern (wie im Pariser 'Figaro' von 1882, Nr.41, nachgewiesen wird) einer wirklichen Person entlehnt und zwar dem Nicolas Chauvin, einem abgedankten napoleonischen Soldaten, welcher seinerzeit
in Paris wegen seiner Schwärmerei für den ersten Kaiser allgemein
bekannt war. Infolge des oben genannten Lustspiels wurde der Ausdruck
gebräuchlich zur Bezeichnung eines übertriebenen und säbelrasselnden
Patriotismus."* (Brockhaus' Conversations-Lexikon, 13.Aufl., Leipzig
1883, Bd.IV, p.218, Sp.1).
Seine schnelle Ausbreitung verdankte das neue Wort nicht nur dem Erfolg des Lustspiels der Gebrüder Cognard, sondern noch mehr dem schnel-
len Sieg des französischen Expeditionskorps im vorher türkischer Ober-
hoheit unterstehenden Algerien:*"Am 14.Juni 1830 landeten 37 000 Franzosen, und am 5.Juli kapitulierte der Dey."* (Rudolf von Albertini:
Europäische Kolonialherrschaft 1880-1940, Zürich 1976, p.208).

Das in seiner Anwendung ziemlich unbestimmte und doch
international verständliche Wort hat seine ursprüngliche
Bedeutung im Wortfeld zwischen Nationalismus und Rassismus behalten und in jüngster Zeit als *male chauvinism*
von der Frauenbewegung auch jenen Beigeschmack von machtgieriger Sexualität zugeordnet bekommen, die den nach ihrer Bezeichnung suchenden Verhaltens- und Gefühlsmustern
der Generation von Fuchs ebenso innewohnen wie dem
jungen Rekruten Chauvin im kolonialistischen Lustspiel.

Am meisten fallen die chauvinistischen Ueberbleibsel
in der Gedanken- und Gefühlswelt von Fuchs anlässlich
seiner Behandlung der Frauenfrage auf. Die Bücher von
Fuchs zu diesem Thema gehören eigentlich auch zu seinen
kulturgeschichtlichen Arbeiten; ich widme ihnen aber unter anderem deshalb einen eigenen Abschnitt, weil dort
noch ein Nachtrag zu Fuchs' Theorie von der künstlerischen Schöpferkraft zu liefern ist, der eben zu diesen
chauvinistischen Restbeständen in seinem Weltbild gehört.

Auch in der Behandlung der Geschichte der Sexualität
in seinem bekanntesten Hauptwerk, der *"Sittengeschichte"*,
welche in diesem Abschnitt eingehend behandelt wird,
finden sich immer wieder unverarbeitete oder zu wenig
tiefgehend kritisierte zeitgenössische Tabuisierungen
oder Reste davon; die ganze Riesenarbeit, die hinter den
sechs dicken Bänden steckt, ist ein einziger, nicht immer
erfolgreicher und nicht immer auf den wesentlichen Schauplätzen ausgetragener Kampf gegen die Denkverbote der
viktorianischen bzw. wilhelminischen [1] (Doppel-)Moral.

---

1) Es gehört zur bereits mehrfach monierten autoritären Charakterlosigkeit, d.h. zur Obrigkeitsgläubigkeit der sog. *belle époque*, dass den
angelsächsischen und deutschen Sozialpsychologen zur kennzeichnung ihres sittlichen Zeitgeistes nichts anderes ein- bzw. aufgefallen
ist als der Vorname ihrer gekrönten Häupter. Nur der sittenlose zweite
Napoleon musste auf diese Ehre verzichten. Im französischen Sprachraum fehlt ein entsprechender Begriff für den letzten verbindlichen
Moralkodex Westeuropas.

Im Kampf gegen zwei andere Formen des Chauvinismus, die
genauer in den älteren Sinn des Wortes passen, ist
Fuchs allerdings auf breiter Front Sieger geblieben.
Das wird sich zeigen bei der ausführlicheren Vorstellung der beiden grossartigen Werke von Fuchs über die
Juden und über den Weltkrieg in der Karikatur, in denen
er die zwei verhängnisvollsten chauvinistischen Wallun-
gen der neueren Geschichte, Krieg und Antisemitismus,
gründlich analysierte und aufs deutlichste illustrierte.

Revolution und Konterrevolution sind zwei weitere tabuisierte Bereiche der behäbigen *belle époque*. Eingebildete,
vorgetäuschte oder gar tatsächliche revolutionäre Um-
triebe dienten den Chauvinisten dieser und unserer Zeit
stets am besten zur Auslösung des blutigsten konterrevolutionären Terrors, der seinen Anlass an Grausamkeit
und Blutgier meist um ein Gewaltiges überbot. Die unzähligen Bilddokumente, die Fuchs zu diesem Thema gesammelt hat, sowie die zum Teil etwas verstreuten Texte
hiezu sollen im folgenden ebenfalls noch näher gewürdigt
werden.

Ich beginne das Referat der kulturhistorischen Werke von
Fuchs mit dem schönen kleinen Büchlein *"Das Kulturleben
der Strasse"*, dessen Thema nur ganz am Rande tabuträchtig
ist und das gleichzeitig zu einem weiteren Exkurs über
die wissenschaftliche Stellung der Kulturgeschichte
Anlass gibt.

2.6.3. Wege der Kulturgeschichte

Denselben Titel wie dieses Kapitel trägt eine methodologische Abhandlung des holländischen Kulturhistorikers Johan Huizinga,[1] in der er die Kulturgeschichte *"Klios Erbe"* beanspruchen lässt.[2] Damit ist es aber nicht weit her. Neben bzw. vor Huizinga ist es nur gerade Jakob Burckhardt gelungen, kulturgeschichtlichen Werken jene akademische Würde zu verleihen, die sie für die Geistes- und Sozialwissenschaftler der unbestrittenen, rein universitären akademischen Disziplinen zitabel macht und durch welche das Risiko ausgeschaltet wird, mit ihrer schriftlich publik gemachten Kenntnisnahme in den minderen Bereich des bloss Populärwissenschaftlichen abzusinken. Dort unten befindet sich nämlich heute der methodologische Ort der Kulturgeschichte.

Das ist umso erstaunlicher, als die Kulturgeschichte eine alte und schon vor Jakob Burckhardt durchaus auch universitäre Tradition hat. Weshalb es die Kulturgeschichte dennoch nie und schon gar nicht so schnell wie etwa die Wirtschaftsgeschichte oder die Sozialgeschichte zum mit Lehrstühlen anerkannten Status einer eigenständigen akademischen Fachrichtung gebracht hat, macht ein längerer Artikel von Heinrich Dilly und James Ryding klar,[3] der entgegen dem *understatement* seines Titels ein beachtlicher Ansatz zu einer Geschichte des Begriffs der Kulturgeschichte schlechthin ist.

---

1) Johan Huizinga: Wege der Kulturgeschichte, München 1930
2) ebda., p.65
3) Heinrich Dilly/James Ryding: Kulturgeschichtsschreibung vor und nach der bürgerlichen Revolution von 1848, in: Aesthetik und Kommunikation, No.21/1975, pp.15-32

Die beiden Autoren legen das Hauptgewicht ihres Aufsatzes
- der aber auch den ersten Spuren des Begriffs der Kulturgeschichte in der Geisteswelt der deutschen Aufklärung
des 18.Jahrhunderts, ja sogar seinen lateinischen Ursprüngen nachgeht - auf jene oppositionelle Art der Kulturgeschichtsschreibung in Deutschland, deren vollständige
Verdrängung die andere Seite der Medaille von Jakob Burckhardts Ruhm ist.

Jules Michelet ist das heute bekanntere französische
Pendant dieser vergessenen deutschen Kulturhistoriker,
deren Namen und Werke lauter Neuentdeckungen wären:
Wilhelm Wachsmuth, Gustav Klemm, Johann Georg August
Wirth, Georg Friedrich Kolb, Wilhelm Drumann, Johannes
Scherr, Karl Biedermann.

Dilly und Ryding gehen bei ihrer ersten Aufarbeitung
des Werks dieser Gruppe von Wissenschaftlern von der
Frage aus, *"warum der Kulturgeschichte die Wissenschaftlichkeit nicht zugestanden wurde, obwohl zur selben Zeit
historische Spezialfächer wie etwa die Kunstgeschichte
oder die Literaturwissenschaft ihre disziplinäre Autonomie innerhalb des Wissenschaftssystems erreicht haben."* [1]
Sie beantworten diese Frage wie folgt:

*"Bei unserer Lektüre sind wir zu der These gelangt, dass
in den (...) Kulturgeschichten zu lange an dem Kant'schen
Prinzip, nicht für die Schule, sondern für das Leben zu
arbeiten, festgehalten wurde. Als Wissenschaftler wurden
die Kulturhistoriker - ausser einem - dem Staate gefährlich; als politische Kämpfer, die noch nach der Revolution an deren Idealen festhielten, wurden sie den Geschichtswissenschaftlern unangenehm. (...) Die staatsparteiliche Geschichtsschreibung der Ranke'schen Schule*

---

1) a.a.O., p.16

*sah sich nicht nur in ihrer politischen Funktion, sondern
auch in ihrer Wissenschaftlichkeit bedrängt. Mit Mitteln
der empirischen Erfassung der Historie, die die Geschichtswissenschaft ihre eigensten nannte, forderten die Kulturhistoriker den deutschen Historismus heraus. Es gab offenbar eine Freude an der Empirie, die selbst den empirie-
freudigen Historismus übertraf. (...) Wegen ihrer Aktualität, ihrer Popularität, insbesondere aber aufgrund ihrer
Detailbesessenheit mussten die Kulturhistoriker aus der
Hofhaltung der etablierten Wissenschaft gedrängt werden."* [1]

Es blieb nicht ungestraft, wenn diese Kulturhistoriker der Hofhistoriografie im Stil Rankes [2] vorwarfen, dass
sie *"nur bei dem verweile, was vom Hof, Kabinett und Regie-
rungsbehörden"* [3] ausgehe; noch schärfer aber wurde gegen
sie vorgegangen, weil etliche unter ihnen, wie Wilhelm
Wachsmuth von sich selbst wörtlich schreibt, als *"teilnehmende Beobachter"* [4] in der revolutionären Bewegung von
1848 ihre Rolle spielten:

*"Georg Friedrich Kolb war 1848 Bürgermeister der Stadt
Speyer; Mitglied der Nationalversammlung; seine 'Neue
Speyrer Zeitung' wurde 1853 verboten, er fand Zuflucht
in der Schweiz. Ebenfalls in die Schweiz geflüchtet
hatte sich Johannes Scherr, nachdem er anlässlich einer
von ihm veranstalteten Volksversammlung verfolgt worden
war. Karl Biedermann waren schon 1847 Vorlesungen über*

---

1) a.a.O., p. 16

2) Ranke war seit 1841 offizieller Historiograph des preussischen Staates und wurde am 22.3.1865 vom König von Preussen in den erblichen
Adelsstand erhoben.

3) Wilhelm Wachsmuth: Europäische Sittengeschichte. Vom Ursprunge volks-
tümlicher Gestaltungen. Leipzig 1831, p.6

4) Wilhelm Wachsmuth: Allgemeine Kulturgeschichte, Bd.I, Leipzig 1850,
Vorrede (unpaginiert). Wie gefährlich dieses Unterfangen für die
Freiheit der Wissenschaft sein kann, mussten in neuester Zeit auch
die teilnehmenden Beobachter und Video-Aufzeichner der Opernhaus-
Krawalle des Jahres 1980 in Zürich erfahren, deren Forschungen obrig-
keitlich verfolgt wurden.

Staatswissenschaft untersagt worden; als Vicepräsident und Schriftführer der Nationalversammlung nahm er an der Revolution teil; 1853 verlor er seine Professur aufgrund eines Presseprozesses." [1)]

Parallel zur Verfolgung der progressiven Kulturhistoriker lief die Aufpäppelung einer der Obrigkeit genehmen Kulturgeschichtsschreibung. Da ist zunächst der unaufhaltsame Aufstieg der einen reaktionären Ausnahme unter den deutschen Kulturhistorikern der 48er-Generation zu nennen, die Laufbahn Wilhelm Heinrich Riehls, *"der alsbald zum Tischgenossen Maximilians II. von Bayern wurde, eine steile Karriere an der Münchener Universität und in der deutschen reaktionären Presse machte"* [2)] und schliesslich, *"unter Beibehaltung seiner Professur, zum Direktor des bayer. Nationalmuseums und zum Generalkonservator der Kunstdenkmäler und Altertümer Bayerns ernannt"* wurde. [3)] Wissenschaftsgeschichtlich interessant am Erfolg Riehls ist ferner, dass er seine kulturgeschichtlichen Forschungen unter dem Obertitel einer *"Naturgeschichte"* herausgab. [4)]

---

1) Heinrich Dilly/James Ryding: Kulturgeschichtsschreibung ..., a.a.O., p.20

2) ebda.

3) Brockhaus' Conversations-Lexikon, 13.Aufl., op.cit., Bd.13, p.701, Sp.1

4) Die von Riehl in den 50er und 60er Jahren geschriebene *"Naturgeschichte des Volkes als Grundlage einer deutschen Social-Politik"* erlebte mit ihren 4 Bänden *"Die bürgerliche Gesellschaft"*, *"Land und Leute"*, *"Die Familie"* und *"Wanderbuch"* unzählige Auflagen und wurde zu einem Haus- und Handbuch der herrschenden Klasse, um sich über das von Riehl in Titel und Inhalt kreatürlichen Erscheinungen angenäherte Volk informieren zu lassen. Dilly und Ryding geben a.a.O., p.22 einige herzhaft konservative Ratschläge Riehls zur Einschätzung und Bekämpfung des als *"vierter Stand"* bezeichneten Proletariats wieder.
Damit hat sich der Kreis der begriffsgeschichtlichen Exkurse dieser Arbeit ein erstes Mal geschlossen; weitere Aspekte der Naturgeschichte werden ferner bei der Behandlung des Begriffs der Sittengeschichte nachgetragen, welcher natürlich wiederum denjenigen der Kulturgeschichte tangiert, wie etwa schon aus dem Titel des ersten der zitierten Werke W.Wachsmuths ersichtlich ist.

Die fürstliche Förderung Riehls und die polizeiliche Verfolgung seiner fortschrittlicheren Generationsgenossen reichte aber noch nicht aus, um die letzteren der völligen Vergessenheit preiszugeben. Es kam dazu, dass deren Werk und Arbeitsweise vom Ruhm Jakob Burckhardts, der etwas jünger war als sie, überdeckt wurde. Der keineswegs revolutionäre, aristokratische Basler Kulturhistoriker wurde von den Hütern der etablierten Historie als wissenschaftlicher Gegenpol zu dem unwissenschaftlichen, subversiven, populären Ansatz der von der 48er-Revolution geprägten Kulturhistoriker wohlwollend in ihren Kreis aufgenommen. Seine 1860 erstmals erschiene Betrachtung über *"Die Kultur der Renaissance in Italien"* wurde *"als ein Muster für die Behandlung der Kulturgeschichte überhaupt"*[1] in derselben *"Historischen Zeitschrift"* empfohlen, welche die Werke der oppositionell gesinnten Kulturhistoriker stets mit Schweigen überging.[2]

So kam es, dass die Werke der progressiven Kulturhistoriker der 48er-Generation, auch wenn sie teilweise gut verkauft wurden und stets neue Auflagen erlebten,[3] von der historischen Wissenschaft total verdrängt wurden, während Jakob Burckhardt zum wissenschaftlichen Kulturhistoriker *par excellence* avancierte, zur *"father figure of cultural history whose very tone of voice carries authority"*, wie E.H.Gombrich es formulierte.[4]

---

1) Historische Zeitschrift, No.VI/1861, p.522 (zitiert nach Dilly/Ryding, Anm.34, a.a.O p.31)

2) Dilly/Ryding, Kulturgeschichtsschreibung ..., a.a.O., p.22

3) Insbesondere die *"Deutsche Kultur- und Sittengeschichte"* Johannes Scherrs war ein klassischer Longseller, der von mehreren Autoren und Illustratoren immer wieder auf den neuesten Stand gebracht wurde.

4) E.H. Gombrich: In Search of Cultural History. The Philip Maurice Deneke Lecture 1967, Oxford 1969, p.18 f. Den bereits 1854 erschienenen *"Cicerone"* bezeichnet Gombrich gar als *"passport to 'Bildung', to 'culture' in the Victorian Sense of the term."* (ebda.)

Die Verachtung, welche Fuchs für Burckhardt empfand, dem er Kautsky bei weitem vorzog, ist erwähnt worden;[1] es wäre auch ohne die Ueberlieferung dieser Tatsache einsichtig, dass Fuchs in der Tradition der revolutionär gesinnten, der etablierten historischen Wissenschaft kritisch gegenübertretenden Kulturgeschichtsschreibung steht. Obwohl er z.B. Johannes Scherr recht häufig zitiert - wenn auch selten unter Namensnennung - steht er eher unbewusst in dieser Tradition; durch ihre weitgehende Verdrängung sind auch ihm diese von der 48er-Revolution geprägten Kulturhistoriker mit ihrem dem seinigen in vieler Hinsicht entsprechenden Ansatz als Vorläufer, in deren Nachfolge er sich stellen könnte, nicht mehr präsent.

Die zwei hier aufgezeigten Traditionen und Wege der doch vor allem im deutschen Sprachraum des 19. und frühen 20.Jahrhunderts blühenden Kulturgeschichte sind einander soweit entfremdet, dass sie nicht einmal voneinander Kenntnis nehmen, wenn sie dasselbe Thema anvisieren.

Ein schönes Beispiel dafür liefert uns die Abhandlung von Huizinga, die diesem Kapitel die Ueberschrift lieh. Huizinga schreibt dort, im Jahre 1930:

"Wie gerne hätte man eine Geschichte (...) der Dreiheit Weg, Markt und Herberge".[2]

Er weiss also nicht, dass Ernst Kreowski und Eduard Fuchs - letzterer stand 1930 immerhin auf dem Gipfel seines Ruhms - genau 20 Jahre zuvor ihr (allerdings anonym erschienenes) reichhaltiges Büchlein von immerhin 220 Seiten, versehen mit 300 Illustrationen, über *"Das Kulturleben der Strasse"* herausbrachten. Sie deckten damit genau dasjenige

---

1) Vgl. S.380 dieser Arbeit
2) Johan Huizinga: Wege der Kulturgeschichte, op.cit., p.65

kulturgeschichtliche Thema ab, dessen Behandlung Huizinga
20 Jahre später anregen wollte, kommen doch bei Fuchs und
Kreowski weder das Markttreiben noch die Darstellung des
Herbergslebens zu kurz. Und dass sie eine Kulturgeschichte
der Strasse statt einer des Weges vorlegten, kann kaum
ein zureichender Grund für die Ignoranz Huizingas gegenüber diesem Werk sein.[1]

Dass sich die zwei Wege der Kulturgeschichte nicht einmal
bei der Kulturgeschichte des Weges kreuzen konnten, ist
vielmehr eine Folge der oben beschriebenen Spaltung in eine
gehobene, wissenschaftliche Kulturgeschichte einerseits
und eine als unwissenschaftlich bzw. bloss populärwissenschaftlich abgeurteilte oppositionelle Kulturgeschichtsschreibung andererseits. Die volle Schärfe dieser Spaltung
zeigt sich ja gerade in der für die gebildeten Zeitgenossen
von Fuchs so grossen Autorität Burckhardts einerseits
und in der angesichts der juristischen Belästigungen, denen
Fuchs zeit seines Lebens ausgesetzt war, durchaus verständlichenFlucht in die ruhmlose Anonymität von Kreowski und
Fuchs auf der anderen Seite.

Dabei ist allerdings nicht ganz klar, was der Grund für
die von Fuchs sonst kaum gewählten anonymen Publikationsform [2] dieses gelungenen Werkes war. Die Bilder sind
keineswegs von der Art, dass ihretwegen juristische Schwierigkeiten zu fürchten gewesen wäre; die bei Fuchs sonst so

---

[1] Immerhin sei angemerkt, dass der im teilweise asketisch geprägten
"Herbst des Mittelalters", wie er eines seiner Hauptwerke betitelte,
heimische Huizinga lieber den schmalen Weg der Tugend als die breite
Strasse des Lasters kulturgeschichtlich abgehandelt hätte, im Gegensatz zu Fuchs, den die letztere mehr reizte.

[2] Wohl schrieb er im *"Süddeutschen Postillon"* oft auch ungezeichnet,
als verantwortlicher Redakteur aber dennoch nicht anonym; die von mir
vermutete anonyme Mitarbeit als Illustrator bei Parteipublikationen
ist nicht mit letzter Sicherheit zu behaupten.

beliebten *"galanten Darstellungen"* sind in dieser Publikation selten,[1] und bei einer Darstellung des Kostüms der Nacktheit, dessen transparente Gazeschleier im revolutionären Paris vorübergehend Mode waren, findet sich nur die für Fuchs ungewohnt puritanische Legende *"Trachtenbild"*.[2] Vielleicht liegt der Grund darin, dass Fuchs entgegen seinen sonstigen Grundsätzen einige Bilder wiederholt.[3] Die anonyme Erscheinungsweise liess es Fuchs vielleicht auch mit den - im Vergleich ohnehin etwas nüchternen - Bildlegenden nicht allzu genau nehmen.[4]

Aber alles in allem zählt das Buch, das entgegen sonstiger Gepflogenheiten und wohl mehr den Neigungen Kreowskis folgend auch der Antike und dem Mittelalter breiten Raum einräumt und dafür nach der grossen französischen Revolution abbricht, trotz seines kleinen Formats[5] zu den schönsten Stücken aus dem *oeuvre* von Fuchs.

---

1) Die busenfreie *"galante Darstellung eines Theaterbrandes"* (p.114) ist eine rare Ausnahme in dem Büchlein.

2) p.202. Unter eine ähnliche Darstellung auf p.211 plazierte Fuchs allerdings seine gewohnte Legende *"Karikatur auf die Tracht der Nacktheit"* (p.211)

3) Vor allem solche, die er auch in den mit grosser, aber nicht restlos bewiesener Sicherheit ebenfalls von Fuchs illustrierten, um dieselbe Zeit erschienenen Bände der Reihe *"Kulturbilder"* im Vorwärts-Verlag, die ebenfalls mehr Darstellungen aus dem Alltagsleben als Galanterien enthalten. Von letzteren ist aber z.B. ein auf p.115 des *"Kulturlebens der Strasse"* abgebildeter Kupferstich Garniers auch eine Wiederholung.

4) *"Kulturleben ..."*, p.53, gibt unter einer Nachzeichnung eines Ausschnitts von Niklaus Manuels Totentanz folgende Legende:*"Aus dem Totentanz des Niklaus Manuel. Ehemals an der Kirchhofmauer zu Basel"*. Die älteren Basler Totentänze stammen jedoch nicht von Manuel, dessen zugrundegegangenes Werk in Bern ausgeführt worden ist.
(Vgl. dazu Paul Zinsli: Manuels Totentanz, 2.Aufl. Bern 1979)

5) 13 x 21 cm

2.6.4. Kulturhistoriker der Revolution

Fuchs teilt nicht nur den Ansatz und das Themenspektrum[1] der von Dilly und Ryding wiederentdeckten Kulturhistoriker der 48er-Generation. Die Revolution von 1848 war auch sein Ausgangspunkt und Thema seiner ersten kultur- bzw. karikaturgeschichtlichen (diese Begriffe sind in Fuchs' Werk nicht genau auseinanderzuhalten) Buchpublikation,[2] und eine Monografie zum bayrischen Vorspiel der missglückten deutschen Erhebung war ein anderes seiner frühesten Werke.[3]

Aber auch in seinem späteren Werk gibt er den revolutionären Epochen der Reformation, der Französischen Revolution, den Erhebungen von 1830, 1848, 1871 die grösste Beachtung, was kein Wunder ist, sind die Revolutionen doch immer Höhepunkte der graphischen Produktion.[4]

Er gab seiner ganzen Arbeit als Kulturhistoriker genau denselben Sinn wie Wachsmuth. Dieser formulierte im resignativen Rückblick auf den Verlauf der Revolution von 1848 den Sinn kulturhistorischer Arbeit im Jahr 1850 wie folgt:

"Wenn der teilnehmende Beobachter der jüngsten Vergangenheit in dem Glauben an Fortschritt und Gesittung in Staatseinrich-

---

[1] Dilly/Ryding geben in einer Uebersicht über das Organ der 48er-Kulturhistoriker, die *"Zeitschrift für Kulturgeschichte"*(a.a.O.p.28 f.) u.a. folgende Themen, die auch Fuchs aufnahm, stichwortweise an:*"Hofmanieren, (...) Hochzeitszeremonien, (...) Volkstrachten, (...) Bodenbau und Kost (...) Sittenbilder (...) Geschichte der Bett-und Schlafsitten (...) Geschichte der (...) Bäder (...), die Strukturentwicklungen der bürgerlichen Familie seit der Reformation und der Einfluss des 30jährigen Krieges auf dieselben; der soziale und wirtschaftliche Hintergrund der Judenverfolgungen im Mittelalter.(...) Trinkstubensitten,(...) Kleidungsmode (...) Geschichte der Bettler (...) und (...) die Spinnstube als die wichtigste soziale Einrichtung der deutschen Bauern".*

[2] Eduard Fuchs: 1848 in der Karikatur, op.cit. [3] ders.: Lola Montez, op.cit.

[4] *"Je grösser die Kämpfe, die ein Land durchwogten (...), umso häufiger begegnen wir der Karikatur"* schrieb Fuchs schon in *"1848 in der Karikatur"*(op.cit., p.7)

*tungen und Staatshändeln irre wird, so erlangt er in der
Kulturgeschichte die Zuversicht, dass der unermessliche
Gütervorrat, der der Menschheit in Gewerbe und Verkehr,
in Wissen und Kunst zugewachsen ist und täglich sich
noch mehrt, dem politischen Ungeist in Anarchie und Despotismus nachhaltigen Widerstand leisten und den Fortschritt
im Grossen und Ganzen sichern werde."* [1]

Mit ganz ähnlichen Ueberlegungen zwischen Hoffnung und
Resignation hatte sich auch Fuchs nach seiner beobachtenden und aktiven Teilnahme an der wiederum gescheiterten
deutschen Revolution von 1918 ins Studierzimmer der Kulturgeschichte zurückgezogen:

*"In einer Zeit, die in einem bis jetzt nie gekannten Massstabe und unter den fürchterlichsten Zuckungen Geschichte
macht, kann keine Stunde im Leben vergehen, ohne dass die
Konzentrationskraft des Denkens durch die ewig wiederkehrende Frage jäh zerrissen wird: Welche Mächte werden
schliesslich den Sieg davontragen, jene, die wie Aasgeier
immer neue Profitfetzen aus den Leibern der niedergebrochenen Massen reissen, oder jene, die allein mit ihren Hammerschlägen das Tor sprengen können, das in eine Kultur hinausführt, die wirklich diesen Namen verdient, das heisst also
in einen Zustand, bei dem die Kräfte aller nicht mehr bloss
für den Einzelnen, sondern immer für das Ganze sich regen,
und wo jedem vom Dasein eine Schüssel und ein Löffel beschert sind? Und dann dünkt einen der Anschluss an die
Kampfkolonnen die einzige sittliche Pflicht und ungleich
wichtiger als der stille Dienst im Studierzimmer. Aber für
den, der nun einmal in seinen Forschungen lebt, gilt genau*

---

[1] Wilhelm Wachsmuth, Vorrede zu *"Allgemeine Kulturgeschichte"*, op.cit., a.a.O.

wie für den Handarbeiter das unbarmherzige Wort:'Der Bien muss.' Der kategorische Imperativ des inneren Gestaltungsdranges peitscht den Forscher vorwärts wie den Hungernden der leere Magen. Also arbeitet man weiter und bleibt in den Sielen. Kann man nicht hoffen, das Heute und Morgen in weitem Ausmasse zu befruchten, so muss man sich mit dem Gedanken abfinden, der Zukunft vielleicht noch brauchbares Erbe zu übergeben." [1]

Wie seine Vorläufer im 19.Jahrhundert tröstete sich Fuchs mit der Herausgabe und Illustrierung von Kulturgeschichten der Revolution über den Sieg der Reaktion hinweg.

Hier kann noch auf einen Umstand hingewiesen werden, der eigentlich für die gesamte Arbeit von Fuchs gilt, der sich aber anhand der Kulturgeschichte der Revolution besonders gut darstellen lässt. Fuchs war immer und mit Recht stolz darauf, Pionier des Prinzips zu sein, historische Bücher mit zeitgenössischen Bildern zu illustrieren. In den heutigen Geschichtswerken hat sich dieses Prinzip praktisch vollständig durchgesetzt. Zu Fuchs' Zeiten war es jedoch noch üblich, die Illustrationen von Historienmalern bzw. Historiengrafikern verfertigen zu lassen, die dann ihrer Phantasie in der Ausmalung der dramatischsten Momente der erzählten Geschichte freien Lauf lassen konnten. Mit dieser phantastischen Fiktion kann zwar die von Fuchs propagierte und in beispielhafter Art sowie in unvorstellbarer Quantität vorgenommene Illustrierung mit zeitgenössischen Bildquellen spannungsmässig nicht konkurrieren, denn nicht immer sah die zeitgenössische Malerei und Grafik das für wichtig an, was später als historischer Höhepunkt bekannt wurde.

---

[1] Eduard Fuchs: Vorwort zum zweiten Band der *"Geschichte der erotischen Kunst"*, op.cit., p.VI f.

Dafür ist die von Fuchs eingeführte Illustrationsmethode der Historienmalerei natürlich im Quellenwert unendlich überlegen. Es ist auch aus dieser heute nicht mehr leicht nachvollziehbaren Neuererposition zu sehen, dass Fuchs immer wieder auf dem heute zwar kaum mehr bezweifelten, aber dennoch gerade in der Geschichtswissenschaft immer noch zu wenig beherzigten [1] Quellenwert des zeitgenössischen Bildes besteht.

Am Beispiel der von Parteiverlagen der SPD herausgegebenen Kulturgeschichten der Revolutionen lässt sich nachvollziehen, was Fuchs mit dieser Neuerung vollbrachte.
Die ersten Muster solcher Unterfangen waren die Werke von Wilhelm Blos über die französische Revolution von 1789 und die deutsche Revolution von 1848.[2]
Diesen Werken ist der sorgfältige Aufbau und der erzählerische Schwung nicht abzusprechen, und wenn ein wissenschaftlicher Apparat der leichteren Lesbarkeit wegen auch fehlt, so sind die gelieferten Informationen doch detailreich und korrekt. Beiden Werken war auch ein grosser Erfolg beschieden; die erste Auflage des Blos'schen Werks über die Französische Revolution war schon nach einem Jahr vergriffen und durch eine Neuauflage ersetzt.
Die Werke sind auch reich an Illustrationen, aber eben: es sind lauter phantastisch imaginierte, im Einheits-Xylografenstil der Zeit ausgeführte Bilder. Die Stiche zum der Deutschen Revolution gewidmeten Werk von Blos stammen vom namhaften Künstler Otto E.Lau, die zum Buch über die Französische Revolution sind anonym.

---

1) Die wenigsten der klassischen Quellenwerke sind illustriert; auch neuere, im übrigen hervorragende Erscheinungen auf diesem Sektor, etwa Arno Borsts *"Lebensformen im Mittelalter"* Frankfurt/M.1973, sind primär Textzusammenstellungen. Von den 780 Seiten dieses Werks gelten gerade 24 dem bildlichen Element.

2) Wilhelm Blos: Die französische Revolution . Volkstümliche Darstellung der Ereignisse und Zustände in Frankreich von 1789 bis 1804, Stuttgart 1888, und ders: Die Deutsche Revolution. Geschichte der Deutschen Bewegung von 1848 und 1849, Stuttgart 1893.

Die Ermordung Marats, Rednerszenen aus dem Konvent,
die Erstürmung der Tuilerien - solche bewegenden Momente
konnten die nachgeborenen Illustratoren ausmalen, als
wären sie dabei gewesen.

Der Ruhm dieser Werke von Blos blieb in der Sozialdemokratie bis heute ungebrochen.[1] Sie galten als die definitive Beschreibung der beiden Revolutionen. Nur so ist
es zu erklären, dass ein anderer Versuch revolutionärer
Kulturgeschichte, die der Geschichte der Revolutionen
gewidmeten zwei Bände der Reihe *"Kulturbilder"*, die im
Vorwärts-Verlag erschienen,[2] Bloss die Revolutionen vor
der französischen Revolution von 1789 beschreiben konnten.

Ich habe bereits meine Ansicht geäussert, dass die Bebilderung dieser beiden von Hubert Alphons unter dem Pseudonym
Alexander Conrady verfassten Bände von Fuchs besorgt
wurde, obwohl diese Meinung nicht gesichert ist. Jedenfalls
ist diese Bebilderung die konsequente Anwendung des Fuchsschen Prinzips von der Illustration mit zeitgenössischem
Bildmaterial. Da muss der Sammeleifer die Phantasie ersetzen, und nicht die spannendsten und ergreifendsten
Vorkommnisse können illustriert werden, sondern eben nur
diejenigen, von denen ein zeitgenössisches Bildzeugnis
vorliegt. Dafür sind diese Illustrationen allein so viel
wert wie der Text, was man im Fall der Werke von Blos
überhaupt nicht behaupten kann. Die Bebilderung der
"Kulturbilder" insgesamt - nicht nur der *"Geschichte der Revolutionen"* - ist eine bildliche Quellensammlung erster
Güte; wie bei dem *"Kulturleben der Strasse"* fehlen die
in Fuchs' sonstigen Werken überwiegenden Galanterien
fast vollständig und werden fast mehr noch als mit politischen Bildzeugnissen mit solchen zur Geschichte des Alltags
der behandelten Epochen und Länder ersetzt.

---

1) 1978 erschien im westdeutschen Dietzverlag ein Nachdruck der *"Deutschen Revolution"* von Blos.
2) Vgl. S. 80 dieser Arbeit.

Es ist aufgrund der geschilderten Ausgangslage kein
Zufall, dass im Untertitel der *"Kulturbilder"* stets
betont wird:*"Mit Bildern aus der Zeit"*.
Es ist deshalb nicht verwunderlich, wenn der Text
des Langen-Verlags über Fuchs *"die Heranziehung des
zeitgenössischen Bildes als Geschichtsquelle"* als
eine der Hauptursachen des Erfolgs der Bücher von
Fuchs darstellt,[1] auf jeden Fall ist diese Seite
seiner Arbeit seine historiografisch bedeutsamste
Neuerung; in dieser Ausrichtung auf das Bild als
Quelle gab es *"vor ihm (...) in Deutschland"* in der
Tat *"keine Kulturgeschichtsforschung"*.[2]

Erst Fuchs hat so das Versprechen Gustav Freytags
wahrgemacht, dem Lesepublikum *"Bilder aus der deutschen Vergangenheit"* vorzuführen.[3]

---

1) Mitteilungen des Verlages von Albert Langen in München: Der Kulturhistoriker Eduard Fuchs (op.cit.), p.1

2) ebda., p.6. Diese Hinaufstilisierung von Fuchs zur Vaterfigur der deutschen Kulturgeschichte ist nicht nur ein Seitenhieb gegen Jakob Burckhardt, sondern mehr noch ein weiteres Zeugnis der totalen Verdrängung - auch im Umfeld von Fuchs - der erwähnten Kulturhistoriker im Umfeld der 1848er-Revolution.
Im Prinzip ist es dieser sammeleifrige, sich neben den vom Historismus entdeckten schriftlichen Quellen darüberhinaus auch auf bildliche und gegenständliche Quellen erstreckende Dokumentarismus schon der 48er-Kulturhistoriker, die Fuchs auch hierin fortsetzt, welche sie historistischer erscheinen lässt als der Historismus selbst, der solch eine umfassende, geradezu archäologisch vorgehende Quellenerschliessung gerade als Ueberbietung seiner selbst umso schärfer bekämpfen muss. (Vgl. Dilly/Ryding, a.a.O., p.23)

3) Vgl. Gustav Freytag: Bilder aus der deutschen Vergangenheit. Diese populäre Quellensammlung erreichte ungezählte Auflagen.

2.6.5. Gegen den Krieg

Das Werk von Fuchs mit dem Titel *"Der Weltkrieg in der Karikatur"* [1] ist eines der deutlichsten Zeugnisse dafür, wie unbeirrt und präzis Fuchs emotional belastete Themen seiner Zeit anging. Von diesem Werk erschien nur der (übrigens mit einem Einband von Olaf Gulbransson versehene) erste Band. Die geplante Fortsetzung fiel wohl der Militärzensur zum Opfer, deren Wüten Fuchs im Vorwort zu seiner Ausgabe von Franz Mehrings Marx-Biografie beschrieben hat. [2]

Gegen den Chauvinismus der wilhelminischen Epoche, gegen ihren säbelrasselnden Patriotismus, der gegenüber Juden und Kolonialisierten in Rassismus überging, gegen diesen (nicht nur deutschen) Ungeist, der im 20.Jahrhundert viel Leid über die Menschheit brachte, ist Fuchs schon in seinen publizistischen Anfängen sehr deutlich aufgetreten.

Noch mehr Mut als damals, in den neunziger Jahren des 19. Jahrhunderts, musste Fuchs mitten im Krieg aufbringen, um ein Buch gegen den Krieg zu veröffentlichen. Wohl war es Fuchs gewohnt, seinen schriftstellerischen Weg gegen die Vorurteile der herrschenden Meinung unbeirrt zu gehen. Nie zuvor zu seinen Lebzeiten, nicht einmal unter dem Sozialistengesetz, hatte aber die Meinung der Herrschenden das Feld der Oeffentlichkeit so total beherrscht wie während des ersten Weltkriegs. Ein Spiegel des herrschenden Chauvinismus,

---

1) Eduard Fuchs: Der Weltkrieg in der Karikatur. München 1916
2) Vgl. Eduard Fuchs: Vorwort zur zweiten Auflage in: Franz Mehring: Karl Marx, op.cit., pp.VIII-XVI, insbesondere pp.IX ff.

der an Deutlichkeit nichts zu wünschen übrig lässt, ist die dreibändige Anekdotensammlung, die Erwin Rosen unter dem Titel *"Der grosse Krieg"* schon wenige Wochen nach Kriegsausbruch herauszugeben begann und die in den Kriegsjahren unzählige Ausgaben erlebte.[1] Wie immer beim Witz treten auch hier die Aengste und Hassgefühle des deutschen Chauvinisten in derart potenzierter Weise auf, dass dem Nachgeborenen das eigentlich bezweckte und beim deutschen Publikum der ersten Kriegsjahre ohne Zweifel auch erzielte Lachen schon auf den ersten Seiten auf den Lippen gefriert.

Unter demselben Titel erschien 1916, im selben Jahr wie das gegen den Krieg gerichtete Buch von Fuchs, ein anderes Werk.[2] Er ist vor allem deshalb berüchtigt geblieben, weil in diesem Werk berühmte deutsche Geistesgrössen ihr Erlebnis des Geistes im Krieg in beschämender Weise äusserten.[3]

---

1) Erwin Rosen (Hrsg.): Der grosse Krieg. Ein Anekdotenbuch. 3 Bde. (Bd.14-16 der Anekdoten-Bibliothek). Stuttgart o.J. Die Einleitung Rosens *"Die grosse deutsche Zeit"* ist auf den 30.9.1914 datiert; das Buch liegt mir in der 27.Auflage vor.

2) *"Der grosse Krieg als Erlebnis und Erfahrung"*. Drei Bände, auf Anregung und unter Mitwirkung des Zentralkomitees vom Roten Kreuz herausgegeben von Ernst Jäckh, Gotha 1916

3) Nach des Kanzlers Geleitwort lieferte u.a. Friedrich Meinecke den Text *"Geschichte und öffentliches Leben"* (op.cit., Bd.1, pp.18-22). Es folgten Karl Lamprecht (*"Seelische Erscheinungen des Krieges"*,ebda.p.209-216), Peter Rosegger und Heinrich Hesse (*"Der Dichter und der Krieg"*, p.241ff.), Lovis Corinth (*"Der Genius der deutschen Malerei"*, p.244ff.), Ulrich von Wilamowitz-Möllendorff (*"Der Krieg und die Wissenschaft"*, p.247-252) und schliesslich Max Scheler (*"Der Genius des Krieges und das Gesamterlebnis unseres Krieges"*, p.276-287). Nur gerade Hermann Hesses Beitrag ist nicht so ungebrochen und erschreckend chauvinistisch wie die übrigen. Vielleicht am entlarvendsten für das gänzliche Aussetzen der kritischen Vernunft, die sich in diesen Beiträgen manifestiert, ist der Beitrag von K.W.Dix: *"Der Weltkrieg als Erlebnis für die Kindesseele"* (p.217-225). Dix, nicht zu verwechseln mit dem Maler gleichen Namens, aber anderer Geistesart, kann sich nicht genug freuen, dass auch die Kinder der Kriegsbegeisterung verfielen: *"Bubis eigene Zeichnungen geben sicheres Zeugnis von seinem Kriegsinteresse; (...) Phantasiezeichnungen stellen Schlachten, Flugzeugkämpfe, Fliegerheime, U-Bootangriffe u.a. dar. Geschütze und U-Boote zu zeichnen, war seine Lieblingsarbeit. (...) Flugmaschinen mit dem Matadorbaukasten zu bauen und aus Pappe äusserst geschickt herzustellen, wurde ebenfalls der Kinder 'Kriegsarbeit'."* (p.219). Im 2.Weltkrieg kam diese Erziehung dann voll zum Tragen.

Ebenso instruktiv für die bedingungslose Kapitulation vieler Geister im Krieg ist das Schicksal eines der wenigen bürgerlichen deutschen Intellektuellen, der seinen Verstand für die vier Kriegsjahre nicht einfach ausser Kraft zu setzen gewillt war. Der bedeutende Berliner Universitätsprofessor für Medizin und Pionier in der Anwendung des Elektrokardiogramms Georg Friedrich Nicolai stimmte nicht nur nicht in den Chauvinistenchor ein, sondern erhob seine Stimme im Buch *"Die Biologie des Krieges"*[1] erneut gegen die institutionalisierte Schlächterei in den Schützengraben, nachdem sein u.a. von seinem Freund Albert Einstein unterzeichneter *"Aufruf an die Europäer"* nur das negativste Echo gefunden hatte. Wolf Zuelzer hat in seiner hervorragenden Biografie Nicolais [2] die darauffolgenden Strafmassnahmen des Staatsapparats gegen den unbequemen Professor beschrieben, die nach 1918 nicht etwa aufhörten, sondern Nicolai schliesslich schon lange vor der faschistischen Machtübernahme ins Exil trieben.

Fuchs war sich solche Behinderungen seiner Forschungen schon aus Friedenszeiten gewohnt. Auch ging er im Gegensatz zu Nicolai, der sein Buch unter Umgehung der deutschen Militärzensur in der Schweiz erscheinen liess, mit dieser ihm keineswegs neuen Institution einen Kompromiss ein, als er auf die Veröffentlichung der Fortsetzung seines Werks, dessen einziger erschienener Band nur die Kriege vom 16.Jahrhundert bis zum Vorabend des 1.Weltkriegs behandelt, verzichtete.

---

1) Georg Friedrich Nicolai: Die Biologie des Krieges. Betrachtungen eines Naturforschers. Zürich 1917

2) Wolf Zuelzer: Der Fall Nicolai, Frankfurt/Main 1981

Aber dafür lässt der einzige erschienene Band des
geplanten mehrteiligen Werks über den Weltkrieg inhaltlich an Deutlichkeit nichts zu wünschen übrig. Das
Vorwort zu *"Der Weltkrieg in der Karikatur"* wird Fuchs
zur seltenen Gelegenheit, einen bürgerlichen Verlag –
auch dieses Werk erschien wieder bei Langen – zur Tribüne des Standpunkts der um Rosa Luxemburg, Karl Liebknecht und Franz Mehring gescharten Gründer
des Spartakusbundes zu machen. Ein Teil davon wurde
bereits im biografischen Teil zitiert, [1] eine andere
längere Passage daraus soll hier folgen. Diese 1916
geschriebenen Sätze zeugen von einer Kraft marxistischer Analyse, zu der sich Fuchs durchaus nicht immer
aufschwang. Er schreibt:

*"Alle welterschütternden geschichtlichen Vorgänge führen
zu Ergebnissen, die weit über die Ziele derer hinausgehen,
die sie entfesselt haben. Es wäre geradezu grotesk naiv,
anzunehmen: nach dem Kriege lägen die Dinge in der Hauptsache genau so wie vorher. Nachdem die gesamte Existenz
aller europäischen Staaten Jahre hindurch in den ungeheuersten Malstrom des geschichtlichen Geschehens gerissen worden ist und bis in ihre letzten Grundlagen erschüttert wurde, kann das Endresultat nicht bloss in ein paar Gebietserweiterungen des einen oder des anderen Staates, geschweige denn in einigen papiernen Triumphen auf dem Gebiete des
internationalen Völkerrechts bestehen. Nein, nichts von
dem, was vor dem Krieg existierte, wird nach dem Kriege
ebenso sein, sondern für alles werden sich andere Bedingungen ergeben, und damit sind vielfach die letzten Konsequenzen der entfesselten Kräfte unabwendbar. Für das ent-*

---

1) Vgl. S. 127 dieser Arbeit.

wicklungsgeschichtliche Ausmass spielt es dabei selbstverständlich keine Rolle, ob es zu diesen Konsequenzen schon in zwei, in drei, in fünf oder erst in fünfundzwanzig Jahren kommt. An der Unvermeidlichkeit der Konsequenzen kann jedoch kein Zweifel sein. Nur darüber können uns bange Zweifel beschleichen: ob die Wege, die die europäische Menschheit in der nächsten Zukunft zu beschreiten haben wird, rasch zu einem beglückteren Zustand leiten, oder ob sie noch tiefer in die schrecklichen Niederungen tragischen Geschehens hineinführen. Die revolutionäre Wirkung des Weltkriegs wäre bereits erfüllt, auch wenn es bei dem bliebe, was heute schon feststeht, - seine nur von Wenigen vorausgeschaute lange Dauer hat dazu geführt. Dieses heute schon Feststehende ist eine bis jetzt noch niemals in solch jäher und gewaltiger Weise vor sich gegangene Kapitalkonzentration innerhalb Europas und eine ebenso umfangreiche Wirtschaftsverschiebung von Europa auf Amerika und Japan. An diesem Resultat vermag auch der schliessliche Endausgang des Krieges nichts mehr zu ändern, es kann höchstens wesentlich weiterverschärft werden, wenn der Krieg noch lange andauert. Eine solche tiefgehende Umwälzung erschöpft sich natürlich nicht in sich selbst, sondern führt automatisch zu veränderten politischen und sozialen Allgemeinzuständen der europäischen Gesellschaft. Und eben darin besteht die Tatsache, dass der jetzt noch tobende Weltkrieg das grösste revolutionäre Ereignis seit der grossen französischen Revolution ist." [1]

An andern Stellen der nie pazifistisch vereinfachenden, aber auch nicht in jeder Hinsicht konsequent revolutionärmarxistischen kritischen Kriegsgeschichte von Fuchs finden sich demgegenüber ab und zu biologistische Argumente von der Art, wie wir sie bereits aus seiner Kunsttheorie ken-

---

[1] Eduard Fuchs: Der Weltkrieg in der Karikatur, op.cit., Vorwort, p.V f.

nen und wie sie auch Nicolai verwendete.

Im Buch über den Weltkrieg hat aber der Biologismus von Fuchs ansatzweise auch eine neue, beschwingtere Tonart. Die philosophische Grundlegung zur Kriegskritik von Fuchs ist ein nicht nur gegen den Krieg, sondern gegen den Tod schlechthin sich wendender Hedonismus. Fuchs stützt sich dabei auf den russischen Biologen Elias Metschnikow.[1]

In dieser neuen Perspektive seines Denkens nähert Fuchs den Sozialismus - ideologische Züge der heutigen Alternativbewegung vorwegnehmend - der Makrobiotik an:

"Bacon von Verulam schrieb eine lange Abhandlung über die Kunst, das Leben zu verlängern, Descartes glaubte ein Mittel gefunden zu haben, um dies bestimmt zu erreichen. Der berühmte Arzt Hufeland, mit dem die moderne Hygiene einsetzte, schrieb am Ausgang des 18. Jahrhunderts sein berühmtes Buch 'Makrobiotik oder die Kunst, das Leben zu verlängern'. Von dieser Zeit ab wurde dieses Ziel überhaupt die Wissenschaft der Wissenschaften. Ihr letztes und wichtigstes Ergebnis sind die Studien des genialen Elias Metschnikoff. Und nicht nur einzelne grosse Denker, nicht nur spezifische Wissenschaften streben heute diesem erhabenen Ziele zu, sondern seit einem halben Jahrhundert auch die grösste Volksbewegung der Weltgeschichte, der moderne Sozialismus. Der verwirklichte Sozialismus will dereinst für die Gesamtheit nichts Geringeres bedeuten, als ein Leben in Gesundheit, Kraft

---

1) Der am 15.5.1845 Geborene lebt mittlerweile auch nicht mehr, mochten sich mit seinen Forschungen auch die abstrusesten Hoffnungen auf künstliche Lebensverlängerung verbunden haben. Der russische Forscher starb am 15.8.1916 als Professor am Pariser Pasteur-Institut. Er hatte 1883 die Phagozytose der weissen Blutkörperchen entdeckt und 1908 den Nobelpreis für Physiologie und Medizin erhalten. Fuchs kannte wahrscheinlich Metschnikows *"Studien über die Natur des Menschen"*, 2.Aufl. Leipzig 1910.

*und Schönheit, das bis zu den letzten möglichen Grenzen
geführt ist. Denn dieses ist Inhalt und Hauptziel des
Sozialismus. Die moderne Sozialgesetzgebung, die in allen
Kulturländern städtisch und staatlich organisierte Hygiene sind der oberste Schritt auf dem Wege zu dieser allgemeinen Lebenseroberung."* [1)]

Wenig später verbindet Fuchs diese zu der zeitgenössischen Eroberungskriegspolitik in einem so angenehmen Gegensatz stehende Lebenseroberungsphilosophie wieder
mit seiner gewohnten, auch durch einen Weltkrieg nicht
zu erschütternden Fortschrittsgläubigkeit, wozu er Humboldt und Darwin in folgendem Eintopf kredenzt:

*"Der Lebensinstinkt, der sich alle Mittel dienstbar
macht, (...), um den Tod möglichst lange von sich abzuwehren, (...) ist (...) das Gute gemeinhin. (...) Humboldt sagt:'Einzig der Lebenstrieb führt zu der möglichst
harmonischen Entwicklung aller menschlichen Fähigkeiten,
zu einem vollständigen und einigen Ganzen und damit eben
zur immer höheren Vollkommenheit.' (...) Darwin sagt:'Der
Begriff des allgemeinen Wohles kann definiert werden als
der Ausdruck der Entwicklung der grössten Zahl von Individuen, die in voller Kraft und voller Gesundheit mit allen ihren Eigenschaften zu einem so vollkommenen Grade
entwickelt sind, als die gegebenen Umstände es gestatten.'"* [2)]

Diese Lebenseroberungsphilosophie gipfelt schliesslich
in wohligem Ueberschwang. Fuchs formuliert:

*"Jedes Individuum strebt nach allen Wonnen des Lebens,
nach seinen höchsten Offenbarungen, nach seinen köstlichsten Entzückungen - im Physischen und im Geistigen. Da
liegt unser tiefstes Sehnen. Wir wollen so reich werden,
wie nur möglich, im Geben und im Empfangen. Wir wollen*

---

1) Eduard Fuchs: Der Weltkrieg ..., op.cit., p.30 f.
2) ebda., p.31 f.

*lachen und jubeln, und zwar mit vollstem Bewusstsein.
Wir wollen Sieger sein, Triumphatoren, kräftige Gestalter
der Bilder und Sehnsüchte, die in uns schlummern. Wir wollen Geniesser sein. Geniesser, denen auch der letzte Tropfen Seligkeit nicht versagt bleibt. Denn dazu sind wir
geboren!"* [1)]

Dass der Mensch zur Freude und zur Lust statt zum Heldentod für verlogene Vaterlandsinteressen geboren ist, das ist natürlich ein einfache, aber hieb- und stichfeste Argumentation des Antimilitarismus. Von hier aus gelangt Fuchs ohne weiteres zur 1916 sich aufdrängenden, aber weitherum verdrängten Feststellung, dass der Krieg *"die Tragödie aller Tragödien"* [2)] ist.

Doch andererseits wirkt die in den eben angeführten Zitaten von Fuchs jubelnde Lebensfreude noch fröhlicher, als das für den rhetorischen Kontrast zur Schilderung des Kriegsgrauens eigentlich nötig wäre. Ein leiser Verdacht schleicht sich ein, wenn man diese Textstellen aus dem Jahr 1916 mit dem lebensfrohen Eindruck in Zusammenhang bringt, den die deprimierte Alexandra Kollontai von Fuchs in den ersten Kriegswochen empfing. [3)]

---

1) Eduard Fuchs: Der Weltkrieg ..., op.cit., p.33f.
2) ebda., p.35. Vgl. dazu ferner ebda., p.34:*"Das Leben ist der Güter höchstes. Weil dieses eine wertvolle Erkenntnis der fortgeschrittenen Kultur ist, darum ist der vorzeitige Tod eines Menschen stets eine Tragödie. Mit jedem Menschen stirbt eine Welt, geht eine Welt unter. Da im Kriege und durch den Krieg Hunderttausende vorzeitig sterben müssen - durch den Weltkrieg, den wir gegenwärtig erleben, trifft dieses Los Millionen Menschen, Millionen Welten gehen duch ihn vorzeitig unter -, darum ist jeder Krieg, einerlei, wie er ausgehen mag, vom Standpunkte der Gesamtkultur aus stets eine wahrhafte Welt-Tragödie."* Leider hat Fuchs dieser Erkenntnis noch folgenden Nachsatz angehängt, der unter die erwähnten chauvinistischen Reste zu rubrizieren ist: *"Diese Tragödie ist umso erschütternder, wenn es sich um Kriege zwischen hochzivilisierten Nationen handelt."* (ebda.)
3) Vgl. S. 124 f. dieser Arbeit.

Die folgenden von diesem Verdacht ausgehenden Ueberlegungen sind reine Hypothesen, ja Spekulationen über allfällige Zusammenhänge zwischen diesen Textstellen und der damaligen Lebenssituation von Fuchs; mangels biografischen Quellen privater Natur, etwa Briefe, gehe ich den sonst üblichen Weg, aus der Person den Text zu erklären, einmal umgekehrt.

Eventuell hängt das in den ersten Kriegsjahren von Fuchs im persönlichen Umgang und in seinen Texten ausstrahlende neue, beschwingte Lebensgefühl weniger, wie Alexandra Kollontai meinte, mit der Erinnerung an die warme aegyptische Sonne zusammen als vielmehr mit der vielleicht befreienden, beschwingenden persönlichen Zäsur, zu der es im Zusammenhang mit der Scheidung von seiner ersten Frau Frida geb.Schön im Jahr 1915 [1] beim Mittvierziger Fuchs möglicherweise gekommen ist. In diesem Zusammenhang ist das ganze Werk von Daniel J. Levinson, das hauptsächlich um die Hintergründe der sogenannten *midlife crisis* kreist,[2] von Bedeutung, ganz besonders aber die Bemerkungen, die er darin über den Zusammenhang zwischen Krise der Lebensmitte und der Angst vor der Sterblichkeit bzw. dem Wunsch nach Unsterblichkeit macht,[3] welcher ja in den angeführten Zitaten zusammen mit dem beschwingteren, erleichterten Ton, der auch in anderen Spätwerken von Fuchs anzutreffen ist,[4] in ganz unverhoffter Kombination erscheint.

---

1) Vgl. S. 121 f. dieser Arbeit

2) Daniel J.Levinson: Das Leben des Mannes. Werdenskrisen, Wendepunkte, Entwicklungschancen. Köln 1979.

3) ebda. p.294 ff., insbesondere p.298 und p.300

4) Vgl. die neugewonnene kunsttheoretische Lockerheit in den nach dem Krieg erschienenen Werken von Fuchs über die Kunst, die auf S. 425 ff.dieser Arbeit behandelt wird. Zur möglichen Lockerung und Befreiung des Mittvierzigers vgl. Levinson, op.cit., passim.

Parallel zum hypothetischen Rückschluss aus diesen Textstellen auf einen rein privaten Umstand sei hier noch eine weitere Spekulation angeschlossen, welche diese Textstellen mit einem allgemeineren Phänomen in Verbindung bringt, das besonders Elias Canetti untersucht hat.

Canetti hat in jenem Teil seines Hauptwerks *"Masse und Macht"*,[1] welcher mit *"Der Ueberlebende"* betitelt ist,[2] die *"Lust am Ueberleben"* [3] untersucht. Die Situation von Fuchs, der inmitten von Millionen von Toten seinem Leben neuen Schwung gibt, ist genau die Kernsituation, die Canetti in ihren vielfältigen Abwandlungen, vom Feldherrn bis zum Flüchtling, luzid abhandelt. So ist es vielleicht auch kein Zufall, dass die im hedonistischen Umfeld des Zitats von Fuchs über den Menschen als Geniesser doch einigermassen überraschend auftauchenden Worte *"Sieger"* und *"Triumphatoren"* [4] genau zu jenen gehören, die Canetti im Zusammenhang mit dem Phänomen des Ueberlebenden ebenfalls beizieht.[5]

Doch nun zurück zum Referat der kritischen Kriegsgeschichte von Fuchs. Es wären darin noch einige andere chauvinistische

---

1) Elias Canetti: Masse und Macht. Düsseldorf 1960/München o.J. 2 Bde.

2) ebda., Bd.1, pp.249-311

3) ebda., Bd.1, p.253

4) Vgl. S.485 dieser Arbeit; Fuchs verwendet diese Worte in allen seinen Werken gern und oft.

5) Vgl. Elias Canetti: Masse und Macht, op.cit., Bd.1, p.253. Canetti verwendet diese Worte im Zusammenhang mit seiner Darstellung des Feldherrn als Ueberlebender. Er schreibt:*"Der Feldherr trägt nicht umsonst seinen stolzen Namen. (...) Wenn er siegt, gehört ihm das ganze Blachfeld von Toten. Die einen sind für ihn, die anderen gegen ihn gefallen. Von Sieg zu Sieg überlebt er sie alle. Die Triumphe, die er feiert, drücken auf das genaueste aus, worauf er aus war. Ihre Bedeutung wird an der Zahl der Toten gemessen."* Für diese Berechnungsart kriegerischer Bedeutung führt Canetti weiter vorn (op.cit.,Bd.1, p.72ff.) extremere Beispiele an als das Lob Cäsars durch Plutarch, das er auf p.253 zitiert. Fuchs'*"Lust am Ueberleben"* ist natürlich - abgesehen von seinem feldherrnmässigen Sprachgebrauch - eher defensiv. Vgl. dazu Canetti, op.cit., Bd.1, p.25o f.

Ausrutscher von Fuchs anzukreiden.[1]

Aber im grossen und ganzen ist *"Der Weltkrieg in der Karikatur"* eine kulturhistorische Leistung ersten Ranges. Hier zeigt sich in vollster Schärfe der Gegensatz zwischen dem Historismus, der die Kriege ja ebenfalls in den Vordergrund stellt, sie aber vom Kabinettsstandpunkt, vom Feldherrnhügel aus gesehen abhandelt, während es der Kulturgeschichtsschreibung um die grausigen Details der Kriegführung in ihrer sittenverrohenden, destruktiven Auswirkung auf Zivilisten und Soldaten geht.

---

[1] Folgende Aeusserungen in *"Der Weltkrieg in der Karikatur"* (op.cit.) gehen in diese Richtung. p.240 bricht deutscher Nationalstolz in Fuchs durch:*"Der Weltkrieg 1914/15 ist bis zu einem sehr hohen Grad die bittere Konsequenz davon, dass Deutschland nicht vor einem halben Jahrhundert (d.h. 1848) ein rein bürgerlicher und durchaus einheitlicher Staat geworden ist. Bei einem solchen Staat hätten sich Deutschlands nationale Gegner niemals über seine unbezwingliche Macht und Stärke täuschen können, nicht im Jahre 1870 und nicht im Jahre 1914."* p.287 irrt sich Fuchs, wenn er schreibt, dass die chauvinistischen Karikaturen von 1870 z.B. auf die kolonialen Hilfstruppen Frankreichs *"die sich ihnen bietenden Aufgaben mit künstlerischen Mitteln lösten"*; die von ihm besonders gelobte Bildergeschichte *"Der Turko"* aus den Münchener Bilderbogen (bei p.260/61 beigeheftete Beigabe) löst ihre humoristische Aufgabe einzig mit primitivsten rassistischen Witzen. Sie beginnt den Werdegang eines französischen Kolonialsoldaten mit folgendem Vers:*"Was kriecht da auf dem heissen Sand/Im grossen Afrikanerland?/Ein Mohrchen ist's gar jung und nett/Frisst hier mit Affen um die Wett"*, um ihn schliesslich in deutscher Gefangenschaft enden zu lassen.
Ganz bedauerlich ist das Umschlagen einer an sich hervorragenden Passage über die Greuel des Imperialismus (p.332 ff.) und seiner Kolonialkriege in den völlig verfehlten Beifall zu einer im höchsten Grad rassistischen Karikatur. Den Anlass zu dieser Fehlleistung bietet Fuchs die Abhandlung der gescheiterten Eroberung Abessiniens durch Italien 1896. Er schreibt: *"Um die Aufmerksamkeit von der innerpolitischen Misswirtschaft und dem drohenden inneren Bankerott abzulenken (...), hatte sich Italien in den neunziger Jahren des verflossenen Jahrhunderts mit umso grösserem Eifer auf die Kolonialpolitik geworfen (...). Aber kriegerische Kolonialpolitik ist umso waghalsiger, je zweifelhafter die heimische politische Basis ist; und so brach denn auch der italienische Vorstoss in Abessinien überaus kläglich zusammen."* Und gleich anschliessend folgt diese für die unbewussten Aengste des Kolonialisten charakteristische Umkehrung der Tatsachen:*"Das Gegenteil von dem, was Italien erhofft hatte, trat ein: nicht Abessinien wurde die Beute Italiens, sondern Italien wurde die Beute Meneliks, den der französische Karikaturist Léandre dementsprechend in der Gestalt eines unbarmherzigen Menschenfressers darstellte."*

Diese moralische Grundtendenz des unvollendeten Werks
von Fuchs über den Weltkrieg hat eine würdige Fortsetzung gefunden in Gestalt der zweibändigen *"Sittengeschichte des Weltkrieges"*, die von dem mit Fuchs oft
in einem Atemzug genannten Sexualforscher Magnus Hirschfeld herausgegeben wurde.[1)]

In Bezug auf die Auswahl des Bildmaterials hat Hirschfeld allerdings den künstlerischen Geschmack vollständig der dokumentarischen Fülle geopfert. Gerade am
Vergleich dieser beiden Werke von Fuchs und Hirschfeld
erweist sich das Sammlerauge von Fuchs einmal mehr
als unbestechlich.

Doch hat auch Fuchs an der Tatsache nichts ändern können,
dass in Grafik und Karikatur zum Thema des Kriegs
etwa seit dem Ende des 18.Jahrhunderts ein folgenschwerer
Umschwung eintrat. Die Karikaturen des Mittelalters und
der frühen Neuzeit auf den Krieg sind von einer durchschlagenden, prinzipiellen Kritik des Kriegswesens,
die im grossartigen Werk von Jacques Callot   und
Francisco Goya   ihren letzten, allenfalls noch von Pablo
Picasso weitergeführten Fortsetzungen gefunden haben.[2)]

---

1) *"Sittengeschichte des Weltkriegs"*. Herausgegeben von Sanitätsrat
Dr. Magnus Hirschfeld, Leiter des Institutes für Sexualwissenschaft
in Berlin, bearbeitet von Dr.Andreas Gaspard, mit Beiträgen von Dr.
Paul Englisch, Berlin, Prof.Dr.Friedrich S.Krauss, Wien, Prof.Dr.
Eduard von Liszt, Wien, Dr.Herbert Lewandowski, Utrecht, Curt Moreck,
Berlin, Dr.B. Neufeld, Karlsbad, Dr.J.R.Spinner, Berlin, Heinrich
Wandt, Berlin, Dr.J.Weisskopf, Bründ, Dr.Erich Wulffen, Dresden.
2 Bde, Leipzig/Wien 1930.

2) Vgl. die beiden Radierungs-Zyklen Jacques Callots zum 30-jährigen
Krieg *Misères de la guerre*, die das Vorbild der Radierungen Goyas
zur antinapoleonischen Guerilla unter dem Titel *Desastres de la
guerra* bilden. Damit sind nur noch Picassos grossformatige Gemälde
Guernica und *Massaker in Korea* zu vergleichen, die Proteste gegen Hitlers Unterstützung für Franco sowie gegen die amerikanische
Intervention in Korea.

Mit der in ihrem Hass auf Napoleon ebenfalls starken,
aber schon weniger allgemein aussagekräftigen englischen
Revolutionskarikatur geht die Kriegskarikatur in eine
vom Nationalchauvinismus verzerrte Form über, in der
sie im ersten und zweiten Weltkrieg ihre Tiefpunkte
erreichte. Fuchs kann nicht anders als diesen Niedergang - der immer wieder mit Ausnahmen durchsetzt ist[1] -
zu dokumentieren. Deshalb ist der erste Teil seines
Buchs, der mit den frühen Kriegskarikaturen illustriert
ist, in seiner Wirkung weit stärker als der zweite Teil.
Die dort wiedergegebenen Karikaturen gehören zu den
besten Werken dieser Kunstgattung überhaupt. Was diese
Kunstwerke leisteten, das hat im 19.und 20.Jahrhundert,
als die Kriegskarikatur zur Propagandawaffe herabsank,
die Fotografie übernommen.[2]

---

[1] Eine der seltenen Ausnahmen ist das rare Stück einer revolutionärmarxistischen Karikatur auf den Zusammenbruch der 2.Internationale und ihrer pazifistischen Gelöbnisse angesichts des Kriegsausbruchs anno 1914. Das künstlerisch anspruchslose Blatt aus Italien zeigt einen eingerückten Infanteristen mit dem auf seinem Bajonett aufgespiessten Haupt von Marx. Die Legende lautet schlicht:*"Lavoratori di tutti i paesi, unitevi!"* (Eduard Fuchs: Der Weltkrieg ..., op.cit., p.12

[2] So gehören zum Beispiel die Fotografien von Don McCullin über die Kriege unserer Zeit zu den erschütterndsten künstlerischen Anklagen gegen den Krieg. Vgl. Don McCollin/John Le Carré: Die im Dunkeln, Wien 1982

2.6.6. Gegen den Judenhass

Sein Buch über die Formen und Ursachen des Antisemitismus in Europa bezeichnet Fuchs selbst als Analyse eines emotionalen Gesetzes.[1]

Es ist auch jenes seiner Bücher, in dem Fuchs am meisten spürt, wie ihn das Vehikel seiner Themen, die Karikatur, in chauvinistische Niederungen zu ziehen droht. Bei der Karikatur auf die Juden gibt es - im Gegensatz zur Karikatur auf den Krieg - fast keine Einzelstücke und schon gar keine über Jahrhunderte sich erstreckende Epoche, die ein objektives, unideologisches Bild des Verhältnisses der europäischen Gesellschaftsformen zum Volk der Juden gäben.

Fuchs muss sich deshalb gleich zu Beginn seines Buches über "Die Juden in der Karikatur" auf eine im Rahmen seines sonstigen Werks recht auffällige und dezidierte Art von der hetzerischen Tendenz der Mehrzahl aller Karikaturen auf die Juden seit dem Mittelalter abgrenzen. Dass Fuchs dabei die humoristische Seite auch der erschreckendsten Zeugnisse dieses spezifischen Rassismus noch goutieren konnte, ist nach dem bisherigen Höhepunkt des Antisemitismus im faschistischen Deutschland allerdings nicht mehr nachvollziehbar. Fuchs schreibt zu seinem karikaturistischen Belegmaterial der antisemitischen Emotionen:

"Die bildliche Beweisführung, die ich damit unternehme, ist (...) in sehr vielen Fällen eine sehr lustige und sehr

---

[1] *"Vom 15.Jahrhundert an gibt es in den verschiedensten, d.h. der Reihe nach in sämtlichen Ländern Europas Karikaturen auf die Juden. Bald gab es deren viele, bald wenige, bald gar keine, dann wieder eine ganze Hochflut. Dieser ständige, wenn auch nicht immer auf den ersten Blick erkennbare Wechsel im Auf und Nieder der Leidenschaft, die in den einzelnen Blättern pulsiert, entschleiert uns das Gesetz, das als zeugende Kraft für alle Länder und Zeitabschnitte gilt. Dieses Gesetz zu enthüllen, darzustellen, durch die Jahrhunderte hindurch mit karikaturistischen Dokumenten zu belegen, ist das dieser Arbeit von mir gesteckte Ziel."* (Eduard Fuchs: Die Juden in der Karikatur, München 1921, p.2)

amüsante. (...) Wo sie weder lustig noch amüsant ist, da ist sie zum mindesten interessant (...). Dieser allgemein interessante Charakter rührt daher, dass hier nicht nur häufig die heftigsten Leidenschaften am Werke waren, sondern dass sich auch der Spott und die Satire gegenüber den Juden zumeist hemmungslos austoben konnten. (...) Weil dem Spott gegenüber den Juden keinerlei Schranken gesetzt waren, darum verbirgt sich wie bei dem Spiegel, den die Frau in der Karikatur der verschiedensten Zeiten und Völker gefunden hat, auch hinter (...) der Judenkarikatur(...) ein (...) Teil des schwersten Menschenleids und der tiefsten Menschheitstragödie." [1]

Angesichts der Judenverspottung muss Fuchs seine Auffassung vom Wesen der Karikatur einer Korrektur unterziehen. Weil sein Ausgangspunkt die revolutionäre Karikatur war, konnte er ziemlich lange übersehen, dass es auch reaktionäre Karikaturen sehr wohl gibt. Hatte er noch im Buch über die Kriegskarikatur ohne Einschränkungen behaupten können, dass *"das Grundwesen der Karikatur demokratisch ist"*,[2] so musste er zur Relativierung dieser These in seinem Buch über die Verspottung der Juden eine neue grundlegende Abhandlung über *"Das Wesen der Karikatur"* schreiben,[3] um mit der Tatsache fertigzuwerden, dass *"die antijüdischen Karikaturen (...) nichts anderes (...) als eine der Formen der jeweiligen allgemeinen Judenverfolgungen"* [4] sind.

---

1) Eduard Fuchs: Die Juden in der Karikatur, op.cit., p.2f.
2) Eduard Fuchs: Der Weltkrieg in der Karikatur, op.cit., p.181
3) Eduard Fuchs: Die Juden in der Karikatur, op.cit., pp.92-100
4) Ebda., p.105

Fuchs unterscheidet dabei zwei Formen. Im Vorfeld und
Verlauf eines Pogroms dient die entsprechend aggressiv
gestaltete bildliche Verspottung der Juden als *"das auf-
stachelnde und immer mehr vorwärtstreibende Triumph-
geheul"*.[1] Und daneben, *"in den Zwischenpausen zwischen
den einzelnen Judenschlachten, in welchen man (...) nur
den guten Willen hatte, aber nicht die nötige Kraft dazu besass, den jüdischen Mitbürgern radikal an Kopf und
Portemonnaie zu gehen, bildeten die Karikaturen (...) die
Form, in der man den anders nicht realisierbaren Hass
gegen die Juden abreagierte"*.[2]

Fuchs dokumentiert beides, die hasserfüllte Drastik
aus der Zeit der mittelalterlichen Judenverfolgung,
welche während Jahrhunderten in periodischen Abständen
die Judenviertel der europäischen Städte zu Mord und
Totschlag, Feuersbrunst und Plünderung freigab,
wie auch die milderen Judenwitze aus weniger blutrünstigen Zeitläuften.[3]

Um diese niederträchtige Rolle seiner *"grossen Liebe,
der Karikatur"*,[4] auf dem Gebiet der Judenverfolgung
zu ergründen, muss Fuchs eine Analyse der wirtschaftlichen und sozialen Hintergründe des Judenhasses vornehmen. Ausgehend von einer eigentlichen Wirtschaftsgeschichte, welche die Juden im Sinne Sombarts als
einen wichtigen Faktor der ursprünglichen Akkumulation
und damit der Entwicklung des Kapitalismus auffasst,[5]

---

1) Eduard Fuchs: Die Juden in der Karikatur, op.cit., p.106

2) Ebda.

3) Neben den Karikaturen bringt Fuchs auch Auszüge aus den unzähligen geschriebenen Formen der Judenhetze.

4) Eduard Fuchs: Illustrierte Sittengeschichte, Bd.1, München 1909, Vorwort, p.VI

5) Vgl. dazu das Buch von Werner Sombart: Die Juden und das Wirtschaftsleben, Leipzig 1911, dem Fuchs zahlreiche Informationen und Argumente entnahm.

kommt Fuchs zu einer konjunkturellen Theorie des
Judenhasses. Er schreibt:

*"Die antijüdischen Karikaturen sind die Sturmzeichen
des wirtschaftlichen Wandlungsprozesses, der sich im
Schosse der Gesellschaft vollzieht.(...) Wenn man in
einer Epoche und in einem Land häufiger Karikaturen
auf die Juden findet, so darf man aus diesem Umstand
ohne weiteres folgern, dass in diesem Land und zu
jener Zeit tiefgehende wirtschaftliche Umwälzungen
sich vollzogen haben oder (...) vollziehen. (...) Aus
der grösseren oder geringeren Gehässigkeit der in
einer bestimmten Zeit erschienenen antijüdischen Karikaturen
kann man ausserdem den Grad ablesen, in dem
die Existenz der breiten Massen von der betreffenden
Umwälzung gefährdet (...) ist. Man kann weiter aus
diesen Karikaturen ablesen, welche Kreise der Bevölkerung
besonders betroffen wurden."* [1]

Aufgrund dieser Erkenntnisse ist Fuchs in der Lage,
die schon gegen Ende des 19.Jahrhunderts, vor allem
aber nach dem ersten Weltkrieg sich abzeichnende
neue Welle des europäischen und insbesondere deutschen
Antisemitismus in ihrer vollen Wucht wahrzunehmen,
lange bevor sie auf ihrem Höhepunkt angelangt war.
Ausgehend von der Anwendung seiner Erkenntnis des
Zusammenhangs zwischen Wirtschaftskrise und Judenhass
auf Nachkriegsdeutschland [2] gelangt Fuchs schon 1921

---

[1] Eduard Fuchs: Die Juden in der Karikatur, op.cit., p.108f.

[2] Fuchs schreibt dazu:*"Die gleiche Schlussfolgerung gilt selbstverständlich
auch noch für heute, und darum schwellen auch,
besonders in Deutschland, gegenwärtig die antijüdischen Karikaturen
so sehr an, indem eben die Liquidation des Weltkrieges
zu den grundstürzendsten wirtschaftlichen Umwälzungen geführt
hat, die sich jemals in der Geschichte ausgewirkt haben. In
Deutschland wurden diese Umwälzungen naturgemäss früher sichtbar
und auch unendlich fühlbarer als in den Siegerländern."* (Ebda.,
p.109)

zu folgender Feststellung, deren grauenhafte Wahrheit
von dem faschistischen Völkermord an 6 Millionen europäischer Juden im 2.Weltkrieg auf bestialische Weise
bestätigt wurde:

*"Die grauenhaftesten Formen des Judenhasses gehören
leider nicht nur der Vergangenheit an, sondern im Gegenteil der Gegenwart. An die Qualen, denen die Ostjuden
während des Weltkrieges überantwortet waren, an die
Scheusäligkeiten der konterrevolutionären russischen
Horden unter Koltschak und Wrangel, an die Bestialitäten der ungarischen Horthyoffiziere, - an diese modernsten Judenverfolgungen reicht nichts von dem heran, was
die Vergangenheit an Judenverfolgungen aufzuweisen hat.
So schrecklich die Judenvertreibungen, die Judenverbrennungen des Mittelalters mitunter auch waren, sie verblassen gegenüber den Massenfolterungen und Massenschlachtungen unter den Juden während der letzten Jahre."* [1)]

---

1) Eduard Fuchs: Die Juden in der Karikatur, op.cit., p.76
   Fuchs fährt an dieser Stelle mit einem Optimismus fort, der
   sich leider als ebenso falsch erwiesen hat, wie das angeführte
   Zitat sich bewahrheiten sollte, wenn er die Sowjetunion als
   Aufheberin des Antisemitismus voreilig lobt:*"Nur Sowjetrussland
   ist von dieser Schmach frei."* An anderer Stelle empfiehlt er
   das nachrevolutionäre Russland und dessen Sozialismus den Juden
   nocheinmal als den wahren Weg zur Erlösung aus ihrer Verfolgung:
   *"'Die Sonne der Juden geht im Westen auf' steht unter dem Blatt
   'Die Amerikafahrer'. In Amerika hoffen sie eine Heimat und die
   Erlösung aus der sie niederdrückenden Lebensqual zu finden,- so
   war es gestern. Die geschichtliche Entwicklung hat die Dinge
   richtiggestellt: die Sonne der Juden geht nicht in Amerika auf,
   sie geht auch nicht in Palästina auf. Die Sonne geht im Osten
   auf. Und nicht nur für die Juden."* (ebda., p.310). Fuchs teilt
   diese Einschätzung mit Ernst Bloch, der schrieb:*"Die ökonomischsoziale Revolution wischt die Judenfrage mit einem Nu unter den
   Tisch.(...) Ein Ende des Tunnels ist in Sicht, gewiss nicht von
   Palästina her, aber von Moskau; - ubi Lenin, ibi Jerusalem."*
   (Ernst Bloch: Das Prinzip Hoffnung, Frankfurt/M.1959, Bd.2, p.711)
   Wohl hat die Sowjetregierung mit den Pogromen im Stil der schwarzen Hundertschaften Schluss gemacht. Der "normale" unterschwellige
   Antisemitismus, der sich in Westeuropa nach 1945 in einen Araberhass verwandelte, besteht aber nirgends so unverändert weiter wie
   im heutigen Russland. Nur vor diesem Hintergrund ist der jüdische
   Auswandererstrom von der Sowjetunion nach Israel der letzten Jahre
   zu verstehen.

Diese Einschätzung und Vorahnung ergab sich für Fuchs hauptsächlich aus dem Sammeln der nach dem Krieg immer zahlreicheren, doch z.B. auch schon aus dem Wien der Jahrhundertwende bekannten antisemitischen Wahlplakate, von denen er eine ganze Anzahl präsentiert und kommentiert.[1]

Dem unermüdlichen Sammlerauge von Fuchs entging auch jenes Plakat für die Reichstagswahl von 1920 nicht, das eine blonde Germania vor einem fetten Juden über einem Sarg und dem Schriftzug *"Deutschland"* zeigt.[2] Das Machwerk ist in den oberen Ecken mit Hakenkreuzen versehen und unten mit den Initialen *"A.H."* jenes verkrachten Kunstmalers und späteren Diktators signiert, dessen Schreckensherrschaft den bisherigen Höhepunkt des Judenhasses bedeutete.

---

1) Vgl. die Abbildungen 286, 297-302 und die Beilage zwischen p.280 und 281 von Eduard Fuchs: Die Juden in der Karikatur, op.cit. Den Kommentar dazu liefert Fuchs in dem Abschnitt *"Das antisemitische Plakat"* (ebda., pp.273 ff.)

2) ebda., Abb.303, p.303

2.6.7. Stationen der Sittengeschichtsschreibung von der Antike bis zur Aufklärung

Im Verlauf der Darstellung des Werks von Fuchs begegneten uns bereits die Begriffe der Naturgeschichte und der Kulturgeschichte. Fuchs, dessen sechsbändige *Illustrierte Sittengeschichte* sein umfang- und erfolgreichstes Werk war, muss nun auch zu einer Exposition des Begriffs der Sittengeschichte Anlass geben.

Die Sittengeschichtsschreibung kann sich auf eine noch ältere Tradition berufen als die Kultur- und Naturgeschichte. Herodot, der oft als *"Vater der Geschichte"* bezeichnete älteste griechische Geschichtsschreiber, macht die Sitten der Völker, deren Historien er erzählt, zu einem sein ganzes Werk durchziehenden Themenstrang.[1] Wohl beschreibt Herodot mit Vorliebe die von den hellenischen Bräuchen abweichenden Sitten anderer Völker und ist also eher ein Vorläufer der Ethnologie als einer auf die Reflexion der eigenen Sitten und Unsitten abzielenden Sittengeschichtsschreibung, wie sie dann Rom hervorbrachte. Aber im Unterschied zum anderen grossen Namen der hellenischen Geschichtsschreibung, Thukydides, ist doch auch das Spektrum der von Herodot überlieferten griechischen Geschichte weiter und umfasst neben dem Referat der Kriegszüge und Staatsaktionen, die bei Thukydides fast das einzige Thema bilden,[2] auch die Entwicklung von Kunst und Kultur in einem sehr weiten Sinn.

---

1) Das geht allein schon aus dem das von Herodot nur in Bücher aufgeteilte Werk erschliessenden Inhaltsverzeichnis (pp.V-VIII der Kröner-Ausgabe: Herodot, Historien, Stuttgart 1971) hervor, das auf Herodots Berichte über die *"Sitten der Lyder"*, *"Sitten der Perser"*, *"Sitten der Babylonier"*, *"Sitten der Massageten"*, *"Lebensgewohnheiten und Gebräuche der Aegypter"*, *"Sitten der Skythen"*, *"Sitten der Thraker"* (ebda.) verweist.

2) So ist etwa die Beschreibung der Seuche in Athen und der damit einreissenden Sittenlosigkeit im zweiten Kriegsjahr für Thukydides nicht von eigenständigem Interesse, sondern nur wichtig im Zusammenhang dieser Phänomene mit dem Verlauf des Kriegs zwischen Athen und Sparta, den er beschreibt. (Vgl. Thukydides, Geschichte des Peloponnesischen Krieges, Zürich 1960, Bd.1, p.153)

Von den jüngeren griechischen Geschichtsschreibern der hellenistischen Zeit steht hauptsächlich Pausanias in jener von Herodot ausgehenden Tradition, die den Lebensgewohnheiten und Gebräuchen der beschriebenen Kulturen einen eigenständigen Ueberlieferungswert zuweist.[1]

Konnte es schon nicht die Absicht sein, in das weite Forschungsfeld der griechischen Historiografie näher einzutreten, so kann dies noch weniger von der römischen Geschichtsschreibung gelten. Auch hier will ich nur mit einigen Namen Aspekte der Sittengeschichte exponieren, die für diesen Begriff wichtig sind.

Auch in Rom lassen sich ähnliche historiografische Traditionen und Betrachtungsweisen ausmachen wie in Griechenland; so sind etwa Titus Livius und sein hellenistischer Fortsetzer Polybios eindeutig Kriegshistoriker nach den Vorbildern von Thukydides und Xenophon.

Andererseits zeigt sich in der römischen Geschichtsschreibung noch deutlicher, was auch schon für die griechische Historiografie gilt: Es kann keine allzu rigorose Unterscheidung zwischen Kriegs- und Staatsgeschichtsschreibern einerseits und Kultur- oder eben Sittenhistorikern andererseits gemacht werden. Vielmehr mischen sich diese Arten der Geschichtsbetrachtung gerade bei den Römern in der unverhofftesten Weise.

So ist etwa Cäsars Geschichte des Gallischen Kriegs über weite Strecken auch eine ganz in der Tradition Herodots stehende Beschreibung der Sitten der nordeuropäischen Stämme, mit denen Cäsar auf seinem Kriegszug in Kontakt kam.[2]

---

[1] So insistiert z.B. Pausanias in seinem geografisch-historisch aufgebauten Hauptwerk *"Beschreibung Griechenlands"* auf den sportlichen Gebräuchen an den Olympischen Spielen, erwähnt aber auch sonst alle folkloristischen Eigenheiten seiner griechischen Heimat.

[2] So gibt Cäsar etwa im 6.Buch, 11-28, einen Ueberblick über *"die in Gallien und Germanien herrschenden Sitten"* (zit. nach der Goldmann-Taschenbuchausgabe, München o.J., p.114.) Bekannt ist auch Cäsars Angabe über die Eheform der alten Britannier (5.Buch, 14).

Berühmt ist auch die Beschreibung der Sitten der Germanier durch Tacitus.[1] Von den Deutschen wurde diese stark idealisierende Beschreibung ihrer Vorfahren immer gerne und unkritisch gelesen, während Vertreter anderer Nationen darauf aufmerksam machten, dass Tacitus mit diesem Bild nordischer Sittenstrenge den Kontrast zu der in der frühen Kaiserzeit überbordenden Sittenlosigkeit der Römer habe betonen wollen.

Mit dieser Geisselung der Unsitten der eigenen Kultur durch den Hinweis auf die reinen Sitten der edlen germanischen Wilden steht Tacitus im Schnittpunkt zwischen jener neugierigen, nicht moralisch wertenden Beschreibung der Sitten fremder Völker, wie sie Herodot und Cäsar liefern, und jener spezifisch römischen, von moralischen Impulsen getragenen Kritik an den eigenen Unsitten, wie sie schon bei Sallust zu konstatieren ist, dem übrigens gern die Diskrepanz zwischen der eigenen Lebensführung und der in seinem Werk vertretenen republikanischen Sittenstrenge vorgeworfen wurde.

Von den republikanischen Idealen, wie sie Sallust gefordert hatte und denen noch Tacitus in der frühen Kaiserzeit die Treue hielt, blieb in den Kaiserbiographien Suetons nichts mehr übrig. Was bleibt, ist nur die auch von Sueton vorgenommene moralische Wertung, die sich aber nunmehr nur noch auf Tugenden und Untugenden der einzelnen Herrschergestalten bezieht.

Weil Sueton schon gern ins Anekdotische abschweift, taucht sein Geschichtswerk bereits voll in das Thema der Unsitten

---

1) Tacitus: De Germania. Ueber Ursprung, Lage, Sitten und Völker Germaniens. In: Tacitus:Sämtliche Werke, Wien 1935, pp.81-109

und Laster der Herrschenden ein, in dem dann die *Historia Augusta* [1)] schwelgen. Nicht nur weil dieses Endprodukt der im Vorfeld der Sittengeschichte zu ortenden römischen Geschichtswerke einen prononciert heidnischen, antichristlichen Standpunkt einnimmt, sondern vor allem auch, weil es das Thema der Laster und Unsitten der Herrschenden ohne moralische Entrüstung genüsslich ausbreitet, bezeichnete Theodor Mommsen dieses *opus* als *"eine der elendsten Sudeleien, die wir aus dem Altertum haben"*. [2)]

Mit solchen heidnischen, unmoralischen Sudeleien hatte es unter der Herrschaft des Christentums im späten Rom und im Mittelalter vorerst ein Ende. Die Moraltheologie übernahm nun die Erörterung der Sitten. So ist es kein Wunder, wenn späteren Sittenhistorikern theologische Texte des Mittelalters und auch späterer Jahrhunderte zu Fundgruben wurden. [3)]

Daneben finden sich natürlich auch in den unzähligen Chroniken von zwar lokalem, aber dennoch grossem Interesse eine unabsehbare Zahl von Faktenüberlieferungen aus dem Feld der Sitten und Bräuche. [4)]

---

1) Es handelt sich dabei um 30 Kaiserbiografien von unbekannter Hand. Auch der Originaltitel des nur in einer einzigen Handschrift überlieferten Geschichtswerks ist nicht bekannt.

2) Zitiert nach dem kleinen Pauly, op.cit., Bd.2, Sp.1192

3) Fuchs verwendet neben den weltlichen Sittenmandaten, die ebenfalls ausgezeichnete Quellen zu einer Sittengeschichte ex negativo sind, gerne die Predigten Abraham a Sancta Claras und ähnlicher Sittenprediger als Quellenmaterial, während Michel Foucault im ersten Band seiner *"Histoire de la sexualité"* (Paris 1976), deren versprochene mehrbändige Fortsetzung bislang ausblieb, auf moraltheologische Handbücher zur peinlichen Interrogation der sündigen Beichtkinder zurückgreift (Foucault, op.cit., z.B. p.27 ff.). Grossartig ist die nun auch auf Deutsch vorliegende Auswertung der Inquisitionsprotokolle des Bischofs Jacques Fournier von Pamiers, des späteren Avignoner Papstes Benedikt XII., der Nachforschungen über das Ueberleben albigensischer Ketzerei in der Grafschaft Foix anstellte und die Einwohner des Dorfes Montaillou in den Jahren 1294-1324 über ihr Leben und Denken gründlich inquirierte, durch Emmanuel Le Roy Ladurie (Ders: Montaillou, Ein Dorf vor dem Inquisitor, Frankfurt/M.1980).

4) J.S. Slotkin: Readings in Early Anthropology, New York 1965, gibt Auszüge aus zahlreichen Chronisten u.a. Schriftstellern des Mittelalters und der frühen Neuzeit, die volkskundliche, sozialgeschichtliche und ethnologische oder eben sittengeschichtliche Themen behandelten.

Einen neuen Schwung erhielt die Reflexion über die eigenen und fremden Sitten aber erst wieder, als die aussereuropäischen Entdeckungen und Eroberungen der Europäer in der Renaissance ihren Anfang nahmen. Die Sitten, ja überhaupt die Existenz etwa der Indianer Amerikas wurden aber zunächst einmal nicht unter den Begriff der Sittengeschichte gebracht wie bei den Reisenden und Eroberern der Antike, Herodot und Cäsar, sondern vielmehr unter den Begriff der Naturgeschichte, der diese Völker dem Tierreich zuordnete.[1]

Rückwirkend aber brachte diese explosionsartige Entdeckung neuer Horizonte und ungeahnter Länder mit Bewohnern von gänzlich unerwarteter Gesittung auch die Reflexion der eigenen Sitten der Europäer in Gang, die sich ja gerade im Zuge dieser Entdeckung und Eroberung der übrigen Welt als wenig zimperlich erwiesen. So kam z.B. Montaigne zum Schluss: *"Manche unserer Gesetze und Sitten sind barbarisch und monströs."* [2]

Im 18.Jahrhundert war diese Reflexion und Infragestellung der eigenen Sitten, die bei Montaigne mit seiner Kraft kompromissloser Selbstreflexion ein Einzelfall ist, normal geworden. Montesquieu lässt die europäischen Sitten in den Augen eines persischen Prinzen verfremdet erscheinen und kritisiert sie so vom Standpunkt des edlen Wilden aus, wie das schon Tacitus mit den romischen Unsitten getan hatte.[3] Und Voltaires *"Essai sur les moeurs et l'esprit des nations"* ist nicht nur eine Sittengeschichte, sondern über weite Strecken auch eine Kolonialgeschichte; gerade in dem

---

1) Vgl. F.Oviedo: Historia general y natural de las Indias, Madrid 1959
2) Michel Eyquem de Montaigne: Essais, IV, übersetzt nach: ders: Oeuvres complètes, ed.J.Plattard, Paris 1931 ff., p.82
3) Vgl. Charles de Secondat, Baron de la Brède et de Montesquieu: Lettres persanes, u.a. Paris 1966

die kolonialen Eroberungen der Europäer behandelnden Teil
seines Werks wird deutlich, wie sehr er in der Nachfolge
Montaignes steht.[1]

Die Reflexion über die eigenen Sitten, die schliesslich
im Frankreich des 18.Jahrhunderts zur bekannten revolutionären Aenderung der Bräuche führte, hatte aber neben und
im Zusammenhang mit der Begegnung mit anderen Sitten anderer Völker auch die gelehrte Aufarbeitung der eigenen
Sitten zur Voraussetzung. Das Jahrhundert der Enzyklopädisten [2] perfektionierte dabei nur, was in den sogenannten *moeurs* des 16.Jahrhunderts und im *"Dictionnaire historique et critique"* Pierre Bayles begonnen hatte.[3]

Zwar führte die Reflexion der Sitten im 18.Jahrhundert im
deutschen Sprachraum noch nicht zu vergleichbaren Konsequenzen wie in Frankreich, doch wurde sie auch dort selbst
in der entlegensten Provinz eifrig betrieben.[4]

---

1) Parallelstellen zwischen Montaigne und Voltaire sind z.B. kommentiert in: Voltaire: Essai sur les moeurs et l'esprit des nations, ed.Jacqueline Marchand, Paris 1962, p.255 und p.271.

2) Unter den Mitarbeitern der von Denis Diderot und Jean d'Alembert herausgegebenen *"Encyclopédie ou dictionnaire raisonné des sciences, des arts et des métiers"*, 35 Bde., Paris 1751-1780, befanden sich fast alle bedeutenden Geister der französischen Aufklärung.

3) Ich verweise hier nur stichprobenartig auf Beispiele solcher Sittenkunden des 16.Jahrhunderts: Aubanus Joannes Boemus: Mores, leges et ritus omnium gentium, Lugdunum 1577; Sardus: De moribus ac ritibus gentium libri III, Moguntiae 1577.
Interessant ist, dass die von Bayle in seinem *"Dictionnaire"*, der erstmals 1695 und 1697 in zwei Bänden in Paris erschien, behandelten Stichworte aus der sexuellen Sphäre auf starken, moralisch begründeten Widerspruch stiessen. Bayle antwortete darauf, indem er seinem mit unzähligen Noten und Erläuterungen immer wieder erweiterten Lebenswerk, das 1702 bereits in vier Bänden neu herauskam, einen Anhang über den Begriff der Obszönität anfügte, der auf der Berechtigung der Erörterung dieser angeblich unsittlichen Themen bestand.

4) Vgl. z.B. Leonhard Meister: Zur Geschichte der Künste und Gewerbe, der Sitten und Gebräuche, Zürich 1774

Repräsentativ für die deutsche Form dieser Literatur ist
Justus Möser. Ueber sein gesamtes Werk könnte man den Titel setzen, den er für einige seiner Betrachtungen selber
wählte: *"Versuch einiger Gemälde von den Sitten unserer
Zeit".* [1)]

Weniger typisch deutsch, sondern wiederum Zeugnis einer
singulären denkerischen Ehrlichkeit sind Kants Reflexionen
über *"Die Metaphysik der Sitten".* Der Königsberger kam da
etwa in bezug auf die zeitgenössischen Ehesitten zu Einsichten, vor deren drastischem Zynismus spätere Sittenforscher zurückgeschreckt wären. [2)]

Offensichtlich ist der kulturhistorische Sammeleifer, den
ich im Zusammenhang mit den Wegen deutscher Kulturgeschichtsforschung bereits erwähnte, eine ungebrochene Fortsetzung der enzyklopädischen Thematisierung der Sitten im
Jahrhundert der Aufklärung. Nicht von ungefähr erschienen
ja wichtige Werke der bereits erwähnten deutschen Kulturhistoriker der ersten zwei Drittel des 19.Jahrhunderts auch
unter dem Titel Sittengeschichte.

---

1) Vgl. die unter dem Titel *"Anwalt des Vaterlandes"* herausgegebene Werkauswahl Mösers (Leipzig 1978), pp.7-58

2) Kant schreibt: *"Die Ehe (matrimonium), d.i. die Verbindung zweier Personen verschiedenen Geschlechts zum lebenswierigen wechselseitigen Besitz ihrer Geschlechtseigenschaften."* (Zitiert nach I.Kant: Die Metaphysik der Sitten, in: Kant, Werke in zwölf Bänden, Hg.v.W.Weischedel, Frankfurt 1968, Bd.VIII, pp.303-499, p.390). Kant handelt das Eherecht im dritten Abschnitt seines Werkes ab, der *"von dem auf dingliche Art persönlichen Recht"* handelt. Das Naturrecht nimmt in diesem Abschnitt bei Kant sehr traditionelle Formen an: Ein *"natürliches Erlaubnisgesetz"* (ebda. p.389) erlaubt folgendes: *"Der Mann erwirbt ein Weib, das Paar erwirbt Kinder und die Familie Gesinde."* (ebda.) Schliesslich wird das Recht zur Gewalt: *"Es ist aber der Erwerb eines Gliedmasses am Menschen zugleich Erwerbung der ganzen Person - weil dies eine absolute Einheit ist -; folglich ist die Hingebung und Annehmung eines Geschlechts zum Genuss des anderen nicht allein unter der Bedingung der Ehe zulässig, sondern auch a l l e i n unter derselben möglich. Dass aber dieses persönliche Recht es doch zugleich auf dingliche Art sei, gründet sich darauf, weil, wenn eines der Eheleute sich verlaufen, oder sich in eines anderen Besitz gegeben hat, das andere es jederzeit und unweigerlich, gleich einer Sache, in seine Gewalt zurückzubringen berechtigt ist."* (ebda., p.391)

2.6.8. Die Sittengeschichte in der wilhelminischen Epoche

Was im Kapitel über die Wege der Kulturgeschichte im deutschen Sprachraum gesagt wurde, hat einen sehr engen Bezug zum Leidensweg, den die Sittengeschichte im 19.Jahrhundert zu gehen hatte. Jene Fraktion revolutionär gesinnter Kulturgeschichtsschreiber, die nach der Niederlage von 1848 aus dem erlauchten Kreis der staatstreuen Wissenschaft ausgeschlossen wurden, ist zum Teil identisch mit den damaligen Erforschern der Sittengeschichte,[1] die trotz ihrer bis auf Herodot zurückgehenden Tradition noch tiefer hinabgestossen wurden als die dissidenten Kulturhistoriker. Galt die Kulturgeschichte immerhin noch als Populärwissenschaft, so sank die Sittengeschichte im Lauf des 19.Jahrhunderts zur Bezeichnung einer gewissen Sparte ehrloser Schundliteratur hinab, die um die Jahrhundertwende reissenden Absatz fand.

Universitätsprofessoren, die sich überhaupt noch mit den klassischen sittengeschichtlichen Themen wie Alltags-, Ehe- und Familienleben auch der unteren Volksschichten zu befassen wagten, taten dies unter sorgfältiger Umgehung des Begriffs der Sittengeschichte.[2]

Und umgekehrt zogen diejenigen Autoren, die ihre Werke unter dem Titel Sittengeschichte präsentierten, es zum Teil

---

1) Vgl. S. 465ff.dieser Arbeit.

2) So präsentiert z.B. Alwin Schultz, Professor für Kunstgeschichte an der Karl-Ferdinands-Universität zu Prag, keines seiner einschlägigen Werke (er verfasste daneben auch unverdächtige kunst- und baugeschichtliche Bücher) als Sittengeschichte, obwohl diese den höchsten wissenschaftlichen Ansprüchen standhaltenden Bände genau dem Spektrum dieser Disziplin entsprechen:
  - Das höfische Leben zur Zeit der Minnesänger, o.O.1879/80, 2 Bde.
  - Alltagsleben einer deutschen Frau zu Anfang des 18.Jahrhunderts, Leipzig 1890
  - Deutsches Leben im XIV. und XV.Jahrhundert, Wien 1892
  - Das häusliche Leben der europäischen Kulturvölker vom Mittelalter bis zur 2.Hälfte des 18.Jahrhunderts, München 1903

vor, sie unter falschem Namen zu publizieren.[1]

Was sind die Hintergründe für diesen bemerkenswerten Abstieg einer historischen Disziplin? Sie sind im Titel angedeutet und liegen im ins Absurde gestiegenen Druck, mit dem die seit Beginn der Neuzeit zunehmend verschärfte Tabuisierung körperlicher und insbesondere sexueller Vorgänge [2] in den Jahrzehnten der Blüte einer als viktorianisch oder wilhelminisch apostrophierten [3] bürgerlichen Moral aufrechterhalten wurde.

Gegenüber diesem Druck fungierten die Sittengeschichten als eines der zahlreichen Ventile, mit denen die Zeitgenossen auf ihn reagierten. Ronald Pearsell hat eine Sittengeschichte jener Zeit vorgelegt, welche die recht einheitlich gestalteten Sittengeschichten hervorbrachte, die hier zu behandeln sind. Er schreibt darin:

"Wenn die Viktorianer eine goldene Regel hatten, so war es die, dass es besser sei, sich mit sexuellen Fragen geistig zu beschäftigen, als sich sexuell zu betätigen." [4]

In der Tat hat ja diese Zeit eine ganze Flut von Literatur hervorgebracht, welche die Sexualität zum Thema hat.

---

1) Hans Licht, der vorgeschobene Autorenname für die Bände *"Sittengeschichte Griechenlands"* (Berlin o.J.; Nachdrucke davon werden heute noch neu verkauft) und *"Kulturkuriosa aus Griechenland"* (Dresden o.J.) ist ein Pseudonym für Paul Brandt.
Iwan Bloch, der für seine nicht historisch orientierten sexualkundlichen Bücher wie *"Das Sexualleben unserer Zeit"* (Berlin 1906) mit seinem richtigen Namen zeichnete, verbarg sich für seine Sittengeschichte Englands hinter einem Pseudonym.(Sein unter dem Decknamen E.Dühren verfasstes Werk trug in der ersten Auflage, Berlin 1903, noch den Titel *"Das Geschlechtsleben in England"* und erst in der zweibändigen 2.Auflage, Berlin 1912, die Ueberschrift *"Englische Sittengeschichte"*.)

2) Vgl. dazu neben den bereits zitierten neueren Arbeiten J.van Ussels und M.Foucaults vor allem die historisch-soziologische Untersuchung von Norbert Elias: Ueber den Prozess der Zivilisation, Soziogenetische und psychogenetische Untersuchungen. 2.Aufl., Bern 1969, 2 Bde.

3) Vgl. zu dieser Terminologie S. 462 dieser Arbeit.

4) Ronald Pearsall: Sex im Viktorianischen Zeitalter, Sittengeschichte, Zürich o.J., p.13

Wandten sich die ersten dieser Publikationen, etwa die berühmte *"Psychopathia sexualis"* des Richard Freiherrn von Krafft-Ebing [1] noch an ein Publikum von *"Aerzten und Juristen"*, [2] so begannen bald mit grossem Erfolg populäre sexualkundliche Handbücher für das breite Publikum zu erscheinen.

Davon ist das erste sexualkundliche Werk von Havelock Ellis *"Man and woman"* zu erwähnen, dessen englische Originalausgabe wegen juristischer Behinderungen erst ein Jahr nach der von Fuchs besprochenen deutschen Uebersetzung erscheinen konnte. [3]

Das bereits zitierte Werk von Iwan Bloch über *"Das Sexualleben unserer Zeit"*, dessen erste Auflage 1906 erschien, zeigt den Erfolg dieser Bücher: Es erlebte 1907 seine zweite und 1908 schon seine 6.Auflage.

Das bereits 1904 erschienene ähnliche Aufklärungsbuch des Schweizer Arztes Auguste Forel, der in seiner Antwort auf die sexuelle Frage recht rigide eugenetische Vorstellungen vertrat, erlebte 1913 bereits seine 10.Auflage. [4]

Natürlich sind die Werke von Freud die bedeutendsten der unzähligen Bücher über die Sexualität, die als Reaktion auf den Druck der viktorianischen bzw. wilhelminischen Sexualfeindlichkeit entstanden.

---

1) Die erste Fassung des Werks erschien 1886 in Stuttgart.

2) Vgl. den Untertitel des Werks.

3) Havelock Ellis: Mann und Weib, Würzburg 1896. Zur stark behinderten Arbeit von Ellis vgl. Curt Riess: Erotica! Das Buch der verbotenen Bücher, Hamburg 1967, pp.41-49. Zur Rezension von Fuchs vgl. S. 239 dieser Arbeit.

4) Auguste Forel: Die sexuelle Frage, Eine naturwissenschaftliche, psychologische, hygienische und soziologische Studie für Gebildete, 10.Aufl., München 1913. Forel rühmt sich p.444 dieser Ausgabe der Anordnung der Kastration *"an einem psychisch kranken Scheusal"*.

Die Wechselwirkung zwischen diesem Boom der Sexualkunde und der Disziplin der Sittengeschichte ist für die Zeit des ausgehenden 19.Jahrhunderts unverkennbar. Die Sittengeschichten dieser Zeit nähern sich den rein sexualkundlichen Büchern soweit an, dass die Uebergänge oft nahtlos sind. Man kann das als eine Sexualisierung der Sittengeschichte bezeichnen: Hand in Hand ging damit übrigens eine Sexualisierung der Ethnologie vor sich.[1]

Das Fatale an dieser Sexualisierung der Sittengeschichte ist nun keinesfalls die ausdrückliche Thematisierung der tabuisierten Sexualität. Ihrerseits absurd wurde die Fixierung der Sittengeschichten auf die Sexualverhältnisse nur dann, wenn sie diese so ausschliesslich behandelten, dass ihr Zusammenhang mit den übrigen Sitten und gesellschaftlichen Formen ausser Betracht fiel. Es gab auch auf dem Höhepunkt der Sexualfeindlichkeit dieser Epoche Sittengeschichtsschreiber, die trotz der ausführlichen Abhandlung der sexuellen Sitten das übrige gesellschaftliche Leben der behandelten Epoche nicht aus den Augen verloren, so etwa der bereits genannte Alwin Schultz oder Ludwig Friedlaender, dessen Sittengeschichte Roms bis heute unübertroffen ist.[2]

---

1) Den Begriff der Sexualisierung für den geschilderten Vorgang in den genannten Wissenschaften verdanke ich Mario Erdheim. Vgl. auch dessen nun vorliegendes Werk *"Die gesellschaftliche Produktion von Unbewusstheit , Eine Einführung in den ethnopsychoanalytischen Prozess"* (Frankfurt 1982). In diesem Sinn sexualisiert sind fast alle wichtigen ethnologischen Werke dieser Zeit; das Interesse für die sexuellen Sitten ist z.B. der gemeinsame Nenner der sonst so gegensätzlich ausgerichteten Werke Lewis H.Morgans (*"Ancient Society"*, London 1877) und E.A. Westermarcks (*"History of Human Marriage"*, London 1891).
Ein Beispiel für den Eintopf aus Ethnologie und Sittengeschichte der sexualkundlichen Handbücher der Zeit ist das Kapitel VI in Forels zitiertem Werk (op.cit. pp.168-215) über *"Ethnologie, Urgeschichte und Geschichte des menschlichen Sexuallebens und der Ehe"*, das sich auf den tausendseitigen Wälzer Otto Stolls (*"Das Geschlechtsleben in der Völkerpsychologie"*, Leipzig 1908) stützt.

2) Ludwig Friedlaender: Darstellungen aus der Sittengeschichte Roms. Leipzig 1862-64, 4 Bde. Das Werklein von Pierre Grimal: Liebe im alten Rom, Frankfurt/M.1981, vermag dagegen nicht zu bestehen.

Bei den sexuell pointierten Sittengeschichten aus der
viktorianisch/wilhelminischen Epoche muss man fernerhin
unterscheiden zwischen jenen, welche dem ventilbedürftigen Zeitgeist gehorsam in seine besonderen Interessen
und Perversionen folgten, und denjenigen, die eine Kritik der herrschenden moralischen Anschauungen unter Rückgriff auf die Wandlungen der Sitten im Lauf der Geschichte anstrebten oder die Aufarbeitung der sexuellen Sitten
aus methodologischem Trotz gegen die davon gereinigte
offizielle zeitgenössische Geschichtsschreibung unternahmen.[1]

Die *"Illustrierte Sittengeschichte"* von Eduard Fuchs ist
unbedingt der letzteren Richtung zuzurechnen, wie
im folgenden Kapitel darzutun ist.

---

[1] Die den Titel der seriösen Arbeit Wilhelm Rudecks *("Geschichte der öffentlichen Sittlichkeit in Deutschland"*, 2.Aufl.Berlin 1902) aufnehmende Arbeit von Bernhard Stern: Geschichte der öffentlichen Sittlichkeit in Russland (2.Aufl.Berlin 1920) ist ein typisches Beispiel für das als Sittengeschichte getarnte Schwelgen in bestimmten Perversionen, in diesem Fall derjenigen sadistischer und masochistischer Natur. Wie der zeitgenössische Kenner der Sittengeschichtsliteratur darauf rechnen konnte, in einem Werk über die Sitten Russlands eingehende Schilderungen grausamster Prügel- und Auspeitschungsstrafen und Brutalitäten des russischen Ehelebens anzutreffen, so konnte er in der Annahme nicht fehlgehen, dass auch in einschlägigen Werken über England dem dort u.a. wegen der Erziehungsmassnahmen an den Elite-Schulen vom Stil Etons verbreiteten Laster des Flagellantismus breiter Raum eingeräumt sei. Vgl. E.Dühren, op.cit., 2. Aufl., pp.334-479, wo die *"Flagellomanie"* abgehandelt wird. Den Bedürfnissen eingefleischter Moralisten kam hingegen eher das Werk Ernst Schertels entgegen (*"Sitte und Sünde"*. Eine Sittengeschichte im Querschnitt. Leipzig o.J.).
Ein anderes Kaliber ist Max Bauer, dessen Buch *"Das Geschlechtsleben in der deutschen Vergangenheit"* (Leipzig 1902) in offensichtlicher Pointierung gegen das Werk z.B. Gustav Freytags eine *"Abhandlung über eine Materie sein will, der alle für jung und alt geschriebenen Kulturgeschichten ängstlich aus dem Wege gehen."* (ebda., Geleitwort).

2.6.9. Die Sittengeschichte von Eduard Fuchs

Die "*Illustrierte Sittengeschichte vom Mittelalter bis zur Gegenwart*", wie der volle Titel des Hauptwerks von Fuchs [1] lautet, präsentiert auf und neben total 2446 Textseiten insgesamt 2554 Reproduktionen von Kunstwerken aus den behandelten Zeiten. Es wurde bereits mehrfach darauf hingewiesen, dass dieses umfangreichste Werk von Fuchs auch sein erfolgreichstes war; ihm verdankte er seinen Spitznamen "*Sittenfuchs*" und stete grosse Einkünfte, da sich das Werk bis zum Einbruch der Weltwirtschaftskrise ausgezeichnet verkaufte. [2]

Als Autor der grössten, erfolgreichsten, am reichsten bebilderten und am schönsten gestalteten Sittengeschichte des deutschen Sprachraums hatte Fuchs eine gewisse Berechtigung zu folgender Aeusserung, die alle Vorläufer mit der einzigen Ausnahme Friedlaenders geringschätzig beiseiteschiebt:

"*Von so fundamentaler Wichtigkeit eine Sittengeschichte, die sich speziell mit der geschlechtlichen Moral befasst, für den nach historischer Erkenntnis der Vergangenheit ringenden Geist auch ist, und so reich die Quellen hier jedem Forscher sprudeln, so ist die Entwicklungsgeschichte der geschlechtlichen Moral in der modernen Geschichtswis-*

---

1) Eduard Fuchs: Illustrierte Sittengeschichte vom Mittelalter bis zur Gegenwart. Erster Hauptband: Renaissance, München o.J. (1909). Ergänzungsband: Renaissance, München o.J. (1909). Zweiter Hauptband: Die galante Zeit, München o.J. (1910). Ergänzungsband: Die galante Zeit, Münche o.J. (1910). Dritter Hauptband: Das bürgerliche Zeitalter, München o.J. (1912). Ergänzungsband: Das bürgerliche Zeitalter, München o.J. (1912).

2) Vgl. S.173 ff. dieser Arbeit. Ulrich Weitz: Eduard Fuchs..., a.a.O., erwähnt auf p.33 seiner Arbeit eine Meldung in der Kölnischen Zeitung von 1930, wonach die Sittengeschichte von Fuchs noch 1930, mehr als 20 Jahre nach dem Erscheinen ihres ersten Bandes, an der Spitze der Ausleihstatistik der Bibliothek des Deutschen Reichstags in Berlin stand.

senschaft doch ein überaus vernachlässigtes Gebiet. Wir besitzen in der deutschen Literatur beachtenswerte Arbeiten auf diesem Gebiete höchstens über das alte Rom. Dagegen existiert bis heute keine Sittengeschichte der Zeit seit dem ausgehenden Mittelalter, in der die verschiedenen Wandlungen in den Anschauungen und Forderungen der geschlechtlichen Moral innerhalb dieser Geschichtsperiode historisch dargestellt und begründet wären. Wir haben eine Reihe Materialsammlungen und einige kleine summarische Monographien über einzelne, enger begrenzte Fragen, Länder oder Zeitabschnitte. Das ist alles. Aber selbst dieses Wenige ist ganz unzulänglich, denn es befindet sich darunter kaum eine einzige Arbeit, die auf modernen wissenschaftlichen Gesichtspunkten aufgebaut wäre." [1]

Dieser Auszug aus dem Vorwort von Fuchs zu seinem *magnum opus* zeigt, dass er es ausdrücklich als eine Geschichte der sexuellen Sitten konzipiert hatte; sein Werk, das wegen seiner weiten Verbreitung lange d i e Sittengeschichte schlechthin war, trug also das seine bei zur Sexualisierung dieser Disziplin der Geschichtsschreibung.

Fuchs stellt hier ferner richtig, dass er keineswegs, wie der Obertitel seines Werks glauben machen könnte, auch das Mittelalter voll einbezieht.

Was schliesslich die Wissenschaftlichkeit seines Textes angeht, so gilt hier dasselbe wie von allen seinen übrigen Texten: Fuchs verschweigt die Herkunft seiner Quellen, die er oft aus zweiter und dritter Hand übernimmt, fast immer, und er gibt nur ganz selten jene meist selbst schon populär gehaltenen Darstellungen an, die er gerne zitiert. Mit den *"modernen wissenschaftlichen Gesichtspunkten"*

---

1) Eduard Fuchs, Illustrierte Sittengeschichte, op.cit., 1.Hauptband, Vorwort, p.V

meint Fuchs seine marxistische Grundauffassung.

In dieser Hinsicht stand Fuchs bei der Abfassung der *"Sittengeschichte"* wieder vor derselben Schwierigkeit, die sich ihm bereits bei seinen ersten kunsttheoretischen Versuchen in den Weg gestellt hatte. Dort wie hier versuchte sich Fuchs mit seiner simplen Auffassung des Marxismus gerade an denjenigen Bereichen, die auch marxistischen Theoretikern von grösserer Finesse erhebliche Schwierigkeiten bereiteten. Das ist gleichzeitig das Verdienst und das Problem auch dieses Werks von Fuchs. Das Verdienst liegt darin, dass er sich diesem Problem stellte, nicht darin, dass er es gelöst hätte.

Fuchs war sich darüber im klaren und schrieb dazu:

"Diese Ausführungen sollen und können sich, gemäss der ganzen Anlage des Werkes, das nicht in der theoretischen Analyse, sondern in einer plastischen Tatsachenschilderung seine Hauptaufgabe erblickt, nur auf die wichtigsten Hauptlinien beschränken, und unsere Ausführungen werden sich daher in knappen Umrissen bewegen. Ueberdies massen wir uns auch gar nicht die Kräfte an, die gewaltigen Aufgaben lösen zu können, die der theoretischen Geschichtsbetrachtung auf diesem Gebiet noch harren. Wir verhehlen uns keinen Augenblick, dass unsere theoretischen Darlegungen nur ganz primitiver Art sein können." [1]

Auch in diesem Eingeständnis liegt ein Verdienst. Fuchs verweist an dieser Stelle selbst auf die Lösung, die er in dieser Situation fand, nämlich *"die plastische Tatsachenschilderung"*. Das konnte er mit der drastischen Impulsivität seiner Schreibweise liefern, während ihn diese Eigenschaft seines Stils auf theoretischem Gebiet in der Tat nicht sehr weit brachte.

---

1) Eduard Fuchs: Illustrierte Sittengeschichte, Erster Hauptband, op.cit., Einleitung, p.6

Fuchs wäre aber sich selber untreu geworden, hätte er nicht auch in diesem Werk zur Entschleierung einiger Gesetze angesetzt.

Fuchs verfährt dabei wieder gleich wie schon in seinen Betrachtungen über die *"Naturgeschichte"* bzw. das *"Lebensgesetz"* der Kunst.[1] Zuerst reduziert er wiederum den historischen Materialismus auf die Minimalformel von der den Ueberbau bestimmenden Basis,[2] und dann präsentiert er mit grosser Geste einzelne handgreifliche *"Beispiele (...), bei denen der Zusammenhang zwischen der geschlechtlichen Moral und der ökonomischen Basis der Gesellschaft (...) augenfällig ist."* [3]

Völlig unvermittelt vom in solcher Abstraktheit nicht mehr viel aussagenden Gesetz zum in seiner Loslösung vom konkreten Zusammenhang wenig beweisenden Beispiel springend, lässt Fuchs auch hier den Prozess der dialektischen Vermittlung - sei dieser nun als Aufsteigen vom Abstrakten zum Konkreten oder vom Konkreten zum Abstrakten zu fassen oder als doppelter Denkweg in beiden Richtungen zurückzulegen [4] - in ungeduldiger Bequemlichkeit völlig ausser acht.

---

1) Vgl. S.372ff dieser Arbeit

2) Fuchs schreibt im ersten Hauptband seiner Sittengeschichte, op.cit. p.40: *"Dass die materiellen Interessen die Basis und das Bestimmende darstellen, das ist der Kernpunkt."*

3) ebda.

4) Marx bespricht diese drei Denkprozesse in der bereits zitierten *"Einleitung zur Kritik der politischen Oekonomie"*. Er erwägt zuerst den doppelten Weg *"von dem vorgestellten Konkreten auf immer dünnere Abstrakta (...) und wieder rückwärts"* (a.a.O., p.631) und erörtert dann in einer oft allein zitierten Stelle *"die Methode, vom Abstrakten zum Konkreten aufzusteigen"*, die er aber nur als *"Art für das Denken"* gelten lässt, *"sich das Konkrete anzueignen, es als ein geistig Konkretes zu reproduzieren."* (ebda., p.632). Schliesslich bleibt er auch der Ueberlegung nicht abgeneigt, es *"entspräche der Gang des abstrakten Denkens, das vom Einfachsten zum Kombinierten aufsteigt, dem wirklichen historischen Prozess."* (ebda., p.633). Vielleicht liess Marx diesen Text auch deshalb unpubliziert, weil er ihn mehr als Fragestellung denn als Antwort geschrieben hatte.

Es kommt hinzu, dass das von Fuchs mit Emphase vorgeführte Hauptbeweisstück [1] zur ökonomischen Bedingtheit der Sitten, der Nürnberger Kreistagsbeschluss vom 14.2.1650, wonach wegen dem Frauenüberschuss in der Folge des 30-jährigen Kriegs die Bigamie für die nächsten 10 Jahre erlaubt sein solle, ebensowenig eine strikt ökonomische Ursache hat wie das andere von Fuchs gern gebrauchte Beispiel, wonach die zunehmende Repression der Sexualität nach dem Beginn des 16.Jahrhunderts auf die Einschleppung der Syphilis aus Amerika zurückgehe. [2]

Die triumphierende Geste, mit der Fuchs solche Beispiele als Beweise präsentiert, verliert zusätzlich an Ueberzeugungskraft, wenn man sich klarmacht, dass Fuchs dieses Argumentationsmaterial im Unterschied zu seinem Bildmaterial nicht in eigenen Forschungen aufgestöbert, sondern anderen, z.T. sehr populären Darstellungen entnommen hatte.

Die Kreistagsakte wird schon in August Bebels *"Die Frau und der Sozialismus"* [3] und vorher schon in Johannes Scherrs *"Deutscher Kultur- und Sittengeschichte"* [4] angeführt. Die Syphilis-These hat Fuchs von Panizza übernommen. [5]

---

1) *"Man wird nach Beweisen fragen. Hier sind sie. Ein knappes zeitgenössisches Aktenstück enthält sie."* (Fuchs: Sittengeschichte, 1.Hauptband, op.cit., p.41)

2) Vgl. ebda. p.49. Hier nennt Fuchs die Syphilis explizit eine ökonomische Ursache:*"So wurden die Badehäuser zu (...) Herden der Ansteckung für die neue (...) Krankheit. Deutlicher (...) konnte (...) die Zeit den Menschen die Dialektik nicht einpauken, dass der Besuch eines Badehauses 'höchst unsittlich' sei. Und auch das nennt man eine ökonomische Ursache."* (ebda.). Die Stelle ist auch für Fuchs'Begriff der Dialektik deutlich.

3) Vgl. August Bebel: Die Frau und der Sozialismus, Nachdruck Bonn 1979, p.84

4) Vgl. Johannes Scherr: Deutsche Kultur-und Sittengeschichte, Nachdruck Meersburg 1929, p.374 f.

5) Panizza formulierte diese Hypothese in seinem bereits erwähnten Schauspiel *"Das Liebeskonzil"*, vgl. S. 45 dieser Arbeit.

Bei einem andern seiner immer in stark verkürztem Verfahren
vorgelegten "Beweise" verwickelt sich Fuchs in Widersprüche.
Zuerst schliesst sich Fuchs an die Forschungen Lewis H.Morgans an und schreibt zur Monogamie:

*"Sie entstand, wie Lewis H.Morgan in seiner Geschichte der
Entwicklung der Familie erschöpfend nachgewiesen hat, aus der
Konzentrierung grösserer Reichtümer in einer Hand - und zwar
der eines Mannes - und aus dem Bedürfnis, diese Reichtümer
den Kindern des Mannes und keines anderen zu vererben."* [1]

Wenige Seiten später setzt er diese Erkenntnis für die
Bauern *"bis in unsere Zeit herein"* ausser Kraft:

*"Für keinen Stand sind Kinder ein so wichtiges Kapital wie
für den Bauern, denn sie sind die billigsten (...) Arbeitskräfte. (...) Aus der Wichtigkeit, die die Kinder bis in
unsere Zeit herein für die bäuerliche Wirtschaft haben, resultiert auch im letzten Grunde die ständig mildere Anschauung, die beim Bauern über den Ehebruch herrschte. Der
Bauer drückt auch heute noch in ungleich zahlreicheren Fällen,
als dies bei jedem anderen Stand vorkommt, beide Augen zu,
wenn die Bäuerin einen Ersatzmann kürt, einen strammen Knecht
oder Nachbarn, und ihrem Manne so zu dem unentbehrlichen Familienzuwachs verhilft."* [2]

Diese drei Stellen zur Monogamie und ihrer Ausserkraftsetzung
sind symptomatisch für den ganz im Moment lebenden Diskurs
von Fuchs, der nie den Charakter einer systematischen Theorie
annimmt, sondern wie die Argumentation im Gespräch nur auf
die unmittelbare Plausibilitätswirkung hin berechnet ist.
Deshalb nimmt Fuchs diese Widersprüche gar nicht wahr. Er
versucht überhaupt nicht, eine Gewichtung dieser widersprüchlichen Hinweise in einer übergreifenden Theorie vorzunehmen

---

1) Eduard Fuchs: Sittengeschichte, 1.Hauptband, op.cit., p.16
2) ebda., p.43 f.

und sie als Elemente einer differenzierteren Betrachtung gegenseitig fruchtbar zu machen. Daran hindert ihn natürlich auch sein unvermittelter Uebergang vom Konkreten zum Abstrakten: Wechselnde konkrete Einzelheiten interessieren ihn nicht in ihrem gegenseitig vermittelten Zusammenhang, sondern nur als einzelne Beweisstücke für den einzigen abstrakten Obersatz seiner Rumpftheorie, nämlich für seine unermüdlich geäusserte Meinung, alle Einzelheiten seien dann hinreichend erklärt, wenn man von ihnen in irgendeiner Hinsicht sagen könne, sie seien ökonomisch bedingt. Soviel zum leicht zu erbringenden Nachweis, dass sich das Niveau von Fuchs' Marxismus-Verständnis beim Studium der Sittengeschichte keineswegs gehoben hat.

Der Gerechtigkeit halber muss hier beigefügt werden, dass der auf die momentweise Verblüffung des Publikums abzielende, im ganzen jedoch zusammenhangslose Schreib- und Denkstil von Fuchs ihm auch zu stilistischen Glanzleistungen verholfen hat.

Schon Benjamin war froh, dass er das konstatieren konnte. Er schreibt dazu:

"In der Tat gibt es kaum einen Gegenstand, der dem dreifachen Interesse des Autors - dem geschichtlichen, dem gesellschaftlichen und dem erotischen - mehr entgegenkäme als die Mode. Das erweist sich bereits an ihrer Definition, die eine an Karl Kraus gemahnende sprachliche Prägung hat. Die Mode, so heisst es in der Sittengeschichte, gibt an, 'wie man das Geschäft der öffentlichen Sittlichkeit (...) zu betreiben gedenkt'." [1]

---

1) Walter Benjamin: Eduard Fuchs, a.a.O., p.497 f. Das Fuchs-Zitat findet sich im 3.Hauptband der Sittengeschichte, op.cit., p.189

Gerade ausgehend vom Thema der Mode lässt sich aber
auch zeigen, dass Fuchs sich auf dem Gebiet der Sittengeschichte nicht mehr als dermassen isolierter Aussenseiter fühlte wie kurz vorher auf dem Feld der Kunsttheorie. Er ist hier ohne weiteres fähig, auch auf die Erkenntnisse anderer, und zwar auch gut bürgerlicher Theoretiker zurückzugreifen.

Das Theorem über die Funktion der Mode als Mittel zur
Klassenscheidung, das Benjamin und auch der Mode-Theore-
tiker Stern lobend als Leistung von Fuchs erwähnen, [1]
hat Fuchs von dem zeitgenössischen Rechtstheoretiker
Rudolph von Ihering übernommen, und er zitiert diese
Quelle für seine Verhältnisse sogar recht genau. [2]

Andere Vordenker auf dem Feld der Mode sind für Fuchs natürlich weiterhin Friedrich Theodor Vischer und Oskar
Panizza sowie neuerdings sogar Arthur Schopenhauer. [3]

Uebrigens fasst Fuchs in der Sittengeschichte das ganze
*"geschlechtliche Gebaren und die entsprechenden sittli-
chen Satzungen einer Klasse"* als *"Klassenunterscheidungs-
mittel"* [4] gegen aussen und als *"Klassenbindemittel"* [5]
gegen innen auf. Ihering gab ihm also eines der wenigen
Gesetze zur Analyse des steten Wandels der Sitten ein, die
er sonst nur als Wandel konstatieren [6] und natürlich

---

1) Vgl. W.Benjamin: Eduard Fuchs ..., a.a.O., p.498; ferner Norbert
   Stern: Mode und Kultur, Dresden 1915, 2 Bde., Bd.1, p.36

2) Vgl. Eduard Fuchs: Sittengeschichte, op.cit., 3.Hauptband, p.184
   und 3.Ergänzungsband, p.50. Fuchs führt dort, pp.50-52, die ganze
   längere Ausführung aus Rudolph von Iherings *"Der Zweck im Recht"*
   (Berlin 1893), Bd.2, p.235 ff. zur Mode an. Fuchs zitiert Ihering
   im selben Ergänzungsband nocheinmal zum Thema des Flirts (ebda., p.75)

3) Vischer zitiert er z.B. pp.60ff. desselben 3.Ergänzungsbandes;
   dort bringt er auch eine markige Aeusserung Schopenhauers über die Krino-
   line (ebda. p.62). Aus Panizzas bereits erwähnten Zürcher Diskussionen übernimmt er ebda., p.74 f., eine Bemerkung über das Parfum.

4) Fuchs, Sittengeschichte, op.cit., 1.Hauptband, p.58   5) ebda. p.61

6) Fuchs schreibt, dass seine ganze Sittengeschichte *"einen einzigen
   fortgesetzten Kommentar zu dieser (...) steten Wandlung" "der Sprache,
   der Mode, des Schamgefühls, der Erziehung, der Kunst, der Sittlichkeit im Rechte usw."* bilde. (op.cit., 1.Hauptband, p.25)

eben als ökonomisch bedingt entschleiern konnte.
Doch lassen wir es nun endgültig genug sein mit dem Referat der sittengeschichtlichen Theoreme von Fuchs. Er sagte ja selbst von seinem Werk, dass es *"nicht in der theoretischen Analyse, sondern in einer plastischen Tatsachenschilderung"* sein Hauptanliegen sehe.[1] Was diese Tatsachenschilderung angeht, so vollzieht sie Fuchs wie immer am anschaulichsten und reichhaltigsten in seinem immensen Bildmaterial, aber auch in unzähligen Textquellen, die Dokumente aus der erotischen Literatur, der Sittenpredigt und der volkstümlichen Ueberlieferung präsentieren.[2] Auch der Text von Fuchs ist über weite Strecken plastische Schilderung, und zwar weniger der Sitten als vielmehr der Unsitten der behandelten Zeiten. Fuchs schreibt zu diesem Aspekt folgendes:

"In einer darstellenden Geschichte der geschlechtlichen Moral sammelt sich (...) alles: das Edelste und das Gemeinste. Aber jede derartige Sittengeschichte wird darum doch viel mehr eine Unsittengeschichte sein, wenn man so sagen will. Das liegt in der Natur der Sache, weil das jeweils Moralische vorwiegend im Unterlassen besteht, also im Nichtdarstellbaren; das jeweils Unsittliche dagegen stets im 'Tun', im Darstellbaren. Oder um ein Paradoxon zu gebrauchen: in der Geschichte der geschlechtlichen Moral ist das Negative häufig das einzig Positive. Eine Sittengeschichte, die es unternimmt, die sämtlichen Probleme in ihrer Tatsächlichkeit, unbeirrt von ängstlichen und kleinlichen Bedenklichkeiten zu schildern (...), ist keine Unterhaltungslektüre für schulpflichtige Kinder." [3]

---

1) Vgl. zum grösseren Zusammenhang dieser bereits zitierten Stelle S. dieser Arbeit.
2) Fuchs steht in seiner Aufarbeitung gerade der letztgenannten Textquellen weit hinter der von Friedrich S.Krauss erreichten Materialfülle zurück, des Herausgebers der Zeitschrift *"Anthropophyteia"* (Historische Quellenschriften zum Studium der Antropophyteia, Leipzig 1905 ff.) Leo Schidrowitz (*"Das schamlose Volkslied"*, Wien 1921) und in moderner Zeit Ernest Borneman *("Sex im Volksmund"*, 2 Bde., Reinbek 1974) setzten diese Forschungen fort.
3) Eduard Fuchs: Sittengeschichte, op.cit., 1.Hauptband, Vorwort, p.VI

Es ist gut möglich, dass Fuchs zum Sittengeschichtsschreiber wurde, um die Unsinnigkeit und Wandelbarkeit der Normen, die seine Werke über die erotische Karikatur juristisch bedroht hatten, ausführlich zu beweisen. Jedenfalls kompensierte Fuchs die Tatsache, dass er sich als Sittenhistoriker zum Geschichtsschreiber der Unsitten, des Unmoralischen machte, mit der ganzen Tiefe seines ungebrochenen Moralismus, den selbst die wilhelminischen Richter anerkennen mussten [1] und dessen Darstellung Benjamin in einer der stärksten Passagen seines Aufsatzes über Fuchs geliefert hat. Benjamin schreibt:

"Die Sittenstrenge, die für den Geschichtsschreiber Fuchs bezeichnend ist, gibt ihm die deutsche Prägung. (...) Das ist der Ursprung des Moralismus von Fuchs: ein deutsches Jakobinertum, dessen Denkstein die Weltgeschichte von Schlosser ist, mit der Fuchs in seiner Jugend bekannt wurde." [2]

---

1) Vgl. dazu S. 62 ff. dieser Arbeit. In dem bereits zitierten Gutachten Fedor v.Zobeltitz' heist es zur moralischen Integrität von Fuchs: *"Fuchs fühlt sich ernsthaft als Moralprediger, als E r z i e h e r , und diese tiefernste Lebensauffassung, dies innige Begreifen, dass seine Arbeit im Dienst der Menschheitsgeschichte von höchster Sittlichkeit getragen sein muss, schützt allein ihm schon vor dem Verdacht geschäftseifriger Spekulation, über den jeder lächeln müsste, der den Menschen kennt."* (a.a.O., p.4)

2) Walter Benjamin: Eduard Fuchs ... , a.a.O. p.494 f.
Benjamin kritisiert den Moralismus von Fuchs u.a. wie folgt:
Fuchs *"ist davon überzeugt, dass seine moralistische Geschichtsbetrachtung und der historische Materialismus vollkommen miteinander harmonieren. Hier waltet eine Illusion. Ihr Substrat ist die (...) Anschauung, die bürgerlichen Revolutionen stellten, so wie sie vom Bürgertum selbst gefeiert werden, den Stammbaum einer proletarischen dar.(...) Die Moral des Bürgertums - davon trägt die ersten Anzeichen schon die Schreckensherrschaft - steht im Zeichen der Innerlichkeit. Ihr Angelpunkt ist das Gewissen - sei es das des Robespierreschen citoyens, sei es das des Kantischen Weltbürgers. Das Verhalten der Bourgeoisie, das ihren eigenen Interessen zuträglich, aber angewiesen auf ein ihm komplementäres des Proletariats war, proklamierte als moralische Instanz das Gewissen. (...) Diesem Tatbestand wird Fuchs nicht gerecht, wenn er glaubt, seine Angriffe gegen das Gewissen der Bourgeoisie richten zu müssen. (...)"Das "Missverständnis (...) besteht in der Auffassung, die Ausbeutung bedinge ein falsches Bewusstsein, zumindest auf der Seite der Ausbeutenden, vor allem deswegen, weil ein richtiges ihnen moralisch lästig sei. Dieser Satz mag*

Ich will das Referat der Sittengeschichte nicht länger ausdehnen, weil ich hoffe, Auszüge daraus bald in einem separaten Band dem heutigen Lesepublikum präsentieren zu können. Vielleicht kann ich dann an dieser Stelle noch näher auf die Intentionen der Sittengeschichte von Eduard Fuchs, die in seinem Leben wie in seinem Werk eine zentrale Rolle spielt, sowie auf ihre Stellung innerhalb dieser literarischen Gattung eingehen.[1)]

Im nächsten Kapitel folgt ein kleiner Ausblick über das weitere Schicksal dieser Disziplin der Geschichtsschreibung, in der Fuchs zur Zeit ihrer letzten Blüte wirkte.

---

1) Im Herbst 1985 erscheint im Fischer Taschenbuch Verlag, Frankfurt, eine sechsbändige, gekürzte und kommentierte Neuausgabe der *"Illustrierten Sittengeschichte"*.

(Fortsetzung der Anm. 2) von der vorigen Seite)
für die Gegenwart, in der der Klassenkampf das gesamte bürgerliche Leben in stärkste Mitleidenschaft gezogen hat, eine eingeschränkte Geltung besitzen. Keinesfalls ist das 'schlechte Gewissen' der Bevorrechteten für die früheren Formen der Ausbeutung selbstverständlich. Durch die Verdinglichung werden ja nicht nur die Beziehungen zwischen den Menschen unsichtig; es werden darüber hinaus die wirklichen Subjekte der Relationen selbst in Nebel gehüllt. Zwischen die Machthaber des Wirtschaftslebens und die Ausgebeuteten schiebt sich eine Apparatur von Rechts- und Verwaltungsbürokratien, deren Mitglieder nicht mehr als voll verantwortliche moralische Subjekte fungieren; ihr 'Verantwortungsbewusstsein' ist gar nichts anderes als der unbewusste Ausdruck dieser Verkrüppelung." (ebda., p.493 ff.)
Benjamin fasst seine Kritik wie folgt zusammen:"*So setzt die Klassenmoral sich durch. (...) sie tut es unbewusst. Nicht so sehr hatte das Bürgertum Bewusstsein nötig, um diese Klassenmoral aufzurichten, als das Proletariat Bewusstsein braucht, um sie zu stürzen."* (ebda., p.494)

2.6.10. Das Ende einer historischen Disziplin: Sittengeschichte nach Fuchs

Es ist gezeigt worden, dass das Genre der Sittengeschichte schon vor dem Eintritt des Autors Fuchs in dieses anrüchige Segment des Buchmarktes aufgrund seines Ventilcharakters im wilhelminischen Kaiserreich einen ausgezeichneten Absatz gefunden hatte, nicht zuletzt auch dank spezialisierter Angebote entsprechend den verschiedenen abweichenden Bedürfnissen der zeitgenössischen Kundschaft.

Es ist nicht mit Sicherheit auszumachen, ob der immense finanzielle Erfolg der "*Illustrierten Sittengeschichte*" einen weiteren Ansporn gab für den allerletzten buchhändlerischen Höhepunkt dieser Literaturgattung, der auf die Zeit der Weimarer Republik zu datieren ist.

Der Zeitpunkt dieser allerletzten Blüte des Genres der Sittengeschichte, die bis zum Ausbruch der Weltwirtschaftskrise anhielt, ist nun allerdings einigermassen überraschend. Gegenüber der an ihrer steifen Oberfläche so prüden Vorkriegszeit hatten doch die Goldenen Zwanzigerjahre der Reichshauptstadt Berlin einen zu Kaisers Zeiten völlig unvorstellbaren, amerikanisch angehauchten *sex appeal* gebracht, dessen Symbol die noch in weit fortgeschrittenem Alter erfolgreich mit bekannten Hollywood-Grössen rivalisierende Marlene Dietrich war.

Dennoch war diese Lockerung der Sitten mit kurzen Röcken, Bubikopf und amerikanischer Jazz-Musik offenbar doch nur so oberflächlich erfolgt, dass nach wie vor breite Schichten der deutschen Bevölkerung auf das Ventil der Sittengeschichte angewiesen blieben.

Verfasser sittengeschichtlicher Monografien nach Fuchs sind etwa Paul Englisch [1] und Hans Ostwald,[2] während A. Seidel mehr eine lexikalische Uebersicht über die Völkersitten bietet. [3]

Eine Besonderheit der sittengeschichtlichen Literatur der Nachkriegszeit ist der Uebergang zur Teamarbeit. Die bereits zitierte *"Sittengeschichte des Weltkriegs"* ist das Werk von zahlreichen Autoren,[4] und auch der produktive Sittenhistoriker Alexander von Gleichen - Russwurm nahm ein kompilatorisches Werk in Angriff, dessen 20 Bände seine einzelne Arbeitskraft überstiegen.[5]

---

1) Paul Englisch ist der Verfasser der *"Sittengeschichte Europas"* und der *"Sittengeschichte des Orients"* (beide Berlin/Wien o.J.). Als Fortführer der von Hugo Hayn und A.N. Gotendorf begonnenen neunbändigen Bibliografie *"Bibliotheca germanorum erotica et curiosa"* (München 1912-1929) - das Riesenwerk zeigt übrigens, in welch weites Feld eine Behandlung der Sittengeschichte führt - kannte Englisch auch die unlauteren Quellen für sein buchstäblich im Dreck wühlendes Werk *"Anrüchiges und Allzumenschliches. Einblicke in das Kapitel PFUI."* (Stuttgart 1928).

2) Von Hans Ostwald stammt die *"Kultur- und Sittengeschichte Berlins"* (Berlin o.J.), das auch unter dem Titel *"Die Berlinerin"* aufgelegt wurde.

3) A. Seidel: Geschlecht und Sitte im Leben der Völker, Berlin 1925

4) Der als oberster Herausgeber dieses Werks fungierende Magnus Hirschfeld, der oft zusammen mit Fuchs genannt wird (vgl. S.159 u. 422 dieser Arbeit) liess durch Andreas Gaspard Beiträge folgender Sittenhistoriker für diese zwei Bände verarbeiten: Paul Englisch, Friedrich Krauss, Eduard von Liszt, Herbert Lewandowski, Curt Moreck, B.Neufeld, J.R.Spinner, Heinrich Wandt, J.Weisskopf, Erich Wulffen.
Diese *"Sittengeschichte des Weltkriegs"*(Leipzig / Wien 1930) ist nicht das Hauptwerk Hirschfelds. Dessen *magnum opus* ist vielmehr die vierbändige *"Geschlechtskunde"*, Stuttgart 1926-30. Bekannt wurde er bereits vor dem Krieg mit seinem Erstling *"Vom Wesen der Liebe"*, Leipzig 1906.

5) Es ist mir nicht bekannt, ob das in einem Prospekt aus den zwanziger Jahren angebotene Riesenwerk restlos erschienen ist. Seine Angaben: *"Kultur- und Sittengeschichte aller Zeiten und Völker. Aus den Meisterwerken der Kulturgeschichtsschreibung ausgewählt und bearbeitet von Alexander von Gleichen-Russwurm und Friedrich Wencker."* (Wien o.J., ca.20 Bände)

Ein weiteres sittengeschichtliches Riesenwerk, die von
Leo Schidrowitz herausgegebene Reihe *"Sittengeschichte der
Kulturwelt und ihrer Entwicklung"* vereinigte ebenfalls
Texte von ungefähr allen Forschern mit Rang und Namen auf
dem Gebiet der Sittengeschichte.[1]

Es dürfte aus diesem Ueberblick klargeworden sein, dass
sich Fuchs mit seiner Sittengeschichte trotz der ehrenwerten Tradition des Begriffes in einem buchhändlerischen
Umfeld bewegte, dessen Niveau von hochstehenden, glänzenden
Darstellungen wie etwa derjenigen Friedlaenders über das
alte Rom bis fast beliebig tief unter die Gürtellinie reichte. Die Sittengeschichtsschreiber der Weimarer Republik
waren durch die Lockerung der Sitten in den zwanziger Jahren
nicht etwa arbeitslos geworden, sondern nur freimütiger,
sodass die Sexualisierung der Sittengeschichte erst jetzt
ihren Höhepunkt erreicht hatte.

Fuchs war schon von seinen Genossen in der Vorkriegs-SPD
bezichtigt worden, dieser Sexualisierung der Sittengeschichte
Vorschub zu leisten. Die bereits erwähnte letzte Kritik
eines Werks von Fuchs in der sozialdemokratischen Presse
war ein scharfer Verriss der *"Illustrierten Sittengeschichte"*

---

1) Die vollständigen Angaben der Reihe lauten: Sittengeschichte der
Kulturwelt und ihrer Entwicklung in Einzeldarstellungen. Herausgegeben von Leo Schidrowitz unter Mitwirkung von Max Bauer, Eberhard
Buchner, Grand-Carteret, Hans Floerke, Alexander von Gleichen-Russwurm, Otto Goldmann, Otto Grautoff, Ferdinand Gregori, Gustav Gugitz,
Theodor Hampe, Jean Hervez, Magnus Hirschfeld, Max Kemmerich, Friedrich S.Krauss, Stelpon Kyriakides, Rudolf Lothar, Victor Margueritte,
Kurt Moreck, Rudolf Quanter, Freiherr von Reitzenstein, O.F.Scheuer,
Prof.v.Schultze-Gallera, Gaston Vorberg, Adolf Winds u.a., Wien/Leipzig
o.J.
Leo Schidrowitz verfasste selbst den Band *"Sittengeschichte des
Proletariats"*. Weitere Titel der Reihe sind:
"Sittengeschichte des Hafens und der Reise"
"Sittengeschichte des Theaters"
"Sittengeschichte von Paris"
"Sittengeschichte der Kleinstadt"
"Sittengeschichte der Revolution"
"Sittengeschichte des Intimen"
"Sittengeschichte des Intimsten".

aus der Feder von Paul Kampffmeyer gewesen. Dem Kritiker, der selbst kulturgeschichtliche Werke verfasste,[1] schien die Sittengeschichte von Fuchs *"zu eng begrenzt zu sein. Sie ist im wesentlichen nur die Geschichte einer Seite des sittlichen Lebens: der sexuellen Sittlichkeit."* [2]

Er wollte die im 19.Jahrhundert erfolgte Sexualisierung der Sittengeschichte rückgängig machen und empfahl Fuchs, sich doch auf den *"alten Justus Möser"* [3] zurückzubesinnen, statt sich mit den Lastern der herrschenden Klassen zu beschäftigen. Zumindest hätte Fuchs festhalten sollen, dass die unteren Klassen moralisch sauberer seien als die unmoralische Oberschicht, meinte Kampffmeyer.[4]

Ein ähnlicher Versuch, die Sexualisierung der Sittengeschichte rückgängig zu machen, wurde auch aus KPD-Kreisen unternommen. 1930 erschien eine *"Illustrierte Kultur- und Sittengeschichte des Proletariats"*, verfasst vom (später ebenfalls ausgeschlossenen) Parteimitglied Otto Rühle und mit einem Vorwort des kurz darauf von Stalin kaltgestellten sowjetischen Kulturministers Lunatscharski.[5]

---

1) Vgl. Paul Kampffmeyer: Geschichte der Gesellschaftsklassen in Deutschland, Berlin 1910, ferner:
Ders.: Arbeiterbewegung und Sozialdemokratie, Berlin 1919
Ders.: Unter dem Sozialistengesetz, Berlin 1928

2) Rezension *"Sittengeschichte"* von Paul Kampffmeyer, in: Sozialistische Monatshefte, 1.Band 1909, p.95 f.,p.95, Sp.1

3) ebda., Sp.2

4) Kampffmeyer zitiert eine Stelle aus der Sittengeschichte von Fuchs, wo dieser die Prostitution als notwendiges Ventil der bürgerlichen Eheform darstellt, und schreibt: *"Das kann doch natürlich nur für bestimmte Gruppen der h e r r s c h e n d e n Klassen zutreffen, und die Sittengeschichte dieser Klassen fällt erfreulicherweise n i c h t mit der Geschichte der Sittlichkeit der grossen Bevölkerungsklassen zusammen."* (ebda.)

5) Otto Rühle: Illustrierte Kultur- und Sittengeschichte des Proletariats, Berlin 1930.
Rühle hatte schon 1911 bei Langen in München eine Monographie über *"Das proletarische Kind"* herausgebracht.

Dieses Buch, zu dem übrigens Eduard Fuchs laut einer Mitteilung von Babette Gross als Mitarbeiter eingeladen wurde,[1] sollte wohl ein linientreues Gegenstück zur im Titel deutlich angezogenen *"Illustrierten Sittengeschichte"* von Fuchs sein. Dass ein solches Unternehmen für nötig und sinnvoll erachtet wurde, zeigt nicht zuletzt, dass die Sittengeschichte von Fuchs trotz ihres hohen Preises noch 20 Jahre nach ihrem erstmaligen Erscheinen gerade auch bei den Arbeitern Anklang fand - was ja immer in der Absicht des Autors gelegen hatte.

Die proletarische Sittengeschichte Rühles ist ein Buch von grosser Qualität sowohl in der Argumentation wie in der Illustration, und es ist deshalb sehr erfreulich, dass es kürzlich nachgedruckt worden ist.[2]

Es ist schliesslich weniger ein Gegenstück zum Werk von Fuchs geworden - eher ist es dessen Fortsetzung - als vielmehr ein Widerpart zur bereits zitierten *"Sittengeschichte des Proletariats"* von Schidrowitz. Obwohl auch dessen Werk nicht ohne dokumentarische Verdienste ist, wurde es nicht für ein Arbeiterpublikum geschrieben, sondern für verklemmte Bürger; entsprechend genüsslich werden dort die sexuellen Sitten der Arbeiter aller Zeiten, bei den Sklaven des Altertums beginnend, in den Vordergrund gestellt, die Rühle - der erst im Mittelalter anfängt - mehr im Sinne lebenskundlicher Beratung streift.

---

1) Babette Gross schreibt im Brief vom 14.10.1979 an den Verfasser, dass Münzenbergs Neuer Deutscher Verlag, der Rühles Werk herausbrachte, sich zuerst an Fuchs wandte, als das Projekt einer proletarischen Sittengeschichte angepackt wurde. Sie schreibt:
"Soweit ich mich erinnere, liess er (Fuchs) Münzenberg abblitzen, als wir eine Sitten- und Kulturgeschichte des Proletariats vorbereiteten. Dieser Band, ich kann mich nicht mehr genau an Umfang und Titel erinnern, wurde dann von Otto Rühle, einem früheren Mitbegründer der KPD, redaktionell zusammengestellt."

2) Der unveränderte Nachdruck erschien 1971 in Frankfurt/Main.

Die Machtübernahme der Faschisten beendete die Herausgabe von Sittengeschichten weitgehend. Einzelne Autoren des Genres brachten jedoch auch nach 1933 noch einschlägige Bücher heraus.[1] Nach dem zweiten Weltkrieg erinnerten sich einige Verleger des grossen Vorkriegsgeschäfts mit den Sittengeschichten, konnten es aber nicht mehr recht in Gang bringen.[2] Heute gibt es immer noch Bücher, die sich im Haupt- oder Untertitel Sittengeschichten nennen,[3] doch ziehen zwei neuere, für das heutige einschlägige Angebot repräsentative Bücher zur Geschichte der Sexualität weniger antiquierte Titelvarianten vor.[4] Trotz modernisiertem Titel wirken aber auch diese Bücher in den Auslagen der *sex-shops* unserer Zeit nostalgisch. Die Amerikanisierung Westeuropas hat nicht nur unsere Kultur, sondern auch unsere Kulturgeschichtsschreibung überrollt.

Das Ende des spezifischen Genres sexualisierter Sittengeschichten darf jedoch keineswegs tragisch genommen werden. Neben der harten Pornografie und den andern Artikeln des in allen Grossstädten des Westens zunehmend präsenten aggressiven Sexgewerbes neuen Stils, welche als Ventil für unterdrückte Sexualität den Sittengeschichten den Rang abgelaufen haben, liegt der Grund für das Verschwinden

---

1) Vgl. Rudolf Quanter: Das Liebesleben im alten Deutschland, Ein Beitrag zur Kulturgeschichte des deutschen Volkes, Leipzig 1938

2) Vgl. dazu z.B. das kleine Bändchen *"Sittengeschichte mit Humor"*, das bereits 1946 in Wien herauskam.

3) Neueren Datums ist z.B. *"Knaurs Sittengeschichte"*, hg. v. Paul Frischauer, Zürich 1968, 3 Bde. Neuesten Datums ist die - übrigens mässig sexualisierte und sehr informative - Untersuchung E.E.Vardimans *"Die Frau in der Antike"*, Düsseldorf 1982, welche mit dem Untertitel *"Eine Sittengeschichte"* versehen wurde.

4) Vgl. z.B. Joseph Maria Lo Duca: Die Geschichte der Erotik, Wiesbaden 1977, oder Reay Tannahill: Kulturgeschichte der Erotik, Wien 1982. Das letztgenannte Buch ist insofern eine Novität, als es von einer Frau verfasst wurde. Es handelt das Thema mit derselben Lockerheit ab wie die von derselben Autorin verfasste *"Kulturgeschichte des Essens"* (Wien 1975) das ihre, ferner hat das über dem Durchschnitt des gängigen Angebots stehende Werk einen universalen Ansatz und gibt seine Quellen genau an.

dieser Literaturgattung ohne Zweifel auch in dem, was
mit voreiliger Euphorie als sexuelle Befreiung gefeiert
wurde.

Gewicht und Ausmass dieses Vorgangs, der sich in den
Industrieländern seit den beiden Weltkriegen beschleunigt
abspielt, können am besten im Vergleich mit dem kommunistischen Herrschaftsbereich ermessen werden, wo sich jenes moralische Klima, das die sexualisierten Sittengeschichten hervorbrachte, weitgehend erhalten hat,[1] wenn
es auch mangels eines privaten Verlagswesens keine Sittengeschichten, aber immerhin gepfefferte Samisdat-Porno-Comics provoziert.[2] Das Werk der beiden verfolgten, in
Lager verschleppten und schliesslich exilierten russischen
Sexualtherapeuten Michail und August Stern über die sexuellen Sitten in der Sowjetunion mit dem zutreffenden Titel
"Der verklemmte Genosse" [3] zeigt mit erschreckender Deutlichkeit, wie nötig und wie vergeblich der Kampf von Eduard Fuchs, Alexandra Kollontai, Wilhelm Reich und anderen
klarsichtigen Köpfen für eine Enttabuisierung der Sexualität im kommunistischen Bereich war.

---

1) Das Verdikt Lenins gegen Freud und andere Bemühungen zu einem rationalen Umgang mit der Sexualität, das auf S.146 dieser Arbeit zitiert wurde, ist von der späteren konservativen Sexual- und Familienpolitik Stalins noch diktatorisch verschärft worden. Der Versuch einer echten Emanzipation der Sexualität in den ersten Jahren der Sowjetunion wurde abgeblockt. Die in diesen Prozess eingebettete Verdammung der Psychoanalyse als bourgeoise Pseudowissenschaft hat sich bis heute auf die Psychiatrie und das Alltagsleben im ganzen kommunistischen Herrschaftsbereich ausgewirkt. Ein Beispiel dafür ist die nicht zuletzt auch in ihrer Ignoranz erschütternde Dokumentation einer Mutter in der DDR über die im Selbstmord gipfelnden psychischen und sexuellen Schwierigkeiten ihrer Tochter, welche mit Elektroschock und Insulinkur behandelt wurde.(Vgl. Sybille Muthesius: Flucht in die Wolken, Frankfurt 1972)

2) Vgl. die als handgedruckte Posters in illegalen Umlauf gebrachten Bildergeschichten über die an Barbarella angelehnte *"Oktobriana"*, die in den frühen 60er-Jahren in der Sowjetunion auftauchten. Sie erschienen dann in Buchform auch auf deutsch: Octobriana, Der erste Comic-Strip aus dem UdSSR-Untergrund,hg.v.Peter Sadecky, Darmstadt 1972.

3) Michail und August Stern: Der verklemmte Genosse, Das sexuelle Leben in der Sowjetunion, Berlin o.J.(1981)

Dass sich die sexuellen Sitten in den reichen Ländern
des Westens gelockert haben - ohne dass dieser Prozess
zu einer eigentlichen sexuellen Emanzipation geführt
hätte; vielmehr hatte er bloss eine vermehrte und hem-
mungslosere Kommerzialisierung der Liebestriebe zur
Folge - , zeigt sich nicht nur am Absterben des Genres
der Sittengeschichte, sondern auch am Aufkommen einer
neuen Art von Literatur zur Geschichte der Sinnlichkeit,
des Alltags, der Sitten und Bräuche, der Kleidung,
des Körpers. Diese neue Literatur [1] zu den alten The-

---

[1] Ich gebe keinen vollständigen Ueberblick über diese neuen Forschungen, sondern nenne nur einige Titel. Am Anfang dieser Neuauf-
nahme sittengeschichtlicher Themen stehen zwei Schweizer, René König ("*Materialien zur Soziologie der Familie*", Köln 1974, 1.Aufl.
1946) und Rudolf Braun ("*Industrialisierung und Volksleben*", Erlenbach 1960). Derselben Forschergeneration gehört Philippe Ariès an
("*L'enfant et la vie familiale sous l'Ancien Régime*", Paris 1960).
Ihm schliesst sich François Lebrun an mit "*La vie conjugale sous
l'Ancien Régime*", Paris 1975. Repräsentativ für die jüngere angel-
sächsische Forschung dieser Richtung ist Edward Shorter ("*The Making
of the Modern Family*", New York 1975), der natürlich nicht nur vom
Titel her auf vorbildliche englische Sozialhistoriker zurückgreifen
konnte wie E.P.Thompson ("*The Making of the English Working Class*",
London 1963) und E.J. Hobsbawm (u.a. "*Labouring Men*", London 1962).
Vom Arbeiteralltag zu dem der Bauern führt Jerome Blum ("*Die bäuerliche Welt*", München 1982). Die Lust an der Darstellung bisher ver-
nachlässigter Aspekte des Alltagslebens verflossener Zeiten führt
auch in hochinteressante Spezialthemen wie die einer Geschichte der
Genussmittel (Wolfgang Schivelbusch: Das Paradies, der Geschmack und
die Vernunft, München 1980), einer Geschichte des mittelalterlichen
Tourismus (Norman Foster: Die Pilger, Frankfurt 1982) oder der Freizeit ("*Sozialgeschichte der Freizeit. Untersuchungen zum Wandel der
Alltagskultur in Deutschland*", hg.v.Gerhard Huck, Wuppertal 1980).
Zwischen literarischer und zeitgeschichtlicher Annäherung ans Alltagsleben anzusiedeln ist die von W.Keller und N.Wyss herausgegebene Zeitschrift "*Der Alltag*" in Zürich; unter dem Titel "*Reisen ins tägliche
Leben*" sind Auszüge daraus kürzlich (Zürich 1982) in Buchform erschienen. Das in Braunschweig erscheinende "*Journal für Geschichte*" widmete sein Januarheft 1980 der Geschichte des Körpers (mit Beiträgen von
M.Erdheim über Körper und Kultur bei den Azteken sowie von F.Loux über
den Körper in der traditionellen Gesellschaft u.a.m.). Vgl.ferner
auch: Françoise Loux, Das Kind und sein Körper, Stuttgart 1983; Rudolf zur Lippe: Naturbeherrschung am Menschen, Frankfurt 1974, 2 Bde.;
Georges Duby: Le chevalier, la femme et le prêtre, Paris 1981, Arthur
E.Imhof (Hg.): Der Mensch und sein Körper, München 1983.

men der Sittengeschichte ist nicht mehr ein Ventil, das unterdrückte Regungen aus dem seelischen Korsett prüder Bürger austreten lässt, sie ist kein lüsternes Schwelgen in den Genüssen vergangener Zeiten, welche die eigene Epoche den Autoren der sexualisierten Sittengeschichten vorenthielt. Die neuere Forschung zu diesen Themen mutet oft eher an wie die detaillierte Versicherung dieser jüngeren Autoren an ihre Väter, ihre gemeinsamen Urväter hätten sich ja noch viel unanständiger aufgeführt als die verlästerte Jugend von heute.[1] Im Bestreben, sich von der verklemmten Lüsternheit der viktorianisch/wilhelminischen Sittengeschichten zu distanzieren, gehen sie an der Vorarbeit dieser Autoren verachtungsvoll vorbei. Einzig der vom Alter her zwischen den Sittenhistorikern alten Stils und den jüngeren Erforschern dieser Bereiche stehende Norbert Elias zitiert in seinem schon genannten Meisterwerk *"Ueber den Prozess der Zivilisation"* gerne ältere Sittenhistoriker wie Rudeck und Bauer. Es ist zu hoffen, dass die immense Vorarbeit der älteren Sittenhistoriker im Umkreis von Fuchs bald auch in der neueren Literatur ausführlicher gewürdigt, ausgewertet und von den Deformationen gelöst betrachtet werden wird, die sie beim Durchbrechen der moralischen Panzerungen ihrer Zeit erlitt. Denn in diesen Werken liegt ein immenser Wissensschatz ungehoben in den Regalen verstaubter Antiquariate.

---

1) Davon machen natürlich die neueren Forschungen zum weiblichen Alltag von der Frauenbewegung verbundenen Autorinnen eine Ausnahme. Einen Vorsprung hat diese Forschung in der DDR, wo die Arbeit von Helga Möbius: Die Frau im Barock, Leipzig 1982, fast schon so etwas wie die Krönung eines Lebenswerks ist. Aus Westdeutschland sind da neben dem von mehreren Autor(inn)en zusammengestellen Ausstellungskatalog *"Frauenalltag und Frauenbewegung 1890-1980"* (Frankfurt 1981) u.a. folgende Titel zu nennen: Uta Ottmüller: Die Dienstbotenfrage, Münster 1978; Ursula Nienhaus: Berufsstand weiblich, Berlin 1982; Sibylle Meyer: Das Theater mit der Hausarbeit, Bürgerliche Repräsentation in der Familie der wilhelminischen Zeit, Frankfurt 1982. Aus Frankreich stammt das gewichtige Werk von Elisabeth Badinter: Die Mutterliebe, Geschichte eines Gefühls vom 17.Jahrhundert bis heute, München 1981.

2.7. FUCHS UND DIE FRAUENFRAGE

Das erste nach dem zweiten Weltkrieg wieder nachgedruckte Werk von Eduard Fuchs, das ihn vom blossen Geheimtip gewiefter Antiquariatskunden von neuem zum auf dem Buchmarkt präsenten und damit neuen Leserschichten zugänglichen Autor machte, war sein 1906 erschienenes Buch "*Die Frau in der Karikatur*". [1] Der Verlag Neue Kritik in Frankfurt, der diese Pioniertat unternahm, präsentierte das Werk aber unter dem Titel "*Sozialgeschichte der Frau*". [2] Diese Namensänderung ist die bis anhin letzte Bereicherung des begriffsgeschichtlichen Umfelds der interdisziplinären Forschungen von Fuchs: Nach der Kunst-, Kultur-, Natur- und Sittengeschichte bot sich nun zuguterletzt auch noch die Sozialgeschichte und die Frauengeschichte als neue Etikette für sein vielfältiges literarisches Schaffen an. Sie ist ein Indiz dafür, dass hier der Versuch unternommen wurde, Fuchs mittels simpler Titelkosmetik vom Standardautor der Herrenzimmer-Bibliothek verblichener Zeiten zum Frauenklassiker der Gegenwart umzupolen. Diese verlegerische Massnahme, die von gewissem Erfolg gekrönt war - die Neuedition erschien mittlerweile schon in zweiter Auflage - , weist auf eine Ambivalenz in der theoretischen Position hin, die Fuchs gegenüber den Frauen einnimmt. Diese Ambivalenz hatte schon die frühere Rezeption des Werks von Fuchs bestimmt. Die wenigen grösseren Arbeiten, die sich eingehender mit Fuchs und seinem Werk beschäftigen, haben die Stellungnahme von Fuchs zur Unterdrückung und Emanzipation der Frauen entweder mehr oder weniger ausgeklammert oder dann aber zum alleinigen Angelpunkt der Beschäftigung mit Fuchs gemacht.

---

1) op.cit.
2) Frankfurt/Main, 1973

Dass Luciana Zingarelli die Stellung von Fuchs zur Frauenfrage in ihrem zwanzigseitigen Artikel auf einer knappen halben Seite nur gerade streift,[1] ist sicherlich äusseren Umständen und Platzgründen zuzuschreiben; die wenigen Zeilen, die sie dazu schreibt, sind sehr zutreffend und repräsentativ. Anders liegt der Fall bei Benjamin, der die häufigen Aeusserungen von Fuchs zu diesem Thema vollständig übergeht. Der sonst so subtile Denker hatte sehr simple und konservative Ansichten über die Frauen und nahm sie intellektuell nicht ernst.[2]

Der erste Autor, der das Verhältnis von Fuchs zur Frauenfrage ganz in den Vordergrund seiner Beschäftigung mit dessen Werk stellte, war der heute vergessene Dr.E.F.W. Eberhard, der im Feminismus einen gefährlichen Vorboten des allgemeinen Kulturuntergangs erblickte. Eberhard sieht in Fuchs das abschreckende Beispiel eines männlichen Feministen.[3] Umgekehrt wird Fuchs in einem neueren Aufsatz als Exponent des Antifeminismus dargestellt.[4]

Bevor ich genauer auf diese extremen Einschätzungen von Fuchs eingehe, will ich einen Ueberblick über die in seinem ganzen Werk verstreuten Aeusserungen über die Frauen geben.

---

1) Vgl. Luciana Zingarelli: Eduard Fuchs ..., a.a.O., p.46
2) Zur Misogynie Benjamins vgl.Werner Fuld: Benjamin. Zwischen den Stühlen. Eine Biografie. München 1979. Es heisst dort p.80: *"Sicher ist, dass er recht konservative Vorstellungen vom weiblichen Geschlecht und besonders von dessen intellektuellen Fähigkeiten hatte. In einem Brief vom 31.7.1918 heisst es bezeichnend:' Zufällig begegnete ich heute in meiner Lektüre für die Dissertation dem Buch einer Frau Luise Zurlinden: Gedanken Platons in der deutschen Romantik. Das Grausen, das einen überkommt, wenn Frauen in diesen Dingen entscheidend mitreden wollen, ist unbeschreiblich. Es ist die wahre Niedertracht.'"*
3) Vgl. E.F.W.Eberhard: Feminismus und Kulturuntergang. Die erotischen Grundlagen der Frauenemanzipation. 2.Aufl., Wien 1927, insb.p.140 f.
4) Silvia Bovenschen und Peter Gorsen: Aufklärung als Geschlechtskunde. Biologismus und Antifeminismus bei Eduard Fuchs. In: Aesthetik und Kommunikation, Jahrgang 7, Heft 25, September 1976, pp.10-30.

2.7.1. Fuchs in der sozialistischen Tradition

Der verstaubte Begriff Frauenfrage weist deutlich auf
die Verwurzelung von Fuchs' Auffassungen zu Unterdrückung
und Emanzipation der Frau in der Ideologie der Sozialdemokratie August Bebels hin. Das schriftstellerische Hauptwerk des unbestrittenen Führers der Vorkriegs-SPD, welches
in zahlreichen, vom Verfasser immer wieder umgearbeiteten
Auflagen das weitaus meistgelesene Buch in der deutschen
Arbeiterbewegung überhaupt war, befasst sich ja nicht vor-
rangig mit Fragen der Oekonomie, des Staates oder der Revolution, wie das vom marxistischen Selbstverständnis der
grössten Arbeiterpartei ihrer Zeit her eigentlich zu erwarten gewesen wäre, sondern handelt unter dem Titel *"Die Frau
und der Sozialismus"* [1] eben die Frauenfrage ab.

Nicht dass Bebel damit ein neues Thema ins sozialistische
Schrifttum eingebracht hätte: Saint-Simon, Fourier, Owen,
Enfantin und andere Frühsozialisten hatten sich eingehend
mit der Emanzipation der Frau befasst. Marx und Engels
kannten und verwerteten ihre Einsichten und stellten sich
damit in einen scharfen Gegensatz zum männlichen Chauvinismus insbesondere Proudhons, aber auch der Lassalleaner.

Zwar hat sich Marx nie *"mit der Frauenfrage 'an und für
sich' und 'als solche' beschäftigt"*,[2] doch finden sich
in seinem ganzen Werk verstreute Bemerkungen dazu.
Engels' - übrigens nach einem Entwurf von Marx' abgefasste -
Schrift über den *"Ursprung der Familie, des Privateigentums
und des Staats"* [3] behandelt den Ursprung der Unterdrückung

---

1) op.cit. Die erste Fassung erschien 1879 in Stuttgart unter dem Titel *"Die Frau in Vergangenheit, Gegenwart und Zukunft"* und wurde von Zürich aus unter dem Titel *"Ernst Engel. Statistik. Bd.5"* illegal vertrieben.

2) Clara Zetkin in: Die Gleichheit, 13.Jahrgang, No.7, 23.März 1903

3) Friedrich Engels: Der Ursprung der Familie, des Privateigentums und des Staates, 1.Aufl. Zürich 1884

der Frau im Anschluss an die Erkenntnisse Johann Jakob
Bachofens [1] und Lewis H.Morgans.[2] Bebel hatte die grösste
Mühe, diese tiefergehenden Einsichten in die späteren Auflagen seines Werks einzubauen.[3]

Spezifisch marxistisch an Bebels Darstellung der Frauenfrage und Fundament der proletarischen Frauenbewegung, als deren väterlicher Ratgeber er mehr als Engels wirkte, ist die Ueberzeugung, die Emanzipation der Frau könne nur Hand in Hand mit der Arbeiterbewegung erkämpft werden, wofür aber ihre Verwirklichung im Sozialismus garantiert sei. Bebel formulierte diese Ueberzeugung in jener muffigen Phrasenhaftigkeit, die das Wort Frauenfrage so antiquiert erscheinen lässt, dass es eigentlich nur noch in historischen Untersuchungen verwendet werden sollte.[4] Er schrieb:

"Es muss daher, wer die Lösung der Frauenfrage in vollem Umfang erstrebt, mit jenen Hand in Hand gehen, welche die Lösung der sozialen Frage als Kulturfrage für die gesamte Menschheit auf ihre Fahne geschrieben haben, das sind die Sozialisten." [5]

Auch Fuchs steht auf diesem Standpunkt, der von späteren Feministinnen voll bitterer Enttäuschung über die lebens-

---

1) Vgl. Johann Jakob Bachofen: Das Mutterrecht, 1.Aufl. Stuttgart 1861

2) Lewis H.Morgan: Ancient Society, op.cit.

3) Vgl. dazu Richard J.Evans: Sozialdemokratie und Frauenemanzipation im deutschen Kaiserreich, Bonn 1979, p.45. Die Auffassungen von Marx und Engels zur Urgeschichte und zur Geschichte der Antike sind im deutschen Marxismus eigentlich erst von Ernest Borneman in dessen grossem Werk *"Das Patriarchat"* (Frankfurt/M.1975) mit der gebotenen Gründlichkeit aufgenommen worden, während im angelsächsischen Sprachraum der Australier Vere Gordon Childe (vgl. dessen *"Soziale Evolution"*, Frankfurt/M.1968) und George Thomson (vgl. v.a. dessen *"Frühgeschichte Griechenlands und der Aegäis"*, Berlin 1960) diese Tradition aufrechterhielten.

4) In der DDR und in DKP-nahen bundesdeutschen Frauenkreisen ist das Wort heute noch im Schwang.(Vgl. z.B. den Sammelband *"Dokumente der revolutionären deutschen Arbeiterbewegung zur Frauenfrage"*, Leipzig 1975, oder Jutta Menschik: Feminismus. Geschichte, Theorie, Praxis, Köln 1977, passim.)

5) August Bebel: Die Frau und der Sozialismus, op.cit., Einleitung, p.8

feindlichen Formen der sich sozialistisch oder gar kommunistisch nennenden Gesellschaften hart kritisiert wurde.[1]

Fuchs wiederholt Bebel fast wörtlich. Er sieht *"in der Frauenfrage das wichtigste Problem der sozialen Frage (...), an dessen Lösung in seiner Art mitzuarbeiten Pflicht jedes einzelnen ist"*.[2] So werde sich dann *"die Auflösung der Frauenfrage (...) an dem Tag erfüllen, an dem die ökonomischen Voraussetzungen, die die Frauenfrage geschaffen haben, ausgeschaltet und einer höheren Stufe der menschlichen Gesellschaftsformation gewichen sind"*.[3]

Neben diesem heute nicht mehr nachvollziehbaren Optimismus im Hinblick auf eine *"Auflösung der Frauenfrage"* [4] im Sozialismus übernimmt Fuchs auch ein weiteres theoretisches Charakteristikum von Bebel. Bebel wie Fuchs belegen ihre Theorien mit Details aus der Geschichte der Frauen. Es kommt ihnen dabei weniger auf den Gesamtzu-

---

1) Vgl. dazu u.a.: Roswitha Burgard und Gaby Karsten: Die Märchenonkel der Frauenfrage: Friedrich Engels und August Bebel, Berlin 1975; Silvia Kontos: Die Partei kämpft wie ein Mann, Basel/Frankfurt/M. 1979; Simone de Beauvoir: Ich bezeichne mich selbst als Feministin, in: Grundlagentexte zur Emanzipation der Frau, hg.v.Jutta Menschik, Köln 1977, pp.312-327.
Zur gesellschaftlichen Lage der Frau in der Sowjetunion (im europäischen Teil in der Grossstadt) vgl. die instruktive, realistische Erzählung von Natalja Baranskaja: Woche um Woche, Neuwied 1979. Sie beklagt nicht so sehr das von August und Michail Stern konstatierte Ueberleben patriarchalischer und männlich-chauvinistischer Syndrome in der UdSSR als das weitgehende Fehlen oder bürokratisch verkomplizierte mangelhafte Bestehen jener Gemeinschaftseinrichtungen - Wäschereien, Grossküchen, Kindergärten etc., von denen sich Bebel die sozialistische Frauenbefreiung erhoffte.
2) Eduard Fuchs: Die Frau in der Karikatur, Einleitung, p.V. (ich zitiere dieses Werk hier und im folgenden nach der 3.Aufl., München 1928)
3) ebda., p.34
4) Die frappierende Nähe dieser Formulierung zur *"Endlösung der Judenfrage"* ist wohl eine nachträgliche Ueberinterpretation, lässt sich aber nicht übersehen.

sammenhang einer historischen Betrachtung aus der Perspektive der Frau an, was für diese Männer wohl auch zuviel verlangt wäre, als vielmehr auf die schlagende Widerlegung einzelner Aspekte der zeitgenössischen Ideologie und fassadenhaft aufrechterhaltenen bürgerlichen Moral durch losgelöste Einzelfakten. Bebel verlängert dasselbe Verfahren in die Zukunft und hängt einzelnen Details seiner Utopie mit einer träumerischen Akribie nach, die oft an seinen Lehrmeister Fourier erinnert.[1] Diesen utopistischen Perfektionismus hat Fuchs nicht übernommen. Wie der nun folgende Ueberblick über den Beitrag von Fuchs zur Geschichte der Frauen zeigen wird, sind seine wenigen Utopien und Prophezeiungen mehr allgemein sittlich-moralischer Natur und dienen nur dazu, ihm den nötigen ethischen Rückhalt für seine rücksichtslose, mitunter zynische Tatsachenentschleierung quer durch die Weltgeschichte zu geben.

---

1) Bebel geht natürlich nicht so weit wie Charles Fourier, der in der *"Theorie der vier Bewegungen und der allgemeinen Bestimmungen"* (Hg.v.Theodor W.Adorno, Frankfurt/M. 1966) im Abschnitt über *"Die Tafelfreuden in der neuen Gesellschaftsordnung, ihre Zusammensetzung, die Grundstoffe, ihre Würze"* schreibt:*"Bald werden sich die Liebeshändel eines Richelieu, einer Ninon armselig und bedauernswert neben den galanten Abenteuern ausnehmen, die die neue Gesellschaftsordnung den am wenigsten begünstigten Männern und Frauen zusichern wird. Ebenso wird es sich mit den Speisen eines modernen Apicius verhalten; wenn man seine Feste mit denen der neuen Gesellschaftsordnung vergleicht, so werden sie wie Mahlzeiten eines Banausen ohne Kenntnisse der Feinschmeckerei erscheinen."* (p.220). Dass kosmische Veränderungen mit Hilfe *"borealer Zitronensäure(...) dem Meerwasser einen limonadeähnlichen Geschmack geben"* würden(p.95), war eine der Vorbedingungen für die Zukunftserwartungen Fouriers. Bebel hat daneben geradezu kleinlich anmutende Zukunftswünsche. Er erhofft sich vom Sozialismus u.a. eine Verdoppelung der Eisenbahngeschwindigkeit (Bebel, Die Frau ..., op.cit., p392), die Mitterand bereits überboten hat, und die Treibhauskultur von Ananas wenn auch nicht in Alaska, so doch in Deutschland (ebd. p.434)

2.7.2. Der Beitrag von Fuchs zur Geschichte der Frauen

Beim Referat von Fuchs' Beitrag zur Frauengeschichte beginne ich wieder bei denjenigen Auffassungen, die Fuchs von den Klassikern des wissenschaftlichen Sozialismus übernommen hat. So betreten etwa seine Ausführungen über die Frauenarbeit keineswegs Neuland; neu daran ist nur, dass Fuchs Ausführungen wie die folgende unter dem Kupferstich einer lächelnden Schönen mit galant entblösstem Busen plaziert:

"Der König Dampf wurde seit seinem Herrschaftsantritt mit ebenso grossen Hekatomben Frauenleibern wie Kinderleibern gespeist. Schwindsucht, typhöse Fieber und vor allem qualvolle Frauenleiden mähten Millionen von Frauen in ein frühes Grab. Die neue Generation, die sie in ihrem Schosse trugen, wurde schon dort vom Elend gestempelt; denn die meisten Proletarierkinder hungerten schon im Mutterleibe. Frühgeburten kamen bei den allermeisten Frauen vor. Unzählige Frauen vermochten überhaupt nicht, ein Kind auszutragen, oder brachten regelmässig totgeborene Kinder zur Welt. Von den lebendig geborenen aber starben nach einer Statistik von Manchester aus dem Jahre 1840 nicht weniger als 57 Prozent vor dem zurückgelegten dritten Lebensjahr. Von diesen siebenundfünfzig Prozent starben aber wiederum zwei Drittel schon im Säuglingsalter. Kein Wunder: Die armen Kindchen müssen zu Hause verkümmern, während die Milch der von der Not in die Fabrik gezwungenen Mütter nutzlos deren Brüsten entquillt." [1]

Die Stellung von Fuchs zur Frauenarbeit ist aber trotz der drastischen Schilderung des frühkapitalistischen

---

1) Eduard Fuchs: Sittengeschichte, op.cit., 3.Hauptband, p.63.
Fuchs wiederholt hier z.T. die Schilderungen der *"Lage der arbeitenden Klasse in England"* von Friedrich Engels.

Proletarierinnenelends grundsätzlich positiv. Das ist
insofern nicht selbstverständlich, als Fuchs bekanntlich
in mancher Hinsicht Lassalle die Treue hielt.[1] Die Lassalleaner aber bekämpften noch in den 70er-Jahren des vorigen Jahrhunderts, wie auch die Proudhonisten in Frankreich, die Frauenarbeit als Lohndrückerei und wollten sie
verbieten lassen.[2] Die prinzipiell positive Stellungnahme von Fuchs zur Frauenarbeit geht aus einer wichtigen
längeren Passage am Ende der *"Sittengeschichte"* hervor,
die gleichzeitig auch die Hauptlinien von Fuchs' Auffassung der Geschichte und Zukunft der Frauen umreisst:

"Die systematische Unterdrückung der Frau ist die erste
grosse Klassenunterdrückung gewesen, zu der es mit der
Einführung des Privateigentums überall kam; die Frau
wurde zum Menschen zweiter Klasse degradiert. Sei es in
der Rolle der Haussklavin, in der der blossen Kindergebärerin oder in der des verhätschelten Lustobjekts. (...)
Der (...) Kapitalismus hat die Unterdrückung der Frau (...)
vervielfacht. Aber (...) indem er die Möglichkeit der
Befreiung der Frau vom Haushalt schuf, hat er gleichzeitig
die Vorbedingungen zur endgültigen Aufhebung dieser Klassenunterdrückung der Frau überhaupt geschaffen. Mit der
Befreiung vom Haushalt setzte die Frauenemanzipation ein,
es ist ihre erste Form, und in dieser Form begegnet man ihr
bereits in (...) der Renaissance. Damals konnte es sich
nur um die Frauen der besitzenden Klassen handeln (...).

---

1) Charakteristisch dafür ist noch auf dem Gebiet der von Fuchs zusammengetragenen Materialien zur Frauengeschichte, dass er im 3.Ergänzungsband der Sittengeschichte, op.cit., pp.196-215 einen langen Auszug aus der von Lassalle im Auftrag der Gräfin von Hatzfeld gegen ihren brutalen Gatten verfassten Scheidungsklage abdruckte.

2) Vgl. dazu Werner Thönnessen: Frauenemanzipation. Politik und Literatur der deutschen Sozialdemokratie zur Frauenbewegung 1863-1933, Frankfurt/M. 1965, p.19ff und p.28 ff.

*Das änderte sich in der zweiten Hälfte des 18.Jahrhunderts,
und zwar war dies das erste Resultat der (...) grosskapi-
talistischen Entwicklung (...). Die Frau musste als Masse
vom Haushalt losgelöst werden. Freilich nicht, um an der
Seite des Gatten in gleicher Weise das Leben geniessen zu
können, sondern um an der Seite des Mannes im Dienste des
Kapitalismus arbeiten zu können. Die industrielle Entwicklung bedurfte (...) auch der Hände der Frauen. Damit war
aber unvermeidlich zugleich das Problem einer wirklichen
Emanzipation der Frau geboren (...). Die Frau, der die
gleichen Lasten von der Entwicklung aufgebürdet worden
waren, kam in diesem Stadium zu der Erkenntnis ihrer untergeordneten Stellung gegenüber dem Mann, (...) und sie
forderte nun auch die gleichen Rechte wie der Mann, die
wirtschaftliche und politische Gleichstellung mit dem
Mann."* [1]

Bei der von Fuchs erwähnten ersten Form der Frauenemanzipation in der Renaissance handelt es sich um das Phänomen der sogenannten *viragines*, die vor kurzem auch von
Frauenseite ausführlicher gewürdigt worden sind.[2] Fuchs
lokalisiert den gesellschaftlichen Hintergrund dieser
ersten emanzipierten Frauen Europas im Handelskapital:

*"Diesen Kreisen entstammt die 'virago', die emanzipierte
Frau der Renaissance."* Sie *"studierte dieselben Wissens-
gebiete wie der Mann, sie trieb dieselben Leibesübungen
und antizipierte für sich die gleiche Moral."* [3]

---

1) Eduard Fuchs: Sittengeschichte, op.cit., 3.Hauptband, p.493 f.

2) Vgl. den Abschnitt *"Die 'weibliche Gelehrsamkeit' und die gelehrten Frauen"* in dem Buch von Silvia Bovenschen: Die imaginierte
Weiblichkeit. Exemplarische Untersuchungen zu kulturgeschichtlichen
und literarischen Präsentationsformen des Weiblichen. Frankfurt/Main
1979, pp.80-149. Bovenschen handelt die *virago* ohne Bezug zur Wirtschaftsgeschichte ab.

3) Eduard Fuchs: Die Karikatur der europäischen Völker, op.cit., Bd.1,
p. 382

Prägnant vergleicht dann Fuchs die Stellung der Frau im Mittelalter und im Absolutismus:

"Der Niedergang der Kultur im 17. und 18. Jahrhundert kennt den Begriff der virago nicht, sie liess aus dem ehemaligen Lasttier des Mittelalters das Lusttier werden." [1)]

Die Formen der Unterdrückung der Frau als Lustobjekt hat Fuchs besonders eingehend - im Bild- wie im Textteil - dokumentiert. Davon ausgehend kam er auch dazu, für den Absolutismus den sonst kaum verwendeten Begriff der *"galanten Zeit"* zu brauchen.[2)] Ausgehend vom Phänomen der Galanterie kam Fuchs zu einer tiefschürfenden Analyse der ambivalenten Stellung der Frau in der Epoche des Absolutismus. Ihre scheinbare Herrschaft war nur der Ausdruck ihrer tiefsten Erniedrigung. Fuchs schreibt zunächst:

"Ueberall herrscht die Frau, überall gelten die Gesetze der Galanterie." [3)] *"Der Mann muss in der Frau ständig das kostbarste Gefäss der Wollust verehren. (...) Sein Verkehr mit ihr ist eine ständige Anbetung."* [4)]

Die sozialpsychologische Deutung und Umkehrung dieser Erscheinung formuliert Fuchs folgendermassen:

Die galante Scheinherrschaft *"der Frau kann niemals eine wirkliche Erhöhung der Frau darstellen, sondern hat im*

---

1) Eduard Fuchs: Die Karikatur der europäischen Völker, op.cit., Bd.1, p.383
2) Vgl. dazu auch die Erwägungen von Fuchs zu diesem ungewohnten Begriff (2.Ergänzungsband zur Sittengeschichte, op.cit., p.1-4). Der Begriff wird allerdings schon vor Fuchs gelegentlich gebraucht, so z.B. von Franz Blei (vgl. ders.: Die galante Zeit und ihr Ende, Berlin 1904).
3) Sittengeschichte, 2.Hauptband, op.cit., p.89
4) ebda., p.94

Gegenteil ihre tiefste menschliche Erniedrigung zur Voraussetzung. Ein derartiger Kult, wie er im 18.Jahrhundert mit der Frau getrieben wurde, liess sich überhaupt nur auf dieser Basis aufbauen. Mann und Frau standem im Zeitalter des Absolutismus nicht ebenbürtig nebeneinander (...). Die Frau hatte keinerlei wirkliche oder garantierte Rechte; die politische Herrschaft des Mannes und seine Willkür gegenüber der Frau waren im Gegenteil völlig unbeschränkt. (...) Weil aber dem Manne seine Allmacht gestattete, ausschliesslich der Laune seiner Begierden zu leben, so wurde er auch notwendigerweise zum Sklaven seiner Launen und Begierden. Und die tollste Laune der Unnatur wandelte sich schliesslich zum allgemein gültigen Gesetz: Der Mann verleiht seinem Sklaven die Rechte des Herrn und dient ihm als Sklave. Der Masochismus wird zum allgemeinen Gesetz in der Liebe erhoben - das ist im letzten Grunde das Wesen der Geschlechtsmoral des fürstlichen Absolutismus." [1)]

Bei seinen Materialien zur Geschichte der Frauen greift Fuchs also nicht nur auf orthodox marxistische Erklärungen zurück wie im Fall der aus der ersten Blüte des Handelskapitals abgeleiteten *viragines*, sondern er verwendet auch sozialpsychologische Argumentationen. Das ist ein weiteres Beispiel dafür, wie er auch um den Preis methodologischer Inkonsequenz Phänomene abseits herkömmlicher Geschichtsschreibung in seine Darstellung einbezog. Die Geschichte

---

1) Eduard Fuchs: Sittengeschichte, op.cit., 2.Hauptband, p.97 f.
Diese Analyse machte übrigens schon die grosse Feministin dieser Zeit, Mary Wollstonecraft: *"So hat denn der Männer Leidenschaft die Weiber auf Throne gesetzt, (...) wodurch sie* (die Männer, T.H.) *aber (...) gerade ihre eigene Ueberlegenheit auf die empörendste Art geltend machen."* (Mary Wollstonecraft: Verteidigung der Rechte der Frauen - erstmals erschienen als *"A Vindication of the Rights of Woman"* in London 1792 - Zürich 1975, Bd.1, p.114.)
Natürlich beziehen sich diese Beobachtung nur auf die galanten Sitten der damaligen Oberschichten, nicht auf die zur selben Zeit vor sich gehende Proletarisierung der Unterschichten.

der Frauen ist ja vom reichlich aufzuarbeitenden Material her gesehen keineswegs eine *"Geschichte der Geschichtslosigkeit"*.[1] Aber ohne eine gründliche Neukonzeption der historischen Methode ist es eben unmöglich, dieses immense Material zur Frauengeschichte anders aufzufassen denn als Kulturgeschichte jener Bereiche, die den grossen Männern zur Erholung vom Geschichte-Machen dienten.
Weil Fuchs zu einer solchen Neukonzeption nicht fähig ist, weicht er auf die historistische,[2] moralisch wertende Tatsachenschilderung aus.

Moralische Gesichtspunkte gewinnen bei ihm vor allem dort die Oberhand, wo er Frauenthemen unter dem Aspekt der Doppelmoral abhandelt.

Unter Doppelmoral versteht Fuchs *"die Klassenideologie der herrschenden Klasse 'Mann'"*,[3] welche besage, *"dass der Mann polygam leben darf, die Frau dagegen monogam leben muss"*.[4]

Demgegenüber erklärt sich Fuchs als Anhänger einer monogamen Zweierbeziehung *"frei von jeder Konvenienz und jeder materialistischen Rentabilitätskalkulation, einzig einem Seelen- und Herzensbedürfnis folgend"*, *"bei dem beide Teile sich klar bewusst sind, dass nur die innige Neigung sie zusammenhält, dass man nicht - sich gegenseitig zur Qual - aneinandergefesselt ist, wenn diese Neigung erlischt oder als Irrtum sich erweist."* [5]

---

1) Diese Formel prägte Silvia Bovenschen in: Die imaginierte Weiblichkeit, op.cit., p.10

2) Man kann die Sätze, mit denen Fuchs die Einleitung seiner Sittengeschichte beginnt, nicht anders als historistisch bezeichnen: *"Die oberste Aufgabe der Sittengeschichtsschreibung muss stets sein, zu zeigen, wie die Dinge einstmals gewesen sind (...). Je plastischer und blutvoller dabei die Vergangenheit vor dem Leser lebendig wird, um so besser ist die Aufgabe gelöst."* (op.cit., 1.Hauptband,p.1)

3) ebda., p.70   4) ebda., p.68

5) Eduard Fuchs: Sittengeschichte, op.cit., 3.Hauptband, p.302

Dieser idealische Standpunkt gibt Fuchs die Autorität, Moral zu predigen. Dabei sieht er aber durchaus die praktischen Schwierigkeiten einer solchen Beziehung und plädiert - im Interesse der Kinder - für *"das Eingehen einer bürgerlichen Ehe vor dem Standesamt"* als *"unvermeidliche Konzession an die bestehenden Zustände"*.[1] Er verschiebt auch die Lösung dieses eherechtlichen Teils der Frauenfrage auf spätere goldene Zeiten: Es werde *"erst eine höhere Form der gesellschaftlichen Entwicklung die freie Ehe als sittlichere Form des Zusammenlebens zwischen zwei geschlechtsreifen Menschen zu einer Möglichkeit für die Allgemeinheit machen."* [2]

Von diesem moralischen Standpunkt aus unterstützt er die *"prinzipielle Kritik an dem Gesetz von zweierlei Recht für Mann und Frau auf dem Gebiet der geschlechtlichen Moral"* [3] und gibt dazu in seiner Sittengeschichte den Institutionen, die Ausdruck dieser Doppelmoral sind, breiten Raum. Er beginnt beim Keuschheitsgürtel, der wohl brutalsten Materialisierung solcher Moral.[4] Die Prostitution als hauptsächlichste Dienstleistung für die Nutzniesser dieser Moral handelt er äusserst gründlich ab.[5]

---

1) ebda., p.305 2) ebda., p.305
3) Eduard Fuchs: Sittengeschichte, op.cit., 1.Hauptband, p.70
4) Auf den Keuschheitsgürtel geht Fuchs bereits im ersten Band seiner *"Geschichte der erotischen Kunst"* (op.cit., p.162, p.185) ein. Einen längeren Abschnitt widmet er diesem patriarchalischen Instrument im ersten Hauptband der *"Sittengeschichte"*, op.cit., pp.332-343. Dort widerlegt er die von ihm selbst in der *"Geschichte der erotischen Kunst"* (s.o.) vertretene Ansicht, der Keuschheitsgürtel sei schon im Mittelalter im Gebrauch gewesen. Vielmehr sei er erst in der Renaissance in Oberitalien erfunden worden.
5) Jeweils im 5.Kapitel aller drei Hauptbände der *"Sittengeschichte"*.

Ebenso belegt Fuchs auch Sonderformen ausserehelicher männlicher Verfügungsgewalt über Frauen, vom sogenannten *"Hirschpark"* des Sonnenkönigs Louis XV. [1] über ähnliche als Theaterensembles oder Ballettcorps getarnte Harems an an anderen Fürstenhöfen [2] bis zu den Besitzerallüren der ostelbischen Junker gegenüber "ihrem" Gesinde oder der frühkapitalistischen Fabrikanten und Aufseher gegenüber "ihren" Arbeiterinnen. [3]

Ebenfalls ins Kapitel der Doppelmoral gehört die unterschiedliche Bewertung des vorehelichen Geschlechtsverkehrs bei Burschen und Mädchen. [4] Dass Fuchs seine diesbezügliche Sittengeschichtsbeschreibung bis in seine Gegenwart hinein mit Quellen belegen konnte, dafür sorgte u.a. folgende Anzeige aus einem Thüringer Provinzblatt, die für das moralische Klima der *belle époque* typisch ist:

" W a r n u n g ! Wir warnen hiemit jedermann vor dem Weiterverbreiten des falschen Gerüchts, dass unsere Fahnenträgerin Fräulein Rosa Hammerschmidt i n a n d e r e n U m s t ä n d e n ist. Nicht d i e s e , sondern die B e g l e i t e r i n Emma A. ist es. Da dieselbe die Fahne nicht in die Hand bekommen hat, so ist unsere Fahne als unbefleckt zu betrachten. Diejenigen Personen, welche sich wiederholt der unverschämten Lüge bedienen und uns mit unserer Fahne beleidigen, werden wir gerichtlich belangen.
Der Vorstand des Turnvereins Hönbach." [5]

---

1) Vgl. im 2.Hauptband der Sittengeschichte p.356 f.
2) Vgl. ebda., p.470 ff.
3) Vgl. im 3. Hauptband der Sittengeschichte p.100 f.
4) Vgl. Sittengeschichte, 1.Hauptband p.215 ff., ferner ebda. p.24, p.436. Im 2.Hauptband vgl. p.286 ff, im 3.Hauptband p.283
5) Sittengeschichte, 3.Ergänzungsband, p.12

Die Verwendung dieser Annonce zeigt übrigens, dass Fuchs nicht nur sein Bild-, sondern auch sein Textmaterial zum Teil auf "*der Gasse*" fand.[1] Dieser Einbezug von profanen Bildern und Texten ist zwar eine seiner Pionierleistungen, doch steht er damit nicht ganz allein da.[2] Dieses Vorgehen trug auf dem Gebiet der Frauengeschichte noch andere Früchte als die Verewigung des fragwürdigen Ehrgefühls der Turner von Hönbach.

Anhand von Heiratsannoncen analysiert Fuchs ferner so einige Gesetzmässigkeiten und Ausnahmefälle des Heiratsmarktes,[3] und anhand der Plakatwerbung entlarvt er bereits 1912 jene sexualpsychologischen Hintergründe der modernen Reklame, deren Darstellung später Vance Packard zum Bestsellerautor werden liess.[4]

---

1) Vgl. auch S.320 und S.453 ff. dieser Arbeit.

2) Vgl. z.B. das Werk von Lothar Buchner: Das neueste aus alter Zeit. Bd.5: Die Liebe. Kulturhistorisch interessante Dokumente aus alten deutschen Zeitungen. Vom Ende des 17. bis zum Ende des 18.Jahrhunderts. München o.J.

3) Vgl. Sittengeschichte, 2.Hauptband, p.318 ff., oder 3.Hauptband p.240f. Als englische Spezialität erwähnt Fuchs ferner im 2.Hauptband, p.326f., die Sitte des Frauenverkaufs durch die Ehemänner, der entweder direkt per Handschlag oder via Annonce noch bis gegen Ende des vorigen Jahrhunderts als eine Art billiger Scheidung praktiziert worden sein soll.

4) Fuchs schreibt im 3.Hauptband seiner Sittengeschichte, p.489, zu den Anfängen der sexualisierten Werbung: "*Ein wahrer Hexensabbath von pikant entblösstem Weiberfleisch (...) zieht die Schaufenster, die Mauern und Wände der Städte entlang, um auf diese Weise die Aufmerksamkeit zu erzwingen und daran die Erinnerung an eine bestimmte Sekt- oder Zigarettenmarke (...) usw. zu ketten.*" Zu den immer schärferen und aggressiveren Formen dieser Werbung vgl. Vance Packard: Die geheimen Verführer, Berlin 1969.

2.7.3. Die Karikatur und die Frauen

Diesem Thema galt schon immer die besondere Aufmerksamkeit von Fuchs. Nach seiner einschlägigen Arbeit über Lola Montez [1] behandelt auch ein ganzes Kapitel der *"Karikatur der europäischen Völker"* die Frauenkarikatur.[2] Schon beim Durchblättern dieses Kapitels, aber auch bei der Durchsicht seines ganz diesem Thema gewidmeten Arbeit *"Die Frau in der Karikatur"* [3] fällt auf, dass der grösste Teil dieser Frauenkarikaturen - natürlich stets Karikaturen von Männern über Frauen, nicht von Frauen gezeichnete Karikaturen [4] - Karikaturen g e g e n die Frauen sind.

Fuchs will das aber nur höchst widerstrebend gelten lassen, auch wenn jedermann klar sein muss, dass seit Aristophanes' *"Lysistrata"* eine gegen die Frauen gerichtete Tradition der Satire sich in Wort und Bild unzählige Male manifestiert hat. Simone de Beauvoir schreibt dazu:

"Seit dem Altertum haben sich Satiriker darin gefallen, ein Bild der weiblichen Schwächen zu zeichnen." [5]

Fuchs behauptete aber zunächst das Gegenteil:

"Es wäre ganz falsch gefolgert, würde man wähnen, die Satire sei sozusagen stets der eingefleischte, der geschworene Feind der Frau gewesen, sie habe ihre Schwächen und Fehler boshafter und zäher gegeisselt als alles andere, sie habe (...) immer wieder die geringste Entgleisung, wenn sie gerade ihr passierte, satirisch glossiert - das trifft weder im allgemeinen zu, noch speziell (...) in der Karikatur." [6]

---

1) op.cit.   2) op.cit., Bd.1., pp.382-389   3) op.cit.
4) Es scheint eine sehr rezente Novität zu sein, dass Frauen Karikaturen zeichnen; Claire Brétecher, Franziska Becker oder Doris Lerche haben es aber darin rasch zur Meisterschaft gebracht.
5) Simone de Beauvoir: Das andere Geschlecht. Sitte und Sexus der Frau. Hamburg 1951, p.15
6) Eduard Fuchs: Die Frau in der Karikatur, op.cit., p.480

Aber schon drei Jahre später, in dem Aufsatz *"Die Emanzipation der Frau in der Karikatur"*,[1] hat sich Fuchs zur ziemlich genau entgegengesetzten Meinung durchgerungen und konstatiert, *"dass die Satire sich selbst den kleinsten Rechtsanspruch der Frauen nicht entgehen liess, (...) dass sie also hier ungleich häufiger gegenüber dem Geringfügigsten zum Stift greift, um zu satirisieren, als bei verschiedenen anderen Objekten des öffentlichen Lebens, (...) dass sie gegenüber der Frau unermüdlich darin bleibt, den Sinn in Unsinn zu kehren, auch wenn dieser Sinn sich schon längst siegreich durchgesetzt hat,"* kurz: dass die Satire *"alles Tun, was dem Manne zum Ruhme gerechnet wird, der Frau als Laster oder Verbrechen an(...)kreidet".*[2]

Aehnliche Widersprüchlichkeiten unterlaufen Fuchs bei der Besprechung von Daumiers bekanntem Karikaturenzyklus gegen die *bas bleus*. Nennt er diese gehässigen Karikaturen im Jahr 1902 noch *"Höchststeigerungen göttlichen Humors"*,[3] so relativiert er das schon 1906 auf etwas umständliche Weise:

"Gewiss, im Stofflichen, in der Tendenz dominiert ausschliesslich der spiessbürgerlich denkende Spötter, der nur die Kleinlichkeiten am Bild der schriftstellernden Frau sieht, aber die Grösse des Daumierschen Genies hat (...) die Kleinlichkeit derart heroisiert, dass, wer Sinn für Humor hat, unbändig mitlachen muss, wenn er auch noch so energisch die Grundtendenz ablehnt." [4]

---

1) Der Aufsatz erschien in zwei Folgen in der Neuen Revue, Jahrgang 1908, in der Septembernummer (p.32-42) und in der Oktobernummer (p.123-133).

2) ebda., p.132

3) Eduard Fuchs: Die Karikatur der europäischen Völker, op.cit., Bd.1, p.389

4) Eduard Fuchs: Die Frau in der Karikatur, op.cit., p.480

Zweifellos spielt die grenzenlose Bewunderung von Fuchs für Daumier [1] auch eine Rolle dabei, dass er angesichts seiner antifeministischen Karikaturen *"unbändig mitlachen"* muss. Andererseits liegt auf der Hand, das diese Witze unbewusste chauvinistische Regungen in Fuchs auslösen, Reste jenes Zeitgeistes, dessen Ueberwindung auch Fuchs nur ein Stück weit glückte.[2]

Ein anderer Teil seiner unkritischen Zustimmung zu emanzipationsfeindlichen Frauenkarikaturen muss nicht als Ausfluss *"unbändiger"* unbewusster Tendenzen der Männerseele von Fuchs interpretiert werden, sondern erklärt sich aus einem spezifischen Aspekt seiner Ansichten über die Frauenemanzipation. Es fällt nämlich auf, wie begeistert Fuchs jenen Karikaturen zustimmt, welche damals und z.T. heute noch spezifisch männliche Attitüden bei emanzipierten Frauen verspotten, z.B. das Pfeifenrauchen oder das Tragen von Hosen. Gegen die letztere Mode, deren verstärktes Auftreten nach dem 1.Weltkrieg er selbst noch erleben musste, schrieb Fuchs 1906:

"Die Anhängerinnen des utopischen Sozialisten Enfantin haben zwar mit fanatischer Wut für den Tausch des weiblichen Rocks mit der männlichen Hose plädiert (...), aber nur hinter ihren Schreibtischen und in ihren Reden. Auf der Strasse hat sich die in Männerhosen einherschreitende 'libre femme' der dreissiger Jahre des vorigen Jahrhunderts nie blicken lassen. Man sieht auch daran: Die Französinnen machen in solchen Dingen immer nur in der Theorie

---

1) Vgl. dazu auch S. 350 ff. dieser Arbeit
2) Vgl. dazu auch seine faulen Männerwitze über Rosa Luxemburg sowie S. 461 ff. dieser Arbeit.

Dummheiten, in der Praxis aber nie." [1)]

Der folgende Abschnitt soll zeigen, was Fuchs zu solchen Dummheiten in der Theorie bewog.

---

1) Eduard Fuchs: Die Frau in der Karikatur, op.cit., p.478.
Es ist hier der Ort einer Bemerkung zur Ikonographie und zum Verständnis der von Fuchs oft illustrierten Redensart vom *"Kampf um die Hosen"* . Fuchs setzt diesen Ausdruck über den ganzen sich auf die Ehe beziehenden ersten Teil seines Buchs *"Die Frau in der Karikatur"* (op.cit., pp.52-173) und interpretiert diese Redensart dahingehend, sie symbolisiere den Kampf der heiratslustigen Frauen um die Hosen eines möglichen Ehemannes (vgl. dazu insbesondere p.99 ff. des erwähnten Abschnitts). Einige der von Fuchs beigebrachten Karikaturen lassen sich tatsächlich nur in dieser Art deuten (nämlich die Abbildungen 48 und 62 des obgenannten Buchs). Fuchs geht aber mit dieser Deutung an jenen Karikaturen vorbei, die den *"Kampf um die Hosen"* im Sinn der heute noch geläufigen Redensart *"die Hosen anhaben"* als individuellen Machtkampf zwischen den Geschlechtern in der einzelnen Ehe darstellen (z.B. die Abbildungen 49, 60, 61 und 94 im selben Werk). Natürlich sind diese heute noch die Witzseiten füllenden Darstellungen von Schürhaken und Nachttopf schwingenden Xanthippen weniger als Illustration, sondern als ideologische Umkehrung der typischen Ehesituation zu verstehen, in der gewöhnlich der Mann die stärkeren Fäuste hat und das die Frau auch nicht selten spüren lässt. (Zu dieser Ehemännergewalt vgl. bei Fuchs im zitierten Werk p.59. Vgl. dazu auch: Gewalt in der Ehe, hg.v.Sarah Haffner, Berlin 1976, und Erin Pizzey: Schrei leise, Stuttgart 1976.)

2.7.4. Fuchs' Theorie von der weiblichen Eigenart

Es ist sein Theorem von der weiblichen Eigenart, das Fuchs einmal in den Ruf eines besonders raffinierten Feministen, dann wieder in denjenigen eines biologistischen Antifeministen brachte.

Beginnen wir das Referat dieser beiden Deutungsmuster von Fuchs mit der Tirade des Kulturuntergangspropheten Eberhard gegen den Feministen Fuchs:

"Die weibliche Eigenart als Vorwand für den geforderten weiblichen Einfluss bedeutet die vorläufig letzte Wandlung des chamäleonartig schillernden Deckmantels der feministischen Herrschaftsbestrebungen (...). Als lehrreiches Beispiel männlich-feministischer Argumentierung in diesem Sinne kann ein Aufsatz von Eduard Fuchs gelten.[1] *In diesem Aufsatz, in dem Fuchs die Notwendigkeit der weiblichen Gleichberechtigung aus der spezifischen weiblichen Eigenart abzuleiten sucht, gibt er zunächst - nach bewährter Taktik - einen offenkundig gewordenen Grundirrtum in pointiertem Freimut preis, um im Scheine einer angeblichen Objektivität von den Schwächen des neuen Arguments (...) abzulenken."* [2]

Tatsächlich kritisiert Fuchs folgendes an der Frauenbewegung:

"Wirtschaftliche und politische Gleichheit mit dem Mann - so lautet der prinzipielle Fundamentalsatz im Programm der Frauenemanzipation. Dieser Satz ist richtig, falsch aber sind die Mittel, durch die die Erreichung dieses

---

1) Gemeint ist der zitierte Aufsatz von Fuchs: Die Emanzipation der Frau in der Karikatur.
2) E.F.W.Eberhard: Feminismus und Kulturuntergang, op.cit., p.140 f.

Ziels vorbereitet (...) werden soll. Das heisst falsch, sofern man Frauenemanzipation mit Maskulinisierung der Frau übersetzte, und dieses Rezept wurde leider am häufigsten und am längsten angepriesen. Man erblickte die Möglichkeit der Erlösung der Frau vor allem darin, die Frau dem Manne auf allen Gebieten des Intellekts ebenbürtig zu machen. Dieses Bestreben beruht auf der vollständigen Verkennung der Tatsache, dass die Differenzen zwischen Mann und Frau auf geistigem Gebiet unausschaltbar sind, weil der sexuellen Fundamentalverschiedenheit der beiden Geschlechter ganz bestimmte psychische Analogien entsprechen, die nie zu überwinden sind, und dass der Versuch einer Ueberwindung nur zu einer widernatürlichen Entartung führen muss. Dadurch, dass man diesen Versuch unternahm, bewies man, dass man das Grundgesetz übersah (...), dass der körperlichen Basis unbedingt der ideologische Ueberbau, d.h. in diesem Falle die psychische Eigenart, adäquat ist. Also, dass man nicht nur Mensch, sondern auch Mann oder Weib ist, dass zwar die erste Eigenschaft gleiche Rechte gewähren muss, die zweite aber die bestimmte Eigenart der Individualität modeln muss." [1]

Dass sich Fuchs mit Benjamin in der intellektuellen Geringschätzung der Frau trifft, erklärt das anbiedernde Schweigen des letzteren zu diesem Punkt, obwohl er doch in seinem Aufsatz über den Sammler und Historiker *"die Primitivität Fuchsens (...) so nachhaltig gegeisselt"* [2] hatte, was andere Schwächen seiner Anschauungen betraf.

Dieses Beharren auf einer zudem für die Frauen nicht gerade schmeichelhaft formulierten Eigenart der Frau hat

---

[1] Eduard Fuchs: Die Frau in der Karikatur, op.cit., p.464 f.
[2] Brief von Max Horkheimer an Walter Benjamin vom 16.3.1937, a.a.O, p.1334

den Ausgangspunkt für die Darstellung von Fuchs als Beispiel eines Antifeministen durch Silvia Bovenschen und Peter Gorsen geliefert, deren diesbezüglicher Artikel bereits genannt wurde.[1] Es kann hier nicht um eine detaillierte Antikritik an diesem Aufsatz gehen, denn erstens will ich Fuchs keineswegs von denjenigen Vorwürfen reinwaschen, die Bovenschen und Gorsen zu Recht gegen ihn geltend machen. Und zweitens polemisiert der Artikel über weiteste Strecken gegen Autoren, deren Meinungen die Verfasser auf völlig verfehlte, von ungenauer Lektüre zeugende Art Fuchs unterschieben wollen.[2] Ferner führen sie gegen ihn Autorinnen und Autoren an, die eher mit Fuchs übereinstimmen, als dass sie dazu geeignet wären, gegen Fuchs ins Feld geführt zu werden.

---

[1] Silvia Bovenschen und Peter Gorsen: Aufklärung als Geschlechtskunde. Biologismus und Antifeminismus bei Eduard Fuchs. A.a.O.

[2] Bovenschen und Gorsen wollen Fuchs zum Fortsetzer einer *"klassische(n) Unterdrückungsargumentation"* (p.10) machen, als deren Stationen sie, willkürlich genug, u.a. Rousseau, Schopenhauer, Simmel, Krafft-Ebing und Lombroso nennen. Die Kritik von Fuchs an Krafft-Ebing und Lombroso wurde bereits erwähnt (vgl. S. 416 dieser Arbeit), Fuchs kritisiert sie z.B. auf p.104 und p.177 seiner *"Geschichte der erotischen Kunst"* (Bd.2) sehr scharf. Den ebenfalls genannten Schopenhauer kritisiert Fuchs vernichtend als *"Philosoph der Impotenz"* (Sittengeschichte, 1.Ergänzungsband, p.323). Rousseau und Simmel sind für Fuchs unwichtige Bezugspunkte, die er nur selten erwähnt, und schon gar nicht in Bezug auf ihre Meinungen über die Frauen. Simmel wird für Gorsen und Bovenschen wohl hauptsächlich deshalb zum Feindbild, weil er in der Dissertation von Peter Gorsen eine wichtige Figur ist (Vgl. P.Gorsen: Zur Phänomenologie des Bewusstseinsstroms. Bergson, Dilthey, Husserl, Simmel und die lebensphilosophischen Antinomien, Bonn 1966.) Den Gipfel dieser verfehlten Anklage des Antifeminismus bildet aber die seitenlange Abschweifung über Ortega y Gasset, den Fuchs kaum kannte. (vgl. Bovenschen/Gorsen, op.cit., a.a.O., pp.24 ff.). Es scheint, als ob die Autoren mit solchen Abschweifungen ihre mangelnde Fuchs-Lektüre, die doch für einen solchen Artikel das erste Erfordernis gewesen wäre, kaschieren wollen. Es kommt hinzu, dass Gorsen in einem anderen Werk (Peter Gorsen: Das Prinzip Obszön, Reinbek 1969), wo er Fuchs relativ häufig zitiert, nicht im geringsten auf den angeblichen Antifeminismus von Fuchs hinweist und noch weniger auf den weit manifesteren Antifeminismus der damals populären Künstler vom Schlag Otto Mühls und Hermann Nitschs. Der ganze Artikel macht den Anschein, als habe Gorsen all das an Fuchs kritisiert, was er an seinen früheren Studienobjekten zu kritisieren unterliess.

Ein Beispiel für diese Art der Polemik gegen Fuchs ist
die Inanspruchnahme der Fuchs wohl bekannten, von ihm oft
erwähnten und zitierten [1] Mary Wollstonecraft durch
Bovenschen und Gorsen. Sie schreiben, als ob Fuchs nie
von dieser feministischen Pionierin gehört hätte:

*"Erinnert sei an (...) Mary Wollstonecraft, die den Rekurs
auf die Natur der Frau bereits als Rechtfertigungsstrategie gegenüber ihrer untergeordneten Stellung durchschaut
hatte (...). Die Korrelation zwischen der sozialen Stellung und der naturbedingten Minderwertigkeit der Frau
erschien* (ihr) *mit den Maximen bürgerlicher Aufklärung
unvereinbar."* [2]

Das genaue Gegenteil dieser nicht näher belegten Unterschiebung trifft zu. Mary Wollstonecraft unterschied genau
wie Fuchs zwischen den der Frau gleich wie dem Mann zukommenden Menschenrechten einerseits und der besonderen Natur,
der *"eigentlichen Bestimmung"* der Frau andererseits. Sie
schrieb:

*"Zuerst werde ich nun die Weiber als <u>menschliche Geschöpfe</u>
betrachten, die eben so gut als die Männer auf die Erde gesetzt wurden, um ihre Kräfte und Fähigkeiten zu entwickeln.
Dann werde ich noch besonders auf ihre <u>eigentliche Bestimmung</u> eingehen."* [3]

Und was diese *"eigentliche Bestimmung"* der Frau angeht, so
vertritt Mary Wollstonecraft genau jene *"Korrelation zwischen
der sozialen Stellung und der naturbedingten Minderwertigkeit der Frau"*, die sie laut Bovenschen und Gorsen bekämpfte.
Sie schreibt nämlich dazu folgende, heute tatsächlich nicht

---

1) Z.B. in *"Die Karikatur der europ. Völker"*, op.cit., Bd.1, p.386 oder in der *"Sittengeschichte"*, op.cit., 3.Hauptband, p.321
2) Silvia Bovenschen und Peter Gorsen: Aufklärung ..., a.a.O., p.22
3) Mary Wollstonecraft: Verteidigung der Rechte der Frauen, op.cit., Bd.I, p.39

mehr sehr offensiv wirkende Sätze:

"*Man hat wenig Ursache zu fürchten, dass die Weiber am Ende wohl zu viel Mut und Seelenstärke gewinnen könnten. Sie stehen im Hinblick auf körperliche Kraft den Männern zu augenscheinlich nach, als dass sie von diesen nicht immer noch in den mannigfältigen Lebensverhältnissen abhängig bleiben müssten. (...) Man kann nicht leugnen, dass die Weiber durch falsche Begriffe von weiblicher Vortrefflichkeit ganz sichtbar herabgesunken sind (...). Man nähre nur nicht weiter jene Vorurteile unter ihnen. So werden sie von selbst in ihre, zwar untergeordnete, aber immer achtenswerte Stelle, für die sie in dieser Welt bestimmt sind, eintreten.*" 1)

Sowenig es nun anginge, Mary Wollstonecraft wegen solcher Aeusserungen des Antifeminismus zu bezichtigen, ebensowenig ist es sinnvoll, die Meinungen von Fuchs zur Frauenemanzipation - zu denen sich übrigens noch weitere Parallelstellen bei Klassikerinnen der Frauenbewegung finden lassen 2) - nur an der heutigen Diskussion zu messen,

---

1) ebda., p.42 f. Zur Relativierung der von Mary Wollstonecraft hier dermassen betonten unterschiedlichen Körperkraft von Mann und Frau vgl. Pierre Samuel: Amazones, guerrières et gaillardes, Grenoble 1975.

2) Ganz als ausführlichere Fassung der Fuchsschen Theorie von der der körperlichen Basis entsprechenden psychischen Eigenart der Frau erscheint z.B. folgende biologistische Aeusserung von Simone de Beauvoir: "*Die Unausgeglichenheit ist ein auffallender Zug ihres Gesamtorganismus; unter anderem verfügt der Mann über einen stabilen Umsatz an Kalk, während die Frau weit weniger Kalziumsalze in sich aufspeichert, da sie während der Periode und bei der Schwangerschaft ausscheidet; es scheint, dass die Ovarien in bezug auf das Kalzium eine katabolische Wirkung haben; diese Unausgeglichenheit führt zu Störungen in den Ovarien und in der Schilddrüse, die bei der Frau entwickelter ist als beim Mann. Die Unausgeglichenheit der endokrinen Sekretion aber beeinflusst das vegetative Nervensystem; die Kontrolle über Nerven und Muskeln ist unvollkommen gesichert. Dieser Mangel an Stabilität und Kontrolle hat eine Ungleichheit im Emotionalen zur Folge, die sich in Herzklopfen und Erröten besonders deutlich zeigt; auch krampfhafte Aeusserungen, wie Tränen, Lachkrämpfe, Nervenkrisen, kommen bei Frauen häufiger vor.*" (Das andere Geschlecht, op.cit., p. 47)

wie das Silvia Bovenschen und Peter Gorsen tun.

So sehr die Polemik dieser Autoren in vieler Hinsicht an Fuchs vorbeigeht, so macht sie doch auch auch in begründeter Weise auf etliche Schwächen seiner Theorien aufmerksam. Sie sollen hier weder beschönigt noch verteidigt werden; ich will sie unter Einbezug auch derjenigen Texte von Fuchs, welche Silvia Bovenschen und Peter Gorsen ignorieren, in ihrer Entwicklung darstellen.

Fuchs ist nämlich dazu gekommen, die Frauen nicht nur für intellektuell unterlegen, sondern auch für unschöpferisch zu halten. Er postuliert als *"Tatsache, dass der Mann von der Natur die schöpferische und intellektuelle Kraft - gemäss der Aktivität seines geschlechtlichen Wesens - , der Frau die Vertiefung des Gemüts - gemäss der Passivität ihres geschlechtlichen Wesens - zugewiesen ist."* [1)]

Diese Aeusserung von Fuchs stammt aus dem Jahr 1906. Sie entspringt demselben psychologischen Grundschema von Fuchs' Denken wie die bereits behandelte, mechanisch aus der männlichen Sexualbetätigung abgeleitete erste Fassung seiner Kunsttheorie. Bovenschen und Gorsen haben diese Betrachtungsweise von Fuchs sehr treffend als *"phallozentrisch ausgerichtet(e) Optik"* [2)] bezeichnet.

Sowenig wie den Theoremen seiner Kunstbetrachtung übergreifende Stringenz zugesprochen werden kann, so sehr verwickelte sich Fuchs auch in der damit verknüpften Frage der künstlerischen Kreativität der Frau in Widersprüche. Der junge Fuchs sprach der Frau die Schöpferkraft noch nicht unter Rekurs auf ihre Geschlechtsnatur prinzipiell ab, sondern führte die nach allen gängigen

---

1) Eduard Fuchs: Die Frau in der Karikatur, op.cit., p.470
2) Silvia Bovenschen und Peter Gorsen: Aufklärung ..., a.a.O, p.18

Aufzählungen weit hinter den männlichen Kulturschöpfungen zurückstehenden Resultate weiblichen Genies auf gesellschaftliche Faktoren zurück, wenn er schrieb:

"Ihr begründet die Inferiorität der Frau mit der verhältnismässig geringen Anzahl weiblicher Genies, welche die Weltgeschichte gezeitigt hat. Selbst wenn das nicht eine Unterschlagung wäre, erlaubt eine Frage: Habt ihr schon einen schwimmen sehen, der nie im Wasser gewesen ist?" [1]

Dieser den Konstrukteuren des angeblichen Antifeminismus von Fuchs entgangene Aphorismus des arbeitslosen Philosophen der Münchner Zeit weist nicht nur auf die Fragwürdigkeit der gängigen Kriterien genialen Schöpfertums, sondern auch auf die mannigfachen sozialen Hindernisse hin, welche den Frauen die Wege zum eigenständigen Künstlertum so steinig machen. Diesen nicht nur durch seine prägnante Formulierung einleuchtenden Standpunkt hat Fuchs jedoch keine 10 Jahre später als blossen Trugschluss bezeichnet:

"Naheliegend war auch (...) der Trugschluss, (...) dass einzig in der jahrhundertelangen Vernachlässigung der Frauenerziehung die Ursache zu finden sei, warum die Menschheit bis jetzt keine weiblichen schöpferischen Genies hervorgebracht habe, kein einziges schöpferisches Musikgenie, kein einziges philosophisches Genie, kein einziges Malgenie usw. Diese Ansicht ist (...) ein grenzenlos oberflächlicher Trugschluss - bequeme Formeln verleiten immer zum Leichtsinn -, denn sonst hätte jede (...) Frauenrechtlerin auf die doch so naheliegende und einfache Tatsache verfallen müssen, dass die geistige Unterdrückung der Proletarierjungen nicht nur ebenso alt ist, sondern immer zehnmal grösser war, als die der

---

[1] Anonym (Eduard Fuchs): Gedanken eines arbeitslosen Philosophen, op.cit., p.35

Töchter des Bürgertums und des Adels, und dass diese grössere Unterdrückung und Vernachlässigung keineswegs verhindert hat, dass gerade aus den Reihen der (...) vernachlässigten Söhne des Proletariats fast die Mehrzahl aller schöpferischen Genies hervorgegangen ist." [1]

Ich habe weiter oben festgehalten, dass es unbillig ist, die Standpunkte von Fuchs an der modernen Diskussion zu messen; ich muss präzisieren, dass es nur ungerecht ist, ihn aufgrund eines solchen Vergleiches so zu beurteilen, wie man das mit einem Zeitgenossen tun würde.

Beim folgenden Vergleich der kunsttheoretischen Aussagen von Fuchs zur Kreativität im allgemeinen und zur weiblichen Kunstpotenz im besonderen mit zwei Beispielen aus der zeitgenössischen Literatur soll also Fuchs nicht sein Alter zur Last gelegt werden. Beim Vergleich mit dem ersten der anvisierten Bücher - beide sind übrigens von Frauen verfasst und passen schon deshalb in diesen Abschnitt - kann das Laborieren von Fuchs an einer Kunsttheorie übrigens auch ohne Berücksichtigung des zeitlichen Rahmens in Ehren bestehen. Ich beziehe ich mich hier auf den von Mechthild Curtius zusammengestellten Sammelband psychologischer Ansätze zur Theorie der künstlerischen Kreativität.[2] Ohne mich auf eine detaillierte Erörterung dieser Aufsätze einlassen zu wollen, und vielleicht in Verkennung einzelner Verdienste dieser Arbeiten will es mir doch scheinen, dass die Leistung von Fuchs auf diesem Gebiet - die in dem Band natürlich nicht einmal erwähnt wird - neben den dort vorgestellten Arbeiten durchaus bestehen kann. Damit ist aber eigentlich nur gesagt, dass eine wirklich überzeugende psychologische Theorie der künstlerischen Kreativität auch mehr als ein halbes Jahrhundert nach der Pionierarbeit von Fuchs auf diesem Gebiet immer noch aussteht.

---

1) Eduard Fuchs: Die Frau in der Karikatur, op.cit., p.465 f.

2) Seminar: Theorien der künstlerischen Produktivität. Hg.v.Mechthild Curtius, Frankfurt/Main 1976

Zwar liefert auch das andere der hier in Betracht zu ziehenden neuen Bücher keine Theorie der künstlerischen Kreativität. Aber es beantwortet dafür genau die von Fuchs aufgeworfene Frage, warum es kein weibliches Malgenie gegeben habe, und zwar folgendermassen: Man hat die Frauen eben nicht als Malgenies anerkannt. In ihrem gründlichen Werk *"Das unterdrückte Talent"* schildert die australische Kunsthistorikerin Germaine Greer an zahlreichen Fällen sehr genau, wie die oft mit Männernamen signierten oder in direkter Fronarbeit für ihre Väter, Brüder und Männer entstandenen Kunstwerke weiblicher Maler auf dem Kunstmarkt nie Spitzenpreise erzielten und von den Museen - wenn überhaupt - im Keller eingelagert wurden. Schon beim ersten Durchblättern dieses Buchs,[1] das ich zu den grundlegenden Werken über die bildende Kunst gezählt wissen möchte, zeigt sich übrigens deutlich, dass gerade auch die Kunstgeschichte einer jener sozialen Faktoren ist, welche den weiblichen Malgenies vor dem Ruhm stehen, denn fast jede Seite des grossartigen Werks von Germaine Greer bringt die Neuentdeckung von bisher in den Standardwerken der Kunstwissenschaft nur gestreiften oder schlicht unterschlagenen Künstlerinnen.

Mit diesem Hinweis auf ein Buch, dessen künstlerischer Spürsinn hinter demjenigen von Fuchs nicht zurücksteht und ihn ergänzt und korrigiert, sei dieser Exkurs über Fuchs und die Frauen abgeschlossen, der als letzter Abschnitt meiner Arbeit einen Querschnitt durch das ganze, sonst sorgfältig auseinanderdividierte Werk von Fuchs bot.

---

1) Germaine Greer: Das unterdrückte Talent. Die Rolle der Frauen in der bildenden Kunst. Berlin 1980

SCHLUSSWORT

Im Verlauf dieser Arbeit wurde das Thema Eduard Fuchs sorgfältig in einzelne Aktionen und Aspekte, in belegbare Einzelheiten zerlegt und in eine schematische Auslegeordnung gebracht. Es ist schwierig, ausgehend von diesen *membra disjecta* nun wieder den umgekehrten Prozess zu vollziehen und auf wenigen Seiten ein lebendiges Porträt der ganzen Persönlichkeit von Eduard Fuchs und eine Zusammenfassung des Wesentlichen an seinem Gesamtwerk zu geben.

Die Aufgabe, ein Bild des ganzen Menschen Fuchs zu umreissen, hat Max Slevogt in seinem Porträt des Freundes, das zu seinen besten Werken gehört, so gut gelöst, dass sich die These von Fuchs, wonach das Bild die wertvollere Information liefert als der Text, an seiner eigenen Porträtierung bewahrheitet. Der Slevogt-Biograf Imiela beschreibt die *"blitzschnell zupackende(...) Charakterisierung"* [1] dieses in der Staatsgalerie Stuttgart hängenden Gemäldes wie folgt:

Slevogt *"wählt (...) das lebensgrosse Format, und trotzdem behält der Dargestellte* (Fuchs) *seine flinke Beweglichkeit im Bild, als habe Slevogt sie in einer Studie eingefangen. (...) Hastig zieht er ein Blatt aus der geöffneten Mappe. Gemeint ist damit wohl das Vorweisen eines neuen glücklichen Fundes, den der unermüdlich suchende Sammler gemacht hat. (...) Dabei weiss er* (Slevogt), *was er sich dem klugen Freund gegenüber erlauben darf, dessen Ungestüm ausser in der Farbe auch in Einzelheiten, wie dem gewellten buschigen Schopf, zum Ausdruck kommt und in dem geöffneten Mund, der etwas von der frechen bis zynischen Art zu reden aussagt."* [2]

---

1) Hans-Jürgen Imiela: Max Slevogt, op.cit., p.98   2) ebda.

Es zeugt von der Meisterschaft Slevogts, aber auch von
seiner jahrzehntelangen Freundschaft mit Fuchs, dass er
das revolutionäre, keine Konvention respektierende Ungestüm von Fuchs ebenso wie dessen damit teilweise kontrastierendes geduldiges Suchen, bergendes Sammeln und beredtes Vorzeigen durch die malerische Wiedergabe einer
einzigen Haltung, einer einzigen Geste und einer einzigen Miene von Fuchs ausdrücken konnte.

Ungestüm, kompromisslos und kritisch war Fuchs im anarchistischen Ueberschwang seiner Jugend, als Redaktor eines satirischen Oppositionsblattes, als die Tabus seiner
Zeit enthüllender freier Schriftsteller sowie als Kriegsgegner und Revolutionär von 1914-1919, und er blieb es
bis zu seinem Ausschluss aus der KPD und bis zu seinem
Exil aus dem faschistischen Deutschland.

Sein Jahrzehnt beim *"Süddeutschen Postillon"* war das Aeusserste an Einordnung in den immer grösser und träger werdenden Apparat der Vorkriegs-SPD, das er auf sich nahm,
und schon diesen Posten kompensierte er in seiner Freizeit in den Kreisen der Schwabinger Bohème.

Nach der Jahrhundertwende konnte er weder seinen dann im
"Monatscircus" durchbrechenden Sinn für Satire gegen die
eigene Partei länger zügeln noch die wachsende Lust bezähmen, seine bald ins Riesenhafte anschwellende Sammlung in
Artikeln, Büchern und schliesslich in mehrbändigen, grossformatigen [1] Werken vorzuzeigen.

---

[1] In seiner bereits zitierten *"Geschichte der Erotik"* verweist Lo Duca,
für den Fuchs offensichtlich ein Vorbild ist, auf ein Buch von Fuchs
im Riesen-Format, womit er sich aber wohl von einem humorvollen Antiquar einen Bären aufbinden liess. Er schreibt: *"Fuchs hat ein weiteres - heute praktisch unauffindbares - Werk* Titanen-Erotik *veröffentlicht (Wiedergabe der erotischen Werke grosser Meister im Format 0,60
auf 1,20 m.)"* (op.cit., p.17)

Auch im Umkreis der bald dogmatisch verkommenden KPD konnte sich Fuchs trotz seiner Aktivitäten hinter den Kulissen nicht frei entfalten. Nur einmal kamen die politischen Umstände in Deutschland, die schliesslich sogar die Vertreibung aus der Heimat und die Zerstörung seines sammlerischen Lebenswerks bewirkten, dem revolutionären Temperament von Fuchs entgegen, nämlich in den bald verflogenen ersten Tagen der Novemberrevolution von 1918. Diese Zeit an der Seite von Rosa Luxemburg, Karl Liebknecht und Franz Mehring war zweifellos der Höhepunkt seines Lebens.

Fuchs, dem schon die Situation als Ueberlebender im Massensterben des ersten Weltkriegs neue Kraft gegeben hatte, überlebte auch das reaktionäre Blutbad von 1919, im Gegensatz zu seinen ermordeten Freunden Rosa Luxemburg, Karl Liebknecht und Leo Jogiches.[1] Die Lebensenergien von Fuchs strömten aus der Rebellion gegen die reaktionäre Unterdrückung; er verstand es stets, seine Stärke an der Schwäche der Zeit zu messen und deren Fehlleistungen in eigene Vorteile umzumünzen.

So war schon seine Kunstsammlung zustandegekommen: Er hatte sich seine Werke von Liebermann und Slevogt bereits gesichert, als sie noch als *"Rinnsteinkunst"* galten, und Daumier begann er zu sammeln, als man ihn in Deutschland noch kaum kannte. Er suchte und fand seine Kunstschätze im Abfall, unter dem Trödel und in den zu seiner Zeit als niedrig und abseitig eingestuften Künstlern und Kunstgattungen.

---

1) Es wäre wohl nicht ganz angemessen, zu sagen, Rosa Luxemburg, Karl Liebknecht und Leo Jogiches hätten ihren Tod als Märtyrer gesucht; schliesslich wurden sie ja brutal und gewaltsam ermordet. Aber ihr z.B. in den hier bereits mehrfach zitierten Erinnerungen von Mathilde Jacob beschriebenes Verhalten kurz vor ihrer Ergreifung und Ermordung (a.a.O. pp.60 ff., p.68 ff.) weicht doch erheblich ab vom Verhalten jener Revolutionäre, die entschlossener waren als sie, die gescheiterte Revolution zu überleben, etwa Mathilde Jacob selbst, Wilhelm Pieck oder eben Eduard Fuchs.

Und so ist auch der Erfolg seiner Werke zu erklären. Er machte sich den ungeheuren Druck der zeitgenössischen Sexualfeindlichkeit zunutze, um seine Kritik an der herrschenden Moral als Ventil für die Sexualnot seiner Zeitgenossen in riesigen Auflagen so gut zu verkaufen, dass er als einer der ganz wenigen Literaten dieser Zeit von seinem schriftstellerischen Werk in den angenehmsten Umständen leben konnte.

Die höhere Einheit der Person, der Sammlung und des Werks von Fuchs ist aber nicht nur in dieser an sich ungünstigen, doch von Fuchs gut genutzten Konstellation der äusseren Umstände begründet. Die psychologische Konstellation im Unterbewusstsein von Fuchs kam dieser höheren Einheit ebenfalls entgegen. Fuchs, der selbst unermüdlich alle kulturellen Phänomene und alle Kunstwerke als Früchte sexueller Triebkräfte zu enthüllen pflegte, wird gegen eine solche Deutung seines Lebenswerks kaum etwas einzuwenden haben.

So kann man etwa den scharfen Sammlerblick von Fuchs für die erotische Kunst als Mittel zur Befriedigung voyeuristischer Triebelemente deuten.[1] Das Aufhäufen der ins Unermessliche wachsenden Sammlung von Kunstgegenständen aller Art durch Fuchs lässt sich als Ausdruck einer analen Veranlagung interpretieren. Die Bevorzugung der Karikatur mit ihrer oft grausamen Drastik könnte in diesem Sinn auf eine sublimierte Ersatzbefriedigung sadistischer Momente in der schwarzen Seele von Fuchs hindeuten.[2]

---

[1] Fuchs berichtet übrigens selbst von einem voyeuristischen Jugenderlebnis:*"Ich war (...) in dem (...) Gestüt Bebenhausen (...) als Halberwachsener zufällig Zeuge, wie eine Dame, die sich unbeobachtet glaubte, das erigierte Glied eines Hengstes zärtlich liebkoste."* (Eduard Fuchs: Geschichte der erotischen Kunst, op.cit., Bd.2, p.274)

[2] Vgl. dazu S. 338 dieser Arbeit. Auch seine frühen anarchistischen Flugschriften können so gedeutet werden, vgl. S. 17f. dieser Arbeit. Fuchs selbst handelte übrigens den sublimierten Sadismus von Künstlern wie Wilhelm Busch, Th.Th.Heine u.a. genau ab (vgl. Eduard Fuchs, Geschichte der erotischen Kunst, op.cit., Bd.II, pp.373 ff. und passim).

Seine eingehende Beschäftigung mit der erotischen Kunst und der Geschichte der Sexualität kann sodann als Ausdruck seiner hypertrophen Sexualkonstitution aufgefasst werden.[1] Das fanatische Bestehen von Fuchs auf dem Prinzip der Wahrheit gegenüber der zeitgenössischen Moralheuchelei mag ferner mit Stekel als Ausdruck seiner Onanieprobleme gesehen werden.[2] Und das genüssliche Vorzeigen der gesammelten, in Mappen und Kästchen versteckten Kunstobjekte, sei es nun direkt im Original oder durch die Reproduktion in seinen Büchern, weist deutlich genug auf die exhibitionistische Komponente des Trieblebens von Fuchs hin.

Sollten diese hypothetischen Formulierungen zutreffen, was ich für so gut wie sicher halte, so wäre dies nun allerdings nicht etwa der Beweis dafür, dass der *"Sittenfuchs"* eben doch eine Gefahr für die Sittlichkeit darstellte. Vielmehr weisen auch diese Interpretationen auf die Fähigkeit von Fuchs hin, innere Schwächen und Mängel so gut wie Fehlentwicklungen der gesellschaftlichen Umgebung ins Positive zu wenden und für höhere Werte sowie zum eigenen Vorteil nutzbar zu machen. Man möchte fast sagen, dass sich Fuchs mit dieser Fähigkeit solcher Umwandlungen von Schlechtem in Gutes, von Nachteilen in Vorteile, von Lastern in Gewinn [3] als praktischer Dialektiker erwiesen habe.

---

1) Vgl. die diesbezügliche Deutung einschlägiger Literatur und vor allem der Werke Freuds durch Lenin S.146 dieser Arbeit.
Wenn Fuchs im übrigen *"unendlich viele junge Leute, die in diesen Jahren* (der Pubertät) *mit täglich mehrmaligen und nicht selten Stunden währenden Erektionen zu kämpfen haben"*, erwähnt (Eduard Fuchs, Geschichte der erotischen Kunst, op.cit., Bd.2, p.271), dann ist doch anzunehmen, dass er auch aus eigener Erfahrung schreibt.

2) Vgl. Wilhelm Stekel: Onanie und Homosexualität, op.cit., p.146

3) Dieser Vorgang ist weder neu noch einmalig. Vgl.dazu das Werk Bernard de Mandevilles *"The Fable of the Bees; or, Private Vices, Publick Benefits"* (London 1714), das man ebensowohl als dialektische Morallehre des Kapitalismus wie als erste Sozialpsychologie der freien Marktwirtschaft bezeichnen kann.

Dass Fuchs als Theoretiker in vieler Hinsicht nicht brillierte, musste mehrfach aufgezeigt werden. Das Referat seiner Schriften, sei es nun zur Kunsttheorie oder zur Frauenemanzipation, musste immer wieder auf Wiederholungen und gänzlich undialektische Widersprüchlichkeiten hinweisen. Vielleicht lohnt sich der Versuch, diese stilistische und theoretische Schwäche der Werke von Fuchs einmal - wiederum ganz im Sinne Mandevilles - gerade als deren Stärke zu interpretieren. Das gelingt dann, wenn mann seine Werke nicht als theoretische Abhandlungen auffasst, welche ein Geflecht von Fakten und Aussagen in eine systematische Beziehung bringen wollen, sondern als das, was sie von ihrem ganzen Sprachgestus her sind, nämlich als gesprächsweise Erläuterungen zu den Sammelobjekten von Fuchs.

Will jemand seinen Gesprächspartner überzeugen, so darf er Wiederholungen nicht scheuen. Er muss sich vor der differenzierten Erörterung subtiler Zusammenhänge hüten und dafür alles auf einen einfachen, möglichst immer auf denselben Nenner bringen. Einzelne ihm dienliche Fakten soll er nicht auf ihre Ueberlieferung oder auf ihren möglicherweise komplizierten Zusammenhang mit anderen Fakten hin überprüfen, sondern genau dann erwähnen, wenn sie einem gegnerischen Argument besonders schlecht ins Konzept passen oder als Beweisstück für ein eigenes Votum dienen können. Wichtig ist es auch, den Gesprächspartner durch solche oder andere Kunststücke, etwa besonders schlagende Wendungen, besonders simple Formeln für als sehr kompliziert geltende Materien, zu verblüffen. Auf sein verwirrtes Schweigen hin kann dann schnell mit einer geläufigen Wiederholung bzw. Bekräftigung eines zu plausibilisierenden Prinzips oder einer bestrittenen Gesetzmässigkeit aus dem Fundus der eigenen Meinung nachgedoppelt werden.

All die eben aufgezählten Elemente sind nicht nur Eigenschaften des Gesprächs und der agitatorischen Rede, sondern auch des Stils der Schriften von Fuchs. Wohl macht er sich dadurch als wissenschaftlicher Theoretiker unmöglich; beim breiten Lesepublikum jedoch wird diese Stilebene durchaus geschätzt. Ferner ist es ja keineswegs so, dass solche Elemente dem wissenschaftlichen Diskurs gänzlich fremd wären.

Mögen sich aber auch Stilebene und theoretischer Anspruch des Werks von Fuchs widersprechen, so verliert deswegen dieser Anspruch doch nicht jegliche Geltung. Fuchs war gross im Erkennen von Orten der Theorielosigkeit: Seine Themen sind die Tabus. Seine Interessen führten Fuchs stets in Bereiche, wo die ihm geläufigen Theorien versagten; das ist keine schlechte Methode kritischer Prüfung.

Sicher ist das Interesse am Bild bei Fuchs genuin. Und es ist ja auch das bildliche Element der Karikatur, das ihm gewöhnlich als Vehikel diente, um zu diesen theorielosen Bereichen zu gelangen. Aber seine Hochachtung für das Bild steigerte sich in dem Mass noch mehr, als er immer wieder die Existenz von Phänomenen feststellen musste, von denen es zwar Bilder gibt, für die sich aber keine Worte finden lassen.

Diese Bereiche fallen unter den Begriff des Obszönen, gleichviel, ob man nun einen mit Orden behängten General als obszön taxiert oder aber die Abbildung von Menschen im Naturzustand mit diesem Wort sanktionieren will.

Natürlich ist es diese Ausrichtung des Werks von Fuchs, die dessen Rezeption verzögerte und seine ganze Persönlichkeit trotz ihrer charakterlichen, moralischen und politischen Integrität in die Nähe des Anrüchigen rückte.

Die Wissenschaft darf sich nicht von gesellschaftlichen Vorurteilen leiten lassen. Sie muss Fuchs auf seinem Weg durch die tabuisierten Themen reflektierend begleiten. Im Westen sind die zur Zeit von Fuchs und lange vorher schon errichteten Mauern des Schweigens über diese Themen ohnedies am Abbröckeln. Und in der DDR, wo die einschlägigen kultur- und kunsthistorischen Forschungen von Fuchs lange als unmarxistisch taxiert und verschwiegen wurden,[1] soll man die Entdeckung eines Lesefehlers in dem Manuskript von Marx und Engels zur deutschen Ideologie zum Anlass eines Umdenkens nehmen: Statt einer *"Kritik der jetzigen Lebensverhältnisse"* hatten die beiden grossen Denker nämlich auch eine *"Kritik der jetzigen Liebesverhältnisse"* gefordert.[2]

---

[1] Im bereits zitierten Artikel über Fuchs im Leipziger *"Lexikon sozialistischer deutscher Literatur"* heisst es u.a., dass die *"kunst- und kulturhistorischen"* Arbeiten von Fuchs *"keine gültigen Beiträge zur marxistischen Kunst- und Geschichtswissenschaft"* seien. (op.cit., p.181). Sie werden in der DDR auch nicht neu aufgelegt.

[2] Ernest Borneman erwähnt diese Entdeckung der Marx-Philologie in der DDR auf p.12 der Einleitung zu seinem zitierten Werk über *"Das Patriarchat"*.

ANHANG

A: Bibliografie des Werks von Eduard Fuchs

a) Beiträge in Zeitschriften und Sammelwerken

(Zu den Beiträgen von Fuchs im *"Süddeutschen Postillon"*
vgl. den Textteil dieser Arbeit.)

- Wilhelm Weitling, in: Sozialistischer Akademiker, 2.Jahrgang, Oktober 1896, pp.609-614

- Noch einige Jahn-Karikaturen, in: Zeitschrift für Bücherfreunde, Bielefeld, Jg.1897, No.2, pp.582-585

- Aus meiner Napoleonmappe, Zum hundertsten Gedenktag des 18.Brumaire, in: Vom Fels zum Meer, Stuttgart, Jahrgang 1899, No.18, pp.262-267

- Sarah Bernhardt in der Karikatur, in: Bühne und Welt, Berlin, Jahrgang 1900, No.1, pp.19-25

- Die französische Karikatur im Jahre 1870/71, in: Sozialistische Monatshefte, 6.Jahrgang, 1901, Bd.2

- Musikerkarikaturen, in: Zeitschrift für Bücherfreunde, Jahrgang 1901/1902, Heft 12, pp.449-464

- Die Emanzipation der Frau in der Karikatur, Teil I in: Neue Revue, Berlin, Jg.1908, Septemberheft, pp.32-42, Teil II im darauffolgenden Oktoberheft, pp. 123-133

- Lexikonartikel *"Renaissance"*, in: Grosse Sowjet-Enzyklopädie, 1.Aufl. Moskau 1925 ff., Bd.12, pp.486 - 527 (russ.)

- Die Sonne der Menschheit ging im Osten auf, in: Das Neue Russland, Doppelheft No.9/10, Nov.1927, pp.6-15

b) Selbständige Publikationen

α) Fuchs als alleiniger Verfasser

- Ein königliches Mahl, Ein Lied aus der Gegenwart, München 1894, Verlag M.Ernst, 16 S.

- 1848 in der Karikatur, München 1898, Verlag M.Ernst, 28 S., 16 Tafeln

- Die Noth, München 1901, Verlag M.Ernst

- Die Karikatur der europäischen Völker, I.Teil: Vom Altertum bis zur Neuzeit, Berlin 1901, Verlag A. Hofmann, 480 S., 500 Textillustrationen, 76 Beilagen

- Die Karikatur der europäischen Völker, II.Teil: Vom Jahre 1848 bis zur Gegenwart, Berlin 1903, Verlag A. Hofmann, 488 S., 515 Textillustrationen, 73 Beilagen

- Das erotische Element in der Karikatur (Der Karikatur der europäischen Völker dritter Band), Ein Beitrag zur Geschichte der öffentlichen Sittlichkeit, Berlin 1904, Verlag A.Hofmann, 264 S., 202 Textillustrationen, 32 Beilagen

- Ein vormärzliches Tanz-Idyll: Lola Montez in der Karikatur, Berlin o.J. (1904), Verlag E.Frensdorff, 184 S., 90 Illustrationen und Beilagen

- Die Frau in der Karikatur, München 1906, Verlag A. Langen, 488 S., 446 Textillustrationen, 60 Beilagen

- Geschichte der erotischen Kunst, Bd.I: Das zeitgeschichtliche Problem (überarbeitete Neuauflage von *"Das erotische Element in der Karikatur"*), Berlin o.J. (1908), Verlag A.Hofmann, 412 S., 385 Textillustrationen, 36 Beilagen

- Illustrierte Sittengeschichte vom Mittelalter bis zur
  Gegenwart, 3 Bände und 3 Ergänzungsbände, München o.J.
  (1909-1912), Verlag A.Langen
  I.Band: Renaissance,(Frühjahr 1909), 500 S., 430 Text-
  illustrationen, 59 Beilagen
  I.Ergänzungsband: Renaissance, (Sommer 1909), 336 S.,
  265 Textillustrationen, 36 Beilagen
  II.Band: Die galante Zeit, (Herbst 1910), 484 S., 429
  Textillustrationen, 63 Beilagen
  II.Ergänzungsband: Die galante Zeit, (Frühling 1911),
  328 S., 280 Textillustrationen, 37 Beilagen
  III.Band: Das bürgerliche Zeitalter, (Sommer 1912),
  496 S., 500 Textillustrationen, 63 Beilagen
  III.Ergänzungsband: Das bürgerliche Zeitalter, (Herbst
  1912), 342 S., 367 Textillustrationen, 33 Beilagen

- Der Weltkrieg in der Karikatur, Band I: Bis zum Vorabend
  des Weltkrieges (alles was erschienen), München 1916,
  Verlag A.Langen, 372 S., 333 Textillustrationen, 47
  Beilagen

- Die Juden in der Karikatur, Ein Beitrag zur Kulturgeschichte, München 1921, Verlag A.Langen, 311 S., 307
  Textillustrationen, 31 Beilagen

- Geschichte der erotischen Kunst, Bd.II: Das individuelle Problem, München o.J. (1923), Verlag A.Langen,
  440 S., 350 Textillustrationen, 51 Beilagen

- Tang-Plastik, Chinesische Grabkeramik des VII. bis X.
  Jahrhunderts, Bd.I der Reihe *"Kultur- und Kunstdokumente"*, München o.J. (1924), Verlag A.Langen, 62 S.,
  59 Tafeln

- Dachreiter und verwandte chinesische Keramik des XV. bis XVIII. Jahrhunderts, Bd.II der Reihe *"Kultur- und Kunstdokumente"*, München o.J. (1924), Verlag A. Langen, 62 S., 58 Tafeln

- Gavarni, München o.J. (1925), Verlag A.Langen, 27 S., 29 Textillustrationen, 80 Tafeln

- Geschichte der erotischen Kunst, Bd.III: Das individuelle Problem (Zweiter Teil), München o.J. (1926), Verlag A.Langen, 400 S., 416 Textillustrationen, 50 Beilagen

- Der Maler Daumier, München 1927, Verlag A.Langen, 72 S., 108 Textillustrationen, 352 Tafeln

- Der Maler Daumier, Zweite, durch einen umfangreichen Nachtrag vermehrte Auflage, München 1930, Verlag A. Langen, 72 S., 108 Textillustrationen, 352 Tafeln, 6 Beilagen

- Die grossen Meister der Erotik, Ein Beitrag zum Problem des Schöpferischen in der Kunst (Malerei und Plastik), München o.J. (1930), Verlag A.Langen, 131 Textillustrationen, 39 Beilagen

β) In Zusammenarbeit mit anderen

- Aus dem Klassenkampf, Soziale Gedichte, Dem klassenbewussten Proletariat zu eigen, Mitautoren: Karl Kaiser und Ernst Klaar, München 1894, Verlag M.Ernst, 136 S.
- Richard Wagner in der Karikatur, Text von Ernst Kreowski, Bebilderung durch Eduard Fuchs, Berlin o.J. (1907), Verlag B.Behr, 214 S., 223 Textillustrationen, 7 Beilagen
- Die Weiberherrschaft in der Geschichte der Menschheit, Text von Alfred Kind, Bebilderung durch Eduard Fuchs, München 1913, Verlag A.Langen, 2 Bde., 712 S., 665 Textillustrationen, 90 Beilagen
- Die deutsche Fayence-Kultur, Bd.III der Reihe *"Kultur- und Kunstdokumente"*, Text von Eduard Fuchs, Bebilderung durch Paul Heiland, München 1925, Verlag A.Langen, 173 S., 104 Tafeln

γ) Von Fuchs herausgegebene Werke anderer

- 15 Bände der Reihe *"Sammlung gesellschaftswissenschaftlicher Aufsätze"*, München 1894 ff., Verlag M.Ernst
  No.1: Johannes Huber: Die Philosophie der Sozialdemokratie, München 1894, 32 S.
  No.2: Ferdinand Lassalle: Vorrede zum System der erworbenen Rechte, München 1894, 18 S.
  No.3: Lux, Heinrich: Die Juden als Verbrecher, Eine Beleuchtung antisemitischer Beweisführung, München 1894, 32 S.

No.4/5: Wilhelm Weitling: Das Evangelium eines armen Sünders, München 1894, 120 S.

No.6: Der historische Materialismus und die Werttheorie von Karl Marx, beide populär dargestellt von Jakob Stern, München 1894, 32 S.

No.7: Jakob Stern: Einfluss der Krisen und der Steigerung der Lebensmittelpreise auf das Gesellschaftsleben, München 1894, 24 S.

No.8: Johannes Huber: Der Sozialismus, Rückblick auf das Altertum, München 1894, 71 S.

No.9: Wilhelm Weitling: Die Menschheit wie sie ist und wie sie sein sollte, nebst einem Nachtrag zu Das Evangelium eines armen Sünders, München 1894, 28 S.

No.10: Georg Büchner: Der Hessische Landbote, sowie des Verfassers Leben und politisches Wirken von Eduard David, München 1896, 74 S.

No.11-13: Thomas Morus: Utopia, übersetzt v.I.E.Wessely, München 1896, 193 S.

No.14/15: Thomas Campanella: Der Sonnenstaat, übersetzt von I.E.Wessely, München 1899, 114 S.

- Honoré Daumier: Die ollen Griechen, Bilder zur Sage und Geschichte der Alten, Mit Versen von Wilhelm Polstrorff, nebst einer Einleitung von Eduard Fuchs, Berlin 1902, Verlag A.Hofmann

- Honoré Daumier: Holzschnitte 1833-1870, München o.J. (1918), Verlag A.Langen, 32 S., 522 Abbildungen

- Honoré Daumier: Lithographien 1828-1851, München o.J., Verlag A.Langen, 68 S., 15 Textillustrationen, 72 Tafeln

- Honoré Daumier: Lithographien 1852-1860, München o.J., Verlag A.Langen, 32 S., 15 Textillustrationen, 72 Tafeln

- Honoré Daumier, Lithographien 1861-1872, München o.J., Verlag A.Langen, 26 S., 15 Textillustrationen, 72 Tafeln

- Franz Mehring: Karl Marx, Geschichte seines Lebens, 2.Auflage, nebst einem Vorwort von Eduard Fuchs, Leipzig 1919

- Franz Mehring: Gesammelte Schriften und Aufsätze in Einzelausgaben, herausgegeben von Eduard Fuchs, Bde. I-VI und XII (alles was erschienen), Berlin 1929-33, Soziologische Verlagsanstalt

δ) Anonym Publiziertes

- Auf zur Rache! Flugblatt, Stuttgart 1888

- Arbeiter aller Länder, vereinigt euch! Flugblatt, Stuttgart 1888

- Gedanken eines arbeitslosen Philosophen, München o.J. (1897), Verlag M.Ernst, 70 S.

- Das grosse Missverständnis, Zentralisierte neuzeitliche Tag-, Wochen- und Monatshefte für echten, revidierten und gemischten Sozialismus, Dresden 1903, 14 S.

- Der auch-sozialistische Monatscircus, Leipzig 1909, 40 S.

- Kulturleben der Strasse, Vom Anfang bis zur Grossen Revolution, Berlin o.J. (1910), Verlag J.Singer, Text von Ernst Kreowski, Bebilderung durch Eduard Fuchs, 224 S., 300 Illustrationen

ε) **Nachdrucke**

- *L'élement erotique dans la caricature, Un document à l'histoire des moeurs, Vienne 1906,* Verlag C.W.Stern
- Sozialgeschichte der Frau (Fotomechanischer Nachdruck von *"Die Frau in der Karikatur"*), Frankfurt 1973, Verlag Neue Kritik
- Geschichte der erotischen Kunst, 3 Bde., Berlin 1977, Verlag Klaus Guhl, Fotomechanischer Nachdruck
- Aus dem Klassenkampf, 2.Aufl., Hg. und eingeleitet von Klaus Völkerling, Berlin 1978, Akademie-Verlag, Neudruck

B. **Quellen**

a) Unveröffentlichte Korrespondenzen

α) **Briefe von Fuchs**

- Briefe und Postkarten von Fuchs an Georg von Vollmar und dessen Gattin, archiviert im Internationalen Institut für Sozialgeschichte, Amsterdam, Signatur V 664
- Brief von Fuchs an Richard Fischer vom 17.10.1900, archiviert im Internationalen Institut für Sozialgeschichte, Amsterdam, Signatur Kl.Korr.
- Briefe und Postkarten von Fuchs an Emil Faktor, archiviert in der Handschriften- und Inkunabelabteilung der Staatsbibliothek München, Signatur Ana 339 I, Fuchs Eduard
- Briefe von Fuchs an Richard Dehmel, archiviert im Dehmel-Archiv der Staats- und Universitätsbibliothek Hamburg

- Postkarten und Briefe von Fuchs an Karl Kautsky, archiviert im Internationalen Institut für Sozialgeschichte, Amsterdam, Signaturen Kautsky DX 502-512 und Kautsky FA port. 2,4
- Postkarten und Briefe von Grete und Eduard Fuchs an Fritz Brupbacher und dessen Gemahlin, archiviert im Schweizerischen Sozialarchiv, Zürich, Signatur Ar. 101.30.4., Fuchs Eduard
- Brief von Fuchs an Max Sauerland, archiviert in der Handschriftenabteilung der Staats- und Universitätsbibliothek Hamburg
- Kopie des Briefes von Fuchs an Otto Lang vom 1.3.1934, archiviert im Schweizerischen Sozialarchiv, Zürich, Signatur Ar.101.30.4.,Fuchs Eduard

β) **Briefe an Fuchs**

- Brief von Richard Fischer an Fuchs vom 20.10.1900, archiviert im Internationalen Institut für Sozialgeschichte, Amsterdam, Signatur Kl.Korr.

γ) **Briefe über Fuchs**

- Brief von Christian Morgenstern an Oskar Panizza vom 14.6.1899, archiviert in der Handschriftenabteilung der Stadtbibliothek München
- Brief von Peter Maslowski an den Verfasser vom 30.4.1979, Privatbesitz T.Huonker
- Brief von Babette Gross an den Verfasser vom 14.10.1979 an den Verfasser, Privatbesitz T.Huonker
- Brief von Robert Liebknecht an Ulrich Weitz vom 24.4.1980, Privatbesitz Ulrich Weitz

b) Polizei- und Justizakten

- Hauptstaatsarchiv Stuttgart: Bestand E 150 Bü 2044
- Staatsarchiv Ludwigsburg: Fahndungsliste *"Persönlichkeiten, welche als anarchistischer Gesinnung verdächtig bezeichnet sind"*, Signatur N 1888
- Hauptstaatsarchiv München: Bestände St.Anw.7195, Polizeidirektion 1046 und Polizeidirektion 7141
- Stadtarchiv München: Meldebogen für Fuchs Eduard, angelegt am 24.10.1890

c) Uebrige Quellen

- Ahnenreihe der Familie Fuchs, zusammengestellt vom Stadtarchiv Göppingen
- *"Der süddeutsche Postillon"*, München, hauptsächlich die Jahrgänge 1891-1901
- Bestand *"Postilloniana"* (ungeordnet), archiviert in der Staatsbibliothek München
- Maifestzeitungen der Sozialdemokratischen Partei Deutschlands, Berlin, hauptsächlich die Jahrgänge 1901-1906
- Im Text einzeln vermerkte Nummern des *"Socialdemokrat"* (Zürich), des *"Vorwärts"* (Berlin) und der *"Roten Fahne"* (Berlin)
- Parteitagsprotokolle der Sozialdemokratischen Partei Deutschlands, Berlin 1890-1914

- Tagebuch, das Eduard Fuchs auf der Reise mit Slevogt nach Aegypten führte, archiviert im Slevogt-Archiv, Neukastel.

- *"Gegen Pfaffen- und Polizeizensur"*, anonymer Artikel in der Arbeiter-Illustrierten-Zeitung (A.I.Z.), Berlin, No.25, 5.Jahrgang 1926, p.3

- *"Fünfzigster Geburtstag von Eduard Fuchs"*, anonymer Beitrag in: Berliner Börsen-Courier, 1920, No.45, in der Mittwochsbeilage vom 28.1.1920, p.5

- Jacob, Mathilde: Von Rosa Luxemburg und ihren Freunden in Krieg und Revolution, 1914-1918, Manuskript, archiviert in der Hoover Institution on War, Revolution and Peace, Stanford, California, U.S.A.

- Todesanzeige für Eduard Fuchs, aufgegeben von Margarete Fuchs, Ende Januar 1940, archiviert im Schweizerischen Sozialarchiv, Signatur Ar.101.30.4., Fuchs Eduard

- Nachruf *"Eduard Fuchs gestorben"*, in: Volksrecht, Zürich, 3.2.1940, gezeichnet W.V. (d.i. vermutlich Walther Viktor)

- *"Erinnerungen an Eduard Fuchs"*, in: Volksrecht, Sonntagsbeilage vom 22.6.1940, anonym (vermutlich verfasst von Fritz Brupbacher)

- Prospekte des Langen-Verlages, München o.J.

C. Alphabetisches Verzeichnis der angeführten Literatur

Abraham, Karl: Giovanni Segantini, Ein psychoanalytischer Versuch, Wien 1911

Achten, Udo: Der süddeutsche Postillon, faksimilierter Teilnachdruck, Bonn 1979
ders.: Zum Lichte empor, Maifestzeitungen der Sozialdemokratie 1891-1914, faksimilierter Teilnachdruck, Bonn 1980

Adorno, Theodor W.: Aesthetische Theorie, Frankfurt 1970
ders: Studien zum autoritären Charakter (Frankfurt 1973)

Aktionen, Bekenntnisse, Perspektiven, Berichte und Dokumente vom Kampf um die Freiheit des literarischen Schaffens in der Weimarer Republik, hg.v. A.Klein u.a., Berlin 1966

Albertini, Rudolf von: Europäische Kolonialherrschaft 1890 - 1940, Zürich 1976

Alembert, Jean d' und Diderot, Denis (Hrsg.): Encyclopédie ou dictionnaire raisonné des sciences, des arts et des métiers, 35 Bde., Paris 1751-1780

Angress, Werner T.: Stillborn Revolution, The Communist Bid for Power in Germany, 1921-23, Princeton 1963

Ariès, Philippe: L'enfant et la vie familiale sous l'Ancien Régime, Paris 1960

Aristoteles: Nikomachische Ethik

Arsène, Alexandre: Honoré Daumier, l'homme et l'œuvre, Paris 1888

Bachofen, Johann Jakob: Das Mutterrecht, Stuttgart 1861

Badinter, Elisabeth: Die Mutterliebe, Geschichte eines Gefühls vom 17.Jahrhundert bis heute, München 1981

Bahro, R.: Die Alternative, Köln 1977

Baranskaja, Natalja: Woche um Woche, Neuwied 1979

Bauer, Max: Das Geschlechtsleben in der deutschen Vergangenheit, Leipzig 1902

Bayle, Pierre: Dictionnaire historique et critique, 4 Bde., Paris 1695-1702

Beauvoir, Simone de: Das andere Geschlecht, Sitte und Sexus der Frau, Hamburg 1951
dies.: Ich bezeichne mich selbst als Feministin, in: Grundlagentexte zur Emanzipation der Frau, hg.v.Jutta Menschik, Köln 1977, pp.312-377

Bebel, August: Die Frau und der Sozialismus, (Bonn 1979), Erste Auflage unter dem Titel *"Die Frau in Vergangenheit, Gegenwart und Zukunft"* Stuttgart 1879
ders.: Briefwechsel mit Karl Kautsky, hg.v.Karl Kautsky jun.,(reprint Assen 1971)

Beisswanger, Konrad: Stimmen der Freiheit, 14.Auflage, Berlin 1914

Bell Quentin: Virginia Woolf, (Frankfurt 1982)

Benjamin, Walter: Gesammelte Schriften, hg.v.R.Tiedemann und H.Schweppenhäuser, Frankfurt 1974 ff., Bde. I-V

Bergmann, Theodor: 50 Jahre KPD(Opposition), Hannover 1978

Bierbaum, Otto Julius, Panizza, Oskar u.a.: Gegen Prüderie und Lüge, München o.J.

Blei, Franz: Die galante Zeit und ihr Ende, Berlin 1904
ders.(Hg.): Der Amethyst, Wien, 1.Jahrgang 1905/1906
ders.: Félicien Rops, Berlin 1906

Bloch, Ernst: Das Prinzip Hoffnung, Frankfurt 1959, 3 Bde.

Bloch, Iwan : Das Sexualleben unserer Zeit, (Berlin 1906)

Blos, Wilhelm: Die französische Revolution, Stuttgart 1888
ders.: Die Deutsche Revolution, 1848-49, Stuttgart 1893

√ Blum, André: La caricature révolutionnaire, Paris 1917

Blum, Jerôme: Die bäuerliche Welt, München 1982

Boelsche, Wilhelm: Das Liebesleben in der Natur, Leipzig 1898 ff.
ders.: Vom Bazillus zum Affenmenschen, Leipzig 1900

Boemus, Aubanus Joannes: Mores, leges et ritus omnium gentium, Lugdunum 1577

Bondy, J.A.: Eine Berliner Privatsammlung, in: Neue Revue, Berlin, Jg.1909, Heft 22/23, pp.767-770

Borneman, Ernest: Sex im Volksmund, 2 Bde., Reinbek 1974
ders.: Das Patriarchat, Frankfurt 1975

Borst, Arno: Lebensformen im Mittelalter, Frankfurt 1973

Bovenschen, Silvia, und Gorsen, Peter: Aufklärung als Geschlechtskunde, Biologismus und Antifeminismus bei Eduard Fuchs, in: Aesthetik und Kommunikation, Berlin, Jg. 7, No.25, Sept.1976, pp.10-30
dies.: Die imaginierte Weiblichkeit, Frankfurt 1979

Braun, Rudolf: Industrialisierung und Volksleben, Erlenbach 1960

Breuer, Robert: Die Sammlung Fuchs, in: Kunst und Künstler, 10.Jg., No 10, pp.449-464

Bringolf, Walther: Mein Leben, Bern 1965

Brockhaus' Conversations-Lexikon, 13.Auflage, Leipzig 1883, 16 Bde. und ein Supplement-Band

Brune, T., Göttsch, S., Haspel, J. und Weitz, U.: Arbeiterbewegung - Arbeiterkultur Stuttgart 1890 - 1933, Stuttgart 1981

Brugger, Hans Rudolf: Die Geschichte der Schöpfung, in: Reformatio, 31.Jahrgang, No.3, März 1982, p.160 ff.

Brupbacher, Fritz: 60 Jahre Ketzer, Selbstbiografie, (Zürich 1981)

Buchner, Lothar: Das neueste aus alter Zeit, Kulturhistorische Dokumente aus alten deutschen Zeitungen, vom Ende des 17. bis zum Ende des 18.Jahrhunderts, München o.J.

Burgard, Roswitha, und Karsten, Gaby: Die Märchenonkel der Frauenfrage, Friedrich Engels und August Bebel, Berlin 1975

Caesar, Julius: Der gallische Krieg (München o.J.)

Cabet, Etienne: Das Weib - sein unglückliches Schicksal in der gegenwärtigen Gesellschaft, sein Glück in der zukünftigen Gemeinschaft, (Auszug aus der *"Reise nach Ikarien"*), München 1908

Canetti, Elias: Masse und Macht, 2 Bde., Düsseldorf 1960

Cantimori, Delio: Interpretazioni tedesche di Marx nel periodo 1929-1945, in: Studii di Storia, ed.Giulio Einaudi, Torino 1959, pp.140-227

Champfleury, Jules (d.i. Jules Husson): Histoire de la caricature, 5 Bde., Paris o.J.

Childe, Vere Gordon: Soziale Evolution, Frankfurt 1968

Cognard, Hippolyte et Theodore, frères: La cocarde tricolore, Paris 1831

Conrady, Alexander: Die Geschichte der Revolutionen vom niederländischen Aufstand bis zum Vorabend der französischen Revolution, 2 Bde., Berlin 1911

Crane, Walter: Die Grundlagen der Zeichnung, Berlin
o.J.
ders.: Linie und Form, Berlin o.J.
ders.: Von der dekorativen Illustration des Buchs,
Leipzig 1901
ders.: Ideals in Art, London 1905

Cunow, Heinrich: Die Verwandtschafts-Organisation der
Australneger, Stuttgart 1894

Curtius, Mechthild: Seminar: Theorien der künstlerischen
Produktivität, Frankfurt 1976

Curto, Silvio: La satira nell'antico egitto, quaderno
No.1 des museo egizio di Torino, Turin o.J. (1970)

Cuvier, George Léopold Chrétien Frédéric Dagobert de:
Discours sur les révolutions de la surface du globe et
sur les changements qu'elles ont produit dans le règne
animal (= Einleitung zu den *"Recherches sur les ossements fossiles"*, 4 Bde., Paris 1812)
ders.: Histoire naturelle des poissons, 22 Bde., Paris
1828 ff.

Darwin, Charles: Die Entstehung der Arten, Stuttgart 1863
ders.: Die Abstammung des Menschen, (Stuttgart 1866)

David, Henry: The History of the Haymarket Affair,
New York 1936

Dehmel, Richard: Ausgewählte Gedichte, 2.Aufl., Berlin
1905

Dilly, Heinrich und Ryding, James: Kulturgeschichtsschreibung vor und nach der bürgerlichen Revolution von 1848,
in: Aesthetik und Kommunikation, Berlin, No.21/1975,
pp.271-280

Dokumente der revolutionären deutschen Arbeiterbewegung
zur Frauenfrage, Leipzig 1975

Dornemann, Luise: Clara Zetkin, Leben und Wirken, Berlin
1974

Drahn, Ernst: Sozialistische Witzblätter in Deutschland,
in: Zeitungswissenschaft, 6.Jahrgang, No.5, Sept. 1931,
pp.271-280

Drexler, Arthur: Ludwig Mies van der Rohe, Ravensburg
1960

Dühren, E. (d.i. Iwan Bloch): Das Geschlechtsleben in
England, Berlin 1903
ders: Englische Sittengeschichte, 2 Bde., Berlin 1912

Duby, Georges: Le chevalier, la femme et le prêtre, le mariage dans la France féodale, Paris 1981

Dukelskaja, L.A.: Die englische Gesellschaftskarikatur in der 2.Hälfte des 18.Jahrhunderts, Leningrad 1966 (russ.)

Eberhard, E.F.W.: Feminismus und Kulturuntergang, Die erotischen Grundlagen der Frauenemanzipation, 2.Aufl. Wien 1927

Ebert, Friedrich: Schriften, Aufzeichnungen, Reden, 2 Bde., Dresden 1926

Egbert, Donald D.: Social Radicalism and the Art, Western Europe, A Cultural History from the French Revolution to 1968, New York 1970

Elias, Norbert: Der Prozess der Zivilisation, 2.Aufl., 2 Bde., Bern 1969

Ellis, Havelock: Mann und Weib, Würzburg 1896

Emig, Brigitte, Schwarz, Max, Zimmermann, Rüdiger: Literatur für eine neue Wirklichkeit, Bonn 1981

Engels, Friedrich: Der Ursprung der Familie, des Privateigentums und des Staates, Zürich 1884
(Vgl. zu den übrigen Werken von Engels die Ausgabe Marx-Engels-Werke, Berlin 1961 ff.)

Englisch, Paul: Sittengeschichte Europas, Berlin/Wien o.J.
ders.: Sittengeschichte des Orients, Berlin/Wien o.J.
ders.: Einblicke in das Kapitel PFUI, Stuttgart 1928

Erdheim, Mario: Menschenopfer gegen die Angst, Körper und Kultur bei den Azteken, in: Journal für Geschichte, 2.Jg., Januar 1980, pp.2-6
ders.: Die gesellschaftliche Produktion von Unbewusstheit, Frankfurt 1982

Evans, Richard J.: Sozialdemokratie und Frauenemanzipation im deutschen Kaiserreich, Bonn 1979

Eyck, Erich: Bismarck, Leben und Werk, 3 Bde., Zürich 1944

Faber-Castell, Christian von: Neue Trends für alte Bücher, in: Finanz und Wirtschaft, Zürich, 30.9.1978, p.21

Farner, Konrad: Gustave Doré, Der industrialisierte Romantiker, Zürich 1963

Fechner, Gustav Theodor: Vorschule der Aesthetik, 2.Aufl, Leipzig 1897

Fischer, E., von Röslerstamm: Ist Bücherstaub dem Menschen schädlich? In: Zeitschrift für Bücherfreunde, Jg.1900/01, No.5/6, p.214/15

Flechtheim, Ossip K.: Die Kommunistische Partei Deutschlands in der Weimarer Republik, Frankfurt 1969

Flögel, Karl Friedrich: Geschichte des Grotesk-Komischen, erweitert von F.Ebeling, Leipzig 1862

Flury, Johannes: Naturwissenschaft und Glaube, in: Reformatio, 31.Jg., No.3, März 1982

Forel, Auguste: Die sexuelle Frage, 10.Aufl., München 1913

Foster, Norman: Die Pilger, Frankfurt 1982

Foucault, Michel: Histoire de la sexualité, Paris 1976

Fourier, Charles: Theorie der vier Bewegungen und der allgemeinen Bestimmungen, Frankfurt 1966

Freud, Sigmund: Psychologische Schriften, 10 Bde., Frankfurt 1970

Freytag, Gustav: Bilder aus der deutschen Vergangenheit, 4 Bde., Leipzig 1859 ff.

Friedlaender, Ludwig: Darstellungen aus der Sittengeschichte Roms, 4 Bde., Leipzig 1862-64

Friedländer, Elfriede: Sexualethik und Kommunismus, Wien 1920

Frischauer, Paul (Hg.): Knaurs Sittengeschichte, 3 Bde., Zürich 1968

Frölich, Paul: Rosa Luxemburg, Gedanke und Tat, (3.Aufl. Frankfurt 1967)

Fuchs, Eduard: Thomas Murners Belesenheit, Bildungsgang und Wissen, phil.Diss., Breslau 1924

Fuchs, Georg: Wir Zuchthäusler, München 1921

Fuld Werner: Walter Benjamin, Zwischen den Stühlen, München 1979

Gensel, Walther: Ein Werk über die Karikatur, in: Deutsche Rundschau, Sept.1902, pp.474-476

Geoffroy St.-Hilaire, Etienne de: Histoire naturelle des mammifères, 4 Bde., Paris 1824

German, Michail: Die Kunst der Oktoberrevolution, Düsseldorf/Leningrad 1979

Gerroz, Christian: Um die Jahrhundertwende oder Der Verlust des Körpers, in: Kulturmagazin, Zürich, Nr.16/17, Okt.1979, pp.46-49

Gleichen-Russwurm, Alexander von, Wencker, Friedrich (Hg.): Kultur- und Sittengeschichte aller Zeiten und Völker, 20 Bde., Wien o.J.

Gombrich, E.H.: In Search of Cultural History, Oxford 1969

Gorsen, Peter: Zur Phänomenologie des Bewusstseinsstroms, Bergson, Dilthey, Husserl, Simmel und die lebensphilosophischen Antinomien, Bonn 1966
ders.: Das Prinzip Obszön, Kunst, Pornographie und Gesellschaft, Reinbek 1969
ders.: Sexualästhetik, Zur bürgerlichen Rezeption von Obszönität und Pornographie, Reinbek 1972

Grand-Carteret, John: Les arts industriels en Suisse, Neuchâtel 1879
ders.: Les moeurs et la caricature en Allemagne, en Autriche, en Suisse, Paris 1885
ders.: Les moeurs et la caricature en France, Paris 188
ders.: Bismarck en caricatures, Paris 1890
ders.: J.J.Rousseau jugé par les Français d'aujourd'hui, Paris 1890
ders.: Crispi, Bismarck et la triple-alliance en caricatures, Paris 1891
ders.: Richard Wagner en caricatures, Paris 1892
ders.: Les caricatures sur l'alliance franco-russe, Paris 1893
ders.: Napoléon en images, Paris 1895
ders.: Les almanachs français, Paris 1896
ders.: La France jugée par l'Allemagne, Paris 1896
ders.: Le musée pittoresque du voyage du Tsar, Paris 1897
ders.: L'affaire Dreyfus et l'image, Paris 1898
ders.: La voiture de demain: histoire de l'automobilisme, Paris 1898
ders.: L'aiglon en images et dans la fiction politique et dramatique, Paris 1901
ders.: La montagne à travers les âges, Grenoble 1903 f.
ders.: Les célébrités vues par l'image:'Lui' devant l' objectif caricatural, Paris 1905
ders.: 'L'oncle de l'Europe' devant l'objectif caricatural, Paris 1906
ders.: Nicolas, ange de paix, empereur du knout devant l'objectif caricatural, Paris 1906
ders.: Contre Rome: La bataille anticléricale en Europe, Paris 1906

ders.: Derrière 'Lui', L'homoséxualité en Allemagne, Paris 1908
ders.: Popold II, roi des Belges et des belles devant l'objectif caricatural, Paris 1908
ders.: Zola en images, Paris 1908
ders.: Une Turquie nouvelle pour des Turcs, La Turquie en images, Paris 1909
ders.: Le jeune premier de l'Europe devant l'objectif caricatura, Paris 1910
ders.: Les élégances de la toilette: robes drapeaux, coiffures de style; Louis XVI, Directoire, Empire, Restauration (1780-1825), Paris 1911
ders.: Une victoire sans guerre: documents et images pour servir a l'histoire du différend franco-allemand (97 caricatures), Paris 1911
ders.(zusammen mit Leo Delteil): La conquête de l'air vue par l'image, Paris 1909

Greer, Germaine: Das unterdrückte Talent, Die Rolle der Frau in der bildenden Kunst, Berlin 1980

Grimal, Pierre: Liebe im alten Rom, Frankfurt 1981

Gross, Babette: Willi Münzenberg, Stuttgart 1967

Grosz, George: Ein kleines Ja und ein grosses Nein, Hamburg 1955

Guthmann, Johannes: Scherz und Laune, Max Slevogt und seine Gelegenheitsarbeiten, Berlin 1920
ders.: Schöne Welt, o.O., 1948
ders.: Goldene Frucht, Begegnungen mit Menschen, Gärten und Häusern, Tübingen 1955

Habermas, Jürgen: Zur Rekonstruktion des historischen Materialismus, Frankfurt 1976

Haeckel, Ernst: Die Welträtsel, Bonn 1899

Haffner, Sarah: Gewalt in der Ehe, Berlin 1976

Hancke, Erich: Max Liebermann, Sein Leben und seine Werke, Berlin 1914

Hannover-Drück, E. und Hannover, H.: Der Mord an Rosa Luxemburg und Karl Liebknecht, Frankfurt 1967

Hausenstein, Wilhelm: Der nackte Mensch in der Kunst aller Zeiten, München 1912
ders.: Die bildende Kunst der Gegenwart, Stuttgart 1914
ders.: Die Kunst und die Gesellschaft, München 1917

Hauser, Arnold: Sozialgeschichte der Kunst und Literatur, München 1953

Hayn, Hugo und Gotensdorf, A.N.: Bibliotheca germanorum erotica et curiosa, München 1912 ff.

Hegel, G.W.F.: Werke in 20 Bänden, Frankfurt 1970

Hermann, Georg: Der Simplicissimus und seine Zeichner, Berlin o.J. (1900)
ders.: Die deutsche Karikatur im 19.Jahrhundert, Bielefeld 1901

Herodot: Historien (Stuttgart 1972)

Herzfelde, Wieland: John Heartfield, Dresden 1962
ders.: Der Malik-Verlag, Berlin o.J. (1967)

Hess, Ulrich: Louis Viereck und seine Münchner Blätter für Arbeiter, 1882-1889, Dortmund 1961

Hesse, Hermann: Unterm Rad, (Frankfurt 1982)

Heuss, Theodor: Zur Aesthetik der Karikatur, in: Patria, Bücher für Kultur und Freiheit, hg.v.F.Naumann, Bd.10, pp.113-138, Berlin 1910

Hickethier, Knut: Karikatur, Allegorie und Bilderfolge, Zur Bildpublizistik im Dienste der Arbeiterbewegung, in: Beiträge zur Kulturgeschichte der deutschen Arbeiterbewegung 1848-1918, hg.v.Peter von Rüden u.a., Frankfurt 1979, pp.79-165

Hirschfeld, Magnus: Vom Wesen der Liebe, Leipzig 1906
ders.: Geschlechtskunde, 4 Bde., Stuttgart 1926-30
ders.(Hg.): Sittengeschichte des Weltkriegs, 2 Bde., Leipzig/Wien 1930

Historia Augusta

Historisch-Biografisches Lexikon der Schweiz, hg.v.H.Türler u.a., Neuenburg 1931

Hobsbawm, E.J.: Labouring Men, London 1962

Hofmann, W.: Die Karikatur von Leonardo bis Picasso, Wien 1956

Holitscher, Arthur: Mein Leben in dieser Zeit, 1907-1925, Potsdam 1928

Hollweck, Ludwig: Karikaturen, Von den Fliegenden Blättern zum Simplicissimus, 1844-1914, München 1973

Huber, Gerdi: Das klassische Schwabing, München als Zentrum der intellektuellen Zeit- und Gesellschaftskritik an der Wende des 19. zum 20. Jahrhundert, phil.Diss., München 1973

Huck, G.H.: Sozialgeschichte der Freizeit, Untersuchungen zum Wandel der Alltagskultur in Deutschland, Wuppertal 1980

Huizinga, Johan: Herbst des Mittelalters, München 1924
ders.: Wege der Kulturgeschichte, München 1930

Humbert-Droz, Jules: Mon évolution du tolstoïsme au communisme, 1891-1921, Neuchâtel 1969

Humm, R.J.: Bei uns im Rabenhaus, Zürich 1963

Ihering, Rudolph von: Der Zweck im Recht, Berlin 1893

Illustrierte Geschichte der deutschen Revolution 1918/19, hg.von Becker u.a., Hamburg 1929

Imiela, Hans-Jürgen: Max Slevogt, Karlsruhe 1968

Jäckh, Ernst (Hg.): Der Grosse Krieg als Erlebnis und Erfahrung, 3 Bde., Gotha 1916

Karl und Rosa, Erinnerungen zum 100.Geburtstag von Karl Liebknecht und Rosa Luxemburg, div.Autoren, Berlin 1971

Kampffmeyer, Paul: Sittengeschichte, in: Sozialistische Monatshefte, Jg.1909, Bd.I., p.95f.
ders.: Geschichte der Gesellschaftsklassen in Deutschland, Berlin 1910
ders.: Arbeiterbewegung und Sozialdemokratie, Berlin 1919
ders.: Unter dem Sozialistengesetz, Berlin 1928

Kant, Immanuel: Kritik der Urteilskraft, (Hamburg 1963)
ders.: Metaphysik der Sitten, (Frankfurt 1968)

Katalog zur Ausstellung "Frauenalltag und Frauenbewegung", Frankfurt 1981

Katalog zur Ausstellung "Carl Meffert/Clément Moreau" im Kunstamt Kreuzberg, März-April 1978, hg. von der Neuen Gesellschaft für Bildende Kunst, Berlin 1978

Katalog zur Ausstellung "Wem gehört die Welt - Kunst und Gesellschaft in der Weimarer Republik", hg. von der Neuen Gesellschaft für Bildende Kunst, Berlin 1977

Kautsky, Karl: Thomas More und seine Utopie, Stuttgart 1888 (Berlin 1947)
ders.: Die Soziale Revolution, Bd.I: Sozialreform und soziale Revolution, Bd.II: Am Tage nach der sozialen Revolution, Berlin 1902
ders.: Ethik und materialistische Geschichtsauffassung, Stuttgart 1906
ders.: der Weg zur Macht, Berlin 1909
ders.: Die materialistische Geschichtsauffassung, 2 Bde., Berlin 1927

Keller, Werner und Wyss, Niklaus: Der Alltag, Zürich 1978 ff.
dies.: Reisen ins tägliche Leben, Zürich 1982

Klingender, Francis D.: Goya in der demokratischen Tradition Spaniens, Berlin 1954

Koch, Ernestine: Albert Langen - Ein Verleger in München, München 1969

Kolakowski, Leszek: Die Hauptströmungen des Marxismus, 3 Bde., München 1978

Kollontai, Alexandra: Ich habe viele Leben gelebt, Autobiografische Aufzeichnungen, hg. v. I.M. Dashina, M.M. Muchamedshanow und R.J. Ziwlina, Köln 1980

König, René: Materialien zur Soziologie der Familie, (Köln 1974)

Kontos, Silvia: Die Partei kämpft wie ein Mann, Basel 1979

Koszyk, Kurt und Eisfeld, Gerhard: Die Presse der deutschen Sozialdemokratie, 2.Aufl. Bonn 1980

Kraemer, Hans: Das 19.Jahrhundert in Wort und Bild, Berlin o.J.

Krafft-Ebing, Richard Freiherr von: Psychopathia sexualis, Stuttgart 1886

Krauss, Friedrich Salomon (Hg.): Anthropophyteia, Historische Quellenschriften zum Studium der Anthropophyteia, Leipzig 1905 ff.

Kropotkin, Peter: Gegenseitige Hilfe in der Tier- und Menschenwelt, (Frankfurt 1975)

Lamarck, Jean Baptiste Antoine Pierre Monet de: Philosophie zoologique, 2 Bde., Paris 1809
ders.: Histoire naturelle des animaux sans vertèbres, Paris 1815 ff.

LaMettrie, Julien Offray de: Histoire naturelle de l'âme, Den Haag 1745
ders.: L'homme machine, Leiden 1748

Lang, Karl: Kritiker Ketzer Kämpfer, Das Leben des Arbeiterarztes Fritz Brupbacher, Zürich o.J.

Lassalle, Ferdinand: Briefe an Georg Herwegh, hg. von Marcel Herwegh, Zürich 1896

Lebrun, François: La vie conjugale sous l'Ancien Régime, Paris 1975

Lenin, W.I.: Werke, Berlin 1962 ff.

Lepenies, Wolf: Das Ende der Naturgeschichte, München 1976

Le Roy Ladurie, Emmanuel: Montaillou, Ein Dorf vor dem Inquisitor, Frankfurt 1980

Lexikon der Antike auf der Grundlage von Pauly's Realencyclopädie, hg. v. K.Ziegler und W.Sontheimer, München 1975

Lexikon sozialistischer deutscher Literatur, hg.von Bruno Kaiser u.a., Leipzig 1964

Licht, Hans (d.i. Paul Brandt): Sittengeschichte Griechenlands, Berlin o.J.
ders.: Kulturkuriosa aus Griechenland, Dresden o.J.

Liebknecht, Wilhelm: Karl Marx zum Gedächtnis, Nürnberg 1896

Lippe, Rudolf zur: Naturbeherrschung am Menschen, 2 Bde., Frankfurt 1974

Lipps, Theodor: Grundlegung der Aesthetik, 2 Bde., Hamburg 1903/1906

LoDuca, Josef Maria: Geschichte der Erotik, Wiesbaden 1977

Lombroso, Cesare: Genie und Irrsinn, Leipzig o.J. (1884)

Loux, Françoise: Zwischen Alltag und Universum, Der Körper in der traditionellen Gesellschaft, in: Journal für Geschichte, 2.Jg., Heft 1, Januar 1980, pp.7-9

Lucie-Smith, Edward: Die Kunst der Karikatur, Weingarten 1981

Luxemburg, Rosa: Die Russische Revolution, aus dem Nachlass herausgegeben von Paul Levi, Berlin 1922
dies.: Ausgewählte Reden und Schriften, Bd.II, Berlin 1951
dies.: Briefe an Leo Jogiches, Frankfurt 1971
dies.: Schriften über Kunst und Literatur, Dresden 1972
dies.: Ich umarme Sie in grosser Sehnsucht, Briefe aus dem Gefängnis 1915-1918, Bonn 1980

Mandevilles Bienenfabel,(hg. von O.Bobertag, München 1914)

Mao-Tsetung, Ausgewählte Werke, Peking 1968 ff.

Marcuse, Herbert: Ueber den affirmativen Charakter der Kultur, in: Kultur und Gesellschaft, Frankfurt 1965, Bd.I, pp.56-101

Marx, Karl und Engels, Friedrich: Ausgewählte Briefe, Berlin 1953
dies.: Werke, Berlin 1961 ff.

Maurenbrecher, Max: Die Hohenzollern-Legende, 2 Bde., Berlin 1905/1906

Mayer, Gustav: Friedrich Engels, (Frankfurt 1975, 2 Bde.)

McCullin, Don und LeCarré, John: Die im Dunkeln, Wien 1982

Melot, M. u.a.: Die *belle époque* und ihre Kritik, Die Karikatur schreibt Geschichte, Monte Carlo 1980

Mehring, Franz: Eduard Fuchs, Die Karikatur der europäischen Völker, in: Neue Zeit, No.23, Jg.1904/05, Bd.I, p.290 f.
ders.: Karl Marx, Die Geschichte seines Lebens, Leipzig 1918
ders.: Deutsche Geschichte vom Ausgange des Mittelalters, Stuttgart 1922
ders.: Geschichte der deutschen Sozialdemokratie, 4 Bde., Stuttgart 1922
ders.: Die Lessing-Legende, Stuttgart 1922
ders.: Gesammelte Werke, Berlin 1976 ff.

Meister, Leonhard: Zur Geschichte der Künste und Gewerbe, der Sitten und Gebräuche, Zürich 1774

Menschik, Jutta: Feminismus - Geschichte, Theorie, Praxis, Köln 1977

Metschnikow, Elias: Studien über die Natur des Menschen, 2.Aufl. Leipzig 1910

Mittenzwei, Werner: Carl Meffert/Clément Moreau, Berlin 1977
ders.: Exil in Frankreich (=Kunst und Literatur im antifaschistischen Exil, Bd.7), Leipzig 1978

Möbius, Helga: Die Frau im Barock, Leipzig 1982

Möbius, Paul J.: Ueber das Pathologische bei Goethe, Leipzig 1898
ders.: Ueber den physiologischen Schwachsinn des Weibes, Halle 1901
ders.: Ueber Kunst und Künstler, Leipzig 1901

Montaigne, Michel Eyquem de: Oeuvres complètes, Paris 1931 ff.

Moore, Barrington: Ungerechtigkeit, Frankfurt 1982

Morgan, Lewis H.: Ancient society, London 1877

Müller-Lyer, F.: Die Entwicklungsstufen der Menschheit, München 1910 ff.

Musil, Robert: Der Mann ohne Eigenschaften, (Hamburg 1970)

Muther, Richard: Geschichte der Malerei, 5 Bde., Leipzig 1889

Muthesius, Sybille (Pseud.): Flucht in die Wolken, Frankfurt 1972

Nettl, Peter: Rosa Luxemburg, Köln 1965

Neue Meister, Katalog der Staatsgalerie Stuttgart, Stuttgart 1968

Nicolai, Georg Friedrich: Die Biologie des Krieges, Zürich 1917

Nienhaus, Ursula: Berufsstand weiblich, Berlin 1982

Nietzsche, Friedrich: Sämtliche Werke, Kritische Studienausgabe, München 1980

Nordau, Max: Die conventionellen Lügen der Kulturmenschheit, Leipzig 1883
ders.: Von Kunst und Künstlern, Leipzig 1905

Noske, Gustav: Von Kiel bis Kapp, Berlin 1920

Novalis (d.i.Friedrich von Hardenberg): Die Lehrlinge zu Sais, (Bern o.J.)

Ostwald, Hans: Kultur- und Sittengeschichte Berlins, Berlin o.J.

Ottmüller, Uta: Die Dienstbotenfrage, Münster 1978

Oviedo, F.: Historia general y natural de las Indias, (Madrid 1959)

Packard, Vance: Die geheimen Verführer, Berlin 1969

Panizza, Oskar: Züricher Diskussionen, Zürich 1892 ff.
ders.: Zwölf Liebesdialoge im Geiste Huttens, Zürich 1897
ders.: Das Liebeskonzil, (Darmstadt 1982)

Pausanias: Beschreibung Griechenlands, (Zürich 1967)

Paston, George: Social Caricature in the 18th Century, London 1910

Pearsall, Ronald: Sex im viktorianischen Zeitalter, Zürich o.J.

Pieck, Wilhelm: Gesammelte Reden und Schriften, Berlin 1961

Piltz, Georg: Geschichte der europäischen Karikatur, Berlin 1976

Piveteau, J.: Cuvier et Geoffroy Saint-Hilaire, in: Revue des sciences et de leurs applications, Paris, No.3/1950

Pizzey, Erin: Schrei leise, Stuttgart 1976

Plato, Werke, übers.v.F.Schleiermacher, Berlin 1804 ff.

Plechanow, Georgi: Das französische Drama und die französische Malerei im 18.Jahrhundert vom Standpunkt der materialistischen Geschichtsauffassung, in: Neue Zeit, Jg. XXIX, Stuttgart 1911, No.1, pp.543 ff.

Plotin: Ausgewählte Schriften, Stuttgart 1973

Pospiech, Friedrich: Julius Motteler, der 'rote Feldpostmeister', Esslingen am Neckar 1977

Quanter, Rudolf: Das Liebesleben im alten Deutschland, Leipzig 1938

Rank, Otto: Der Künstler, Wien 1907
ders.: Das Inzest-Motiv in Dichtung und Sage, Leipzig 1912

Recknagel, Rolf: Beiträge zur Biografie des B.Traven, Berlin 1977

Reich, Wilhelm: Der sexuelle Kampf der Jugend, Berlin 1932
ders.: Die Massenpsychologie des Faschismus, Kopenhagen 1933/34

Reichshandbuch der deutschen Gesellschaft, Handbuch der Persönlichkeiten in Wort und Bild, Berlin 1930, Bd.I

Retzlaw, Karl: Spartakus, Aufstieg und Niedergang, Erinnerungen eines Parteiarbeiters, Frankfurt 1971

Riehl, Wilhelm Heinrich: Naturgeschichte des Volkes als Grundlage einer deutschen Social-Politik, 4 Bde., Stuttgart 1851 ff.

Riess, Curt: Erotica! Das Buch der verbotenen Bücher, Hamburg 1967

Ritter, G.A. und Miller, Susanne (Hg.): Die deutsche Revolution 1918-1919, Hamburg 1968

Rosen, Erwin: Der grosse Krieg, Ein Anekdotenbuch, 3 Bde., Stuttgart o.J.

Rosenkranz, Karl: Aesthetik des Hässlichen, Königsberg 1853

Rosenow, Emil und Ströbel, Heinrich: Wider die Pfaffenherrschaft, 2 Bde., Berlin 1904/05

Rudeck, Wilhelm: Geschichte der öffentlichen Sittlichkeit in Deutschland, 2.Aufl. Berlin 1902

Rühle, Günther: Theater für die Republik, Frankfurt 1967

Rühle, Otto: Das proletarische Kind, München 1911
ders.: Die Revolutionen Europas, 3 Bde., Dresden 1927
ders.: Illustrierte Kultur- und Sittengeschichte des Proletariats, Berlin 1930

Rutschky, Katharina (Hg.): Schwarze Pädagogik, Quellen zur Naturgeschichte der bürgerlichen Erziehung, Frankfurt 1977

Sadecky, Peter (Hg.): Octobriana, Der erste Comic-Strip aus dem UdSSR-Untergrund, Darmstadt 1972

Samuel, Pierre: Amazones, guerrières et gaillardes, Grenoble 1975

Sander, Hans-Dietrich: G.W.Plechanow, in: Klassiker der Kunstsoziologie, hg.v.A.Silbermann, München 1979

Sardus: De moribus ac ritibus gentium libri III, Moguntiae 1577

Scaliger, Giulio Cesare: Poetices libri VII, (Lyon 1651)

Scheffler, Karl: Slevogts Improvisationen, Notizen aus der Sammlung Ed.Fuchs, in: Kunst und Künstler, Jg.10, 1912, pp.579-588

Scheible, J.: Das Kloster, 12 Bde., Stuttgart 1845-1849
ders.: Das Schaltjahr, welches ist der teutsch Kalender mit den Figuren, und hat 366 Tag, 5 Bde., Stuttgart 1846/47

Scherr, Johannes: Deutsche Kultur- und Sittengeschichte, (Meersburg 1929)

Schertel, Ernst: Sitte und Sünde, Leipzig o.J.

Scheuchzer, Johann Jakob: Beschreibung der Natur-Geschichten des Schweizerlands, Zürich 1706 ff.

Schidrowitz, Leo: Das schamlose Volkslied, Wien 1921
ders.: Sittengeschichte des Proletariats, Wien/Leipzig o.J.
ders.(Hg.): Sittengeschichte der Kulturwelt und ihrer Entwicklung in Einzeldarstellungen, Wien/Leipzig o.J.

Schivelbusch, Wolfgang: Das Paradies, der Geschmack und die Vernunft, München 1980

Schweizerische Arbeiterbewegung, Dokumente zu Lage, Organisation und Kämpfen der Arbeiter von der Frühindustrialisierung bis zur Gegenwart, Zürich 1975

Seidel, A.: Geschlecht und Sitte im Leben der Völker, Berlin 1925

Shorter, Edward: The Making of the Modern Family, New York 1975

Sittengeschichte mit Humor, (anonym), Wien 1946

Slotkin, J.S.: Readings in Early Anthropology, New York 1965

Soder, Martin: Hausarbeit und Stammtischsozialismus, Giessen 1980

Sombart, Werner: Die Juden und das Wirtschaftsleben, Leipzig 1911

Stampfer, Friedrich: Im Zeughaus der Revolution, in: Neue Zeit, Jg.1901, No.19, p.282 f.

Steiger, E.: E.Fuchs, Karikatur europäischer Völker, in: Neue Zeit, Jg.1903, No.21, p.158

Stekel, Wilhelm: Dichtung und Neurose, Wiesbaden 1909
ders.: Die Träume der Dichter, Wiesbaden 1913
ders.: Störungen des Trieb- und Affektlebens, 10 Bde., Berlin/Wien 1920 ff.

Stern, Bernhard: Geschichte der öffentlichen Sittlichkeit in Russland, 2.Aufl. Berlin 1920

Stern, Michail und August: Der verklemmte Genosse, Das sexuelle Leben in der Sowjetunion, Berlin o.J. (1981)

Stern, Norbert: Mode und Kultur, 2 Bde., Dresden 1915

Stern, Jakob: Die Religion der Zukunft, Stuttgart 1883
ders.: Halbes oder ganzes Freidenkertum, Stuttgart 1888
ders.: Der Einfluss der sozialen Zustände auf alle Zweige des Kulturlebens, Stuttgart 1888
ders.: Thesen über den Sozialismus, Stuttgart 1889
ders.: Die Philosophie des Spinoza, Stuttgart 1890
ders.: Die Bismarckspende, Stuttgart 1891

Sternfeld, W. und Tiedemann, E.: Deutsche Exilliteratur 1933-45, Heidelberg 1970

Stoll, Otto: Das Geschlechtsleben in der Völkerpsychologie, Leipzig 1908

Tacitus: Sämtliche Werke, Wien 1935

Tannahill, Reay: Kulturgeschichte des Essens, Wien 1975
dies.: Kulturgeschichte der Erotik, Wien 1982

Tatarkiewicz, Wladislaw: A History of Six Ideas, Den Haag/Warschau 1980

Thalheimer, August: 1923, eine verpasste Revolution? Die deutsche Oktoberlegende und die wirkliche Geschichte, Berlin 1931

Theweleit, Klaus: Männerphantasien, 2 Bde., Frankfurt 1977/78

Thompson, E.P.: The Making of the English Working Class, London 1963

Thomson, George: Frühgeschichte Griechenlands und der Aegäis, Berlin 1960

Thönnessen, Werner: Frauenemanzipation, Frankfurt 1965

Thukydides, Geschichte des peloponnesischen Krieges, (2 Bde., Zürich 1960)

Teper, E.: Die revolutionäre Karikatur der Pariser Kommune, Moskau 1961 (russ.)

Tjaden, K.H.: Struktur und Funktion der KPD-Opposition (KPO), Meisenheim 1964

Tucholsky, Kurt, Gesammelte Werke, Hamburg 1960/Reinbek 1975

Unabhängige Kommunisten, Der Briefwechsel zwischen Heinrich Brandler und Isaac Deutscher, hg.v. Hermann Weber, Berlin 1981

Ussel, Jos van: Sexualunterdrückung, Geschichte der Sexualfeindlichkeit, Reinbek 1970

Valentin, Veit: Geschichte der deutschen Revolution von 1848-49, (Köln 1970)

Vardiman, E.E.: Die Frau in der Antike, Düsseldorf 1982

Veth, Cornelius: Geschiedenis van de nederlandsche caricatuur, Leiden 1921

Veyrat, Geo: La caricature à travers les siècles, Paris 1885

Vischer, Friedrich Theodor: Aesthetik, 2.Aufl. München 1922

Völker, Klaus: Der Wahnsinn, wenn er epidemisch wird, heisst Vernunft, Ein heute wieder aktueller Oskar Panizza, in: Tages-Anzeiger, Zürich, 26.4.1980

Völkerling, Klaus: Die politisch-satirischen Zeitschriften *"Süddeutscher Postillon"* (München) und *"Der wahre Jacob"* (Stuttgart), Ihr Beitrag zur Herausbildung der frühen sozialistischen Literatur in Deutschland und zur marxistischen Literaturtheorie, phil.Diss. Potsdam 1969 (Manus.)

Voltaire: Essai sur les moeurs et l'esprit des nations, ed.Jacqueline Marchand, Paris 1962

Wachsmuth, Wilhelm: Europäische Sittengeschichte, Leipzig 1831
ders.: Allgemeine Kulturgeschichte, Leipzig 1850

Wedekind, Frank: Stücke (München 1970)

Wendel, Friedrich: Das 19.Jahrhundert in der Karikatur, Berlin 1924
ders.: Der Sozialismus in der Karikatur, Berlin 1924
ders.: Die Mode in der Karikatur, Berlin 1928
ders.: Die Kirche in der Karikatur, Berlin 1928

Weisser, Michael: Im Stil der Jugend, Die Münchner Illustrierte Wochenschrift für Kunst und Leben und ihr Einfluss auf die Stilkunst der Jahrhundertwende, Frankfurt 1981

Weitz, Ulrich: Eduard Fuchs, Ein Beitrag zu einer proletarischen Kulturtheorie, in: Tendenzen, 20.Jg., No.128, Nov./Dez. 1979, pp.28-34

Westermarck, E.A.: History of Human Marriage, London 1891

Willett, John: Explosion der Mitte, München 1981

Wohlgemuth, Heinz: Karl Liebknecht, Berlin 1975

Wölfflin, Heinrich: Die klassische Kunst, Eine Einführung in die italienische Renaissance, München 1899
ders.: Kunstgeschichtliche Grundbegriffe, Das Problem der Stilentwicklung in der neueren Kunst, München 1915

Wollstonecraft, Mary: A Vindication of the Rights of Women, London 1792 (übers.: Verteidigung der Rechte der Frauen, 2 Bde., Zürich 1975)

Wright, Thomas: History of the Caricature and Grotesque in Literature and Art, London 1865

Zetkin, Clara: Erinnerungen an Lenin, Berlin 1961

Zingarelli, Luciana: Eduard Fuchs, Vom militanten Journalismus zur Kulturgeschichte, in: Aesthetik und Kommunikation, Berlin, Jg.7, No.25, September 1976, pp.32-53
dies.: Eduard Fuchs - Entwurf eines Oeuvre-Kataloges, in: Aesthetik und Kommunikation, Jg.7, No.25, pp.54-56

Zinsli, Paul: Manuels Totentanz, 2.Aufl. Bern 1979

Zobeltitz, Fedor von: Chronik der Gesellschaft unter dem letzten Kaiserreich, Hamburg 1922, 2 Bde.

Zuelzer, Wolf: Der Fall Nicolai, Frankfurt 1981

Zweig, Stefan: Werdegang eines jüdischen Künstlers, im Nachtrag *"Ephraim Mose Lilien"*, in: Dein aschenes Haar, Sulamith, Ostjüdische Geschichten, mit Bildern von E.M. Lilien, hg.v. Ulf Diederichs u.a., Düsseldorf 1981

Eduard Fuchs/Illustrierte Sittengeschichte in sechs Bänden

Ausgewählt und eingeleitet von Thomas Huonker.

»Illustrierte Sittengeschichte« von Eduard Fuchs seit ihrem Erscheinen kurz vor dem I. Weltkrieg bis ihrem Verbot nach 1933 ein permanenter Skandal. In zahlreichen Zensur-Prozessen durfte das Werk an Bibliotheken und Gelehrte, keinesfalls jedoch Frauen und Unmündige verkauft werden.

Das hier neu edierte Werk brachte erstmals Bilder und Dokumente aus den Bereichen des Alltagslebens, der Ehe, des Körpers und der Sexualität, welche die traditionelle Geschichtsschreibung so gut wie systematisch verschlug. Für seinen illustren Freundeskreis, zu dem u. a. Slevogt, Grosz, Horkheimer und Benjamin gehörten, war Fuchs fortan nur noch der »Sittenfuchs«.

Der Marxist Fuchs trat mit seinem reich bebilderten Werk den Beweis dafür an, daß frühere Zeiten die spezifisch bürgerliche Tabuisierung des Körperlichen nicht kannten. Er kommentiert die unbekannte Seite der europäischen Geschichte aus dem Blickwinkel der Ausgebeuteten und Unterdrückten, indem er den Unsitten der klerikalen, feudalen und bürgerlichen Oberschichten den derben Spott des Volkes in Sprichwort, Schwank, Pamphlet und Karikatur entgegensetzt. Die sechs Bände, beginnend mit der Renaissance, ausgehend mit dem Fin de siècle, sind auch einzeln erhältlich.

Fischer Taschenbuch Verlag

Sechs Bände in farbiger Schmuckkassette, 1344 Seiten mit ca. 900 Abbildungen in Sepiatönung zuzüglich 96 Seiten in Farbe.
ISBN 3-596-24330-0
Gesamtpreis der Einzelbände DM 88,80.
Erscheint September '85.

DM 78,-

Band 1:
Renaissance I
Bd. 4331/DM 14,80
ISBN 3-596-24331-9

Band 2:
Renaissance II
4332/DM 14,80
ISBN 3-596-24332-7

Band 3:
Die galante Zeit I
Band 4333/DM 14,80
ISBN 3-596-24333-5

Band 4:
Die galante Zeit II
Bd. 4334/DM 14,80
ISBN 3-596-24334-3

Band 5:
Das bürgerliche Zeitalter I
Bd. 4335/DM 14,80
ISBN 3-596-24335-1

Band 6:
Das bürgerliche Zeitalter II
Bd. 4336/DM 14,80
ISBN 3-596-24336-x